KB188826

조선의 프로토타입, 원 복속기

— 원 복속기 외교의례의 전환과 그 역사적 유산

지은이 **최종석**

현재 동덕여자대학교 국사학 전공 부교수로 재직 중이다. 한국중세사학회의 총무이사와 역사학회의 편집이사로 활동했으며, 서울대학교 인문대학 역사연구소의 선임연구원(세광 펠로우)과 성균관대학교 동아시아학술원 BK21 동아시아학 융합사업단 박사후연구원을 지냈다.

서울대학교 역사교육과를 졸업하고, 국사학과 대학원에서 석사와 박사학위를 취득하였다. 박사학위 논문은 「고려시대 治所城 연구」이다. 고려시대와 조선 전기의 사회사, 문화사, 그리고 심성사에 관심을 두고 연구를 이어가고 있다. 특히 민족주의 역사학을 비롯한 근대 역사학의 인식적 한계를 넘어 새로운 상상력을 통해 한국사를 재구성하는 데 주력하고 있다. 대표 저서로는 『한국 중세의 읍치와 성』(2014), 『한국문화의 정체성』(공저, 2021), 『고려에서 조선으로—여말선초, 단절인가 계승인가』(공저, 2019), 『한국의 대외관계와 외교사—조선 편』(공저, 2018), 『고려 역사상의 탐색』(공저, 2017), 『조선시대 예교담론과 예제질서』(공저, 2016) 등이 있다. 대표 논문으로는 「왜 고려 전기의 國制는 황제국 체제로 보일까?」(2021), 「조선 건국의 대외적 정당화 작업과 중화 보편의 추구」(2018), 「고려시대 朝賀儀 의례 구조의 변동과 국가 위상」(2010) 등이 있다.

조선의 프로토타입, 원 복속기 —원 복속기 외교의례의 전환과 그 역사적 유산

1판 1쇄 인쇄 2025년 3월 15일
1판 1쇄 발행 2025년 3월 28일

지은이 최종석
펴낸이 정순구
책임편집 정윤경
기획편집 조원식 조수정
마케팅 황주영

출력 블루엔
용지 한서지업사
인쇄 한영문화사
제본 대원바인더리

펴낸곳 (주) 역사비평사
등록 제300-2007-139호 (2007.9.20)
주소 10497 : 경기도 고양시 덕양구 화중로 100(비전타워21) 506호
전화 02-741-6123~5
팩스 02-741-6126
홈페이지 www.yukbi.com
이메일 yukbi88@naver.com

와이비
아카이브
005

조선의 프로토타입,
원 복속기

— 원 복속기 외교의례의 전환과 그 역사적 유산

최종석 지음

역사비평사

차례 # 조선의 프로토타입, 원 복속기

책을 시작하며

이 책은 2014년에 출간된 『한국 중세 읍치와 성』(신구문화사)에 이은 필자의 두 번째 단독 저서이다.

첫 번째 책은 고려시대 지방 중심지 문제를 사회사적 시각에서 심층적으로 풀어본 연구 성과로, 박사학위 논문을 수정·보완한 것이다. 이 책에서는 행정 관청이 자리한 성(城)을 매개로 하여 고려시대 읍치(邑治) 공간 구조의 시대적 특질을 규명했고, '고려적' 읍치 공간의 양상이 고려의 지방지배질서, 지역 방어체계와 맞물려 성립되어간 과정을 심도 있게 탐색했으며, 아울러 고려와 이질적인 조선시대 읍치 공간 구조로의 전환 과정과 그 성격을 밝혔다.

박사학위 논문과는 꽤 동떨어진 외교의례를 다룬 이번 저서에서는 원 복속기 들어서 기존의 외교의례가 몽골에 복속된 유례없는 환경 속에서 전면적으로 전환되었고, 원 복속기에 대폭 전환된 외교의례는 전유·계승의 과정을 통해 이 이후로도 질적 변화 없이 존속하였던 역사를 규명하고자 했다.

고려시대 지방 중심지(읍치) 문제를 연구해오다가 이와 현저히 다른 외교의례 문제로 눈길을 돌리게 된 데는 우연한 계기가 작용하였다. 구체적으로는 박사학위 논문을 마무리하고서 간만에 여유 있는 시간을 만끽하는 와중에 논문 작성을 이유로 그간 미루어왔던 궁금증 하나를 풀기 위해서 조선 후기에 편찬된 전국 지방지인 『여지도서』를 들춰본 것이 그 계기였다. 필자는 16세기에 편찬된 『신증동국여지승람』에 수록된 성황사들, 정확히는 산성 혹은 그 부근에 자리한 것들 가운데 다수가 이후에 위치상의 변동이 있었을 것이라는 개인적 가설을 확인하기 위해 『여지도서』를 검토하였는데, 가설의 확인이라는 수확과는 별개로 미처 예상하지 못한, 그러면서도 풀리지 않는 현상을 맞닥뜨리게 되었다.

『신증동국여지승람』에는 조선 중종 대 당시 치소(治所) 인근 산성에 자리한 성황사 사례들이 다수 수록되어 있다. 필자는 성황사가 '치소가 위치한 성'에 설립되는 특징이 있다는 사실을 염두에 두고서, 『신증동국여지승람』에 수록된 성황사로 치소 인근 산성에 자리한 것은, 과거 어느 시점에 해당 산성이 '치소가 위치한 성'으로 기능하였을 때 설치되었던 성황사가 인근 평지로 치소가 이동하여 그 성이 더는 '치소가 위치한 성'으로 기능하지 않게 된 뒤에도 처음 설립되었던 자리에 남아 있는 데서 비롯된 현상이라고 해석하였다. 성황사와 치소의 공간적 친연성을 감안할 때, 이동한 치소와 공간적으로 분리된 이들 성황사는 원래 자리에 남아 있지 않고 언젠가는 산성을 떠나 조선시대 당시의 치소 근처로 이동하지 않았을까 예상했고, 이를 『신증동국여지승람』 편찬 이후 작성된 『여지도서』를 통해 확인하고자 한 것이다. 그런데 산성으로부터 이동해 있었던 것은 예상대로였지만, 남교(南郊)를 당위적 입지로 해서 이곳에 자리하는 경향이 있었다든가, 건축 양식도 종래의 것인 지붕과 벽이 있는 사묘(祠廟) 대신에 노천식 제단에 대한 선호가 있었다든가 하는 현상은 예상하지 못했으며 필자로서는 이해 불가능한 대목이었다.

이 의문을 스스로 해결하고자 하는 공부가 실마리가 되어 이후 이 문제와 직간접적으로 얽힌 각종 사안과 오랫동안 씨름한 끝에 출발선에선 전혀 상상하지 못한 다음과 같은 결론에 다다르게 되었다. 즉 조선 초기에 유자 관료들은 조선을 공간과 종족의 측면에서 중국을 중심으로 하는 천하의 변방(이적)으로 간주하면서도 문명 중화가 구현되고 실현되어야 하는 곳으로 인식하였다. 구체적으로는 공간과 종족의 측면에서 이적성(夷狄性)을 부정하지 않으면서도 문명 중화를 보편 가치로 간주하여 자기 신념적으로 이를 추구·구현하였다. 이러한 의식세계 속에서 당시 문물 제도 정비는 보편이자 이상인 중화 문명을 구현하는 성격의 일이었다. 다만 그것은 단순히 보편 추구의 움직임이 아니라 중국이 아닌 동국(東國)이라는 특수성, 화하인(華夏人)이 아닌 동인(東人)이라는 특수성, 그리고 이와 맞물려 천자(국)가 아닌 제후(국)라는 특수성, 곧 조선의 시공간적 환경 및 국가 위상 등을 숙고하면서 보편을 실현하는 성격의 움직임이었다.

　국가 주도의 성황 제의와 관련하여 당위·보편에 부합하는 입지와 건물 유형이 조선시대 당시에 존재하였는데, 이는 명(明)의 성황 관련 제도와 직접 관련이 있었다. 이와 같은 사실에 착안하여 맞닥뜨린 의문을 풀고자 애쓰는 과정에서 의도치 않게 출발 지점에서 멀리 떨어진 곳까지 나아간 것이다. 그리고 새롭게 자각한 이해 속에서 당초 연구의 실마리로 작용한, 당대인이 남교를 당위적 입지로 여기고 성황사를 성황단으로 대체하고자 한 현상은, 중화(문명)를 보편적인 것으로 여기는 세계관 속에서 이상적 중화 문명을 구현하고자 하는 일환으로 명제(明制)를 적극적으로 활용한 데서 비롯되었다고 나름 해명해보았다.

　외교의례에 관한 탐구는 이러한 관점에서 이루어졌고, 동시에 필자의 아이디어를 보완하고 확장하는 작업이기도 했다. 특히 조선 초기를 민족문화 창달의 시기로 보아온 통설적 이해와 달리, 이 시기를 중국을 중심으로 한 천하 속에서 동인(東人)이 동국(東國)에서 이상적 문명 중화를 구현하고자 한 시기로 보는 견해를 입증하는 작업에 수반하여, 조선 초기의 그러한 지적 분위기가 어떠한 역사 과정을 통해 성립되었는지를 해명해야 했고, 이 숙제에 응해 원 복속기를 분수령으로 한 사회구조적, 인식론적 전환의 자장 내에서 조선 초기의 역사상이 등장하였을 것이라 주장하였는데, 필자는 외교의례라는 소재가 그러한 역사 과정을 증명하는 데 있어 다른 무엇보다 효과적이라 판단하였다. 이에 국왕이 대외 방면에서만 군주이자 황제 신하임을 의례로써 구현한 고려 전기 외교의례는 원 복속기 들어서 국내에서도 대외 방면과 똑같이 군주이자 황제 신하라는 위상이 구현되는 것과 발맞춰 큰 폭으로 변화하였고(원 지방 관부에서 황제를 대상으로 한 의례를 고려에 적용·활용), 이 시기에 전환된 외교의례는 전유·계승의 과정을 통해 이후로도 질적 변화 없이 존속하였다는 역사상을 규명·입증하는 연구 작업을 통해 기왕의 문제의식을 확인하고 심화·확장을 도모했다.

이 저서는 연구 주제 면에서는 박사학위 논문(첫 번째 책)과 동떨어지긴 해도, 연구 관점 면에서는 연속성이 있다. 힘닿는 데까지 종래 연구 관점의 연장선에서 보완과 진전을 꾀하고자 했다. 10여 년 전에 필자는 『한국 중세의 읍치와 성』의 머리말에서 다음과 같은 문제의식을 밝힌 바 있다. "특히 민족주의 성향이 짙은 역사관과 거리를 두는 데서 그러하였다. 역사를 '다시' 공부하게 되면서 가장 인상적인 대목은 기존의 한국사 연구 성과들 가운데 알튀세르, 꼴레띠, 푸코 등이 비판한 목적론적 역사관을 토대로 한 작업들이 적지 않다는 사실이었다. 이러한 개인적 경험으로 인해, 지금까지 줄곧 새로운 한국사 인식 체계를 고민해오고 있다. 현재는 어설픈 수준에서나마 장기지속적인 시간대를 발견하고 근대인의 인식을 초월하여 그 시대의 맥락에서 관심 주제를 접근하고자 하며, 연속과 발전이 아니라 장기지속적인 시간대의 단절적 집적의 시각에서 역사의 전개 과정을 파악하고자 하고 있다. 고려시대적인 읍치 공간 구조에서 조선시대적인 것으로의 변화를 발전이 아닌 전환의 맥락에서 독해하고자 한 것도 이러한 문제의식에서였다." 이러한 문제의식은 이 책에서도 여전히 유효하다. 즉 외교의례를 소재로 하여 계기적 발전의 시각에서가 아니라 원복속기를 단절과 전환의 분기점으로 삼아, 그리고 원 복속기부터 조선 초기까지의 시기를 장기지속적인 단일 시간대로 삼으면서 원 복속 이전 시기(고려 전기)와 질적으로 구분 지어 역사의 전개 과정을 파악하고자 했다. 또한 민족주의 및 이와 맞물려 있기도 한 목적론적 역사관과 철저히 거리를 두면서, 일국사를 넘어 동아시아 지평에서, 그리고 당대의 맥락 속에서 원 복속기 외교의례의 전환 양상과 그 이후의 전유·존속이라는 사안을 독해하고자 했다.

개인적으로 이번 작업은 '성장'이라는 키워드로 의미부여를 할 수 있지 않을까 한다. 우선 과거와 비교해서 문제의식을 더 선명하게 구현하는 방향으로 작업이 이루어진 점이 그러하다. 다소 모호하게 서술된 이전 작업과 달리 단절의 획기를 원 복속기로 구체화할 수 있었고, 전환된 양상이 그 이후 계승되는 메커니즘을 명확히 할 수 있었다. 다음으로는, 원 복속기에 이루어진 전환 과정은 물론, 원 복속기 이후에 전개된 전유와 계승의 과정에서도, 능력이 허락되는 한 최대한 이들 과정을 '주체도 목적도 없는 과정'으로 구성해내고자 했다. 이는 목적론적 역사관에서 탈피하기 위해 생물학에서 진화의 과정을 다루는 방식처럼 역사 과정을 규명하고자 한 문제의식의 산물이었다고 할 수 있다. 마지막으로는, 원 복속기부터 조선 초기까지의 시기에 관해서 필자가 나름 고안해낸 역사상을 외교의례를 매개로 확인하고 보완한 데서 개인적으로는 남다른 의미가 있다고 생각한다. 여전히 부족한 데가 많지만, 박사학위 논문을 마무리하고 이를 바탕으로 첫 번째 책을 작성했었을 때에 비해 전공하는 시기에 대한 역사상이 구체화되고 안목이 더 넓어진 듯하다. 다행히도 과거의 나에 비해 조금은 성장한 듯하다.

이 책은 외교의례에 관한 그간의 탐색을 담은 12편의 논문을 토대로 작성되었다. 10여 년 전 『번국의주(蕃國儀注)』라는 정체불명의 책자를 알게 되고 그 실체를 파악하고자 한 데서 시작해서, 최근 원 복속기에 국왕 국상(國喪) 때 거행되는 외교의례가 전환되고 그 전환의 결과가 이후 전유·계승되어간 과정과 양상을 다룬 데 이르기까지, 비교적 오랫동안의 지적 여정이 이 책에 온축되어 있다. 하지만 기나긴 시간에 걸맞게 완성도 높은 책을 세상에 내놓는지는 의문이다. 출간이 계획되고서 책의 구성상의 완성도를 높이기 위해 국왕 국상 시 외교의례를 추가로 다루고 오래전에 작성된 논문 원고를 대폭 수정·보완하는 등 부끄러움을 덜기 위해 나름 애를 썼지만, 여전히 부족한 점들이 눈에 띈다. 미흡한 연구이긴 하지만, 이 책에서 다루는 연구 주제와 직간접적으로 연관된 분야에 조금이나마 도움이 되기를 희망한다.

하나 알려드릴 사실은 이 책에 이어 일종의 시리즈로, 서울교대 사회과교육과의 정동훈 선생님과 경북대 사학과의 이명미 선생님의 단독저서도 순차적으로 출간될 예정이라는 점이다. 몇 해 전, 필자를 비롯한 세 사람(필자, 정동훈, 이명미)은 고려 후기와 조선 초기의 역사를 새롭게 구성하는 공저를 기획하며 몇 차례 모임을 가졌다. 하지만 현재의 상황에서는 공저보다는 각자의 연구 성과를 단독저서로 정리하는 것이 낫겠다는 결론에 이르렀다. 그러면서도 일정한 통일성과 연계성을 유지하기 위해 각 저서에서 다룰 세부 주제를 논의하고, 이를 바탕으로 공동으로 출판제안서를 작성하였다. 다행히 역사비평사의 호의 덕분에, 일종의 시리즈 성격을 갖춘 세 편의 저서를 순차적으로 출간하기로 계약을 체결할 수 있었다. 이번에 출간된 책은 이 가운데 첫 번째 권에 해당한다. 이 자리를 빌려 역사비평사의 호의에 다시 한번 깊이 감사드리며, 난삽한 원고를 세심하게 다듬어 근사한 책으로 완성해준 편집부에 진심으로 감사의 마음을 전한다.

마지막으로, 연구 분야는 다르긴 해도 역사를 연구하는 여정의 동반자인

아내 김민정에게 깊은 감사의 마음을 전한다. 늘 곁에서 보내준 그녀의 아낌없는 지지와 진심 어린 충고 덕택에 한 사람의 연구자로 성장하고 아울러 더 성숙한 인간이 될 수 있었다.

월곡에서

최종석

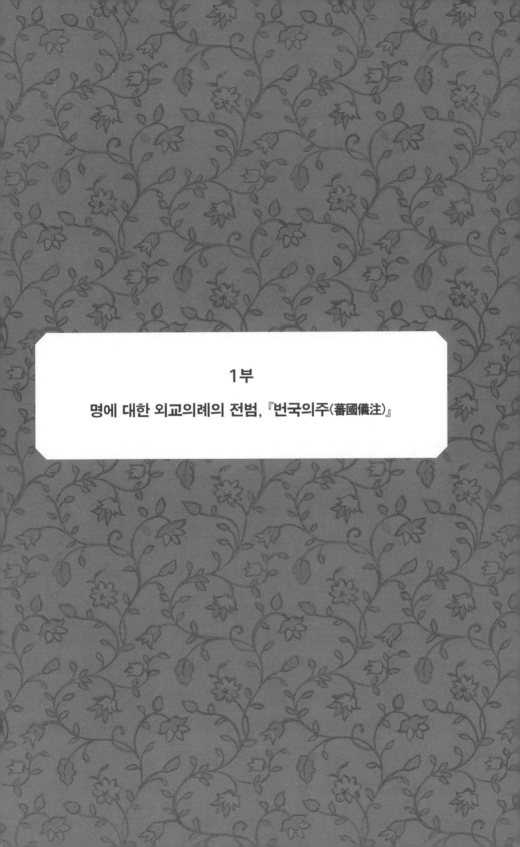

1부

명에 대한 외교의례의 전범, 『번국의주(蕃國儀注)』

1부에서는 고려 말기 이후로 명(明)에 대한 외교의례의 전범으로 기능했으나 그간 존재가 제대로 조명되지 않던 『번국의주(藩國儀注)』를 연구 대상으로 삼아 실체를 규명하고자 한다. 아울러 외교의례의 운용에서 『번국의주』를 어떠한 방식으로 활용했는지를 고려 말기를 중심으로 면밀히 탐구하려 한다.

1장에서는 번국(藩國)에서 명 황제를 대상으로 거행하는 신례(臣禮)들의 의주로, 명이 1370년(공민왕 19, 홍무 3)에 작성하여 고려에 보내준 『번국의주』가 그동안 베일에 가려져 있었던 사실을 고려하여, 세상에 그 존재를 알리고 『번국의주』에 관한 기본 정보를 파악하는 기초 작업을 할 것이다. 아울러 『번국의주』는 현전하진 않아도 원형에 가깝게 복원할 수 있다고 보아, 『번국의주』의 복원을 시도할 것이다. 의주의 구체적인 내용이 파악되어야 『번국의주』 소개의 의미가 그만큼 커질 것이라는 기대에서다. 복원을 시도하고자 한 데는 『번국의주』가 고려 말기 이후로 명에 대한 외교의례의 전범으로 기능하였다고 하는 자료의 가치와 역사적 의의도 고려되었다. 다만 복원 작업은 『번국의주』 중에서도 영조례(迎詔禮)의 의주에 해당하는 「번국접조의주(藩國接詔儀注)」를 표본으로 삼아 진행할 것이다.

2장에서는 고려 말기에 외교의례를 거행하는 과정에서 『번국의주』를 활용한 방식을 탐색하였다. 고려 말기 이후로 황제국을 대상으로 한 외교의례는 기본적으로 『번국의주』를 준용하였으니, 그러한 양상은 조선 말기까지 이어졌다. 2장에서는 이러한 사실을 전제로 하면서도 타 시기와 구분되는 고려 말기 『번국의주』의 활용 양상과 그 성격을 파악하려 한다.

1장

『번국의주』의 '발견'과 복원
─영조례(迎詔禮) 의주를 중심으로

1. 머리말

고려 말기의 외교의례와 그 의주는 『고려사』 예지를 통해 확인할 수 있다. 『고려사』 예지에 수록된 「영대명조사의(迎大明詔使儀)」, 「영대명사로사의(迎大明賜勞使儀)」, 「영대명무조칙사의(迎大明無詔勅使儀)」, 「원정동지상국성수절망궐하의(元正冬至上國聖壽節望闕賀儀)」, 「진대명표전의(進大明表箋儀)」 등이 이에 해당한다.[01]

이들 각각을 간략히 소개하자면, 「영대명조사의」는 명(황제)이 보낸 조사(詔使, 조서)를 맞이하는 의례(의주), 「영대명사로사의」는 명(황제)이 보낸 사로사(賜勞使, 예물)를 맞이하는 의례(의주), 「영대명무조칙사의」는 명이 보낸 자문(咨文) 등의 공첩(公牒)을 지니고 온 사신을 맞이하는 의례(의주), 「원정동지상국성수절

---

01   「迎大明詔使儀」, 「迎大明賜勞使儀」, 「迎大明無詔勅使儀」는 『고려사』 권65, 지19 예7 빈례에, 「元正冬至上國聖壽節望闕賀儀」와 「進大明表箋儀」는 『고려사』 권67, 지21 예9 가례에 수록되어 있다.

망궐하의」는 원정(元正), 동지(冬至), 성절(聖節) 시에 명 황제를 대상으로 한 망궐례(望闕禮)(의주), 「진대명표전의」는 고려 군주가 표전을 작성하여 자국의 사신에게 건네는 과정에서 행하는 신례(臣禮)(의주)이다. 이들은 모두 고려(국왕)가 명(황제)을 대상으로 신례를 구현하는 의례였다.

주목할 점은 고려 말기의 이들 외교의례와 그 의주가 사실상 조선시대까지도 존속했다는 사실이다. 『세종실록』 오례와 『국조오례의』에 수록된 황제(국)를 대상으로 한 외교의례는 「영조서의(迎詔書儀)」, 「영칙서의(迎勅書儀)」, 「정지급성절망궐행례의(正至及聖節望闕行禮儀)」, 「황태자천추절망궁행례의(皇太子千秋節望宮行禮儀)」, 「배표의(拜表儀)」(배전의拜箋儀) 등인데,[02] 「영조서의」는 「영대명조사의」와, 「영칙서의」는 「영대명사로사의」와, 「정지급성절망궐행례의」·「황태자천추절망궁행례의」는 「원정동지상국성수절망궐하의」와, 「배표의」(배전의)는 「진대명표전의」와 같은 종류의 것이다. 다만 「영대명무조칙사의」와 상응하는 의례(의주)는 조선시대에 확인되지 않는다. 단순히 의례 종류의 존속에 그치지 않고 『세종실록』 오례와 『국조오례의』에 수록된 이들 외교의례는 의주 내용 면에서도 『고려사』 예지에 수록된 해당 의례와 사실상 동일하였다. 조선시대의 이들 의례는 『고려사』 예지에 수록된 것들에 비해 의주 내용이 훨씬 상세하고 보완적이긴 해도, 의례 절차의 기본 구성뿐만 아니라 각 부분 내 세부 절차에서조차 다르지 않다.[03] 마치 양자는 상세본과 요약본의 관계와도 같다고 할

02　「迎詔書儀」, 「迎勅書儀」, 「正至及聖節望闕行禮儀」, 「皇太子千秋節望宮行禮儀」, 「拜表儀」(拜箋儀)는 『세종실록』 오례 嘉禮儀式과 『국조오례의』 권3 가례에 수록되어 있다. 『세종실록』 오례와 『국조오례의』에는 수록되어 있지 않지만, 이들 외에도 황제(국)를 대상으로 한 외교의례로는 「迎詰命儀」가 더 있다. 『세종실록』 권3 세종 1년 1월 신해.

03　이 점은 『세종실록』 오례와 『국조오례의』의 「迎詔書儀」를 고려 말기의 「迎大明詔使儀」와 비교한 연구에서 확인되는데, 여타 의례도 다르지 않았을 것이다. 최종석, 「조선 초기 迎詔禮 운영과 『蕃國儀注』」, 『역사와 담론』 86, 2018a 참조.

수 있다.

『세종실록』오례와 『국조오례의』에 수록된 이들 외교의례는 원래 명(황제)을 대상으로 마련된 것이긴 해도 조선이 청에게 항복한 이후로는 명(황제) 대신 청(황제)을 대상으로도 그대로 활용되었다. 곧 조선 후기에도 「영조서의」, 「영칙서의」, 「정지급성절망궐행례의」, 「황태자천추절망궁행례의」, 「배표의」(배전의) 등의 의례는 지속해서 거행되었을 뿐만 아니라, 각 의례의 의주 내용도 바뀌지 않았다.[04] 이처럼 고려 말기의 외교의례와 그 의주는 사실상 조선 말기, 정확히는 대한제국 성립 이전까지 지속하였다.[05]

---

04 청과의 강화조약에 따르면, "聖節·正朝·冬至·中宮千秋·太子千秋 및 慶弔 등의 일이 있으면 마땅히 禮를 올리고, 대신 및 내관에게 명하여 표문을 받들고 오게 하라. 바치는 표문과 전문의 程式 및 짐이 내린 詔勅, 혹 일이 있어 사신을 보내 유시를 전달할 경우 그대와 사신 간의 상견, 혹 그대 陪臣의 알현 및 영접, 饋使의 예는 명나라의 구례와 다름이 없도록 하라"(『인조실록』권34, 인조 15년 1월 무진)고 하여, 청 황제에게 稱臣한 이후로도 외교의례는 달라지지 않았다. 이에 관한 청 측 기록은 『清太宗實錄』권33, 숭덕 2년 정월 戊辰 기사를 참조할 수 있다. 실제로 각각 영조 대와 정조 대에 편찬된 오례서인 『國朝續五禮儀』와 『春官通考』에 수록된 외교의례는 그 의주가 『국조오례의』에 수록된 것과 동일하였다. 『국조오례의』에 수록된 외교의례와 그 의주는 조선 말기까지 그대로 존속·기능한 것이었다. 영조 대에 편찬된 『국조속오례의』는 『국조오례의』에서 변화가 있거나 새롭게 추가된 전례를 정리한 속편에 해당하는 것인데, 각종 외교의례는 의주 면에서 變改가 없어서 아예 여기에 수록되지 않았다. 정조 대에 편찬된 『춘관통고』는 『국조오례의』와 『국조속오례의』 등의 국가 典禮書에 수록된 의주를 종합하고 각 전례의 역대 사실을 정리한 작업 결과물이었는데, 권46에 기재된 「正至及聖節望闕行禮儀」, 「皇太子千秋節望宮行禮儀」, 「迎詔書儀」, 「迎勅書儀」, 「拜表儀」(拜箋儀)의 제목에는 "국조오례의의 의식대로 한다(原儀仍舊)"라는 세주가 부기되어 있다. 의주 면에서 변화가 없던 것이다. 『국조속오례의』와 『춘관통고』에 관해서는 다음 연구들이 참고된다. 김지영, 「18세기 후반 國家典禮의 정비와 『春官通考』」, 『한국학보』114, 2004; 김문식, 「조선시대 國家典禮書의 편찬 양상」, 『장서각』21, 2009; 송지원, 「영조 대 儀禮 정비와 『國朝續五禮儀』 편찬」, 『한국문화』50, 2010; 송지원, 「정조 대 의례 정비와 『春官通考』 편찬」, 『규장각』38, 2011.

05 『大韓禮典』은 대한제국 건립 후 황제국의 위상에 걸맞은 국가 전례를 실행하기 위해 편찬된

그런데 『고려사』 예지에 수록된 고려 말기 외교의례의 의주는 본문에서 규명하듯이 명이 하사한 『번국의주』에 수록된 의주들을 거의 그대로 모사하여 마련된 것이었다. 즉 『고려사』 예지에 수록된 「영대명조사의」, 「영대명사로사의」, 「원정동지상국성수절망궐하의」, 「진대명표전의」는 각각 『번국의주』에 수록된 「번국접조의주(蕃國接詔儀注)」와 「번국수인물의주(蕃國受印物儀注)」, 「번국정단동지성수솔중관망궐행례의주(蕃國正旦冬至聖壽率衆官望闕行禮儀注)」, 「번국진하표전의주(蕃國進賀表箋儀注)」의 복제품과도 같다고 할 수 있다.

『번국의주』란 명이 1370년(공민왕 19, 홍무 3)에 편찬한 인쇄 책자이다. 명은 이전 왕조들과 달리 번국 내에서 명(황제)을 대상으로 거행하는 의례들의 의주까지 직접 작성하였다.[06] 1370년 9월에 편찬된 『대명집례(大明集禮)』의 빈례(賓禮) 가운데 수록된 「번국접조의주」, 「번국수인물의주」, 「번국정단동지성수솔중관망궐행례의주」, 「번국진하표전의주」가 이에 해당한다.[07] 『번국의주』에 수록된 의주들은 바로 이러한 성격의 것이었다. 『대명집례』의 편찬이 진행되는 동안, 고려 측이 번국(고려)에서 명 황제를 대상으로 거행하는 망궐례(望闕禮)의 의주인 본국조하의주(本國朝賀儀注)를 요청하자, 명은 완성 중이던 『대명집례』의 빈례 중에서 번국에서 명(황제)을 대상으로 거행하는 의례들의 의주를 추려 『번국의주』로 제작하여 고려 측에 전달하였을 것이다. 고려는 1370년 6월에 『번국

국가 전례서인데, 여기에는 그간 중국 황제를 대상으로 거행해온 의례들인 「迎詔書儀」, 「迎勅書儀」, 「正至及聖節望闕行禮儀」, 「皇太子千秋節望宮行禮儀」, 「拜表儀」 등의 외교의례가 일괄 삭제·제외되었다. 『대한예전』에 관해서는 김문식, 「장지연이 편찬한 『대한예전』」, 『문헌과 해석』 35, 2006; 임민혁, 「대한제국기 『大韓禮典』의 편찬과 황제국 의례」, 『역사와 실학』 34, 2007 참조.

06 명 이전에는 중국의 어느 왕조에서도 이러한 성격의 의주를 작성한 적이 없었다.

07 「蕃國接詔儀注」와 「蕃國受印物儀注」는 『大明集禮』 권32, 賓禮3에, 「蕃國正旦冬至聖壽率衆官望闕行禮儀注」와 「蕃國進賀表箋儀注」는 『大明集禮』 권30, 賓禮1에 수록되어 있다.

의주』를 전달받았고, 이후 이 의주를 거의 그대로 모사하여 명에 대한 외교의
례의 의주를 작성하였다.[08]

조선시대에도 외교의례의 의주는 기본적으로 『번국의주』를 바탕으로 작
성되었다. 즉 『세종실록』 오례와 『국조오례의』에 수록된 외교의례 의주는 『번
국의주』를 바탕으로 해서 의례 구성의 면에서는 동일하면서도 내용을 대폭 상
세화하는 방식으로 작성되었다.[09] 『국조오례의』에 수록된 외교의례 의주가 사
실상 조선 말기까지 변함없었다는 데서, 조선시대의 외교의례는 기본적으로
『번국의주』를 바탕으로 운영되었음을 짐작할 수 있다. 앞서 고려 말기의 외교
의례와 그 의주는 조선 말기까지 지속하였다고 하였는데, 이러한 현상은 이 기
간 내내 『번국의주』를 준용한 외교의례 운영과 깊이 맞물려 있다고 할 수 있다.

기존 연구에서는 고려 말기 이후로 외교의례 의주의 전범으로 기능하다
시피 한 『번국의주』의 존재 자체를 간과하였다. 『번국의주』에 대한 언급은 거
의 없었으며, 언급되더라도 실체에 대한 이해와 파악이 없다 보니 연구자의 관
심 밖에 놓여 있었다.[10] 고려 말기 이후의 외교의례를 탐구하는 데 있어 첫 단추
부터 잘못 끼운 셈이다. 기존 연구는 『고려사』 예지에 수록된 「영대명조사의」,
「영대명사로사의」, 「원정동지상국성수절망궐하의」, 「진대명표전의」가 각각
『대명집례』 빈례에 수록된 「번국접조의주」, 「번국수인물의주」, 「번국정단동지
성수솔중관망궐행례의주」, 「번국진하표전의주」와 매우 유사하다는 사실을 주
목하여, 『대명집례』의 이들 의주를 바탕으로 고려 말기의 명에 대한 외교의례

---

08 『蕃國儀注』를 간략히 소개하는 이 문단 내용은 본문에서 상세히 논증하도록 하겠다.

09 최종석, 「조선 초기 迎詔禮 운영과 『蕃國儀注』」, 『역사와 담론』 86, 2018a 참조.

10 계승범, 「파병 논의를 통해 본 조선전기 對明觀의 변화」, 『대동문화연구』 53, 2006, 330쪽; 최
    종석, 「조선 초기 '時王之制'의 논의 구조의 특징과 중화 보편의 추구」, 『조선시대사학보』 52,
    2010b, 36쪽 참조.

의 의주가 마련되었으며, 더 나아가 『세종실록』 오례와 『국조오례의』의 외교의
례 의주도 『대명집례』를 활용하여 작성되었다고 보았다.[11] 그러나 세종 대에 조
선 측이 『대명집례』를 입수하려고 노력한 것만[12] 보더라도, 『대명집례』는 고려
말기 명에 대한 외교의례 의주의 작성 시에 참고될 수 없었다. 『세종실록』 오례
와 『국조오례의』의 외교의례 의주를 작성하는 과정에서도 마찬가지였다.[13] 『대
명집례』가 편성된 후 곧바로 금중(禁中)에 보관되었고 간행은 『국조오례의』 편
찬 이후인 가정제 때 이루어졌기 때문이다.[14]

본 장에서는 우선 『번국의주』의 실체를 파악하는 기초적인 작업을 시도할
것이다. 이 과정에서 명 측이 『번국의주』를 작성하게 된 계기와 시기, 그리고
고려 측에 『번국의주』가 전달된 경위도 살펴볼 것이다.[15] 또한 현전하지 않는
『번국의주』를 복원하려는 시도도 해볼 것이다. 이는 무리한 시도로 여겨질 수
있으나, 고려 말기 이후 외교의례(의주)와 그 전개에서 『번국의주』의 기능과 위
상을 고려할 때, 그리고 고려 말기 이후 외교의례(의주)에 대한 심도 있는 이해
를 위해서라도 시도해볼 만한 가치가 있다고 판단된다. 다만 『번국의주』에 수

---

11 한형주, 「對明儀禮를 통해 본 15세기 朝-明관계」, 『역사민속학』 28, 2008; 유바다, 「朝鮮 初期
    迎詔勅 관련 儀註의 성립과 朝明關係」, 『역사민속학』 30, 2012 참조.

12 『세종실록』 권88, 세종 22년 1월 신해; 『세종실록』 권88, 세종 22년 2월 정유.

13 세종 대에 『大明集禮』를 입수하고자 한 노력은 결실을 보지 못했으며, 『대명집례』가 조선에
    수입된 것은 광해군 초기로 파악되고 있다. 김문식, 「조선시대 國家典禮書의 편찬 양상」, 『장
    서각』 21, 2009, 84쪽.

14 郭嘉輝, 「天下通禮—明代賓禮的流傳與域外實踐的紛爭」, 『臺灣師大歷史學報』 59, 2018 참
    조.

15 특히 명 측이 『蕃國儀注』를 작성한 계기를 검토하는 작업은 明이 『大明集禮』의 賓禮를 작성
    하면서 전례 없이 蕃國에서 명(황제)을 대상으로 거행하는 臣禮의 의주까지 작성한 배경과
    이유를 규명하는 일이기도 하다. 다만 이 작업은 글의 흐름을 고려하여 2부 1장인 「원 복속기
    외교의례의 전환·전유·계승—'전형적' 제후국 외교의례의 창출」에서 다룰 것이다.

록된 여러 의주 중에서 가장 빈번히 언급되는 영조례 의주인 「번국접조의주」만을 복원 대상으로 삼을 것이다.[16]

2. 『번국의주』의 실체

1) 『번국의주』에 관한 기초 정보

『번국의주』의 실체에 접근하기 위해, 『조선왕조실록』에서 『번국의주』를 언급한 기사들 가운데 몇 가지를 우선 주목해보고자 한다.

    (1) 예조에서 계하기를, "성절 하례에서도 번국의주에 의거하여 왼쪽 무릎을 꿇고 세 차례 고두를 하게(跪左膝三叩頭) 하소서"라고 하니 그대로 따랐다.[17]

    (2) 사신이 김하(金何)에게 말하기를 "홍무예제(洪武禮制)에는 문밖에서 조서를 맞이할 시에 오배구두례(五拜扣頭禮)를 행하게 되어 있는데, 지금 조서를 맞이하는 의식에는 단지 몸을 굽혀서 맞이한다고 하니 어디에 근거한 것입니까" 하니 (…) 이에 이계전(李季甸)에게 명하여 가서 사신에게 이르게 하기를 "교외에서 맞이할 시에 오배(五拜)하는 예는 마땅하나, 번국의주(蕃國儀注)에는 문밖에서 조서를 맞이할 때 절하는 예식이 없고, 고황제(高皇帝, 명 태조)가 이 책을 하사한 이래 아국(我國)

---

16 후술하듯 복원 작업의 결과는 『蕃國儀注』의 「蕃國接詔儀注」가 『大明集禮』의 해당 의주와 거의 같다는 것이어서 복원 작업의 의의가 미미하다고도 볼 수 있지만, 이 사실을 아는 것도 적지 않은 소득이라 판단된다. 한편 『번국의주』와 『대명집례』에 수록된 해당 의주가 거의 같다는 점을 감안하면 여타 의주의 복원 작업은 굳이 필요하지 않을 것이다.

17 『세종실록』 권3, 세종 1년 4월 경인.

1부 명에 대한 외교의례의 전범, 『번국의주(蕃國儀注)』 23

은 모두 이 예식을 준행하였습니다"라고 하였다. 사신이 말하기를 "지금 그 책을 가지고 있습니까?" 하기에 즉시 내어 보이니, 두 사신이 보고 나서 서로 눈짓하면서 말하기를 "우리는 홍무예제만을 보았고 이 책이 있는 줄은 미처 알지 못하였습니다. 매우 마땅합니다. 다만 지금의 의주에는 국궁(鞠躬)의 절차가 있는데, 이 책에는 그것이 없습니다"라고 하니, 이계전이 말하기를 "천자의 명(命)을 공경하여 감히 서서 맞이할 수 없으므로 이 국궁 일절(一節)을 더한 것입니다"라고 하였다. 사신이 말하기를 "틀림이 없소"라고 하였다.[18]

(1)은 현재 확인되는 『번국의주』 언급 사례들 가운데 가장 이른 시기의 것이다. (1)의 기사에 따르면, 1419년(세종 1) 4월 예조는 성절 시 하례(賀禮), 즉 황제의 생일인 성절에 황제를 대상으로 거행하는 하례(성절 시 망궐례)에서도 『번국의주』에 의거하여 '왼쪽 무릎을 꿇고 세 차례 고두를 하는(跪左膝三叩頭)' 의절을 행할 것을 건의하였고, 국왕은 이를 재가하였다. 『번국의주』는 '속국의 의주'로 번역되기도 하지만,[19] (2)에서 알 수 있듯이 고유명사로 서책이었다.[20] 『번국의주』가 서책이었다는 점에서, 이 서책에는 '궤좌슬삼고두(跪左膝三叩頭)'라는 의절이 기록되어 있었을 것이다.

(2)에서도 『번국의주』의 존재가 확인된다. 조서를 맞이하는 의례, 곧 영조례 가운데 '(국)문 밖에서 조서를 맞이하는 예식'을 두고서 1450년(세종 32)에 명 사

---

18 『세종실록』 권127, 세종 32년 1월 을사.

19 국사편찬위원회에서 제공하는 온라인 『조선왕조실록』(http://sillok.history.go.kr)에 이 기사는 "예조에서 계하기를, '성절(聖節)에 대한 하례(賀禮)는 속국의 의주(儀注)에 의하면, 왼쪽 무릎을 꿇고 세 번 머리를 조아리는 것으로 되어있다'고 하므로, 그대로 따랐다"로 번역되어 있다.

20 『번국의주』가 보통명사가 아니라 고유명사로 서책이었음은 뒤에서 상세히 다룰 것이다.

신과 조선 측의 갈등이 있었고, 이 과정에서 조선 측이 소지한 『번국의주』라는 서책이 노출되었다. 이 기사에 따르면, 적어도 이 책에는 영조례 의주가 기재되어 있었음이 분명하다.

이제부터 『번국의주』의 실체를 본격적으로 탐색해보겠다. 먼저 (2)의 기사에 따르면 고황제, 즉 명 태조 홍무제가 『번국의주』를 하사하였다고 하여, 이 책은 조선 측이 작성한 것이 아니라 명 측으로부터 전달받은 것이었다고 한다. 후술하겠지만, 정확히는 고려가 명으로부터 이 책을 하사받은 것이다. 명 측이 『번국의주』를 작성해준 것이라는 사실은 (2) 외의 여러 사례에서도 언급되었다.[21] 단종 즉위년의 다음 기사는 『번국의주』에 관한 더욱 상세한 정보를 제공해주고 있다.

(3) 진둔(陳鈍) 등이 모화관에 도착하여 조서를 용정(龍亭)에 안치하니, 노산군(단종)이 세자의 칠장관복(七章冠服)을 입고 군신을 거느리고 국궁하여 맞이하였다. 노산군이 장차 가마(輦)를 타려고 진둔 등에게 교자(轎子)를 타기를 청하니, 진둔 등이 고용지(高用智)를 시켜 와서 아뢰기를, "군신이 나아와서 오배고두례(五拜叩頭禮)를 행한 뒤에 나누어 갑니다" 하므로, 도승지 강맹경(姜孟卿), 동지중추원사 김하 등이 왕명을 받고 진둔 등에게 말하기를, "고황제(高皇帝)가 내려준 번국의주에는 이 오배고두례가 없습니다"라고 하니, 진둔 등이 말하기를 "지금 중국에서는 모두 영조정(迎詔亭)에서 오배고두례를 행한 뒤에 갑니다" 하였다. (…) 진둔 등이 다시 묻기를 "그 의주(=번국의주)는 초록(抄錄)이오, 인본(印本)이오?" 하니, 대답하기를 "인본입니다" 하므로, 사신이 말하기를 "그렇다면 전례에 의거하여 전도(前導)하시오 우리

21 『세종실록』 권127, 세종 32년 1월 을사; 『단종실록』 권2, 단종 즉위년 8월 임오; 『성종실록』 권214, 성종 19년 3월 갑술; 『연산군일기』 권5, 연산군 1년 5월 정미.

는 마땅히 천천히 인본을 보아야 하겠습니다" 하였다. (…) 진둔 등이 말하기를 "번국의주를 가지고 오시오" 하니, 강맹경이 즉시 이를 진둔 등에게 주었다. 진둔 등이 두세 번 훑어보고서 말하기를 "이 의주는 홍무 3년에 반포한 것입니다. 홍무 14년 및 영락 연간에 예도(禮度)를 개정하였으니, 마땅히 시제(時制)에 따라서 군신(君臣)이 관(館)으로 보내야 할 것입니다" 하였다.[22]

여기서 알 수 있는 것은 『번국의주』가 완본의 인쇄 책자라는 사실이다. 명 사신 진둔 등이 『번국의주』가 초록인지 인본인지를 묻자 조선 측은 인본이라고 대답하였고, 진둔 등은 직접 이 사실을 확인하였다. 이로 보아 조선이 보유한 『번국의주』는 완본의 인쇄 책자였음이 분명해진다. 아울러 이 책의 편찬 시점도 알 수 있다. 『번국의주』가 명 태조의 하사품이라는 사실은 여러 사례에서 거듭 확인되지만, 편찬 시점에 관한 구체적인 정보는 위 사례에서만 얻을 수 있다. 즉 『번국의주』를 직접 검토한 명 사신 진둔 등에 따르면, 이 책자는 1370년(홍무 3)에 편찬되었다고 한다.[23]

결국 『번국의주』는 1370년에 편찬된 인쇄 책자로, 명이 작성하여 고려에 준 것이었다. 고려가 이를 전달받은 시점은 적시되지 않았지만, 편찬 시점으로부터 그리 멀지는 않았을 것이다. 왜냐하면 『번국의주』라는 책자는 명조가 직접 사용하기 위해서가 아니라 '번국'에 줄 목적으로 제작했을 것이기 때문이다. 후술하듯 『대명집례』의 빈례에는 번국에서 명 황제를 대상으로 거행하는 신례에 관한 의주가 수록되어 있어, 명조가 이와 별도로 직접 사용을 위해 『번국

22　『단종실록』 권2, 단종 즉위년 8월 임오.

23　후술하듯 『蕃國儀注』는 1370년(홍무 3) 9월에 편찬된 『大明集禮』보다 시간상으로 약간 앞서는 것으로 보여, 진둔 등의 판별은 정확하였다고 할 수 있다.

의주』와 같은 책자를 중복 제작할 이유는 없었을 것이다. 이처럼 『번국의주』는 애초에 명이 번국에 사여할 목적으로 제작되었으며, 그러했기에 작성 직후 바로 고려에 하사되었을 것으로 보인다.

이 사안과 관련하여 고려가 본국조하의주의 하사를 요청하자, 명 측이 이를 작성하여 고려에 준 사실에 주목할 필요가 있다. 『번국의주』 작성의 계기와 시기 및 고려 측에 『번국의주』가 전달된 경위를 파악하는 데 중요한 열쇠라 생각되기 때문이다.

『고려사』에 따르면, 공민왕 18년(1369) 8월에 고려는 명에 사대하고 나서 처음으로 명절을 경하하는 사신으로 하성절사(賀聖節使), 천추사(千秋使), 하정사(賀正使)를 한꺼번에 보내면서, 사신 편에 본국조하의주를 요청하였다.[24] 고려가 요청한 본국조하의주란 고려의 처지에서 불필요한 황제 조정에서 거행되는 조하례의 의주, 『대명집례』로 치자면 「정단조하의주」와 「성절의주」가[25] 아니라, 본국(고려)에서 명 황제를 대상으로 거행하는 조하례의 의주, 『대명집례』로 치자면 「번국정단동지성수솔중관망궐행례의주」에 해당하는 것이었다고 할 수 있다. 명은 고려의 요청에 응해 다음 해 6월 본국조하의주 한 책을 고려에 하사하였다.[26] 이 본국조하의주는 현전하지 않을 뿐만 아니라 위 기록들을 제외하면 종적이 묘연하다.

필자는 1370년 6월에 명이 고려에 보내준 본국조하의주라는 책이 『번국의주』였을 것으로 보고 있다. 후술하겠지만, 『고려사』 예지에 수록된 의주로 원

---

24 『고려사』 권41, 공민왕 18년 8월 무진. "遣摠部尙書成准得如京師 賀聖節 大將軍金甲雨賀皇太子千秋節 工部尙書張子溫賀正 仍請賜本國朝賀儀注."

25 『大明集禮』 권17, 嘉禮1 朝會.

26 『고려사』 권42, 공민왕 19년 6월 갑술. "張子溫還自京師 帝賜本國朝賀儀注一冊及金龍紵絲紅熟裏絹 各二匹."

정, 동지, 성절에 명 황제를 상대로 거행하는 망궐례 의주인 「원정동지상국성수절망궐하의」는 이를 작성하였을 당시에 고려가 입수할 수 없었던 『대명집례』의 「번국정단동지성수솔중관망궐행례의주」와 거의 같은데, 이는 「원정동지상국성수절망궐하의」가 『대명집례』의 「번국정단동지성수솔중관망궐행례의주」가 아니라 명이 고려에 보내준 본국조하의주를 토대로 작성된 데서 비롯된 현상이었을 것이다. 『고려사』 예지에는 「원정동지상국성수절망궐하의」 외에도 명에 대한 외교의례 의주인 「영대명조사의」, 「영대명사로사의」, 「진대명표전의」가 함께 수록되었는데, 이것들 또한 각각 『대명집례』의 「번국접조의주」, 「번국수인물의주」, 「번국진하표전의주」와 사실상 동일하다. 이는 명이 본국조하의주 외에도 이들 의주를 고려에 보내주었고, 고려는 이들 의주를 토대로 「영대명조사의」, 「영대명사로사의」, 「진대명표전의」를 작성한 결과로 보인다. 그런데 명은 이들 의주를 본국조하의주와 별도로 고려 측에 보내주진 않았을 것이다. 보내주었다는 기록도 존재하지 않는 데다가, 작성 시기 면에서 본국조하의주와 『번국의주』는 공교롭게도 1370년으로 같다.[27] 이 사실을 우연으

---

27 기록은 本國朝賀儀注의 제작 시점을 직접 말해주진 않는다. 하지만 다음과 같은 이유에서 本國朝賀儀注는 1370년(홍무 3, 공민왕 19)에 작성되었을 것이다. 앞서 언급하였듯이, 『고려사』에 따르면, 고려는 공민왕 18년(1369) 8월에 摠部尚書 成准得을 賀聖節使로, 大將軍 金甲雨를 千秋使로, 工部尚書 張子溫을 賀正使로 한꺼번에 보내면서 사신 편에 本國朝賀儀注를 요청하였다고 한다. 그런데 『明太祖實錄』에 따르면, 홍무 2년(1369) 9월 丙午(15일)에 고려에서 보낸 사신인 總部尚書 成惟得과 千牛衛 大將軍 金甲雨가 명의 京師에 왔지만(『明太祖實錄』 권45, 홍무 2년 9월 丙午), 工部尚書 張子溫은 이들과 달리 홍무 2년(1369) 12월 갑술일(13일)에 명의 도성에 왔다(『明太祖實錄』 권47, 홍무 2년 12월 甲戌). 이 건에 있어서 『명태조실록』이 정확하였을 것인데, 1370년 6월에 황제가 준 本國朝賀儀注를 지니고 고려로 돌아온 인물이 장자온인 사실을 고려하면, 本國朝賀儀注의 요청은 장자온을 통해 이루어졌을 것이다. 이렇다고 하면, 명은 아무리 빨라도 12월 13일에야 고려 측의 요청을 들었을 것이고, 신속하게 제작한다고 해도 본국조하의주의 완성은 해를 넘길 수밖에 없었을 것이다. 본국조하의주는 1370년에 완성되었을 것이고, 명은 이것을 본국으로 되돌아가는 사신 장자온 편에 고

로 치부하긴 어려울 것이다. 1370년에 명이 본국조하의주 외에도 본국조하의주에 해당하는 의주를 포함하여 4종의 의주를 수록한 『번국의주』를 별도로 제작해 고려에 따로 하사했다고 보는 것은 부자연스럽고, 이를 뒷받침할 만한 기록도 없다. 따라서 1370년 6월에 장자온이 가져온 본국조하의주라는 책이 바로 『번국의주』였을 가능성이 크다고 하겠다.

바로 앞의 각주에서 검토했듯이, 1269년 12월 어느 날에 고려 사신 장자온은 명 측에 본국조하의주를 요청하였을 것이다. 마침 명은 몇 달 전부터 번국에서 명 황제를 위해 거행하는 신례의 의주로 『대명집례』 빈례에 수록될 「번국접조의주」, 「번국수인물의주」, 「번국정단동지성수솔중관망궐행례의주」, 「번국진하표전의주」를 작성 중에 있었다.[28] 이 의주들이 아직 완성되진 않았어도, 고려의 요청에 응해 명은 본국조하의주에 해당하는 「번국정단동지성수솔중관망궐행례의주」를 포함하여 세트라 할 수 있는 동일한 성격—번국에서 명 황제를 대상으로 거행하는 의례—의 이들 4종의 의주를 일괄한 『번국의주』를 만들어 고려 측에 주었을 것이다.[29]

이렇듯 『번국의주』는 1369년 12월 명의 경사(京師)에 도착한 고려 사신의 요청에 따라 제작되기 시작하여 1370년에 완성되어 그 사신 편에 고려에 전달되

려로 보냈을 것이다.

28 고려는 명 측에 本國朝賀儀注를 요청하고, 명은 고려의 요청 전에 전례 없이 번국에서 명황제를 대상으로 거행하는 의례의 의주를 작성하고 있었던 역사적 맥락에 관해서는 최종석, 「고려 후기 '전형적' 제후국 외교의례의 창출과 몽골 임팩트—'전형적인' 조공 책봉 관계의 이해 심화를 겸하여」, 김형찬 외, 『한국 문화의 정체성』, 고려대학교출판문화원, 2021, 158~167쪽을 참조하기 바란다.

29 『고려사』에 '명이 本國朝賀儀注를 하사하였다'라고 기록된 까닭은 고려가 당초 「本國朝賀儀注」를 요청하였고 이 요청에 응하여 명이 본국조하의주에 해당하는 의주를 포함하여 『번국의주』를 작성하여 하사하였기 때문이었을 것이다.

었을 것이다. 고려는 1370년 6월에 이를 입수할 수 있었을 것이다.

한편 『번국의주』는 명이 작성하여 고려에 보내준 책자임에도 불구하고, 정작 명 측은 조선 초기 무렵에는 이미 그 존재를 망각하고 있었다. 위의 (2) 사례에서 "사신이 말하기를 '지금 그 책을 가지고 있습니까?' 하기에, 즉시 내어 보이니, 두 사신이 보고 나서 서로 눈짓하면서 말하기를 '우리는 홍무예제만을 보았고 이 책이 있는 줄은 미처 알지 못하였습니다. 매우 마땅합니다' (…)"라고 한 데서 알 수 있듯이, 세종 대에 명 사신은 조선 측이 『번국의주』를 꺼내어 눈앞에 보여준 후에야 그 존재를 처음으로 알게 되었다. 단종 대에 명 사신 진둔 등도 『번국의주』에 관한 어떠한 정보를 갖고 있지 못하였으며, 실물을 본 이후에야 그것이 명 측에서 1370년(홍무 3)에 편찬한 책자임을 알게 되었다. 다른 사례들에서도 명 사신이 『번국의주』의 존재를 알고 있었다는 흔적은 전혀 감지되지 않는다.

이 점은 현재 중국 측 문헌 어디에서도 『번국의주』에 관한 언급을 찾아볼 수 없다는 사실과 무관하지 않을 것이다. 필자의 과문함일 수도 있지만, 확인 가능한 범위 내에서 『번국의주』에 관한 기록은 전혀 보이지 않는다. '번국'인 고려의 요청에 따라 『번국의주』를 제작하여 고려에 하사했다고 본다면, 그리고 『번국의주』에 수록된 의주들과 사실상 동일한 것들이 『대명집례』 빈례에 기재되어 있었고 그로 인해 명 측이 굳이 『번국의주』를 소장할 필요가 없었다고 본다면, 세종 대 무렵에 명 측이 『번국의주』의 존재를 전혀 인지하지 못했다든가, 중국 측 문헌에서 『번국의주』에 관한 언급을 찾을 수 없다든가 하는 현상은 이상할 게 없다.

『번국의주』를 제작한 명 측이 이를 망각하고 있었던 것과 달리, 조선에서는 기본적으로 『번국의주』에 수록된 의례들의 의주에 따라 해당 의례를 거행하였다. 이 점은 아래의 사례들에서 엿볼 수 있다.

(4) 사신이 김하에게 이르기를 "홍무예제에는 문밖에서 조서를 맞이함에 오배구두례를 행하게 되어 있는데, 지금 조서를 맞이하는 의식에서 단지 몸을 굽혀서 맞이한다고 하니 무엇을 근거로 하는 것입니까?" 하니 (…) 이에 이계전에게 명하여 가서 사신에게 이르게 하기를 "교에서 맞이할 때 오배하는 예는 마땅하나, 번국의주에는 문밖에서 조서를 맞이할 때 절하는 예식이 없습니다. 고황제가 이 책을 하사한 이래 아국은 모두 이 예식을 준행하였습니다"라고 하였다.[30]

위 사례는 앞서 소개한 인용문 (2)의 일부이다. 국문 밖에서 조서를 맞이하는 절차를 두고서 조선과 명 사신 간에 의견 대립이 벌어지는 와중에, 조선 측은 『번국의주』를 전달받은 이후로는 영조례를 『번국의주』—정확히는 『번국의주』 내 영조례 의주—에 따라 거행해왔음을 주장하였다.

(5) 문례관(問禮官) 안처량(安處良)이 와서 아뢰기를, "신이 벽제관에 도착하여 두 명나라 사신에게 알리기를, '예문(禮文)은 경솔히 변경할 수 없는 것인데, 하물며 번국의(藩國儀)는 곧 조종(祖宗) 이래로 준수해온 전례(典禮)이므로, 지금 갑자기 고치기는 어렵습니다' 하였습니다. 정사(正使)가 말하기를, '몸을 굽혀 조칙을 맞이하는 예절은 번국의에는 나타나지 않고 오례의주(五禮儀註)에만 있으니, 이것은 무엇에 근거한 것인가?' 하므로 (…)."[31]

(5) 사례에서도 국문 밖에서 조서를 맞이하는 절차를 놓고서 명 사신과 조선 측이 갈등을 빚고 있다. 여기서 주목할 점은 문례관 안처량이 명 사신을 상

---

30 『세종실록』 권127, 세종 32년 1월 을사.

31 『성종실록』 권64, 성종 7년 2월 계사.

대로 국문 밖에서 오배삼고두의 예로 조서를 맞이할 수 없는 이유를 설명하면서, "예문은 경솔히 변경할 수 없는 것인데, 하물며 번국의는 곧 조종 이래로 준수해온 전례이므로 지금 갑자기 고치기는 어렵다(禮文不可輕變 況藩國儀 乃祖宗以來遵守之典 今難遽改)"라고 한 대목이다. 번국의는 개국 이래로 준수되어온 예서(禮書)라는 것이다. 번국의(藩國儀)는 『번국의주(藩國儀注)』의 이칭이었을 것이고,[32] 후술하겠지만 『번국의주』에는 영조례 의주 외에도 번국에서 명 황제를 대상으로 거행하는 여러 의례들의 의주가 수록된 데서, 안처량의 언급은 번국에서 명 황제를 대상으로 거행하는 의례들이 기본적으로 『번국의주』에 수록된 의주에 따라 거행되었을 것임을 말해준다고 하겠다.

한편 『번국의주』의 실체를 파악하는 데 있어 가장 중요한 사안은 『번국의주』에 무슨 의주들이 수록되었는지 하는 부분일 것이다. 아래에서 이 문제를 상세히 다루어보도록 하겠다.

2) 『번국의주』에 수록된 의주들

『번국의주』는 현존하지 않는 데다가 이 책에 무슨 의주들이 수록되었는지를 직접 알려주는 기록은 없다. 하지만 『번국의주』에 「번국접조의주」, 「번국수인물의주」, 「번국정단동지성수솔중관망궐행례의주」, 「번국진하표전의주」가 수록되어 있었을 것은 비교적 확실하다. 이하에서는 이 점을 논증해보도록 하

---

32 위 기사에 따르면, 問禮官 安處良은 명 사신에게 藩國儀를 보여주었다. 迎詔禮의 일부 예식 절차를 두고서 명 사신과 갈등이 있었을 경우에 조선 측이 명 사신에게 『번국의주』를 보여주곤 한 사례들로 보아, 안처량이 언급한 藩國儀는 별개의 것이 아니라 『번국의주』를 가리켰을 것이다. 『번국의주』와 관련해서는 藩王儀註를(『성종실록』, 권214, 성종 19년 3월 갑술) 비롯하여 여러 이칭이 있었다. 한편 藩國儀에는 문밖에서 조서를 맞이하는 부분에 '五拜三叩頭'는 물론이요 '鞠躬' 규정도 없다고 하였는데, 『번국의주』의 경우에도 그러한 규정이 없었다는 언급은 여러 차례 제기된 적이 있었다.

겠다.

　앞서 보았듯이, 명은 고려 측의 요청에 응하여 1370년에 『번국의주』를 작성하여 고려에 보내주었을 것이다. 『번국의주』라는 책자는 명조의 필요로 제작된 것이 아니라 '번국'에게 전달할 목적으로 제작되었을 것이며, 서명에서 알 수 있듯이 번국에서 명(황제)을 대상으로 거행하는 의례의 의주를 담고 있었을 것이다.

　『번국의주』에 수록된 의주를 알아내기 위해 먼저 주목할 점은, 『고려사』 예지에 수록된 의주로 고려에서 명(황제)를 대상으로 한 외교의례의 의주인 「영대명조사의」, 「영대명사로사의」,[33] 「원정동지상국성수절망궐하의」, 「진대명표전의」[34]가 각각 『대명집례』에 수록된 「번국접조의주」, 「번국수인물의주」, 「번국정단동지성수솔중관망궐행례의주」, 「번국진하표전의주」와 사실상 동일하다는 사실이다.

　이러한 양자 간의 동일성으로 인해 기존 연구들은 『고려사』 예지에 수록된 이들 의주가 『대명집례』의 해당 의주를 토대로 작성되었다고 오인하곤 하였다. 우연히 이 정도로까지 일치할 순 없기에, 먼저 편찬된 『대명집례』 내의 해당 의주를 거의 전재하다시피 하여 명에 대한 외교의례 의주를 작성했다고 생각하는 것은 자연스러운 발상일 것이다. 그러나 앞서 머리말에서 언급했듯이, 『대명집례』는 『고려사』에 수록된 명에 대한 외교의례의 의주가 작성될 당시 전혀 활용될 수 없었다. 기존 연구에서는 명이 고려의 요청(본국조하의주 요청)에 응해서 1370년에 『번국의주』를 작성해 고려에 하사한 사실을 간과한 것이다. 명 측이 『번국의주』를 고려에 준 사실을 고려하면, 『고려사』에 수록된 「영대명

33　이들 두 의주에 관한 전거는 다음과 같다. 『고려사』 권65, 지19 예7 빈례.

34　이들 두 의주에 관한 전거는 이러하다. 『고려사』 권67, 지21 예9 가례.

조사의」,「영대명사로사의」,「원정동지상국성수절망궐하의」,「진대명표전의」가 각각 『대명집례』에 수록된 「번국접조의주」,「번국수인물의주」,「번국정단동지성수솔중관망궐행례의주」,「번국진하표전의주」와 사실상 일치하는 현상은 어렵지 않게 설명된다. 『번국의주』에 수록된 의주가 『대명집례』의 이들 의주와 거의 동일했을 것으로 보면 되는 것이다. 결국 『고려사』에 수록된 「영대명조사의」,「영대명사로사의」,「원정동지상국성수절망궐하의」,「진대명표전의」는 『번국의주』의 해당 의주를 토대로 작성되었을 것이다.

한편 『번국의주』에는 다음과 같은 경위로 4종의 의주가 수록되었을 것이다. 『대명집례』 빈례는 총 3권으로 이루어져 있다. 권30(빈례1), 권31(빈례2), 권32(빈례3)는 각각 '번왕조공편(藩王朝貢篇)',[35] '번사조공편(藩使朝貢篇)',[36] '견사편(遣使篇)'[37]에 해당한다. 『대명집례』 빈례에는 번왕과 번사가 명에 조공하러 올 때의 의례 및 번국에 명 사신을 보낼 시의 의례가 수록되어 있다. 이 가운데 '번왕조공편'에는 번왕의 입경(入境) 후의 '영로(迎勞)'부터 번왕을 대상으로 한 '노송출경(勞送出境)'까지 시간 순서에 따른 예식 전반이 각 예식별로 소상하게 기술되어 있으며,[38] 관복, 진설 등 '서례'에 해당하는 항목도 빠짐없이 마련되어 있다. 본서와 관련하여 주목할 점은 '번왕조공편'에 각각 번국 내에서 황제를 대상으로 거행하는 망궐례와 배표례의 의주인 「번국정단동지성수솔중관망궐행

---

35 『大明集禮』 권30, 빈례1 總序.

36 『大明集禮』 권31, 빈례2 總序.

37 『大明集禮』 권32, 빈례3 總序.

38 『大明集禮』 권30, 빈례1. '藩王朝貢篇'에 수록된 항목은 다음과 같다. 總序→迎勞→冠服→陳設→儀仗→班位→執事→樂舞→贊獻→宴會→賜予→迎勞儀注→朝見儀注→見東官儀注→見諸王儀注→見宰輔以下儀注→宴會儀注東→宮賜宴儀注→省府臺宴會儀注→陞辭儀注→辭東官儀注→勞送出境.

레의주」와 「번국진하표전의주」가 수록되었다는 사실이다. '번사조공편' 역시 영로부터 노송출경까지의 예식 전반과 관복 등 '서례'에 해당하는 항목이 기술되어 있어 '번왕조공편'과 거의 동일한 체제로 구성되어 있다.[39] 마지막으로 '견사편'은 개조(開詔)·석인(錫印)·사여(賜予)부터 번국에서 조서·인수·예물을 맞이하는 절차까지를 수록하고 있다.[40] 특히 '견사편'에는 유례없이 번국에서 조서·인수·예물을 지니고 간 사신을 영접하고 번왕이 조서·인수·예물을 하사받는 의례의 의주, 곧 「번국접조의주」와 「번국수인물의주」가 수록되어 있어 주목된다.

『번국의주』는 『대명집례』 빈례에 수록된 많은 의주들 가운데 번국에서 명(황제)을 대상으로 거행하는 의례의 의주에 해당하는 「번국접조의주」, 「번국수인물의주」, 「번국정단동지성수솔중관망궐행례의주」, 「번국진하표전의주」만을 골라서 수록한 책자라 할 수 있다. 다만 완성된 『대명집례』에서 이들 의주를 골라낸 것은 아니었을 것이다. 명은 1369년(홍무 2) 9월에 각종 번국례를 마련하였고,[41] 그 이후 이를 수정·보완하여 1370년(홍무 3) 9월에 『대명집례』(빈례)를 완성하였다.[42] 앞서 언급했듯이, 1369년 12월 어느 날 고려 사신 장자온이 명 측에 본

---

39 『大明集禮』 권31, 빈례2 참조. '蕃使朝貢篇'에 수록된 항목은 다음과 같다. 總序→迎勞→冠服→陳設→儀仗→班位→執事→樂舞→貢獻→錫宴→賜予→迎勞儀注→受蕃國來附遣使進貢儀注→受蕃使每歲常朝儀注→東宮受蕃國來附遣使進貢儀注每歲常朝入見儀附→蕃國遣使來附衆見省府臺官儀蕃國遣使每歲常朝入見儀附→錫宴儀注東宮錫宴儀同→省府臺宴勞儀注→蕃使陛辭儀注→蕃使辭東宮儀注蕃使每歲常朝儀附→勞送出境.

40 '遣使篇'에 수록된 항목은 다음과 같다. 總序→詣蕃國開詔書附→賜蕃國印綬→賜吐蕃國禮物→迎接→序坐→蕃國接詔儀注→遣使賜印綬儀注賜禮物儀同→蕃國受印物儀注.

41 『明太祖實錄』 권45, 홍무 2년 9월 壬子.

42 檀上寬, 「明代中華帝國論」, 『明代海禁=朝貢システムと華夷秩序』, 京都大學學術出版會, 2013, 405~406쪽. 명 초기 빈례 작성의 개괄적 과정은 張光輝, 「明初禮制建設研究—以洪武朝爲中心」, 河南大學碩士論文, 2001, 6~7쪽과 '附錄 1' 참조.

국조하의주를 요청하였을 때, 『대명집례』 빈례는 아직 작성 중에 있었을 것이다. 따라서 『대명집례』 빈례가 완성되기 전인 1370년 6월에 『번국의주』가 이미 고려에 전달되었을 가능성이 크다. 이로 보아 명은 작성 중이던 『대명집례』 빈례 중에서 고려 측의 본국조하의주 요청에 부합하는 「번국정단동지성수솔중관망궐행례의주」를 포함하여 세트라 할 수 있는 동일한 성격의 의주인 「번국접조의주」, 「번국수인물의주」, 「번국정단동지성수솔중관망궐행례의주」, 「번국진하표전의주」를 선별 수록하여 인쇄 책자인 『번국의주』를 제작했을 것이다.

고려는 『대명집례』 내 이들 4종의 의주와 사실상 동일한 『번국의주』를 하사받고서 이를 바탕으로 명에 대한 외교의례의 의주를 작성하였고, 이로 인해 고려 측이 『대명집례』를 전혀 볼 수 없었는데도 『고려사』 예지에 수록된 「영대명조사의」, 「영대명사로사의」, 「원정동지상국성수절망궐하의」, 「진대명표전의」가 각각 『대명집례』에 수록된 「번국접조의주」, 「번국수인물의주」, 「번국정단동지성수솔중관망궐행례의주」, 「번국진하표전의주」와 사실상 동일해진 것이다. 이러한 이유로 『번국의주』에는 「번국접조의주」, 「번국수인물의주」, 「번국정단동지성수솔중관망궐행례의주」, 「번국진하표전의주」가 수록되었음을 간접적으로 알 수 있다.[43]

한편 『번국의주』에 이들 4종의 의주 외에 다른 의주가 추가로 수록되었을 가능성도 생각해볼 수 있다. 결론부터 말하면, 그렇게 보긴 어렵다. 유일하게 생각해볼 수 있는 가능성은 『고려사』 예지에 수록된 「영대명무조칙사의」의 저

---

43 『번국의주』에 수록된 의주의 명칭이 『대명집례』와 동일하였다고 100% 확신할 수는 없다. 그렇긴 해도 동일하였을 가능성이 매우 크다. 명은 『번국의주』의 작성 과정에서 편찬 중인 『대명집례』의 해당 의주를 사실상 옮겨 적는 수준으로 별도의 큰 수고를 하지 않은 점을 고려할 때, 기존의 의주 명칭을 새롭게 고안하지는 않았을 것이다. 곧 『대명집례』의 의주 명칭을 그대로 활용하였을 것이다.

본이 되는 의주가 『번국의주』에 수록되었을 가능성인데, 후술하듯 「영대명무조칙사의」는 명에 대한 여타의 외교의례 의주와 달리 『번국의주』를 모사하다시피 하는 방식으로 작성되지 않았고, 모사할 의주도 없었다. 또한 『대명집례』에는 이들 4종의 의주 외에는 번국에서 명 황제를 대상으로 거행하는 의례의 의주에 해당하는 것이 전무하기에, 『번국의주』에 이들 4종의 의주 외에 추가로 수록될 만한 의주는 존재하지 않는다. 명이 『번국의주』를 편찬하는 과정에서 『대명집례』에 없는 의주를 고려를 위해 따로 만들었을 수는 있지만, 그럴 만한 의주가 없었을 뿐만 아니라 짧은 제작 기간에 기존의 『대명집례』 의주를 거의 그대로 베껴 쓰는 방식으로 『번국의주』 수록 의주들을 만든 점을 고려할 때, 당시 명에는 별도의 의주를 만들 여력도 열의도 없었을 것이다.

다음으로는 『조선왕조실록』에 기재된 『번국의주』 사례들을 통해, 이 책자에 「번국접조의주」, 「번국수인물의주」, 「번국진하표전의주」, 「번국정단동지성수솔중관망궐행례의주」가 수록되었을 사실을 확인해보도록 하겠다.

『번국의주』에 「번국접조의주」, 즉 영조례 의주가 수록되었음은 여러 사례가 말해준다. 앞서 (2)와 (3) 인용문에서 『번국의주』는 영조례와 관련하여 언급되었다. 즉 영조례 가운데 국왕이 도성문 밖에서 조서를 맞이하는 예식 절차를 두고서 조선과 명 사신 간에 견해차가 발생하는 상황에서, 조선 측은 명 사신을 상대로 명 태조가 보내준 『번국의주』에 의거해서 영조례를 거행해왔음을 상기시켰다. 이들 사례 외에도 『번국의주』에 영조례 의주가 수록되었을 것임을 적시하는 예들이 더 있다. 명종 즉위년의 다음 기사는 그중 하나이다.

(6) 예조가 아뢰기를 "근정전 뜰에서 조서를 맞이할 때 국왕께서 전에 올라 세 번 향을 올린 후에 내려와 제자리로 가 배례(拜禮)하는 것은 근래의 예사(例事)입니다. 지금은 주상께서 어리시어 계단을 오르내리시기가 어렵습니다. 오례의주(五禮

儀註)에는 '사향(司香)이 향을 올린다'라고 하였고, 번국의주에는 '상(上)이 스스로 향을 올린다 운운' 하였습니다."[44]

근정전 뜰에서 조서를 맞이할 때의 상향(上香) 절차에 관한 언급에서도 『번국의주』가 등장한다. 인용문에 따르면, 『번국의주』에는 '상이 스스로 향을 올린다'라는 어구가 기록되어 있다고 한다.

성종 19년 3월에 영조칙례의 일부 예식을 두고서 명 사신과 갈등하는 기록에서도 『번국의주』에 「번국접조의주」와 「번국수인물의주」가 수록되었음이 확인된다. 이때 명 사신은 『대명집례』 가운데 등사문(謄寫文)으로 된 「접조서의(接詔書儀)」와 「수상사선로의(受上賜宣勞儀)」를 가지고 왔는데,[45] 이것은 각각 『대명집례』의 「번국접조의주」와 「번국수인물의주」에 해당한다. 명 사신은 직접 가지고 온 『대명집례』의 「번국접조의주」와 「번국수인물의주」를 근거로 자신의 주장을 관철하고자 하였고, 이 과정에서 조선 측의 예적 근거로 작용한 『번국의주』를 보고서는 "우리들이 가지고 온 것은 이것(『번국의주』)과 차이가 없다"라고 하면서, 고생해서 『대명집례』의 「접조서의」와 「수상사선로의」를 가지고 올 필요가 없다고까지 말했다.[46] 이 에피소드는 『번국의주』에 『대명집례』의 「번국접조의주」 및 「번국수인물의주」와 동일한 의주가 수록되었음을 말해준다. 『번국의주』에 「번국수인물의주」가 수록되었음은 다음 기록을 통해서도 엿볼 수 있다.

44 『명종실록』권2, 명종 즉위년 11월 임오.

45 『성종실록』권214, 성종 19년 3월 갑술.

46 『성종실록』권214, 성종 19년 3월 갑술. 이 사안과 관련한 상세한 검토는 최종석, 「가마를 탈 것인가 말을 탈 것인가? 조서와 칙서를 함께 맞이할 것인가 별도로 맞이할 것인가?—성종 19년 조선과 명 사신의 迎詔勅禮를 둘러싼 갈등과 그 성격」, 『한국문화』 87, 2019c 참조.

(7) 김귀영(金貴榮)이 아뢰기를, "오늘 중국 사신이 파주에 들어왔는데, 신이 고하기를 '전일 초록하여준 의주는 즉 영조례여서 남향하여 유제(有制)라 칭하나, 칙서를 맞이하는 데는 남향하는 일이 없다. 아국(我國)의 의주는 모두 상국의 예에 의거하여 만들었기에, 이전의 사신도 처음에는 의심하기는 했어도 끝내는 따라서 행하였으니, 그 유래가 오래되었다' 하니, 사신이 말하기를 '조서와 칙서는 일반(一般)인데, 어찌하여 다르게 보는가? 고쳐서는 안 된다'라고 운운하기에, 신은 번국의 주로 그 의심을 풀어주고자 하여 원접사에게 의논하였더니, 번국의주에는 상께서 직접 말을 탄다는 말이 있으므로(有自上乘馬之語) 난처해질 염려가 있어 내어 보여서는 안 되겠다고 운운하므로 말로만 쟁론하였습니다."[47]

위 인용문에 따르면, 『번국의주』에는 왕이 말을 탄다는 어구가 있다고 한다. 그런데 『고려사』 예지의 「영대명조사의」와 이와 상응하는 『대명집례』 「번국접조의주」에는 해당 구문이 전혀 존재하지 않는 대신에, 『대명집례』의 「번국수인물의주」에는 '왕승마행(王乘馬行)'이라는 어구가 기재되어 있다. 이로 미루어 보건대, 인용문에서 말하는 『번국의주』에 있는 왕이 말을 탄다는 어구는 『번국의주』 가운데 「번국수인물의주」에 수록된 것이라 할 수 있다.[48]

『조선왕조실록』 기사를 활용해서 『번국의주』에 수록된 의주들을 하나하나

---

47 『명종실록』 권24, 명종 13년 2월 경자.
48 성종의 傳敎 가운데 "내가 보건대 藩王儀註 안에는 말을 탄다, 가마를 탄다는 글이 없는데 (…) 또 번왕의주는 우리나라에서 스스로 만든 책이 아니라 高皇帝가 特賜한 것이다. (…) 또 번왕의주 다른 데에는 말을 탄다, 가마를 탄다는 글이 없는데, 유독 上賜宣勞를 받는 의식에만 말을 탄다는 글이 있으니"(『성종실록』 권214, 성종 19년 3월 갑술)라는 어구에서, 高皇帝(명 태조)가 特賜한 藩王儀註는 『번국의주』를 지칭하였을 것이 분명하고, 『번국의주』 가운데 말을 탄다, 가마를 탄다는 문구가 없는 곳은 「蕃國接詔儀注」일 것이며, 유독 말을 탄다는 문구가 기재된 上賜宣勞를 받는 의식은 「蕃國受印物儀注」에 해당할 것이다.

확인하는 방법에는 애초에 한계가 있을 수밖에 없다. 『조선왕조실록』에 기록된 『번국의주』 사례들은 『번국의주』를 소개하고자 하는 의도에서 등장한 것이 아니었다. 『번국의주』가 기록상으로 노출되는 계기는 거의 조선 측이 명 사신과 영조칙례의 일부 의절을 놓고서 의견 대립을 벌이는 와중에, 조선 측이 자기 방식의 예적 근거를 뒷받침하기 위해 『번국의주』를 내세우면서였다. 그리하여 「번국접조의주」와 「번국수인물의주」의 존재가 노출되는 경우가 거의 대부분이었고(그중에서도 특히 「번국접조의주」), 「번국진하표전의주」와 「번국정단동지성수솔중관망궐행례의주」는 노출될 기회가 없어 확인되지 않는다. 다만 「번국정단동지성수솔중관망궐행례의주」의 수록 사실은 아래의 기사가 방증해준다.

(8) 예조에서 계하기를, "성절 하례에서도 번국의주에 의거하여 왼쪽 무릎을 꿇고 세 차례 고두를 하게(跪左膝三叩頭) 하소서"라고 하니 그대로 따랐다.[49]

위에서 언급된 성절 시 하례는 「번국정단동지성수솔중관망궐행례의주」와 이것과 상응하는 『고려사』 예지 「원정동지상국성수절망궐하의」에서 성수절 시에 거행되는 망궐하의(望闕賀儀)에 해당한다. 이 인용문은 두 버전으로 해석할 수 있다. 첫 번째 해석은, 『번국의주』 내에 성절 하례에 관한 예식 절차가 기재되어 있었고, 이후로는 성절 하례 시에 『번국의주』에 수록된 해당 의례 절차에 따라 '궤좌슬삼고두' 의절을 행하자고 한 것으로 보는 것이다. 두 번째 해석은, 『번국의주』 내에 성절 하례에 관한 예식 절차가 존재하지 않았으나 이후로는 『번국의주』에 수록된 (여타) 의례를 참고하여 성절 하례 시에 '궤좌슬삼고두' 절차를 시행하자고 한 것으로 보는 것이다.

---

49 『세종실록』 권3, 세종 1년 4월 경인.

두 해석 가운데 전자가 타당할 것이다. 『고려사』예지의 「원정동지상국성수절망궐하의」에 '왼쪽 다리로 꿇어앉아 세 번 머리를 조아리다(跪左脚三叩頭)'라는 의절이 존재하기 때문이다. '궤좌각삼고두(跪左脚三叩頭)'와 '궤좌슬삼고두(跪左膝三叩頭)'는 동일한 의절로 보이기에, 『번국의주』에는 「번국정단동지성수솔중관망궐행례의주」가 수록되었을 가능성이 크며, 이 의주에는 성절 때(정조·동지 시에도 동일) 행하는 망궐행례의 가운데 '왼쪽 다리로 꿇어앉아 세 번 머리를 조아리다(跪左脚三叩頭)'라는 의절이 기록되었을 것이다. 이렇다고 한다면, 위의 기록은 다음과 같이 이해할 수 있다. 당시 조선에서는 성절 때 행하는 망궐행례의에서는—정조·동지와 달리—'궤좌각삼고두(跪左脚三叩頭)' 절차를 거행하지 않고 있어, 예조는 『번국의주』의 예식 절차대로 성절 시에도 해당 절차를 실행하자고 건의하였고, 국왕은 이를 수락하였다고 볼 수 있다.

3. 『번국의주』「번국접조의주」의 복원과 『고려사』「영대명조사의」

1) 『고려사』「영대명조사의」와 『대명집례』「번국접조의주」의 비교

여기서는 현전하지 않는 『번국의주』에 수록된 「번국접조의주」를 복원해보도록 하겠다. 물론 『번국의주』에 수록된 의주 모두를 복원해야 더욱 의미 있고 충실한 작업이 되겠지만, 지면의 제약이 있는 데다가 나머지 의주들의 복원은 「번국접조의주」를 복원한 방법을 적용하면 비교적 손쉽게 이루어질 수 있으므로 이번 작업에서는 「번국접조의주」만을 복원 대상으로 선택하였다.

복원을 시도하는 데서 관건은 『번국의주』의 「번국접조의주」를 어떤 방법으로 복원할지에 있다. 『조선왕조실록』에는 『번국의주』의 「번국접조의주」에 기재되었을 일부 어구나 예식이 기록되어 있긴 하지만,[50] 이를 기반으로 해당 의주를 온전하게 복원하는 것은 애초에 불가능하다. 필자는 이 문제를 『고려사』 예지에 수록된 「영대명조사의」를 활용하여 상당 부분 해결할 수 있다고 본다. 앞서 검토했듯이, 『고려사』 예지에 수록된 명에 대한 외교의례의 의주는 「영대명무조칙사의」를 제외하고는 『번국의주』를 토대로 작성되었을 것이기에, 「영대명조사의」를 활용하여 거꾸로 『번국의주』의 「번국접조의주」를 복원하는 것이 가능하리라 본다. 다만 『고려사』의 「영대명조사의」는 『번국의주』의 「번국접조의주」를 그대로 옮긴 게 아니다 보니, 「영대명조사의」를 작성하는 과정에서 어느 부분이 어떻게 수정되었는지를 파악하고 추정하는 작업은 복원 과정에서 반드시 필요하다.

『번국의주』의 「번국접조의주」를 복원하는 작업의 첫 단계로서, 『고려사』 「영대명조사의」와 『대명집례』 「번국접조의주」를 비교해보도록 하겠다.

(9) ㉮ 使臣[使者] 入[蕃]國境 先遣關人 馳報於王 王遣官 遠接詔書 前期 令有 司 於國門外公館 設幄結彩 設龍亭於正中 設香案於龍亭之南 備金鼓儀仗鼓樂 伺 候迎引 又於國城內街巷 結綵 ㉯ 於王宮內 設闕庭 於殿上正中 設香案 於闕庭之 前 設司香二人(位) 於香案之左右 設詔使立位 於香案之東 設開讀案 於殿陛之東 北 設[蕃]王拜位 於殿庭中 北向 設[蕃國]衆官拜位 於[蕃]王拜位之南 異位重行 北 向 設奉詔官位[捧詔官位] 於開讀案之北 宣詔官位 於捧詔官之南 展詔官二人 於 宣詔官之南 俱西向 司禮二人位 於[于][蕃]王拜位之北 東西相向 引禮二人位 於 [于]司禮之南 東西相向 引班四人位 於[于]衆官拜位之北 東西相向 陳儀仗 於殿庭

50 최종석, 「고려 말기·조선 초기 迎詔儀禮에 관한 새로운 이해 모색─『蕃國儀注』의 소개와 복 원」, 『민족문화연구』 69, 2015, 282쪽 참조.

之東西 設樂位 於衆官拜位之南 北向 ⑬ 遠接官接見詔書 迎至館中 奉安[安奉]於
龍亭中 遣使馳報王 是日 王率國中衆官及耆老[僧道] 出迎於國門外 迎接官迎詔書
出館至國門 金鼓在前 次耆老[僧道]行 次衆官具朝服行 次王具冕服行 次儀仗鼓樂
次詔書龍亭 使臣[使者]常服行 於龍亭之後 ⑭ 迎至宮中 金鼓分列 於外門之左右
耆老衆官[耆老僧道]分立 於庭中之東西 置龍亭 於殿上正中 使臣[使者]立 於龍亭
之東 引禮引王 入就拜位 引班引衆官及[僧道]耆老 各入就拜位 使臣[使者]詣前 南
向立 稱有制 司贊唱四拜 樂作 王及衆官以下 皆四拜 樂止[司贊唱鞠躬拜興拜興
拜興拜興平身 蕃王及衆官以下 皆鞠躬 樂作 拜興拜興拜興拜興平身 樂止] ⑮ 引禮引
[蕃]王 由西階升詣[陞詣]香案前 北向立 引禮唱跪 [蕃]王跪 司禮唱衆官[皆]跪 衆
官以下皆跪 引禮唱上香[引禮唱上香上香三上香] 司香奉香[捧香] 跪進於[于]王之
左 王三上香 訖 司贊[引禮]唱俯伏興平身 [蕃]王及衆官以下 皆俯伏興平身 引禮引
[蕃]王復位 ⑯ 司贊唱開讀 宣詔官展詔官[展讀官]升案[陞案] 使臣[使者]詣龍亭 捧
詔書 授捧詔官 捧詔官[前]受詔 捧至開讀案 授宣詔官 宣詔官受詔 展詔官對展 司
贊唱跪 [蕃]王及衆官以下皆跪 宣詔官宣詔 ⑰ 訖 捧詔官於宣詔官前捧詔書 仍置
於[于]龍亭 司贊唱俯伏興平身 [蕃]王及衆官以下 皆俯伏興平身 司贊唱四拜 樂作
王及衆官以下 皆四拜 樂止[司贊唱鞠躬拜興拜興拜興拜興平身 蕃王及衆官以下
皆鞠躬 樂作 拜興拜興拜興拜興平身 樂止] 司贊唱 搢笏 鞠躬 三舞蹈 跪左膝三叩
頭 山呼萬歲 山呼萬歲 再山呼萬萬歲 出笏 俯伏興 樂作 四拜 樂止[司贊唱 搢笏 鞠
躬 三舞蹈 三拱手加額 山呼萬歲 山呼萬歲 再山呼萬萬歲 出笏 俯伏興 樂作 拜興
拜興拜興拜興平身 樂止] ⑱ 禮畢 引禮引[蕃]王退 引班引衆官 以次退 [蕃]王及衆
官釋服 使臣[使者]以詔書付所司 頒行 [蕃]王與詔使[使者]分賓主 行禮

위의 자료는 『고려사』 「영대명조사의」와 『대명집례』 「번국접조의주」를 겹
쳐 기록한 것으로, 서술의 편의를 위해 ㉮부터 ⑱까지 8부분으로 구분했다. 괄

호 안의 글자는 『고려사』 「영대명조사의」에만, 대괄호 안의 글자는 『대명집례』 「번국접조의주」에만 기록된 것이다. 밑줄은 양자 간에 표현이 상이한 부분을 표시한 것이다. 밑줄만 있는 곳은 『고려사』 「영대명조사의」에, 대괄호 안에 밑줄이 있는 부분은 『대명집례』 「번국접조의주」에 기재된 것을 나타낸다(부호의 사용은 이하 인용문에서 동일). 예를 들어 첫째 줄의 '使臣[使者]入[蕃]國境' 부분은 『고려사』 「영대명조사의」에는 '사신입국경(使臣入國境)'으로, 『대명집례』 「번국접조의주」에는 '사자입번국경(使者入蕃國境)'으로 기록되고 있다. 또한 ㉯ 부분에 기술된 '設司香二人(位)'은 「영대명조사의」에는 '설사향이인위(設司香二人位)'로, 「번국접조의주」에는 '설사향이인(設司香二人)'으로 기록되고 있다. 아무 표시도 없는 부분은 양자 간에 차이가 없는 곳이다.

(9) 자료를 얼핏 보더라도 양자가 매우 비슷하다는 사실을 알 수 있다. 자세히 들여다보면, 차이는 '어(於)'와 '우(于)', '봉안(奉安)'과 '안봉(安奉)' 간의 차이처럼 표현상의 사소한 차이가 대부분이다. 그나마 두드러진 차이라 해도 예식 절차의 상이함과는 무관하다. 구체적으로 ㉱와 ㉲ 부분에서 보이는 『고려사』 「영대명조사의」의 '사찬(司贊)이 네 번 절하시라 외치면 (주악 연주) 왕과 관원들 이하는 모두 네 번 절한다 (주악 그침) [司贊唱四拜 (樂作) 王及衆官以下 皆四拜 (樂止)]'와 『대명집례』 「번국접조의주」의 '사찬이 국궁(鞠躬)하고서 절하고 일어나고 절하고 일어나고 절하고 일어나고 절하고 일어나서 몸을 펴시라 외치면, 번왕(蕃王) 및 관원들 이하는 모두 국궁하고서 (주악 연주) 절하고 일어나고 절하고 일어나고 절하고 일어나고 절하고 일어나서 몸을 편다 (주악 그침) [司贊唱鞠躬拜興拜興拜興拜興平身 蕃王及衆官以下 皆鞠躬 (樂作) 拜興拜興拜興拜興平身 (樂止)]' 간의 차이를 보면, 전자는 사찬(司贊)의 '사배(四拜)' 외침에 따라 주악 속에서 국왕과 중관(衆官) 이하가 '사배' 행위를 하는 것이라면, 후자는 이와 다르지 않으면서 '사배' 행위를 더 상세히 묘사한 것이라 할 수 있다. ㉭ 부분에서 '引禮唱 上香'과

'引禮唱 上香上香三上香' 간의 차이는 생략의 결과로 볼 수 있다. 「영대명조사의」에서도 「번국접조의주」와 마찬가지로 인례(引禮)의 외침에 따라 국왕이 세 번 향을 올린 데서, 인례의 '상향(上香)'은 '상향상향삼상향(上香上香三上香)'을 축약한 게 분명하다. 마지막으로 ⑭ 부분의 '사찬이 홀(笏)을 띠에 꽂고 국궁하며 세 번 무도(舞蹈)한 다음에 왼쪽 무릎을 꿇고 세 차례 고두(叩頭)를 하며 만세, 만세, 만만세를 부르고, 홀을 빼내 부복(俯伏)하였다가 일어나 몸을 펴시라 외친다. (주악 연주) 네 번 절한다 (주악 그침) [司贊唱播笏鞠躬三舞蹈跪左膝三叩頭山呼萬歲山呼萬歲再山呼萬萬歲 出笏俯伏興 (樂作) 四拜 (樂止)]'와 '사찬이 홀을 띠에 꽂고 국궁하며 세 번 무도한 다음에 세 차례 두 손을 모아 이마 위에 올리며 만세, 만세, 만만세를 부르고, 홀을 빼내 부복하였다가 일어나 몸을 펴시라 외친다. (주악 연주) 절하고 일어나고 절하고 일어나고 절하고 일어나고 절하고 일어나서 몸을 편다 (주악 그침) [司贊唱播笏鞠躬三舞蹈三拱手加額山呼萬歲山呼萬歲再山呼萬萬歲 出笏俯伏興 (樂作) 拜興拜興拜興拜興平身 (樂止)]' 간의 차이를 보면, 의식 절차는 동일하다. 다만 『고려사』, 「영대명조사의」의 '네 번 절한다(四拜)'가 『대명집례』, 「번국접조의주」에서는 '절하고 일어나고 절하고 일어나고 절하고 일어나고 절하고 일어나서 몸을 편다(拜興拜興拜興拜興平身)'로 더 상세하게 기술되었고, '왼 무릎을 꿇고 세 번 고두하는(跪左膝三叩頭)' 행위가 '세 차례 두 손을 모아 이마 위에 올리는(三拱手加額)' 절차로 기록되었다.[51]

---

51 한편 양자 모두 의례절차를 불충분하게 서술하고 있다. 후술할 1부 2장에서 확인할 수 있듯이, 「元正冬至上國聖壽節望闕賀儀」를 참고하면, 왕과 관원들은 司贊이 贊導한 내용을 그대로 실행한다. 그런데 위 양자에서는 공통으로 국왕과 관원들이 司贊의 贊導 내용을 실행하는 부분이 누락되어 있다. 또한 주악 속에서 이루어지는 '四拜' 행위는 왕과 관원이 실행하였을 것인데 실행의 주체가 명기되어 있지 않으며, 왕과 관원의 '四拜' 실행에 앞서 기술되는 것으로 해당 의절에 대한 司贊의 贊導 내용 또한 누락되어 있다. 의례절차에 대한 불완전한 서술인 셈이다.

이처럼 『고려사』 「영대명조사의」와 『대명집례』 「번국접조의주」를 비교했을 때 상대적으로 두드러진 차이조차 의식의 절차나 내용의 차이와 무관한 상세하고 소략하고의 차이에 불과하여, 기존 연구에서 언급한 대로 양자는 거의 동일하다고 할 수 있다. 『고려사』의 「영대명조사의」가 『대명집례』의 「번국접조의주」를 저본으로 작성되었다고 생각할 정도로 양자가 일치하는 현상은, 앞서 언급했듯이 『고려사』의 「영대명조사의」가 『대명집례』 「번국접조의주」와 거의 동일했을 『번국의주』 「번국접조의주」를 저본으로 마련된 것이기 때문이었을 것이다.

2) 『번국의주』 「번국접조의주」의 복원

『번국의주』의 「번국접조의주」를 복원하는 작업에서 우선으로 염두에 두어야 할 점은, 이 의주가 『고려사』 「영대명조사의」보다는 『대명집례』 「번국접조의주」에 더 합치했을 가능성이 크다는 사실이다. 왜냐하면 『고려사』 「영대명조사의」와 『대명집례』 「번국접조의주」 간의 차이 중 다수는 「영대명조사의」의 작성 과정에서 고려를 주체로 할 때 어색하거나 고려 실정에 맞지 않은 표현을 생략·수정한 데서 발생하였을 것이기 때문이다. 예를 들어, 『번국의주』의 「번국접조의주」에는 서명에서 유추할 수 있듯이 『대명집례』와 마찬가지로 '번왕(蕃王)'과 '번국(蕃國)'이 기재되어 있었을 것인데, 고려 측은 『고려사』의 「영대명조사의」를 작성하는 과정에서 '번왕'을 '왕'으로, '번국'을 '국'으로 수정하였을 것이고, '번국중관(蕃國衆官)'에서 '번국'을 삭제하였을 것이다. 또한 고려의 현실을 감안하여 '승도기로(僧道耆老)'와 '기로승도(耆老僧道)'에서 승려와 도사를 합칭한 '승도(僧道)' 표현을 삭제한다거나 '기로중관(耆老衆官)'(←'耆老僧道')으로 수정하였을 것이다.

이러한 사실을 감안하면, 『고려사』 「영대명조사의」의 저본이었을 『번국의주』「번국접조의주」는『대명집례』「번국접조의주」와 완전히 똑같지는 않더라도 거의 동일하였을 것을 예상해볼 수 있다. 이 점을 염두에 두면서『번국의주』「번국접조의주」의 복원 작업을 본격적으로 시도해보겠다.

『번국의주』의 「번국접조의주」를 바탕으로 작성된『고려사』「영대명조사의」가『대명집례』「번국접조의주」와 상당 부분 일치하는 현상은 우연의 산물이 아니라,『고려사』「영대명조사의」의 작성 시에『번국의주』「번국접조의주」를 거의 그대로 옮겨 적은 데서 비롯되었을 것이다. 따라서 복원의 핵심은『고려사』「영대명조사의」와『대명집례』「번국접조의주」 사이에 차이가 나는 부분들이 무슨 이유에서 발생하게 되었는지를 파악하는 일이 될 것이다. 구체적으로는 그러한 차이가『번국의주』「번국접조의주」와『대명집례』「번국접조의주」 간의 차이에서 비롯된 것인지, 혹은『고려사』의 「영대명조사의」를 작성하는 과정에서 가감·수정한 데서 비롯된 것인지를 판별해야 하는 것이다.

차이가 나는 부분들 각각을 대상으로 한 판별 결과는 다음과 같이 정리해볼 수 있다. 우선 앞서 언급했듯이『번국의주』의 「번국접조의주」에는 '국(國)'이 아닌 '번국(蕃國)'이, '왕(王)'이 아닌 '번왕(蕃王)'이 기재되어 있었을 가능성이 크고, 「영대명조사의」와 달리—『대명집례』「번국접조의주」와 똑같이—'번국'을 삭제하지 않은 채 '전정 가운데에 북쪽으로 향하게 하며, 번국중관의 배위를 설치한다(於殿庭中 北向 設蕃國衆官拜位)'라고 기록되었을 것이다.『번국의주』라는 책명에서 유추할 수 있듯이, 이 책은 고려를 특정하지 않고 불특정의 '번국'을 주체로 하여 이곳에서 명(황제)을 대상으로 거행하는 의례의 의주를 수록한 것이다 보니, 이 책에 '번국(蕃國)'과 '번왕(蕃王)'이라는 용어를 사용하였을 것은 비교적 분명하다. 그러하였기에『번국의주』의 「번국접조의주」를 저본으로 삼아 고려에서 사용할 「영대명조사의」를 작성하는 과정에서, 고려 측은『번국의주』「번국접조의주」에 기재되었을 '번국(蕃國)'과 '번왕(蕃王)'이라는 용어를 수정해야 했을 것이다. 이와 동일한 이유에서 『번국의주』의 「번국접조의주」는 고려에서 사용하는 영조례 의주에 걸맞도록 의주 제목이 「영대명조사의」로 수정되었을 것이다.

『번국의주』의 「번국접조의주」에는 이것 외에도 「영대명조사의」와 달리 '승도(僧道)'가 기재되어 있었을 가능성이 크며, '기로중관(耆老衆官)' 대신 '기로승도(耆老僧道)'가 기록되어 있었을 것이다. 「영대명조사의」를 작성했을 당시에 조서를 맞이하는 예식에 승려와 도사가 문무백관과 함께 참여하는 것은 고려의 실정에 부합하지 않아, 작성 과정에서 삭제·수정이 이루어졌을 것이기 때문이다.

「영대명조사의」를 작성하는 과정에서 삭제·수정이 이루어진 것과 관련하여, 『번국의주』의 「번국수인물의주」와 관련된 사례이긴 하지만, 고려가 명에 대한 외교의례를 작성하면서 『번국의주』의 일부 어구를 의도적으로 삭제한 증거가 있어 주목된다. 『고려사』의 「영대명사로사의」와 이에 대응하는 『대명집례』 「번국수인물의주」의 일부 구절을 비교한 다음 기록을 보도록 하자.

(10) 是日 [蕃]王率衆官[百官] 出迎於國門外 遠接官迎上賜 出館至國門 金鼓在前 次 衆官常服乘馬行 [次 王乘馬行] 次 儀仗鼓樂 次 上賜龍亭 使臣[使者]常服乘馬 行於龍亭之後

『고려사』의 「영대명사로사의」에는 『대명집례』 「번국수인물의주」와 달리 '왕이 말을 타고 간다(王乘馬行)'라는 어구가 보이지 않는다. 그런데 『번국의주』의 「번국수인물의주」에는 해당 어구가 확실히 기재되어 있었다. 앞서 언급했듯이, "또 번왕의주 다른 데에는 말을 탄다, 가마를 탄다는 글이 없는데, 유독 상사선로의(上賜宣勞儀)에서만 말을 탄다는 글이 있으니(且藩王儀註他無乘馬乘輜之

文 而獨受上賜宣勞儀 有乘馬之文)"[52]라고 하여, 『번국의주』의 「번국수인물의주」에는 왕이 말을 탄다는 어구가 분명 있었다. 이처럼 고려는 명에 대한 외교의례의 의주를 작성하는 과정에서 『번국의주』의 일부 어구를 자체 판단에 따라 삭제하기도 하였다.

다음으로, '사신(使臣)'과 '사자(使者)' 가운데 『번국의주』의 「번국접조의주」에는 '사자'가 기록되어 있었을 것이다. 『대명집례』의 「번국접조의주」에는 일률적으로 '사자' 사례만이 기록된 데 비해, 『고려사』의 「영대명조사의」에서 이에 대응되는 곳에는 '사신'이 기록되었다. 『번국의주』의 「번국접조의주」에도 '사신'이라는 용어가 사용되었을 가능성을 생각해볼 수 있으나, 다음과 같은 이유에서 그렇게 보기는 어려울 듯싶다. 우선은 『고려사』 예지에 수록된 명에 대한 외교의례의 의주에서는 '사신'과 '사자'를 엄밀히 구분하여 명 사신은 '사신'으로, 고려 사신은 '사자'로 기록한 데 비해, 이에 대응하는 『대명집례』 수록 의주들에서는 일괄적으로 '사자'로만 기록된 점이다. 이러한 현상은 『번국의주』를 저본으로 하여 명에 대한 외교의례의 의주를 작성하는 과정에서, 중국 사신을 높이고 이를 고려 사신과 구분하고자 하는 의도에서 『번국의주』의 '사자' 용례들 가운데 중국 사신에 해당하는 것을 '사신'으로 일괄 수정하였을 가능성을 시사한다.

다른 이유는 『번국의주』와 『대명집례』 빈례의 기초가 되었을 『명태조실록』 권45, 홍무 2년 9월 임자조에 기재된 번국례에서 '사자' 용어만이 사용된 점이다. 이는 1369년(홍무 2)의 번국례를 계승하여 『번국의주』와 『대명집례』 빈례에서도 '사자' 용어만을 사용하였을 사실을 시사한다. 다만 『명태조실록(明太祖實錄)』 권45, 홍무 2년 9월 임자조의 번국례에는 『대명집례』 빈례 중 번국에서 명

---

52 『성종실록』 권214, 성종 19년 3월 갑술.

사신을 맞이하는 의례(의주)와 상응하는 것이 보이지 않는다. 이로 인해 정작 이 번국례에는 『번국의주』 「번국접조의주」의 기초가 되었을 의례(의주)가 보이지 않는다. 그렇지만 1369년(홍무 2)에 번국례를 작성하는 과정에서 『대명집례』 가운데 번국에서 명 사신을 맞이하는 의례(의주)와 상응하는 것만을 제외했을 가능성은 희박하다. 이들 의례(의주)가 다음 해에 편찬된 『번국의주』와 『대명집례』에 기재되었기 때문이다. 추정컨대, 『대명집례』 가운데 번국에서 명 사신을 맞이하는 의례(의주)와 상응하는 것 또한 당시 다른 의례(의주)와 마찬가지로 작성되었을 테지만, 이것을 개정하는 성격의 홍무 8년 2월에 제정된 '반조제번급번국영접의(頒詔諸蕃及蕃國迎接儀)'의 존재로 인해 『명태조실록』의 편찬 시에 누락된 것으로 보인다.[53] 또한 홍무 8년 2월의 '반조제번급번국영접의'에서도 '사자' 용어만이 사용된 점 또한 『번국의주』에 '사자' 용어가 사용되었을 사실을 방증해주고 있다.

정리하자면, 『번국의주』의 「번국접조의주」에는 '사자' 용어만이 사용되었고, 『고려사』의 「영대명조사의」를 작성하는 과정에서 중국 사신에 해당하는 '사자'는 '사신'으로 수정하였을 것이다. 이와 유사한 조합인 '조사(詔使)'와 '사자' 간의 차이 또한 『번국의주』의 「번국접조의주」의 '사자'를 '조사'로 고친 데서

---

53 『明太祖實錄』 권45, 홍무 2년 9월 壬子 조에 수록된 蕃國禮에 누락되었을 의례(의주)는 『대명집례』로 치자면 「蕃國接詔儀注」와 「蕃國受印物儀注」에 해당하는데, 홍무 8년 2월에 제정된 '頒詔諸蕃及蕃國迎接儀'의 하단에는 「蕃國受印物儀注」에 해당하는 의주가 부가되어 있다. 한편 『大明會典』 권58, 예부16 蕃國禮에 따르면, 「蕃國迎詔儀」는 홍무 18년에 제정되었다고 (洪武十八年定) 한 데 비해, 「蕃国受印物」은 홍무 3년에 제정되었다고(洪武三年定) 한다. 이러한 사실은 『明太祖實錄』에는 「蕃國接詔儀注」와 「蕃國受印物儀注」가 홍무 8년에야 등장했지만, 실상은 그 이전부터 해당 의례(의주)의 작성이 이루어졌음을, 정확히는 여타 번국례와 마찬가지로 홍무 2년에 의주의 마련이 시도되었을 것을 시사한다. 참고로 『大明會典』에는 '蕃使朝貢' 또한 홍무 18년에 제정되었다고 하는데, 해당 의례는 『明太祖實錄』 홍무 2년 9월의 蕃國禮에 기재되어 있다.

기인하였을 가능성이 크다.

그 다음으로 『고려사』 「영대명조사의」와 『대명집례』 「번국접조의주」 사이에 가장 빈도가 높은 차이인 '어(於)'와 '우(于)'의 차이는 『번국의주』와 『대명집례』의 차이에서 기인하였을 것이다. 『고려사』의 「영대명조사의」에서는 '어(於)'만이 쓰인 데 비해, 『대명집례』의 「번국접조의주」에서는 '어(於)'와 '우(于)'가 병용된 데서, 『고려사』 「영대명조사의」를 작성할 때 『번국의주』 「번국접조의주」에 기재된 '우(于)' 자를 '어(於)'로 수정했을 가능성을 생각해볼 수 있다. 그런데 『고려사』 「영대명사로사의」에 대응하는 『대명집례』의 「번국수인물의주」에서는 '어(於)' 용례만이 사용되고 있어, 애초에 명 측이 『번국의주』의 「번국접조의주」를 작성했을 때 '어(於)' 용례만을 사용했었을 수 있다. 『고려사』의 「영대명조사의」는 이를 그대로 수용했을 수 있는 것이다.

다음으로 ㉰ 부분의 '봉조관(奉詔官)'과 '봉조관(捧詔官)', ㉱ 부분의 '봉안(奉安)'과 '안봉(安奉)', ㉲ 부분의 '승예(升詣)'와 '승예(陞詣)', '중관궤(衆官跪)'와 '중관개궤(衆官皆跪)', '사찬(司贊)'과 '인례(引禮)', ㉳ 부분의 '전조관(展詔官)'과 '전독관(展讀官)', '승안(升案)'과 '승안(陞案)', '봉조관(捧詔官)'과 '봉조관전(捧詔官前)' 간의 차이에 대해 살펴보겠다. 우선 '봉조관(奉詔官)'과 '봉조관(捧詔官)' 간의 차이는 『고려사』의 「영대명조사의」를 작성하는 과정에서 생긴 오기 때문이었을 것이다. 「영대명조사의」에서 해당 사례를 제외하고는 모두 '봉조(捧詔)'로 기록되어 있으며, 『대명집례』의 「번국접조의주」 및 『명태조실록』에 수록된 「반조제번급번국영접의」에서도 모두 '봉조(捧詔)'가 사용되었기 때문이다.[54] 마찬가지로 『고려

---

54 '奉香'과 '捧香' 간의 차이도 마찬가지 이유에서였을 것이다. 『대명집례』의 「蕃國進賀表箋儀注」와 이것과 상응하는 『고려사』 「進大明表箋儀」에 모두 '捧香'을 기록한 점으로 보아, 『고려사』 「迎大明詔使儀」의 '奉香'은 '捧香'의 오기였을 것이다.

사, 「영대명조사의」에서 '봉안(奉安)'이라는 표현 또한 오기였을 것이다. 『고려사』에 수록된 명에 대한 외교의례 의주 중에서 이 사례를 제외하고는 '안봉(安奉)' 용어가 사용되었으며, 『대명집례』 및 『명태조실록』 홍무 2년의 번국례, 그리고 홍무 8년의 「반조제번급번국영접의」에서도 '안봉(安奉)' 용어만이 확인되기 때문이다.

'승예(升詣)'와 '승예(陞詣)', '승안(升案)'과 '승안(陞案)' 간의 차이는 『번국의주』와 『대명집례』의 차이에서 비롯된 것으로 보인다. 『고려사』의 「영대명조사의」에는 '승(升)' 자만이, 『대명집례』 빈례 항목 가운데 번국 내에서 거행하는 의례의 의주에는 '승(陞)' 자만이 기재되고 있다. 그런데 『명태조실록』 홍무 2년의 번국례 및 홍무 8년의 「반조제번급번국영접의」에는 '승(升)' 자만이 기록되고 있다. 이로 보아 「영대명조사의」의 '승예(升詣)'와 '승안(升案)'은 작성 과정에서 수정된 것이 아니라 『번국의주』 「번국접조의주」의 해당 부분을 그대로 옮겨 적은 것으로 판단된다. '전조관(展詔官)'과 '전독관(展讀官)' 간의 차이 또한 마찬가지였을 것이다. 『고려사』 「영대명조사의」에는 '전조관(展詔官)'만이 사용된 데 비해, 『대명집례』의 「번국접조의주」에는 차이가 나는 이 부분에 한정해서 전독관(展讀官)'으로 기록되어 있다. 『명태조실록』의 「반조제번급번국영접의」에서도 '전조관(展詔官)' 용어만을 사용한 사실로 미루어, 『번국의주』의 「번국접조의주」에도 '전조관(展詔官)'이라 기재되어 있었을 가능성이 크다. 즉 『고려사』의 「영대명조사의」를 작성하는 과정에서 '전독관(展讀官)'을 '전조관(展詔官)'으로 수정하는 일은 발생하지 않았을 것이다.

나머지 차이들은 판단할 만한 자료가 부족하여 그 차이가 어디에서 비롯되었는지를 파악하기 어렵다. 그런데 고려 측이 『고려사』의 「영대명조사의」를 작성하는 과정에서 특별한 이유에서 의도적으로 일부 단어를 삭제·수정하거나, 오기를 범하거나, 후술하듯 『번국의주』를 위주로 한 사용을 전제로 일부 번

쇄한 구절을 축약하거나 하는 등의 사례는 있어도, '사소'하다고 할 수 있는 부분을 임의로 고치는 사례는 거의 보이지 않는다. 따라서 이들 나머지 차이는 『고려사』의 「영대명조사의」를 작성하면서 수정한 데서 기인했다기보다는 『번국의주』와 『대명집례』의 차이에서 비롯되었다고 보는 편이 자연스러울 것이다. 마찬가지 이유로 '設司香二人(位)' 사례도 '위(位)' 자가 『고려사』 「영대명조사의」의 작성 과정에서 추가된 것이 아니라 애초에 『번국의주』 「번국접조의주」에 기록되어 있었을 것이다.

다음으로는 『번국의주』의 「번국접조의주」를 바탕으로 『고려사』 「영대명조사의」를 작성하는 과정에서 일부 어구를 축약한 사례들에 관해서다. 우선, ㉑ 부분에서 '引禮唱 上香'과 '引禮唱 上香上香三上香' 간의 차이는 앞서 언급한 바와 같이 축약에서 비롯된 것이다. 이러한 축약은 『번국의주』 「번국접조의주」의 작성 시점이 아니라, 『고려사』 「영대명조사의」를 작성하는 과정에서 이루어졌을 가능성이 매우 크다고 판단된다. 이와 관련하여 『번국의주』를 저본으로 『고려사』의 명에 대한 외교의례의 의주를 작성하는 과정에서 축약이 이루어졌음을 명확히 보여주는 사례가 있어 주목된다. 『대명집례』 「번국수인물의주」의 '사자는 황제의 명을 선포하기를 황제는 사자 아무개에게 신칙하여 인장을 가지고 너 국왕 아무개에게 하사하도록 하고 아울러 아무 물건을 하사하도록 한다(使者宣制曰皇帝勅使某持印賜爾國王某 并賜某物)'라는 구절이 『고려사』의 「영대명사로사의」에는 '사신은 황제의 명을 선포하기를 이러이러하였다(使臣宣制云云)'로 축약되어 기록된 사실이 그것이다. 『고려사』 「영대명사로사의」에서의 '사신은 황제의 명을 선포하기를 이러이러하였다(使臣宣制云云)'라는 어구는 『번국의주』를 저본으로 해당 의주를 작성하는 과정에서 축약한 것이 명백하다. 『번국의주』의 「번국수인물의주」에 '…운운(云云)'이라 기록되지 않았을 가능성은 크기 때문이다. 만약 그렇게 기재되었다면 영조례 의주로서 『번국의주』 「번국수인물의주」를 활용하기가 곤란했을 것이다. 결국, 『번국의주』의 「번국수인물의주」에는 '사자는 황제의 명을 선포하기를 황제는 사자 아무개에게 신칙하여 인장을 가지고 너 국왕 아무개에게 하사하도록 하고 아울러 아무 물건을 하사하도록 한다(使者宣制曰皇帝勅使某持印賜爾國王某 幷賜某物)'라고 기록되어 있었을 것이며, 『고려사』의 「영대명사로사의」를 작성하는 과정에서 이 구절이 '사신은 황제의 명을 선포하기를 이러이러하였다(使臣宣制云云)'로 축약되었을 것이다.[55]

　이러한 사실을 감안할 때, 『고려사』의 「영대명조사의」에 기재된 것으로 ㉒와 ㉖ 부분의 '사찬이 네 번 절하시라 외치면 (주악 연주) 왕과 관원들 이하는 모두 네 번 절한다 (주악 그침) [司贊唱四拜 (樂作) 王及衆官以下 皆四拜 (樂止)]'와 ㉘ 부분의 '(주악 연주) 네 번 절을 한다 (주악 그침) [(樂作) 四拜 (樂止)]'라는 구절은 『번국의주』 「번국접조의주」를 그대로 옮긴 것이 아니라 축약한 것으로 보아야 할 것이다. 이들 두 사례는 모두 구체적인 모습을 누락하고 있는데, 이러한 불친절한 서술은 『번국의주』의 「번국접조의주」에서 비롯된 것이 아니라, 『고려사』 「영대명조사의」를 작성하는 과정에서 의도적으로 축약한 데서 비롯되었을 것이다. 『번국의주』 「번국접조의주」의 해당 문구들은 앞서 비교해서 검토해본 『대명집례』 「번국접조의주」와 다르지 않았을 것이다. 즉 전자의 경우는 '사찬이 국궁(鞠躬)하고서 절하고 일어나고 절하고 일어나고 절하고 일어나고 절하고 일어나서 몸을 펴시라 외치면, 번왕(蕃王) 및 관원들 이하는 모두 국궁하고서 (주악 연주) 절하고 일어나고 절하고 일어나고 절하고 일어나고 절하고 일

55　덧붙여 말하자면, 이러한 사실은 『고려사』에 수록된 명에 대한 외교의례 의주를 작성하는 작업이 『번국의주』를 대체하고자 한 의도에서가 아니라 『번국의주』를 위주로 한 사용을 전제로 해서 이루어졌음을 말해준다. 대체를 의도했다면 이러한 식의 축약은 이루어지지 않았을 것이다. 이에 관해서는 1부의 2장인 '고려 말기 『蕃國儀注』의 활용 양상과 그 성격'에서 상세히 다룰 것이다.

어나서 몸을 편다 (주악 그침) [司贊唱鞠躬拜興拜興拜興拜興平身 蕃王及衆官以下 皆鞠躬(樂作) 拜興拜興拜興拜興平身 (樂止)]'였을 것이고, 후자의 경우는 '(주악 연주) 절하고 일어나고 절하고 일어나고 절하고 일어나고 절하고 일어나서 몸을 편다 (주악 그침) [(樂作) 拜興拜興拜興拜興平身 (樂止)]'였을 것이다.

마지막으로 ㉑ 부분에서 『고려사』 「영대명조사의」의 '궤좌각삼고두(跪左脚三叩頭)'와 『대명집례』 「번국접조의주」의 '삼공수가액(三拱手加額)' 간의 차이를 어떻게 보아야 할지 검토해보겠다. 참고로 『고려사』 「원정동지상국성수절망궐하의」와 『대명집례』 「번국정단동지성수솔중관망궐행례의주」를 비교해서도 이 차이를 확인할 수 있다. 이러한 차이는 다음 기록으로 볼 때 『번국의주』와 『대명집례』 간의 차이에서 기인하였을 것이다.

> (11) 예조에서 계하기를, "성절 하례에서도 번국의주에 의거하여 왼쪽 무릎을 꿇고 세 차례 고두를 하게(跪左膝三叩頭) 하소서"라고 하니 그대로 따랐다.[56]

위 인용문은 앞서 두 차례 소개한 것으로 『번국의주』에 '궤좌슬삼고두(跪左膝三叩頭)'가, 즉 '궤좌각삼고두(跪左脚三叩頭)'가 기재되었음을 직접 알려주고 있다. 『번국의주』에 수록된 의주들 가운데 위 '궤좌각삼고두(跪左脚三叩頭)'가 기재된 것은 성절 하례와 관련된 「번국정단동지성수솔중관망궐행례의주」였음이 확실하다. 이렇다면 『번국의주』의 「번국정단동지성수솔중관망궐행례의주」에는 '궤좌각삼고두(跪左脚三叩頭)'가 기재된 데 비해, 『대명집례』의 「번국정단동지성수솔중관망궐행례의주」에는 '삼공수가액(三拱手加額)'이 기록된 것이다. 이 사실을 염두에 둔다면, 『번국의주』의 「번국접조의주」에도 『대명집례』의 「번국

---

56 『세종실록』 권3, 세종 1년 4월 경인.

접조의주」와 달리 '궤좌각삼고두(跪左脚三叩頭)'가 기록되었을 가능성이 크다고
하겠다.

이상의 작업 결과를 반영하여 복원한 『번국의주』「번국접조의주」를 바탕
으로, 이를 『대명집례(大明集禮)』「번국접조의주」와 겹쳐 기재해보았다.

(12) 使者入蕃國境 先遣關人 馳報於王 王遣官 遠接詔書 前期 令有司 於國門
外公館 設幄結彩 設龍亭於正中 設香案於龍亭之南 備金鼓儀仗鼓樂 伺候迎引 又
於國城內街巷 結綵 於王宮內 設闕庭 於殿上正中 設香案 於闕庭之前 設司香二人
(位) 於香案之左右 設詔使立位 於香案之東 設開讀案 於殿陛之東北 設蕃王拜位
於殿庭中 北向 設蕃國衆官拜位 於蕃王拜位之南 異位重行 北向 設捧詔官位 於開
讀案之北 宣詔官位 於捧詔官之南 展詔官二人 於宣詔官之南 俱西向 司禮二人位
於[于]蕃王拜位之北 東西相向 引禮二人位 於[于]司禮之南 東西相向 引班四人位
於[于]衆官拜位之北 東西相向 陳儀仗 於殿庭之東西 設樂位 於衆官拜位之南 北
向 遠接官接見詔書 迎至館中 安奉於龍亭中 遣使馳報王 是日 王率國中衆官及耆
老僧道 出迎於國門外 迎接官迎詔書 出館至國門 金鼓在前 次耆老僧道行 次衆官
具朝服行 次王具冕服行 次儀仗鼓樂 次詔書龍亭 使者常服行 於龍亭之後 迎至宮
中 金鼓分列 於外門之左右 耆老僧道分立 於庭中之東西 置龍亭 於殿上正中 使者
立 於龍亭之東 引禮引王 入就拜位 引班引衆官及僧道耆老 各入就拜位 使者詣前
南向立 稱有制 司贊唱 鞠躬拜興拜興拜興拜興平身 蕃王及衆官以下 皆鞠躬 樂作
拜興拜興拜興拜興平身 樂止 引禮引蕃王 由西階升詣[陞詣]香案前 北向立 引禮唱
跪 蕃王跪 司禮唱 衆官[皆]跪 衆官以下皆跪 引禮唱 上香上香三上香 司香捧香 跪
進於[于]王之左 王三上香 訖 司贊[引禮]唱 俯伏興平身 蕃王及衆官以下 皆俯伏興
平身 引禮引蕃王復位 司贊唱 開讀 宣詔官展詔官[展讀官]升案[陞案] 使者詣龍亭
捧詔書 授捧詔官 捧詔官[前]受詔 捧至開讀案 授宣詔官 宣詔官受詔 展詔官對展

司贊唱跪 蕃王及衆官以下皆跪 宣詔官宣詔 訖 捧詔官於宣詔官前捧詔書 仍置<u>於</u>

[于]龍亭 司贊唱 俯伏興平身 蕃王及衆官以下 皆俯伏興平身 司贊唱 鞠躬 拜興拜

興拜興拜興平身 蕃王及衆官以下 皆鞠躬 樂作 拜興拜興拜興拜興平身 樂止 司贊

唱 搢笏 鞠躬 三舞蹈 跪左脚三叩頭[三拱手加額] 山呼萬歲 山呼萬歲 再山呼萬萬

歲 出笏 俯伏興 樂作 拜興拜興拜興拜興平身 樂止 禮畢 引禮引蕃王退 引班引衆

官 以次退 蕃王及衆官釋服 使者以詔書付所司 頒行 蕃王與使者分賓主 行禮

괄호 안의 글자는 『번국의주』의 「번국접조의주」에만, 대괄호 안의 글자는 『대명집례』의 「번국접조의주」에만 기록된 것이다. 밑줄은 양자 간에 표현이 다른 부분을 표시한 것이다. 밑줄만 있는 곳은 『번국의주』 「번국접조의주」에, 대괄호 안에 밑줄이 있는 부분은 『대명집례』 「번국접조의주」에 기재된 것이다. 어떠한 표시가 없는 부분은 양자 간에 차이가 없음을 의미한다. 『번국의주』 「번국접조의주」와 『대명집례』 「번국접조의주」를 비교했을 때 양자가 완전히 동일하다고는 할 수 없지만 거의 같다고 봐도 무방하다. 양자를 직접 두 눈으로 비교해서 본 명 사신이 양자가 똑같다고 한 것은[57] 결코 과장이 아닌 것이다.

한편 작성 시기를 따져보면, 『번국의주』가 『대명집례』보다 앞섰다. 만약 명조가 『대명집례』의 편찬을 완료한 후에 『번국의주』를 작성했다면, 『번국의주』는 『대명집례』 빈례 가운데 번국에서 명(황제)을 대상으로 거행하는 의례의 의주를 그대로 베껴 만들었을 것이다. 그렇게 되었다면 『번국의주』와 『대명집례』 해당 의주는 완전히 동일했을 것이다. 앞서 언급했듯이 명조는 『명태조실록』 권45, 홍무 2년 9월 임자조에 기록된 각종 번국례를 수정·보완하는 방식으로 『대명집례』(빈례)를 완성 중이었고, 그 와중인 1369년 12월경에 고려 측이 본

---

57 『성종실록』 권214, 성종 19년 3월 갑술.

국조하의주를 요청하자, 아직 편찬이 완료되지 않은 『대명집례』의 빈례 가운데 번국에서 거행해야 하는 의례들의 의주를 뽑아 『번국의주』를 제작해 고려 측에 전달하였을 것이다. 명은 『번국의주』를 고려에 하사한 후에도 『대명집례』 편찬 작업을 계속 진행했고, 그로 인해 사소하게나마 두 책 사이에 차이가 발생하게 되었을 것이다.

2장

고려 말기 외교의례 작성·운영에서
『번국의주』의 활용 양상

1. 머리말

바로 앞 장에서 소개한 『번국의주(蕃國儀注)』를 명으로부터 전달받은 이후로, 외교의례는 『번국의주』를 활용하여 운용되었다. 그러면서도 『번국의주』를 활용하는 방식 면에서 고려 말기와 조선 초기에는 차이가 있었다. 고려 말기에는 『번국의주』에 수록된 「번국접조의주(蕃國接詔儀注)」, 「번국수인물의주(蕃國受印物儀注)」, 「번국정단동지성수솔중관망궐행례의주(蕃國正旦冬至聖壽率衆官望闕行禮儀注)」, 「번국진하표전의주(蕃國進賀表箋儀注)」를 거의 그대로 모사하다시피 하여 「영대명조사의(迎大明詔使儀)」, 「영대명사로사의(迎大明賜勞使儀)」, 「원정동지상국성수절망궐하의(元正冬至上國聖壽節望闕賀儀)」, 「진대명표전의(進大明表箋儀)」를 마련하였다. 여기에 더해 『번국의주』와 무관하게 자체적으로 「영대명무조칙사의(迎大明無詔勅使儀)」를 제작하였다. 이와 달리 조선 초기에는 「영대명무조칙사의」처럼 『번국의주』와 무관하게 자체적으로 제작한 의주는 없었고, 『번국의주』를 토대로 외교의례 의주를 작성하면서도 『번국의주』를 단순히 모사하는 것이 아니라 대폭 상세화하여 의주를 마련하였다.

『번국의주』의 활용 방식에 관한 이상의 양상은 추가적이고 심층적으로 탐색해야 할 과제들을 제기하는데, 본 장에서는 이 가운데 고려 말기 『번국의주』의 활용 방식과 관련하여 좀 더 깊이 있게 탐구해야 할 문제들을 다루어보도록 하겠다. 이 작업은 다음과 같은 의문들을 해소하는 일이기도 하다.

첫째, 『고려사』 예지에 수록된 고려 말기 외교의례(의주)인 「영대명조사의」, 「영대명사로사의」, 「원정동지상국성수절망궐하의」, 「진대명표전의」가 각각 『번국의주』에 수록된 해당 의주를 거의 그대로 모사하다시피 하여 작성된 것이라 할 때, 고려가 굳이 이들 의주를 작성한 이유는 무엇일까? 복제품이다시피 한 것을 굳이 마련하지 않고 『번국의주』만 사용해도 무방했을 텐데 말이다. 둘째, 고려는 『번국의주』에 수록된 「번국접조의주」, 「번국수인물의주」, 「번국정단동지성수솔중관망궐행례의주」, 「번국진하표전의주」를 선택적으로가 아니라 일괄 활용하여 외교의례(의주)를 작성·운용하였는데, 그 이유는 무엇일까? 셋째, 후술하듯, 자문(咨文) 등의 공첩(公牒)은 황제의 명령(皇命) 문서가 아니었기에 예식 없이 단순히 접수만 해도 되었을 텐데, 고려가 공첩을 지니고 온 사신을 영접하는 예식인 「영대명무조칙사의」(의주)를 작성하고 거행한 이유는 무엇일까? 마지막으로, 고려가 『번국의주』와 무관하게 「영대명무조칙사의」를 자체 제작하는 과정에서 활용한 방식과 전거는 무엇이었을까? 본문에서 이들 의문을 하나하나 해결해보겠다.

2. 『번국의주』와 고려 말기 외교의례 의주의 병용

『고려사』 예지에 수록된 고려 말기 외교의례(의주)는 「영대명조사의」, 「영대명사로사의」, 「영대명무조칙사의」, 「원정동지상국성수절망궐하의」, 「진대명표전의」 등이다. 이들 각각을 간략히 소개하면, 「영대명조사의」는 명(황제)이 보낸 조사(조서)를 맞이하는 의례(의주), 「영대명사로사의」는 명(황제)이 보낸 사로사(賜勞使, 예물)를 맞이하는 의례(의주), 「영대명무조칙사의」는 명이 보낸 자문 등의 공첩을 지니고 온 사신을 맞이하는 의례(의주), 「원정동지상국성수절망궐하의」는 원정(元正), 동지, 성절(聖節) 시에 명 황제를 대상으로 한 망궐례(望闕禮)(의주), 「진대명표전의」는 고려 군주가 표전을 작성하여 자국의 사신에게 건네는 과정에서 행하는 신례(의주)이다. 당시 고려는 이들 의주에 따라 다섯 종의 외교의례를 거행하였을 것이다.[58]

피상적으로만 본다면, 이들 5종의 의주 가운데 「영대명무조칙사의」를 제외한 「영대명조사의」, 「영대명사로사의」, 「원정동지상국성수절망궐하의」, 「진대명표전의」는 명이 편찬하여 고려에 전달한 『번국의주』에 수록된 「번국접조의주」, 「번국수인물의주」, 「번국정단동지성수솔중관망궐행례의주」, 「번국진하표전의주」를 거의 그대로 모방해 작성된 것이었다.[59] 이것들과 달리 「영대명무조칙사의」는 『번국의주』에 수록된 의주를 모방하지 않고 고려가 독자적으로 만든 작품이었다.[60] 앞서 소개한 바와 같이 「영대명무조칙사의」는 명이 보낸 자문 등의 공첩을 지니고 온 사신을 맞이하는 의례(의주)인데, 『번국의주』에는 이러

---

58 고려 말기에 실제 거행된 외교의례는 이들 5종에 그치지는 않았을 것이다. 이와 관련해서는 최종석, 「고려 후기 '전형적' 제후국 외교의례의 창출과 몽골 임팩트」, 『민족문화연구』 85, 2019b, 155쪽을 참조하기 바란다.

59 이에 관한 자세한 설명은 다음 연구를 참조하기 바란다. 최종석, 「고려 말기·조선 초기 迎詔儀禮에 관한 새로운 이해 모색―『蕃國儀注』의 소개와 복원」, 『민족문화연구』 69, 2015; 최종석, 「조선 초기 迎詔禮 운영과 『蕃國儀注』」, 『역사와 담론』 86, 2018a; 최종석, 「고려 후기 拜表禮의 창출·존속과 몽골 임팩트」, 『한국문화』 86, 2019a.

60 최종석, 앞의 논문, 2015, 280쪽; 윤승희, 「고려 말 명 사신 영접의례의 성립」, 『한국중세사연구』 55, 2018a, 585쪽 참조.

한 의주가 수록되어 있지 않았다. 따라서 『번국의주』에 수록된 의주를 모사하고 싶어도 불가능했다. 고려가 왜 『번국의주』에 수록되지도 않은, 명이 보낸 자문 등의 공첩을 지니고 온 사신을 맞이하는 의례(의주)를 독자적으로 제작하였는지, 그리고 어떤 재료를 갖고 어떤 방식으로 「영대명무조칙사의」를 만들었는지는 후술토록 하겠다.

한편 「영대명조사의」, 「영대명사로사의」, 「원정동지상국성수절망궐하의」, 「진대명표전의」가 각각 『번국의주』에 수록된 「번국접조의주」, 「번국수인물의주」, 「번국정단동지성수솔중관망궐행례의주」, 「번국진하표전의주」를 거의 그대로 모사하다시피 하여 작성된 것이라고 하면, 왜 고려는 굳이 이들 의주를 따로 작성하였을까? 『번국의주』만을 사용해도 충분했을 텐데 말이다. 실제로, 조선 초기에는 한동안 외교의례 의주를 별도로 제작하지 않고 『번국의주』만을 활용하기도 하였다.[61] 이러한 의문을 구체화해보자면, 고려가 외교의례 의주를 제작한 이유가 『번국의주』를 대체하고자 한 것이었는지, 아니면 양자를 상호 보완적으로 이용하려는 것이었는지, 만약 후자라면 양자의 관계는 어떠하였는지 등이 의문으로 남는다.

이들 의문을 명확히 해명하기란 쉽지 않다. 직접적이고 구체적인 자료가 부재하기 때문이다. 그래서 부득이 『고려사』 예지에 수록된 고려 말기 외교의례 의주와 『번국의주』(『대명집례』)에 수록된 의주를 꼼꼼히 비교 분석하여 얻은 결과를 토대로 하여 이들 의문을 풀어보려 한다.[62] 여기서는 우선 「번국수인물

---

61 고려 말기에 고려가 작성한 외교의례(의주)는 조선에서는 활용되지 않은 듯하다. 최종석, 앞의 논문, 2018a, 146~150쪽 참조.

62 『蕃國儀注』는 현존하지 않기에 대신 『大明集禮』에 기재된 의주를 활용할 수밖에 없다. 하지만 양자는 100%까지는 아니어도 이에 근접할 만큼은 동일하기에(최종석, 앞의 논문, 2015, 286~299쪽), 『大明集禮』를 활용한 비교는 대과가 없으리라 판단된다.

의주」와 「영대명사로사의」, 그리고 「번국정단동지성수솔중관망궐행례의주」
와 「원정동지상국성수절망궐하의」를 비교 분석하여, 고려가 『번국의주』를 거
의 모사하다시피 한 방식으로 외교의례 의주를 작성한 이유를 밝혀보고자 한
다. 또한 이전에 「번국접조의주」와 「영대명조사의」를, 그리고 「번국진하표전
의주」와 「진대명표전의」를 비교 분석했던 검토 결과까지[63] 포함하여 『번국의
주』에 수록된 의주와 고려 말기 외교의례 의주를 비교 분석한 결과들을 종합
적으로 살펴, 고려가 『번국의주』를 거의 그대로 모사하다시피 한 방식으로 외
교의례 의주를 작성한 이유를 파악해볼 것이다.

　가장 먼저 「번국정단동지성수솔중관망궐행례의주」와 「원정동지상국성수
절망궐하의」를 비교 분석한 결과를 소개해보도록 하겠다.[64]

　우선 '우(于) : 어(於)'(' : ' 부호의 앞뒤 글자는 각각 「번국정단동지성수솔중관망궐행례의
주」와 「원정동지상국성수절망궐하의」에 기재된 것이다. 이하의 사례도 마찬가지다) 사례는 두
의주 간의 단순한 차이에 해당한다. '진설(陳設) : 설(設)'과 '승예배위(陞詣拜位) :
예배위(詣拜位)'는 「원정동지상국성수절망궐하의」를 작성하는 과정에서 의미
의 변화 없이 「번국정단동지성수솔중관망궐행례의주」에서 한 글자가 생략된
사례로(각각 '진陳'과 '승陞'의 생략) 두 의주 간의 단순한 차이로 볼 수 있을 것이다.

　다음으로 '시일(是日) : 전기(前期)', '인례인중관(引禮引衆官) : 인반인중관(引班
引衆官)', '인중관(引衆官) : 인반인중관(引班引衆官)', '입립전정동서(入立殿庭東西) : 입
립어전정지동서(入立於殿庭之東西)'는 「원정동지상국성수절망궐하의」를 작성하
는 과정에서 「번국정단동지성수솔중관망궐행례의주」 가운데 오탈자 부분을
찾아내 교정한 사례에 해당한다. 이들 사례에서는 확실히 「원정동지상국성수

63　위의 논문; 최종석, 앞의 논문, 2019a.

64　「부록 1」에서 두 의주의 차이를 직접 확인할 수 있도록 하였다. 이를 참고하기 바란다.

절망궐하의」쪽이 정확하다. 가령 「번국정단동지성수솔중관망궐행례의주」의 '시일(是日)'은 '전기(前期)'의 오기임이 분명하다. '시일(是日)' 뒤에 식장 배치에 관한 내용이 기술되어 있는데, 명 측이 작성한 다른 의주에서도 식장 배치에 관한 서술은 '시일(是日)'이 아니라 '전기(前期)'를 문두(文頭)로 한다. 식장 배치는 예식 당일(是日)이 아니라 예식의 며칠 앞서(前期) 준비되어야 하기 때문이다.[65]

'구면복(具冕服) 미사자복본국지복(未賜者服本國之服) : 구면복(具冕服)'의 경우, 후자인 '구면복(具冕服)'은 「원정동지상국성수절망궐하의」의 작성 과정에서 고려의 실정을 반영한 사례라 할 수 있다. 「번국정단동지성수솔중관망궐행례의주」는 불특정 번국을 대상으로 작성되었기 때문에, 명은 번국의 왕이 면복(冕服)을 착용한 채 해당 의례를 행하도록 규정하면서도 면복을 하사받지 못한 번국을 고려하여 '[면복을] 하사받지 못한 자는 본국의 옷을 입는다(未賜者服本國之服)'라는 세주(細註)를 기입했을 것이다. 불특정 번국을 대상으로 한 「번국정단동지성수솔중관망궐행례의주」와 달리 「원정동지상국성수절망궐하의」는 고려(왕)를 주체로 한 망궐예식의 의주였기에, 이미 명 측으로부터 면복을 사여받았던 고려는[66] 그러한 실정을 반영해 '[면복을] 하사받지 못한 자는 본국의 옷을 입는다(未賜者服本國之服)'라는 불필요한 세주를 삭제하였을 것이다. 이 외에 '번왕(蕃王) : 왕위(王位)' 사례에서 '번왕(蕃王)'은 앞뒤 문맥상 '번왕위(蕃王位)'의 오기인데, 고려는 교정하면서 동시에 고려 실정을 반영하여 '번왕위(蕃王位)'를 '왕위(王位)'로 바꾸었을 것이다.

'인례찬상향상향삼상향(引禮贊上香上香三上香) : 인례찬삼상향(引禮贊三上香)'

---

65 '引禮引衆官 : 引班引衆官' 사례도 마찬가지이다. 명 측이 작성한 여타 의주에서도 衆官(백관)을 인도하는 역할은 引禮가 아니라 引班의 몫이었다.

66 『고려사』 권72, 지26 輿服1 관복 제복 공민왕 19년 5월. "太祖高皇帝 賜冕服."

에서 후자인 '인례가 향을 세 번 올리시라고 알린다(引禮贊三上香)'는 전자를 서술 편의상 축약한 것이라 할 수 있다. 즉 실제 의례의 축소와는 무관하였을 것이다. 「번국정단동지성수솔중관망궐행례의주」에서 인례(引禮)의 '상향상향삼상향(上香上香三上香)'이라는 찬도(贊導)에 따라 거행된 번왕의 예식 절차를 '삼상향(三上香)'으로 축약 기재한 사실을[67] 보더라도 그러하다. '사찬이 국궁하고서 절하고 일어나고 절하고 일어나고 절하고 일어나고 절하고 일어나서 몸을 펴시라 외치면, 왕과 관원들 모두 국궁하고서 (주악 연주) 절하고 일어나고 절하고 일어나고 절하고 일어나고 절하고 일어나서 몸을 편다 (주악 그침) [司贊唱鞠躬拜興拜興拜興拜興平身 王與衆官皆鞠躬 (樂作) 拜興拜興拜興拜興平身 (樂止)]' : '사찬이 사배(四拜)하시라 외치면 (주악 연주) 왕과 관원들 모두 사배한다 (주악 그침) [司贊唱四拜 (樂作) 王與衆官 皆四拜 (樂止)]' 또한 마찬가지였을 것이다. 곧 서술의 편의상 「번국정단동지성수솔중관망궐행례의주」에 기재된 '국궁(鞠躬)하고서 절하고 일어나고 절하고 일어나고 절하고 일어나고 절하고 일어나서 몸을 편다(鞠躬拜興拜興拜興拜興平身)'를 '네 번 절한다(四拜)'로 축약하였을 것이다. 비록 그 축약의 폭이 컸을지라도 말이다.

다음 사례는 「원정동지상국성수절망궐하의」의 작성 과정에서 이루어진 더욱 큰 폭의 축약과 생략을 보여준다. '사찬이 홀(笏)을 띠에 꽂고 국궁하며 세 번 무도(舞蹈)한 다음에 꿇어앉아 세 번 두 손을 모아 이마 위에 올리며 만세, 만세, 만만세를 부르고, 홀을 빼내 부복(俯伏)하였다가 일어나 몸을 펴시라 외친다. 왕과 관원들은 홀을 띠에 꽂고 국궁하며 세 번 무도한 다음에 세 번 두 손을 모아 이마 위에 올리며 만세, 만세, 만만세를 부르고 홀을 빼내 부복하였다가

---

67 『大明集禮』 권30, 빈례1 蕃國正旦冬至聖壽率衆官望闕行禮儀注. "引禮贊上香上香三上香 司香 以香 跪進于王之左 王三上香."

일어나 몸을 편다. 사찬이 국궁하고서 절하고 일어나고 절하고 일어나고 절하고 일어나고 절하고 일어나서 몸을 펴시라 외친다. 왕과 관원들은 모두 국궁하고서 (주악 연주) 절하고 일어나고 절하고 일어나고 절하고 일어나고 절하고 일어나서 몸을 편다 (주악 그침) [司贊唱 搢笏鞠躬 三舞蹈 跪三拱手加額 山呼萬歲 山呼萬歲 再山呼萬萬歲 出笏俯伏興平身 王與衆官 搢笏鞠躬 三舞蹈跪 三拱手加額 山呼萬歲 山呼萬歲 再山呼萬萬歲 出笏俯伏興平身 司贊唱鞠躬拜興拜興拜興拜興平身 王與衆官 皆鞠躬 (樂作) 拜興拜興拜興拜興平身 (樂止)]'라는 복잡한 절차가 '사찬이 홀을 띠에 꽂고 국궁하며 세 번 무도한 다음에 왼쪽 다리로 꿇어앉아 세 번 고두(叩頭)하며 만세, 만세, 만만세를 부르고, 홀을 빼내 부복하였다가 일어나시라고 외친다. (주악 연주) 네 번 절한다 (주악 그침) [司贊唱 搢笏鞠躬 三舞蹈 跪左脚三叩頭 山呼萬歲 山呼萬歲 再山呼萬萬歲 出笏俯伏興 (樂作) 四拜 (樂止)]'라는 간결한 서술로 축약되었다. 우선 후자를 작성하면서 전자의 '司贊唱 搢笏鞠躬 三舞蹈 跪三拱手加額 山呼萬歲 山呼萬歲 再山呼萬萬歲 出笏俯伏興平身'에서 '평신(平身)' 글자가 생략된 점을 볼 수 있다. 이는 서술 면에서의 생략이었을 것이다. 다음으로는 '王與衆官 搢笏鞠躬 三舞蹈跪 三拱手加額 山呼萬歲 山呼萬歲 再山呼萬萬歲 出笏俯伏興平身' 부분이 통째로 생략된 사실이다. 이 생략된 부분은 사찬(司贊)의 선창에 따라 왕과 중관(衆官)이 행하는 동작에 관한 내용이다. 생략해도 문맥상 왕과 관원들이 그러한 동작을 해야 하는 것을 충분히 알 수 있기에 서술상 과감하게 이 부분을 삭제한 듯싶다. 이는 「원정동지상국성수절망궐하의」의 작성 과정에서 이루어진 생략이 실제 의례 절차의 생략이 아닌, 서술상의 생략임을 명확히 보여주는 사례라 할 수 있다.

또 다른 것으로는 '司贊唱鞠躬拜興拜興拜興拜興平身 王與衆官 皆鞠躬 (樂作) 拜興拜興拜興拜興平身 (樂止)'를 '(樂作) 四拜 (樂止)'로 축약·생략한 사례가 있다. 이는 사찬(司贊)의 '국궁하고서 절하고 일어나고 절하고 일어나고 절

하고 일어나고 절하고 일어나서 몸을 편다(鞠躬拜興拜興拜興拜平身)' 절차의 선창 및 왕과 관원들의 해당 예식 절차의 실행을 서술한 부분을 간결하게 '(주악 연주) 네 번 절한다 (주악 그침) [(樂作) 四拜 (樂止)]'로 축약·생략한 것이다. 재삼 언급하듯 이는 의절 자체를 축약·생략한 것이 아니었다. 이러한 서술상의 생략은 '(주악 연주) 네 번 절한다 (주악 그침) [(樂作) 四拜 (樂止)]'라고만 기술해도 문맥상 원래 행해야 할 예식 절차를 충분히 짐작할 수 있는 데서 가능하였을 것이다.[68]

마지막으로는 「원정동지상국성수절망궐하의」의 작성 과정에서 「번국정단동지성수솔중관망궐행례의주」에는 전혀 기술되지 않은 "명의 사신으로 고려의 도성에 머무는 동안 정월 초하루, 동짓날, 성수절(聖壽節)을 맞이한 자는 상복(常服)으로 먼저 망궐례를 행하고 국왕 주도의 망궐례에는 참석하지 않는다(如有朝廷官 遇正朝冬至聖壽節 出使 在國中者 常服先行禮 不在王與衆官行禮之列)"라고 한 구절이 첨가된 점이다. 번국(왕)이 명 황제를 대상으로 망궐례를 거행해야 하는 명절에 명 사신이 번국(도성) 내에 체류 중인 경우는, 불특정 번국을 대상으로 작성된 「번국정단동지성수솔중관망궐행례의주」에서는 전혀 혹은 미처 고려되지 못한 사안이었을 것이다. 하지만 고려에서는 실제 의례를 진행하면서 이미 직면했거나, 곧 직면할 문제였을 것이다. 따라서 고려 측은 이러한 문제에 대한 해법이 필요하였을 것이고, 위의 부기 사항은 그 해결책이었을 것이다.[69]

지금까지의 분석 결과에 따르면, 「원정동지상국성수절망궐하의」의 작성은

---

68 한편 '跪三拱手加額'을 「元正冬至上國聖壽節望闕賀儀」의 작성 과정에서 '跪左脚三叩頭'로 수정했다고 볼 수 있지만, 『大明集禮』와 달리 『蕃國儀注』에는 '跪三拱手加額'이 아니라 '跪左脚三叩頭'가 기재되어 있는 듯하다. 이에 관해서는 『세종실록』 권3, 세종 1년 4월 경인; 최종석, 앞의 논문, 2015, 298쪽 참조.

69 최종석, 앞의 논문, 2015, 296쪽.

「번국정단동지성수솔중관망궐행례의주」를 거의 그대로 모사하다시피 하면서도 그 과정에서 오탈자를 교정하거나, 불특정 번국을 대상으로 한 내용을 고려에서 행하는 망궐례로 구체화하거나, 이와 유사한 맥락에서 이 의례를 운영하는 과정에서 발생했거나 발생할 수 있는 문제의 해결책을 제시하는 등의 의도에서 이루어졌다고 할 수 있다. 이러한 사실로 미루어 「원정동지상국성수절망궐하의」 의주는 실제 사용을 목적으로 제작되었고, 특히 「번국정단동지성수솔중관망궐행례의주」의 수정·보완판을 만들고자 마련된 것으로 볼 수 있다. 이렇다고 하면 「원정동지상국성수절망궐하의」를 마련하고 나서 구버전인 「번국정단동지성수솔중관망궐행례의주」는 고려에서는 더는 쓸모없는 것이 되고 말았을 것이다. 그런데 「원정동지상국성수절망궐하의」에서 드물지 않게 확인되는 생략·축약의 사례는 전혀 다른 방향을 시사해준다. 만약 수정·보완판을 작성하는 것이 목적이었다면 생략·축약을 할 게 아니라 부연을 하는 것이 더 적절하였을 것이다. 그러나 실제로는 부연 없이 생략·축약이 빈번하게 이루어졌다. 더욱이 생략·축약의 정도가 꽤 심한 사례마저 있어 「원정동지상국성수절망궐하의」만으로는 원활한 의식 거행이 용이하지 않았을 가능성이 크다.[70] 이러한 사실은 「원정동지상국성수절망궐하의」가 「번국정단동지성수솔중관망궐행례의주」를 대체하기 위해 작성된 것은 아니었음을 웅변한다.

이처럼 모순되는 듯한 양상은 다음과 같이 추정하면 합리적으로 해소된다. 즉 「원정동지상국성수절망궐하의」의 작성은 「번국정단동지성수솔중관망궐행례의주」를 폐기·대체하고자 한 것이 아니라 「번국정단동지성수솔중관망궐행례의주」를 기본 전거로 활용하면서도 고려(인)가 일차적으로 참고·사용하

70　앞서 언급한 바와 같이 생략 부분의 예식 절차는 문맥으로 짐작 가능하다. 하지만 짐작만으로는 예식을 원활하고 정확히 치르기에는 역부족이었을 것이다.

기에 편리한 의주를 확보하고자 이루어졌을 것이라는 추정이다. 「원정동지상국성수절망궐하의」는 의례의 실무자나 감독·책임자가 해당 의례의 예식 절차 전반과 그 흐름을 보다 정확하고 용이하게 그리고 빠르게 파악할 수 있도록 마련된 것이라 할 수 있다. 그러했을 것이기에 「원정동지상국성수절망궐하의」의 작성 과정에서 한편으로는 교정도 하고 고려의 실정을 반영하면서도, 다른 한편으로는 복잡하고 중복된다 싶은 부분을 과감하게 생략·축약하였을 것이다. 이 생략·축약은 무턱대고 이루어진 것이 아니라, 문맥상 그 부분의 예식 절차를 충분히 파악할 수 있는 범위 내에서 단행되었을 것이다. 이러한 생략·축약은 예식 전반의 흐름을 단번에 파악하는데 상대적으로 더 편리하게 작용하였을 것이다. 다만 생략·축약 부분의 정확한 예식 절차의 내용을 확인·파악해야 하는 상황에서는, 함께 사용되면서도 최종 심급으로 기능하였을 「번국정단동지성수솔중관망궐행례의주」를 참고하면 되었을 것이다.

이러한 면모는 「원정동지상국성수절망궐하의」에 한정되지 않는다. 여타 외교의례 의주도 동일하게 나타난다. 특히 「영대명사로사의」는 이 점을 더욱 뚜렷하게 보여준다.[71] 「번국수인물의주」와 「영대명사로사의」를 비교 분석한 결과를 간략히 소개하면 다음과 같다.

'사자(使者) : 사신(使臣)'(':' 부호의 앞뒤 글자는 각각 「번국수인물의주」와 「영대명사로사의」에 기재된 것이다. 이하의 사례도 마찬가지다)과 '견관송사자환관(遣官送使者還館) : 견사송사신환관(遣使送使臣還館)'은 두 의주 간의 단순한 차이에, '인례창(引禮唱) : 인례찬(引禮贊)'은 「영대명사로사의」를 작성하는 과정에서 「번국수인물의주」의 오자를 교정한 사례에,[72] '번국경(蕃國境) : 국경(國境)', '번왕(蕃王) : 왕(王)', '번

---

71 「부록 2」에서 두 의주의 차이를 직접 확인할 수 있도록 하였다. 이를 참고하기 바란다.

72 '鼓吹 : 鼓樂'도 교정 사례라고 판단된다. 「蕃國受印物儀注」내 다른 곳에서는 鼓吹가 아니라

왕배위(蕃王拜位) : 왕배위(王拜位)', '번왕급중번관(蕃王及衆蕃官) : 왕여중관(王與衆官)', '사자봉소사인병모물(使者捧所賜印并某物) : 사신봉소사물(使臣捧所賜物)'은 「영대명사로사의」의 작성 과정에서 고려의 실정을 반영한 사례에 해당한다. 특히 '사자는 황제가 내린 인장과 아무 물건을 받들고(使者捧所賜印并某物) : 사신은 황제가 내린 물건을 받들고(使臣捧所賜物)'에서 양자의 차이는, 기존 연구에서 언급하였듯이 고려가 이미 명 측으로부터 인장을 하사받아 더는 그럴 일이 없어져서[73] 「영대명사로사의」의 작성 과정에서 인장을 삭제하고 예물만을 받는 예식으로 한 데서 비롯되었을 것이다.

'인례인번왕입전(引禮引蕃王入殿) : 왕입전(王入殿)'은 「영대명사로사의」를 작성하는 과정에서 서술의 편의를 위해 축약을 한 사례였을 것이다. 실제로는 「번국수인물의주」에 기록된 대로 왕은 인례(引禮)의 인도하에 궁전으로 들어갔을 것이다. '司贊唱 鞠躬拜興拜興拜興拜興平身 蕃王及衆官皆鞠躬 (樂作) 拜興拜興拜興拜興平身 (樂止) : 司贊唱 四拜 (樂作) 王及衆官皆四拜 (樂止)'의 경우도 「원정동지상국성수절망궐하의」에서 보았듯이 「영대명사로사의」의 작성 과정에서 서술의 편의를 위해 '국궁(鞠躬)하고서 절하고 일어나고 절하고 일어나고 절하고 일어나고 절하고 일어나서 몸을 편다(鞠躬拜興拜興拜興拜興平身)'를 '네 번 절한다(四拜)'로 축약한 사례였을 것이다. '引禮唱鞠躬拜興拜興平身 使者與蕃王皆鞠躬拜興拜興平身 : 引禮唱 再拜 使臣與王皆再拜'에서도 '국궁하고서 절하고 일어나고 절하고 일어나 몸을 편다(鞠躬拜興拜興平身)'가 '두 번 절한다(再拜)'로 축약되었을 것이다. 특히 '사자는 황제의 명을 선포하기를 황제는

鼓樂으로 기재되어 있는 데다가 『蕃國儀注』의 여타 의주에서도 鼓樂으로 기록된 데서, 이것은 교정 사례일 것이다.

73 윤승희, 앞의 논문, 2018a, 583~584쪽 참조.

사자 아무개에게 신칙하여 인장을 가지고 너 국왕 아무개에게 하사하도록 하고 아울러 아무 물건을 하사하도록 한다(使者宣制曰皇帝勅使某持印賜爾國王某 幷賜某物) : 사신은 황제의 명을 선포하기를 이러이러하였다(使臣宣制云云)'의 사례는 「영대명사로사의」의 작성 과정에서 기술상의 축약과 생략을 뚜렷이 보여준다. '이러이러하였다(云云)'와 같은 과감한 생략 표현은 「영대명사로사의」가 「번국수인물의주」와의 병용을 전제로 작성된 데서 가능하였을 것이다.

「영대명사로사의」를 작성하면서 「번국수인물의주」에 기술된 '왕승마행(王乘馬行)'을 삭제했다거나 거꾸로 '범행례필(凡行禮畢)', '급출(及出)'을 첨입(添入)했다거나 하는 사례 등도 넓게 보아 고려의 실정을 반영한 조치라고 할 수 있다. 정확히는 고려(인)가 일차적으로 참고·활용하기에 편리한 방향에서 이루어진 조치였을 것이다.[74] 특히 첨입 사례는 의주의 사용자·감독자가 첨입 부분의 앞뒤 문맥을 더욱 분명하게 파악할 수 있도록 도왔을 것이다.

이처럼 「영대명사로사의」는 정도 차이가 있을지언정 「원정동지상국성수절망궐하의」와 동일한 방식과 용도로 작성되었다고 할 수 있는데, 그 정도 차이마저 미미한 수준이었다. 즉 「영대명사로사의」의 작성 역시 「번국수인물의주」를 대체하고자 한 것이 아니라 「번국수인물의주」를 기본 전거로 삼으면서도 고려(인)가 일차적으로 참고·활용하기에 편리한 의주를 마련하려는 의도에서 이루어진 것으로 보인다. 고려의 입장에서 「번국수인물의주」와 「영대명사

---

74 '왕이 말을 타고 간다(王乘馬行)'를 삭제한 사례의 경우 이를 '왕이 가마를 타고 간다(王乘輦行)' 식으로 變改하지 않고 단지 삭제만 한 사실을 주목할 필요가 있다. '王乘馬行' 구절을 단순히 삭제만 한 결과, 사신을 맞이한 후 왕궁으로 되돌아오는 과정에서 국왕의 교통 방식은 그 선택지가 복수가 될 수 있었을 것이다. 「蕃國受印物儀注」를 함께 활용하였을 사실을 감안하면, 「迎大明賜勞使儀」에서 국왕의 교통편은 말일 수도 사정에 따라서는 여타의 것이 될 수도 있었을 것이다.

로사의」는 양자택일적인 것이 아니라 상호 보완적인 것이었고 「영대명사로사의」는 「번국수인물의주」에 비해 사용하기에 더 편리하였을 것이다.

다른 외교의례도 마찬가지다. 「영대명조사의」와 「진대명표전의」에 관한 기존의 검토 내용을 지금 논의 중인 문제에 초점을 맞춰 다시 살펴보면,[75] 「영대명조사의」와 「진대명표전의」의 작성 또한 「원정동지상국성수절망궐하의」, 「영대명사로사의」와 동일한 방식과 의도에서 이루어졌음을 어렵지 않게 확인할 수 있다. 즉 오탈자를 교정하거나 불특정 번국을 대상으로 한 것을 고려에서 행하는 의례로 구체화하면서도, 서술 면에서는 『번국의주』의 해당 의주 가운데 일부를 생략·축약하기도 했다.

한편 고려 말기에 『번국의주』를 활용한 방식 면에서 주목해야 할 또 다른 지점은, 고려가 『번국의주』에 수록된 의례들을 선택적으로가 아니라 일괄 활용하여 외교의례 의주를 작성했다는 사실이다. 즉 고려는 『번국의주』에 수록된 「번국접조의주」, 「번국수인물의주」, 「번국정단동지성수솔중관망궐행례의주」, 「번국진하표전의주」를 빠짐없이 활용하여 고려 말기 외교의례 의주인 「영대명조사의」, 「영대명사로사의」, 「원정동지상국성수절망궐하의」, 「진대명표전의」를 작성하였다. 그렇다면 고려가 이처럼 『번국의주』를 일괄 활용하여 준용한 이유는 무엇일까? 기존 연구를 활용하여[76] 그 이유를 설명해보도록 하겠다.

고려가 명이 작성하여 하사한 외교의례 의주를 준용한 현상의 원인(遠因)으로는, 원 복속기에 고려가 원의 지방 아문 의례(의주)를 활용하여 외교의례를 거행한 사실을 들 수 있다. 정동행성의 설치도 전에 원(몽골)이 복속된 '외국'인 고려를 대상으로 일부 지방 아문 의례(의주)를 적용한 것을 계기로, 그리고 (후기)

---

75 최종석, 앞의 논문, 2015; 최종석, 앞의 논문, 2019a 참조.

76 최종석, 앞의 논문, 2019b.

정동행성의 설치 이후로 충렬왕이 정동행성(승상)을 매개로 하여 아직 도입되지 않은 원의 지방 아문 의례(의주)를 마저 수용한 것을 또 다른 계기로 하여, 원복속기의 외교의례는 고려 군주가 '고려 국왕'이자 정동행성 승상의 위상에서 원의 지방 아문의 의례(의주)를 활용하면서도 그러한 위상에 걸맞게 변용하는 방향으로 거행되었다.[77] 이러한 사실을 감안할 때, 원 복속기에 고려가 원 지방 아문에서 황제를 대상으로 거행하는 각종 의례를 전면 활용한 것을 원인(遠因)으로 하여, 고려는 명이 사여한 『번국의주』에 수록된 의주들을 일괄 활용하여 외교의례 의주를 작성하였다고 할 수 있다.

다음으로 이 현상의 근인(近因)은 고려와 명 모두가 원 복속기에 고려에서 정동행성(승상)을 매개로 각종 지방 아문 의례(의주)를 활용·실행한 일을 전유(轉有)하여 계승한 행보에 있다고 할 수 있다. 명은 원 복속기에 고려에서 정동행성(승상)을 매개로 각종 지방 아문 의례(의주)를 활용·실행한 일을, 번국(제후)인 고려가 황제국이 마련한 의주를 토대로 각종 외교의례를 거행함으로써 천자의 천하 지배가 번국 내에서도 구현된 것으로 전유·계승하였고, 이로 인해 번국 내에서 명(황제)을 대상으로 거행하는 의례들의 의주까지 직접 작성하게 되었다. 이러한 외교의례 의주가 바로 『대명집례』 빈례에 수록된 「번국접조의주」, 「번국수인물의주」, 「번국정단동지성수솔중관망궐행례의주」, 「번국진하표전의주」였다.

고려 역시 전대(前代)에 정동행성(승상)을 매개로 각종 지방 아문 의례(의주)를 활용·변용해온 일을 번국(제후국)이 행해야 하는 외교의례의 실천으로 전유하였을 것이다. 이에 고려는 원 복속기의 경험을 전유·계승하여 황제를 대

---

77 원 복속기에 고려가 원의 지방 아문 의례(의주)를 활용하여 외교의례를 거행한 사안에 관해서는 2부 1장에서 상세히 다루도록 하겠다.

상으로 거행한 각종 의례와 그 방식을 지속하는 것 및 황제국 의주를 활용하여 외교의례를 거행하는 것을 당연시하는 속에서,[78] 명 측에 번국인 고려에서 명 (황제)을 대상으로 거행하는 의례들의 의주를 요청하였으며, 명은 이들 의주를 일괄하여 책자 형태로 만들어 고려에 사여하였다. 곧 명은 『번국의주』를 하사 하였다. 이들 의례(의주)는 고려에게 생소한 것이라기보다는 원 복속기 이래로 익숙하게 행해온 의례였을 것이다. 이에 고려는 하사받은 이들 의주를 선택적 으로가 아니라 일괄 활용하여 「영대명조사의」, 「영대명사로사의」, 「원정동지 상국성수절망궐하의」, 「진대명표전의」라는 명에 대한 외교의례 의주를 마련 하고 이들에 의거하여 명을 대상으로 외교의례를 거행하였을 것이다.[79]

3. 『번국의주』를 응용한 「영대명무조칙사의」의 독자적 작성

고려는 「영대명조사의」, 「영대명사로사의」, 「원정동지상국성수절망궐하 의」, 「진대명표전의」를 작성한 것 외에도, 명이 보내준 의주를 저본으로 하지 않고 자체적으로 작성한 의주인 「영대명무조칙사의」도 갖추고 있었다. 「영대 명무조칙사의」란 명이 보낸 자문(咨文) 등의 공첩(公牒)을 지니고 온 사신을 맞

---

78 고려와 명 공히 원 복속기의 외교의례를 전유하여 계승한 문제에 관해서도 2부에서 다루도 록 하겠다.

79 고려가 이처럼 『번국의주』를 일괄 활용하여 외교의례(의주)를 작성한 현상은 『번국의주』를 기본 전거로 삼으면서도 고려(인)가 일차적으로 참고·활용하기에 편리한 의주를 확보하고 자 명에 대한 외교의례(의주)를 작성하였다는 가설과도 잘 부합한다. 『번국의주』를 준용하 여 명에 대한 외교의례를 운용해야 한다고 전제한 점에서 그러하다. 이러한 전제나 감각은 고려(군주)가 원 지방 아문의 의례(의주)를 활용하여 각종 외교의례를 거행했다는 역사 현 실을 번국(제후국)이 행해야 하는 외교의례의 실천으로 전유한 데서 비롯되었을 것이다.

이하는 의례(의주)이다. 정확히 말하면, 국왕을 수신인으로 하는 공첩을 맞이하는 의례였을 것이다. 명 사신을 통해 전달된 자문 등의 공첩은 원 복속기 이래로 관문서식 외교문서였다. 중국 내에서 통용된 관문서인 자문 등의 공첩이 원 복속기를 분기점으로 중국과 고려 간의 외교문서로 기능했다는 점을 고려하면,[80] 자문 등의 공첩을 지니고 온 명 사신을 맞이하는 의례가 원 복속기 이래의 일이었을 것임을 충분히 추측해볼 수 있다. 원 복속기에 자문 등의 공첩을 지니고 온 원의 사신을 맞이하는 의례가 있었을 것이고, 이를 계승한 의례가 고려 말기에 거행되고 있었으리라고 추정해볼 수 있는 것이다.

그런데 원 복속기에는 원이 보낸 자문 등의 공첩이 외교문서로서 고려 측에 전달되었기는 해도, 이 과정에서 자문 등의 공첩을 지니고 온 사신을 맞이하는 의례는 거행되지 않았을 것이다. 「영대명무조칙사의」와 같은 의례가 거행되지 않고 공첩의 단순 전달이 이루어졌을 가능성이 크기 때문이다. 당시 공첩의 행이(行移)는 다름 아닌 이첩(移牒)을 의미하였을 것인데, 원 복속기에 원 측이 고려를 상대로 이첩한 사례는 여러 건 확인되지만, 그 과정에서 의례가 거행된 흔적은 전혀 보이지 않는다. 당시 공첩을 맞이하는 의례가 거행되지 않았을 가능성은 다음과 같은 사실로도 방증된다. 원 복속기 외교의례는 원 지방 아문에서 거행하는 의례(의주)를 활용·변용하여 이루어졌는데,[81] 원대에 지방 아문에서 자문 등의 공첩을 맞이하는 의례는 확인되지 않으며, 후술하듯 원을 계승한 명에도 그러한 의례는 존재하지 않았다. 원래 관부 문서의 행이, 곧 이첩 시에는 의례가 거행되지 않았기에, 원·명 대에 이러한 현상은 자연스러운

---

80 이에 관해서는 森平雅彦, 「牒と咨のあいだ—高麗王と元中書省の往復文書」, 『史淵』 144, 2007; 정동훈, 「高麗-明 外交文書 書式의 성립과 배경」, 『한국사론』 56, 2010 참조.

81 최종석, 앞의 논문, 2019b 참조.

일이었다. 결국 원 대에 지방 아문에서 자문 등의 공첩을 맞이하는 의례는 존재하지 않았으며, 이와 맞물려 고려도 공첩을 맞이하는 의례를 거행하지 않았을 것이다. 단지 문서 행정상 이첩이 이루어졌을 뿐이었다.

고려 말기에는 「영대명무조칙사의」가 갖추어진 사실로 보아 당시에 자문 등의 공첩을 맞이하는 의례가 거행되었음은 분명하다. 그런데 이러한 의례의 거행은 고려의 자체적인 판단·필요에서 이루어졌을 것이다. 명의 지방 아문에 자문 등의 공첩을 맞이하는 의례가 존재하지 않았고, 이와 맞물려 명이 고려 측에게 자문 등의 공첩을 지니고 온 명 사신을 맞이하는 의례를 거행하도록 요구하지도 않았을 것임을[82] 고려할 때 그러하다. 이런 사실은 「영대명무조칙사의」의 말미에 기재된 "수조(手詔)·칙부(勅符)의 경우 이 의례를 쓰지 않고 명 조정에서 반강(頒降)한 의주에 의거한다(若有手詔勅符 則不用此禮 依朝廷頒降儀)"라는 구절을 분석함으로써 더욱 명확해지리라 본다. 이 구절을 실마리 삼아 이를 논증해보겠다.

위 구절에서 언급된 수조와 칙부를 지니고 온 사신을 맞이할 때 의거해야 하는 '조정반강의(朝廷頒降儀)'는 명 조정이 고려에 하사한 의주가 아니었다. 고려와 명 측 자료 어디에도 수조와 칙부를 맞이하는 의주를 명이 고려에 내려주었다는 기록은 확인되지 않는다. 『고려사』 예지 등에서도 그러한 의주는 전혀 보이지 않는다. 여기에서 말하는 '조정반강의(朝廷頒降儀)'란 명의 지방 아문을 위시하여 해당 문서를 받는 관부에서 수조와 칙부를 맞이하는 예식으로, 명 조정이 영내(領內)에 반강한 것으로 판단된다.[83] 명 말기에 편찬된 『예부지고(禮部

---

82 정확히는 그러한 의례를 거행할 수 있다는 생각 자체를 못 했을 것이다.

83 手詔는 황제가 스스로 찬술한 조서로, 홍무제는 주로 조정의 대신들에게 철저히 보안을 유지해야 할 내용을 전달할 때 친필로 작성한 문서를 전달했는데, 그 親書는 격식이 매우 자유로우며 전달 과정도 간단하고 신속한 특징을 보였다고 한다. 정동훈, 「洪武帝의 명령이 고려

志稿)』에는 '홍무 연간에 정해진(洪武間定)' 「영접칙부제유의(迎接敕符制諭儀)」가 수록되어 있는데, '조정반강의'는 이를 가리켰을 것이다. 「영접칙부제유의(迎接敕符制諭儀)」는 칙부(敕符), 단부(丹符), 제유(制諭), 수조(手詔) 등을 영접하는 예식이기 때문이다.[84] 홍무 연간에 간행된 『홍무예제(洪武禮制)』와 『제사직장(諸司職掌)』 등에는 「영접칙부제유의」라는 의주 명칭은 보이지 않지만, 그 예식 절차에 해당하는 내용이 적시되어 있다.[85]

수조와 칙부를 맞이하기 위한 '조정반강의', 달리 말해 「영접칙부제유의」는 명의 지방 아문 등의 관부를 의례의 주체로 하여 마련된 것이어서 고려를 대상으로 한 것이 아니긴 했어도, 고려도 명으로부터 수조·칙부를 받고 있었기에[86] 이들 (외교)문서를 맞이하는 예식이 필요했을 것이다. 그런데 조서 및 황제가 국왕에게 사여한 예물과 달리 수조·칙부의 경우 명 측이 내려준 의주가 없다 보니, 고려는 임기응변으로 명 지방 아문 등이 사용하는 의례(의주)를 활용하여 수조·칙부를 맞이하는 예식을 거행했을 것이다. 이는 원 복속기에 원의 지방 아문 의례(의주)를 활용해 외교의례를 운용한 것과[87] 흡사하다고 하겠다.

이렇다고 하면 고려 말기에 고려가 외교문서를 지니고 온 명 사신을 맞이하는 예식은 다음과 같이 정리해볼 수 있다. 조서를 지니고 온 명 사신은 「영대

에 전달되는 경로—聖旨의 문서화 과정을 중심으로」, 『東洋史學研究』 139, 2017a, 229쪽 참조.

84 『禮部志稿』 권22, 儀制司職掌.

85 『洪武禮制』와 『諸司職掌』 참조.

86 勅符는 「迎大明無詔勅使儀」에서만 보이나, 手詔 사례는 다음과 같이 드물지 않게 확인된다. 『고려사』 권43, 공민왕 21년 9월 임술; 『고려사』 권44, 공민왕 22년 12월 계축; 『고려사』 권44, 공민왕 23년 6월 임자; 『고려사』 권134, 열전47 우왕 5년 3월 참조.

87 이에 관해서는 최종석, 「고려 후기 '전형적' 제후국 외교의례의 창출과 몽골 임팩트—'전형적인' 조공 책봉 관계의 이해 심화를 겸하여」, 김형찬 외, 『한국 문화의 정체성』, 고려대학교출판문화원, 2021 참조.

명조사의」로, 황제가 국왕에게 하사한 예물을 지니고 온 명 사신은 「영대명사로사의」로 영접하였고, 수조·칙부를 지니고 온 사신은 「영접칙부제유의」를 활용하여 맞이하였으며, 자문 등의 공첩을 지니고 온 사신은 「영대명무조칙사의」로 맞이하였을 것이다. 여기서 한 가지 의문이 생긴다. 자문 등의 공첩을 지니고 온 사신도 수조·칙부처럼 명의 지방 아문 등에서 해당 문서를 맞이하는 예식(의주)으로 맞이했으면 되었을 텐데, 군이 자체적으로 「영대명무조칙사의」를 작성한 이유는 무엇일까? 명이 고려를 상대로 하여 의주를 보내주지 않은 데서는 공첩이나 수조·칙부나 매한가지인데도 말이다.

고려가 수조·칙부와 달리 자문 등의 공첩을 지니고 온 사신을 맞이하는 의례(의주)를 자체적으로 마련한 일차적인 이유는 활용 가능한 의례(의주)가 없었기 때문이었을 것이다. 수조·칙부, 조서, 인장·예물과 달리 자문 등의 공첩을 지니고 온 사신을 맞이하는 예식(의주)은 명의 예서류(禮書類),[88] 정서류(政書類)[89] 어디에도 보이지 않는다. 이는 기록상의 누락이 아니라, 공첩이 여타의 것과 달리 황명 문서가 아니었기에 예식 없이 단순히 접수만 해도 되었기 때문이었을 것이다.[90] 고려 입장에서 보자면, 자문 등의 공첩은 수조·칙부와 달리 이를 영접한다고 했을 때 활용··적용할 만한 의례(의주)가 존재하지 않았던 것이다.

또 다른 이유는 고려가 명의 지방 아문과 달리 모종의 이유에서 자문 등의 공첩을 지니고 온 사신을 군이 예식을 갖추어 맞이하고자 한 지향에서 찾을 수 있다. 명은 자문 등의 공첩을 맞이하는 예식(의주)을 고려(번국)에 내려주지도

---

88 『大明集禮』와 『洪武禮制』 등이 이에 해당한다.

89 『諸司職掌』과 『大明會典』 등이 이에 해당한다.

90 그러했기에 咨文 등의 공첩은 開讀儀가 필요한 문서에 해당하지 않았다. 『大明會典』 권74, 開讀儀에 따르면, 이 의례를 요구하는 문서는 詔書, 赦書, 敕符, 丹符, 制諭, 手詔로 모두 皇命 문서였다.

않았고, 명 내에조차 공첩을 맞이하는 예식(의주)이 부재했던 것으로 보아, 고려에게 자문 등의 공첩을 예식을 갖추어 맞이하도록 요구하지도 않았을 것이다. 공첩을 맞이하는 예식(의주)을 작성·운영한 것은 명의 강요·요구에서가 아니라 고려의 판단·의지가 작용한 결정이었을 것이다. 고려가 공첩을 예식을 갖추어 맞이하는 유례없는 결정을 하게 된 데는, 당시에도 원 복속기와 마찬가지로 관문서인 자문 등의 공첩이 양국 사이에 오갔고 특히 우왕 대 이후로는 조칙이 아니라 자문을 위주로 외교 행위가 이루어진 현실이 무겁게 작용하였을 것이다.[91] 그리고 무엇보다 이러한 자문에는 일반적으로 홍무제의 성지(聖旨)가 수록되었기 때문에, 고려는 공첩을 예식을 갖추어 맞이하고자 하였을 것이다. 황제의 곁에 대기하고 있던 신료들이 홍무제의 성지를 그대로 받아 적어 지면으로 옮긴 것을 선유성지(宣諭聖旨)라 하는데, 선유성지 가운데 중서성(中書省)·예부(禮部) 등의 외교 담당 관청을 청자로 하여 고려에게 전달하도록 한 선유성지는 중서성·예부 등이 고려에 보내는 자문 내에 수록되었다.[92] 이렇듯 고려 말기에는 외교 행위가 자문을 위주로 이루어지고 있었고 자문에는 일반적으로 고려를 대상으로 한 홍무제의 성지가 담겨 있는 상황에서, 고려는 원 복속기와 달리, 그리고 명의 지방 아문과 달리 공첩을 단순히 접수하고 마는 식으로가 아니라 황명 문서인 조서, 수조, 칙부 등과 다름없이 예식을 갖추어 맞이하고자 하였을 것이다. 이렇게 되면서 고려는 원컨 원치 않건 간에 자체적으로 「영대명무조칙사의」를 작성해야 했을 것이다.[93]

---

91 정동훈, 「高麗時代 外交文書 硏究」, 서울대 국사학과 박사학위논문, 2016; 윤승희, 앞의 논문, 2018a 참조.

92 홍무제 시기 咨文과 宣諭聖旨에 관해서는 정동훈, 앞의 논문, 2017a, 233~235쪽 참조.

93 「迎大明無詔勅使儀」의 마련 뒤에 公牒을 맞이하는 예식을 거행하게 되었는지, 아니면 이러한 예식을 몇 차례 거행한 후 「迎大明無詔勅使儀」를 마련하였는지는 직접적인 기록이 없어

그렇다면「영대명무조칙사의」를 마련할 때, 여타 외교의례 의주와 달리 모사하거나 직접 참고할 만한 의주도 없는 여건에서 고려는 어떠한 방법으로, 그리고 무엇을 전거로 삼아 이를 작성하였을까? 이 의문에 직접적인 해답을 줄 만한 기록은 전혀 없다.「영대명무조칙사의」라는 의주 자체를 제외하고는 관련 기록이 전무하기 때문이다. 따라서 의주 분석을 통해 이 의문의 해답을 찾을 수밖에 없다. 비록 그 해답이 제한적이고 잠정적일지라도 말이다. 이하에서는 해답을 찾기 위해「영대명무조칙사의」의 의주 내용을 세밀하게 분석해보겠다.

「영대명무조칙사의(迎大明無詔勅使儀)」

(a) 사신이 국경을 넘으면, 관문을 지키는 관리는 급히 [왕에게] 보고한다. 왕은 관리를 보내 멀리에서부터 [사신을] 맞이하게 한다. 사신이 왕경(王京)에 가까이 오면(使臣入國境 守關官馳報 王遣官遠接 使臣近王京)

(b) 기일(期日)에 앞서 [왕은] 유사(有司)에게 명령하여 영빈관(迎賓館)에 악장(幄帳)을 설치하고 성문과 거리에는 결채(結綵)를 하도록 한다.(前期 令有司 於迎賓館 設幄帳 城門街路結綵)

단정할 수 없다. 하지만 후자의 가능성이 크다고 판단된다. 윤승희(앞의 논문, 2018a, 587쪽)는「迎大明無詔勅使儀」에 세자가 적시된 사실을 토대로「迎大明無詔勅使儀」가 공양왕 즉위 직후에 작성되었을 것으로 추정하였다. 타당한 추정이다. 공양왕 즉위 직후에 의주가 마련되었을 것이라고 본다면, 공양왕 이전부터도 공첩을 맞이하는 예식을 거행할 필요가 있었을 것이기에 공첩을 맞이하는 예식은「迎大明無詔勅使儀」작성 이전에 이미 거행되고 있었을 것이다.

(c) 기일(期日)에 왕은 의위(儀衛)를 갖추고 성 밖 악차(幄次)로 나가 맞는데, 세자 이하 여러 관료들은 모두 따르는데 아울러 상복(常服)을 입는다. 사신이 도착하면 모든 관료들은 영빈관의 길 남쪽에서 위차대로 서서 기다리는데, 북쪽을 향하여 위계를 달리하면서 종으로 서고 동위(同位)는 횡으로 겹쳐 선다. 왕이 나와 악차(幄次) 밖에 서면 사신은 말에서 내려 왕과 마주 보고 읍(揖)을 한다. 그 후에 서로 말에 오르라고 사양하면서 함께 [궁궐로] 가는데, 사신은 길의 왼쪽으로, 왕은 길의 오른쪽으로 간다. (至日 王備儀衛 出迎於城外幄次 世子以下百官皆從 並常服 使臣 至 百官以次立待于迎賓館道南 北向 異位重行 王出 立於幄外 使者下馬 與王對揖 後 相讓上馬 偕行 使臣由道左 王由道右)

(d) 왕궁에 도착하면 함께 말에서 내려 나란히 들어가는데, 왕은 서쪽으로 해서 문으로 들어가고 사신은 동쪽으로 해서 문으로 들어간다. 정전(正殿) 가운데에 이르러 마주 서는데, 사신은 동쪽에 서고 왕은 서쪽에 선다. 구선성지(口宣聖旨)가 있으면 사신은 선 채로 [성지를] 말해 전하고, 왕은 북쪽을 향해 꿇어앉아 이를 듣는다. 그러고서 [사신이] 가지고 온 공첩(公牒)을 받는다. 끝나면 왕은 고두(叩頭)를 행하고 일어나 몸을 편다. (至王宮 俱下馬偕入 王入門自西 使臣入門自東 至正殿 中對立 使臣立東 王立西 有口宣聖旨 則使臣立宣 王北向跪聽 仍受賫來公牒 訖 叩頭興平身)

(e) 왕은 사신의 앞으로 나아가서 몸을 약간 굽히고 황제의 안부를 묻는다. 사신이 대답한 이후에 왕은 북쪽을 향해 꿇어앉아 고두를 행하고 일어나 몸을 편 다음, 사신과 동서로 서로 마주 보고 재배한다. (王進使臣前 稍躬身 問聖躬萬福 使臣答 後 王北向跪 叩頭興平身 東西相向 再拜)

(f) [이것이] 끝나면, 간단히 서로 인사를 나누고 동서로 마주 앉아 차를 마신 뒤에, 왕은 안으로 들어가 잠깐 쉰다. [그 사이에] 세자는 사신과 서로 만나 재배(再拜)한다. 다음으로는 제군(諸君)이, 다음으로는 재추(宰樞)가, 다음으로는 백관(百官)이 모두 동일하게 그렇게 한다. (訖 略敍寒暄 東西對坐 設茶後 王入內小歇 世子與 使臣相見 再拜 次 諸君 次 宰樞 次 百官 皆同)

(g) [이것이] 끝나면, 왕은 나와 자리로 가서 사신을 대접한다. (訖 王出就坐 饗 使臣)

(h) 그 뒤 구선성지(口宣聖旨)가 있는 사신이면 왕이 친히 공관(公館)까지 전송하거나 혹은 세자를 시켜 전송하게 한다. 구선성지가 없는 사신이면 재추를 시켜 공관까지 전송하게 한다. (後 有口宣使臣 則王親送至館 或令世子送之 無口宣使臣 則命宰樞送至館)

(i) 만약 수조(手詔)·칙부(勅符)면 이 의례를 쓰지 않고, [명] 조정에서 반강(頒降) 한 의주에 의거한다. (若有手詔勅符 則不用此禮 依朝廷頒降儀)[94]

재삼 언급하였듯이, 「영대명무조칙사의」는 명이 보낸 자문 등의 공첩을 지니고 온 사신을 맞이하는 의례(의주)인데, 「영대명무조칙사의」의 기재 내용에 따르면, 이 의주는 다음 두 가지 경우를 대비하여 작성되었다고 할 수 있다. 하나는 공첩과 구선성지(口宣聖旨)가 함께 전달되어 온 경우이고, 다른 하나는 사

---

94 『고려사』 권65, 지19 예7 빈례 迎大明無詔勅使儀.

신이 공첩만 가지고 온 경우이다.[95] (d)의 "정전(正殿) 가운데에 이르러 마주 서는데, 사신은 동쪽에 서고 왕은 서쪽에 선다. 구선성지가 있으면 사신은 선 채로 [성지를] 말해 전하고, 왕은 북쪽을 향해 꿇어앉아 이를 듣는다. 그러고서 [사신이] 가지고 온 공첩을 받는다"라고 한 내용으로 보아서는, 이러한 두 경우를 대비해서 작성된 것인지, 아니면 공첩과 구선성지가 함께 전달되어 온 경우만을 상정하여 작성된 것인지 다소 불분명하다. 하지만 (h) 부분에서 공첩을 지니고 온 사신을 '유구선사신(有口宣使臣)'과 '무구선사신(無口宣使臣)'으로 구분한 데서, 「영대명무조칙사의」는 두 가지 경우를 대비하여 작성되었음이 확실하다. '무구선사신(無口宣使臣)'은 구선성지 없이 공첩만을 전하기 위해 온 사신을 가리키기 때문이다.[96]

이제 본격적으로 「영대명무조칙사의」가 어떤 자료들을 활용하여, 그리고 어떠한 방식으로 작성되었는지를 검토해보겠다.

우선 (a) 부분은 왕이 관원을 보내 사신을 원접(遠接)하는 예식 절차에 해당하는데, 이러한 예식 절차는 고려 전기의 외교의례로 고려가 독자적으로 작성한 「영북조조사의(迎北朝詔使儀)」, 「영북조기복고칙사의(迎北朝起復告勅使儀)」[97]에서는 전혀 찾아볼 수 없는 내용이다. 이와 달리 「영대명조사의」와 「영대명사로사의」에서는 거의 동일한 구문이 확인된다. 즉 「영대명무조칙사의(迎大明無詔勅

---

95 명 사신이 전하는 口宣聖旨란 문서가 아닌 구두로 이루어진 황제의 명을 의미한다. 정동훈, 앞의 논문, 2017a, 241~245쪽 참조.

96 이렇다고 할 때 「迎大明無詔勅使儀」에서 '無詔勅使'란 公牒을 전하기 위해 온 사신을 의미할 것이다.

97 『고려사』 권65, 지19 예7 빈례 迎北朝詔使儀; 迎北朝起復告勅使儀. 이들 의례에서 北朝는 거란을 지칭한다(김성규, 「고려 외교에서 의례(儀禮)와 국왕의 자세」, 『역사와 현실』 94, 2014). 금은 사신 왕래 등을 요가 했던 例대로 행한 데서(『고려사』 권15, 인종 4년 9월 신미), 이들 의례가 고려와 금 사이에도 활용되었을 것은 비교적 분명하다.

使儀)」의 '사신이 국경을 넘어서면 관문을 지키는 관리는 급히 알린다. 왕은 관리를 보내 멀리서부터 사신을 맞이하게 한다. 사신이 왕경에 가까워지면(使臣入國境 守關官馳報 王遣官遠接 使臣近王京)'이라는 어구는 「영대명조사의」의 '사신이 국경을 넘어서면 먼저 관인(關人)을 보내어 국왕에게 급히 보고하며, 국왕은 관리를 보내서 멀리서부터 조서를 맞이하게 한다(使臣入國境 先遣關人 馳報於王 王遣官 遠接詔書)'와 「영대명사로사의」의 '사신이 국경에 도착하면 먼저 관인(關人)을 보내 소식을 알리게 하고, 국왕은 관리를 보내 멀리서부터 맞이하게 한다(使臣至國境 先遣關人入報 王遣官遠接)'와 거의 흡사하다. 따라서 「영대명무조칙사의」의 해당 구문이 「영대명조사의」와 「영대명사로사의」를 적극적으로 활용하여 작성되었다고 추정하는 것은 무리가 없을 것이다.[98]

한편 「영대명조사의」와 「영대명사로사의」가 '번왕(蕃王)'을 '왕(王)'으로 수정하는 식으로 고려의 실정을 반영한 일부 사례를 제외하고는 『번국의주』를 그대로 모사한 것과는 달리, 「영대명무조칙사의」는 「영대명조사의」와 「영대명사로사의」를 활용하면서도 고려의 실정을 보다 적극적으로 반영하여 작성되었다. 특히 '사신이 왕경(王京)에 가까이 오면(使臣近王京)'이라는 어구는 「영대명조사의」와 「영대명사로사의」에는 전혀 없는 내용으로, '왕은 관리를 보내 멀리에서부터 맞이하게 한다(王遣官遠接)'라는 절차와 사전 준비 사이에 문맥상 또는 의례 절차상 필요하다고 판단되어 삽입된 구문이라 할 수 있다.

(b) 부분은 예식 거행을 위한 사전 준비에 해당한다. 이 절차의 내용은 「영북조조사의(迎北朝詔使儀)」와 「영북조기복고칙사의(迎北朝起復告勅使儀)」에서는 전혀 보이지 않는다. 이와 달리 「영대명조사의」와 「영대명사로사의」에서는 거의 동일한 구문이 확인된다. 즉 「영대명무조칙사의」의 '기일(期日)'에 앞서 유사(有

---

98 상대적으로 「迎大明賜勞使儀」에 비해 「迎大明詔使儀」를 더 참조한 듯싶다.

司)에 명령하여 영빈관(迎賓館)에 악장(幄帳)을 치고, 성문과 거리에는 채붕을 설치하게 한다(前期 令有司 於迎賓館設幄帳 城門街路結綵)'라는 어구는 고려의 실정을 반영하여 공관(公館)을 영빈관(迎賓館)으로 구체화하는 식의 미미한 변개는 있었어도, 「영대명조사의」의 '기일에 앞서 유사에 명령하여 국문 밖 공관에 장막과 채붕을 설치하게 한다(前期 令有司 於國門外公館 設幄結彩)'와 「영대명사로사의」의 '기일에 앞서 유사는 국문 밖 공관에 장막과 채붕을 설치한다(前期 有司 於國門外 公館 設幄結綵)'와 거의 흡사하다. 이는 (a) 부분의 작성 방식과 동일하다고 할 수 있다.

(c) 부분은 국왕이 세자와 백관을 대동하고 교외에서 사신을 영접하고서 궁궐로 이동하는 예식 절차에 해당한다. 이 절차의 내용 역시 「영북조조사의」와 「영북조기복고칙사의」에서는 전혀 보이지 않는 것이다. 고려 전기에는 왕이 궁궐 내에서 사신을 맞이하였기에,[99] 교외에까지 나가 사신을 영접할 필요가 없었다. 이와 달리 「영대명조사의」와 「영대명사로사의」에서는 국왕이 중관(衆官)을 이끌고 도성 밖에까지 나가 사신을 영접하는 어구가 확인된다.

(c) 부분도 「영대명조사의」와 「영대명사로사의」의 해당 내용을 활용하긴 했지만, 그 활용 정도는 (a)와 (b) 부분과 비교해서 제한적이었다. 국왕이 세자와 백관을 대동하고 교외에서 사신을 영접하고서 궁궐로 인도한다는 큰 틀은 「영대명조사의」, 「영대명사로사의」와 동일하긴 하다. 국왕이 사신을 만나기 전까지의 예식 절차도 전반적으로는 「영대명조사의」와 「영대명사로사의」를 활용한 듯싶다. 그런데 국왕과 사신 간의 의절은 「영대명조사의」, 「영대명사로사의」와 이질적이었다. 이러한 차이는 자문 등의 공첩을 지닌 사신이 황제의 명령문서인 조서 및 황제가 내려준 예물인 '상사(上賜)'를 지닌 사신에 비해 예적

---

99   정동훈, 「고려시대 사신 영접 의례의 변동과 국가 위상」, 『역사와 현실』 98, 2015 참조.

(禮的) 위상이 현저히 낮은 데서 비롯되었을 것이다. 앞서 언급했듯이 고려는 공첩을 지니고 온 사신을 영접하는 예식을 '군이' 거행하였고 이 일환에서 황명 문서를 지니고 온 사신을 영접하듯이 국왕이 교외에까지 몸소 행차하여 사신을 맞이해 오기는 했지만, 공첩을 지니고 온 사신을 대하는 각종 의절은 아무래도 황명 문서를 지니고 온 사신을 대하는 것과는 격이 달라야 했을 것이다. 구체적인 의절은 고려가 자체적으로 마련하였을 것인데, 기본적인 방향은 사신이 공첩을 지니고 있는 점을 감안하여 「영대명조사의」, 「영대명사로사의」와 달리 사신과 국왕을 상하 관계가 아니라 빈주 관계로 상정하였다고 할 수 있다. 이 때문인지 (c) 부분에서 국왕과 사신 간의 의절은 「영대명사로사의」 중에서도 의례의 거행을 마친 후의 국왕과 사신 간의 의절을 응용·활용한 듯하다.[100] 「영대명사로사의」에서 의례를 마치고서 행하는 의절인, '왕은 전(殿) 안으로 들어가 서쪽에 서서 동쪽을 향하고, 사신은 동쪽에 서서 서쪽을 향한다. 인례(引禮)가 재배(再拜)하시라 외치면, 사신과 국왕은 모두 재배한다. 전(殿) 밖으로 나가게 되면, 사신은 동쪽 계단으로 내려가고 국왕은 서쪽 계단으로 내려간다. 사자를 보내어 사신을 전송하여 공관으로 돌아가게 한다(王入殿 西立東向 使臣東立西向 引禮唱再拜 使臣與王皆再拜 及出 使臣降自東階 王降自西階 遣使 送使臣還館)'라는 것, 곧 왕과 사신은 수평적 관계이고 왕은 서쪽에 사신은 동쪽에 자리하며 양자가 서로 마주 보며 재배하는 등의 왕과 사신 간의 의절이 바로 그것이다. (c) 부분에서 왕과 사신이 마주 보고 읍례(揖禮)를 행한다든가, 그런 후 서로 양보하면서 나란히 말을 타고 궁궐로 이동한다든가, 그 과정에서 '사신은 길의

---

100 「迎大明詔使儀」를 활용하지 않은 것은 이 의주에는 예식을 행한 후의 예식 절차가 부재하기 때문이다. 예식을 행한 후의 예식 절차는 「迎大明賜勞使儀」의 것과 동일하기에 생략하였을 것이다.

왼쪽으로, 왕은 길의 오른쪽으로 간다(使臣由道左 王由道右)'든가 하는[101] 의절은, 사신과 국왕을 빈주 관계로 상정하는 기본 방향에서, 그리고 이에 더하여 「영대명사로사의」에서 의례 거행을 마친 후 국왕과 사신 간의 의절을 활용·응용하여 상황에 맞게 작성한 것이라 할 수 있다.

(d) 부분은 왕궁의 정전(正殿)에서 공첩을 받는(경우에 따라 구선성지도 경청) 예식 절차에 해당한다. 이 예식 절차는 '왕궁에 이르러 왕과 사신이 함께 말에서 내려 왕은 서쪽으로 해서 문으로 들어가고 사신은 동쪽으로 해서 문으로 들어감'→'정전 가운데에 이르러 사신은 동쪽에 왕은 서쪽에 마주하여 섬' 순으로 진행되었고, 이후 공첩 외에 구선성지도 있을 시에는 '사신은 선 채로 성지를 말하고 왕은 북쪽을 향해 꿇어앉아 이를 경청'→'공첩의 접수'→'왕은 고두(叩頭)를 행하고 일어나 몸을 폄' 순으로, 공첩만이 왔을 시에는 '공첩의 접수'→'왕은 고두를 행하고 일어나 몸을 폄' 순으로 예식이 이루어졌을 것이다.

이 부분은 「영대명무조칙사의」 가운데 가장 핵심적인 예식 절차에 해당할 것이다. 이 절차 내용 또한 고려 전기의 외교의례에서는 전혀 보이지 않는다. 고려 전기에는 왕이 공첩(자문)을 받을 일이 사실상 없었기 때문이다. 그렇다고 해서 이제까지의 예식 절차처럼 「영대명조사의」와 「영대명사로사의」를 직접 응용·활용할 수도 없었을 것이다. 공첩을 접수하는(구선성지를 듣는 경우가 추가되기도 한) 상황 자체가 조서 혹은 황제가 내려준 예물(칙서)을 받는 것과는 이질적이기 때문이다. 다만 간접적이긴 해도 이들 의주를 참고하여 왕이 사신을 인도하여 궁궐에 도착한 후 정전으로 이동하여 공첩을 받는다고 하는 예식 절차의

---

[101] '左'와 '右'는 각각 '東'과 '西'이기 때문에, 사신이 좌측에 왕이 우측에 있는 것은 사신이 동쪽에 왕은 서쪽에 자리한 것과 마찬가지였다. 한편, 이 의절은 洪武禮制의 '使者는 말을 타고 龍亭 뒤 東邊에서 간다(使者上馬 在龍亭後東行)'라고 한 어구와도 관련이 있는 듯싶다. 『洪武禮制』 出使禮儀 참고.

기본 틀은 도출할 수 있었을 것이다. 이러한 예식 절차의 틀 내에서 필요하다고 판단되는 세부 의절은 다음과 같은 방향과 방식으로 구체화하였을 것이다.

우선 사신과 국왕 간의 의절은 기본적으로 빈주 관계를 구현하는 방향에서 이루어졌다. 이는 (c)에서처럼 공첩을 지니고 있는 사신의 위상을 고려한 결과이다. 왕궁에 이르러 왕과 사신이 함께 말에서 내려 왕은 서쪽으로 해서 문으로 들어가고 사신은 동쪽으로 해서 문으로 들어간다든가, 정전 가운데에 이르러 사신은 동쪽에 왕은 서쪽에 마주하여 선다든가 하는 의절이 그러하다. 다음으로 공첩의 수수는 공첩이라는 문서의 성격과 위상을 감안하여 선독 없이 이루어졌다. 황명 문서를 받을 때와 달리 말이다. 마지막으로는 당연한 말이겠지만 황제를 상대로 한 의절에서는 신례(臣禮)가 행해졌다. 예컨대, 구선성지가 있을 시에 사신은 선 채로 [성지를] 말하고 왕은 북쪽을 향해 꿇어앉아 [이를] 경청한다든가, 공첩을 접수하고 나서 왕이 [황제를 대상으로 하여] 고두(叩頭)를 행하고 일어나 몸을 편다든가 하는 의절이 그러하다. 한편 '구선성지가 있다면 사신은 선 채로 [성지를] 말하고 왕은 북쪽을 향해 꿇어앉아 경청한다(有口宣聖旨 則使臣立宣 王北向跪聽)'라는 구절은 「영대명조사의」와 「영대명사로사의」에 적시된 선조(宣詔)·선제(宣制) 및 이 과정에서 왕의 궤청(跪聽)을[102] 참고하여 작성되었을 것이다.

(e) 부분은 공첩을 받은 이후 왕이 황제의 안부를 묻는 예식 절차에 해당한다. 이 절차는 '왕이 사신 앞으로 나아가 몸을 약간 굽히고 황제의 안부를 묻고 들음'→'왕은 북쪽을 향해 꿇어앉아 고두(叩頭)를 행하고 일어나 몸을 폄'→'사신과 왕이 동서로 서로 마주 보고 재배함' 순으로 진행되었다. 「영북조조사의」

---

102 구체적인 기록은 다음과 같다. '王及衆官以下皆跪 宣詔官宣詔'(「迎大明詔使儀」)와 '王與衆官皆跪 使臣宣制云云 宣畢'(「迎大明賜勞使儀」).

와 「영북조기복고칙사의」에도 왕이 사신에게 황제의 안부를 묻는 예식 절차가 있긴 하나 이는 (e) 부분과 꽤 다르다. 예를 들어, 「영북조조사의」에서는 공첩 접수라는 핵심 용무를 마친 후에 황제의 안부를 묻는 (e) 부분과 다르게, 핵심 용무(조서 수여)에 앞서서 황제의 안부를 물었다(問皇帝體). 「영북조기복고칙사의」에서도 마찬가지였다. 이 밖에도 황제의 안부를 묻고 들은 이후에 「영대명무조칙사의」에서는 '왕은 고두를 행하고 일어나 몸을 폄'→'사신과 왕이 동서로 서로 마주 보고 재배함' 순이었던 것과 달리, 「영북조조사의」에서는 '왕은 절하고 무도하고 절을 함'→'재신(宰臣) 이하 시신(侍臣)은 절하고 무도하고 절을 함' 순으로 예식이 진행되었다. 얼핏 유사한 듯싶지만, 세부적으로 들여다보면 (e) 부분은 「영북조조사의」와 「영북조기복고칙사의」가 아닌 다른 무엇을 참고하여 작성된 것으로 보인다.

그런데 「영대명조사의」와 「영대명사로사의」에는 (e) 부분과 같은 성격의 구절이 전혀 확인되지 않는다. 이를 작성하는 데 「영대명조사의」와 「영대명사로사의」(『번국의주』의 「번국접조의주」와 「번국수인물의주」)는 참고조차 하지 못한 것이다. 그 이유는 이들 의주가 핵심 용무(조서·인물 수여)를 마친 후의 예식 절차를 매우 간략하게 기재했기 때문일 것이다. 추정컨대, 이 부분은 홍무(洪武) 시기에 작성된 명 지방 아문의 의례, 가령 「영접조사의(迎接詔赦儀)」 등을 참고한 듯싶다. 『대명회전(大明會典)』에 수록된 「영접조사의(迎接詔赦儀)」에 따르면(홍무 연간에 제정되었다고 함), 핵심 용무인 조서(詔書)·사서(赦書) 수여를 마친 후에 지방 아문의 반수(班首)는 사신에게 황제의 안부를 묻고 있다.[103] 「영대명무조칙사의」에서와 마찬가지로 말이다. 수조와 칙부를 지니고 온 사신을 '조정반강의(朝廷頒降

---

103 『大明會典』 권74, 迎接詔赦儀. "本處官班首 詣龍亭前 跪問聖躬萬福 朝使鞠躬答曰 聖躬萬福 衆官乃退 易服而見朝使 行兩拜禮 朝使答禮 禮畢 本處官復具鼓樂 送詔於官亭."

儀)', 즉 「영접칙부제유의(迎接敕符制諭儀)」에 의거해서 맞이한다고 하는 사실에서도 알 수 있듯이, 당시 고려는 명 지방 의례의 자국으로의 확장·적용을 이상하거나 어색한 일로 보지 않았을 것이기에, 명 지방 의례를 응용해서 (e) 부분을 작성했다고 추정하는 것은 무리한 해석이 아닐 것이다. 공첩 접수라는 핵심 용무를 마친 후 황제의 안부를 묻는 (e) 부분은 고려 전기에 작성된 「영북조조사의」 등을 참고한 것이 아니라, 명 지방에서 이루어지는 방식을 응용하여 작성되었다고 볼 수 있는 것이다.

다만 명 지방 의례를 활용했다고 해도 활용 정도가 제한적일 수밖에 없는 게, 명 지방 의례와 달리 황명 문서가 아닌 공첩을 전하러 온 사신을 대상으로 황제의 안부를 묻고 예를 주고받았기 때문이다. 핵심 용무를 마친 후 '황제의 안부를 묻고 들음'→'왕과 사신 간 배례'라는 예식 절차의 기본 틀은 명 지방 의례를 참고했을 수 있어도 세부적인 의절은 앞서 본 바와 같이 나름의 방향과 방식으로 마련하였을 것이다. 공첩을 지니고 온 사신임을 감안하여 사신에게 몸을 약간 숙여(稍躬身) 황제의 안부를 묻는다든가, 사신과 왕이 동서로 서로 마주 보고 재배한다든가 하는 의절은 이에 해당하였을 것이다. 그리고 황제를 대상으로 한 왕의 신례도 있었으니, 안부를 전해 듣고서 '왕이 북쪽을 향해 꿇어앉아 고두(叩頭)를 행하고 일어나 몸을 펴는' 행위가 그것이다.

(f)와 (g) 부분은 공식적인 예식 절차가 끝난 후 행하는 사례(私禮)에 해당한다. 이 예식 절차는 '왕과 사신 간에 인사말을 나누고 동서로 마주 앉아 차를 마심'→'왕이 안으로 들어가 잠시 쉬는 사이에 사신은 세자, 제군(諸君), 재추, 백관 순으로 이들과 서로 만나보고 재배(再拜)함'→'왕이 나와서 자리에 앉으면 사신에게 음식을 대접함' 순으로 진행되었다. 고려는 예(禮)에 어긋나지 않는 범위 내에서 이러한 예식 절차를 자체적으로 마련하였을 것인데, 추정컨대 당시 실행되어오고 있던 사신과의 사례(私禮)를 반영하여 이러한 절차를 마련하였을

것이다.

사신을 객관까지 전송하는 예식 절차인 (h) 부분도 고려의 자체 판단으로 작성되었을 것이다. 공첩을 지니고 온 사신을 '구선성지가 있는 사신(有口宣使臣)'과 '구선성지가 없는 사신(無口宣使臣)'으로 구분하여 위상 차이에 걸맞게 전자는 왕이 직접 관소까지 배웅하거나 혹은 세자를 시켜 배웅하게 하고 후자는 재추로 하여금 배웅토록 하였는데, 이러한 차별적 예식 절차는 고려가 자체적으로 판단하여 마련한 것이라 할 수 있다.

고려는 어떠한 방법으로, 그리고 무엇을 전거 삼아 「영대명무조칙사의」를 작성하였는지를 파악하기 위해 「영대명무조칙사의」의 의주 내용을 분석해보았다.[104] 이러한 작업을 통해 제한적이고 잠정적이나마 그 해답을 찾을 수 있었다. 이는 다음과 같다.

첫째, 「영대명무조칙사의」의 작성 과정에서 고려 전기의 외교의례(의주)인 「영북조조사의」와 「영북조기복고칙사의」는 전혀 활용되지 않았다고 볼 수 있다. 그만큼 외교의례 면에서 고려 전기와 고려 말기의 인식론적 단절은 심대하였다. 둘째, 고려는 공첩을 예식 없이 단순히 접수만 해도 되었으나, 공첩을 지니고 온 사신을 '굳이' 황명 문서를 지니고 온 사신처럼 영접하고자 한 때문인지, 예식 절차의 기본적인 틀은 「영대명조사의」와 「영대명사로사의」를 활용하여 마련하였다. 구체적인 의절에서도 공첩과 황명 문서 간 격의 차이를 고려하지 않아도 되는 부분은 「영대명조사의」와 「영대명사로사의」에 해당 의절이 있

---

104 고려는 「迎大明無詔勅使儀」의 작성 후에 공첩을 영접하는 예식을 거행하게 된 게 아니라 의주 작성 이전에 이미 그러한 예식을 거행하였을 것이기에, 「迎大明無詔勅使儀」의 작성은 이미 행해 온 예식(절차)을 문서로 만든 작업이라 볼 수 있다. 따라서 公牒을 지니고 온 사신을 영접하는 예식 절차와 그 내의 각종 의절의 고안은 엄밀히는 「迎大明無詔勅使儀」를 작성한 때가 아니라 이보다 선행한 해당 의례의 실행 과정에서 이루어졌을 것이다.

는 경우 이를 직접 활용하여 작성되었다. 셋째, 사신과 국왕 간의 의절은 기본적으로 빈주 관계를 구현하는 방향에서 이루어졌다. 사신이 공첩을 지니고 있을 때조차 그러하였다. 이는 공첩을 지니고 온 사신을 대하는 각종 의절은 황명 문서를 지니고 온 사신을 대하는 것과는 격이 달라야 해서였다. 고려의 자율적 해석이 돋보이는 대목이라 할 수 있다. 넷째, 가장 핵심적인 의절이라 할 수 있는 공첩의 수수는 공첩이라는 문서의 성격과 위상을 감안하여 선독 없이 이루어졌다. 영접하는 예식을 거행하였다고 해도 공첩은 어디까지나 공첩일 뿐 황명 문서가 아니었기 때문이다.[105] 다섯째, (f), (g), (h) 부분에서 볼 수 있듯이, 활용할 만한 전거가 없는 경우, 고려는 문제가 되지 않은 수준에서 자체적으로 판단하여 예식 절차를 마련하기도 하였다.

---

105 이 외에도 드물기는 했지만, 의절 중에는 황제를 상대로 한 의절이 있었고, 여기서는 臣禮가 거행되었다.

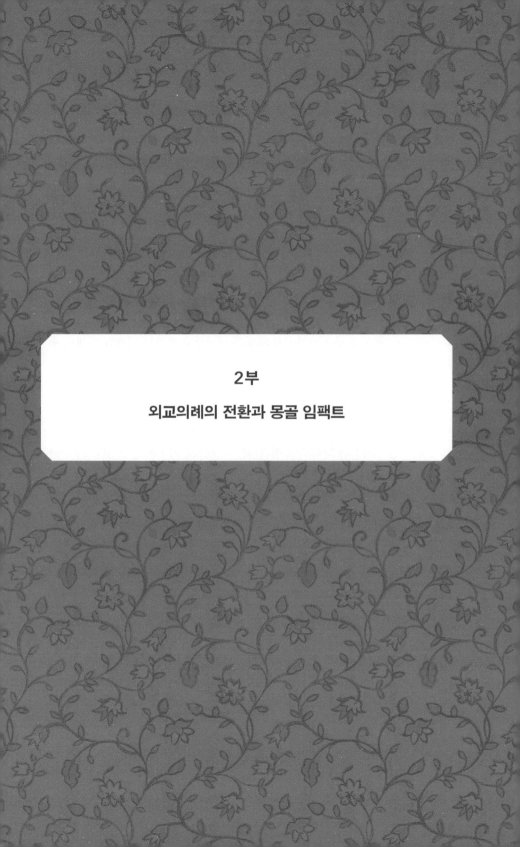

2부

외교의례의 전환과 몽골 임팩트

2부에서는 외교의례가 원 복속기를 경과하면서 이전과 이질적·단절적으로 변모한 양상과 과정을 검토하고, 원 복속기 동안 대폭 전환된 외교의례가 전유와 계승의 기제를 통해 고려 말기 이후로도 질적 변화 없이 지속한 양상, 과정, 맥락을 살펴보고자 한다. 특히 원 복속기 이후의 외교의례는 고려 전기와 달리 외교(대외) 무대에 한정되지 않고 국내에서조차 황제 신하의 위상을 구현한다든지, 황제국 지방 관부에서 황제를 대상으로 행하는 의례와 별개로 운영되지 않고 이와 동조하여 작동한다든지 하는 특징을 지녔음을 부각·규명하고, 더 나아가 이러한 특징의 성립 동인을 탐색할 것이다.

　　1장은 2부의 총론 격인 장으로, 원 복속기를 분기점으로 한 외교의례 전환의 전반적인 역사상을 파악하고 정리하는 내용으로 이루어질 것이다. 2장부터 4장까지는 각각의 외교의례를 대상으로 하여 구체적인 검토를 진행할 것이다. 구체적으로 2장에서는 중국 밖의 제후국 군주가 자국의 사자에게 표문을 건네는 과정에서 황제를 대상으로 거행한 신례(臣禮)인 배표례(拜表禮)가 원 복속 하의 고려에서 처음으로 등장한 현상과 그 맥락 및 고려 말기에도 배표례가 계승·존속된 이유를 탐색할 것이다. 3장에서는 국왕이 황제를 대상으로 행하는 망궐례(望闕禮)(=요하례遙賀禮)가 원 복속기에 등장한 계기 및 원 복속기 내에서 망궐례 예식 구현의 변화상을 검토할 것이다. 마지막 장에서는 원 복속기에 전환된 영조례 예식 양상이 고려 말기를 거쳐 조선시대에도 지속한 사실을 염두에 둔 채, 조선 초기에 이루어진 영조례 정비의 실상과 성격을 구체적으로 살펴볼 것이다.

1장

원 복속기 외교의례의 전환과 그 전유·계승
─'전형적' 제후국 외교의례의 창출

1. 문제의 소재

앞서 1부에서 언급했듯이, 고려 말기의 외교의례(의주)는 『고려사』 예지에 수록된 「영대명조사의(迎大明詔使儀)」, 「영대명사로사의(迎大明賜勞使儀)」, 「영대명무조칙사의(迎大明無詔勅使儀)」, 「원정동지상국성수절망궐하의(元正冬至上國聖壽節望闕賀儀)」, 「진대명표전의(進大明表箋儀)」 등인데, 고려 말기의 외교의례(의주)는 사실상 조선 말기까지 지속하였다. 물론 조선시대 외교의례(의주)는 『고려사』 예지에 수록된 것들에 비해 의주 내용이 훨씬 상세하고 보완적이긴 했지만 말이다. 그리고 고려 말기 이후로 외교의례는 명이 하사한 『번국의주(蕃國儀注)』를 바탕으로 운영되었다고 할 수 있다.

그런데 주목해야 하는 것은, 고려 말기 이래 황제국을 대상으로 거행된 외교의례(의주)가 그 이전 시기, 구체적으로 고려 전기의 의례와는 큰 폭으로 달랐다는 사실이다. 곧 그것은 고려 전기의 외교의례(의주)로 『고려사』 예지에 수록

된 「영북조조사의(迎北朝詔使儀)」, 「영북조기복고칙사의(迎北朝起復告勅使儀)」[01]와 이질적이었다.[02]

고려 전기의 외교의례는 황제의 조서와 칙서 등을 지니고 온 사신을 맞이하는 의례가 전부일 정도여서, 고려 전기에는 망궐례와 배표례처럼 고려 군주가 황제국에서 온 인사(사신)의 시선이 없는 상황에서조차 자국 내에서 황제를 상대로 신례(臣禮)를 거행하는 의례는 아예 존재하지 않았다.[03] 달리 말해, 고려 말기에는 고려 전기에는 존재하지 않았던 「원정동지상국성수절망궐하의」(망궐례)와 「진대명표전의」(배표례)가 실행된 것이다.

「영대명조사의」, 「영대명사로사의」, 「영대명무조칙사의」는 사신을 맞이하는 의례여서 「영북조조사의」, 「영북조기복고칙사의」와 동일한 성질의 것으로 생각하기 쉽지만, 의주의 내용을 비교해보면 양자는 껍데기만 같고 내용물은 완전히 다르다. 가령 「영대명조사의」는 똑같이 조사를 맞이하는 의례인 「영북조조사의」와 이질적이다. 「영북조조사의」에서는 고려 군주가 궁성 안에서 조사를 맞이하였고[04] 선 채로 사신으로부터 조서를 건네받았으며 이 과정에서 조서의 낭독이 이루어지지 않았다. 반면 「영대명조사의」에서는 국왕이 직접 국문(도성문) 밖에까지 나가서 조사를 맞이하였고, 무릎을 꿇은 채 낭독되는 조

---

01 『고려사』 권65, 지19 예7 빈례의 迎北朝詔使儀와 迎北朝起復告勅使儀.

02 『고려도경』에 수록된, 송 황제의 조서를 맞이하는 예식인 受詔 의례(『고려도경』 권25, 受詔)와도 이질적이었다.

03 망궐례와 배표례에 관해서는 뒤에서 자세히 서술할 것이다.

04 「迎北朝詔使儀」는 고려 군주가 詔使를 어디에서 맞이하는지를 말해주지 않지만, 『고려사』 세가 기록에 따르면 시기에 따라서 조금씩 차이가 있긴 해도 공통으로 궁성 안에서 조사를 맞이하였다. 정동훈, 「고려시대 사신 영접 의례의 변동과 국가 위상」, 『역사와 현실』 98, 2015, 116~117쪽 참조.

서 내용을 들어야 했다.[05]

요지는 고려 말기의 외교의례(의주)가 사실상 조선 말기까지 지속된 반면 고려 전기의 외교의례와는 단절적이고 이질적이었다는 사실이다. 이러한 고려 말기 이래 외교의례는 본문에서 상술하듯 다음과 같은 특징을 나타낸다. 간략히 소개해보겠다.

우선, 고려 전기의 외교의례는 고려 군주가 외교(대외) 현장에서 황제의 제후(신하)로서의 위상을 구현하는 성격의 것이었으나, 고려 말기 이래 외교의례는 외교(대외) 무대에 한정되지 않고 국내에서도 신하의 위상을 구현하는 성격을 지니고 있었다. 망궐례(望闕禮)(=요하례遙賀禮)를 사례로 이 차이를 보충 설명해보겠다. 정조, 성절 등의 명절에 황제국에서는 신하들이 군신 의례인 조하례(朝賀禮)에 참석하여 황제에게 경하를 표한다. 고려 전기에 고려 군주도 사자를 보내 사신이 자신을 대신하여 조하례에 참석하여 황제를 상대로 신례를 구현하도록 했는데, 정작 국왕 자신은 황제국에서 조하례가 거행되는 날에 황제에게 경하를 표하는 식의 어떠한 신례(臣禮)도 행하지 않았다. 이와 달리 고려 말기에 고려 군주는 사신을 보내 황제(국)의 명절을 경하하는 것과 별도로, 명에서 행하는 조하례와 연동하여 자국 내에서 직접 신하들을 이끌고 신례인 망궐례를 거행하였다. 이것은 명 지방 관부의 장관이 조정에서 행하는 조하례에 맞춰 망궐례를 거행한 것과 본질적으로 다르지 않았다.[06] 국내에서조차 고려 군주의 황제 신하로서의 위상이 구현된 셈인데, 고려 말기의 「원정동지상국성수절망궐하의」는 바로 이러한 망궐례(의주)에 해당한다.[07] 재삼 언급하듯이, 이러

---

05 위의 글. 이 외에도 여러 의절에서 두 의주는 큰 폭의 차이를 보인다.

06 최종석, 「고려시대 朝賀儀 의례 구조의 변동과 국가 위상」, 『한국문화』 51, 2010a 참조.

07 고려 말기에는 望闕禮 외에도 국왕이 自國의 사신에게 表文을 건네는 과정에서 황제를 대상

한 의미를 지닌 망궐례는 질적 변화 없이 조선 말기까지 지속해서 거행되었다.

둘째, 고려 전기와 달리 고려 말기 이래 외교의례는 명·청 지방 관부에서 황제를 대상으로 거행하는 의례와 동조적(同調的)이었다.[08] 가령 고려 말기 이래 망궐례와 배표례는 의례 구조 등의 면에서 명·청 지방 관부에서 거행하는 망궐례·배표례와 동질적이었는데, 고려 전기에는 황제국의 지방 관부와 달리 이들 의례가 아예 거행되지 않았다.[09] 영조례의 경우에도 고려 말기 이래 영조례는 명·청 지방 관부에서 행하는 영조례와 동조적이었는데,[10] 고려 전기의 영조례(「영북조조사의」)는 동시대 황제국 지방에서 거행하는 영조례—가령 금의 「외로영배사조(外路迎拜赦詔)」[11]—와 이질적으로, 별개로 운영되었다.

본 장에서는 고려 말기 이후의 외교의례가 등장한 과정과 맥락을 탐색하고자 한다. 더 구체적으로는, 고려 전기와 이질적·단절적인 고려 말기 외교의례가 어떠한 과정을 통해 출현하게 되었는지, 그리고 고려 말기 외교의례의 이질적인 특징은 무엇을 동인으로 하여 성립되었는지를 검토할 것이다. 특히 단절의 계기로 원 복속기에 발생한 변화를 주목하면서, 원 복속기 동안 외교의례 방면에서 이루어진 변화가 고려 말기에 어떠한 식으로 전유·계승되었는지를

으로 거행하는 拜表禮가 존재하였지만, 고려 전기에는 신하에게 표문을 건네는 과정에서 어떠한 臣禮도 거행한 적이 없다. 최종석, 「고려 후기 拜表禮의 창출·존속과 몽골 임팩트」, 『한국문화』 86, 2019a 참조.

08 의주에 지방 관부와 藩國의 차이가 반영되긴 했지만, 의례의 기본 구조나 성격은 동일하였다고 할 수 있다.

09 최종석, 「고려시대 朝賀儀 의례 구조의 변동과 국가 위상」, 『한국문화』 51, 2010a; 최종석, 「고려 후기 拜表禮의 창출·존속과 몽골 임팩트」, 『한국문화』 86, 2019a 참조.

10 정동훈, 앞의 글, 2015 참조.

11 「外路迎拜赦詔」는 금의 지방 관부에서 거행하는 영조례(의주)이다. 『大金集禮』 권24, 外路迎拜赦詔.

살펴볼 것이다.[12]

그동안 조선과 명·청의 외교 관계는 전형적인 조공 책봉 관계로 이해되어 왔다.[13] 이러한 이해에 따르면, 고려 말기 이래 외교의례는 전형적인 조공 책봉 관계의 일부분을 이루는 전형적인 외교의례에 해당한다.[14] 전형적인 조공 책봉 관계의 설정은 중국 중심의 동아시아 국제관계가 성립되는 초창기에 이미 전형적인 관계의 모델이나 원형이 존재하였고 그것이 시간의 경과에 따라 전형적 모습으로 성장한다고 하는 기원론적 접근법, 목적론적 역사관을 토대로 하고 있다고 할 수 있다.

여기에서는 종래의 이해 방식에서 탈피하여 전형적인 외교의례로 이해되어왔던 고려 말기 이래 외교의례가 원 복속기에 우발적으로 변질되고 신출(新出)한 외교의례를 전유·계승하여 성립되었음을 규명해보고자 한다. 필자가 보기에 고려 말기 이래 외교의례가 전형·전통으로 호명된 것은 홉스봄이 언급한 근대의 발명품에 해당한다고[15] 할 수 있다.

2. 원 복속기: 원 지방 아문 의례의 활용과 변용

1) 변화상

『고려사』 예지에는 원 복속기에 고려(국왕)가 원(몽골) 황제를 대상으로 거

---

12 이 과정에서 고려 말기 이래 외교의례의 특징에 관한 검토도 이루어질 것이다.

13 전해종, 『韓中關係史硏究』, 일조각, 1970.

14 전형적인 제후국 외교의례라고도 명명할 수 있을 것이다.

15 에릭 홉스봄 지음, 장문석·박지향 공역, 『만들어진 전통』, 휴머니스트, 2004.

행한 의례의 의주가 보이지 않는다. 고려(국왕)는 원(몽골) 황제를 대상으로 각종 의례를 거행하였지만, 후술하듯 공식적인 문서 형태의 의주를 작성하지는 않은 것으로 보인다.

주목해야 할 사실은 원 복속기에는 고려 말기에 명을 대상으로 한 외교의례 의주인 「영대명조사의」, 「영대명사로사의」, 「원정동지상국성수절망궐하의」, 「진대명표전의」와 상응하는 의주가 작성되지는 않았어도 고려 말기에 거행된 각종 외교의례에 부합하는 의례들이 실행되었으며 예식 절차도 고려 말기와 질적으로 다르지 않았을 것이라는 점이다. 달리 말하자면, 원 복속기에 거행된 의례는 고려 전기와는 단절적이자 이질적인 데 반해 고려 말기 외교의례의 선구라 할 수 있다는 것이다. 가령 원 복속기에는 그전까지 행해진 바 없던 망궐례(요하례)와 배표례가 등장하였고, 종래의 영조례는 고려 말기와 같은 성질의 의례로 탈바꿈하였다.[16] 이하에서는 원 복속기에 들어서 외교의례가 변화한 양상을 구체적으로 짚어보겠다.

망궐례는 늦어도 원종 14년(1273) 8월에는 시행되었다.[17] 이때 망궐례는 원 조정에서 행하는 성절 조하례(朝賀禮)와 연동하여 원종이 자신의 신하들을 이끌고 성절을 하례하는 의례였다. 이후로 망궐례는 정조와 성절 시 원 조정에서 행하는 조하례[18]와 연동하여 정례적으로 치러졌을 것이다.[19]

---

16 다음 연구들이 참고된다. 최종석, 「고려시대 朝賀儀 의례 구조의 변동과 국가 위상」, 『한국문화』 51, 2010a; 최종석, 「고려 후기 拜表禮의 창출·존속과 몽골 임팩트」, 『한국문화』 86, 2019a; 정동훈, 「고려시대 사신 영접 의례의 변동과 국가 위상」, 『역사와 현실』 98, 2015.

17 『고려사절요』 권19, 원종 14년 8월. 최종석, 「원 복속기 遙賀禮(望闕禮)의 거행과 예식 변화상—원종·충렬왕대를 중심으로」, 『한국학연구』 59, 2020a, 378~382쪽 참조.

18 원대의 朝賀禮에 관해서는 許正弘, 「元朝皇帝天壽聖節考」, 『成大歷史學報』 44, 2013 참조.

19 원은 몽골의 관습에 따라 동지에는 조하 의례를 거행하지 않았다. 그러했기에 동지에는 망궐례가 행해지지 않았다.

고려 전기에 조하례는 정조, 동지, 군주 탄일 시에 고려 군주가 자신의 신하들로부터 경하를 받는 예식(受朝賀 예식)으로만 치러졌다. 그러다 원 복속기에 들어서 조하례는 고려 군주가 자신의 신하들로부터 경하를 받는 예식(수조하 예식) 외에도, 고려 군주가 황제에게 경하하는 망궐례를 포함하게 되었다. 그 결과 정조 때의 조하례는 망궐례와 수조하 예식의 조합으로, 황제의 탄일인 성절 시의 조하례는 망궐례만으로, 동지와 군주 탄일 시의 조하례는 수조하 예식만으로 거행되었다.[20] 이러한 방식의 조하례 운영은 망궐례가 조하례의 한 축을 차지하게 되면서 나타난 것으로, 동아시아 전체를 상정하더라도 전례가 없는 일이었다.[21]

망궐례와 짝을 이루는 배표례도[22] 원 복속기에 등장하였다. 배표례는 충렬왕 28년(1302) 8월 갑자일에 처음으로 시행되었고[23] 그 이후로 일반적으로 거행되었다. 고려시대 내내 황제국에 표문이 올려졌지만, 충렬왕 28년 8월 갑자일에 배표례가 처음으로 시행되면서 고려 군주는 작성된 표문을 자신의 신하인 사자에게 전달하는 과정에서 여러 차례 배례(拜禮)를 행하고 꿇어앉은 채 표문을 사자에게 직접 전달하는 방식으로 황제를 대상으로 신례를 거행하였다. 이

---

20 최종석,「고려시대 朝賀儀 의례 구조의 변동과 국가 위상」,『한국문화』51, 2010a 참조.

21 이 이전에는 중국에서도, 조하례 제도를 수용한 그 주변국에서도, 조하례는 수조하 예식만으로 치러졌다.

22 정조, 성절 등의 명절을 맞아 황제국에서는 신하들이 황제에게 축하의 표문을 바치고, 명절 당일에는 군신 의례인 조하례에 참석하여 황제에게 경하를 표한다. 고려의 사자 역시 군주를 대행하여 황제(국)의 명절을 축하하기 위해 표문을 올리고 조하례에도 참석한다. 이와 상응하는 것으로 국내에 머무는 군주가 황제(국)의 명절을 맞아 거행하는 臣禮는 배표례와 망궐례였다. 배표례는 고려 군주가 황제에게 올리는 표문을 자국의 사신에게 건네는 과정에서 행하는 신례였다.

23 『고려사』권67, 지21 예9 가례 충렬왕 28년 8월 갑자.

조치 이전에는 동아시아 전역을 살펴보더라도 중국 밖의 제후국 군주가 자국의 사자에게 표문을 건네는 과정에서 배표례를 거행한 사례가 전무하였다. 충렬왕 28년 8월 갑자일 이전까지 고려 군주는 작성된 표문을 황제국에 파견되는 자신의 신하에게 전달하는 과정에서 배표례를 행하지 않고 건넨 것이다. 구체적으로는 국왕이 아닌 실무자가 사자에게 표문을 전달하였을 것이다.[24]

영조례는 원종 대에 이미 탈바꿈하였다. 개경으로 환도한 직후인 원종 11년 12월 을묘일에 원종은 직접 교외까지 나가 조서(조사)를 맞이하였다.[25] 충렬왕 즉위 직후를 제외하고는 이 이후로 줄곧 고려 군주는 몸소 교외인 선의문(나성 서문) 밖까지 나가서 조서(조사)를 맞이하였다.[26] 고려 전기에 군주가 궁성 안에서 조사를 맞이했던 것과는 확실히 달라진 것이다.

원 복속기에는 「영북조조사의」, 「영대명조사의」와 같은 고려가 작성한 영조례 의주가 존재하지 않았던 데다가, 『고려사』에는 고려 군주가 교외에서 조서(조사)를 영접한 사실 및 조서의 내용만 기록되어 있어, 영조례 예식 절차의 구체적인 변화상을 포착하기 쉽지 않다. 그럼에도 원 복속기 들어 고려 군주가 직접 교외까지 나가 조사를 영접하게 된 변화상은 여타의 영조례 예식 절차에도 큰 폭의 변화가 있었을 가능성을 강력히 시사한다.

원 복속기에는 망궐례와 배표례 외에도 고려 군주가 황제를 대상으로 행하는 군신 의례로 새로이 등장한 것이 더 있었다. 충렬왕 2년(1276) 1월 을해일에, 충렬왕은 세조 쿠빌라이의 성갑일(聖甲日)(=본명일本命日)을 맞아 보제사에 법

---

24 배표례에 관해서는 바로 다음 장인 2부 2장에서 상세히 다룰 것이다.

25 『고려사』 권26, 원종 11년 12월 을묘.

26 정동훈, 앞의 글, 2015 참조.

석을 설치하고 황제의 만수무강을 비는 예식을 거행하였다.[27] 본명일 예식은
이 이후로도 지속된 것으로 보인다. 이외에도 충렬왕 27년(1301) 1월 병진일(보
름)에, 왕은 백관을 거느리고 묘련사에 행차하여 황제를 위하여 복을 빌었다.[28]
후술하겠지만, 이를 시작으로 국왕은 정월 초하루와 보름에 사원에 행차하여
황제를 위해 복을 비는 예식을 정례적으로 거행하였을 것이다.

2) 변화의 맥락

원 복속기 외교의례 방면에서 이러한 대대적인 변화는 왜, 그리고 어떠한
계기를 통해 발생한 것일까? 변화 발생의 계기는 일정한 경향을 보이긴 해도
의례마다 소폭의 차이가 있어 개별적인 검토가 필요하다.

변화의 계기가 상대적으로 뚜렷이 확인되는 영조례 사례를 먼저 다뤄보겠
다. 다음 기록은 영조례 변화가 무엇을 계기로 이루어졌는지를 잘 보여준다.

> 왕은 조사가 온다는 보고를 받고 재추·시신(侍臣)들을 거느리고 시복(時服) 차
> 림으로 서문 밖에서 맞이하였다. 국왕은 앞서 원 공주와 혼인하였으므로, 비록 조
> 사라도 일찍이 성 밖까지 나가 맞이한 적이 없었다. 설인(舌人) 김태가 원에 갔을
> 때 성관(省官)이 이것을 말하며 이르기를, "부마왕이 조사를 영접하지 않는 것은 선
> 례가 없지 않다. 그러나 왕은 외국의 군주(外國之主)이시니, 조서가 도착하면 반드
> 시 영접해야 한다"라고 해서, 이때 이르러 맞이하게 되었다.[29]

---

27 『고려사』 권28, 충렬왕 2년 1월 을해.

28 『고려사』 권32, 충렬왕 27년 1월 병진.

29 『고려사』 권65, 지19 예7 빈례 충렬왕 원년 5월 갑술.

충렬왕 원년(1275) 5월 갑술일에, 충렬왕은 서문, 즉 선의문 밖에서 조사(조서)를 맞이하였는데, 이것은 충렬왕이 즉위한 후 처음으로 교외까지 나가 조서를 영접한 사례였다. 충렬왕은 즉위 후 황제의 부마임을 내세워 도성 밖에서 조사를 맞이하지 않았는데, 이 결정은 원에 의해 제지되고 말았다. 원은 충렬왕이 '외국의 군주'이기에 도성 밖에서 조사를 맞이해야 한다고 요구하였고, 충렬왕은 이를 수용하여 충렬왕 원년 5월 갑술일에 교외에서 조사를 맞이하였다. 이 이후로 고려 군주는 직접 교외에까지 나가 조사를 영접해야 했다.

위 기록에 따르면, 원 복속기 들어서 고려 군주가 직접 교외까지 나가 조사를 영접하게 된 변화는, 원(몽골)이 '외국의 군주'는 도성 밖에서 조사를 맞이해야 한다고 보아 이를 관철한 데서 비롯된 것이었다. 기존 연구에서 언급되었듯이,[30] 원(몽골)은 복속한 '외국'을 대상으로 외로아문, 즉 지방 관부에서 조서·사서(赦書)를 영배(迎拜)하는 의례(「외로영배조사外路迎拜詔赦」)를 적용하여, 지방 관부의 반수(班首)가 요속(僚屬) 등을 이끌고 성곽 밖(廓外)까지 나가 조서·사서를 영접하듯이[31] '외국의 군주'도 자신의 신하들을 이끌고 도성 밖까지 나와 조서를 맞이하도록 하였다.

원은 금의 「외로영배사조」를 습용하여 「외로영배조사」를 마련하였다.[32] 지방 아문의 반수가 요속 등을 이끌고 성곽 밖에서 조서·사서를 영접토록 한 일도 『대금집례(大金集禮)』의 「외로영배사조」를 토대로 했을 것이다.[33] 그런데 원

---

30 정동훈, 앞의 글, 2015.

31 『大元聖政國朝典章』권28, 禮部1 禮制1 迎接 迎接合行禮數.

32 舩田善之,「元代の命令文書の開讀について」,『東洋史研究』63-4, 2005. 원의「外路迎拜詔赦」마련은 지원 8년(1271)에 이루어졌다.『元史』권7, 世祖本紀4 至元 8년 11월 乙亥;『大元聖政國朝典章』권28, 禮部1 禮制1 迎接 迎接合行禮數 참조.

33 『大金集禮』권24, 外路迎拜.

은 금과 달리 외국인 고려에도 외로아문의 의례를 적용하였다.

금은 외로의 장관이 「외로영배사조」를 따라 5리 밖까지 나와 조사를 맞이하도록 한 것과 달리, 고려의 군주를 대상으로는 5리 밖까지 나와 조사를 맞이하도록 요구하지 않았다. 금은 요가 했던 방식과 마찬가지로 고려가 자체적으로 마련한 예식 절차에 따라 영조례를 거행하도록 했다. 더 정확히 말하자면, 조사를 맞이하는 의절뿐만 아니라 여타의 예식 절차도 고려가 마련한 「영북조조사의」에 따라 영조례를 거행하도록 했다.[34]

금이 영조례 운영에서 제후국과 지방 아문을 별도로 한 것과 달리, 원은 금의 「외로영배사조」를 습용하면서도 금과 달리 외국인 고려에까지 외로아문의 의례를 적용하였다.[35] 금과 원 가운데 예외적인 존재는 원인 것이, 원 이전의 역대 중국 왕조도 금과 같은 방식으로 영조례를 운영하였다. 원(몽골)은 유별나게도 지방 관부에서 조서와 사서를 영배하는 의례를 외국에까지 적용한 것이다. 이러한 몽골 변수로 말미암아 원 복속기 영조례 예식 절차의 변개는 몽골 등장 이전까지는 별개이면서 이질적으로 운영되어온 「영북조조사의」(고려)와 「외로영배사조」(금) 간의 차이만큼 이루어졌다고 할 수 있다. 결국 원 복속기에 이루어진 변화는 「영북조조사의」(고려)에서 이와 이질적인 「외로영배사조」(금)와 같은 것, 즉 원의 「외로영배조사」로의 변모인 셈이었다.

망궐례(요하례)도 영조례와 마찬가지로 정조, 성절 등 황제(국)의 명절 시에

---

34 고려의 입장에서 보면 스스로 만든 예식 절차에 따라 금의 조사(조서)를 맞이한 것이 된다.

35 「外路迎拜詔赦」는 至元 8년(1271)에 마련되었다. 그런데 원이 영조례 의주를 제정하기도 전에, 원종은 직접 교외에 나가 조서(조사)를 맞이한 적이 있다(『고려사』 권26, 원종 11년 12월 을묘). 이 현상은 다음과 같이 설명할 수 있다. 원(몽골)은 자체적으로 「외로영배조사」를 마련하기 전까지는 지방 관부에서 조서를 맞이하는 예식 절차로 금의 「외로영배사조」를 활용하였고 이를 외국인 고려에까지 적용하였을 것이다.

복속된 외국인 고려가 원의 지방에서와 다름없이 황제를 대상으로 요하(遙賀)를 행해야 했던 데서 시작되었을 것이다. 아래의 기록을 통해 이 점을 엿볼 수 있다.

> 왕이 여러 신하를 거느리고 성절을 경하하였다. 다루가치가 자신의 요속(僚屬)을 거느리고 오른쪽에 섰다. 상장군 강윤소 또한 자신의 무리를 이끌고 호복(胡服) 차림으로 곧장 들어왔는데, 스스로 객사(客使)를 모방하여 왕을 보고도 절하지 않았다. 왕이 분노하였으나 제어할 수가 없었다.[36]

위 기록에 따르면, 고려에 주재하는 다루가치는 황제의 성절을 맞아 요속(僚屬)을 이끌고 요하(遙賀)를 행하였고, 이와 병행하여 원종도 자신의 신하들을 이끌고 황제의 성절을 경하하였다. 관련 기록이 없어 정확한 전후 사정을 알 수는 없지만, 고려 군주가 망궐례를 거행하기에 고려에 주재하는 다루가치(이를 포함한 원 관원)도 이에 동참한 것이라기보다는, 고려에 주재한 원 관원이 자국 군주(황제)의 명절을 맞아 망궐례를 거행하거나 거행해야 했던 상황에서 '외국의 군주'인 고려 군주도 이 의례에서 열외가 될 수 없었기에 위와 같은 장면이 연출되었을 것이다.

망궐례는 영조례와는 다른 측면이 있었으니, 원(몽골) 등장 이전까지는 중국 밖의 국가(제후국)에서 중국 황제를 대상으로 이 의례를 시행한 적이 없었다. 중국 밖의 제후국에서 중국 황제를 대상으로 망궐례를 거행해야 한다는 인식은 중국과 그 주변국에 공통으로 존재하지 않았다. 이를 고려할 때, 원 복속기에 들어서 망궐례가 시행된 것은 제후국이 황제를 대상으로 마땅히 거행해야

---

36 『고려사절요』 권19, 원종 14년 8월.

하는 의례를 수용·시행하려는 이유가 아니었을 것이다. 당시 고려에 체류하는 원 관원의 망궐례 거행이 '외국의 군주'인 고려 군주의 망궐례 거행을 견인하였을 것이다. 즉 고려 군주는 정치외교적 환경이 전변(轉變)하여 국내에서 황제를 대상으로 한 망궐례가 거행되는(거행되기로 한) 여건에서 이를 외면하거나 회피하기 어려웠을 것이다. 원 입장에서 보자면, 망궐례를 대상으로 해서도 영조례처럼 복속된 '외국'인 고려에 지방 아문의 의례(외로아문에서의 배하행례拜賀行禮)[37]를 적용하는 일이 어색하지는 않았을 것이다.[38]

배표례 시행의 계기는 대국적(大局的) 견지에서는 영조례, 망궐례 등과 동일·유사하면서도 세부적으로는 의미 있는 차이가 있다. 원은 사전에 명확한 계획을 갖고 지방 아문에서 황제를 대상으로 거행하는 각종 의례를 '외국'인 고려에까지 일괄적으로 적용하려 하지는 않았다. 앞서 본, 원종 말기와 충렬왕대 초반에 걸친 외교의례 방면에서 나타난 큰 변화는 다소 맹목적이고 우발적인 성격의 일이었다. 그래서인지 망궐례와 짝을 이루는 배표례는 망궐례보다 상당히 뒤늦게 시행되었다. 배표례 시행의 계기가 망궐례와 다소 상이하였음은 물론이다.

배표례의 시행은 (후기)정동행성의 설치와 무관하지 않다.[39] 후기 정동행성으로도 불리는 충렬왕 13년(1287) 이후로의 정동행성은 충렬왕 6년(1280) 이후 원

---

37 『大元聖政國朝典章』 권28, 禮部1 禮制1 朝賀 慶賀.

38 望闕禮 거행의 계기에 대한 상세한 검토는 최종석, 「원 복속기 遙賀禮(望闕禮)의 거행과 예식 변화상―원종·충렬왕대를 중심으로」, 『한국학연구』 59, 2020a, 383~387쪽을 참조하기 바란다. 한편 충렬왕 2년(1276) 1월 을해일에 시작된 聖甲日(本命日)예식은 영조례, 망궐례와 동일한 혹은 유사한 계기에서 거행되었을 것으로 예상하고 있으나, 관련 자료가 없어 더 이상의 검토는 어렵다.

39 이하 拜表禮에 관한 서술은 최종석, 「고려 후기 拜表禮의 창출·존속과 몽골 임팩트」, 『한국문화』 86, 2019a 참조.

(몽골)의 일본원정을 수행하기 위한 기관(軍前行省)으로서 단속적(斷續的)으로 존재하곤 한 기왕의 정동행성과는 이질적이었다. 후기 정동행성은 기본적으로 황제(카안)를 정점으로 하는 지방행정 체계에 포함되어 있었다.[40] 충렬왕은 제1, 2차 (전기)정동행성의 승상직에 임명되어서인지, 충렬왕 13년(1287) 5월에 복설된 정동행성에서 행상서성평장정사(行尙書省平章政事)로 임명되었고,[41] 이듬해 2월에 행정동상서성좌승상(行征東尙書省左丞相)으로 개수되었다.[42] 이 이후로 고려 국왕은 정동행성의 승상을 당연직으로 겸직하였다. 그리하여 충렬왕 13년(1287) 이후로 고려 국왕은 지방행정 기구의 장관이기도 하였다. 『대원성정국조전장(大元聖政國朝典章)』에 따르면, 원일(元日, 정월 초하룻날), 성절 등의 명절에 5품 이상의 장관은 모두 경하의 표문을 올려야 하는데,[43] 정동행성 승상은 표문을 올리는 5품 이상 관부의 장관에 해당하였다. 충렬왕 14년(1288)부터 충렬왕 32년(1306)까지 정동행성이 고려(군주)의 진하사(進賀使) 파견과 별도로 진하사를 파견한 것은[44] 바로 이러한 이유에서였다.

당시 충렬왕은 정동행성 승상이라는 원의 5품 이상 장관의 자격에서 하표를 작성하여 사자를 통해 황제(카안)에게 올렸는데, 이 과정에서 원의 5품 이상 외로아문의 장관과 마찬가지로 『대원성정국조전장』에 수록된 「원일외로배표

40　北村秀人, 「高麗に於ける征東行省について」, 『朝鮮學報』 32, 1964; 장동익, 「征東行省의 硏究」, 『동방학지』 67, 1990 참조.

41　『元史』 권14, 本紀14 世祖11 至元 24년 5월 壬寅.

42　『元史』 권15, 本紀15 世祖12 至元 25년 2월 己卯.

43　『大元聖政國朝典章』 권28, 禮部1 禮制1 進表 表章五品官進賀.

44　정동행성 차원의 進賀使 파견에 관해서는 이명미, 『13~14세기 고려·몽골 관계 연구』, 혜안, 2016, 128~129쪽 참조.

의(元日外路拜表儀)」[45]에 따라 배표례를 거행했을 것이다. '고려 국왕' 차원에서의 배표례 시행은 충렬왕 28년(1302)에야 시작된 사실을 고려할 때, 충렬왕은 충렬왕 14년 이후로 한동안 정동행성 승상의 명의로 표문을 올린 때에만 배표례를 거행하였을 것이고, '고려 국왕'으로서 표문을 올린 때에는 기존 방식대로 배표례 없이 사자에게 이를 건넸을 것이다.

재차 언급하듯, '고려 국왕'으로서 표문을 올리는 때에도 배표례를 거행한 것은 충렬왕 28년 8월 갑자일 이후부터였다. 이때 이후로 충렬왕은 이전처럼 '고려 국왕'과 정동행성 승상의 자격에서 각각 황제에게 진하표문을 올리면서도, 이전과 달리 모든 경우에 배표례를 행하였다. 그러다가 충렬왕 32년(1306) 7월 기묘일에 정동행성이 성절을 경하하기 위해 진하사를 보내는[46] 것을 끝으로, 정동행성이 별도로 사자를 보내 표문을 올리는 일은 소멸하였다. 이 이후로 고려(군주)만이 진하사를 파견하여 표문을 올렸고, 이 과정에서 배표례가 거행되었음은 물론이다.

배표례의 변화 추이에서 알 수 있듯이, 충렬왕 28년 고려(군주) 차원에서 이루어진 배표례의 시작은 정동행성 차원에서 배표례를 거행하는 것에 의해서 견인되었다고 할 수 있다. 충렬왕이 (외신)제후인 '고려 국왕'이면서 동시에 지방 관부의 장관인 정동행성 승상이기도 했던 '미증유'의 상황에서, 그리고 동일 인물이 각기 다른 명의로 표문을 따로따로 원에 보내야 했던 '독특한' 조건 속에서, 정동행성 승상의 위상은 한몸에 공존하는 또 다른 위상인 '고려 국왕'이 배표례를 거행하도록 견인하였을 것이다.

다른 한편으로 고려(군주) 차원의 배표례의 시작은 그 무렵 두드러진 정동

---

45 『大元聖政國朝典章』권28, 禮部1 禮制1 迎接 迎接合行禮數.

46 『고려사』권32, 충렬왕 32년 7월 기묘.

행성(승상)을 매개로 한 원제(원례) 수용의 흐름과도 무관치 않다. 충렬왕 28년의 배표례 시작은 후대의 시각에서 보자면 제후국이 황제를 대상으로 행해야 할 의례를 수용·시행한 일로 보일 수 있으나, 원(몽골) 등장 이전에는 중국 밖의 제후국(군주)이 자국의 사자에게 표문을 건네는 과정에서 배표례를 거행한다고 하는 감각은 황제국과 제후국 어느 쪽에도 존재하지 않았다. 이 조치는 충렬왕이 정동행성 승상이기도 했던 조건에서 그 무렵 두드러진 정동행성(승상)을 매개로 한 원제(원례) 수용 흐름의 일환이었을 것이다. 즉 배표례의 시행은 정동행성(승상)을 매개로 표문을 올리는 때에도 외로아문의 의례를 고려(군주)에게까지 확장하고자 한 차원의 일이었을 것이며, 존재하지도 않았을 제후국(번국) 버전의 배표례를 수용·실행하고자 한 데서 비롯된 일이 아니었을 것이다. 중국 밖의 제후국(군주)이 자국의 사자에게 표문을 건네는 과정에서 배표례를 거행한 첫 사례인 충렬왕 28년의 조치는 이러한 맥락에서 이루어졌을 것이다.

배표례는 영조례나 망궐례와 달리 충렬왕의 자발적인 판단·의지에서 시행된 듯싶다. 영조례의 변모와 망궐례의 출현이 정동행성이 설치되기도 전에 원이 '외국'인 고려에 지방 아문의 의례를 적용한 데서 비롯된 것이라면, 배표례의 시작은 충렬왕의 의지와 의도가 주요하게 작용한 결과였을 것이다. 이 무렵 충렬왕은 충선왕 측과 왕위 분쟁을 벌이면서 원 측의 지지가 필요하였고 또한 국내의 신료들에게 자신과 원 측의 강고한 연계를 주지시킬 필요가 있었기에, 정동행성 승상의 위상을 부각하는 것과 맞물려 원 외로아문 의례를 보다 확대 수용하는 차원에서 이 의례를 시작하였을 것이다.

배표례 시작 1년 전 정월 보름에 이루어진 황제를 위한 '축리(祝釐)' 또한 배표례와 마찬가지로 정동행성 승상을 매개로 한 외로아문 의례의 수용이라 할 수 있다. 이 예식 실행의 기사에 부가된 "각 로(路)의 행성 이하관은 모두 정월 초하루와 보름에 분향하고 복을 비는데, 이것은 대개 원의 의례이다"[47]라는 언급은 이 사실을 직접 말해주고 있다. 충렬왕은 정동행성 승상으로서 여타 행성관과 다름없이 이 예식을 거행한 것이다.[48] 고려 국왕은 충렬왕 27년(1301) 1월 15일을 시작으로 정월 초하루와 보름에 사원에 가서 황제의 축수를 기원하는 의례를 거행하게 되었는데,[49] 이는 정동행성(승상)을 매개로 한 원 외로아문의 의례 수용이 외로아문에서 행하는 불교 의례로까지 확산해갔다고 할 수 있다. 이 예식의 실행 역시 원의 강요에서가 아니라 정동행성 승상의 위상을 한층 부각하고자 하는 충렬왕의 의도에서 이루어진 일이라 하겠다.

3) 수렴과 귀결

이처럼 원 복속기 들어서 외교의례 방면에서 변화 발생의 계기는 두 갈래였다. 하나는 정동행성이 설치되기도 전에 원(몽골)이 복속된 '외국'인 고려를 대상으로 지방 아문의 의례를 적용한 것이었고, 다른 하나는 충렬왕이 정동행성(승상)을 매개로 하여 외로아문의 의례를 확대 수용한 것이었다. 변화 발생의 계기가 상이하였고 이와 맞물려 시작 당시 의례의 성격 등은 유형에 따라 다소 달랐지만, 시간의 경과에 따라 각종 외교의례는 단일한 성격의 것으로 수렴해갔다. 여기서는 이 사안을 다루어보도록 하겠다. 결론을 먼저 말하면, 귀결

---

47 『고려사』 권32, 충렬왕 27년 1월 병진.

48 원 내의 '行省以下官'은 관례·제도의 차원에서 정월 초하루와 보름에 사원·도관에 가서 황제의 축수를 기원하는 불교 의례를 거행하였다. 森平雅彦, 『モンゴル覇権下の高麗—帝国秩序と王国の対応』, 名古屋大学出版会, 2013의 '第六章 大元ウルスと高麗仏教' 참조.

49 이러한 종류의 사례를 기록하는 『고려사』의 기록 방식을 감안할 때, 위 사례는 정월 초하루와 보름에 사원에 가서 황제의 축수를 기원하는 불교 의례의 첫 거행을 알리는 특례여서 기록으로 남았을 것이다. 그러하기에 이 일을 계기로 해당 불교 의례는 정월 초하루와 보름에 정례적으로 거행되었을 것이다.

되어간 지점은 고려 군주가 '고려 국왕'이자 정동행성 승상의 위상에서 이들 외교의례를 거행한 것이라고 할 수 있다.

정동행성(승상)을 매개로 외로아문의 의례를 수용한 경우라도, 해당 의례는 원 내지(內地)의 행성과 달리 단지 정동행성 차원의 의례로만 끝나지 않았다. 그것은 정동행성과 고려(외국)의 '혼일체'의 의례로 기능하였을 것이다. 가령 정월 초하루와 보름에 사원에서 황제를 위해 복을 비는 의례는 충렬왕이 정동행성 승상의 위상을 내세워 여타 행성관과 다름없음을 부각하기 위해 시작되었기는 하나, 이 의례에는 단지 행성관만이 아니라 고려 신료들도 참석하고 있었다. 후술할 본명일 예식 사례에서 간접적으로 알 수 있듯이, 고려 군주는 정월 초하루와 보름에 '고려 국왕'이자 정동행성 승상으로서 고려 신료들과 행성관을 함께 이끌고 사원에서 황제를 위해 복을 비는 예식을 거행하였을 것이다.[50]

배표례는 고려(군주) 차원의 배표례가 시작된 이후로 한동안 고려(군주) 차원과 정동행성 차원의 배표례로 구분되어 별개로 운영되다가, 정동행성이 별도로 사자를 보내 표문을 올리는 일이 사라지면서 두 배표례는 결국 '혼일'되었을 것이다. 표면적으로는 정동행성 차원의 배표례는 완전히 소멸하고 고려(군주) 차원의 배표례만 내세워지는 듯 보이지만, 이면을 들여다보면 이야기가 달라진다. 이제현이 원에 머문 공민왕을 대신하여 '권단정동성사(權斷征東省事)'의 위치에서 배표례를 거행한 사실에서,[51] 정동행성이 별도로 사자를 보내 표문을 올리는 일은 소멸했어도, 그리고 이와 맞물려 정동행성(승상)이 고려(국가)와 별개로 독자적으로 배표례를 거행하는 예식은 사라졌어도, 이러한 예식

---

50 기록에는 왕이 行省官이 아니라 百官을 대동했다고 한다. 이 의례의 특성상 행성관도 참여하였을 것이다.

51 『고려사』 권110, 열전23 諸臣 이제현.

은 잠복된 채 고려(군주)가 거행하는 배표례에 이입(移入)·혼합되어 있었을 것을 추정해볼 수 있다.

정동행성(승상)을 매개로 외로아문의 의례를 수용한 경우와 달리, 정동행성이 설치되기도 전에 원이 고려를 대상으로 지방 아문의 의례를 적용한 경우에도, 이러한 의례는 '고려 국왕'이자 정동행성 승상이 거행하는 성격의 의례로 진화하였다. 이러한 진화는 (후기)정동행성이 설치되고 특히 충렬왕의 양위와 충선왕의 즉위 무렵 이후로 한동안 정동행성 승상을 매개로 한 외로아문 의례의 수용이 활발히 이루어지는 시기를 거치면서 구현됐을 것이다.

충렬왕 27년 1월 병진일(보름)에 충렬왕은 백관을 거느리고 묘련사에 행차하여 황제를 위해 복을 빌고 난 후, 며칠 뒤인 을축일(성갑일)을 맞아 행성관과 고려 신료를 이끌고 다시 묘련사에 행차하여 황제의 만수무강을 비는 예식을 거행하였다.[52] 성갑일(본명일)을 맞아 사원에 법석을 설치하고 황제의 만수무강을 비는 예식은 충렬왕 초년 이래로 계속되어온 일이지만,[53] 충렬왕 27년 1월의 본명일 의례는 원 내 지방 관리가 관례·제도의 차원에서 거행하는 본명일 예식을[54] 고려 측이 수용하여 구현한 사례라 할 수 있다. 이는 며칠 전 원 외로아문의 의례를 확대 수용하는 차원에서 정월 초하루와 보름에 왕이 사원에 가서 황제의 축수를 기원하는 의례를 거행한 것과 궤를 같이한다고 할 수 있다.

당시 충렬왕은 행성관과 고려 신료들을 다 함께 이끌고 본명일 의례를 거행하고 있어, 정동행성 승상이자 '고려 국왕'의 위상에서 이 의례를 거행하였을 것이다. 충렬왕은 정동행성(승상)의 지위를 매개로 하여 원 외로아문에서

---

52 『고려사』 권32, 충렬왕 27년 1월 을축.

53 『고려사』 권28, 충렬왕 2년 1월 을해.

54 『通制條格』 권8, 儀制 祝壽.

거행하는 해당 의례를 수용하면서도, 원안 그대로가 아니라 '고려 국왕'이자 정동행성 승상의 위상에서 본명일 의례를 거행하고자 했다고 할 수 있다.

망궐례도 예외는 아니었다. 망궐례는 정동행성이 설치되기도 전에 시작되었지만, 이후 여타 행성과 동조화하는 차원에서 습의(習儀) 등의 원제(元制)를 수용하면서 망궐례 예식절차는 변모해 나갔다. 특히 주목할 만한 것은 예식 거행 장소의 변화이다. 망궐례는 당초 정조와 성절 시 모두 궁궐 내 정전에서 거행되었다가, 어느 시점에서부터인가 정조 시에는 궁궐에서, 성절 시에는 정동행성에서 거행되었다. 정조 시 망궐례는 국왕이 자신의 신하로부터 경하를 받는 수조하 예식과 병행돼서인지 통상 정전에서 거행되었지만,[55] 즉위 후 첫 정조 때에는 정동행성에서 치러지기도 하였다.[56] 망궐례의 거행 장소가 정전이기도 하고 정동행성이기도 했다는 사실은 고려 군주가 '고려 국왕'이자 정동행성 승상의 위상에서 망궐례를 거행했음을 강력히 시사한다.[57] 그리고 고려 군주는 정전에서건 정동행성에서건 고려의 신료들과 행성관을 함께 이끌고 황제를 대상으로 망궐례를 거행하였을 것이다.[58]

---

55 만약 거꾸로 정조 때에 望闕禮를 行省에서 거행하였다면, 망궐례를 마친 후 受朝賀 의례를 거행하기 위해서 번거롭게 궁궐로 돌아와야 했을 것이다. 국왕이 군주의 위상에서 신하들로부터 경하를 받는 예식을 행성에서 거행할 수는 없었을 것이기 때문이다.

56 최종석, 「고려시대 朝賀儀 의례 구조의 변동과 국가 위상」, 『한국문화』 51, 2010a, 249~251쪽.

57 다만 예식 거행 장소의 변화는 후기 정동행성의 설치 무렵이라는 비교적 이른 시점에 이루어졌을 것으로 추정되기에, 그 변화 직후에는 고려 군주가 '고려 국왕'이자 정동행성 승상의 위상에서 望闕禮를 거행하는 면모가 뚜렷하지 않았을 것이다. 그러한 면모는 정동행성(승상)을 매개로 元制를 확대 수용한 변화 및 정동행성 차원의 의례를 더는 독자적으로 운영하지 않게 된 변화 등을 거치고 나서야 뚜렷해졌을 것이다. 원 복속기 망궐례 예식 구현의 변화상에 관해서는 최종석, 「원 복속기 遙賀禮(望闕禮)의 거행과 예식 변화상—원종·충렬왕 대를 중심으로」, 『한국학연구』 59, 2020a 참조.

58 망궐례와 짝을 이루는 배표례의 경우, 정동행성과 고려(군주) 차원에서 각기 표문을 올리는

한편 영조례 역시 마찬가지였다. 어느 시점 이후로 고려 군주가 사신을 맞이하러 가는 장소는 여전히 도성 밖 교외였으나, 조서를 반포하는 의례의 장소는 궁성으로 한정되지 않고 정동행성이기도 한 경우가 드물지 않았다.[59]

이처럼 국왕이 황제를 대상으로 행하는 각종 의례는 고려 군주가 '고려 국왕'이자 정동행성 승상의 위상에서 각종 외교의례를 거행하는 것으로 귀결되고 있었다. 이때 고려 군주는 원 지방 아문의 의례를 활용하면서도 '고려 국왕'이자 정동행성 승상의 위상에 걸맞은 방식으로, 달리 말해 두 위상을 '혼일'한 면모를 구현하는 방향으로 원 지방 아문의 의례를 변용하여 사용하였을 것이다. 이러하였기에 원 복속기에는 여타 시기와 달리 고려가 작성한 별도의 의주가 존재하지 않았던 것으로 보인다. 원 지방 아문의 의례를 직접 활용하면 되었기에 별도의 의주를 굳이 마련할 필요가 없었을 것이다.

3. 고려 말기: 명의 『번국의주』를 활용한 외교의례 운용

『고려사』 예지에 수록된 고려 말기 외교의례 의주는 명이 작성한 의례의 의주를 토대로 작성되었다. 단순히 참고한 게 아니라 거의 모사하다시피 한 수준이었다. 「영대명무조칙사의」를 제외하고 「영대명조사의」, 「영대명사로사의」, 「원정동지상국성수절망궐하의」, 「진대명표전의」는 이러한 방식으로 작성되었다. 즉 「영대명조사의」, 「영대명사로사의」, 「원정동지상국성수절망궐

일이 '混一'되고 나서는 행성관과 고려 신료가 함께 배표례에 참석하였을 것이고, 정조를 경하하는 표문의 배표례는 正殿에서, 성절을 경하하는 표문의 배표례는 정동행성에서 거행되었을 것이다.

59 이에 관해서는 정동훈, 앞의 글, 2015, 124~125쪽 참조.

하의」, 「진대명표전의」는 각각 명이 편찬한 『번국의주』에 수록된 「번국접조의주」, 「번국수인물의주」, 「번국정단동지성수솔중관망궐행례의주」, 「번국진하표전의주」의 복제품과도 같은 것으로, 의례의 구성, 절차, 참여자, 집사자 등 모든 면에서 동일하다고 할 수 있다.[60] 이처럼 고려 말기 외교의례(의주)는 바로 이러한 『번국의주』를 모방·준용한 것인데, 앞서 1부에서 검토한 바와 같이 조선시대 외교의례 또한 마찬가지였다.

그러하기에 고려 말기 이래의 외교의례가 고려 전기와 비교해 이질적이고 단절적인 면모를 보이는 것은, 명이 작성한 외교의례(의주)를 모방·준용하여 고려 말기 이후의 외교의례(의주)를 마련한 데 따른 산물이라고도 할 수 있다. 달리 말해, 고려 말기 이래의 외교의례가 단순히 외교(대외) 무대에 그치지 않고 국내에서조차 황제 신하의 위상을 구현한다든지, 명·청 지방 관부에서 황제를 대상으로 행하는 의례와 동조한다든지 한 특징 등을 보인 것은, 고려의 '고유한' 속성이라기보다는 명이 작성한 외교의례 의주, 정확히는 『번국의주』에서 비롯된 것이었다.

그런데 이러한 식의 이해는 사실관계에 부합하기는 해도 지극히 피상적이고 몰역사적이다. 당시 이러한 일이 발생하게 된 이유 등을 전혀 설명해주지 못하기 때문이다. 여기서는 다음 질문들에 대한 해답을 찾음으로써 이러한 일이 발생한 배경과 이유를 파악해보고자 한다.

- 왜 명은 유례없이 번왕(藩王)이 번국 내에서 명(황제)을 대상으로 거행하는 의례(의주)까지 직접 작성하였을까?
- 왜 고려는 명에게 번국에서 황제를 대상으로 거행해야 하는 의례(의주)의

---

60 이에 관한 구체적인 검토는 1부에서 이루어진 바 있다.

하사를 요청하였을까?

· 왜 고려는 하사받은 이들 의례(의주)를 모사하다시피 하여 외교의례를 작성하였을까?

첫 번째 질문은 명의 화이질서가 지닌 역사적 특징을 실마리 삼아 풀어볼수 있다. 원·명 혁명 이후 명은 화이질서의 측면에서 원(몽골)을 계승하고자 하였다. 명대적 화이질서는 유례없이 확장된 원조의 천하질서를 의식·계승·전유한 것으로, 예제를 활용하여 천자가 이적의 세계까지를 포함한 천하를 지배하는 면모를 실현하고자 하는 질서였다. 이 질서 아래에서 명조는 현실 세계에서의 실현 여부와 상관없이 예제 차원에서 천자를 정점으로 한 무외(無外)·일시동인(一視同仁)의 세계를 지향·구현하고자 하였다.[61] 일례로, 명은 유례없이 피책봉국의 명산대천을 중국 내의 것과 마찬가지로 천하 산천의 일부로 간주하여제사 대상에 포함했고, 이와 맞물려 명 황제는 피책봉국에 사신을 보내 그곳의산천을 제사했다.[62] 예제적으로 천자는 피책봉국을 포함한 천하의 산천에 제사한 것이다.

요컨대, 이러한 명대적 화이질서의 구현은 유례없이 확장된 원조의 천하질

---

61 宮岐市定,「洪武から永樂へ—初期明朝政權の性格」,『東洋史研究』27-4, 1969; 岩井茂樹,「明代中國の禮制覇權主義と東アジアの秩序」,『東洋文化』85, 2005; David M. Robinson, "The Ming Court and the Legacy of the Yuan Mongols", *Culture, Courtiers, and Competition: The Ming Court (1368~1644)*, Harvard University Asia Center, 2008; 檀上寬,『明代海禁=朝貢システムと華夷秩序』,京都大學 學術出版會, 2013 참조.

62 원대에는 예제 차원에서라고 할 수는 없지만, 원의 관원이 황제의 명을 받고 고려 산천에 致祭하러 오곤 하였다. 명대의 피책봉국 산천에 대한 새로운 인식은 원대의 유산일 공산이 크다. 이에 관해서는 최종석,「여말선초 명의 예제와 지방 성황제 재편」,『역사와 현실』72, 2009; 최종석,「중화 보편, 딜레마, 창의의 메커니즘—조선 초기 문물 제도 정비 성격의 재검토」,『조선시대 예교 담론과 예제 질서』, 소명출판, 2016a 참조.

서를 의식하고 계승하며 전유한 것으로, 천자를 정점으로 한 (예적) 지배질서가 외교 무대라는 울타리를 넘어 번국 내에까지 실현되는 것을 특징으로 하였다. 다만 예제를 매개로 해서 번국 안까지 천자의 천하 지배를 구현하고자 한 일은 무위(武威)를 동원해서라도 반드시 실현해야 하는 성질의 것이 아니라, 우선은 예서 등의 지면 위에 실현해놓아야 하는 성질의 것이었다—실질적으로 구현되면 더할 나위 없이 좋을 테지만.[63] 지면을 넘어선 실현은 번국 측이 번국 안까지 천자의 천하 지배를 구현하는 예제를 자발적으로 수용·실천하는 데 달려 있었다.

명이 작성한 외교의례(의주)는 명대적 화이질서의 특성을 여느 것보다 잘 보여준다. 명이 작성한 외교의례(의주)의 역사적 성격과 그 연원을 검토하기 위해서는 『대명집례』 빈례를 들여다볼 필요가 있다.

『대명집례』 빈례는 3권으로 이루어져 있다. 권30(빈례1), 권31(빈례2), 권32(빈례3)에는 각각 '번왕조공편(蕃王朝貢篇)',[64] '번사조공편(蕃使朝貢篇)',[65] '견사편(遣使篇)'[66]이 수록되어 있다. 『대명집례』 빈례에는 번왕과 번사가 명에 조공하러 온 때의 의례와 번국에 명 사신을 보낸 때의 의례가 실려 있는 것이다.

『대당개원례(大唐開元禮)』 권79, 빈례의 「번주래조견사영로(蕃主來朝遣使迎勞)」, 「황제견사계번주현일(皇帝遣使戒蕃主見日)」, 「번주봉현(蕃主奉見)」과 『대당개원례』 권80, 빈례의 「황제연번국주(皇帝宴蕃國主)」에서 볼 수 있듯이, 전대 예서에도 '번

---

63 禮制를 매개로 한 명대적 화이질서의 구현이 사실상 지면상의 구현에 만족한 점에 관해서는 최종석, 「鞠躬인가 五拜三叩頭인가?—조서를 맞이하는 예식을 둘러싼 조선과 명 사신 간의 갈등에 관한 탐색」, 『한국문화』 83, 2018b, 234~235쪽 참조.

64 『大明集禮』 권30, 빈례1 總序.

65 『大明集禮』 권31, 빈례2 總序.

66 『大明集禮』 권32, 빈례3 總序.

왕조공'에 해당하는 의례와 그 예식 절차가 수록되어 있어, 『대명집례』의 '번왕조공편'은 전대와 크게 구별되지 않는다고 볼 수도 있다. 하지만 '번왕조공편'에는 이전 예서와는 비교가 되지 않을 정도로 번왕의 입경(入境) 후의 '영로(迎勞)'부터 번왕을 대상으로 한 '노송출경(勞送出境)'까지 시간 순서에 따른 예식 전반이 각 예식별로 상세하게 기술되어 있고,[67] 관복, 진설 등의 '서례'에 해당하는 항목도 빠짐없이 마련되어 있다. 명은 원대에 있었던 고려 국왕 등의 친조(親朝)를 제후(번왕)가 천자를 대상으로 행하는 '세일현(世一見)'의 구현으로 전유하고는[68] 이러한 방식으로 '번왕조공편'을 작성하였을 것이다.

또한 '번왕조공편'에서 무엇보다 주목할 점은 여기에 「번국정단동지성수솔중관망궐행례의주」와 「번국진하표전의주」가 수록된 사실이다. 이들 의례(의주)는 역대 중국 왕조의 예서에 수록된 적이 없는 것이다. 『대명집례』에 번국 내에서 황제를 대상으로 한 망궐례와 배표례 예식이 수록된 것은, 앞서 보았듯이 고려가 원(몽골)의 복속 아래에서 원 지방아문의 의례를 활용·변용하여 유례없이 망궐례와 배표례를 거행했던 역사 현실을 배경으로 하여 이루어졌을 것이 분명하다. 이 지점에서 주목해야 할 사실은 번왕이 친히 조공하러 오지 못한

---

67 『大明集禮』 권30, 빈례1. '蕃王朝貢篇'에 수록된 항목은 앞서 언급한 바 있지만 재차 소개해 보도록 하겠다. 總序→迎勞→冠服→陳設→儀仗→班位→執事→樂舞→贊獻→宴會→賜予→迎勞儀注→朝見儀注→見東官儀注→見諸王儀注→見宰輔以下儀注→宴會儀注東→官賜宴儀注→省府臺宴會儀注→陛辭儀注→辭東官儀注→勞送出境.

68 『大明集禮』 권30, 賓禮1의 總序 항목에서 은나라 시대 이후 번왕 조공의 내력을 정리하는 와중에, 명은 몽골이 전통적으로 속국에 부과하는 의무 사항인 '君長親朝'를 고려에게 관철했었던 일을, 세조 쿠빌라이가 고려에 '世一見'의 예를 행하도록 명령하였고 고려는 이를 좇아 그러한 예를 행했던 것으로 전유하였다. 김호동, 『몽골제국과 고려—쿠빌라이 정권의 탄생과 고려의 정치적 위상』, 서울대 출판부, 2007, 93~96쪽; 최종석, 「1356(공민왕 5)~1369년(공민왕 18) 고려-몽골(원) 관계의 성격—'원간섭기'와의 연속성을 중심으로」, 『역사교육』 116, 2010c 참조.

상황 속에서 번국 내에서 황제를 대상으로 망궐례와 배표례를 거행하는 의례
(의주)인 「번국정단동지성수솔중관망궐행례의주」와 「번국진하표전의주」가 그
반대라 할 수 있는 '번왕조공'의 편목에 수록된 점이다. 다소 어색할 수 있지만,
'번왕조공'의 핵심은 번왕이 황제를 대상으로 진표(進表)·진방물(進方物) 및 조현
의(朝見儀)에서 신례를 거행한 일임을 고려하면, 「번국정단동지성수솔중관망궐
행례의주」와 「번국진하표전의주」를 빈례에 수록해야 한다고 할 때 '번왕조공
편'에 개재하는 것이 매우 적절하다고까지는 아니어도 그리 부자연스럽지 않
다고는 할 수 있다. 다른 편목인 '번사조공편'이나 '견사편'에 수록하였다면 더
욱 부자연스러웠을 것이다.

요컨대, '번왕조공편'에는 번왕이 직접 조공하러 와 황제에게 신례를 행하
는 예식 및 번왕이 번국 내에 있으면서 황제를 상대로 신례를 행하는 예식이
함께 수록된 것이다. 이 편목은 번왕이 주체가 되어 황제를 대상으로 신례를
거행하는 각종 의례를 수록한 성격의 것인 셈이다.[69]

'견사편'은 개조(開詔)·석인(錫印)·사여(賜予)부터 번국에서 조서·인수·예물을
맞이하는 것까지를 수록하고 있다.[70] 번국에 파견할 사신에게 조서와 인수, 그
리고 예물을 전달하는 예식은 부분적으로라도 전대 예서에서 확인할 수 있으

---

69 한편 '蕃使朝貢篇'은 迎勞부터 勞送出境까지의 예식 전반과 관복 등의 '서례'에 해당하는 항
   목이 기술되어 있어 '蕃王朝貢篇'과 거의 동일한 체제로 구성되어 있다. 『大明集禮』권31, 빈
   례2 참조. '蕃使朝貢篇'에 수록된 항목을 차례 소개해보도록 하겠다. 總序→迎勞→冠服→陳
   設→儀仗→班位→執事→樂舞→貢獻→錫宴→賜予→迎勞儀注→受蕃國來附遣使進貢儀注
   →受蕃使每歲常朝儀注→東官受蕃國來附遣使進貢儀注每歲常朝入見儀附→蕃國遣使來附
   朵見省府臺官儀蕃國遣使每歲常朝入見儀附→錫宴儀注東官錫宴儀同→省府臺宴勞儀注→
   蕃使陛辭儀注→蕃使辭東官儀注蕃使每歲常朝儀附→勞送出境.
70 '遣使篇'에 수록된 항목은 다음과 같다. 總序→諸蕃國開詔書附→賜蕃國印綬→賜吐蕃國禮
   物→迎接→序坐→蕃國接詔儀注→遣使賜印綬儀注賜禮物儀同→蕃國受印物儀注.

나, 번국이 조서·인수·예물을 지니고 온 사신을 영접하고 번왕이 이를 받는 예식은 유례를 찾아볼 수 없다. '견사편'에 번국에서 명 사신을 맞이하는 의주인 「번국접조의주」, 「번국수인물의주」가 수록된 점은 역사적 현상이라 할 수 있는 것이다.

이처럼 『대명집례』의 빈례에는 번왕이 직접 조공을 하러 오는 경우 및 그렇지 못하고 번국 내에서 배표와 망궐을 행하는 경우와 번사가 조공을 하러 오는 경우, 그리고 명이 번국에 파견할 사신에게 조서, 인수, 예물을 전달하는 경우 및 번국이 사신(조서, 인수, 예물)을 맞이하는 경우 등을 대비한 각종 의례(의주)가 수록되었다. 당시 명은 '번왕조공', '번사조공', '견사' 편목에 해당하는 예식들을 작성하는 과정에서 번왕이 번국 내에서 행해야 하는 것까지도 수록하는, 전례를 찾아볼 수 없는 확장된 인식을 드러냈다.

『대명집례』 빈례에서 확인되는 이러한 면모는 명대적 화이질서의 구현과 밀접하게 연관되는 것으로 다음과 같은 과정을 통해 등장하였을 것이다. 특히 명이 원 복속기에 고려가 원을 상대로 거행했던 의례를 전유·계승한 데 초점을 맞춰 이 과정을 간략히 언급해보도록 하겠다.

앞서 본 바와 같이, 원(몽골)은 고려의 출륙 이후 고려를 외국으로 간주하면서도 일부의 지방 아문 의례와 그 예식 절차를 고려에 적용하였고, 후기 정동행성의 설치 이후로는 고려(군주)가 주체가 되어 정동행성을 매개로 지방 아문 의례들과 그 예식 절차를 확대 수용하였다. 이러한 환경 아래에서 원(몽골)은 지방 아문 의례의 의주와는 별도로, 복속된 외국인 고려를 대상으로는 의주를 작성하지 않았다. 고려 역시 원 황제를 대상으로 각종 의례를 거행하면서도 지방 아문 의례들의 의주를 활용·변용하였을 뿐, 별도로 의주를 마련하지 않았다.

그러다 원·명 혁명과 뒤이은 명에 대한 사대 이후 상황은 바뀌었다. 명은 원과 달리 지방과 번국을 명확히 구분하였고[71] 황제를 대상으로 한 의례에서도 그러하였다. 명은 고려를 외로아문과 명확히 구분되는 번국으로 바라본 것이다. 그런데 여기서 주목할 점은, 명이 전대에 고려에서 정동행성(승상)을 매개로 각종 외로아문 의례를 활용·실행했던 일을, 번국인 고려가 지방 아문의 의례와 다를 바 없는 각종 외교의례를 거행하고 이와 맞물려 천자의 천하 지배가 번국 내에서도 구현된 것으로 전유·계승하였을 것이라는 사실이다. 명은 그 당시의 시각에서 전대의 역사를 전유하고 있었기에, 원(몽골) 복속하의 고려가 과연 번국(제후국)의 위상에서 그러한 의례를 실행했었는지에 대한 문제는 시야에 들어오지 않았을 것이다. 앞서 언급하였듯이, 명은 고려가 속국에 부과하는 몽골의 전통적 의무 사항인 '군장친조'를 행했던 일을 제후가 '세일현(世一見)'의 예를 실행한 것으로 해석하였다. 또한 몽골 등장 이전까지는 중국 밖의 제후국 군주가 중국 황제를 대상으로 망궐례와 배표례를 거행한 적이 없었지만,[72] 명은 고려가 원을 상대로 망궐례와 배표례를 거행했던 사실을 전거로 이들 의례를 번국(제후국)이 황제국을 대상으로 행해야 하는 의례로 당연시하였을 것이다.

이에 명은 지방 아문에서 황제를 대상으로 행하는 의례를 작성하는 것과

---

71 이와 관련하여 정동훈, 앞의 글, 2015 참조.

72 최종석, 「고려시대 朝賀儀 의례 구조의 변동과 국가 위상」, 『한국문화』 51, 2010a; 최종석, 「고려 후기 拜表禮의 창출·존속과 몽골 임팩트」, 『한국문화』 86, 2019a. 원 복속기 이전에도 고려 군주가 황제를 상대로 배표례를 거행하는 예가 있곤 했지만, 이러한 사례는 국교 재개 이후 송과의 관계에서처럼 사신 왕래가 제한적이고 비정례적으로 이루어지는 여건 속에서 비정 례적으로 방문한 송 사신 편에 표문을 전달하는 과정에서 발생하였다. 이러한 배표례는 고려 군주가 황제를 대행한 조사에게 표문을 건네는 과정에서의 일로, 자신의 신하에게 표문을 전달하는 과정에서 행한 배표례와는 질적으로 다른 성격의 일이었다. 앞서 언급한 바와 같이 고려 군주가 자신의 신하에게 표문을 전달하는 과정에서 배표례를 행한 것은 원 복속기 이래로였다.

별도로, 원대의 각종 지방 아문 의례(및 그 활용·변용)를 바탕으로 하면서도 나름의 변형과 해석을 가해 번국(왕)이 황제를 대상으로 거행하는 의례(의주)를 직접 작성하였다. 『대명집례』 빈례 내의 「번국접조의주」, 「번국수인물의주」, 「번국정단동지성수솔중관망궐행례의주」, 「번국진하표전의주」는 그 결실이었다. 이러한 방식으로 작성되었기에, 이들 번국을 대상으로 한 의례(의주)는 의례 구성 등의 면에서 지방 아문에서 황제를 대상으로 행하는 의례(의주)와 질적으로 다르지 않았고,[73] 의주는 번왕이 국내에서조차 황제 신하의 위상을 구현한다든지, 번국에서의 의례가 명 지방 관부에서 황제를 대상으로 행하는 의례와 동조한다든지 하는 특징을 노정하였을 것이다.

이처럼 명은 지방 아문에서 황제를 대상으로 행하는 의례(의주)를 마련하는 데 그치지 않고 그 연장선에서 번왕이 번국 내에서 황제를 대상으로 거행하는 의례(의주)까지 직접 작성하였고, 이러한 예제 작업을 통해 천자의 천하 지배를 번국 안까지 구현하고자 하는 열망을 지면상에서나마 실현해냈다고 할 수 있다.

다음으로, 고려가 명 측에 번국에서 황제를 대상으로 거행하는 의례(의주)의 하사를 요청하고, 사여받은 이들 의례(의주)를 거의 모사하다시피 하여 외교의례(의주)를 작성한 이유에 대해 살펴보고자 한다.

고려가 작성한 「영대명조사의」, 「영대명사로사의」, 「원정동지상국성수절망궐하의」, 「진대명표전의」는 누차 언급하였듯이 『대명집례』 빈례에 수록된 「번국접조의주」, 「번국수인물의주」, 「번국정단동지성수솔중관망궐행례의주」, 「번국진하표전의주」가 아니라 『번국의주』에 수록된 의주들을 토대로 작성되

---

73 정동훈, 앞의 글, 2015; 최종석, 「고려 후기 拜表禮의 창출·존속과 몽골 임팩트」, 『한국문화』 86, 2019a 참조.

었다.[74] 고려가 『번국의주』를 명으로부터 입수하게 된 경위는 앞서 검토했듯이 이러하다. 공민왕 18년(1369) 모월에 고려는 공부상서(工部尙書) 장자온(張子溫)을 하정사(賀正使)로 삼아 명의 도성으로 보냈고, 장자온은 12월 갑술일(13일) 무렵에 명의 도성에 도착했다. 그는 하정사 고유의 임무 외에도 명 측에 본국조하의주를 요청하여 받아오는 임무도 수행하였을 것이다. 명은 이 요청에 응해 「본국조하의주」 한 책을 작성해 장자온 편에 고려에 보냈다. 장자온은 책을 소지하고 공민왕 19년 6월에 고려로 돌아왔다. 고려에 보내준 「본국조하의주」 한 책에는 본국(고려)에서 명 황제를 대상으로 거행하는 조하례 의주인 「번국정단동지성수솔중관망궐행례의주」만이 아니라, 이를 포함하여 세트라 할 수 있는 동일한 성격의 4종의 의주가 함께 실려 있었을 것이다. 이는 고려가 제복(祭服)을 요청하자 명은 군주의 제복과 조복, 왕비 관복, 배신 관복 등 당시 명에서 규정이 존재하였던 관복 전반을 사여한 것과[75] 유사하다고 할 수 있다.[76]

고려가 명 측에 번국에서 황제를 대상으로 거행하는 의례들의 하사를 요청한 것은 명의 환심을 사려는 의도에서나 명의 무언의 압력에 밀려서가 아니었다. 이 문제와 관련하여 주목해야 하는 사실은 고려가 원에서 명으로 사대처를 바꾸기 전까지 '본국조하의'(망궐례)를 비롯하여 본국(고려) 내에서 원(몽골) 황제를 대상으로 거행하는 각종 의례를 해왔으며, 명에 사대하고 나서 처음으로 신년을 경하하기 위한 사신을 보내면서 사신 편에 「본국조하의주의」 사여를 요청한 점이다. 달리 말해, 당시 고려는 사대처가 명으로 바뀌었어도 그동안

---

74 고려 말기 당시에 『대명집례』는 고려가 아예 보지도 입수하지도 못한 서책이었다. 김문식, 「조선시대 國家典禮書의 편찬 양상」, 『장서각』 21, 2009, 82~83쪽 참조.

75 김윤정, 「고려시대 사여관복(賜與冠服) 행례와 예제(禮制) 질서의 형성」, 『역사와 현실』 118, 2020, 484~487쪽.

76 책명도 本國朝賀儀注가 아니라 蕃國儀注였을 것이다.

원 황제를 상대로 해왔었던 '본국조하의'(망궐례 의주)를 명 황제를 대상으로도 당연히 거행해야 하는 것으로 간주하고서 명 측에 그 의주의 하사를 요청한 것이다. 물론 이는 '본국조하의'(망궐례 의주)에 한정되는 일은 아니었을 것이다. 명이 원대의 일을 계승·전유하여 번국 내에서 명(황제)을 대상으로 거행하는 의례들까지 직접 작성한 심성(mentalité)과 마찬가지로, 고려도 전대에 정동행성(승상)을 매개로 각종 외로아문 의례를 활용·변용해왔던 일을 번국(제후국)이 행해야 하는 외교의례의 실천으로 전유하고 있었을 것이다.[77]

당시 고려가 당면한 문제는 원 복속기에 황제를 대상으로 거행했던 각종 의례와 그 방식을 지속할지 여부가 아니었다. 고려의 고민은 이러한 의례를 지속하는 것을 전제로 하면서도 어떤 의주에 근거해 이들 의례를 거행해야 하는지에 있었다. 그러하기에 고려가 명 측에 황제를 대상으로 거행하는 의례의 의주를 요청하는 행보는 자연스러운 수순이었다고까지 말할 수 있다. 설령 고려가 전대처럼 지방아문 의례(의주)를 활용·변용하고자 한다 해도, 명 지방 아문

---

77 관련 기록이 극히 부족한 탓에, 의식세계의 측면에서 고려가 명에 사대한 이후로도 전대의 외교의례 관행을 承襲한 까닭을 명확히 알긴 어렵다. 그럼에도 원 복속기를 분기점으로 한 華夷 의식 변화와 그 지속은 그 이유를 파악하는 데 실마리가 될 수 있다. 원 복속기에는 화이의식을 원안대로 수용하여 스스로를 종족과 공간의 측면에서 이적으로 간주하면서도 여타 이적들과 달리 보편적 성격의 중화 문명(문화)을 추구·향유한다고 하는 의식('자신을 夷로 간주하는 화이의식')이 대두하였고, 이 의식은 이후로도 지속하였다. 이러한 화이의식 아래에서 고려는 자신을 중국 밖의 외국(이적 세계)이면서도 '보통의 오랑캐(常 夷)'와는 달리 중화문명(문화)을 추구·구현한 곳으로 보아, 천자를 정점으로 한 천하질서를 수용·긍정하면서 동시에 천하질서 내에서 자신의 위상인 이적 세계(중국 밖 외국) 내의 제후(국)를 긍정적으로 받아들였다. 명에 사대한 직후 고려가 명을 상대로도 전대와 마찬가지로 국내에서 황제를 대상으로 행하는 외교의례를 거행하고자 하는 심산에서 명 측에 먼저 해당 의례(의주)를 요청한 것은 원 복속기 이래 변화된 의식세계에서 기인하였을 것이다. 원 복속기를 분기점으로 한 화이의식 변화에 관해서는 최종석, 「고려 후기 '자신을 夷로 간주하는 화이의식'의 탄생과 내향화—조선적 자기정체성의 모태를 찾아서」, 『민족문화연구』 74, 2017 참조.

의례(의주)의 입수는 필요했을 것이다. 이러한 여건 아래에서 고려는 명에 보내는 진하사 편에 명 황제 명절에 거행해야 하는 망궐례의 의주를 요청하였을 것이다. 마침 명 측은 고려가 원하고 요구하는 의주들을 작성하고 있었기에,[78] 이들 의주를 일괄하여 책자 형태로 만들어 고려에 보내주었을 것이다. 그 결과 고려는 어떠한 의주에 근거해서 전대 이래로 해온 외교의례를 거행해야 하는지의 문제를 해결할 수 있었을 것이다.[79]

이러한 배경에서 고려는 하사받은 이들 의주를 선택적으로 활용한 것이 아니라 일괄 활용하여, 그리고 모사하다시피 하여 「영대명조사의」, 「영대명사로사의」, 「원정동지상국성수절망궐하의」, 「진대명표전의」라는, 황제국을 상대로 행하는 '제후(국) 의례'를 마련하였을 것이다. 그런데 『번국의주』를 토대로 작성된 「영대명조사의」, 「영대명사로사의」, 「원정동지상국성수절망궐하의」, 「진대명표전의」는 앞서 검토했듯이 각각 그 저본인 「번국접조의주」, 「번국수인물의주」, 「번국정단동지성수솔중관망궐행례의주」, 「번국진하표전의주」를 폐기하거나 대체하기 위해 마련된 것은 아니었다. 고려는 이 의주들을 작성한 이후에도 이것과 『번국의주』에 수록된 의주를 함께 사용하였을 것이다. 구체적으로는 『번국의주』를 기본 전거로 활용하였고, 이와 병행하여 의례의 실무자나 감독·책임자가 외교의례의 예식 절차 전반과 그 흐름을 보다 정확하고

---

78 이러한 양국 사이의 共鳴은 우연이라기보다는 전대에 고려(군주)가 원 外路衙門의 의례를 활용하여 각종 외교의례를 거행한 역사 현실을 양국이 공히 유교적 원리주의로 전유하여 계승한 데서 발현되었을 것이다.

79 만약 고려가 명의 지방아문 의례(의주)를 받았다면 원 복속기처럼 이를 참고로 해서 외교의례를 운용하였을 것이다. 별다른 의주를 받지 못했다면, 원 복속기의 관행을 감안하면서 외교의례를 운영하였을 것이다. 두 경우 모두 고려 관련 의주를 작성했을 수도 있고, 의주 작성 없이 관례대로 의례를 행했을 수도 있다.

용이하고 빠르게 파악할 수 있도록 별도의 외교의례(의주)를 마련했을 것이다.[80]

이 외에도 고려는 「영대명조사의」, 「영대명사로사의」, 「원정동지상국성수절망궐하의」, 「진대명표전의」의 작성에 더해서, 명이 보낸 자문(咨文) 등의 공첩(公牒)을 지니고 온 사신을 맞이하는 의례(의주)인 「영대명무조칙사의」를 명이 사여한 의주를 저본으로 하지 않고 자체적으로 작성하였다.[81]

---

80 이에 관해서는 최종석, 「고려 말기 『蕃國儀注』의 활용 양상과 그 성격」, 『한국문화』 92, 2020b를 참조하기 바란다.

81 咨文 등의 公牒은 皇命 문서가 아니었기에 예식 없이 단순히 접수만 해도 되었지만 고려 말기에 고려 측이 공첩을 지니고 온 사신을 영접한 이유는 무엇인지, 고려가 여타의 명에 대한 외교의례 의주와 달리 「迎大明無詔勅使儀」를 작성하는 과정에서 명이 사여한 의주를 준용하지 않고 자체적으로 만든 이유는 무엇인지, 「迎大明無詔勅使儀」를 자체 제작하는 과정에서 활용한 방식과 전거는 무엇인지 하는 의문들에 대한 탐색은 1부 2장에서 이미 이루어졌다. 구체적인 검토 내용은 1부 2장을 참고하기 바란다.

2장

배표례(拜表禮)의 등장과 그 전유·존속

1. 머리말

본 장은 고려시대 배표례(拜表禮)에 관한 연구 작업의 결과물이다. 여기서 검토하는 배표례는 고려 군주가 황제에게 보낼 표문(表文)을 자국(自國)의 사신에게 전해 보내는 과정에서 이루어지는 예식을 가리킨다.[82] 본문에서 규명하듯, 이러한 배표례는 충렬왕 28년(1302)에 시작해서 그 이후로 지속해서 거행되었다. 구체적으로 이러한 성격의 배표례는 원 복속기에만 그치지 않고 고려 말기에는 명 황제를 대상으로 치러졌으며,[83] 조선시대에도 지속해서 행해졌다.[84]

---

82 이 외에 고려 군주를 대상으로 한 拜表도 이루어지고 있었다. 가령 王子·王姬를 冊封하는 의
　　식 가운데 일부로 王子·王姬가 고려 군주를 대상으로 거행하는 배표례도 있었다. 『고려사』
　　권67, 지21 예9 嘉禮 冊王子王姬儀 참조. 또한 후술하듯 고려 군주가 本國 사신이 아니라 황
　　제국에서 온 詔使 편에 표문을 전해 보내는 과정에서 배표 예식이 거행되기도 하였다.

83 『고려사』 권67, 지21 예9 進大明表儀.

84 조선 초기에 편찬된 『세종실록』 오례와 『국조오례의』에 수록된 「拜表儀」(拜箋附)는 『고려
　　사』 예지에 수록된 「進大明表箋儀」와 사실상 동일한 것이면서 이를 보완·상세화한 것이었
　　다. 그리고 『국조오례의』의 「拜表儀」는 조선 말기까지 배표례의 의주로 기능하였다. 즉 영조

대한제국이 성립하면서 고종이 더는 표문을 올리지 않아도 되는 위상이 되고서야 배표례는 사라졌다.[85]

그동안 배표례에 관한 연구는 사실상 이루어진 바가 없다. 고려시대와 조선시대를 막론하고 배표례를 전론으로 다룬 연구는 전무하다. 다루어졌다고 해도 고려와 조선의 가례(嘉禮) 등을 검토하는 와중에 배표례에 관한 기본 정보를 단편적으로 언급하는 데 그친 정도였다.[86] 이렇다 보니 배표례가 원 복속기에 시작했다든가, 원 복속기에 시작하여 조선 말기까지 지속하였다든가 하는 기본적인 사실조차 제대로 인지되지 못하였다.

본 장에서는 먼저 배표례가 충렬왕 28년에 시작해서 고려 말기에도 존속한 사실을 규명할 것이다.[87] 이러한 검토는 고려 말기와 조선 초기의 역사상이 원

대에 편찬된 『國朝續五禮儀』는 『국조오례의』에서 변화가 있거나 새롭게 추가된 전례를 정리한 續編에 해당하는 것인데, 拜表儀는 의주 면에서 아예 변개가 없어 여기에 수록되지 않았다. 정조 대에 편찬된 『春官通考』는 『국조오례의』와 『국조속오례의』 등의 국가전례서에 수록된 儀註를 종합하고 각 典禮의 역대 사실을 정리한 작업 결과물이었는데, 권46에 기재된 拜表儀의 제목에는 국조오례의의 의식대로 한다는 의미인 '原儀仍舊'가 부기되어 있다. 『국조속오례의』와 『춘관통고』에 관해서는 다음 연구들이 참고된다. 김지영, 「18세기 후반 國家典禮의 정비와 『春官通考』」, 『한국학보』 114, 2004; 김문식, 「조선시대 國家典禮書의 편찬 양상」, 『장서각』 21, 2009; 송지원, 「영조 대 儀禮 정비와 『國朝續五禮儀』 편찬」, 『한국문화』 50, 2010; 송지원, 「정조 대 의례 정비와 『春官通考』 편찬」, 『규장각』 38, 2011.

85 『大韓禮典』은 대한제국의 건립 후 황제국의 위상에 걸맞은 국가 전례를 실행하기 위해 편찬된 국가 전례서인데, 여기에는 拜表儀를 비롯하여 그간 중국 황제를 대상으로 거행해온 의례들이 삭제·제외되었다. 『大韓禮典』에 관해서는 김문식, 「장지연이 편찬한 『대한예전』」, 『문헌과 해석』 35, 2006; 임민혁, 「대한제국기 『大韓禮典』의 편찬과 황제국 의례」, 『역사와 실학』 34, 2007 참조.

86 주요 연구 성과는 다음과 같다. 이범직, 『韓國中世禮思想研究』, 일조각, 1997; 한형주, 「對明 儀禮를 통해 본 15세기 朝-明관계」, 『역사민속학』 28, 2008; 김창현, 「『고려사』 예지의 구조와 성격」, 『한국사학보』 44, 2011.

87 여기서는 조선시대 배표례에 관해서는 다루지 않을 것이다.

복속기를 분수령으로 한 사회구조적, 인식론적 전환의 자장 내에서 전개되었다고 하는 필자의 기존 연구 작업[88]의 연장선에 있다고 할 수 있다.

그런 후 다음 두 가지 사안을 검토하려 한다. 하나는 원 복속기에 배표례가 등장한 맥락이다. 필자는 고려(군주)가 충렬왕 28년에 원 황제를 대상으로 배표례를 거행하기 전까지 중국 밖의 제후국에서 중국 황제를 대상으로 배표례를 시행한 적이 없었다는 사실을 간과하고 있지 않기에, 배표례 거행이 과거에 이미 존재했었던 황제국과 제후국 간 (외교)의례를 활용·적용한 것이라 보지는 않는다. 배표례 등장의 맥락을 새로운 각도에서 다가서기 위해, 충렬왕 28년 원 황제를 대상으로 한 배표례 거행은 종래의 전통적 한중 관계에서는 배태할 수 없는 돌연변이와도 같은 것으로, 고려 군주가 정동행성 승상이라는 원 지방 관부의 장관이기도 한 미증유의 상황에서 비롯되었음을[89] 규명할 것이다.

다른 하나는 고려 말기에도 배표례가 계승·존속된 이유이다. 필자는 원 복속기와 고려 말기를, 그리고 원과 명을 단절적으로 바라보는 종래의 인식을 극복하고자 하는 문제의식을 지니고 있는 바, 고려와 명 모두 배표례 측면에서 원 복속기 고려와 원 간의 관계를 '전유'하는 방식으로 계승한 사실을 규명하여, 고려 말기에도 배표례가 계승·존속된 이유를 밝힐 것이다. 이러한 작업은

---

88 이에 관한 개괄적 소개는 다음의 연구 성과를 참고할 수 있다. 최종석, 「중화 보편, 딜레마, 창의의 메커니즘—조선 초기 문물 제도 정비 성격의 재검토」, 『조선시대 예교 담론과 예제 질서』, 소명출판, 2016a; 최종석, 「13~15세기 천하질서와 국가 정체성」, 『고려에서 조선으로』, 역사비평사, 2019d 참조.

89 이와 관련된 연구로는 다음의 논저가 참고된다. 森平雅彦, 「牒と咨のあいだ—高麗王と元中書省の往復文書」, 『史淵』 144, 2007; 최종석, 「고려시대 朝賀儀 의례 구조의 변동과 국가 위상」, 『한국문화』 51, 2010a; 정동훈, 「高麗-明 外交文書 書式의 성립과 배경」, 『한국사론』 56, 2010; 정동훈, 「고려시대 사신 영접 의례의 변동과 국가 위상」, 『역사와 현실』 98, 2015; 이명미, 『13~14세기 고려·몽골 관계 연구』, 혜안, 2016.

고려 군주가 정동행성 승상이기도 한 데서 비롯되었을 '돌출적' 의례가 어떤 메커니즘을 통해 조선과 명·청 사이의 소위 '전형적' 조공 책봉 관계를 구성하는 제후(국) 의례로 재탄생하게 되었는지를 규명하는 작업이기도 하다.[90]

2. 원 복속기 배표례의 창출·존속과 그 의미

『고려사』 권67, 지21 예9 가례에는 배표례에 관한 매우 중요한 기록이 적시되어 있다.

> 백관이 예의를 갖추고 영빈관(迎賓館)에서 [성절을 하례하는 표문을] 보냈는데, 배표(拜表)의 예는 이로부터 시작되었다.[91]

이 기사가 바로 그것인데, 이것은 명에 표전(表箋)을 올리는 의례인 진대명표전의(進大明表箋儀)에 관한 연대 기사들 가운데 하나이다. 『고려사』 권67, 지21

---

90 조선과 명·청의 외교 관계는 전형적인 조공 책봉 관계로 이해되어왔다(전해종, 『韓中關係史研究』, 일조각, 1970 참조). 필자는 조선과 명·청 간의 외교 관계를 전형적 조공 책봉 관계로 보는 것에 동의하지 않는다. '전형적'이라는 어휘를 사용하기 위해서는 중국 중심의 동아시아 국제관계가 성립되는 초창기에 '전형'의 모델이나 원형이 존재했고 그것은 시간이 경과하면서 점차 '전형적' 모습으로 성장해야 하나, 소위 전형적 조공 책봉 관계를 구성하는 제도와 요소 중에는 拜表禮 경우처럼 몽골 등장 이전의 동아시아에는 아예 존재하지 않았던 것이 드물지 않다. 달리 말해 몽골제국의 질서 속에서 우발적으로 대두한 것이 이후 명(그 파트너로서 고려·조선)에 의해 '전형적'인 것으로 전유·계승된 경우가 드물지 않은 것이다.

91 『고려사』 권67, 지21 예9 가례 충렬왕 28년 8월 갑자. "百官備禮儀 送于迎賓館 拜表之禮 始此."

예9에는 여러 의례들이 수록되어 있는데,[92] 이 가운데 진대명표전의의 의주 및 그 의례에 관한 4건의 연대 기사들이 기술된 부분이 있다. 위 기사는 그러한 연대 기사들 가운데 가장 이른 시기의 것이다.

충렬왕 28년(1302) 8월 갑자일에 배표례가 처음으로 거행되었다고 하는 이 기사는 무엇을 말하고 있는 것일까? 당시에 배표례가 처음으로 거행된 사실은 어떤 역사적 의미를 담고 있는 것일까? 여기에서는 이들 질문의 해답을 구해 보도록 하겠다.

충렬왕 28년 8월 갑자일에 처음으로 거행되었다고 하는 배표례란, 그것에 관한 기사와 함께 수록된 진대명표전의의 의례 절차를 참고하면, 기본적으로 고려 군주가 황제를 대상으로 하여 표문을 올리는 행위를 의례적으로 실현한 것이라고 할 수 있다. 고려 군주는 이 의례를 통해 황제 신하로서의 위상을 구현한 것이다. 그러하기에 진대명표전의에 따르면,[93] 고려 군주는 배표례의 거행 과정에서 배례(拜禮)의 예를 행한다든지, 꿇어앉아 향을 올린다든지, 꿇어앉은 채 표문을 건네받아 사자(使者)에게 전달하는 등의 신례(臣禮)를 몸소 구현하였다.[94] 표문을 올리는 주체인 군주는 통상적으로는 직접 황제 조정에 가서 표문을 올릴 수 없다 보니, 배표(拜表) 행위의 골자는 군주가 자신을 대신하여 표문을 전달하고 올리는 사자에게 표문을 건네는 것이 되고, 그 과정에서 황제

---

92 『고려사』권67, 지21 예9 내에 수록된 의례들을 기재 순서대로 소개하자면, 冊王子王姬儀, 公主下嫁儀, 進大明表箋儀, 元正冬至上國聖壽節望闕賀儀, 元正冬至節日朝賀儀, 元會儀, 王太子元正冬至受群官賀儀, 王太子節日受宮官賀竝會儀, 人日賀儀, 立春賀儀, 新雪賀儀, 宥旨賀儀, 一月三朝儀, 親祀圓丘後齋宮受賀儀 등이 있다.

93 『고려사』권67, 지21 예9 進大明表箋儀.

94 후술하듯 원 복속기의 배표례는 명 황제를 대상으로 한 進大明表箋儀와 세부적인 의례 절차 면에서 상이하였을 것으로 추정된다. 그렇기는 해도 원 복속기의 배표례 또한 군신의례로 각종 臣禮 예식을 거행하였음은 다르지 않았을 것이다.

신하로서의 위상을 구현하는 데 있다.

충렬왕 28년 8월 갑자일에 처음으로 배표례가 거행되었다고 함은, 당연한 얘기겠지만 그 이전에는 배표례가 실행되지 않았음을 의미한다. 표문을 작성하여 사자를 통해 황제(국)에게 올리는 일은 충렬왕 28년 8월 갑자일 훨씬 이전부터 있어왔지만, 배표례의 거행은 이 시점에 이르러서야 비로소 시작된 것이다. 충렬왕 28년 8월 갑자일 이전에는 고려 군주가 표문을 작성하여 사자를 보내 황제(국)에게 이를 올리되 이 과정에서 배표례를 거행하지 않았다는 사실은, 사자에게 표문을 전달하는 과정에서 황제를 대상으로 한 신례를 행하지 않았을 것을 의미한다. 달리 말해, 충렬왕 28년 8월 갑자일에는 이 과정에서 처음으로 신례가 이루어진 것이다.

일반적으로 전근대 동아시아 국제관계에서 '봉표칭신(奉表稱臣)'이란 그 대상이 되는 국가를 상대로 한 신하 위상의 수용·구현을 상징한다. 그런데 '봉표칭신'의 주체인 조공국 군주는 '봉표칭신'을 매개로 한 군신 관계의 구현 무대인 황제 궁궐에 오지 않고 사신이 이를 대행하도록 한 데서, 실질적으로는 군주를 대신하여 파견된 사자가 표문을 통해 신례를 구현하였다고 할 수 있다. 여기서 주목해야 하는 사실은 조공국 군주를 황제의 '신(臣)'으로 칭한('칭신') 표문을 작성해 사자를 통해 황제(국)에게 올렸더라도('奉表') 이 과정에서 배표례가 거행되지 않았다면, 조공국 '국내'라는 공간에서는 표문을 매개로 한 군신 관계의 구현이 외화(外化)되지 못했을 것이라는 점이다.

이러하기에 충렬왕 28년 8월 갑자일에 배표례가 처음 거행된 것은 다음과 같은 역사적 의미를 지닌다. 황제(국)의 명절을 경하하기 위해 고려(군주)가 표문을 작성하여 사자를 보내 황제(국)에게 올리는 일은 전근대 동아시아 국제관계에서 특별한 것이 못 된다. 그런데 이 과정에서 제후국(조공국) 내에서 배표례가 거행된 것은 통상적인 일이 아니라 시대격을 노정한 특별한 현상이었다.

바로 이 특별하고도 역사적인 성격의 일이 충렬왕 28년 8월 갑자일에 시행된 것이다. 후술하듯 배표례 거행은 이때 단발로 끝나지 않고 이후로도 지속되었다. 필자가 생각하기에, 이 사건의 역사적 의미란 충렬왕 28년 8월 갑자일에 배표례의 첫 거행과 그 이후의 지속을 통해 고려 '국내'라는 공간에서조차 표문을 매개로 고려 군주와 황제 사이에 군신 관계가 구현되기에 이른 것이라고 할 수 있다. 표문은 고려시대 내내 황제국에 올려졌지만, 원 복속기 이전에는 고려 군주가 표문을 작성하여 파견되는 사신에게 전달하는 과정에서 황제 신하의 위상을 구현하지 않고 군주의 위상만을 향유하였다가, 원 복속기에 들어서는 배표례의 거행을 통해 국내에서도 표문을 매개로 신하 위상을 구현하게 된 것이다. 필자가 아는 한, 중국 판도 밖의 국가 가운데 군주가 자신의 사자에게 표문을 건네는 과정에서 배표례를 거행한 곳은 원 복속 하의 고려가 최초였다.

이러한 사실은 배표례와 짝을 이루는 망궐례가 원 복속기에 출현한 변화상과 정확히 부합한다. 간략히 부연설명을 해보겠다. 정조(正朝), 성절(聖節) 등의 명절을 맞아 황제국에서는 신하들이 명절날에 앞서 황제에게 축하의 표문을 바치고, 명절 당일에는 군신 의례인 조하의례(朝賀儀禮)에 참석하여 황제에게 경하를 표한다. 고려의 사자 역시 군주를 대신하여 황제(국)의 명절을 축하하기 위해 표문을 올리고 조하의례에도 참석한다. 황제(국)의 명절을 맞아 사자는 고려 군주를 대신하여 황제를 상대로 신례를 구현하는 것이다. 그리고 이와 상응하는 것으로 국내에 머무는 군주가 거행하는 신례가 바로 배표례와 망궐례였다.

그런데 원 복속기 이전에 고려 군주는 자신을 대신하여 조하의례에 참석하여 황제를 상대로 신례를 구현한 사자와 달리, 황제국에서 행하는 조하의례와 사실상 무관한 존재였다. 가령 책봉국에서 황제의 생신인 성절을 경하하는 조하의례가 거행되는 날, 고려 군주는 황제에게 경하를 표하는 식의 어떠한 신례도 행하지 않았다. 고려에서도 조하의례라는 의례가 거행되었지만, 그것은 황제를 대상으로 한 것이 아니라 고려 군주를 대상으로 한 것으로, 고려 군주가 자신의 신하들로부터 경하를 받는 예식(受朝賀 예식)으로 이루어졌다. 구체적으로 정조와 동지, 그리고 군주의 생신(절일)에 이러한 성격의 조하의례가 거행되었다.

그러다 원 복속기를 분기점으로 하여 고려 군주는 국내에 있으면서도 원에서 행하는 조하의례와 연동하여 자신의 신하를 이끌고 신례인 망궐례를 거행하였다. 즉 고려 군주는 원에서 조하의례가 거행되는 정조와 성절에 망궐례를 거행한 것이다.[95] 마치 원의 지방 관부의 장관이 조정에서의 조하의례에 맞춰 망궐례를 치르는 것[96]과 마찬가지로 말이다. 이렇게 되면서 원 복속기 들어서 고려의 조하의례는 고려 군주가 자신의 신하들로부터 경하를 받는 기존의 예식(受朝賀 예식) 외에도 망궐례를 구성 요소로 하게 되었다. 즉 정조 때의 조하의례는 망궐례와 수조하 예식의 조합으로, 황제의 탄일인 성절 시의 조하의례는 망궐례만으로, 동지와 군주 탄일 시의 조하의례는 수조하 예식만으로 거행되었다.[97] 이러한 방식의 조하례 운영은 동아시아 전체를 상정하더라도 전례가 없던 일이었다.

이처럼 원 복속기에 이르러 황제(국)의 명절을 경하하는 표문을 올리는 과정에서 고려 군주를 황제 신하로 구현하는 배표례가 거행된 것과 정확히 부합하게도, 황제국에서 황제(국)의 명절을 경하하기 위해 조하의례가 거행될 때,

---

95 이는 고려 군주의 파견 사자가 원의 帝闕에서 행하는 조하의례에 참석하여 경하를 드리는 것과 별개로 이루어지는 일이었다.

96 『大元聖政國朝典章』권28, 禮部1 禮制1 朝賀 慶賀.

97 이상의 고려시대 조하의례에 관한 서술은 최종석, 「고려시대 朝賀儀 의례 구조의 변동과 국가 위상」, 『한국문화』 51, 2010a를 토대로 하였다.

고려 군주는 자국 내에서도 황제를 대상으로 한 망궐례를 거행하였다. 앞서 언급했듯이, 고려 군주가 황제(국)의 명절을 경하하기 위해 표문을 작성하고 사자를 보내 조하의례에 참여시키는 것은 특별한 게 못 된다. 이러한 상수와 달리 원 복속기에 들어서 서로 짝을 이루는 배표례와 망궐례의 시행은 전례가 없던 일로 역사적 현상이었다. 그 역사적 함의란 원 복속기에 들어서 고려 군주가 자신을 대행한 사자와 별도로 직접 배표례와 망궐례를 거행하여 국내에서조차 황제 신하로서의 위상을 구현한 것이라고 할 수 있다.

지금까지 "충렬왕 28년 8월 갑자일에 배표례가 처음으로 거행되었다"라는 기사가 무엇을 말하고 있으며, 당시에 배표례가 처음으로 거행된 사실은 어떤 역사적 의미를 노정하고 있는지를 규명해보았다. 그런데 모순적이게도 『고려사』에는 충렬왕 28년 8월 갑자일 이전에 고려 군주가 배표례를 거행한 사례가 기록되어 있다.

> 송의 국신사(國信使)로 형부상서 양응성(楊應誠)과 제주방어사(齊州防禦使) 한연(韓衍) 등이 왔다. 처음에 양응성은 강정(江亭)에 도착하여 접반소(接伴所)로 첩(牒)을 보내 말하기를, "(…) 두 황제께서 먼 곳에 계시기 때문에 신하된 자로서 차마 음악을 듣고 연회에 참석할 수가 없습니다. 지금 구례(舊例)를 살펴 황제의 조서를 받고 배표(拜表)하는 날에는 전례에 따라 음악을 사용하고, 이 외에 만약 연회가 있다면 참여는 하겠지만 음악은 없도록 하여주십시오 (…)"[98]

위의 기사가 바로 그것이다. 기록이 자세하지 않아 고려 군주가 양응성 등이 지니고 온 조서를 받고 이후 배표례를 거행하였는지 명확하진 않지만, 그

---

98 『고려사』 권15, 인종 6년 6월 정묘.

러했을 가능성은 매우 농후하다. 더욱이 '조서를 받고 배표하는 날에는 전례에 따라 음악을 사용한다'라는 언설은 송 사신이 왔을 때 배표하는 것이 관례였음을 말해준다. 양응성 등이 온 인종 6년(1128) 6월에 앞서 송의 국신사(國信使) 일행으로 고려에 온[99] 서긍(徐兢)이 한 달 남짓의 고려 체류 기간에 보고 들은 고려에 관한 각종 정보를 글과 그림으로 세세히 서술한 『고려도경』에 고려 군주가 거행한 배표례를 기재한 사실은,[100] 송 사신이 왔을 때 관례적으로 배표례가 거행되었다는 앞선 기록을 뒷받침해주고 있다. 이들 사실은 충렬왕 28년 8월 갑자일 기사와 정면으로 충돌하는 듯하지만, 실제로는 그렇지 않다. 다음과 같은 이유에서다.

충렬왕 28년 8월 갑자일 이전의 배표 사례는 모두 송 사신이 왔을 때 거행된 것들이다. 『고려도경』에 따르면, 배표례는 수조(受詔) 절차가 이루어지고 나서 여러 날에 걸쳐 각종 연회가 거행된 뒤 사신단이 송으로 돌아가기에 앞서 치러졌다. 다음 기록에서 볼 수 있듯이, 표문은 고려 군주의 신하를 통해서가 아니라, 고려에 온 송 사신 편을 통해 송 황제에게 올려졌다.

왕은 좋은 날을 잡아 서신으로 표장(表章)을 바칠 것을 [송 사신에게] 알린다. 그날이 되면 정사와 부사가 삼절(三節)을 거느리고 왕부(王府)에 이른다. 왕은 맞이하여 읍(揖)하고 회경전(會慶殿)으로 간다. 궁정 가운데에 상을 설치하고 자리를 배열하였는데, 수조(受詔) 의례와 같다. 왕은 [송 황제의] 궁궐을 바라보고 재배(再拜)를 한다. 끝나면 홀(笏)을 띠에 꽂고 꿇어앉는다. 집사관이 표문을 왕에게 주면 왕은 표문을 받들고서 무릎걸음으로 가서 정사에게 바친다. 정사는 꿇어앉아서 받

99 『고려사』 권15, 인종 1년 6월 갑오. "宋國信使禮部侍郎路允迪 中書舍人傅墨卿來."
100 『高麗圖經』 권26, 燕禮 拜表.

는다. 그것이 끝나면 표문을 부사에게 건넨다. 부사는 표문을 인접관(引接官)에게 준 뒤에 자신의 자리로 간다.[101]

이처럼 고려 군주는 작성된 표문을 배표례 거행 과정에서 직접 송의 정사 (正使)에게 건넸다. 배표례에서 '고려 군주의 망궐재배(望闕再拜)'와 '고려 군주가 꿇어앉은 후 무릎걸음으로 표문을 직접 송 사신에게 건네는 행위' 등은 신하 (제후)로 설정된 고려 군주가 송 황제를 상대로 한 진표(進表)를 의례적으로 구현 하는 일환으로 이루어진 것이었다.

간과하지 말아야 할 점은, 고려 군주가 고려에 온 사신 편에 표문을 올리는 일이 통상적이라기보다는 예외적이라는 사실이다. 일반적으로 고려 군주는 자신의 사자를 통해 표문을 황제에게 올렸다. 특히나 황제(국)의 명절을 경하 하기 위해 정례적인 표문을 보내는 경우에 황제국에서 온 조사(詔使)를 활용하 지 않았다. 조사는 조서 반포를 임무로 하였기에, 고려 군주는 조사 편에 표문 을 전달하는 편의적 방식을 사용하지 않고 봉표(奉表)를 위해 별도로 자신의 신 하를 황제국에 파견하는 방식을 취했다. 조사 편에 표문을 전달해야 하는 특별 한 사정이 있을 경우를 제외하고는 그러하였다.

인종 대 무렵 송과의 관계에서는 고려 군주가 송 사신에게 표문을 직접 전 달하고 이 과정에서 배표례가 관례적으로 이루어졌다 할지라도,[102] 이는 전근 대 한중 관계사라는 통시적 시각에서 보았을 때 극히 이례적인 일이었다. 그 무렵은 문종 대 고려와 송 간의 국교 재개 이후로 고려가 송이 아닌 거란으로

---

101 『高麗圖經』 권26, 燕禮 拜表.

102 송 사신이 왔을 때 관례적으로 拜表禮를 거행하였다고 하는 인종 6년의 기록으로 보아, 이 러한 식의 배표례 거행은 인종 대 이전까지 거슬러 올라갈 수 있을 것이다. 그 상한은 문종 대의 국교 재개였을 것이다.

부터 책봉을 받은 채 송과는 제한적이고 부차적으로 외교 관계를 맺어오던 때여서,[103] 고려와 송 간의 사신 왕래는 정례적으로 이루어지지 못하였다. 사신 왕래가 제한적이고 비정례적으로 이루어지는 여건에서[104] 고려는 비정례적으로 방문한 송 사신 편에 표문을 전달하는 방식을 활용해야 했고, 그러다 보니 피치 못하게 배표례를 거행해야 했을 것이다. 정례적으로 사신을 파견한 황제국, 가령 요를 대상으로 해서는 고려에 온 사신 편에 표문을 올리는 일이 없었으며, 고려 군주의 신하가 군주 대신에 표문을 올렸는데 사자에게 표문을 전달하는 과정에서 고려 군주는 배표례를 거행하지 않았다.

송과의 국교 재개 이후로 고려는 방문한 송 사신 편에 표문을 전달하곤 하였고, 그와 맞물려 이 과정에서 배표례를 거행한 사실을 참작할 때, 충렬왕 28년 8월 갑자일에 처음으로 배표례가 거행되었다고 함은 배표례 거행 자체가 처음이 아니라 군주가 자신의 사자에게 표문을 건네는 과정에서 배표례를 거행한 것이 처음이라는 사실을 의미한다고 할 수 있다. 처음으로 배표례가 거행되었다고 하는 날인 충렬왕 28년 8월 갑자일의 『고려사』 예지가 아닌 세가 기록은 "지밀직사사(知密直司事) 권영(權永)을 원에 보내 성절(聖節)을 경하하였다"[105]라고 하여, 충렬왕이 자신의 신하인 지밀직사사 권영을 시켜 성절을 경하하도록 하였음을 전하고 있다. 권영은 충렬왕을 대신하여 표문을 올리고 성

---

103 거란이 쇠망하고 금이 패자로 부상하면서 고려는 인종 4년(1126)을 시작으로 금을 사대하였다. 송은 여전히 고려에게 금과 비교해 부차적 존재였다.

104 국교 재개 이후 고려와 송의 관계에 관해서는 김상기, 「고려와 金·宋과의 관계」, 『國史上의 諸問題』 5, 국사편찬위원회, 1959; 안병우, 「고려와 송의 상호인식과 교섭―11세기 후반~12세기 전반」, 『역사와 현실』 43, 2002; 이진한, 「송과의 외교」, 동북아역사재단 한국외교사편찬위원회 편, 『한국의 대외관계와 외교사―고려 편』, 동북아역사재단, 2018 참조.

105 『고려사』 권32, 충렬왕 28년 8월 갑자.

절 조하의례에 참석하였을 것이다. 당시 충렬왕은 성절을 경하하기 위한 표문을 자신의 사자에게 전달하는 과정에서 배표례를 거행한 것인데, 이것을 의미 부여하여 '배표례가 처음으로 거행되었다'라고 하는 정보가 기술된 것이다. 고려 군주가 자신의 신하에게 표문을 전달하는 과정에서 배표례를 거행한 것은 이것이 처음이라는 의미다. 이는 달리 말하면 그 이전에는 고려 군주가 자신의 신하에게 표문을 전달하는 과정에서 배표례를 거행하지 않았을 것이니, 고려 군주는 배표례 없이 황제국에 파견되는 자신의 신하에게 표문을 전달하였을 것이다.[106]

고려 군주가 송 사신에게 표문을 전달하는 과정에서 행한 배표례는 충렬왕 28년의 배표례와는 성격이 사뭇 달랐다. 송 사신에게 한 것처럼 황제를 대행한 사신에게 표문을 전달하는(올리는) 행위는 '국내' 무대에서 벌어졌음에도 외교 공간에서의 일이었다. 이는 황제가 보낸 조사가 와서 영조례를 거행했을 때 '국내'에 외교 무대가 펼쳐지고 여기서 고려 군주가 황제 신하의 위상을 구현하게 된 것과 다름없다고 할 수 있다. 원 복속기 이전에 고려 군주는 '국내'에서는 군주의 위상만을 누렸다고 하지만,[107] 사신(조사)이 와서 황제로부터 조서를 받아야 하는 특별한 시공간에 한해서는 '국내'에서조차 신하의 위상을 구현해야 했듯이, 자신의 신하가 아닌 황제를 대행한 송 사신에게 표문을 전달하는 특수한 여건에서는 '고려 군주의 망궐재배(望闕再拜)' 및 '고려 군주가 꿇어앉은 후 무릎걸음으로 표문을 직접 송 사신에게 건네는 행위' 등의 신례를 '국내'

---

106 배표례를 거행하지 않았을 시에 고려 군주는 사자에게 직접 표문을 건네지 않고 실무자를 통해 전달하였을 것이다.

107 최종석, 앞의 논문, 2010a 참조.

에서도 실행해야 했던 것이다.[108] 인종 대 무렵에 송 황제에게 보내는 표문이라 할지라도, 자신의 사자에게 이를 전달한 경우에 고려 군주는 배표례를 거행하지 않았을 것이다.[109]

한편 "충렬왕 28년 8월 갑자일에 배표례가 처음으로 거행되었다"라는 기사 이후의 배표례 거행 빈도 양상은 어떠하였을까? 이 물음에 명확한 해답을 줄 수 있는 명시적인 기록은 없다. 이 때문에 어떠한 쪽으로의 결론이든 단언은 어렵다. 그럼에도 배표례가 일반적으로 거행되었을 가능성은 매우 크다고 하겠다. 아래에서는 이 점을 논증해보도록 하겠다.

원 복속기 동안 배표례 거행 사례는 기록상 거의 확인되지 않는다. 수적으로 매우 희소하다. 그런데 기록에 나타난 배표례 사례는 실제 거행 빈도를 반영하지 않는다. 정확히는 현실과 매우 동떨어져 있다. 배표례에 관한 기록 방식 때문에 그러하다. "사신을 보내 [황제의] 명절을 경하하게 하였다"라는 식의 기사는 고려시대 내내 비교적 빠짐없이 기록되는 경향이 있는 데 비해, 그러한 사신에게 하표(賀表)를 전달하는 과정에서 배표례를 거행하였는지는 통상적으로 기록되지 않는다. 충렬왕 28년 8월 갑자일 기사 이후로도 원에 표문을 올리는 것과 관련된 『고려사』 기사는 "정승(政丞) 이능간(李凌幹)을 원에 보내 성절(聖節)을 경하하였다"[110]라는 식으로 기록되어, 배표례 거행 여부는 일반적으로 기록되지 않았다. 충렬왕 28년 8월 갑자일의 『고려사』 세가 기사조차 "지밀직사

---

108 추정컨대, 굳이 송 사신이 아니더라도 만약 황제국의 사신 편에 표문을 바쳤을 경우에는 배표례가 거행되었을 것이다.

109 이로 미루어 보건대, 원 복속기 이전에는 만약 황제국에 보낸 국왕의 사자 편에 조서가 전달되어 왔을 경우, 조선시대와 달리 국왕은 영조례를 거행하지 않고 조서를 접수하였을 것이다.

110 『고려사』 권36, 충혜왕(후) 3년 3월.

사 권영을 원에 보내 성절을 경하하였다"[111]로 기록되고 있어, 같은 날짜의 가례 기록이 없었다면 이날 배표례가 거행되었는지조차 알 길이 없었을 것이다.

그렇지만 원 복속기 배표례 사례는 극히 희소하기는 해도 잠복한 의미와 정보를 통해 배표례가 일반적으로 거행되었을 사실을 간접적으로 말해준다. 진대명표전의에 관한 연대 기사들에서 숨은 함의를 끄집어내보도록 하겠다.

① 백관이 예의(禮儀)를 갖추고 영빈관(迎賓館)에서 [성절을 하례하는 표문을] 보냈는데, 배표(拜表)의 예는 이로부터 시작하였다.[112]

② 성수절을 경하하는 표문에 절하였다(拜賀聖壽節表). 구례(舊例)에는 문관만이 관(冠)과 허리띠를 갖추어 시위했으나, 이때 이르러 왕은 명령하여 문무 8·9품은 관과 허리띠를 갖추어 좌우로 나뉘어 시위하도록 하였다.[113]

③ 왕은 면복(冕服) 차림으로 사은표(謝恩表)에 절하고 전내(殿內)로 돌아갔고, 백관도 조복(朝服) 차림으로 표문을 시위하여 문밖까지 나가 절하고 전송하였다.[114]

④ 왕은 정문으로 나가 백관을 거느리고 표전(表箋)에게 절했다. 의례가 끝나자 대문 밖에서 표전을 전송하였고, 백관은 선의문 밖에서 전송하였다.[115]

---

111 『고려사』 권32, 충렬왕 28년 8월 갑자.

112 『고려사』 권67, 지21 예9 가례 충렬왕 28년 8월 갑자.

113 『고려사』 권67, 지21 예9 가례 공민왕 1년 윤3월 갑신.

114 『고려사』 권67, 지21 예9 가례 공민왕 21년 11월 신미.

115 『고려사』 권67, 지21 예9 가례 우왕 14년.

진대명표전의에 관한 연대 기사들은 거행된 배표례 사례들 전체를 소개한 것이 아니라, 전체 사례들 가운데 특기할 만한 것만 기록한 것이다.[116] ①은 누차 소개한 첫 번째 배표례 사례로 특기할 만한 것에 해당한다. ②는 배표례 시에 문관만이 관(冠)과 허리띠를 갖추어 시위해왔던 구례(舊例)와 달리, 공민왕 원년(1352) 윤3월 갑신일에 이르러 문무관 8·9품이 관과 허리띠를 갖추어 좌우로 나뉘어 시위하도록 한 사례로, 신례(新例)의 시작을 알리는 특기할 만한 것에 해당한다고 할 수 있다.[117]

『고려사』 세가에도 배표 사례가 한 건 수록되었는데, 이 또한 특기할 만한 사례에 해당한다. "첨의상의(僉議商議) 강지연(姜之衍)을 원에 보내 신년을 하례하게 하였고, 전리판서(典理判書) 이서룡(李瑞龍)은 천추절(千秋節)을 경하하게 하였다. 북정(北亭)에 행차하여 배표하였다"[118]라는 기사가 바로 그것이다. 여타 세가 기록이었으면 "첨의상의 강지연을 원에 보내 신년을 하례하게 하였고, 전리판서 이서룡은 천추절을 경하하게 하였다"로 기사 내용이 마무리되었을 것

---

116 拜表禮와 짝을 이루는 望闕禮의 사례도 마찬가지였다. 망궐례는 원 복속기 동안 지속해서 거행되었지만, 망궐례의 사례도 특례 위주로 기록되었다. 최종석, 앞의 논문, 2010a 참조.

117 ③과 ④는 ①·②와 달리 고려 말기에 명 황제를 대상으로 거행된 배표례 사례들이다. ③은 이전과 달리 명이 사여한 冕服(국왕)과 朝服(백관)을 입고 배표례를 행하게 된 특기할 만한 일을 기록한 사례로 판단된다. 혹은 이보다 타당성은 낮지만 謝恩表文을 올릴 때조차 배표례를 행한 이유로 기록되었을 수 있다. 우왕 14년(1388)의 ④사례는 몇 월에 있었던 일인지조차 분명치 않을 정도여서 어떤 이유에서 進大明表箋儀에 관한 연대 기사들 가운데 하나로 채택되었는지가 불분명하다. 다만 ④ 기록에서 '拜表箋'이라는 구절을 주목한다면 다음과 같은 추정이 가능하다. 필자가 확인한 범위에서 拜箋禮 사례는 이 기록에서 처음으로 확인된다. 또한 ④ 기록은 拜表禮와 拜箋禮를 함께 거행한 첫 사례에 해당한다. 아마도 이러한 이유에서 ④ 기록은 進大明表箋儀에 관한 연대 기사들 가운데 하나로 수록되었을 것이다.

118 『고려사』 권40, 공민왕 11년 8월 신유.

이다. 여타 세가 기록과 달리 '[공민왕은] 북정에 행차하여 배표하였다(幸北亭 拜表)'라는 내용이 부기된 까닭은, 당시 홍건적 침략으로 인해 몽진 중인 상황에서 표문을 올리고 배표례를 거행했기 때문일 것이다. 공민왕이 배표를 위해 행차한 북정이 청주 교외에 자리 잡고 있는 데서 엿볼 수 있듯이[119] 이례적인 상황에서 배표례가 거행되었고, 그러하였기에 이 사례는 기록으로 남을 수 있었을 것이다.

특기할 만한 것에 해당하는 이들 사례 중에서도 ②기사는 공민왕 원년(1352) 윤3월 갑신일 이전까지는 구례인, 문관만이 관과 허리띠를 갖추어 시위하는 방식으로 배표례가 거행되어왔음을 명확히 시사한다. 기록 방식에서 예측할 수 있듯이, 이 구례에 따른 배표례 거행 사례는 전혀 확인되지 않는다. 특기할 만한 것이 못 되었기 때문일 것이다. 충렬왕 28년 8월 갑자일에 배표례가 처음으로 거행되었다는 사례 이후로 공민왕 원년 윤3월 갑신일 사례의 등장까지 꽤 긴 기간 동안 배표례 사례는 기록상으로 확인되지 않는데, 이는 그간 배표례가 거행되지 않아서가 아니라 거행되었기는 해도 특기할 만한 것이 없어서였음이 분명하다. 구례에 따른 배표례 거행 사례가 분명히 존재하였을 것이기 때문이다. 또한 공민왕 원년 윤3월 갑신일 이후로는 신례(新例)에 따라 배표례가 치러졌을 것이지만, 이에 관한 사례 역시 기록상 확인되지 않는다.

이처럼 원 복속기 동안에는 확인된 사례 이상으로 배표례가 거행되었을 가능성이 큰데, 더 나아가 배표례는 일반적으로 거행되었을 것으로 보인다. 우선, 위의 ② 기록을 통해 배표례는 일반적으로 이루어졌고, 공민왕 원년 윤3월 갑신일을 분기점으로 배표례의 시위 방식이 바뀌게 되었음을 엿볼 수 있다. 앞

---

119 당시 배표례가 피난 시 청주 行在所에서 거행되었음은 이정란, 「1361년 홍건적의 침입과 공민왕의 충청 지역 피난 정치」, 『지방사와 지방문화』 21, 2018, 52~53쪽 참조.

서 본 세가 기록도 이런 사실을 강력히 시사한다. 당시는 공민왕 11년(1362)으로 공민왕 5년(1356)에 있었던 소위 반원 개혁 이후인 데다 홍건적 침입으로 공민왕이 도성을 떠나 피신한 때인데도 원 황제를 대상으로 하여 배표례가 거행된 것이다. 배표례는 웬만하면 거르지 않고 거행되어야 하는 것으로 볼 수 있는 대목이다.

아래의 『고려사』 이제현 열전 사례 또한 원 복속기 동안 배표례가 일반적으로 거행되었음을 방증해주고 있다.

> 그때 왕은 원에 있어 나라가 비어 있었으나 이제현의 조치가 적절하였으므로 사람들은 신뢰하고 안도하였다. 일찍이 배표 시에 계단 위에 올라가서 예를 행하였는데 의위(儀衛)가 왕과 다를 바 없었으므로 사람들이 비난하였다.[120]

위 기록은 공민왕이 원에서 국왕위에 오른 후 아직 고려로 돌아오기 전에 이제현을 섭정승(攝政丞)·권단정동성사(權斷征東省事)로 임명하여 한시적으로 자신을 대신해 국정을 통솔토록 한 시기의 일이었다. 이때 배표례 사례가 기록으로 노출된 것은 배표례 거행 과정에서 이제현의 행실이 논란이 되었기 때문이다. 문제가 된 대목은 그가 군주를 대신하여 배표례를 주도하여 거행한 부분이 아니라 의위(儀衛)가 왕과 다름없이 갖추어졌다는 점이었다. 의위상에 문제가 없었다면, 배표례 거행 사실 자체가 기록에 나타나지 않았을 것이다. 여기에서 주목할 사실은 이제현이 권단정동성사로 공민왕을 대행하던 시기에조차 배표례는 거행되었고, 기록의 문맥상 이 일은 전혀 문제가 되지 않았다는 점이다. 이는 당시에 배표례가 거행되어야 하는 의례로 간주되고 있었고, 그래서 신하

---

120 『고려사』 권110, 열전23 諸臣 이제현.

가 임시로 군주의 역할을 대신하는 동안에조차 배표례가 치러졌음을 말해준다.

이처럼 원 복속기에 배표례는 군주가 피난하는 도중에도 거행되었고 신하가 임시로 군주를 대신하고 있을 때조차 거행되어야 했을 만큼 일반적으로 행해지던 일이었을 것이다. 피치 못할 사정이 아니라면, 배표례는 행해야 하는 일로 인식되고 있었을 것이다.

3. 원 복속기 배표례와 원의 「원일외로배표의(元日外路拜表儀)」

『고려사』예지에는 「진대명표전의」라는 명 황제를 대상으로 한 배표(전)례의 의식 절차가 수록되어 있지만, 원 황제에게 표문을 올릴 때 거행된 배표례의 의주는 보이지 않는다. 예지뿐만 아니라 『고려사』의 다른 어디에서도, 그리고 『고려사』외의 어떤 문헌에서도 원 황제를 대상으로 한 배표례의 의식 절차는 확인되지 않는다. 고려가 그러한 의주를 작성했는데 현전하지 않을 수도 있겠지만, 그럴 가능성은 극히 희박하다. 『고려사』의 어느 부분에도, 여타 문헌에도 원 복속기에 고려가 배표례 의주를 작성하였을 가능성을 시사하는 기록은 존재하지 않는다. 원 복속기에는 배표례 외에도 고려 군주가 원 황제를 대상으로 행한 (외교)의례의 의주는 그 어떤 것도 확인되지 않고 있다. 고려 말기에는 이들 의례를 계승한 것의 의주가 존재하는 것과[121] 대조적으로 말이다. 이러한 사실들은 원 복속기에는 고려가 배표례의 의주를 아예 작성하지 않았을 가능

---

121 『고려사』예지에 수록된 「迎大明詔使儀」, 「迎大明賜勞使儀」, 「進大明表箋儀」, 「元正冬至上國聖壽節望闕賀儀」, 「迎大明無詔勑使儀」 등이 이에 해당한다.

성을 강력히 시사한다.

따라서 현재 시점에서 원 복속기에 거행된 배표례의 정확한 의식 절차를 알 길은 없다. 그럼에도 그 대강은 짐작해볼 수 있다. 후술하겠지만, 충렬왕 28년 8월 갑자일 이후로 거행된 배표례는 원 외로아문 의례의 도입·변용의 산물일 것이고 현재 이 의례의 의주를 알 수 있기 때문이다. 이러한 이유에서 그러한 원 외로아문의 의례가 무엇인지, 그리고 고려가 이를 도입·변용했는지에 대해 살펴보도록 하겠다. 이는 충렬왕 28년 8월 갑자일 이후로 거행된 배표례의 의례 절차를 파악하는 일이기도 하다.

『대원성정국조전장(大元聖政國朝典章)』 권28, 예부(禮部)1 예제(禮制)1 영접(迎接) 영접합행례수(迎接合行禮數)에는 원 복속기 지방 관원이 거행하는 배표례의 의식 절차가 수록되어 있다.

> 하나. 원일외로배표의(元日外路拜表儀). 배표일 아침에 궁궐을 바라보며 향안(香案)을 설치하고 또한 관속(官屬)의 좌포단(座蒲團) 자리를 설치하여 석차에 따라서 정렬한다. 예생(禮生)이 신호를 하면 재위관(在位官)은 함께 두 번 배례를 행한다. 사리(司吏)는 표문을 받들어 무릎을 꿇고 반수(班首)에게 건넨다. 반수는 무릎을 꿇고 [사리로부터 표문을] 건네받고는 [무릎을 꿇은 채] 파견되는 사람에게 표문을 준다. 이때 파견되는 사람은 무릎을 꿇고 표문을 받는다. 이것을 마치면 반수는 기립한다. 예생이 신호를 하면 재위관(在位官)은 함께 두 번 배례를 행한다. 이것을 마치면 퇴석(退席)한다.[122]

---

122 『大元聖政國朝典章』 권28, 禮部1 禮制1 迎接 迎接合行禮數. "一 元日外路拜表儀 拜表日質明 望闕置香案 幷設官屬褥位 敍班立定 禮生贊拜 在位官皆再拜 司吏捧表 跪授班首 班首跪受 以授所差人 所差人跪受訖 班首起立 禮生贊拜 在位官皆再拜訖 退."

「원일외로배표의(元日外路拜表儀)」는 지방의 관원이 성절(聖節)과 원일(元日) 때와 조사(詔赦)를 맞이할 때, 그리고 선칙(宣勅)을 받을 때 거행되는 의례들의 의주 가운데 하나이다.[123] 이들 의례의 거행은 대사농어사중승겸영시의사사(大司農御史中丞兼領侍儀司事)가 지원(至元) 8년(1271) 11월 15일 오르두(斡耳朶)에 상주(上奏)하여 승인된 것이었고,[124] 의주는 그 후 실무진이 작성하여 승인·확정되었을 것이다.

「원일외로배표의」의 예식 절차를 추리면, '[궁궐을 바라보며] 일동 재배(再拜)→무릎을 꿇은 채 작성된 표문을 반수(班首)를 매개로 해 파견되는 사람에게 전달하는 과정→[궁궐을 바라보며] 일동 재배→퇴석' 정도로 정리할 수 있다. 절차의 시작과 끝은 반수를 포함한 외로(外路) 재위관(在位官) 전원이 황제를 대상으로 재배를 행하는 것이며, 그 사이에는 반수가 무릎을 꿇은 채 표문을 건네받아서 차인(差人)에게 전달하는 핵심 예식이 자리한다.[125] 이러한 예식의 「원

---

123 『大元聖政國朝典章』 권28, 禮部1 禮制1 迎接 迎接合行禮數에는 元日外路拜表儀 외에도 外路迎拜詔赦, 送宣, 受勅 등이 수록되어 있다.

124 『大元聖政國朝典章』 권28, 禮部1 禮制1 迎接 迎接合行禮數. "大司農御史中丞兼領侍儀司事 至元八年十一月十五日 斡耳朶裏奏准 每遇聖節元日詔赦 并各官宣勅 除沿邊把軍官再行定奪外 諸路官員 合無令各官照依品從自造公服迎拜行禮 奉聖旨 除沿邊把軍官外 那般行者欽此 已經呈覆 今據侍儀司申 檢照到舊例 外路官員 如遇聖節元日詔赦 并各官受宣勅禮數 開申前去外 有合行禮數 逐旋講究申覆 乞照驗事 備呈中書省 照驗施行 (…)." 「元日外路拜表儀」가 禮制 가운데 進表가 아닌 迎接에 기술된 것은 "見後迎拜合行禮數例"(『大元聖政國朝典章』 권28, 禮部1 禮制1 進表 外路拜表禮數)에서 알 수 있듯이 서술상의 편의 때문이었다.

125 원은 금의 「外路拜表儀」를 습용하여 「元日外路拜表儀」를 마련하였을 것이 분명하다. 다음에서 보듯 원의 「元日外路拜表儀」는 금의 「外路拜表儀」와 사실상 동일하다. 『大金集禮』 권31, 賤表. "外路拜表儀 大定十六年 禮部行下 其日質明 望闕置香案 並設官屬褥位 序班立 禮生贊拜 在位官皆再拜 捧表人司吏 單跪以表授班首 班首單跪捧受 以付所差人 所差人跪受訖 班首起立 禮生贊拜 在位官皆再拜 退." 참고로 원의 「外路迎拜詔赦」 또한 金의 「外

일외로배표의」는 성절을 맞아 표문을 올릴 시에도 적용되었다.[126]

원의 외로아문에서 행하는 배표례의 의주는 고려에도 수용되었다. 그런데 그 수용은 후술하듯 충렬왕 28년(1302) 8월 갑자일이 아니라, 그 이전에 이미 이루어진 것으로 파악된다. 정동행성이 설치되어 있었기 때문이다. 충렬왕 28년 이전에 고려에는 황제(카안)에 직속하여 지방행정을 담당한 기관인 행중서성의 일종인 정동행성이 설치되어 있었다. 이때의 정동행성은 충렬왕 13년(1287)에 원이 나안(乃顔)의 반란을 계기로 고려를 통제하에 두고 반란 진압에 활용하기 위해 설치되었던 후 존속하였다. 후기 정동행성으로도 불리는 충렬왕 13년 이후로의 정동행성은 충렬왕 6년(1280) 이후 원(몽골)의 일본원정을 수행하기 위한 기관(軍前行省)으로서 단속적으로 존재하곤 했던 이전의 정동행성과는 달리, 기본적으로 황제(카안)를 정점으로 하는 지방행정 체계에 포함되어 있었다. 그것은 구성 등의 면에서 원 내지(內地)의 일반 행성과 다른 면모를 갖추긴 했어도, 원의 관제에 포함된 지방 관부였다.[127] 정동행성은 기본적으로 원의 외로아문(관부)에 해당한 것이다. 또한 충렬왕이 정동행성의 승상직(丞相職)에 임명되고 나서는 고려 군주는 이를 당연직으로 겸하였으니, 고려 군주는 정동행성이라는 외로아문(관부)의 '반수'이기도 한 것이다. 『대원성정국조전장(大元聖政國朝典章)』에 따르면, 원일, 성절 등의 명절에 5품 이상의 장관은 모두 경하(慶賀)의

路迎拜赦詔」를 습용하였다. 舩田善之, 「元代の命令文書の開讀について」, 『東洋史研究』 63(4), 2005.

126 『通制條格』 권8, 儀制. "聖節祝壽禮 拜表禮 與元日同."

127 北村秀人, 「高麗に於ける征東行省について」, 『朝鮮學報』 32, 1964; 장동익, 「征東行省의 研究」, 『동방학지』 67, 1990 참조.

표문을 올려야 하는데,[128] 행중서성은 종일품의 관부였다.[129] 정동행성 승상은 원일, 성절 등의 명절에 표문을 올리는 5품 이상 관부의 장관에 해당한 것이다. 원의 5품 이상 외로아문의 장관이 경하 표문을 올리는 과정에서 『대원성정국 조전장(大元聖政國朝典章)』에 수록된 「원일외로배표의」에 의거하여 배표례를 거 행하였을 것임은 물론이다.

실제로 정동행성은 원 황제의 명절을 경하하는 사자를 파견하였다. 이는 고려(군주)가 사자를 파견하는 것과는 별도로 이루어진 조치였다. 더욱 정확 히 말하자면, 정동행성이 명절을 경하하기 위해 진하사(進賀使)를 별도로 파견 한 것은 충렬왕 13년에 후기 정동행성이 설치되고 나서 얼마 지나지 않아서였 다.[130] 정동행성은 일본원정을 위한 군전행성(軍前行省)이었을 때와는 달리 지방 행정기구 성격으로 거듭나고서 진하사를 파견한 것이다.[131] 기록상 이러한 조 치는 충렬왕 14년(1288)부터 충렬왕 32년(1306)까지 지속하였다. 정동행성이 보낸 진하사는 빈손이 아니라 하표(賀表)를 소지하고 원으로 갔으며, 그 표문은 '고 려 국왕'이 아닌 정동행성 승상의 명의로 작성된 문서였을 것이다. 정동행성에 서 파견한 사자는 고려(군주)가 보낸 사신과 마찬가지로 원 조정에서 표문을 올리고 조하의례에도 참석하였을 것이다. 이렇듯 충렬왕 14년 이후로 고려 군 주는 정동행성 승상이라는 원의 5품 이상 장관의 자격에서도 하표를 작성하여 사자를 통해 이를 황제(카안)에게 올렸다.

『대원성정국조전장(大元聖政國朝典章)』에 수록된 「원일외로배표의」가 마련

---

128 『大元聖政國朝典章』권28, 禮部1 禮制1 進表 表章五品官進賀.

129 『元史』권91, 지41上 百官7.

130 『고려사』권30, 충렬왕 14년 7월 임인. "行省遣中郞將宋玄如元 賀聖節."

131 이명미, 『13~14세기 고려·몽골 관계 연구』, 혜안, 2016, 128~129쪽.

되어 이에 따라 원의 외로아문이 배표례를 거행하게 된 시점은 정확히 알 수 없지만, 지원 8년(1271) 11월 15일로부터 그리 멀지 않은 이후였을 것이다. 이보다 십수 년 늦게 설치된 후기 정동행성은 원의 5품 이상 외로아문의 위상에서 진하사를 파견한 당시에, 경하 표문을 작성하여 올리는 과정에서 다른 5품 이상 외로아문과 마찬가지로 「원일외로배표의」를 토대로 배표례를 거행하였을 것이다. 즉 정동행성은 별도로 표문을 올리는 때부터 「원일외로배표의」를 토대로 배표례를 거행하였을 것이다. 당시 충렬왕은 구래의 위상인 작위로서의 '고려 국왕'이 아니라 외로아문(관부)의 반수인 정동행성 승상으로서 정동행성 관청에서 행성 관원들을 이끌고, '[궁궐을 바라보며] 행성 관원들과 함께 재배(再拜)하고 그 후 무릎을 꿇은 채 작성된 표문을 건네받아 사자에게 전달한 후 다시 행성 관원들과 함께 재배하고서는 퇴석하는' 예식 절차에 따라 배표례를 거행하였을 것이다.

이렇다고 한다면, 충렬왕 대에는 한동안 다음과 같은 흥미로운 상황이 연출되었을 것이다. 앞서 언급하였듯이, 충렬왕 14년 이후로는 한동안 고려(군주)가 진하사를 파견하는 것과 별도로 정동행성도 진하사를 보냈다. 가령 충렬왕 21년(1295) 7월 기해일에는 고려(군주)가 성절사를 원에 파견하였고,[132] 동년 8월 갑진일에는 정동행성이 성절사를 보냈다.[133] 충렬왕의 처지에서 보자면, 날짜를 달리하면서 원에 자신을 대리하는 두 명의 사자를 파견한 셈이다. 충렬왕 28년(1302) 8월 갑자일 이전까지는 작위인 '고려 국왕' 명의로 표문을 보낼 때는 배표례가 거행되지 않았기에, 충렬왕은 정동행성 승상으로서 표문을 올릴 때만 배표례를 거행하였을 것이고, '고려 국왕'으로서 표문을 올린 때에는 배표

---

132 『고려사』 권31, 충렬왕 21년 7월 기해. "遣判三司事金之淑如元 賀聖節."

133 『고려사』 권31, 충렬왕 21년 8월 갑진. "征東行省遣員外郎牛廷信如元 賀聖節."

례 없이 사자에게 이를 건넸을 것이다.

이러한 흥미롭고도 기형적인 상황은 충렬왕 28년(1302) 8월 갑자일 이후로 충렬왕이 '고려 국왕' 명의로 황제(국)의 명절을 경하하기 위한 표문을 보낼 때도 배표례를 거행하게 되면서 소멸하였을 것이다. 충렬왕 28년 8월 갑자일 이후로 고려 군주는 '고려 국왕' 명의로 표문을 보내는 때에도 기존의 방식 대신에 정동행성에서 하는 것처럼 배표례를 거행하게 된 것이다. 충렬왕이 (외신) 제후인 '고려 국왕'이면서 동시에 지방 관부의 장관인 정동행성 승상이기도 한 '미증유'의 상황에서, 그리고 동일인을 각기 다른 명의로 한 표문을 원에 별도로 보내는 '독특한' 조건 속에서, 정동행성 승상의 위상은 한몸에서 공존하는 또 다른 위상인 '고려 국왕'으로 하여금 배표례를 거행토록 견인하였다고 볼 수 있다. 그러하였기에 충렬왕 28년(1302) 8월 갑자일 이후로 거행된 배표례는 정동행성에서의 배표례와 마찬가지로 「원일외로배표의」를 활용하였을 것이다. 이 문제는 뒤에서 좀 더 다루도록 하겠다.

정동행성 차원의 배표례 거행에 의해 견인되었을 충렬왕 28년(1302) 고려(군주) 차원의 배표례 거행의 시작은, 다른 한편으로는 그 무렵 두드러진 정동행성(승상)을 매개로 한 원제(元制)(원례元禮) 수용의 흐름과도 무관치 않다. 충렬왕의 양위를 받아 즉위한 충선왕은 1298년 2월에 정동행성 승상의 위상에서 재추 및 행성 좌우사(左右司) 관리의 알현을 받을 때 원조(元朝)의 예를 활용하였다.[134] 이는 정동행성(승상)을 매개로 한 원조례(元朝禮) 수용이라 할 수 있다. 충렬왕 복위 후 원이 활리길사(闊里吉思, 고르기스)를 정동행성의 평장정사(平章政事)로, 야율희일(耶律希逸)을 우승(右丞)으로 임명하여 고려의 내정을 직접 간섭한

---

134 『고려사』, 권33, 충선왕 즉위년 2월 무오. "王始署征東省事 宰樞及行省左右司官吏謁見 用元朝禮."

시기였던 충렬왕 25년(1299) 12월에는, 처음으로 행성관과 고려 신료가 봉은사에서 3일간 정조(正朝) 망궐례를 익히는 일이 있었다. 이러한 사원에서의 습의(習儀)는 다름 아닌 원제(원례)였다.[135] 특히 이 의의(肄儀)에 행성관도 참여했다는 사실은 정동행성(승상)을 매개로 한 원조례(元朝禮) 수용을 시사한다고 할 수 있다. 또한 활리길사의 해임 직전이라 할 수 있는 충렬왕 27년(1301) 1월 병진일(보름)에 충렬왕은 백관을 거느리고 묘련사에 행차하여 황제를 위하여 복을 빌었는데, 이는 여러 로(路)의 행성 이하 관리들이 정월 초하루와 보름에 분향하고 복을 비는 데 따른 것이었다.[136] 이로 보아 적시되진 않았지만 행성관도 이 의례에 참여하였을 것이다. 이것은 원의 외로아문에서 행하는 의례로, 고려 군주가 정동행성 승상이기도 한 위상을 매개로 수용된 것이라고 할 수 있다. 며칠 뒤 동월 을축일에 충렬왕이 황제의 생일과 같은 을축일(성갑일)을 맞아 행성관과 고려 신료를 이끌고 묘련사에 행차하여 만수무강을 비는 예식을 거행한 것도[137] 같은 맥락에서 이해할 수 있다.[138] 특히 충렬왕 27년 1월 사례들은 원 외로

---

135 『고려사』 권67, 지21 예9 가례 王太子節日受宮官賀並會儀. "忠烈王二十五年十二月 行省官僚及百官 肄賀正儀於奉恩寺三日 肄儀始此." 이때의 賀正儀는 황제를 대상으로 한 것이기에 망궐례에 해당하였을 것이다. 정조 시 망궐례 거행은 이전부터 있어온 일인데, 이때 이르러 정조 시 망궐례에 앞서 봉은사에서 習儀를 하게 된 것은 元朝禮 수용과 밀접하게 연관되어 있었을 것이다. 즉 『원사』에 수록된 元正受朝儀에 따르면, "前期三日 習儀于聖壽萬安寺或大興教寺"(『元史』 권67, 志18 禮樂1 元正受朝儀)라고 하여, 원 조정에서는 정조 시 朝賀儀에 앞서 聖壽萬安寺 혹은 大興教寺에서 습의가 행해졌다.

136 『고려사』 권32, 충렬왕 27년 1월 병진. "王率百官 幸妙蓮寺 爲皇帝祝釐 諸路行省以下官 皆以正月朔望 行香祝釐 盖元朝之禮也."

137 『고려사』 권32, 충렬왕 27년 1월 을축. "王率行省官及群臣 幸妙蓮寺 爲帝聖甲日祝壽也."

138 이때 처음으로 聖甲日을 맞아 황제를 위해 祝壽한 것은 아니다. 『고려사』 세가의 충렬왕 2년 1월 을해 기사에는 "設法席于普濟寺 爲帝祝釐 每值聖甲日 行之 時謂之乙亥法席"(『고려사』 권28, 충렬왕 2년 1월 을해)이라고 하여, 충렬왕 2년 1월에 세조 쿠빌라이의 聖甲日을 맞아 황제의 만수무강을 비는 법석이 설치되었고 그러한 법석은 단발에 그치지 않았을 것

아문 의례의 수용이 정동행성(승상)을 매개로 하였고, 그러면서도 충렬왕이 행성관 외에 고려 신료들을 이끌고 이들 의례를 거행한 데서 엿볼 수 있듯이, 그는 단순히 외로아문 의례를 행한 것이 아니라 정동행성 승상이자 '고려 국왕'인 위상에서 이들 의례를 변용하여 거행하였다고 할 수 있다.

그 다음 해에 이루어진 배표례 거행의 시작 조치도 이러한 일련의 정동행성(승상)을 매개로 한 원제(원례) 수용의 흐름에서 벗어나지 않았을 것이다. 이 조치 이전에 중국 밖의 제후국에서 군주가 자국의 사자에게 표문을 건네는 과정에서 배표례를 거행했던 사례는 동아시아의 지평에서 보더라도 존재하지 않는다. 후술하겠지만, 명은 번국이 황제를 대상으로 한 배표례를 거행해야 한다고 보아 「번국진하표전의주」를 직접 작성하고 고려·조선은 명 황제를 대상으로 배표례를 거행해야 한다고 보아 이 의주를 수용하여 실천에 옮겼는데, 이러한 행위와 감각은 몽골(원) 등장 이전의 동아시아에서는 존재하지 않았다. 제후국(번국)에서 행하는 배표례 자체를 중국(황제국)이든, 제후국이든 작성한 적도 시행한 적도 없었다.

충렬왕 28년에 배표례를 거행하게 된 것은 제후국(번국) 의례의 수용·시행과는 전혀 관련이 없었다. 제후국(번국)이라면 행했어야 할 의례를 이제야 거행

이다. 이 기사 후 사반세기가 지난 뒤에 앞서 언급한 충렬왕 27년 1월 을축 기사가 등장한 것은, 충렬왕 2년과 27년에만 聖甲日을 기념하는 의례가 행해져서가 아니라 충렬왕 27년 1월 을축에 치러진 의례가 종래와 상이하여 특기할 만해서였을 것이다. 특기할 만한 사실이란 同月에 원의 지방 의례를 수용하여 정월 보름에 황제를 위해 복을 비는 의례를 처음으로 거행한 점을 감안할 때, 지방 의례를 도입하여 기왕의 聖甲日 의례를 일신한 것이라 추정해볼 수 있다. 聖甲日이 乙亥日에서 乙丑日로 바뀐 데 주목하여 특기할 만한 사실은 세조 쿠빌라이를 대신한 成宗 테무르의 本命日을 맞아 축수 의례를 거행한 것으로 생각해볼 수도 있으나, 그렇게 보아서는 성종 테무르가 즉위한(1294) 지 꽤 지난 후라는 사실이 설명되지 않는다.

하는 것이 아닌 게, 원대에도 배표례를 포함하여 제후국(번국) 군주가 자국 내에서 황제를 대상으로 신례를 거행해야 한다는 개념은 미미·부재하였다. 원과 고려 모두 그러한 성격의 의례를 작성하지 않았다는 사실은 이를 상징적으로 말해 준다.[139] 원이 도성 밖의 공간에서 황제를 대상으로 거행해야 하는 의례로 마련한 것은 외로아문 의례뿐이었다. 정동행성이 아니라 고려(군주)가 주체가 되어 이전 시기에는 행한 적이 없던 황제를 대상으로 한 의례를 거행하는 것처럼 보이는 현상도, 충렬왕 27년 1월 사례들에서 엿볼 수 있듯이, 당시에 존재하지도 않았을 제후국(번국) 버전의 (외교)의례를 수용·실행하는 것이 아니라, 외로아문의 의례들을 활용한 데 따른 것이었다. 고려는 외로아문이기도 했기에 이러한 방식이 가능했을 것이다. 그런데 고려는 단순히 외로아문에 그치는 것이 아니라 '백성과 사직을 보유하며 왕위를 누리고'[140] '독자적인 제사와 관제를 보유하며 직접 통치를 하고 세수를 독점하는'[141] 국가의 위상을 지니고 있다 보니, 외로아문의 의례는 국가 차원의 의례이기도 한 식으로 확대·변형되었을 것이다.[142] 후대의 시각에서 보자면, 실제와 달리 이것은 제후국이 황제를 대상으로 거행해야 하는 의례를 수용·시행한 일로 비치기에 십상이었을 것이다.

---

139 정동훈은 "원대에 五禮 가운데 유독 賓禮만 눈에 띄지 않은 사실에 주목하고 그 이유는 원이 고려에 자국 내의 지방행정 단위에서 시행하던 의례를 그대로 적용함에 따라 번국에 대한 의례 규정을 상정하지 않았을 것인 데서였다"라고 언급한 바 있다. 정동훈, 앞의 논문, 2015, 126~127쪽.

140 『고려사』 권33, 충선왕 복위 2년 7월 을미.

141 『牧庵集』 권3, 高麗藩王詩序. 森平雅彦, 「高麗王位下の基礎的考察」, 『朝鮮史研究會論文集』 36, 1998, 61~62쪽에서 재인용.

142 배표례에 초점을 맞춰 보자면, 外路衙門에서 행하는 배표례는 충렬왕이 정동행성 승상이기도 한 위상을 매개로 그의 또 다른 위상인 '고려 국왕'의 부면으로 확장·전이되었다고 할 수 있다.

요컨대, 충렬왕 28년 배표례 거행의 시작 조치는 고려(군주)가 표문을 올리는 때에도 외로아문의 의례를 적용하고자 한 차원에서였지, 존재하지도 않았을 제후국(번국) 버전의 배표례를 수용·실행하고자 한 것은 아니었다. 이 무렵 충렬왕은 충선왕 측과 왕위 분쟁을 벌이면서 원 측의 지지를 필요로 했고[143] 아울러 국내 신료들에게 자신과 원 측의 연계를 강하게 주지시킬 필요가 있었기에, 정동행성 승상을 부각하면서 원 외로아문 의례의 수용 차원에서 배표례를 시작하였을 것이다.[144]

그러했기에 충렬왕 28년 이후로 고려(군주)가 주체가 되어 거행된 배표례의 의식 절차는 『대원성정국조전장(大元聖政國朝典章)』에 수록된 「원일외로배표의」와 사실상 같았을 것이다. 이는 원 복속기 영조례 방면에서 원 지방정부와 고려 양자에 동일한 규정이 적용된 사실로[145] 보더라도 그러하다. 영조례는 이전 시기부터 거행되어온 것이고 더욱이 고려는 원(몽골) 등장 이전에는 자체적

---

143 이 무렵 정치 상황에 대해서는 김광철, 『고려 후기 세족층 연구』, 동아대학교출판부, 1991; 이익주, 「高麗 忠烈王代의 政治狀況과 政治勢力의 性格」, 『韓國史論』 18, 1988 참조.

144 충렬왕 28년에 정동행성 승상을 부각하면서 배표례를 시작하였을 배경으로 이명미의 연구가 참고된다. 이명미는 충렬왕 28년이 權署征東行省事 설치에 중요한 변화의 기점임을 규명하기 위해, 그 무렵 고려 국왕으로부터 征東行省丞相의 위상을 분리해내고자 한 遼陽行省 측의 合省論에 맞서, 충렬왕이 일본에 대한 효과적인 방어를 위해 征東行省을 개별 行省으로 유지해야 한다는, 즉 征東行省 사무의 독립적인 긴요함을 강조했다는 논리로 대응하였고, 이 논리의 연장선에서 征東行省丞相인 국왕의 영역 내 부재에 대비하여 權署征東行省事를 두었다고 하였다(이명미, 「고려 후기 權署征東行省事 설치의 양상과 배경」, 『한국사연구』 182, 2018 참고). 이 논리를 참고하면, 고려는 정동행성(승상)으로서의 위상과 역할을 강조하기 위해 충렬왕 28년에 배표례를 시행하였을 것이다. 다만 충렬왕 28년에 배표례가 시작된 배경을 이상과 같이 추정해볼 순 있지만, 배표례 거행의 시작이 이 해에 이루어진 정확한 이유는 명확한 관련 기록들이 없어 알기 어렵다.

145 이와 관련하여 정동훈, 앞의 논문, 2015 참조.

으로 작성한 의주에 따라 영조례를 실행했어도,[146] 원 복속기에 들어서는 원 지방 의례가 고려의 영조례에 적용되었다. 원 복속기에 유례없이 등장한 고려(군주) 차원의 배표례도 원 외로아문의 의례를 활용하였을 것임은 분명하다. 다만 정동행성 차원의 배표례가 「원일외로배표의」대로 거행된 것과 달리, 고려(군주) 차원의 배표례는 '고려 국왕'이 외로아문의 반수(班首)가 아니기 때문에 의례의 구성과 절차가 기본적으로 다르진 않았어도 외로아문의 반수 대신에 '고려 국왕'을 상정하면서 필요한 부분에서 변개가 이루어졌을 것이다.[147]

충렬왕 28년 8월 갑자일 이후로는 '고려 국왕' 명의의 표문을 올릴 때도 배표례를 거행하고 그 예식 절차도 정동행성의 것과 사실상 다르지 않다 보니, 동일인이 '고려 국왕'과 정동행성 승상을 겸한 채 따로따로 사자를 파견하여 표문을 올리는 행위는 어색하고 불필요해졌을 것이다. 그래서인지 '고려 국왕' 명의의 표문을 올릴 때도 배표례를 거행하기 시작한 지 얼마 지나지 않아, "행성(行省)은 호군(護軍) 이한(李翰)을 원에 보내 성절(聖節)을 경하하였다"[148]라는 식으로 정동행성이 별도로 사자를 보내 표문을 올리는 사례는 종적을 감췄다. 충렬왕 32년(1306) 7월 기묘일의 "행성(行省)은 총랑(摠郎) 곽원진(郭元振)을 원에 보내 성절을 경하하였다"[149]라는 사례를 끝으로, 정동행성이 별도로 사자를 보내 표문을 올리는 기록은 더 이상 보이지 않는다.[150] 충렬왕 32년 7월 기묘일 이후

---

146 「迎北朝詔使儀」가 그러한 의주이다. 『고려사』 권65, 지19 예7 가례 迎北朝詔使儀 참조.

147 고려(군주) 차원의 배표례를 위한 문서 형태의 공식적인 의주는 작성되지 않았을 것이다. 그 의례는 「元日外路拜表儀」를 토대로 하면서도 다소 편의적이고 임기응변식으로 거행되었을 것이다. 이를 위해 고려가 작성한 비공식적인 문서가 있었을 가능성을 배제할 순 없다.

148 『고려사』 권32, 충렬왕 29년 7월 신사.

149 『고려사』 권32, 충렬왕 32년 7월 기묘.

150 이에 관해서는 이명미, 앞의 책, 2016, 130~131쪽 참조.

로는 "찬성사(贊成事) 권한공(權漢功)을 원에 보내 성절을 경하하였다"[151]라는 식의, 즉 고려(군주)가 진하사를 보내는 식의 기록만이[152] 있을 따름이다.

표면적으로는 고려(군주)와 정동행성이 각기 사자를 보내 표문을 올리는 일 가운데 전자는 남고 후자는 정리된 듯 보이지만, 실제로는 양자는 '혼일(混 一)'되었다고 보는 편이 사실에 가까울 것이다.[153] 앞서 보았듯이, 이제현이 공민 왕을 대신하여 권단정동성사의 위치에서 배표례를 거행한 사실은, 비록 정동 행성이 별도로 사자를 보내 표문을 올리는 일이 소멸하였다고 할지라도, 이 일 이 고려(군주)가 사자를 보내 표문을 올리는 데 이입(移入)·혼합되어 있었을 것 을 단적으로 말해준다. 그 면모를 추정해보자면, 성갑일(聖甲日)을 맞아 왕이 행 성관과 고려 신료를 이끌고 예식을 거행한 것처럼, 배표례도 '혼일' 이후로는 그와 같은 방식으로 치러졌을 것이다. 즉 행성관과 고려 신료가 다 함께 배표 례에 참석하였을 것이다. 그리고 이것 외에 의례 공간 면에서도 '혼일'의 면모 가 나타났을 것이다. 즉 배표례와 짝을 이루는 망궐례가 일반적으로 정조 시에 는 정전에서, 성절 시에는 정동행성에서 거행되었음을[154] 고려할 때, 이와 같은 방식으로 정조를 경하하는 표문의 배표례는 정전에서, 성절의 경우 정동행성 에서 거행되었을 것이다.[155]

---

151 『고려사』 권34, 충숙왕 6년 2월 병신.

152 이러한 종류의 기록에는 사자를 보내는 주체가 생략되었는데, 생략된 단어는 '王'이었다.

153 이명미는 "상당 기간 고려 조정과는 별도로 이루어졌던 정동행성의 진하사 파견이 중단되 는 것은 행성의 진하사 파견이 필요하지 않은 일이라서 중단되었다기보다는 고려 조정의 진하사 파견으로 흡수·통일된 결과인 것으로 보인다"라고 하였다. 이명미, 앞의 책, 2016, 131쪽.

154 최종석, 앞의 논문, 2010a, 249~251쪽.

155 명절을 경하하는 표문의 명의도 '고려 국왕'이자 정동행성 승상이었을 가능성이 있다.

4. 고려 말기 배표례의 습용과 『번국의주』「번국진하표전의주」

1) 「진대명표전의」에 의거한 배표례 거행

원·명 혁명과 이와 맞물린 명나라에의 사대 이후, 고려는 원 황제 대신 명 황제를 대상으로 배표례를 거행하였다. 황제를 상대로 표문을 올리는 행위는 매우 오래전부터 있어온 일인 데 비해, 배표례 거행은 비교적 최근인 원 복속기에 시작되었기 때문에 명을 상대로는 원 복속기 이전처럼 배표례 없이 표문을 올렸을 수도 있지만, 현실은 그렇게 전개되지 않았다. 고려는 명을 상대로도 배표례를 거행하였다. 명 황제를 대상으로 한 배표례의 의주에 해당하는 「진대명표전의」 및 앞서 소개한 진대명표전의에 관한 연대 기사들 가운데 명 황제를 대상으로 한 배표례 사례들은 이러한 사실을 명확히 증명한다. 특히 진대명표전의에 관한 연대 기사들은 원 황제와 명 황제를 대상으로 한 배표례 기사들로 함께 이루어지고 있어, 고려가 원 황제를 상대로 배표례를 행하다가 명 황제를 상대로 배표례를 거행하게 된 변화를 상징적으로 보여준다. 배표례 거행의 측면에서 보자면, 고려 말기는 원 복속기의 연장인 것이다.

고려 말기에 명 황제를 대상으로 한 배표례의 거행 빈도에 관해서는 원 복속기와 마찬가지로 직접 말해주는 기록은 없다. 그럼에도 원 복속기와 마찬가지로 배표례는 하표(賀表)를 올리는 때에 행해야 하는 일로 받아들여지고 있었을 것이다. 다음과 같은 이유에서 그러하다.

앞서 진대명표전의에 관한 연대 기사들은 원 복속기와 고려 말기의 구분 없이 전체 사례들 가운데 특기할 만한 것에 해당한다고 논증한 바 있다. 이들 외에 『고려사』에 수록된 여타 배표례 사례들 역시 다르지 않다. 기록으로 드러난 우왕 13년 2월의 배표례 건은 우왕이 동강(東江)에 머문 상황에서 유사(有司)가 개경으로 돌아가 배표례를 행하도록 건의했지만 우왕은 개경으로 돌아가지 않으려 해 우시중 이성림(李成林) 등이 배표례를 섭행하게 된 특기할 만한 사례에 해당한다.[156] 아래의 『고려사』 세가 공양왕 4년 6월의 기사에서 '왕은 수창궁에 가서 표전(表箋)에 절을 하였다'라는 배표례 거행 사실이 기록된 이유는 이 자체를 기록하려 한 것이 아니라, 공양왕이 배표례를 거행하고 나서 태조를 병문안 갔다는 사실을 적시하기 위해서였을 것이다. 공양왕의 이성계 병문안이 없었으면, 배표례 사례는 기록으로 드러나지 않았을 것이다.

문하평리(門下評理) 경의(慶儀)를 명의 수도에 보내 성절(聖節)을 하례하게 하고, 개성윤 조인경(趙仁瓊)을 보내어 천추절(千秋節)을 하례하게 하였다. 왕은 수창궁에 가서 표전에 절을 하고(拜表箋), 드디어 우리 태조(이성계)의 집에 행차하여 문병하였다. 이어 술자리를 베풀면서 말하기를 (…).[157]

고려 말기의 사례들 가운데 특히 우왕 13년 2월의 사례는 배표례가 군주의 유고 시에도 신하(재상)의 섭행(攝行)을 통해서라도 거행되어야 하는 것이었음을 말해주고 있어 주목된다. 그리고 2장에서 소개한 ③ 사례(공민왕 21년 11월 신미)가 명이 하사한 면복(군주)과 조복(백관)을 입고 배표례를 행하게 되었기 때문이 아니라, 사은표문을 올릴 때조차 배표례를 행한 일이 특기할 만하여 기록되었다고 한다면,[158] 이는 당시까지 명절을 경하하기 위한 정기적인 표문을 올릴 때마다 배표례가 줄곧 거행되어왔다는 숨은 사실을 말해준다고 하겠다.

---

156 『고려사』 권136 열전49, 우왕 13년 2월. "時禑在東江 有司請 還京 率百官拜表 右侍中李成林 知禑不樂入京 告曰 拜表之禮 臣等攝行 殿下不必躬親 禑悅."

157 『고려사』 권46, 공양왕 4년 6월 정묘.

158 이정란(앞의 논문, 2018, 53쪽)은 공민왕 21년 11월 신미 기록이 謝恩表에까지 拜表儀禮가 적용된 사실을 전하는 것으로 보았다.

이처럼 고려 말기 배표례 사례들도 당시 배표례가 행해야 하는 일로 받아들여지고 있는 분위기에서 특기할 만하다고 간주된 것들이 기록으로 남았음을 시사한다. 무엇보다도 고려가 원 복속기와 달리 배표례 의주까지 마련한 현실을 고려할 때, 고려 말기에도 배표례가 일반적으로 거행되었을 것임을 어렵지 않게 예상할 수 있다.

고려 말기에는 그 이전과 달리 「진대명표전의」라는 배표례 의식 절차가 마련되어 있었다. 원 복속기와 달리 예식 절차를 직접 알 수 있는 것이다. 당시 배표례는 이 의주에 따라 거행되었을 것이다. 이 내용을 간략히 정리해보면 아래와 같다.

· [궁의] 전상(殿上) 한가운데에 궐정(闕庭)을 설치함. 표전안(表箋案)은 궐정 앞에, 향안(香案)은 표전안 앞에 둠. 왕배위(王拜位)는 북향인 채 전정(殿庭) 한가운데에, 중관배위(衆官拜位)는 북향인 채 왕위(王位) 남쪽에 위치함. 용정(龍亭)은 전정 남부(南部)의 한가운데에 둠.

· 왕은 면복(冕服)을, 중관(衆官)은 조복(朝服)을 갖춰 입고 실무자가 표전에 날인하고 표전을 표전안에 올려놓는 과정을 지켜봄(?). 국왕과 중관(衆官)은 각자의 배위로 나아감.

· 국왕과 중관의 재배(再拜)→국왕은 향안 앞으로→국왕과 중관(배위에서?)은 꿇어앉음→국왕은 '삼상향(三上香)'→국왕은 표문을 받든 관리로부터 건네받아 사신에게 건넴(이 과정이 '진표進表')→ 사신은 서쪽을 향하여 꿇어앉아 표문을 받고 일어나 다시 탁자에 올려놓음→국왕과 중관의 '부복흥평신(俯伏興平身)'→국왕과 중관의 재배(再拜).

· 의례가 끝나면 국왕은 인례(引禮)를 따라 서쪽으로 물러나서 서고, 관리들은 인반(引班)을 따라 좌우에 늘어섬→사신이 표문과 전문을 각각 받들고 앞서 가면 국왕

과 관리들은 뒤에서 전송→사신은 표전을 용정 속에 넣음→사신은 국왕 및 관리 들과 함께 궁문 밖까지 나감→국왕은 궁전으로 돌아와 예복을 벗음→관리들은 조복을 갖추어 입고 도성문 밖까지 전송하며 사신은 표전을 받들고 길을 떠남.[159]

이 「진대명표전의」는 사실상의 원 복속기 배표례 의주라 할 수 있는 「원일 외로배표의」와 비교하여 다음과 같은 특징들을 보인다. 첫째, 「진대명표전의」 는 원 복속기 배표례 의주와 달리 명의 판도 밖에 있는 번왕의 배표례라는 점 을 명확히 설정하고 있다. 이는 명백히 번국(潘侯國)에서 황제를 상대로 행하는 외교의례임을 드러낸다. 둘째, 「진대명표전의」는 「원일외로배표의」와 마찬가 지로 '재배(再拜)→국왕을 매개로 한 표문의 전달→재배'를 의례의 기본 구성으 로 하면서도 의례 절차가 상대적으로 복잡하였다. 셋째, 「진대명표전의」에서 는 군주와 신하가 각각 명이 사여한 면복과 조복을[160] 입고 의례에 참석토록 하 였다. 「원일외로배표의」에는 복식에 관한 직접적 언급이 없으나, 황제를 대상 으로 한 여타 외로아문 의례를 감안할 때 원의 지방 관원은 공복(公服)을 착용 하고 배표례를 거행했을 것이다. 그런데 원 복속기에는 원이 명과 달리 관복을 사여하지 않았기에, 당시 고려는 이전부터 입어온 복식을 활용하였을 것인데, 추정컨대 군주는 자포(紫袍)를 착용하였을 것이다. 배표례와 짝을 이루는 망궐 례에서 자포를 착용한 점에서[161] 볼 때 그러하다. 넷째, 「진대명표전의」에 따르 면, 황제를 상징하는 궐정이 (궁)전에 설치되어야 했다. 궁궐을 바라보며(望闕) 향안을 설치하도록 한 「원일외로배표의」와 달리, 「진대명표전의」는 (궁)전상

---

159 『고려사』 권67, 지21 예9 嘉禮 進大明表箋儀.

160 이에 관해서는 유희경, 『한국복식사연구』, 이화여자대학교출판부, 1980 참조.

161 최종석, 앞의 논문, 2010a, 243~245쪽 참조.

에 궐정(闕庭)을 설치하고 그 앞에 표전안(表箋案)과 향안(香案)을 차례로 설치토록 하였다. 특히 이들 세 번째와 네 번째의 차이점으로 보아, 고려 말기 배표례에서 실현된 군신 관계는 전대보다 시각적으로 더욱 뚜렷한 방향으로 구현되었다고 할 수 있다. 이는 군주와 신하들이 착용한 관복이 명 황제의 하사품으로 각각 황제의 내신제후(친왕, 군왕 등)와 조정 신하들의 것과 사실상 다르지 않은 데서, 그리고 막연한 망궐 대신에 황제를 상징하는 조형물(궐정)을 설치하고 이를 상대로 의례를 치른 데서 그러하다.

이처럼 고려 말기의 배표례는 구체적인 의례 양상에서 원 복속기와 여러 모로 달랐다. 그렇기는 해도 당시 거행된 배표례는 원 복속기와 마찬가지로 군주가 자신의 신하에게 표문을 전달하는 과정에서 황제를 대상으로 군신 의례를 구현하는 핵심 뼈대를 공유하고 있었다. 차이만 주목하여 이 점을 간과해서는 안 될 것이다. 배표례의 변화는 원 복속기와 고려 말기를 연속의 시기로 삼는 큰 틀 속에서 바라봐야 하는 것이다.

2) 명의 「번국진하표전의주」 작성과 고려의 수용

고려 말기 배표례의 의식 절차인 「진대명표전의」는 『대명집례』 빈례에 수록된 「번국진하표전의주」와 사실상 동일하다.[162] 의례의 구성, 절차, 참여자, 집사자 등 모든 면에서 차이가 없다. 차이점이라고 한다면, 「번국진하표전의주」의 '우(于)', '번왕(蕃王)', '번국중관(蕃國衆官)', '인반사인(引班四人)', '왕(王)', '각치우갑중외(各置于匣中外)', '수전(受箋)'이 「진대명표전의」에는 각각 '어(扵)', '왕(王)', '중관(衆官)', '인반사인위(引班四人位)', '왕위(王位)', '각치우갑중(各置于匣中)', '수표(受表)'로 표현된 정도의 사소한 차이뿐이다. 그나마 눈에 띄는 차이는 「번국진

---

162 『大明集禮』 권30, 賓禮― 蕃國進賀表箋儀注.

하표전의주」의 '사찬이 국궁(鞠躬)하고서 절하고 일어나고 절하고 일어나고 절하고 일어나서 몸을 펴시라 외치면, (번)왕 및 관원들 이하는 모두 국궁하고서 (주악 연주) 절하고 일어나고 절하고 일어나서 몸을 편다 (주악 그침) [司贊唱鞠躬拜興拜興平身 (蕃)王與衆官皆鞠躬 (樂作) 拜興拜興平身 (樂止)]',[163] '인례찬상향상향삼상향(引禮贊上香上香三上香)', '사자각봉표전전행(使者各捧表箋前行)'이 「진대명표전의」에는 각각 '사찬이 재배(再拜)를 외치면, (주악 연주) 왕 및 관원들은 모두 재배한다 (주악 그침) [司贊唱再拜 (樂作) 王與衆官 皆再拜 (樂止)]', '인례찬삼상향(引禮贊三上香)', '사자취표전각봉전행(使者取表箋各捧前行)'으로 다르게 기록되어 있는 정도이다. 이 차이들조차 축약 혹은 같은 내용의 미세한 표현 차이에서 비롯되었을 따름이다.

이러한 현상은 1부에서 상세히 검토했듯이, 「진대명표전의」가 『번국의주』의 「번국진하표전의주」를 거의 그대로 모방하여 작성되었기 때문이었을 것이다. 『번국의주』의 「번국진하표전의주」는 『대명집례』의 「번국진하표전의주」와 기재 내용이 사실상 동일하였을 것이기에, 앞서 본 『고려사』 「진대명표전의」와 『대명집례』 「번국진하표전의주」 간의 차이는 사실상 『번국의주』 「번국진하표전의주」와의 차이이기도 하였을 것이다. 이렇다고 하면, 『고려사』 「진대명표전의」와 『번국의주』 「번국진하표전의주」 간의 차이는 고려가 『번국의주』의 「번국진하표전의주」를 저본으로 삼아 「진대명표전의」를 작성하면서 단순한 수정을 가하거나('于'→'於'), 고려를 주체로 할 때 어색한 표현을 수정하거나('蕃王'→'王', '蕃國衆官'→'衆官'), 사소한 오류를 교정하거나('引班四人'→'引班四人位', '王'→'王位', '各置于匣中外'→'各置于匣中', '受箋'→'受表'), 앞서 언급했듯이 축약 혹은 같

---

163 이 구절은 두 차례 기재되고 있는데, 처음에는 '蕃王'으로, 다음번에는 '王'으로 기록되었다.

은 내용을 미미하게 다르게 표현한 데서 기인하였을 것이다.[164]

앞의 여러 장에서 검토하였듯이, 고려가 공민왕 18년(1369) 사신 편에 본국(고려)에서 명 황제를 대상으로 거행하는 조하례 의주인 본국조하의주를 요청하자, 명은 요청에 응해 본국조하의주에 해당하는 「번국정단동지성수솔중관망궐행례의주」를 포함하여 세트라 할 수 있는 동일한 성격의 4종의 의주를 일괄한 『번국의주』를 만들어 고려 측에 주었을 것이다. 이를 배표례 의주로 좁혀서 본다면, 고려가 배표례의 의주를 명 측에 먼저 요청했고, 명은 이에 응해 번국을 위해 작성·준비된 의주를 고려에 사여한 셈이 된다. 이 일은 어떠한 배경에서, 그리고 어떤 메커니즘을 통해 이루어졌을까? 아래에서는 이 의문을 풀어보고자 한다. 이러한 연구 작업은 고려 말기에 들어서도 원 복속기와 마찬가지로 배표례를 거행한 이유를 밝히는 것이기도 하다.

원·명 혁명 이후, 명은 화이질서의 측면에서도 원을 계승하고자 하였다. 명대적(明代的) 화이질서는 원조의 천하질서를 의식하고 이를 계승·전유한 것으로, 이적의 세계까지를 포함한 천하에 보편적으로 미쳐야 하는 천자의 천하 지배를 예제(禮制)의 차원에서 구현하고자 하는 질서였다. 이 질서 아래에서 명조는 현실 세계에서의 실현 여부와 상관없이 예제 차원에서 천자를 정점으로 한 무외(無外)·일시동인(一視同仁)의 세계를 지향·구현하고자 한 특징을 노정하였다. 명은 원과 달리 지방과 번국을 명확히 구분하였기에, 정확히는 구분할 수밖에 없었기에, 화이질서의 구현에서 중요한 점은 천자를 정점으로 한 (예적) 지배질서가 지방에서와 다름없이 번국에서도 실현되는 것이었다. 설령 그 구현

---

164 『번국의주』와 『대명집례』의 「蕃國進賀表箋儀注」가 100% 동일하지는 않았을 것이기에, 『대명집례』 「蕃國進賀表箋儀注」와 『고려사』 「進大明表箋儀」 사이의 차이는 매우 드물겠지만 『번국의주』 「蕃國進賀表箋儀注」와 『고려사』 「進大明表箋儀」 사이의 차이가 아닐 수도 있다.

이 사실상 지면 위에서만 이루어지더라도 말이다.[165]

배표례의 측면에서 보자면, 명은 전대에 외로아문(外路衙門)이자 제후국인 고려에서 사신을 파견하여 표문을 올리며 그 과정에서 배표례를 거행해왔던 현실을, 제후국에서의 배표례 거행으로 전유하여 계승하였다. 즉 명은 전대와 달리 고려를 외로아문과 명확히 구분되는 번국으로 바라보는 변화된 시각에서 원대 고려에서 행했던 배표례 시행을 번국인 고려에서 배표례를 거행한 것으로 '전유'하고는, 번국에서도 배표례를 시행해야 한다고 보아 재외아문(在外衙門) 배표례의 의주 외에도 번국(왕)에서 황제를 대상으로 행하는 배표례 의주까지 작성하였다. 구체적으로 명은 재외아문(在外衙門)과 번국 용도의 배표례 의주를 각각 작성하여 『홍무예제(洪武禮制)』와 『대명집례』(『번국의주』)에 수록하였다. 이처럼 번국에서 황제를 대상으로 거행하는 배표례의 의주를 중국 왕조가 직접 작성한 초유의 현상은, 명이 고려와 원 사이의 일을 전유·계승한 데 따른 산물이라 할 수 있다.

명이 재외아문과 번국 용도의 배표례 의주를 따로 작성하였다고는 하나, 양자는 사실상 그리 다르지 않다. 재외아문과 번국의 차이에 따른 기술적인 차이, 가령 반수(班首)와 번왕(蕃王)의 차이를 제외하고 비교적 뚜렷한 차이라고 한다면 다음 두 가지 정도이다. 하나는 「번국진하표전의주」가 번왕을 매개로 한 표문의 전달을 전후하여 재배(再拜)를 해야 하는 것과 달리 『홍무예제』는 재배(再拜)가 아닌 사배(四拜)를 행하도록 하였다. 앞서 본 바와 같이, 「원일외로배표의」는 「번국진하표전의주」와 마찬가지로 반수를 매개로 한 표문의 전달을 전후하여 재배를 하도록 했다. 둘째, 「번국진하표전의주」가 재배를 끝으로 배표

---

165 명의 화이질서와 그 특징에 대해서는 앞서 서술한 바 있기에 여기서는 전거를 생략하도록 하겠다.

례를 마무리한 데 비해, 『홍무예제』에는 재배 후에도 약간의 예식 절차가 더 있었다.[166] 「원일외로배표의」는 「번국진하표전의주」처럼 재배(再拜)를 끝으로 배표례를 마무리하였다.

이러한 차이는 명이 재외아문과 번국 용도의 배표례 의주를 별도로 작성하면서, 번국 용도의 배표례 의주는 전대의 「원일외로배표의」를 사실상 모방한 데 비해 재외아문의 배표례 의주는 기본적으로 번국의 배표례 의주와 다르지 않으면서도 이보다는 군신 사이의 차이를 확대·강화하는 방향에서 작성되었기 때문일 것이다. 필자의 관심사에서 특히 주목할 점은 「번국진하표전의주」가 전대의 「원일외로배표의」를 사실상 모방했다는 사실이다. 이때까지 번국 용도의 배표례 의주가 마련된 적은 없었지만 고려에까지 적용되었던 원대 지방아문 용도의 배표례 의주가 남아 있는 상황에서, 명은 「원일외로배표의」를 근간으로 하면서도 지방아문이 아닌 번국에 걸맞은—정확히는 걸맞다고 판단되는— 방향으로 변경하여 「번국진하표전의주」를 작성하였을 것이다.[167]

명은 이상과 같은 이유에서 번국에서도 배표례가 시행되어야 한다고 보고 번국 용도의 배표례 의주를 별도로 마련하였다고 할 수 있는데, 그렇다면 고려는 어떤 이유에서 명 황제를 대상으로도 배표례를 거행해야 한다고 생각하고 명 측이 작성한 의주를 수용하여 이를 토대로 배표례 의주를 마련하였을까?

앞서 언급하였듯이, 원 복속기에 이르러 고려(군주)는 정동행성이 진하표문을 올리면서 배표례를 거행한 방식을 따라, 그리고 정동행성(승상)을 매개로

---

166 『洪武禮制』進賀禮儀. 다음이 그것이다. "唱播笏鞠躬 三舞蹈 跪山呼者三 唱出笏 俯伏興 樂作 四拜 平身 樂止."

167 전대에 고려가 「元日外路拜表儀」를 활용하여 원 황제를 대상으로 배표례를 거행한 사실도 명이 「元日外路拜表儀」를 바탕으로 「蕃國進賀表箋儀注」를 작성한 현상과 무관치 않을 것이다.

외로아문의 의례를 활용하고자 하는 차원에서 진하표문을 올릴 때 배표례를 거행하게 되었다. 종국에는 고려(군주)와 정동행성이 각기 사자를 보내 표문을 올리는 일이 '혼일(混一)'되었고, 배표례 또한 같은 운명이었다.

그러다가 명을 상대로는 외로아문(정동행성)의 위상은 탈각되고 번국(제후국)의 위상만이 남게 되었다. 외로아문(정동행성)의 위상이 소멸했어도 배표례 거행은 사라지지 않았다. 애초에 정동행성 승상의 위상이 '고려 국왕'으로 하여금 배표례를 거행토록 견인하였다고 할지라도, 그리고 충렬왕 28년 시작된 배표례 거행 조치는 고려(군주)가 표문을 올릴 때도 외로아문의 의례를 적용하고자 하는 차원에서 비롯되었다고 할지라도, 명을 사대하게 된 시점에서 배표례 거행은 이미 오랫동안 고려(군주)가 사자를 보내 표문을 올리는 과정에서 행해온 일로—실제적으로는 '혼일'이었어도— 간주되고 있었을 것이다. 즉 명에 사대한 이후 배표례는 번국(제후국)이 거행해야 하는 의례로 간주되고 있었을 것이다. 여기에 더해 당시 유자 관료들은 천하가 공간적·종족적·문화적 측면에서 중화와 이적으로 구성되어 있다고 보는 화이의식을 다음과 같은 내용으로 지니고 있었다. 즉 지역과 종족의 측면에서는 자국을 '이적'으로 보면서도 여타 이적들과 달리 보편적 성격의 중화 문명(문화)을 추구·향유하고 있다는 식으로 수용하여('자신을 夷로 간주하는 화이의식'), 고려가 중국 밖의 외국(이적 세계)이면서도 문명 중화를 추구하여 국내외 방면의 구별 없이 중국을 중심이자 정점으로 삼는 천하질서 속에 자리하고 있다고 인식하였다. 달리 말해, 이러한 천하질서 내에서 고려는 국내외 방면의 구별 없이 제후(국)로 존립하고 있다고 본 것이다.[168] 이러한 의식 세계에서는 번국(제후국)에서 행하는 의례로 간

---

168 고려 말기 당시의 '자신을 夷로 간주하는 화이의식' 및 천하질서하에서의 자기정체성에 관해서는 최종석, 「고려 후기 '자신을 夷로 간주하는 화이의식'의 탄생과 내향화—조선적 자

주되고 있었을 배표례의 거행이 당연히 해야 하는 일로 여겨졌을 것이다. 고려 말기에는 아직 '온전한' 제후국 체제의 실현을 위한 적극적인 움직임이 없기는 해도,[169] 기왕의 제후 제도나 그것으로 간주되는 제도는 별다른 의식 없이 계승·활용되고 있어, 당시 배표례를 거행해야 하는지는 문젯거리, 논란거리가 아니었을 것이다.

고려 말기에 당면한 문제는 배표례를 거행해야 한다는 전제 아래 어떤 의주를 토대로 배표례를 거행해야 할지 결정하는 일이었을 것이다. 지방아문(정동행성)과 제후국의 '혼일'을 토대로 한 원 복속기의 배표례 예식 절차, 구체적으로는 「원일외로배표의」를 활용한 것을 그대로 사용하기는 곤란하였을 것이다. 이제는 겸하는 식으로라도 지방아문의 위상은 존재하지 않았기 때문이다. 이러한 상황에서 고려는 명을 상대로 배표례와 짝을 이루면서 동시에 같은 고민에 직면하였을 망궐례의 의주(예식 절차)를 요청하였다. 앞서 언급한 바와 같이, 명 측은 고려가 원하고 요구하는 의주들, 즉 원 복속기 이래 황제를 대상으로 고려(번국) 국내에서 행하는 군신의례의 의주들을 작성하고 있었기에 이들 의주를 일괄하여 책자 형태로 만들어 고려에 사여하였을 것이다. 이로써 당면 문제가 말끔히 해결된 것이다. 고려는 사여받은 이들 의주를 토대로 「진대명표전의」를 포함하여 「영대명조사의」, 「영대명사로사의」, 「원정동지상국성수절망궐하의」라는 황제국을 상대로 한 '제후(국) 의례'를 마련하였다.

고려처럼 이러한 성격의 의주들을 명 측에 요청한 경우는 없다. 왜 유독 고려만 그러한 의주들을 요청했을까? 이는 앞서 살펴본 원 복속기의 역사적 경

기 정체성의 모태를 찾아서」, 『민족문화연구』 74, 2017 참조.

169 이러한 움직임은 조선 태종 대 이래로 본격적으로 이루어졌다. 최종석, 「13~15세기 천하질서와 국가 정체성」, 『고려에서 조선으로』, 2019d, 역사비평사 참조.

험을 도외시하고는 설명하기 어려울 것이다.[170]

3장

원 복속기 망궐례(望闕禮)의 거행과 예식의 변화
—원종·충렬왕 대를 중심으로

1. 머리말

필자는 십수 년 전에 고려 후기 망궐례(望闕禮)(=요하례遙賀禮)를 검토한 적이 있었다.[171] 당시에는 고려 후기 망궐례만을 본격적으로 고찰한 것은 아니고, 원 복속기를 분기점으로 국왕(국가) 위상이 전환된 사실을 부각·규명하기 위한 목적에서 조하례(朝賀禮)의 변화를 검토하는 과정에서 제한적으로 망궐례를 다루었다. 구체적으로는, 원 복속 이전에는 군주가 자신의 신하들로부터 경하를 받는 '수조하(受朝賀)' 의례만으로 조하례가 치러졌지만, 원 복속 이후로는 '수조하' 의례 외에도 황제국에서 행하는 조하례와 연동하여 여기에 직접 참석할 수 없는 고려 국왕이 황제 신하의 위상에서 황제의 명절을 멀리서 경하하는 망궐례가 조하례의 구성 요소가 되었음을 밝혔다. 나아가 조하례에서의 이러한 변화는 원 복속기 들어서 국왕 위상 면에서 황제 신하라는 위상이 대외 방면에

---

171 최종석, 「고려시대 朝賀儀 의례 구조의 변동과 국가 위상」, 『한국문화』 51, 2010a.

그치지 않고 국내에서도 구현된 변화와 맞물려 진행된 것이었고,[172] 원 복속기에 이루어진 조하의례 변화상은 질적 변화 없이 조선 말기까지 지속했음을 규명하였다.[173]

이처럼 원 복속기 들어서 조하례가 수조하 의례와 망궐례를 구성 요소로 하게 된 변화 및 그러한 변화상이 원 복속기를 넘어서 그 이후로도 지속한 사실에 연구의 초점을 맞추다 보니, 망궐례에 대한 검토는 그 일환에서 제한적으로 이루어졌고, 망궐례 자체에 대한 관심도 부족하였다. 자연스레 망궐례에 관한 검토도 부실할 수밖에 없었다.

망궐례에 대한 관심 부족과 이와 맞물린 이해 부족으로 인해 고려 후기 망궐례를 전론으로 다루는 연구를 시도할 엄두를 내지 못하였다. 그러던 중에 망궐례와 세트를 이루는 배표례에 관한 검토 경험은[174] 망궐례 문제에 접근하는 계기로 작용하였다. 특히 원 복속기에 배표례의 시작 및 운영에 있어 (후기)정동행성(승상)이라는 요인이 심대하게 작용한 사실을 인지하게 되고서 망궐례 문제에 접근하는 실마리를 찾을 수 있었다. 그간 필자의 연구를 포함하여 기존의 어느 연구에서도 원 복속기 망궐례를 파악하는 과정에서 정동행성(승상)이라는 변수를 그 중요도에 걸맞게 고려하지 못해왔음을 깨달아서다.

고려 후기, 그중에서도 원 복속기의 망궐례를 본격적으로 검토하려 할 때 가장 먼저 확인할 수 있는 점은 원 복속기에 거행된 망궐례에 관한 연구가 아직 초보적인 검토 수준에서 벗어나고 있지 못하다는 사실이다. 망궐례의 측면

---

172 원 복속 이전에 고려 국왕은 국내에서는 군주의 위상만을 보유하였다.

173 최종석, 앞의 논문, 2010a; 최종석, 「고려 후기 '전형적' 제후국 외교의례의 창출과 몽골 임팩트」, 『민족문화연구』 85, 2019b 참조.

174 최종석, 「고려 후기 拜表禮의 창출·존속과 몽골 임팩트」, 『한국문화』 86, 2019a.

에서 여러모로 제한적이고 한계가 있는 필자의 연구 이후로 원 복속기 망궐례에 관한 연구는 전무한 실정이다. 고려 말기로 확장해보더라도, 정은정의 「14세기 원명교체기의 호(胡)·한(漢) 공존과 개경의 망궐례 공간」이라는 연구성과만이 있을 뿐이다.[175] 물론 2004년도에 발표된 구와노 에이지(桑野榮治)의 선구적인 연구성과가 있다.[176] 구와노 에이지의 연구는 고려 말기의 망궐례를 집중적으로 검토하긴 했지만, 원 복속기의 망궐례에 관해서도 기초적인 검토를 수행하였다. 망궐례가 원 복속기에 시작되었음을 주목한 것도 그의 연구였다. 다만 이 연구는 『고려사』 예지에 수록된 망궐례 사례를 위주로 원 복속기의 망궐례를 검토하다 보니, 검토 내용에 한계가 있을 수밖에 없었다. 또한 수록된 사례들이 거의 특례인 사실을[177] 고려하지 못하고, 도리어 이를 실제 양상을 보여주는 일반적이고 정상적인 것으로 간주한 채 각 사례의 함의를 정치사적으로 분석한 탓에, 도출한 검토 내용은 대개 실제와 부합하지 못하였다.

이처럼 원 복속기의 망궐례에 관한 연구는 매우 부진하다고 해도 과언이 아니다. 이러한 부진에는 여러 요인이 복합적으로 작용했겠지만, 무엇보다 관련 사료가 없다시피 한 사실은 가장 큰 지분을 차지하는 이유에 해당할 것이다. 고려 말기와 달리 의주(儀註)도 보이지 않고,[178] 관련 사료는 전후 맥락 없이 등장하는 몇몇 단편적인 기사가 전부이다시피 한다. 자료가 희소하다 보니 탐

---

175 정은정, 「14세기 元明교체기의 胡·漢 共存과 개경의 望闕禮 공간」, 『한국중세사연구』 49, 2017. 이 외에 윤석호(「조선조 望闕禮의 중층적 의례구조와 성격」, 『한국사상사학』 43, 2013)는 조선시대 망궐례를 검토하는 과정에서 고려 후기 망궐례를 간략히 언급했다.

176 桑野榮治, 「高麗末期の儀禮と國際環境─對明遙拜儀禮の創出」, 『九留米大學文學部紀要(國際文化學科編)』 21, 2004.

177 이에 관한 논증은 최종석, 앞의 논문, 2010a 참조.

178 「元正冬至上國聖壽節望闕賀儀」(『고려사』 권67, 지21 예9 嘉禮)는 고려 말기 망궐례 의주에 해당한다.

구를 시도하고 싶어도 실제로 진행하기는 어려운 실정이다. 본 연구 또한 자료의 제약에서 절대 자유로울 수 없다. 사료가 극히 부족한 여건에서 연구가 이루어지는 만큼, 또한 좀 더 진전된 이해를 도모하려는 만큼, 추정과 추론에 크게 의지하고 방증과 관련 연구성과에 적극적으로 기대어 자료의 제약을 조금이나마 극복할 수밖에 없다.

관련 자료가 거의 없다시피 한 여건 속에서도 원 복속기의 망궐례를 검토하고자 하는 이유는, 유례없이 제후국에서 황제의 명절을 맞아 망궐례를 거행하게 된 것이 원 복속기 들어서였다는 사실 때문이다. 달리 말해, 어떠한 이유와 배경에서 전례가 없었던 망궐례가 원 복속기에 등장하게 되었는지, 원 복속기라는 시대적 조건 속에서 망궐례의 예식 양상은 어떠한 모습을 갖춰갔는지 등의 문제는 어떠한 식으로든 검토가 되어야 한다고 생각했기 때문이다. 이러한 시도는 고려 말기와 조선시대 망궐례에 대한 이해를 심화하기 위한 중요한 선행 작업이기도 하다.

본 장에서는 원 복속기의 망궐례를 대상으로 망궐례 거행의 시작 시점과 계기 및 예식 구현 양상의 변화 추이를 집중적으로 검토하고자 한다. 특히 예식 구현 양상의 변화에 대한 문제는 지금까지 제대로 검토된 적이 없었다. 이하에서는 검토하고자 하는 내용을 간략히 소개해보겠다.

망궐례 거행의 시점에 관해서는 견해차가 존재한다. 그런데 그간의 연구에서는 망궐례 거행의 시점을 다루는 데 있어 어느 쪽이든 간단히 처리하는 경우가 일반적이었다. 망궐례 거행의 시점은 기록상 명료하지 않은 만큼, 본 장에서는 여러 가능성을 열어두고 다각적이고 종합적으로 검토하여 이 사안에 관한 연구상의 진전을 도모해보고자 한다. 거행 계기의 경우, 원 복속기에 들어서 황제국에서 행하는 조하례와 연동하여 망궐례를 거행한 것이 전례 없는 일이었던 만큼, 무엇을 계기로 망궐례를 거행하게 되었는지 하는 문제는 원 복속기의 성격을 이해하는 데도 매우 중요한 사안이라 할 수 있다. 이 문제를 본격 규명해볼 것인데, 이 과정에서 망궐례 거행이 사전 계획 없이 우발적으로 발생한 일이었음을 밝혀볼 것이다.

다음으로, 망궐례 예식의 변화 추이를 고려-원 관계의 변화를 염두에 두면서 파악해보고자 한다. 고려-원 관계는 당초 목표했던 지점에 도달하는 방식이 아니라, 시간의 경과 속에 여러 우발적인 요인들이 작용하면서 원래 '의도하지 않았던' 지점에 귀착되었을 것이기 때문에, 망궐례 예식의 구현상도 시종일관 같았다기보다는 고려-원 관계의 변화와 맞물려 변화하고—망궐례 자체 내의 변인에 따른 변화도 있었을 것—특정 방식으로 귀결되었을 것으로 판단된다. 특히 다루가치의 파견과 귀환, 정동행성의 설치와 폐지, 정동행성의 성격 변화 등은 망궐례 예식 구현의 양태에 변수로 작용하였을 것이다. 이에 이들 사실을 염두에 두면서 예식 구현의 변화상을 추적해보고자 한다.

2. 망궐례 거행의 시점과 계기

1) 원종 14년 8월, 성절(聖節) 시 망궐례의 첫 거행

필자는 과거에 망궐례 거행의 시작 시점을 검토한 적이 있었다.[179] 당시에는 역량 부족 등의 이유로 충분히 다루지 못한 채 마무리하였는데, 이 문제는 여전히 해소되지 않고 있다. 망궐례 거행의 시점을 재론하고자 하는 이유이다.

충렬왕 원년(1275) 정조에 거행된 망궐례를 망궐례 거행의 효시로 보는 견해

---

179   최종석, 「고려시대 朝賀儀 의례 구조의 변동과 국가 위상」, 『한국문화』 51, 2010a, 239쪽.

가 있다.[180] 이 견해는 아래 기록을 근거로 한다.

　　[충렬왕 1년 1월 계유] 방조하(放朝賀)하였다. 여러 신하를 이끌고 멀리서 [황제
　　의] 정단(正旦)을 경하하고(遙賀) 서전(西殿)에서 잔치를 열었다.[181]

　　국왕이 주체가 되어서 (황제를 대상으로) 멀리서 경하한 '요하(遙賀)' 용례는 이
기록이 초출이긴 하다. 위 기록에서 생략된 주체(주어)인 국왕은 군신을 거느리
고 (황제의) 정단을 요하(遙賀)하고 있다. 그런데 국왕이 주체가 된 '요하(遙賀)' 용
례는 아니어도, 문맥상 이에 선행하는 망궐례 사례가 있다. 바로 원종 14년(1273)
8월의 다음 기록이다.

　　[원종 14년 8월] 왕이 여러 신하를 거느리고 성절을 경하하였다(王率群臣 賀聖
　　節). 다루가치는 자신의 요속(僚屬)을 거느리고 오른쪽에 섰다. 상장군 강윤소(康允
　　紹) 또한 자신의 무리를 이끌고 호복(胡服) 차림으로 곧장 들어왔는데, 스스로 객사
　　(客使)를 모방하여 왕을 보고도 절하지 않았다. 왕이 분노하였으나 제어할 수가 없
　　었다.[182]

　　"왕이 여러 신하를 거느리고 (황제의) 성절을 경하하였다(王率群臣 賀聖節)"라
는 구절은 성절 시의 망궐례 거행을 가리킨다. 비록 국왕이 주체가 되어 '멀리

180　桑野榮治,「高麗末期の儀禮と國際環境—對明遙拜儀禮の創出」,『九留米大學文學部紀要
　　(國際文化學科編)』21, 2004, 69쪽; 정은정,「14세기 元明교체기의 胡·漢 共存과 개경의 望闕
　　禮 공간」,『한국중세사연구』49, 2017, 196쪽.

181　『고려사』, 권28, 충렬왕 1년 1월 계유. "放朝賀 率群臣 遙賀正旦 宴于西殿."

182　『고려사절요』권19, 원종 14년 8월.

서 성절을 배하(拜賀)하였다(遙賀聖節)' 식의 기록은 아니었어도 망궐례 거행 사례에 해당하는 것이다. 이를 약간 부연해보겠다.

'하성절(賀聖節)' 용례는 거의 대다수가 "추밀원사 박구(朴璆)를 원에 보내 성절을 경하하였다(遣樞密院使朴璆如元 賀聖節)"[183]라는 식으로, 국왕이 사신을 원에 보내 성절을 경하하는 사례이다. 국왕이 황제의 명절을 맞아 자신의 신하를 보내 이를 경하하는 사례는 고려 전기부터 있어온 아주 흔한 일이었다. 가령 "최충공(崔忠恭)를 거란에 보내 영수절(永壽節)을 경하하고 이어서 정조(正朝)를 경하하였다(遣崔忠恭如契丹 賀永壽節 仍賀正)"[184]라는 식으로 말이다.

이러한 방식으로 신하를 보내 명절을 경하하는 기사는 망궐례 사례에 해당하지 않는다. 망궐례는 황제국 궁궐에서 행하는 조하례와 맞물려 고려 내에서 국왕이 자신의 신하들을 이끌고 몸소 황제를 대상으로 거행하는 하례(賀禮)이기 때문이다. 그런데 위의 원종 14년 8월의 사례는, 신하를 보내 황제의 명절을 경하하는 기사들과 달리, 국왕이 신하들을 통솔한 채 직접 성절을 경하하고 있다. 왕이 국내에 머문 채 황제의 성절을 경하하고 있어, 이 사례는 성절 시 망궐례에 해당할 수밖에 없다. 당시 국왕은 망궐례를 거행하는 것과 별도로, 비록 기록은 확인되진 않지만, 관례대로 사신을 보내 성절을 경하하였을 것이다.

이처럼 충렬왕 원년(1275) 정조 시의 망궐례에 앞서, 원종 14년(1273) 8월 성절에 망궐례가 거행된 것이다. 원종 14년 8월 성절 시의 망궐례를 망궐례 거행의 효시로 볼 수 있는 것이다. 그런데 여기에는 한 가지 걸림돌이 있다. 이 이전에 이미 망궐례가 거행되었을 가능성이 있기 때문이다. 필자는 과거에 이 가능성을 제기한 바 있다. 즉 "해당 사례는 강윤소(康允紹)의 국왕에 대한 무례한 행위

---

183 『고려사』 권28, 충렬왕 즉위년 7월 임진.

184 『고려사』 권6, 靖宗 4년 11월 기미.

로 인해 기록된 것일 수 있어 좀 더 이른 시기에 망궐 의례가 거행되었을 가능성을 배제할 수 없다"라고 하였다.[185] 원종 14년 8월 성절 시의 망궐례가 처음으로 거행된 것이라고 단정하지 못한 것이다. 이전 연구에서는 이 가능성을 가볍게 언급하고 넘어갔지만, 이번에는 원종 14년 8월 성절 시의 망궐례에 앞서 망궐례가 거행되었을지 여부를 면밀히 검토해보고자 한다. 원종 14년 8월 성절에 거행된 망궐례가 망궐례 거행의 효시인지 여부를 따져보고자 하는 것이다.

고려에서 행하는 망궐례는 원 조정에서의 조하례와 맞물려 진행되었기에, 원에서 조하례 거행이 시작된 이후에야 등장할 수 있었을 것이다. 아래 기록에서 볼 수 있듯이, 원에서 조하례는 지원 8년(1271, 원종 12) 8월에 시작되었다.

· 세조(世祖) 지원(至元) 8년 8월 기미에 조의(朝儀)를 처음으로 시작하였다.[186]

· [지원 8년] 8월의 황제 생일을 맞아 천수성절(天壽聖節)로 호칭하였다. 조의(朝儀)를 사용한 것은 이로부터 시작되었다.[187]

원에서 조하례를 포함한 조의(朝儀)의 제정은 지원 6년(1269, 원종 10)에 유병충(劉秉忠) 등의 제의로 시작되어 지원 8년에 마무리되었고,[188] 동년 8월에 원조(元朝)는 처음으로 제정된 조의를 활용하여 성절 예식, 즉 천수성절수조의(天壽聖節

---

185 최종석, 앞의 논문, 2010a, 239쪽의 각주 70번.

186 『元史』 권67, 禮樂1 制朝儀始末. "世祖至元八年秋八月己未 初起朝儀."

187 『元史』 권67, 禮樂1 制朝儀始末. "遇八月帝生日 號曰天壽聖節 用朝儀自此始."

188 王福利, 「元代朝儀的制定及其特點」, 『內蒙古社會科學』 27-1, 2006, 57~59쪽.

受朝儀)를 거행하였다.[189] 제정된 조의 가운데 성절 시의 조하례인 천수성절수조의를 처음으로 실행한 것인데, 이를 시작으로 원조는 조의 거행이 필요한 때를 맞아서 준비된 조의를 적용하였을 것이다. 조하례에 집중해서 보면, 지원 9년 (1272, 원종 13) 정조를 맞아서 처음으로 원조는 원정수조의(元正受朝儀)를 활용하였을 것이다. 이후로도 특별한 일이 없는 한, 정조와 성절 시에 각각 원정수조의와 천수성절수조의를 거행하였을 것이다.

원에서의 조하례 거행이 지원 8년(1271, 원종 12) 8월 성절 시에 처음으로 이루어진 사실을 감안할 때, 원종 14년(1273) 8월 성절 이전에 망궐례를 거행했을 수 있는 날짜는 원종 12년(1271) 8월 성절, 원종 13년(1272) 1월 정조, 원종 13년(1272) 8월 성절, 원종 14년(1273) 1월 정조로 좁혀진다. 네 차례 가능성이 전부인 것이다. 그런데 이들 후보 중에서도 탈락할 사례가 있다. 바로 원종 12년(1271) 8월 성절이다. 원 지방 아문에서 행하는 망궐례가 원 조정에서의 조하례보다 뒤늦게 시행되었기 때문이다. 이 점은 『대원성정국조전장(大元聖政國朝典章)』 권28, 예부(禮部)1 예제(禮制)1 영접(迎接) 영접합행례수(迎接合行禮數) 조를 통해 알 수 있다. 이 조에는 대사농어사중승겸영시의사사(大司農御史中丞兼領侍儀司事)가 지원 8년 (1271, 원종 12) 11월 15일에 오르두(斡耳朶)에 상주(上奏)하여 승인된 것이 수록되었는데, 상주(上奏) 가운데 대사농어사중승겸영시의사사는 "[금나라의] 구례(舊例)를 검조(檢照)하여 외로(外路)의 관원이 성절과 원일(元日) 시, 조사(詔赦)를 맞이할 시 및 각 관(官)이 선칙(宣勅)을 받을 시의 의례를 개신(開申)하였고 그 외에도 거행해야 하는 의례를 조사 검토하여 신복(申覆)하였으니 조험하기 바란다"라

---

189 許正弘, 「元朝皇帝天壽聖節考」, 『成大歷史學報』 44, 2013, 117쪽. 당시 제정된 朝儀는 『元史』 권67, 禮樂1에 수록된 元正受朝儀, 天壽聖節受朝儀, 郊廟禮成受賀儀, 皇帝卽位受朝儀 등일 것이다.

는 시의사(侍儀司)의 신(申)을 인용하였고, 또한 "이러한 신(申)을 갖추어 중서성에 정문(呈文)을 보냈으니 대조하여 시행하기 바란다"라는 언급 뒤에 원일외로배표의(元日外路拜表儀), 외로영배조사(外路迎拜詔赦), 송선(送宣), 수칙(受勅)에 관한 상세한 의례 절차를 기술하였다. 비록 원 지방 아문에서의 망궐례와 그에 관한 상세한 의례 절차가 보이진 않지만, 망궐례는 시의사의 신(申)에 언급된 '외로의 관원이 성절과 원일 시에 행해야 하는 의례'에 해당하였을 것이 분명하다.[190]

이러한 사실을 감안할 때, 원 지방 아문에서의 망궐례는 빨라야 원종 13년(1272) 1월 정조에야 시작되었을 것이다. 물론 그보다 더 늦게 시작되었을 수도 있다. 원 지방 아문에서의 망궐례와 사실상 동질적이었을 고려에서의 망궐례는 원 지방 아문과 비슷한 시기, 혹은 그보다 늦게 시행되었을 것이다. 따라서 최소한 원종 12년(1271) 8월 성절은 선택지에서 제외해야 한다. 또한 나머지 3개 후보들 가운데 상대적으로 이른 시기의 것일수록 망궐례가 거행되지 않고 지나갔을 공산이 컸을 것이고, 3개 후보 모두에서 망궐례가 시행되지 않았다고 해도 이상한 일이 아닐 것이다. 그간 황제국의 지방이 아닌 신속(臣屬)한 외국에서 황제를 대상으로 망궐례를 거행한 적이 없었고, 또한 후술하듯 원(몽골)은 지방 아문의 의례를 복속한 외국에까지 적용하려는 체계적인 사전 계획을 지니고 있지 않았기 때문에, 고려에서의 망궐례가 원의 지방 아문보다 뒤늦게 시작되었을 것은 비교적 확실하다고 할 수 있다.

---

190 『大元聖政國朝典章』권28, 禮部1 禮制1 迎接 迎接合行禮數. "大司農御史中丞兼領侍儀司事 至元八年十一月十五日 斡耳朶裏奏准 每遇聖節元日詔赦 并各官宣勅 除沿邊把軍官再行定奪外 諸路官員 合無令各官照依本品從自造公服迎拜行禮 奉聖旨 除沿邊把軍官外 那般行者 欽此 已經呈覆 今據侍儀司申 檢照到舊例 外路官員 如遇聖節元日詔赦 并各官受宣勅禮數 開申前去外 有合行禮數 逐旋講究申覆 乞照驗事 備呈中書省 照驗施行 一 元日外路拜表儀 (…) 一 外路迎拜詔赦 (…) 一 送宣 (…) 一 受勅 (…)." 번역은 元代の法制 硏究班, 「『元典章 禮部』校定と譯注 (一)」, 『東方學報』 81, 2007을 토대로 하였다.

원종 14년(1273) 8월 기사가 망궐 의례의 첫 거행을 계기로 하여 기록되었음이 명백하지 않은 한, 이 세 날짜 중 하나에 망궐례 거행의 효시가 있었을 가능성을 배제할 수는 없다. 하지만 고려에서의 망궐례가 원의 지방 아문보다 뒤늦게 시작되었을 것인 데다가, 또한 망궐례 효시 정도의 사안은 이례적인 것이어서 기록되었을 가능성이 컸을 것이고, 또한 망궐례 거행이 이루어진 어떤 흔적도 보이지 않는 날을 망궐례의 효시로 간주하는 것은 매우 부자연스럽기에, 원종 14년(1273) 8월에 거행된 성절 시의 망궐례를 망궐례의 효시로 보는 편이 가장 확률 높은 추정일 것이다. 다소 억측을 해보자면, 원종 14년(1273) 8월 기사는 강윤소의 무례한 행위 외에도 그동안 거행된 적이 없던 망궐 의례의 거행을 계기로 기록되었을 가능성도 있다.

한편 앞서 소개한 충렬왕 1년(1275) 1월 계유 기사를 근거로, 망궐례 가운데 정조 망궐례는 이때를 시작으로 한다고 보는 의견도 있다.[191] 이 견해대로라면, 성절 망궐례는 원종 14년(1273) 8월에 시작한 반면, 정조 시 망궐례는 이보다 뒤늦은 충렬왕 1년 1월 정조에야 시작한 셈이 된다. 관련 기록이 극히 부족하다 보니 이런 가능성이 전혀 없다고 단정할 순 없지만, 그렇게 보기는 어려울 듯싶다. 성절 시 망궐례와 정조 시 망궐례는 구별되는 별개의 것이 아니라 1년에 두 차례 거행되는 망궐례에 해당한다고 할 수 있어, 성절 시 망궐례와 구분되는 정조 시 망궐례의 효시가 따로 있지는 않았을 것이다.

충렬왕 1년(1275) 1월 계유 기사의 기록 계기는 국왕이 '정단에 요하를 거행한(遙賀正旦)' 것이 아니었다. 처음으로 망궐례를 거행해서도, 처음으로 정단 시

---

191 정은정은 필자의 연구를 인용하여 "정조 요하례는 충렬왕 원년 이후, 성절 요하의는 원종 14년 이후에 거행되었다"라고 하였는데(정은정, 앞의 논문, 2017, 196쪽의 각주 37번), 필자는 원종 14년 8월 성절 시에 요하례가 거행된 것을 계기로 이 이후로 명절인 정조와 성절마다 요하례가 거행되었을 것으로 보았다.

에 망궐례를 거행해서도 아니었다. 이 기사의 기록 계기는 '방조하(放朝賀)'였다. '방조하'란 국왕이 참석하지 않을 때 거행하는 조하 예식을 의미하였다.[192] 『고려사』 수록의 조하례 사례는 거의가 특례였는데, 그중에서도 '방조하' 사례는 고려 전기 이래로 조하례 사례의 거의 대다수를 차지할 만큼 대표적인 특례였다.[193] 혹시라도 이것이 아니면 '방조하' 시에조차 망궐의례를 거행한 특례가 기록의 계기로 작용하였을 것이다.

원종 14년(1273) 8월 성절에 망궐례가 처음으로 거행된 이후, 망궐례는 정조와 성절마다 거행되었을 것이다. 달리 말해, 충렬왕 원년(1275) 1월 정조 이전인 원종 15년(1274) 정월과 원종 15년 8월에도 망궐례는 거행되었을 것이다. 다만 실행 사실과 별개로 이들은 특례가 아니어서 기록상으로 드러나지 않았을 것이다. 그러다 특례적인 충렬왕 원년 1월 정조 사례가 기록에 등장하게 되었을 것이다.[194]

2) 원(몽골) 관리의 개경에서의 망궐례 거행과 그 영향

망궐례 거행의 계기를 직접 말해주는 기록은 없다. 어쩔 수 없이 추정에 의지할 수밖에 없다. 아래의 기록을 실마리 삼아 망궐례 거행의 계기를 추정해보겠다.

[원종 14년 8월] 왕이 여러 신하를 거느리고 성절을 경하하였다. 다루가치가

---

192 이정란, 「고려 전기 上表 儀禮와 국왕 권위의 顯現」, 『사림』 68, 2019, 86쪽; 이민기, 「고려시대 元正朝賀儀의 구성과 의미」, 『동방학지』 189, 2019, 70~74쪽 참조.

193 최종석, 앞의 논문, 2010a 참조.

194 원종 14년 8월 성절 이후로는 망궐례가 정조와 성절에 정례적으로 거행되었을 것이다. 위의 논문, 239~242쪽 참조.

자신의 요속(僚屬)을 거느리고 오른쪽에 섰다. 상장군 강윤소 또한 자신의 무리를 이끌고 호복(胡服) 차림으로 곧장 들어왔는데, 스스로 객사(客使)를 모방하여 왕을 보고도 절하지 않았다. 왕이 분노하였으나 제어할 수가 없었다.[195]

앞서도 언급한 바 있는 위 기록에 따르면, 원종이 자신의 신하를 이끌고 성절을 경하할 때, 고려에 주재하는 다루가치 또한 자신의 요속(僚屬)을 이끌고 망궐례에 참여하고 있었다. 관련 기록이 없어 정확한 전후 사정을 알 수는 없지만, 고려 군주가 망궐례를 거행하자 고려에 주재하는 다루가치(이를 포함한 몽골 관원)도 동참하였다기보다는, 고려에 주재한 몽골 관원이 자국 군주(황제)의 명절을 맞아 망궐례를 거행하려고 했거나 거행해야 했던 상황에서 원종이 전례 없이 망궐례를 거행해야 했을 것으로 보는 편이 더 자연스러울 것이다.

건국 이후 이때까지 고려 군주는 사신을 보내 성절 등의 황제 명절을 경하하기는 했어도 황제 명절 시에 망궐례를 거행한 적은 전혀 없었기 때문에, 갑자기 이때 국왕이 자발적으로 망궐례를 거행하였고(거행하려 했고) 이로 인해 고려에 주재하는 다루가치와 그 요속이 이 의례에 참여하게 되었다고 보기는 어려울 것이다. 그 반대로 황제 궁궐에서 거행되는 조하례에 참석할 수 없는 처지인 다루가치와 그 요속이 동일한 여건에 처한 원 영내의 지방에서와 마찬가지로 황제 성절을 맞아 망궐례를 거행하려 했고, 이러한 상황에서 국왕은 원컨, 원치 않건 망궐례를 거행해야 했을 것으로 보는 편이 더 타당할 것이다.

이때 요속을 거느린 채 성절을 경하하는 다루가치는 원종이 임연에 의해 폐위되었다가 몽골의 힘을 빌려 복위한 후에 다시금 다루가치가 배치된 시기

---

195 『고려사절요』 권19, 원종 14년 8월.

2부 외교의례의 전환과 몽골 임팩트 183

에[196] 활동한 인물들 가운데 하나로, 구체적으로는 이익(李益)을 가리켰을 것이다. 최근 연구에 따르면, 이 시기에 활동한 다루가치는 그 이전에 단속적으로 배치되곤 한 다루가치와 달리 관민적(管民的)인 성격을 갖고 지방관의 역할도 담당하게 되었다고 한다.[197] 이 시기 다루가치의 성격은 유동적이고 모호하여 명확히 규정하기 어렵기 때문에 지방관의 역할을 담당했다고 단정하기는 곤란하나,[198] 이러한 최근 연구성과는 적어도 당시 고려에서 활동하는 다루가치가 원 영내의 지방에서처럼 망궐례를 거행해야 하거나 거행할 수 있었음을[199] 이해하는 데는 큰 도움이 된다고 하겠다.

이렇다고 한다면, 다루가치와 그 요속은 원의 지방에서와 마찬가지로 고려의 개경에서도 황제 명절을 맞아 망궐례를 거행하려 했을 것이고, 고려 국왕은 국내에서 거행되는 황제 명절을 경하하는(경하하고자 하는) 예식을 못 본 척할 수는 없었을 것이다. 비록 사신을 통해서 경하하긴 했어도 국왕은 황제의 명절(성절 등)을 맞아 표문을 올리고 경하하는 칭신의 주체로서 존립해온 터라, 정치외

---

196 이 기간은 원종 11년(1270) 5월부터 충렬왕 4년(1278) 9월까지에 해당한다. 이 기간에 7명의 다루가치가 고려에 부임하였다. 고명수, 「고려 주재 다루가치의 置廢 경위와 존재 양태」, 『지역과 역사』, 39, 2016, 52쪽의 〈표 2〉에는 이 기간에 고려에 주재한 다루가치의 인명, 종족, 재임 기간, 직위가 정리되어 있다.

197 김보광, 「고려 내 다루가치의 존재 양상과 영향—다루가치를 통한 몽골 지배 방식의 경험」, 『역사와 현실』, 99, 2016, 41쪽 참조.

198 고명수는 김보광과 달리 몽골이 고려 주재 다루가치에게 실제적인 민정 권한을 부여하지 않았다고 보았다. 고명수, 앞의 논문, 2016, 62~63쪽 참조.

199 원 지방에 파견된 다루가치가 望闕禮에 참석하였음은 다음 기록을 통해 알 수 있다. 『大元聖政國朝典章』 권28, 禮部1 禮制1 朝賀 守土官行禮班首 條의 大德 원년(1297) 松江府가 받든(奉) 江浙行省의 箚付에는, 松江府가 江浙行省에게 '本府의 達魯花赤萬戶와 松江府達魯花赤가 聖旨와 詔敕를 開讀하며 聖節을 축수하고 元正을 경하하는 때에 거행하는 의례의 班首를 맡아온 것이 적절한지를 묻는' 申이 인용되어 있다. 이 기록을 통해 다루가치가 망궐례에 참석하고 있음을 확인할 수 있다.

교적 환경이 전변(轉變)하여 국내에서 황제를 대상으로 한 망궐례가 거행되는 (거행되기로 한) 여건에서 이를 외면하거나 회피하기는 어려웠을 것이다.

한편 다루가치 측이 자신들이 거행하고자 한 망궐례에 원종의 참석을 강요했을 수도 있다. 이와 유사하게 망궐례를 거행하지 않는 국왕의 행태를 문제 삼았을 가능성도 있다. 노비제와 관련된 예이기는 하나, "앞서 지원(至元) 8년 (1271, 원종12)에 본국의 다루가치 아문(衙門)에서 본속과 체례(體例)를 고치려고 정문(呈文)을 올렸다(昨於至元八年 有本國達魯花赤衙門 欲改本俗體例 呈)"[200]라고 한 자료는 시사하는 바가 크다. 지원 8년에 다루가치가 고려의 노비제를 원의 기준에 맞춰 개변하고자 한 것처럼, 고려에 주재하는 다루가치가 원의 지방에서처럼 고려에서도 망궐례를 거행해야 한다고 요구했을 가능성은 충분히 있다. 비록 요구의 주체는 다르긴 하나, 원 사신이 원 지방 아문에서 행하는 영조례 예식 절차를 그대로 고려에 적용하는 통에, 영조례 예식 절차가 종래와는 이질적인 것으로 탈바꿈한 사실은[201] 이러한 사안을 이해하는 데 참고가 된다. 망궐례의 거행 또한 유사한 궤적을 밟았을 가능성이 있는 것이다.

망궐례 거행 계기의 검토를 마무리하기에 앞서, 망궐례 거행이 계획과 우발의 산물 가운데 어느 쪽에 해당하는지를 간략히 살펴보도록 하겠다. 결론부터 말하자면, 우발의 산물이었을 것이다.

황제를 대상으로 하는 전례 없는 망궐례 거행이 설령 원을 기준으로 고려의 제도를 개변하고자 한 다루가치의 압력의 산물이었다고 해도, 고려에서의 망궐례 거행은 사전에 마련된 계획의 일환으로 추진된 것은 아니었을 것이다.

---

200 『고려사』 권31, 충렬왕 26년 11월.

201 정동훈, 「고려시대 사신 영접 의례의 변동과 국가 위상」, 『역사와 현실』 98, 2015; 최종석, 「고려 후기 '전형적' 제후국 외교의례의 창출과 몽골 임팩트」, 『민족문화연구』 85, 2019b 참조.

만약 사전 계획 속에 진행되었다면, 세트라 할 수 있는 망궐례와 배표례를 동시에 시작했을 것이다. 즉 원 지방 아문에서 황제 명절을 경하하는 예식을 모델로 삼아 고려의 예식을 이에 맞게 개혁하고자 하는 계획이 있었다면, 망궐례와 배표례를 함께 도입·시행했을 것이다. 그런데 실상은 망궐례 거행이 시작되고 나서 한참 후인 충렬왕 28년(1302)에 이르러서야 배표례 거행이 이루어졌다.[202] 배표례를 제외한 채 망궐례만을 거행한 것은 고려를 대상으로 해서도 황제 명절을 경하하는 예식을 원의 지방 아문처럼 운영하겠다고 하는 식의 사전계획 없이, 우발적 요인들이 작용하면서 망궐례 거행이 이루어졌기 때문일 것이다. 이러한 우발적 요인은 무슨 이유에서인지 배표례를 대상으로 해서는 작용하거나 미치지 않았을 것이다. 구체적인 사정은 기록이 없어 알 수 없으나, 고려에 주재하는 다루가치 등의 몽골 관인의 이목에 망궐례를 거행하지 않는 국왕의 행보가 포착되어 문제시된 반면, 배표례는 그러하지 못한 듯싶다. 다루가치 등의 몽골 관인이 고려에도 망궐례를 관철해야겠다는 계획을 사전에 갖고 있었던 것은 아니고, 우연히 망궐례를 거행하지 않는다는 사실을 인지하고 이 사실을 문제로 간주하여[203] 망궐례 거행을 관철하였을 것이다.[204]

한편 관계 초창기에 원(몽골)의 사신이 전대 왕조와 달리 고려를 대상으로

---

202 『고려사』 권67, 지21 예9 가례 충렬왕 28년 8월 갑자. "百官備禮儀 送于迎賓館 拜表之禮 始此."

203 고려가 望闕禮를 거행하지 않는다는 사실은 필연적으로 문제가 될 수밖에 없는 사안은 아니었을 것이다. 문제로 간주되는 것 자체도 우발적 성격의 일이었을 것이다.

204 망궐례 거행 계기에 있어, 다루가치와 그 僚屬은 원의 지방에서처럼 고려의 개경에서도 황제 명절을 맞아 망궐례를 거행하려 했을 것이고, 고려 국왕은 국내에서 행하는 황제 명절을 경하하는(경하하고자 하는) 예식을 외면할 수 없어 신하들을 통솔한 채 망궐례를 거행하였을 것이라고 가정한다 해도, 이러한 식의 망궐례 거행 역시 사전 계획의 산물이라 보기는 어렵다. 우발의 산물이었던 것이다.

도 외로아문에서 행하는 영조례를 적용하면서도, 그러한 개변의 배경과 이유에 대한 개진 없이—가령 전례(前例)에 의지한다든가, 경전·고제(古制) 등을 활용한다든가 하는 식의 사전 정지 작업 없이—다소 돌발적으로 이 사안을 추진한 행보는[205] 망궐례 거행의 우발적 시행과 비근한 성격의 일이라 할 수 있다. 사신(원 조정)은 고려의 위상을 체계적·이론적으로 검토한 후 고려에도 외로아문에서 행하는 영조례를 적용해야 한다고 판단하고 이를 실행에 옮기지는 않았을 것이다. 실제로는 사전에 특정한 해답을 준비하고 있지 못하였을 것이다. 사안을 해결해야만 하는 상황에서 나온 임기응변에 가까운 조치였을 것이다. 망궐례 거행도 본질적으로는 이와 다르지 않았을 것이다. 이 외에도 원 측의 고려를 상대로 한 제후국제로의 격하 요구가 온전한 제후국 체제의 구현과 같은 사전 계획이 부재한 채 다소 임기응변식으로 이루어졌고, 그로 인해 제후국제 운용은 매우 불완전하고 불철저하게 이루어졌다는 사실도[206] 망궐례 시행의 우발적 성격을 이해하는 데 중요한 참고가 된다. 이렇다고 한다면, 망궐례 거행이 사전 계획에 없던 우발적 성격의 일이었다고 할지라도 그러한 성격의 일은 당시에 예외적이거나 돌발적이진 않았을 것이다. 오히려 통상적이었다고 봐도 무방할 것이다.

---

205 최종석, 앞의 논문, 2019b, 163~164쪽 참조.

206 최종석, 「중화 보편, 딜레마, 창의의 메커니즘—조선 초기 문물 제도 정비 성격의 재검토」, 『조선시대 예교 담론과 예제 질서』, 소명출판, 2016a; 최종석, 「고려 후기 '자신을 夷로 간주하는 화이의식'의 탄생과 내항화—조선적 자기정체성의 모태를 찾아서」, 『민족문화연구』 74, 2017 참조.

3. 망궐례 예식 구현 양상의 변화 추이

1) 국왕과 원(몽골) 관원의 병렬적 예식 거행

관련 기록이 전무하다시피 하기에, 시간의 경과에 따른 망궐례 예식 구현의 변화상 혹은 수렴 양상을 충실히 검토하려는 시도는 애초에 불가능하다. 이에 여기에서는 시간의 경과에 따라 드문드문 드러나는, 망궐례와 직간접적으로 관련되는 변화 파편을 발굴·주목하면서 그것의 의미를 음미하는 작업을 위주로 망궐례 예식 구현의 변화상을 다루어보도록 하겠다. 망궐례를 시행하게 되고 나서의 의례 양상은 다음 기록을 통해 엿볼 수 있다.

> [원종 14년 8월] 왕은 일찍이 성절(聖節)을 경하하였다. 다루가치는 자신의 요속(僚屬)을 거느리고 오른쪽에 섰다. 내수(內豎) 상장군(上將軍) 강윤소(康允紹)는 다루가치에게 아부하여 그의 무리를 이끌고 호복(胡服) 차림으로 곧장 들어왔는데, 스스로 객사(客使)를 모방하여 왕을 보고도 절하지 않았다. 왕이 절하자 일시에 호배(胡拜)를 하였다. 왕은 노하여도 제어할 수 없었고, 유사(有司)도 감히 비난하지 못하였으나, 김구가 강윤소를 탄핵하는 데 힘을 다하였다. 다루가치가 노하며 이르기를, "강윤소는 먼저 머리를 깎았고 상국의 예를 따랐는데, 도리어 탄핵한다는 말이오?"라고 하며 김구를 위험에 빠트리려 하였다.[207]

위 기록은 원종 14년(1273) 8월 성절 시에 고려 군주(와 그 신하들)와 다루가치 등의 원(몽골) 관원이 함께 참여하는 방식으로 거행되었을 망궐례가 고려 군주(원종)를 정점으로 해서 거행되지 않고 고려 군주와 그가 이끄는 신료들을 한

---

207 『고려사』 권106, 열전19 諸臣 金坵.

그룹으로, 다루가치 등의 원(몽골) 관원들을 또 다른 그룹으로 하여 거행되었을 가능성을 시사한다. 이러하였을 사실은 (정)다루가치였을 이익(李益)이 왕과 그 통솔하의 뭇 신하들과는 별도로 그 요속을 이끌고 국왕이 이끄는 그룹의 우측에 자리한 점에서 엿볼 수 있다. 국왕을 정점으로 한 반열 가운데 다루가치와 그 요속이 우측에 자리했을 수도 있으나, 상장군 강윤소가 보인 행보를 보면 그렇게 생각하기 어렵다. 체발(剃髮)을 하고 호복을 입은 강윤소는 스스로를 객사로 간주하여 왕을 보고도 절하지 않고 다루가치 측으로 들어간 듯싶다. 국왕과 그 신하들은 국왕의 신하인데 그렇지 않은 듯 행동하는 강윤소의 행위에 분노했지만, 전후 문맥으로 보아 몽골 관인인 다루가치와 그 요속이 국왕을 상대로 강윤소와 같은 행위를 하는 것은 전혀 문제가 되질 않았을 것이다. 문제는 강윤소의 행위 자체가 아니라 몽골 관인이 아닌 강윤소가 몽골 관인(객사) 행세를 하면서 고려 신하의 본분을 저버린 것이었다.[208] 또한 국왕이 먼저 배례를 하고 다루가치(와 그 요속)는 호배(胡拜)를 하는 데서 엿볼 수 있듯이, 다루가치(와 그 요속)와 국왕의 관계는 군신 관계는 말할 것도 없고 상하 관계조차 아니었을 것이다.

　결론적으로, 당시 국왕과 그 통솔 하의 뭇 신하 및 (정)다루가치와 그 요속은 병렬한 채 같은 공간, 구체적으로는 궁궐에서[209] 함께 망궐례를 거행하였을 것이다. 원 지방 아문의 망궐례로 치자면, 국왕과 (정)다루가치는 각 그룹의 반수

208　고명수는 강윤소가 다루가치의 지위가 국왕보다 높다는 인식·판단 속에서 다루가치 이익에게 잘 보이기 위해 이러한 행동을 하였을 것으로 보았다. 고명수, 앞의 논문, 2016, 56~57쪽.

209　구와노 에이지(桑野榮治)는 충렬왕 1년 1월 정조 시의 망궐례를 대상으로 하기는 했지만, 당시 망궐례가 궁궐 내 정전, 구체적으로는 康安殿에서 거행되었다고 논증하였다. 桑野榮治, 앞의 논문, 2004, 69쪽 참조. 이에 관해서는 후술할 것이다.

(班首)였다고 할 수 있는 것이다. 충렬왕 즉위일의 다음 기록 또한 이러한 추정을 뒷받침해준다.

> [충렬왕 즉위년 8월 기사] 왕이 조서를 받은 뒤에 경령전에 배알하고 강안전으로 돌아와 황포(黃袍)를 입고 즉위하였다. 여러 신하의 하례를 받고 나서 조사(詔使)를 위하여 연회를 베풀었다. 조사는 왕이 부마였기에 왕을 남면하게 하고, 자신은 동향으로 앉고 다루가치는 서향으로 앉게 하였다. 왕이 술을 따라주니 조사는 절하고 받았고 술을 마신 뒤에 다시 절하였다. 다루가치가 서서 술을 마시고 절하지 않자 조사가 말하기를, "왕은 천자의 부마이시다. 그대가 어찌 감히 이처럼 하는가? 우리가 돌아가서 황제께 상주하면 그대의 죄가 없겠는가?"라고 하였다. 다루가치가 대답하기를, "[이 자리에] 공주가 계시지 않습니다. 또한 이것은 선왕 때부터의 예입니다"라고 하였다.[210]

책봉 조서를 받는 예식이 끝난 후에 거행된 연회에서 충렬왕이 술을 따라주자 조사(詔使)는 절을 하며 이를 받고 술을 마신 뒤 다시 절을 했다. 그러나 다루가치는 서서 술을 마시고 절을 하지 않았는데, 다루가치는 이것이 선왕(先王), 곧 원종 대의 예에 따른 것이라고 했다. 원종 대 국왕과 다루가치의 관계는 군신 관계는 물론 상하 관계조차 아니었다고 할 수 있는 것이다.

이러한 사실들로 보아, 원종 14년 성절 망궐례 시에 강윤소가 국왕에 대한 신례를 회피하면서 합류한 다루가치 그룹이 국왕을 정점으로 한 반열 가운데 일부로 자리하였을 가능성은 희박하다고 하겠다. 당시 다루가치 그룹은 국왕

---

210 『고려사』 권28, 충렬왕 즉위년 8월 기사.

측과 함께 하례를 거행하기는 했어도 병렬한 채로였을 것이다.[211] 이를 그림으로 표현해보자면 다음과 같다.

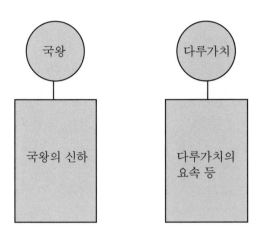

한편 위에서 언급한 충렬왕 즉위일의 기록은 대칸 쿠빌라이의 부마인 충렬왕의 즉위 이후로도 망궐례의 거행 양상이 달라지지 않았을 것을 시사한다. 다루가치는 원종 대의 예에 따라 충렬왕을 대했을 것이기 때문이다. 다루가치는 제국대장공주의 합석 시에는 충렬왕을 황실의 부마로 대접하였을 것이지만, 망궐례에는 제국대장공주가 참석하지 않았을 것이기에, 부마라는 변수는 망궐례의 거행 방식에 영향을 미치지 않았을 것이다.

그런데 수조하 의례의 일환인지, 아니면 예식 종료 후에 이루어진 이벤트인지는 불명확하지만, 충렬왕 2년(1276) 정월 초하루에 원수 흔도(忻都)와 다루가

---

211 통상 다루가치가 관할 구역의 실제 통치자보다 높은 위상인 점에 비추어, 다루가치가 국왕인 원종보다 상위에 있었을 것으로 보는 견해가 있어 참고가 된다(고명수, 앞의 논문, 2016, 54~57쪽). 당시 다루가치가 원종보다 상위에 있었는지는 불명확하나, 적어도 원종 휘하에서 망궐례에 참여하지는 않았을 것이다.

치 석말천구(石抹天衢)가 충렬왕에게 말을 바친 일이 있었다(獻馬).[212] 원수 흔도
와 다루가치 석말천구의 이러한 행위에는 충렬왕이 부마인 사실이 작용하였
을 것이다.[213] 이러한 사실로 미루어, 망궐례 의식이 충렬왕의 즉위를 계기로 충
렬왕을 정점으로 하여 거행되었을 가능성을 생각해볼 수 있다. 말을 바친 사례
로 보아 충렬왕은 지위상 다루가치와 몽골 원수에 비해 높았을 수 있다. 하지
만 충렬왕이 이들을 통할·제어하지는 못했을 것이다. 소위 '친조 외교'의 성과,
즉 충렬왕 4년(1278) 충렬왕이 친조(親朝)하여 쿠빌라이를 면대하여 현안을 논의
하여 거둔 소기의 성과에 고려 내 주둔했던 원군(元軍)과 다루가치의 철수가 포
함된 사실은,[214] 충렬왕의 이들에 대한 통제가 세조 쿠빌라이에 의지해야 가능
했음을 방증한다.

결국 충렬왕이 즉위한 이후로도 원종 대와 마찬가지로 국왕 측과 다루가
치 등의 몽골 관원이 병렬한 채 망궐례를 거행하는 양상은 지속했을 것이다.[215]

---

212 『고려사』 권28, 충렬왕 2년 정월 정묘. "群臣賀正于王 用幣 命賜內帑銀紵 支其費 歲以爲常
     元帥忻都達魯花赤石抹天衢 各獻馬."
213 고명수, 앞의 논문, 2016, 58~59쪽 참조.
214 『고려사』 권28, 충렬왕 4년 7월 무술. 친조 외교에 관해서는 김혜원, 「忠烈王의 入元行績의
     性格」, 邊太燮 編, 『高麗史의 諸問題』, 삼영사, 1985; 이익주, 「高麗·元關係의 構造와 高麗後
     期政治體制」, 서울대학교 박사학위논문, 1996 참조.
215 고려에 주둔하는 東征元帥府 지휘관 등의 元軍 장수들이 망궐례에 참여했는지는 기록이
     없어 명확히 알 수 없다. 다만 참여를 엿볼 수 있는 기록은 있다. "여러 신하가 왕에게 신년을
     경하하였다(群臣賀正于王). 소용되는 비용은 內帑의 은과 저포를 하사하여 그 비용을 충당
     하고 매년 상례로 삼도록 하였다. 원수 忻都와 다루가치 石抹天衢는 각각 말을 바쳤다"(『고
     려사』 권28, 충렬왕 2년 정월 정묘). 이 '受朝賀' 사례는 특례였기에 기록으로 남을 수 있었
     을 것인데, '受朝賀' 예식의 거행 자체보다는 受朝賀 예식의 비용 조달 방식의 변경 또는 元
     帥 忻都와 다루가치 石抹天衢의 충렬왕에 대한 獻馬를 계기로 하여 기록되었을 것이다. 통
     상적으로는 '受朝賀' 예식에 앞서 망궐례가 거행되었을 것이기에, 충렬왕 2년(1276) 정월 초
     하루에도 망궐례는 거행되었을 것이다. 다만 특례가 아니다 보니 기록으로 포착되지는 않

2) 다루가치 철수와 전기 정동행성 설치 이후 국왕을 정점으로 한 망궐례 거행

앞서 언급했듯이, 충렬왕 4년(1278) 친조 외교의 성과로 다루가치와 원군이 철수하게 되었다.[216] 원군의 철수에는 흔도(忻都), 홍차구(洪茶丘) 등의 원군 지휘관의 철수도 포함되는 것이었다. 그동안 다루가치와 원군 지휘관은 망궐례 예식에 참석해서는 원의 관인으로서 국왕을 정점으로 한 예식 반열에 자리하지 않았을 것이기에, 다루가치와 원군의 철수라는 변화는 망궐례의 측면에서 보자면 국왕을 정점으로 한 예식 반열에서 벗어나 있던 존재들이 사라졌음을 의미한다고 할 수 있다.

다루가치와 원군이 철수하고 나서 망궐례는 국왕과 그 예하 신하들에 의해 거행되었을 것이다. 국왕이 예식 반열에서 정점의 위상을 독점하였음은 물론이다. 그런데 철수가 단행되고 얼마 지나지 않은 충렬왕 6년(1280) 8월에 2차 일본원정을 위해 정동행성이 설치되었다.[217] 정동행성의 설치는 원의 관원이

있을 것이다. 위 기록을 통해 원수 忻都가 다루가치 石抹天衢와 함께 망궐례에 참여하였을 사실을 추정해볼 수 있는 게, 원수 忻都는 다루가치 石抹天衢와 함께 망궐례에 참여하였을 것이기에, 망궐례에 뒤이어 바로 거행된 '受朝賀'의 종료 후에 다루가치와 함께 충렬왕에게 말을 바칠 수 있었을 것이다. 또한 『大元聖政國朝典章』 권28, 禮部1 禮制1 朝賀 軍官慶賀事理의 元貞 2년(1296) 10월 湖廣行省이 받은(准) 樞密院 咨文에 의하면, 원 영내의 지방에 鎭守하는 만호, 천호, 백호 등은 망궐례를 거행하였다. 고려에 진주하는 군관도 명절에 개경에 머무는 등의 여건이 허락되는 이들에 한해 망궐례에 참여하여 황제를 대상으로 멀리서나마 경하를 하였을 것이다. 한편 망궐례에 참여한 원군의 장수 또한 다루가치처럼 원의 官人으로서 국왕을 정점으로 한 예식 반열에 위치하지는 않았을 것이다.

216 충렬왕 4년(1278) 9월 副達魯花赤 石抹天衢와 達魯花赤經歷 張國綱의 소환으로 고려에 주재해 온 몽골의 다루가치는 없어졌다. 『고려사』 권28, 충렬왕 4년 9월 병술. "達魯花赤經歷 張國綱 還元 謁王于道曰 前者秩滿當還 王報上司留之 于今七年 今達魯花赤元帥及官軍 皆還 一國之福也 國綱處事淸平 多所裨益."

217 이에 관해서는 고병익, 「麗代征東行省의 硏究」上·下, 『역사학보』 14·19, 1961·1962; 北村秀人, 「高麗に於ける征東行省について」, 『朝鮮學報』 32, 1964; 장동익, 「前期征東行省의 置廢

행성관으로 임명되어 고려에 파견되어 오는 것을 의미하는 것이기도 했기에, 최근 자리 잡은, 국왕을 정점으로 한 망궐례 예식 방식에 큰 변화를 초래했을 것을 예상해볼 수 있으나, 충렬왕을 정점으로 한 망궐례 구현에는 별다른 변수로 작용하지 못한 듯싶다. 충렬왕이 정동행성의 수장인 승상으로 임명되었고,[218] 고려에 파견되어 온 원의 관원은 승상인 충렬왕의 속관(屬官)인 행성관으로 임명되었기 때문이다. 단적인 예로, 철수 이전에는 동정도원수로 충렬왕의 하위에 있지 않았던 흔도와 홍차구가[219] 정동행성 우승에 임명되었다.[220] 이들은 충렬왕의 속관이 되고 만 것이다.

이러한 변화된 여건으로 말미암아 당시 망궐례는 이전과 달리 고려 국왕이자 정동행성 승상인 충렬왕을 정점으로 해서 거행되었을 것으로 추측된다. 충렬왕은 고려의 군신(群臣)과는 상하 군신 관계를 이루고 있었고, 행성관원과는 군신 관계는 아니어도 상하관계를 이루고 있었다. 정동행성 승상의 측면에서 보자면, 충렬왕은 행성 내에서 반수의 위상을 지니고 있었다고 할 수 있다. 이러하였기에, 충렬왕을 정점으로 하여 그 하위에 고려의 군신과 행성관이 함께 참여하는 방식으로 망궐례가 거행되었을 것이다.[221] 정동행성의 설치 후 망궐례 거행 양상은 다음과 같았을 것이다.[222]

에 대한 檢討」, 『대구사학』 32, 1987 참조.

218 『元史』 권11, 本紀11 世祖8 至元 17년 12월 癸酉.

219 장동익은 東征都元帥인 흔도와 홍차구가 충렬왕의 상위에 혹은 그와 동등한 위치에 있었다고 보았다. 장동익, 앞의 논문, 1987, 22쪽.

220 『元史』 권11, 本紀11 世祖8 至元 17년 8월 戊戌.

221 만약 이들 행성관이 명절을 맞아 망궐례에 참석하였다고 가정할 때 망궐례 양상은 그처럼 거행되었을 것이다. 그런데 이들의 참여는 안정적이지 못했을 것이다. 일본원정에 참가해야 했기 때문이다. 아마도 이들 가운데 여건이 되는 자에 한해 망궐례에 참석하였을 것이다.

222 이 그림은 행성관이 참여하였을 경우를 가정한 것이다.

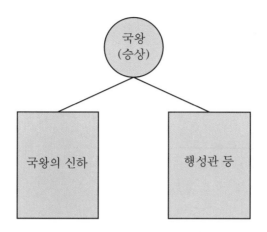

그런데 충렬왕 6년(1280) 8월에 설치된 정동행성은 일본원정이 실패한 후인 충렬왕 8년(1282) 1월에 폐지되었다(1차 정동행성 폐지). 정동행성이 폐지되면서 망궐례는 충렬왕과 그의 신하들만을 구성원으로 하여 거행되었을 것이다. 이후로도 군전행성(軍前行省)적 성격을 띤 정동행성(전기 정동행성)이 두 차례 더 설치되었지만, 망궐례 거행 양상은 달라지지 않았을 것이다. 2차, 3차 정동행성은[223] 1차 정동행성과 달리 고려(개경)가 아닌 원의 강남에 설치되었고, 행성관도 강남의 무장을 주축으로 하여 구성되었기 때문이다.[224] 2차, 3차 정동행성은 고려 조정에서 행하는 망궐례에 사실상 아무런 영향도 주지 못하였다.

3) 후기 정동행성의 설치 후 망궐례 거행 장소의 변화

충렬왕 13년(1287)에 후기 정동행성으로도 불리는 정동행성이 복설된 이후

---

223 제2차 정동행성은 충렬왕 9년(1283) 1월에 설치되어 충렬왕 10년(1284) 5월에 폐지되었고, 제3차 정동행성은 충렬왕 11년(1285) 10월에 설치되어 충렬왕 12년(1286) 1월경에 폐지되었다.

224 제2차, 3차 정동행성에 관해서는 장동익, 앞의 논문, 1987 참조.

눈에 띄는 변화는 이전과 달리 정동행성이 독자적으로 진하사(進賀使)를 파견한 사실이다. 이 변화를 실마리 삼아 망궐례의 변화상을 추정해보려 한다.

후기 정동행성으로도 불리는 충렬왕 13년 이후로의 정동행성은 충렬왕 6년(1280) 이후 원(몽골)의 일본원정을 수행하기 위한 기관(軍前行省)으로서 단속적으로 존재하곤 한 기왕의 정동행성과는 이질적이었다. 후기 정동행성은 기본적으로 황제(카안)를 정점으로 하는 지방행정 체계에 포함되어 있었다.[225] 충렬왕은 제1, 2차 (전기)정동행성의 승상직(丞相職)에 임명되어서인지, 충렬왕 13년(1287) 5월에 복설된 정동행성의 행상서성평장정사(行尙書省平章政事)에 임명되었고,[226] 이듬해 2월에는 행정동상서성좌승상(行征東尙書省左丞相)으로 개수(改授)되었다.[227] 이후로 고려 국왕은 정동행성의 승상을 당연직으로 겸직하였다. 이렇게 충렬왕과 그 이후의 고려 국왕이 복설된 정동행성의 승상을 겸하게 되면서, 충렬왕 6년(1280)에 정동행성 승상이 되었을 당시에는 전혀 예상하거나 의도하지 않았던 지방통치 기관의 장관이라는 위상을 지니게 되었다.

후기 정동행성의 설치라는 변화와 관련하여 여기서 주목하는 사실은, 후기 정동행성의 설치와 맞물려 정동행성이 고려(국가)와 별도로 몽골(황제)에 사신(진하사)을 보낸 점이다. 구체적으로는 후기 정동행성의 설치와 맞물려 정동행성은 충렬왕 14년(1288)부터 충렬왕 32년(1306)까지 고려(국가)와 별도로 명절을 경하하기 위해 원(황제)에 사신을 보냈다. 『대원성정국조전장(大元聖政國朝典章)』에 따르면, 원일, 성절 등의 명절에 5품 이상의 장관은 모두 경하의 표문을

225　北村秀人, 앞의 논문, 1964; 장동익, 「征東行省의 研究」, 『동방학지』 67, 1990 참조.

226　『元史』 권14, 本紀14 世祖11 至元 24년 5월 壬寅.

227　『元史』 권15, 本紀15 世祖12 至元 25년 2월 己卯.

올려야 하는데,[228] 정동행성 승상은 표문을 올리는 5품 이상 관부의 장관에 해당하였다. 충렬왕 14년(1288)부터 충렬왕 32년(1306)까지 정동행성이 고려(국가)의 진하사 파견과 별도로 진하사를 파견한 것은[229] 바로 이런 이유에서였다.[230]

이 기간 동안 고려(국가)와 정동행성은 제각기 사신(사자)을 파견하여 원(황제)에 표문을 바치고, 이들 두 사신(사자)은 명절 당일에 거행되는 조하례에 고려 국왕과 정동행성 승상을 대신해 참석하였을 것이다. 이는 유례를 찾을 수 없는 독특한 현상이라 할 수 있는데, 고려가 외국(속국)이면서 동시에 원(몽골) 지방통치기관의 관할 지역이기도 한 데서 기인한 일이었다.

정동행성이 고려(국가)와 별도로 원(황제)에 사신을 보낸 것은 후기 정동행성이 설치되고 나서 여타 행성과 마찬가지 위상과 행보에서의 일이었을 것인데, 같은 이유에서 정동행성에서는 여타 행성과 마찬가지로 황제를 대상으로 한 의례를 거행해야 했을 것이다. 구체적으로는 진하사에게 표문을 건네는 과정에서 황제를 대상으로 배표례를 거행하고, 명절 당일에는 망궐례를 거행해야 했을 것이다. 즉 정동행성의 승상은 행성관원을 이끌고 황제를 대상으로 하여 배표례와 망궐례를 거행해야 했을 것이다. 고려(국가)와 별개로 말이다.

논리적으로만 본다면, 후기 정동행성의 설치 이후 정동행성은 황제를 대상으로 한 의례의 측면에서 고려(국가)와 구분되는 독자적 주체로 부상하였고, 이로 인해 고려(국가)와 정동행성은 별도로 사신(사자)을 보냈으며, 고려(국가)는 궁궐에서, 정동행성은 해당 건물에서 배표례와 망궐례를 따로 거행하게 되

---

228 『大元聖政國朝典章』권28, 禮部1 禮制1 進表 表章五品官進賀.

229 정동행성 차원의 진하사 파견에 관해서는 이명미, 『13~14세기 고려·몽골 관계 연구』, 혜안, 2016, 128~129쪽 참조.

230 최종석, 앞의 논문, 2019a, 172~173쪽.

었을 것이다.[231] 그런데 망궐례의 경우 현실은 논리의 세계와 달랐다. 정조와 성절 시에 정동행성과 고려(국가)가 각각 궁궐과 행성이라는 다른 공간에서 망궐례를 따로 거행하는 것은 곤란하였기 때문이다. 한 인물이 고려 국왕이면서 정동행성 승상인 데서 기인한 곤란함이었다.

망궐례는 정조와 성절의 당일 아침에 황제의 궁궐에서 행하는 조하례와 동기화(同期化)되어 동시에 거행되어야 했기 때문에, 만약 고려(국가)와 정동행성 차원의 망궐례가 별도의 공간에서 따로 거행되어야 한다면, 별도로 거행되면서도 동일한 시각에 거행되어야 했을 것이다. 그런데 이렇게 되면 현실적인 애로 상황이 발생한다. 각각의 망궐례의 반수에 해당하는 존재(고려 국왕과 정동행성 승상)가 동일인물이어서, 별도의 공간에서 동시에 망궐례를 거행하는 것은 사실상 불가능하기 때문이다. 이렇게 되면 충렬왕은 둘 중의 한 군데에는 참석할 수 없었을 것이다.

이러한 곤란함은 배표례에는 해당하지 않는 망궐례에 고유한 것이었다. 배표례는 명절 당일이 아니라 그에 앞서 행하는 예식이다 보니 고려(국가)와 정동행성은 배표례를 서로 다른 날짜에 거행할 수 있었으며, 실제로도 그렇게 진행되었다. 고려(국가)와 정동행성이 사신에게 표문을 건네는 날짜가 상이한 데서[232] 이 점을 알 수 있다. 망궐례의 경우에도 임기응변을 발휘하여 충렬왕이 시차를 두고 장소를 옮겨 다니면서 거행할 수는 있었을 것이나, 그렇게까지 하지는 않았던 것으로 보인다. 그러한 흔적은 전혀 확인되지 않는다.

---

231 고려(국가) 차원의 배표례는 충렬왕 28년(1302)에야 시작되었다. 『고려사』 권67, 지21 예9 가례 충렬왕 28년 8월 갑자. "百官備禮儀 送于迎賓館 拜表之禮 始此."

232 일례를 들면 다음과 같다. 충렬왕 29년(1303) 7월 신사일에 정동행성은 성절을 경하하는 사신을 보냈고(『고려사』 권32, 충렬왕 29년 7월 신사), 이보다 뒤늦은 동년 8월 기축일에 고려(국가)도 성절을 경하하는 사신을 보냈다(『고려사』 권32, 충렬왕 29년 8월 기축).

이처럼 정동행성(승상)은 황제를 대상으로 한 의례 면에서 고려(국가)와 구분되는 의례상의 독자성을 확보했어도, 망궐례만큼은 어쩔 수 없이 고려(국가)와 구분되는 공간에서 별도로 거행할 수가 없었을 것이다. 그리하여 망궐례는 고려 국왕이자 정동행성 승상인 충렬왕을 정점으로 해서 고려 신료와 행성관이 함께 참여하는 식으로 치러졌을 것이다.

이렇다고 하면, 후기 정동행성의 설치와 맞물려 정동행성이 고려(국가)와 별개로 독자적으로 황제를 대상으로 의례를 거행하게 된 이후로도, 망궐례만큼은 과거와 달라진 점이 없었다고도 볼 수 있다. 특히 1차 (전기)정동행성의 설치 시기와 비교할 때 그러하다. 하지만 변화가 없었던 것은 아니다. 우선 행성관의 망궐례 예식 참여가 분명한 상수가 된 점은 변화라 할 수 있다. 1차 (전기) 정동행성 설치 시기에는 행성관의 망궐례 참여가 불분명하거나 불안정하였을 것이다. 그리고 무엇보다 의례 장소 면에서 뚜렷한 변화가 있었을 것으로 추정된다. 곧 정조 망궐례는 궁궐에서, 성절 망궐례는 행성에서 거행되는 방식으로 변화가 있었을 것이다. 별도로 예식을 거행하지 못하고 합동으로 진행하는 대신, 성절 망궐례 시에는 고려(국가)가 양보하여 행성에서 예식을 거행하였을 것이고, 정조 망궐례 시에는 정동행성이 양보하여 궁궐에서 거행하였을 것이다. 정조와 성절 가운데 하루씩 각자의 거행 장소에서 예식을 거행한 셈이다.

이런 식의 결정에는 성절에는 망궐례만을 거행하면 되는 데 비해, 정조에는 망궐례 외에도 국왕이 자신의 신하로부터 경하를 받는 수조하 의례를 거행해야 한다는 사실이 작용하였을 것이다. 만약 정조 망궐례를 행성에서 거행하였다면, 망궐례를 마친 후 수조하 의례를 거행하기 위해 궁궐로 돌아와야 하는 번거로움이 있었을 것이다. 국왕이 군주의 위상에서 신하들로부터 경하를 받는 예식을 행성에서 거행할 수는 없었기 때문이다. 이러한 이유에서 후술하듯 특별한 경우가 아니라면 정조는 궁궐에서 해야 했고, 이와 맞물려 성절 망궐례는 행성에서 거행되었을 것이다. 성절 망궐례가 행성에서 거행되었음은 다음 기록을 통해 알 수 있다.

　　[공민왕 원년 4월] 왕이 장차 행성(行省)에 행차하여 성절(聖節)을 경하하려 하
　는데, 원사(院使) 기원(奇轅)이 말을 나란히 하여 이야기하고자 하니, 왕이 위사(衛士)
　에게 명하여 앞뒤로 나누어 호위하도록 하여 가까이 오지 못하게 하였다.[233]

이것은 『고려사절요』에 기재된 것으로, 『고려사』 기철(奇轍) 열전에도 동일한 내용이 수록되어 있다. 당시 성절 망궐례를 거행하기 위해 국왕이 행성으로 행차한 기록이 노출된 것은, 이 사실 자체가 특별해서가 아니라 행차 과정에서 있은 기원(奇轅)의 무엄한 행동을 특기해야 해서였을 것이다. 기록이 남겨진 계기를 고려할 때, 성절 시에 국왕이 행성에서 성절을 경하하는 것은 특별한 일이 아닌, 통상적인 모습이었다. 일반적으로 성절 망궐례는 행성에서 거행되어 오고 있었고, 이는 특기할 만한 게 아니라서 기록으로 남지 않았는데, 기원의 불손한 행위로 인해 성절 망궐례를 행성에서 거행하는 사실이 노출되었다고 봐야 할 것이다.[234] 한편 다음 기록은 정조에는 망궐례가 행성이 아닌 궁궐에서 일반적으로 거행되었음을 말해준다.

　· [충목왕 원년 1월 병술] 왕이 백관을 거느리고 행성(行省)에서 정조(正朝)를 경하하
　　였다.[235]

233　『고려사절요』 권26, 공민왕 원년 4월.

234　최종석, 앞의 논문, 2010a, 250쪽.

235　『고려사』 권37, 충목왕 원년 1월 병술.

· [공민왕 원년 1월 병오] 왕이 백관을 거느리고 행성에서 정조를 경하하고 궁궐로
  돌아와 잔치를 베풀었다.[236]

두 기록은 공통적으로 행성에서 정조 망궐례를 거행한 사례이다. 그런데
이들 사례는 역으로 정조 시에 망궐례가 궁궐에서 거행되었을 것임을 간접적
으로 말해준다. 특례를 위주로 한 기록 방식을 고려할 때 그러하다. 기록 방식
을 감안할 때, 행성에서 정조 망궐례를 거행하는 것은 예외적이고 특례적인 경
우였다. 일반적으로 정조 망궐례는 궁궐에서 거행되어 기록으로 남지 않다가,
예외적으로 정조 망궐례를 행성에서 거행한 특례가 기록상으로 노출되었다고
할 수 있다.[237] 흥미롭게도 이들 사례는 모두 즉위 후 처음으로 맞이하는 정조
조하례에 해당하였다. 즉위 후 맞이하는 첫 번째 정조 시 망궐례를 예외적으로
행성에서 거행함으로써, 새로 즉위한 고려 국왕이 정동행성의 승상이기도 하
다는 면모를 의례를 활용하여 구현하고자 한 듯싶다.[238]

   그런데 문제는 언제부터 정조 망궐례는 궁궐에서, 성절 망궐례는 행성에서
거행되었는지이다. 이 점은 명확하지 않다. 기록이 사실상 전무하기 때문이다.
이러한 변화에 관한 정보가 기록되지 않은 이유는 그 사실이 특별히 주목할 만

---

236 『고려사』 권38, 공민왕 원년 1월 병오.

237 이들 가운데 공민왕 기사는 行省에서 望闕禮를 거행하다 보니 환궁하여 잔치를 베풀어야
     하는 모습을 전한다. 행성에서 망궐례를 거행하면, 앞서 언급한 바와 같이 환궁하여 受朝賀
     의례를 거행하고 이후 궁궐에서 잔치를 베풀었을 것이다. 이 경우에는 수조하 의례를 생략
     한 듯싶다.

238 최종석, 앞의 논문, 2010a, 250~251쪽. 기타무라 히데토(北村秀人)는 충렬왕 25년(1299)부터
     는 망궐례가 正朝 시에도 행성에서 거행되었다고 보았다(北村秀人, 앞의 논문, 1964, 39~40
     쪽). 이는 정조 때 행성에서 망궐례를 거행하는 것을 특례가 아니라 상례로 본 데서 비롯된
     해석이라 할 수 있다.

한 것이 아니었기 때문일 것이다. 추정해보자면, 이러한 변화는 필요에 따라 이루어졌거나, 그에 적합한 여건이 마련되었을 때 이루어졌으며, 변화된 방식은 그 이후로도 지속하였을 것이다. 이러한 변화가 요구되거나 그 여건이 마련된 시점으로 가장 타당하고 적절한 때는 후기 정동행성이 설치되어 별도로 행성 차원에서 황제를 대상으로 의례를 거행하게 된 때라 할 수 있다. 앞서 살펴보았듯이, 현실적인 여건상 정동행성은 별도로 망궐례를 거행할 수 없었다. 대신 고려(국가)와 정동행성이 함께 망궐례를 거행하면서도 행성이 독자적으로 황제를 대상으로 한 의례를 수행하는 취지를 살리기 위해, 정조는 궁궐에서 성절은 행성에서 망궐례를 거행하게 되었을 것이다.

4) 충렬왕 25년 무렵 원제(원례)를 기준으로 한 망궐례 예식 절차의 개변

정동행성에 평장정사, 우승 등의 재상직이 증치되고 활리길사 등 원의 관리가 정동행성의 재상으로 파견된 시기에,[239] 망궐례 예식 절차의 변개가 단행되고 있어 주목된다. 다음 기록은 이에 관한 것이다.

· [충렬왕 25년 12월] 행성(行省) 관료 및 백관이 봉은사에서 3일 하정의(賀正儀)를 연
　습하였는데, 습의(習儀)는 이때부터 시작되었다.[240]

· [충렬왕 25년 12월] 평장(平章) 활리길사(闊里吉思)가 행성 관료 및 백관과 함께 봉은

239　고병익, 「麗代征東行省의 硏究」 上·下, 『역사학보』 14·19, 1961·1962; 北村秀人, 앞의 논문,
　　　1964; 장동익, 앞의 논문, 1987 참조.
240　『고려사』 권67, 지21 예9 가례 王太子節日受宮官賀並會儀 충렬왕 25년 12월.

사에서 3일 하정의를 연습하였는데, 습의(習儀)는 이때부터 시작되었다.[241]

양자는 거의 동일한데, 후자가 좀 더 상세하긴 하다. 위 기록에 따르면, 충렬왕 25년 12월에 하정의(賀正儀) 습의(習儀)가 처음으로 시행되었다고 한다. 하정의 습의에는 평장정사를 포함한 행성관(行省官)과 백관이 참여하고 있었다. 행성관과 백관은 하정의에 함께 참여할 예정이었기에, 예행연습도 함께 이루어졌을 것이다. 그러하기에 이때의 하정의는 국왕이 아니라 황제의 정조를 경하하는 예식이었음이 분명하다.[242] 정동행성 승상과 행성관 사이에는 군신 관계가 성립되지 않기에, 고려 국왕을 대상으로 한 수조하 의례에는 행성관이 참여하지 않았을 것이기 때문이다. 여타 행성에서도 승상이 그보다 하위의 행성관으로부터 경하를 받는 수조하 의례는 거행되지 않았다. 요컨대, 충렬왕 25년 12월에 다가올 정조 망궐례를 위한 예행연습을 처음으로 시행한 것이다.

습의는 이때를 시작으로 정조뿐만 아니라 성절 시에도 꾸준히 시행되었을 것이다. 특례를 위주로 한 기록 방식을 통해 볼 때 그러하다. 습의를 처음 시작한 사실만 기록하고, 이후 제도적으로 정착되어 관례적으로 시행된 습의에 대해서는 기록하지 않았을 가능성이 크다. 정조 외에 성절 시에도 습의를 시행하였을 것임은 후술할 원 사례를 통해 추정해볼 수 있다.

그런데 여기서 주목해야 할 대목은 (황제를 대상으로 한) 하정의(망궐례)가 이전부터 있어왔지만, 이때 이르러서야 비로소 습의(習儀)가 시행되었다는 사실이다. 그동안 습의 없이 망궐례를 거행하다가 이때 습의를 도입한 것인데, 습의의 도입·실행은 원조례(元朝禮) 수용의 차원에서였을 것이다. 원에서는 다음의

---

241 『고려사절요』 권22, 충렬왕 25년 12월.
242 桑野榮治, 앞의 논문, 2004, 68쪽.

원정수조의(元正受朝儀) 의주에서 보듯 애초부터 습의는 실행되어야 하는 것이었다.

> 기일(期日) 3일 전에 성수만안사(聖壽萬安寺) 혹은 대흥교사(大興敎寺)에서 의식을 연습한다.[243]

원 조정에서 거행되는 원정수조의(元正受朝儀), 즉 정조 시 조하례의 경우, 예식 3일 전에 성수만안사(聖壽萬安寺) 혹은 대흥교사(大興敎寺)에서 습의가 이루어져야 했다. 습의는 성절 시에도 이루어졌을 것인데, 예식 절차 면에서 「천수성절수조의(天壽聖節受朝儀)」는 「원정수조의」와 동일하였기 때문이다.[244] 원 조정에서 거행되는 조하례 예식만 그런 것이 아니라, 이와 연동된 원 지방 아문의 망궐례에서도 본식에 앞서 사원에서 습의가 행해졌다.[245]

이러한 사실을 감안할 때, 충렬왕 25년 12월에 진전사원으로 황제와 황후의 영당(影堂)이 있는 성수만안사·대흥교사[246]와 같은 성격의 고려 봉은사에서[247] 정조 망궐례 3일 전에 예식을 연습한 것은, 원에서 거행되는 망궐례(조하례)와 동조화(同調化)하는 조치였다고 하겠다.

원제 수용의 차원에서 망궐례의 습의를 거행한 것은 시점을 따져보았을 때 후기 정동행성 설치 직후의 일은 아니었다. 이는 정동행성이 독자적 의례

---

243 『元史』권67, 志18 禮樂1 元正受朝儀. "前期三日 習儀于聖壽萬安寺或大興敎寺."

244 『元史』권67, 禮樂1 天壽聖節受朝儀.

245 許正弘, 앞의 논문, 2013, 130~131쪽.

246 『元史』권75, 祭祀志4 祔御殿.

247 봉은사는 태조의 眞影을 봉안한 眞殿寺院이다.

수행의 주체로 부상한 것과 무관한 일인 것이다. 명시된 기록이 없어, 습의 시행을 도입한 주체가 누구인지는 명확하지 않다. 다만 『고려사절요』의 기록에서 활리길사(고르기스)가 부각된 사실로 미루어, 습의 도입이 활리길사의 주도로 이루어졌을 가능성은 매우 크다고 하겠다.[248] 후대의 기록이긴 하나 다음 기록은 이 점을 방증해준다.

> [공양왕 3년 10월] 낭사(郎舍)가 상소하기를 (…) 정미년에 원조(元朝)가 활리길사
> 평장(闊里吉思平章)을 파견하여 본조(本朝)의 의제(儀制)를 모두 혁정(革正)하였다.[249]

이에 따르면, 정미년(1307년, 충렬왕 33년)에 '활리길사 평장'이 고려의 의제(儀制)를 혁정(革正)하였다고 한다. 활리길사가 평장정사로 고려에서 활동한 시기는 충렬왕 25년(1299)부터 충렬왕 27년(1301)까지였기 때문에, 정미년은 오기이거나 이 언급이 후대인 공양왕 대 낭사(郎舍)의 상소(上疏) 가운데 나온 점을 감안할 때 기억의 착오였을 것이다. 활리길사가 다양한 방면에 걸쳐 고려 사회의 개변을 시도했음을[250] 고려할 때, 비록 연도(간지)는 부정확할지라도 그가 주도하여 의제(儀制)를 혁정한 사실만은 믿을 만할 것이다. 의제의 혁정은 충분히 개변 시도들 가운데 하나였을 수 있는 것이다.

고려 의제의 실체가 불명확하긴 해도, 고려 의제의 혁정은 활리길사가 주도한 개혁의 성격이 원을 기준으로 고려의 관례·제도를 개변하고자 한 것임에

---

248 구와노 에이지(桑野榮治) 또한 활리길사의 지도로 賀正儀에 관한 예행연습이 이루어졌다고 보았다. 桑野榮治, 앞의 논문, 2004, 68쪽.

249 『고려사』 권85, 지39 형법2 소송 공양왕 3년 10월.

250 활리길사에 의한 여러 사안에 걸친 改變 시도에 관해서는 이강한, 「征東行省官 闊里吉思의 고려제도 개변 시도」, 『한국사연구』 139, 2007 참조.

서,[251] 원과 상이하였을 고려의 의제를 원의 해당 의제—아쉽게도 해당 의제의 실체가 명확하진 않지만—에 동조(同調)하고자 한 조치였을 것이다.[252] 망궐례 습의의 도입·실행도 이 일환에서 이루어진 일이었을 것이다.

그런데 활리길사가 활동한 시기에 이루어졌을 망궐례의 혁정이 단지 습의의 도입에 그쳤을지는 의문이다. 필자의 판단으로는, 습의를 도입한 시점 또는 그 무렵에 원제에 맞추어 이와 상이한 고려의 망궐례 예식 절차를 변개한 듯싶다. 습의는 앞서 본 바와 같이 지원 8년(1271, 원종 12)에 제정된 원정의(元正儀)와 천수성절수조의(天壽聖節受朝儀)에 명시되어 있고, 원 지방 아문의 망궐례에서도 일찍부터 행해졌을 것임에도, 고려에서는 충렬왕 25년(1299)에 이르러서야 습의를 도입한 사실은, 이때까지 고려의 망궐례 예식 절차가 습의를 포함하여 원의 망궐례(조하례) 예식 절차와 다소 다르게 운용되었을 것을 시사한다. 신례(臣禮)를 구현하는 망궐례의 취지는 유지하면서도 예식 절차는 임의적, 임기응변식으로 운용되었을 수 있는 것이다. 원의 망궐례(조하례)를 기준으로 해서 보자면 고려의 방식은 문제가 있어 보일 수 있고, 활리길사의 이목에 혁정 대상으로

---

251 활리길사의 개변 시도에 관해서는 그것이 世祖舊制를 훼손하고 무효화하는 시도였다거나 元律을 고려에 강제 적용하여 고려의 관행을 바꾸려는 시도였다거나 1291년(세조 32, 충렬왕 17) 이후 元 내에서 전개되던 至元新格 국정이 한반도에까지 연장 적용된 것이었다고 평가되고 있다. 이익주, 「高麗·元關係의 構造와 高麗後期政治體制」, 서울대학교 박사학위논문, 1996; 김형수, 「13세기 후반 고려의 노비변정과 성격」, 『경북사학』 19, 1996; 김인호, 「고려의 元律 수용과 高麗律의 변화」, 『고려시대의 형법과 형정』(한국사론 33), 2002; 이강한, 앞의 논문, 2007 참조.

252 한편 고려 儀制의 革正은 고려의 의례와 그 예식 절차를 명분과 位格에 걸맞도록 구현하는 일이기도 하였을 것이다. 활리길사가 원의 朝儀를 기준으로 해서 고려의 조의 가운데 僭越한 점을 문제제기한 일은 이러한 차원에서였을 것이다. 『元史』 권208, 列傳95 外夷1 高麗. "四年二月 征東行省平章闊里吉思言 (…) 又其大會王曲蓋龍扆警蹕諸臣舞蹈山呼 一如朝儀 僭擬過甚 (…)."

포착되었을 것이다.

이렇게 볼 수 있다면, 활리길사는 습의 도입 시점 혹은 그 무렵에 지방 아문의 망궐례 의례절차 가운데 그동안 시행하지 않았던 것들을 새로 도입하였을 것이다. 이는 원제와의 일치를 도모하려는 시도였을 것이다. 다만 원제와의 일치를 도모하여 변개되었을 망궐례 예식 절차는 원 지방 아문에서 행하는 것[253]

---

253 이전 연구에서는 望闕 의례의 구체적 예식 절차가 元의 外路衙門에서 거행되는 '拜賀行禮'를 참조하여 마련되었다고 한 바 있고, 또한 고려가 참조하였을 것으로 원의 외로아문에서 행한 '拜賀行禮'를 제시한 바 있다(최종석, 앞의 논문, 2010a, 247~249쪽). 그런데 고려가 활용하였을 外路衙門에서 행한 '拜賀行禮'에 관한 검토 내용에서 오류가 있었다. 당시 제시한 의례 절차는 망궐례가 아니라 배표례에 관한 것이었다. 여기서 이 점을 바로잡고자 한다. 오류 정정을 넘어 원의 지방 아문에서 행한 망궐례의 예식 절차를 제시할 필요가 있는데, 아쉽게도 배표례, 영조칙례 등과 달리 그 예식 절차를 적시한 기록은 없다. 관련 연구조차 없기에, 망궐례 예식 절차를 구체적으로 제시하기는 불가능하다. 이에 스케치 정도만 시도해보고자 한다. 필자가 판단하기에 망궐례 예식 절차를 파악하는 데 있어 부족하긴 하나 가장 유용한 자료는 『大元聖政國朝典章』 권28, 禮部1 禮制1 朝賀 慶賀 기록이다. 이것은 '聖節拈香'을 위주로 예식 절차를 적시해놓은 것으로 그 내용은 다음과 같다. "聖節의 拈香은 期日 1개월 전에 몸소 寺觀에 나아가 聖壽萬安을 기도하는 도량을 설치하고 기일이 되면 滿願이 되어 散會한다(滿散). 기일 아침에 朝臣은 궁궐에 가서 稱賀한다. 外路의 官員은 僚屬, 儒生, 父老, 僧侶, 道士, 軍人, 胥吏 등을 이끌고, 香案에 장식을 하고, 춤과 雜技를 연행하고, 길 양측에서 공손히 [萬壽牌를] 맞이하고, 寺觀에서 궁정 방향을 바라보며 進香한다. 香案 아래에 官屬의 褥位를 설치하고, 席次에 따라 정렬한다. 먼저 두 번 拜禮한다. 班首는 앞으로 나아가 꿇어앉아 香을 올린다. 舞蹈하고 叩頭하며 萬歲 삼창한다(서리들은 큰소리로 외친다). 그대로 배례하고(就拜), 기상하고 두 번 배례한다. 의례가 종료되면 정렬하여 퇴거한다(捲班). 公廳에서 宴會를 행한 후에 退散한다." 기일 한 달 전에 내외문무관이 몸소 寺院·道觀에 가서 聖壽萬安을 祝延하는 도량을 설치하는 절차는 성절에 한정된 예식이었을 것이다. 위 기록은 성절이 위주가 된 것은 물론이요, '聖節拈香'을 위주로 작성되어 망궐 의례 전반을 보여주는 데 한계가 있다. 기일 당일의 경우에도 公廳으로 옮겨가기 전 寺院·道觀에서 거행되는 예식은 비교적 상세히 소개되는 데 비해, 公廳으로 옮겨간 후의 내용은 '宴會를 행한 후에 退散한다'라고 하여 빈약하기 그지없다. 특히 성절와 정조의 구분 없이 망궐례 3일 전에 寺院·道觀에서 행하는 습의 절차 및 공청에서 행하였을 拜賀行禮의 절차가 보이지 않는다. 또한 연회 사실만 보일 뿐 이에 관한 구체적인 내용(예식)도 없다. 위 기록에

과 기본적으로 동질적이었다고 할지라도, 세부적으로는 달랐을 것이다. 무엇보다 반수(班首)가 지방 관부의 장관인 승상이면서 동시에 고려 국왕이었고, 이와 맞물려 행성관 외에도 고려 국왕의 신하가 의례에 참석한 상이한 여건은 세부적인 의례 절차의 차이를 야기하였을 것이다. 이 외에 사회 풍토가 상이한 데서 오는 차이도 무시할 수 없었을 것이다.

습의 등의 원제(원례) 수용이 활리길사 주도의 고려 의제(儀制) 혁정의 차원에서 이루어졌다고 하였는데, 달리 보면 이는 의례 면에서 여타 행성과 동조화하려는 조치라 할 수 있다. 증치된 평장정사 직에 부임한 활리길사가 정동행성의 경영을 여타 행성과 다름없도록 실질화하는 작업을 주도한 상징적인 인물임을[254] 고려할 때, 이러한 해석은 좀 더 분명해진다. 이 사안과 관련하여 다음의 기록이 주목된다.

[충렬왕 27년 1월 병진] 왕이 백관을 거느리고 묘련사에 행차하여 황제를 위하여 복을 빌었다(祝釐). 각 로(路)의 행성(行省) 이하관(以下官)은 모두 정월 초하루와

따르면, 공청에서는 연회만 있을 뿐 拜賀行禮가 없는 것처럼 서술되어 있으나, 『大元聖政國朝典章』권28, 禮部1 禮制1 朝賀의 다른 條인 禮儀社直을 통해 공청에서 拜賀行禮가 거행되었음을 엿볼 수 있다. 또한 『大元聖政國朝典章』권28, 禮部1 禮制1 朝賀의 軍官慶賀事理도 이 점을 간접적으로 말해준다. 곧 元貞 2년(1296) 10월 湖廣行省이 받은(准) 樞密院의 咨文에 인용된 蒙古萬戶府의 申文에는 "天壽節 시 천호, 백호가 만호부까지 가서 拜賀하는 데 따른 문제를 지적하면서 군관으로 廳舍가 있는 자는 路府州縣城의 예를 따라 단지 廨宇에서 拜賀토록 할 것을 건의하는" 내용이 있다. 路府州縣城에서는 廨宇(公廳)에서 배하 의례를 거행한 것이다. 아쉽게도 軍官慶賀事理 조에서도 구체적인 배하 예식의 절차는 확인되지 않는다. 추측건대, 외로아문에서 거행하는 拜賀行禮의 예식 절차는 元正儀를 참고하면서도 외로아문에서 거행하는 실정에 맞게 변형한 내용이었을 것이다.

254 이와 관련하여 이강한, 앞의 논문, 2007 참조.

보름에 분향하고 복을 비는데, 이것은 대개 원의 의례(儀禮)이다.[255]

충렬왕 27년(1301) 정월 보름에 국왕이 백관을 이끌고 묘련사에 행차하여 황제를 위해 거행한 '축리(祝釐)'는 정동행성 승상을 매개로 한 외로아문 의례의 수용이라 할 수 있다. 이 예식 실행의 기사에 부가된 "각 로(路)의 행성(行省) 이하관(以下官)은 모두 정월 초하루와 보름에 분향하고 복을 비는데, 이것은 대개 원의 의례(儀禮)이다(諸路行省以下官 皆以正月朔望 行香祝釐 盖元朝之禮也)"라는 언급은 이 점을 직접적으로 말해주고 있다. 충렬왕은 정동행성 승상으로서 여타 행성관과 다름없이 이 예식을 거행한 것이다.[256]

원 내의 '행성이하관(行省以下官)'은 관례·제도의 차원에서 정월 초하루와 보름에 사원·도관에 가서 황제의 축수를 기원하는 불교 의례를 거행했다.[257] 고려는 그동안 이를 수용하지 않다가, 충렬왕 27년 1월 15일에 이르러 이 불교 의례를 시행한 것이다. 위 사례는 이러한 의례의 첫 거행을 알리는 특례여서 기록으로 남았을 것이다. 따라서 단 건으로 그치는 이벤트로 끝나지 않고 이를 계기로 해당 불교 의례는 정월 초하루와 보름에 정례적으로 거행되었을 것이다.

고려가 충렬왕 27년(1301) 1월 15일을 시작으로 정월 초하루와 보름에 사원에 가서 황제의 축수를 기원하는 불교 의례를 거행하게 된 것은, 이 두 날에 원 내에서 '행성이하관'이 거행하는 일련의 행사(망궐례를 포함해서)를 과거에 비해 더 온전히 구현하는 것을 의미하였을 것이다. 가령 정월 초하루에 거행된 행사

---

255 『고려사』 권32, 충렬왕 27년 1월 병진.

256 최종석, 앞의 논문, 2019b, 168쪽 참조.

257 森平雅彦, 『モンゴル覇権下の高麗—帝国秩序と王国の対応』, 名古屋大学出版会, 2013의 '第六章 大元ウルスと高麗仏教' 참조.

에 초점을 맞춰보면, 원 내의 '행성이하관'은 3일 전 사원·도관에서 망궐례 습의를 행하였을 것이고, 정조 당일 아침에는 사원·도관에서 황제의 축수를 기원하는 불교 의례를 거행하고 그런 후 공청(公廳)으로 이동하여 망궐례(拜賀行禮)를 거행하였을 것이다. 예식을 마친 뒤에는 공청에서 연회가 열렸을 것이다. 이제 고려에서도 정조에 원 내 행성과 마찬가지로 황제의 축수를 기원하는 불교 의례까지 거행하게 된 것이다.

원 내의 '행성이하관'과 마찬가지로, 정월 초하루와 보름에 사원에 가서 황제의 축수를 기원하는 불교 의례를 거행한 것은, 이에 앞서 이루어졌을 망궐례 방면에서 습의 등의 원제(원례)를 수용한 일과 보조를 함께하는 조치였을 것이다. 그리고 이로부터 며칠 뒤 성갑일(聖甲日)을 맞이하여 충렬왕이 행성관과 고려 신료를 이끌고 묘련사에 행차하여 황제의 만수무강을 비는 예식을 거행한 것도[258] 마찬가지 취지에서였을 것이다. 황제의 본명일을 맞아 만수무강을 비는 예식은 이미 정동행성이 설치되기도 전인 충렬왕 2년(1276)에 시작되어[259] 그 이후로 지속해온 것이긴 하나, 이때 행성관과 고려 신료가 함께 참석하는 방식으로 변모한 것은 정동행성(승상)을 매개로 하여 원 외로아문의 해당 의례를 수용한 것이라 할 수 있다.[260]

이처럼 정동행성(승상)을 매개로 하여 원 외로아문의 의례를 수용하는 움

---

258 『고려사』 권32, 충렬왕 27년 1월 을축. "王率行省官及群臣 幸妙蓮寺 爲帝聖甲日祝壽也."

259 『고려사』 권28, 충렬왕 2년 1월 을해. "設法席于普濟寺 爲帝祝釐 每値聖甲日 行之 時謂之乙亥法席."

260 최종석, 앞의 논문, 2019b, 170쪽. 한편 모리히라 마사히코(森平雅彦)는 『通制條格』과 『元典章』을 활용하여 元의 관리가 正旦·聖節·本命日에 佛寺·道觀에 가서 황제를 위해 祈福하는 것이 의무화되어 있었음을 규명하였고, 고려 국왕과 그 신하들도 正旦과 本命日에는 이러한 관례를 따랐다고 보았다. 森平雅彦, 앞의 책, 2013, 301~304쪽 참조.

직임은 불교 의례로까지 확산해갔다고 할 수 있다. 그런데 이 과정에서 활리길사의 개입 흔적은 감지되지 않는다. 고려가 자체적인 필요에 의해 행한 일이었기 때문일 것이다.[261] 충렬왕은 모종의 이유에서 정동행성 승상의 위상을 부각하면서 원 외로아문에서 거행되는 의례를 적극적으로 수용한 듯하다.

한편 망궐례 방면에서 습의 등의 원제(원례) 수용이 활리길사 주도로 고려 의제(儀制) 혁정의 차원에서 이루어졌다고 할지라도, 이를 단순히 피동적인 일로만 볼 수는 없을 것이다. 활리길사 주도의 노비제 개혁이 고려 지배층의 저항에 직면하여 좌초된 것과 달리, 망궐례 방면에서 습의 등의 원제(원례) 수용은 그 과정에서 논란이 없었고 번복도 없었으며 이후 정동행성(승상)을 매개로 한 원 외로아문 의례의 수용 움직임이 확대일로였음을 상기할 필요가 있다. 더욱이 활리길사의 부임 이전에도 이미 고려 자체적으로 원제·원례를 수용하는 움직임이 있었다. 다음 기사가 그 예이다.

> [충선왕 즉위년 2월 무오] 왕은 처음으로 정동행성에서 일을 보았다. 재추 및 행성좌우사(行省左右司)의 관리들이 알현하였는데, 원조(元朝)의 의례를 사용하였다.[262]

위 기사에 앞서 충선왕은 고려 국왕으로 즉위하였고, 이로 인해 당연직으로 정동행성 승상을 겸하게 되었을 것이다. 기사에서 보듯, 정동행성 승상으로서 첫 공식 업무를 시작하는 날에 재추(宰樞) 및 행성좌우사 관리가 충선왕을

---

261 얼마 뒤 활리길사가 파직되어 몽골로 돌아간 것으로 보아, 이 일을 벌일 여유는 없었을 것이다.

262 『고려사』 권33, 충선왕 즉위년 2월 무오.

알현하였는데, 이 예식은 원조례(元朝禮)를 활용하여 이루어진 것이다. 알현하는 예식은 이전에도 있었겠지만, 이번에는 기존과 달리 원조례에 따라 정동행성 승상을 알현하는 새로운 시도가 이루어졌다고 할 수 있다.

여기서 원조례란 원 영내의 행성에서 행성관이 승상을 알현하는 예식을 가리켰을 것이다. 행성관 증치 이전, 활리길사 부임 이전에도 이미 일부 행성 의례를 수용하는 움직임이 있었던 것이다. 이것을 포함하여 망궐례 방면에서 습의 등의 원제(원례) 수용 및 원 외로아문에서 거행하는 불교 의례의 시행은 정동행성(승상)을 매개로 원 외로아문의 의례를 수용하는 일련의 움직임이었을 것이다. 망궐례 방면에서 습의 등의 원제(원례) 수용이 비록 활리길사에 의해 주도되었다고 할지라도, 이는 피동적으로 이루어진 일을 넘어서 정동행성(승상)을 매개로 한 원제(원례) 수용이라는 시대 흐름 속에서 전개되었다고 할 수 있는 것이다.

한편, 습의 도입 이후 몇 년 뒤에 정동행성이 더는 독자적으로 진하사를 파견하지 않게 된 현상은 망궐례 양상의 또 다른 변모를 시사할 것인데, 별도의 절을 두어 다루기에는 관련 사료가 없는 데다가 내용이 비교적 간단해서 여기서 간략히 언급하도록 하겠다.

충렬왕 32년(1306) 7월 기묘일의 "[정동]행성은 총랑(摠郞) 곽원진(郭元振)을 원에 보내 성절을 경하하였다"[263]라는 사례를 마지막으로, 정동행성이 별도로 사자를 보내 표문을 올리는 기록은 더는 보이지 않는다.[264] 충렬왕 32년 7월 기묘일 이후로는 고려(군주)가 진하사를 보내는 식의 기록만이 있을 따름이다. 외견상으로는 고려(군주)와 정동행성이 각각 사자를 보내 표문을 올리는 방식에

---

263 『고려사』 권32, 충렬왕 32년 7월 기묘. "行省遣摠郞郭元振如元 賀聖節."

264 이에 관해서는 이명미, 앞의 책, 2016, 130~131쪽 참조.

서 전자는 유지되고 후자는 정리된 듯 보인다. 그런데 이는 독자적인 의례 수행의 주체로서 정동행성의 위상이 소멸하였음을 의미하진 않을 것이다. 대신 그러한 위상을 발현하는 방식이 달라져 정동행성 주체의 의례는 고려(국가)가 황제를 대상으로 행하는 의례와 혼일(混一)된 채 존속하였을 것이다.[265]

앞 장에서 검토한 배표례를 통해 이 점을 간접적으로 알 수 있다. 정동행성이 별도로 사자를 보내 표문을 올리는 일이 사라지면서, 정동행성이 고려(국가)와 별개로 독자적으로 배표례를 거행하는 예식도 소멸했을 것이다. 그런데 이제현이 공민왕을 대신하여 권단정동성사(權斷征東省事)의 위치에서 배표례를 거행한 사실에서, 정동행성(승상)이 고려(국가)와 별개로 독자적으로 배표례를 거행하는 예식은 사라졌어도, 이러한 예식은 잠복된 채 고려(군주)가 거행하는 배표례에 이입(移入)·혼합되었을 것을 추정해볼 수 있다. 배표례 방면에서 '혼일'의 방식은, 그간 고려(국가)와 정동행성 차원의 배표례가 거행 날짜를 달리한 채 각각 궁궐과 행성에서 거행되었던 것과 달리, 행성관과 고려 신료가 함께 배표례에 참석하며 정조를 경하하는 표문의 배표례는 정전에서, 성절의 경우 정동행성에서 거행되는 변화된 방식이었을 것이다.[266]

세트를 이루는 배표례의 변화상을 통해 망궐례 또한 '혼일'의 방식으로 변화했을 가능성을 예상해볼 수 있다. 그런데 관련 사료가 전혀 없어 구체적인 변화상을 가늠조차 하기 어렵다. 오류를 무릅쓰고 추측을 해보자면, 앞서 언급했듯이 망궐례는 배표례와 달리 후기 정동행성이 설치되고 나서도 행성관과 고려 신료가 함께 참여하여 정조 시에는 궁궐에서, 성절 시에는 행성에서 거행되었을 것이기에, 망궐례의 변화상은 배표례와 전적으로 동일하지는 않았을

---

265   이명미, 앞의 책, 2016, 131쪽.

266   이에 관해서는 최종석, 앞의 논문, 2019a, 178~179쪽 참조.

것이다. 그러면서도 '혼일'을 구현하는 방향으로 나아가, 가령 종래에 망궐례 예식 절차는 고려(국가)와 정동행성 차원의 의절이 다소간 '물리적으로' 통합되어 있었다고 한다면, 정동행성이 별도로 사자를 보내 표문을 올리는 일이 사라진 이후로는 '화학적', 유기적 통합이 이루어지는 식으로 변화하였을 수 있다.[267] 관련 자료가 전무한 상황에서 여기에 추정을 덧붙이면서 살을 붙이는 작업은 적절치 않을 것이다.

원 복속기 내에서는 이 이후로 망궐례 예식 구현의 양상 면에서 더 이상의 변화가 확인되거나 추정되지 않는다. 고려가 명에 사대하고 이와 맞물려 명 황제를 대상으로 망궐례를 거행하게 되고 나서야 다시금 변화가 찾아왔을 것이다. 즉 고려 말기에 고려는 명이 사여한 『번국의주』에 수록된 「번국정단동지성수솔중관망궐행례의주」를 토대로 그것의 복제품과도 같은 「원정동지상국성수절망궐하의」를 작성하여 이를 바탕으로 망궐례를 운영하였다.[268]

---

267 '화학적', 유기적 통합의 내용을 구체적으로 제시하기는 어렵다.

268 고려 말기 망궐례 의례 구현의 양상에 관해서는 桑野榮治, 앞의 논문, 2004; 최종석, 앞의 논문, 2010a; 최종석, 앞의 논문, 2019b; 최종석, 「고려 말기 『蕃國儀注』의 활용 양상과 그 성격」, 『한국문화』 92, 2020b; 박윤미, 「여말선초 대명(對明) 요하례(망궐례)의 거행과 의식 구조 변화—고려 공민왕~조선 세종 대를 중심으로」, 『동방학지』 199, 2022 참조. 한편 조선에서는 「蕃國正旦冬至聖壽率衆官望闕行禮儀注」를 토대로 하면서 훨씬 상세하고 보완적인 「正至及聖節望闕行禮儀」를 작성하여 이를 바탕으로 망궐례(요하례)를 거행하였다.

4장

조선 초기 영조례 운영과 『번국의주』

1. 머리말

본 장에서는 1부에서 다룬 『번국의주』에 관한 검토 결과를 바탕으로, 조선 초기에 영조례가 운영된 양상과 그 성격을 검토해보려 한다. 구체적으로는, 조선 초기에 『번국의주』「번국접조의주」에 의거해 영조례가 거행된 사실을 규명하고, 『번국의주』의 「번국접조의주」를 활용한 구체적 모습과 그 특징 및 성격을 파악하고자 한다.

명 황제의 조서를 맞이하는 의례에 관한 연구는 그동안 드물게나마 이루어졌다.[269] 대외관계에 초점을 맞추어 연구되었다는 편향이 있긴 해도, 검토해야 할 기본적인 사안들은 대부분 다루어졌다고 할 수 있다. 이들 중에서도 고려시대 사신 영접 의례의 변화를 검토하는 속에서 고려 말기 「영대명조사의」

---

269 이현종, 「明使接待考」, 『향토서울』 12, 1961; 한형주, 「對明儀禮를 통해 본 15세기 朝-明관계」, 『역사민속학』 28, 2008; 유바다, 「朝鮮 初期 迎詔勅 관련 儀註의 성립과 朝明關係」, 『역사민속학』 30, 2012; 정동훈, 「고려시대 사신 영접 의례의 변동과 국가 위상」, 『역사와 현실』 98, 2015.

를 다룬 연구[270] 및 조선 초기 조서와 칙서에 관한 의주를 본격 검토한 연구가[271] 주목된다.

연구성과의 축적에도 불구하고, 명 황제의 조서를 맞이하는 의례에 대한 이해를 심화하기 위해서는 추가로 검토해야 할 사안들이 여전히 남아 있다. 첫째, 자체적으로 영조례 의주를 작성하는 과정에서 『번국의주』의 「번국접조의주」를 활용한 양상과 방식에 관해서다. 그간 『번국의주』의 「번국접조의주」가 간과되다 보니, 이를 활용하여 영조례 의주를 작성하는 구체적 양상과 방식은 거의 다루어진 적이 없었다. 『번국의주』의 「번국접조의주」를 활용한 영조례 의주 작성 방식을 검토하고자 하는 작업은 고려 말기에 작성된 「영대명조사의」와 1428년(세종 10) 3월 19일 예조가 작성하여 올린 '영조의(迎詔儀)', 그리고 『세종실록』 오례 「영조서의(迎詔書儀)」 간의 공통점과 차이점을 규명하는 일이기도 하다. 둘째, 자체적으로 작성된 의주가 확인되지 않는 시기인 태조~태종 대(세종 대 초반을 포함)의 영조례 운영 양상에 관해서다. 기존 연구에서는 어떠한 의주를 활용하였는지 등을 포함하여 이 시기 영조례 운영에 관한 검토가 제대로 이루어지지 않았다. 이로 인해 고려 말기 이후 명 황제의 조서를 맞이하는 의례 운영 양상에 관한 시계열적 추이를 체계적으로 파악할 수 없었다. 셋째, 지나치게 소략한 『번국의주』 「번국접조의주」의 보완 방식에 관해서다. 『번국의주』의 「번국접조의주」는 개괄적이어서 이것에만 의존해서는 영조례의 실행이 불가능하였을 것인데, 이 문제를 어떠한 방식으로 해결하려 했는지를 살펴봐야 한다. 마지막으로, 영조례 운영 방식 측면에서의 시기별 성격 차이에 관해서다. 구체적으로 이 사안은 세종 대에 들어서 이전 시기와 달리 유자 관료들—국왕

---

270 정동훈, 앞의 논문, 2015.

271 유바다, 앞의 논문, 2012.

포함—이 자신들의 이념적 지향에 부합하는 방향으로 영조례를 운영하고자
한 움직임과 밀접하게 관련된다.

본문에서는 이들 사안을 중심으로 조선 초기에 『번국의주』의 「번국접조의
주」를 활용한 영조례 거행 양상과 그 성격을 구체적으로 검토해보고자 한다.[272]

2. 영조례 의주 작성과 『번국의주』 「번국접조의주」

고려 말기에 명 황제의 조서를 맞이하는 의식 절차는 『고려사』 예지에 수
록된 「영대명조사의」에 해당한다.[273] 「영대명조사의」에 기술된 의식 절차의 기
본 구성은 '사신 입국과 원접(遠接)→식장 배치→국왕 출영(出迎) 및 궁중 귀환→
조서받는 의식→정리'[274]이므로, 「영대명조사의」는 사전 준비까지 포함하여 영
조례 의식 절차의 전반을 적시한 것이라고 할 수 있다. 이 의주는 상중(喪中), 국
왕 병환 등과 같은 특수 상황 시 고려되어야 하거나 변개되어야 할 사항이 부
재한 것으로 보아 통상적인 영조례의 의식 절차라 하겠다. 고려 말기에는 이
「영대명조사의」에 따라 영조례를 거행하였을 것이다.

---

272 『세종실록』 오례의 「迎詔書儀」는 『국조오례의』의 「迎詔書儀」와 거의 동일하다. 고려 말기
     에 「迎大明詔使儀」를 작성한 이후로 迎詔禮 의주를 작성한 추이를 보자면, 『세종실록』 오
     례의 「迎詔書儀」는 여말선초 시기에 이루어진 迎詔禮 의주 작성의 여정에서 사실상의 종
     착역이었다고 할 수 있다. 본 장에서는 세종 대를 하한으로 해서 조선 초기 迎詔禮 운영의
     문제를 다루고자 한다.

273 『고려사』 권65, 지19 예7 빈례.

274 유바다, 앞의 논문, 2012, 132~133쪽 참조. 한형주(「對明儀禮를 통해 본 15세기 朝-明관계」,
     『역사민속학』 28, 2008, 45~46쪽)는 의식 절차의 기본 구성을 '使臣入京→준비 과정→迎接
     禮→受詔禮→賓主禮→歸館'의 6단계로 정리한 바 있다.

그런데 조선시대에 들어 『고려사』 예지 「영대명조사의」와 상응하는 것으로 처음으로 확인되는 영조례 의주는 1428년(세종 10) 3월 19일에 예조가 작성하여 올린 '영조의(迎詔儀)'—이하에서는 이를 세종 10년 '영조의(迎詔儀)'라 칭할 것—이다.[275] 이 세종 10년 '영조의' 또한 사전 준비까지 포함하여 통상적인 영조례의 의식 절차 전반을 수록한 영조례 의주이다. 1428년이면 조선 건국 후 30년이 넘은 시점이고 그사이에 적지 않게 조서들이 왔음을[276] 고려할 때, 영조례(迎詔禮)에 관한 의주 작성은 꽤 늦게 이루어졌다고 할 수 있다. 고명(誥命)을 맞이하는 예식 절차는 이미 1401년(태종 1) 6월 11일에 작성되었고[277] 영조례에 비해 상대적으로 비중이 낮은 영칙례(迎勅禮)에 관한 의주조차 10년 앞선 1418년(세종 즉위) 9월 2일에 작성된 점을[278] 감안하면, 영조례에 관한 의주가 상대적으로 늦게 작성되었다고 보는 것은 무리가 없을 것이다.[279]

그렇다면 세종 10년 '영조의'가 마련되고서야 영조례는 준비된 의주에 따라 거행되었을까? 달리 말해, 그 이전에는 정해진 의주 없이 영조례를 거행하였을까? 아니면 세종 10년 '영조의'가 마련되기 전까지는 임시방편으로 고려의 「영대명조사의」를 활용하였을까?

우선, 고려의 「영대명조사의」를 활용하여 영조례를 거행한 사례나 흔적은

<hr>

275 『세종실록』 권39, 세종 10년 3월 신축.

276 그사이에 詔使가 와서 영조례를 거행한 기사를 실록에서 어렵지 않게 찾을 수 있다.

277 『세종실록』 권3, 세종 1년 1월 신해. "禮曹啓 迎誥命儀 依建文三年六月十一日詳定儀注 從之."

278 『세종실록』 권1, 세종 즉위년 9월 기유. 당시 예조가 올린 '迎使臣儀'는 迎勅儀에 해당한다. 이에 관해서는 유바다, 앞의 논문, 2012, 140쪽 참조.

279 迎詔禮에 관한 의주 작성이 비교적 늦게 이루어진 이유에 대해서는 후술할 것이다.

확인되지 않는다.[280] 세종 10년 '영조의'의 작성 전에 「영대명조사의」를 활용하였다고 보기는 어려운 것이다. 그렇다고 해서 이 시기가 영조례 의주의 공백기여서 정해진 의주 없이 영조례를 거행하였다고 보기도 어렵다. 그렇게 보는 이유는 『번국의주』—정확히는 『번국의주』의 「번국접조의주」—의 존재 때문이다. 조선 초기에 영조례의 의식 절차가 『번국의주』「번국접조의주」에 의거해 이루어졌음은 다음 기록들을 통해 엿볼 수 있다.

(1) 사신이 김하(金何)에게 말하기를 "홍무예제(洪武禮制)에는 문밖에서 조서를 맞이할 시에 오배구두례(五拜扣頭禮)를 행하게 되어 있는데, 지금 조서를 맞이하는 의식에는 단지 몸을 굽혀서 맞이한다고 하니 어디에 근거한 것입니까" 하니 (…) 이에 이계전(李季甸)에게 명하여 가서 사신에게 이르게 하기를 "교외에서 맞이할 시에 오배(五拜)하는 예는 마땅하나, 번국의주(藩國儀注)에는 문밖에서 조서를 맞이할 때 절하는 예식이 없고, 고황제(高皇帝, 명 태조)가 이 책을 하사한 이래 아국(我國)은 모두 이 예식을 준행하였습니다"라고 하였다. 사신이 말하기를 "지금 그 책을 가지고 있습니까?" 하기에 즉시 내어 보이니, 두 사신이 보고 나서 서로 눈짓하면서 말하기를 "우리는 홍무예제만을 보았고 이 책이 있는 줄은 미처 알지 못하였습니다. 매우 마땅합니다. 다만 지금의 의주에는 국궁(鞠躬)의 절차가 있는데, 이 책에는 그것이 없습니다"라고 하니, 이계전이 말하기를 "천자의 명(命)을 공경하여 감히 서서 맞이할 수 없으므로 이 국궁 일절(一節)을 더한 것입니다"라고 하였다. 사신이 말하기를 "틀림이 없소"라고 하였다.[281]

---

280 조선시대에 들어서도 『고려사』 예지 「迎大明詔使儀」를 활용하였을 가능성을 뒷받침하는 기록은 필자가 아는 한 존재하지 않는다.

281 『세종실록』 권127, 세종 32년 1월 을사.

(2) 문례관(問禮官) 안처량(安處良)이 와서 아뢰기를, "신이 벽제관에 도착하여 두 명나라 사신에게 알리기를, '예문(禮文)은 경솔히 변경할 수 없는 것인데, 하물며 번국의(藩國儀)는 곧 조종(祖宗) 이래로 준수해온 전례(典禮)이므로, 지금 갑자기 고치기는 어렵습니다' 하였습니다. 정사(正使)가 말하기를, '몸을 굽혀 조칙을 맞이하는 예절은 번국의에는 나타나지 않고 오례의주(五禮儀註)에만 있으니, 이것은 무엇에 근거한 것인가?' 하므로, (…)"[282]

(1) 사례에 따르면, 1450년(세종 32) 1월에 조선과 명 사신 간에는 조서를 맞이하는 의식 절차의 일부인 국문 밖에서 조서를 맞이하는 의절을 놓고 의견 대립이 있었고, 이 과정에서 조선 측은 『번국의주』를 홍무제로부터 사여 받은 이후로는 영조의례를 『번국의주』에 의거하여 거행해왔다고 언급하였다. 1부에서 자세히 서술했듯이, 『번국의주』는 고려 공민왕 대에 명으로부터 사여 받은 책자로, 번국에서 명 황제를 대상으로 거행하는 의례의 의주를 수록하고 있었다. (2) 사례에서 볼 수 있듯이, 1476년(성종 7) 2월 조선 측과 명 사신이 국문 밖에서 조서를 맞이하는 절차를 두고서 갈등하는 와중에, 문례관 안처량은 명의 사신을 상대로 국문 밖에서 오배삼고두(五拜三叩頭)의 예로 조서를 맞이할 수 없는 이유로, "예문(禮文)은 경솔히 변경할 수 없는 것인데, 하물며 번국의(藩國儀)는 곧 조종(祖宗) 이래로 준수해온 전례(典禮)이므로, 지금 갑자기 고치기는 어렵습니다"라는 점을 들었다. 앞서 언급했듯이 『번국의주』의 이칭이었을 번국의는 개국 이래로 준용되어온 예전이라는 것이다. 안처량의 언급은 국문 밖에서 조서를 맞이하는 절차를 비롯하여 조서를 맞이하는 의식 절차 전반이 『번국의주』를 준수하면서 거행되어왔음을 말해준다고 하겠다.

---

[282] 『성종실록』 권64, 성종 7년 2월 계사.

이처럼 세종 10년 '영조의' 이전에도 영조례(迎詔禮)에 관한 의주가 있었으니, 바로 『번국의주』였다. 정확히는 『번국의주』에 수록된 네 종류의 의주들 가운데 「번국접조의주」였다. 『번국의주』의 「번국접조의주」는 의식 절차의 기본 구성이 「영대명조사의」와 마찬가지로 '사자(使者) 입국과 원접(遠接)→식장 배치(사전 예식 준비 사항)→국왕 출영(出迎) 및 궁중 귀환→조서받는 의식→정리'로, 영조례 의식 절차의 전반을 담고 있었을 것이다.[283] 조선은 세종 10년 '영조의'가 마련되기 전까지는 고려에서 마련한 「영대명조사의」를 활용하기보다는 『번국의주』의 「번국접조의주」에 의거해서 영조례를 거행하였을 것이다. 명 측으로부터 받은 것이긴 해도, 영조례 의식 절차의 전반을 기술한 것을 구비·활용하고 있어서인지, 자체적인 의주 작성은 비교적 뒤늦게 이루어진 듯싶다.[284]

지금까지 검토한 바에 따르면, 고려 말기에는 고려 측이 작성한 「영대명조사의」에 따라 영조례를 거행하였고,[285] 조선에 들어와서는 한동안 명 측이 사여한 『번국의주』 「번국접조의주」에 의거해 영조례를 치르다가, 세종 10년 '영조의'가 마련된 이후로는 자체적으로 작성한 의주에 따라 영조례를 거행하였다고 정리해볼 수 있다. 그런데 내막을 들여다보면 이와는 다소 다른 서사를 발견할 수 있다.

---

283 『蕃國儀注』의 「蕃國接詔儀注」는 현전하지 않지만, 『대명집례』의 「蕃國接詔儀注」와 사실상 동일하였을 것이기에 『대명집례』의 「蕃國接詔儀注」를 통해 『번국의주』 「蕃國接詔儀注」 의식 절차의 기본 구성을 추정할 수 있다.

284 迎詔禮에 관한 의주보다 이른 시기에 작성된 誥命을 맞이하는 예식 절차 및 迎勅禮에 관한 의주는 『번국의주』의 「蕃國接詔儀注」와 같은 성격의 것이 없다. 誥命을 맞이하는 예식 절차는 그러한 것이 아예 없었고, 迎勅禮에 관한 의주는 『번국의주』 「蕃國受印物儀注」가 있기는 해도 이를 그대로 활용할 수 없었다. 조선 초기 영칙례와 그 의주에 관해서는 윤승희, 「조선 초 迎勅儀禮의 성립 과정과 그 특징」, 『역사문화연구』 81, 2022a 참조.

285 1부 2장에서 검토했듯이, 『번국의주』의 「蕃國接詔儀注」도 함께 활용되고 있었을 것이다.

표면적으로는 고려 말기에 자체적으로 제작한 「영대명조사의」에 따라 영조례를 거행한 것과 조선에 들어와 명이 보내준 『번국의주』「번국접조의주」에 의거해 영조례를 치른 것이 상이하게 보이지만, 실질적으로는 다른 바가 없었다. 왜냐하면 「영대명조사의」가 『번국의주』「번국접조의주」를 저본으로 하여 작성되었기 때문이다. 더 정확히 말하면, 상당 부분을 그대로 옮겨 적었기 때문이다. 고려의 「영대명조사의」 작성자들은 『번국의주』의 「번국접조의주」를 토대로 이를 작성하였고, 이 과정에서 '번왕(藩王)'을 '왕(王)'으로 수정하거나 '승도기로(僧道耆老)'에서 승려와 도사를 지칭한 '승도(僧道)'를 삭제하는 식으로 고려를 주체로 할 때 어색하거나 실정에 맞지 않은 표현을 생략·수정하였고, 경우에 따라서는 일부 의절을 축약하여 기술하기도 하였다. 그런데 이들 차이는 상대적으로 미미할 뿐만 아니라 의례 구현에 있어 어떠한 변화도 초래하지 못하였다.[286] 「영대명조사의」는 『번국의주』「번국접조의주」의 복제품과 같은 것이었다. 따라서 고려 말기와 조선 초기, 정확히는 세종 10년 '영조의'의 마련 전에는 영조례의 거행이 공히 『번국의주』의 「번국접조의주」에 의거해서 이루어졌다고 할 수 있다. 앞서 소개한 (1) 사례에서 조선 측이 명 사신에게 "고황제(高皇帝)가 이 책을 하사한 이래 아국(我國)은 모두 이 예식을 준행하였습니다"라고 언급한 것은 단순한 수사가 아니었다.

「영대명조사의」가 『번국의주』「번국접조의주」를 거의 그대로 전재하다시피 한 것과 달리, 세종 10년 '영조의'는 『번국의주』「번국접조의주」에 비해 훨씬 풍부한 내용을 담고 있다. 『번국의주』「번국접조의주」의 복제품 같은 의주는 아닌 것이다. 세종 10년 '영조의'의 성격과 특징을 파악하기 위해 이를 『번국의

286　이에 관해서는 최종석, 「고려 말기·조선 초기 迎詔儀禮에 관한 새로운 이해 모색—『蕃國儀注』의 소개와 복원」, 『민족문화연구』 69, 2015, 293~294쪽 참조.

주』「번국접조의주」와 비교 분석해보면, 다음과 같은 사실들을 확인할 수 있다. 우선 두 의주는 의례 절차의 기본 구성 면에서 같다. "사자가 번국(蕃國)의 경계 내로 들어오면 먼저 관인(關人)을 보내 왕에게 급히 보고한다. 왕은 관리를 보내서 멀리부터 조서를 영접하게 한다"라는 『번국의주』「번국접조의주」의 가장 첫 부분―'사신 입국과 원접(遠接)'의 절차―을 생략한 것 외에는, 세종 10년 '영조의'는 의례의 구성 면에서 『번국의주』「번국접조의주」와 동일하다.[287]

양자는 의례 절차의 기본 구성뿐만 아니라 각 부분 내 세부 절차 면에서도 사실상 다르지 않다. '국왕 출영(出迎) 및 궁중 귀환' 부분을 일례로 하여 두 의주를 비교해보면 다음과 같다.

(3) 이날 왕은 나라 안의 관리들과 기로(耆老)와 승려·도사를 이끌고 국문(國門) 밖에 나와 맞이한다. 영접관(迎接官)이 조서를 맞이하고 공관(公館)에서 나와 국문에 이르면, 금고(金鼓)가 앞에 있고 다음으로 기로와 승려·도사가 가고 다음으로 관리들이 조복(朝服)을 갖추어 입고 가며 다음으로 왕이 면복(冕服)을 갖추어 입고 가고 다음으로 의장(儀仗)과 고악(鼓樂)이 가고 다음으로 조서를 넣은 용정(龍亭)이 가고 사자(使者)는 상복(常服) 차림으로 용정의 뒤를 따른다. 맞이하여 궁중에 이르면 (…).[288]

---

287 "使者入蕃國境 先遣關人 馳報於王 王遣官 遠接詔書"에 해당하는 내용이 세종 10년 '迎詔儀'에 기재되지 않은 것은, 당시에 이들 절차가 실행되지 않아서가 아니라 여기에 수록되지 않아도 무방하다는 판단에서였을 것이다. 가령 "平安道監司馳報 使臣四人七月二十八日 發遼東出來 遠接使刑曹判書權軫都摠制李澄齋宣醞發行"(『세종실록』권29, 세종 7년 윤7월 경자)에서 알 수 있듯이, 당시에도 명 사신의 도래에 따른 馳報 및 원접사 파견이 이루어지고 있었다.

288 『蕃國儀注』'蕃國接詔儀注. 1부 제1장에서 복원한 해당 의주를 참고하기 바란다.

(4) 그날에 전하는 왕세자와 여러 신하들을 거느리고 의장(儀仗)을 갖추어 모화루(慕華樓)에 나가서 맞이한다. 사신이 장차 이르면 전하는 면복을 갖추고, 왕세자 이하는 조복(朝服)을 입는다. 중호(中護)는 왕세자를 인도하고 인반(引班)은 여러 신하들과 기로·승인(僧人)을 인도하여 먼저 지영위(祗迎位)에 나아가서 나누어 서게 하고, 인례(引禮)는 전하를 인도하여 지영위(祗迎位)에 나아가게 한다. 조서가 이르면, 전하가 여러 신하를 거느리고 몸을 굽혀(鞠躬) 맞이한다. 사신이 조서를 받들어 용정(龍亭) 안에 두고 나와서 길을 떠나면, 사향(司香) 두 사람이 양쪽에서 향정(香亭)을 모시고 계속해서 향을 피운다. 금고(金鼓)는 앞에 있고, 그 다음에 기로·승인이 말을 타고 가며, 그 다음에 여러 신하들이 말을 타고 가며, 그 다음에 왕세자가 말을 타고 가며, 그 다음에 전하가 가마(輦)를 타고 가며, 그 다음에 의장(儀仗)과 고악(鼓樂)이 가고, 그 다음에 향정(香亭)이 가고, 그 다음에 조서를 넣은 용정이 가고, 그 다음에 사신이 용정 뒤에 간다. 맞이하여 경복궁에 이르면 (…).[289]

(3)은 『번국의주』의 「번국접조의주」에서, (4)는 세종 10년 '영조의'에서 '국왕 출영 및 궁중 귀환' 부분에 해당한다. 『번국의주』「번국접조의주」의 일부인 (3)은 국왕이 신하 등을 이끌고 국문 밖까지 나와 조서를 맞이한 뒤 조서·사신과 함께 궁중(宮中)으로 돌아가는 절차를 기록하고 있다. 세종 10년 '영조의'의 일부인 (4)는 국왕이 왕세자 및 신하 등을 거느리고 국문 밖에 위치한 모화루(慕華樓)에서 조서를 맞이한 뒤 조서·사신과 함께 경복궁으로 돌아가는 절차를 적시하고 있다. 후자는 전자에 비해 분명히 더 상세하다. 그런데도 의례 절차의 기본 구성 면에서 양자 간에 다른 바는 없다. 또한 세부적이면서 중요한 사항도 양자 간에 다르지 않은 것은 매한가지다. 가령 조서를 맞이할 때 국왕

---

289 『세종실록』 권39, 세종 10년 3월 신축.

과 신하들이 각각 면복과 조복을 입어야 하는 것, 궁궐 귀환 시의 행렬 순서도 동일하다. 지면의 한계로 일일이 소개할 수는 없지만, '국왕 출영 및 궁중 귀환' 이외의 다른 부분에서도 동일한 현상이 확인된다. 양자 사이의 이러한 일치는 우연이 아니라 세종 10년 '영조의'가 『번국의주』 「번국접조의주」를 저본으로 하여 작성되었기 때문일 것이다. 앞서 본 바와 같이, 세종 10년 '영조의' 작성 이후인 1450년(세종 32)에 조선 측이 명 사신을 상대로 『번국의주』를 받은 이후로 이를 준행하여 영조례를 거행해왔다고 말할 수 있었던 것도 이러한 사정을 배경으로 해서였을 것이다.

결국 세종 10년 '영조의'는 『번국의주』 「번국접조의주」를 저본으로 삼으면서도 이를 상세화한 것이라고 할 수 있다. 가령 궁궐로의 귀환 시 행렬을 기술하는 데 있어 『번국의주』 「번국접조의주」는 의식에 참여한 이들이 막연히 '간다(行)'고만 기록하여 어떠한 교통수단을 활용하여 이동하였는지를 알려주지 않으나, 세종 10년 '영조의'는 교통수단을 구체적으로 적시하였다. 다만 상세화 작업이 있었다고 해도, 그것은 『번국의주』의 「번국접조의주」를 부연하는 방향에서 이루어졌다. 상세화 과정에서 의례 구성에 변화를 줄 정도의 새로운 절차의 추가 등은 시도되지 않았다.[290]

의례의 기본 구성에 영향을 줄 정도의 변개는 아니었어도, 『번국의주』 「번국접조의주」의 상세화는 필요하면서도 의미 있는 작업이었다. 『번국의주』의 「번국접조의주」는 명 측이 불특정 번국을 대상으로 해서 조서를 맞이하는 절

---

290 세종 대에는 『번국의주』의 「蕃國接詔儀注」를 상세화하는 데 그치지 않고 그간 구현해온 영조례 가운데 禮義 등의 측면에서 문제가 될 만한 사안들을 스스로 찾아내 해결 방안을 모색하곤 하였는데, 그 성과가 세종 10년 '迎詔儀'에 반영되기도 하였다. 가령 세종 10년 '迎詔儀'에서는 『번국의주』 「蕃國接詔儀注」와 달리 국왕이 도성문 밖에서 鞠躬의 예로 조서를 맞이한다고 하였다. 의리적 관점에서 취한 조치였다. 이에 관해서는 후술할 것이다.

차를 개괄적으로 기술한 것이었다. 영조례 예식 절차의 뼈대만 갖추고 있는 셈이었다. 단위 의절 각각에 대한 기술도 소략할 뿐만 아니라 단위 의절 간의 연결이 매끄럽지 못해— 다소 과장하자면 연결이 부재하다시피 하여—, 번국 입장에서는 『번국의주』 「번국접조의주」에만 의존해서는 영조례를 제대로 거행할 수 없었다. 또한 『번국의주』 「번국접조의주」는 영조례를 거행하는 국가의 구체적 여건을 고려하지 못했다. 그러하기에 『번국의주』 「번국접조의주」를 준용하면서 영조례를 거행하고자 한 조선은 한편으로는 조선의 현실을 반영하면서 다른 한편으로는 의식 거행이 원활하게 이루어지도록, 구체적으로는 단위 의절 간의 연결에서 부족한 점이나 단위 의절 내의 미비한 지점들을 해소할 수 있도록 『번국의주』 「번국접조의주」를 보완하고 상세화해야 했다. 세종 10년 '영조의'는 바로 이러한 작업을 담은 성과물이었다.

위의 (4)에서 이러한 점들을 확인할 수 있다. 우선, 국왕이 통솔하는 인사들 가운데 조선의 실정에 맞지 않는 도사를 제외하였고, 세자가 존재할 수 있는 현실을 반영하여 세자를 포함했다. 둘째, 궁중은 경복궁으로, 국문 밖의 조서 영접처를 모화루 앞으로 구체화했다. 셋째, 왕 및 그가 통솔한 이들이 막연히 조서를 맞이하는 것을 구체화하여 이들이 누구의 인도를 받아 지영위(祗迎位)에 나아가 조서를 맞이하는지를 상술하였다. 마지막으로, 앞서 언급한 바와 같이 궁궐로 귀환할 때 어떠한 교통수단을 활용하여 이동하는지 명확히 하였다.

다음으로는, '국왕 출영 및 궁중 귀환' 부분에 대한 비교 검토에 더해 그 다음 의례 절차인 궁내에 도착한 후 조서 맞이에 앞서 국왕과 신하들이 배위(拜位)에 나가기까지의 과정을 비교해보겠다.

(5) 맞이하여 궁중에 이르면 금고(金鼓)는 외문의 좌우에 나누어 늘어서고 기로와 승려·도사는 정중(庭中)의 동서에 나누어 선다. 전상(殿上)의 한가운데에 용정(龍

亭)을 두고 사신은 용정의 동쪽에 선다. 인례(引禮)는 왕을 인도하여 배위(拜位)로 나아가게 하고, 인반(引班)은 관리들 및 승려·도사와 기로(耆老)를 인도하여 각자의 배위로 나아가게 한다.[291]

(6) 맞이하여 경복궁에 이르면 중호(中護)는 왕세자를 인도하고 인반(引班)은 여러 신하들 및 기로(耆老)와 승인(僧人)을 인도하여 서문을 거쳐 들어와 배위(拜位)에 나아가게 하고, 의장과 고악이 들어와서 진열(陳列)하기를 보통 때의 의식처럼 한다. 인례(引禮)는 전하를 인도하여 동문을 거쳐 들어와 서계(西階) 밑의 지영위(祗迎位)에 나아가게 한다. 사신은 조서를 실은 용정을 가지고 중문을 거쳐 들어온다. 전하가 몸을 굽히면 여러 신하들은 모두 반(班)을 돌려 몸을 굽히고, [조서를 실은 용정이] 지나가면 몸을 바로하고 북향한다. 인례(引禮)가 전하를 인도하여 배위에 나아가게 한다.[292]

(5)와 (6)은 각각 『번국의주』, 「번국접조의주」와 세종 10년 '영조의'의 일부분이다. (5)는 궁중에 도착한 이후 조서를 실은 용정이 놓일 위치 및 사신의 위치, 그리고 왕과 그 신하들이 배위에 나아가는 사실을 말해줄 따름이어서 현장감이 떨어지고 의례 참여자의 동선에 대한 고려가 없다시피 하다. 반면 (6)은 의례 절차의 원활한 실현을 염두에 두고 『번국의주』, 「번국접조의주」의 미비점을 보완한 것이라고 할 수 있다.[293] 가령 세종 10년 '영조의'는 국왕이 인례(引禮)의

---

291 『蕃國儀注』 '蕃國接詔儀注'. 1부 제1장에서 복원한 해당 의주 참고.

292 『세종실록』 권39, 세종 10년 3월 신축.

293 여기에서도 조선의 실정에 맞지 않는 道士를 제외한다거나 세자가 존재할 수 있는 현실을 반영하여 세자를 추가하기도 하였다.

인도하에 배위로 나아가는 절차를 구체화하여, 국왕은 인례(引禮)의 인도하에 동문을 통과하여 서계(西階) 밑의 지영위(祗迎位)에 나아간 후 조서가 지나간 뒤 배위에 나아가는 것으로 상술하였다. 그리고 조서가 국왕을 지나쳐가는 사실을 감안하여 왕과 신하의 조서에 대한 '궁신(躬身)' 행위를 덧붙였다.

『번국의주』「번국접조의주」와 세종 10년 '영조의'의 관계가 이렇다고 하면, 고려 말기에는 자체 제작한 「영대명조사의」에 따라 영조례를 거행하였고, 조선에 들어와서는 한동안 『번국의주』의 「번국접조의주」에 의거하여 영조례를 치렀으며, 그러다 1428년(세종 10) 3월 19일에 이르러서는 자체적으로 작성한 의주(세종 10년 '영조의')에 따라 영조례를 거행하였다고 한 앞선 정리는 다음과 같이 수정·보완할 수 있다. 즉 고려 말기 이후로 사실상 줄곧 『번국의주』「번국접조의주」를 준용하여 영조례를 거행해오다가, 세종 10년 '영조의'를 마련하면서 『번국의주』의 「번국접조의주」를 보완하고 상세화한 의주에 의거해 영조례를 치렀다.

그런데 여기서 오인하지 말아야 할 것은, 세종 10년 '영조의'가 소략한 『번국의주』「번국접조의주」를 현실에서 실행할 목적으로 미비한 곳들을 메웠다고 해서, 『번국의주』「번국접조의주」를 보완하고 상세화하는 작업이 이때 처음 시도된 것은 아니라는 점이다. 결론부터 말하면, 그러한 성격의 작업은 고려 말 이래로 지속해왔을 일이지만, 세종 10년 '영조의'는 『번국의주』「번국접조의주」를 보완하고 상세화하는 작업을 이전과 달리 공식적인 문서(의주) 형태로 구현한 것이라고 할 수 있다. 재차 언급하듯이, 『번국의주』「번국접조의주」는 소략하다 보니 이것에만 의존해서는 영조례 자체를 거행할 수 없었고, 그리하여 세종 10년 '영조의'의 작성 이전에도 의주 작성까지는 아니어도 『번국의주』「번국접조의주」에서 미비한 곳들은 어떠한 방식으로든 해소해야 했을 것이다.

영조례 거행에 관한 기사는 "중국의 사신 도찰원첨도어사(都察院僉都御史)

유사길(兪士吉)과 홍려시소경(鴻臚寺少卿) 왕태(汪泰)와 내사(內史) 온전(溫全)과 양녕(楊寧)이 조서를 받들고 오므로, 산붕(山棚)을 맺고 나례(儺禮)와 군위(軍威)를 갖추고 임금이 면복(冕服) 차림으로 여러 신하를 거느리고 서교(西郊)에 나가서 맞이하여 대궐에 이르러 조서를 선포하였다"[294]라는 식으로 간략하게 작성되어 있어, 예식 과정의 구체적인 모습을 전해주지 않는다. 이 때문에 세종 10년 이전에는 미비한 지점들을 어떻게 메웠는지를 구체적으로 파악할 길이 없다. 다만 태종 대의 다음과 같은 기록, 즉 "임금이 사신을 서교(西郊)에서 맞이하였다. 막차(幕次)에 들어가서 기다리다가 사신이 장차 이르매 장막 밖에 나와 서 있었다"[295]라는 기록을[296] 통해, 세종 10년 '영조의'의 작성 이전에도 이미 『번국의주』 「번국접조의주」의 미비한 곳들을 메운 사실을 추정해볼 수 있다. 『번국의주』의 「번국접조의주」에는 국문 밖에서 국왕이 조서(사신)를 맞이한다고만 기록되었을 뿐, 조서를 맞이하러 국문 밖에 도착한 국왕이 조서가 올 때까지 어디에서 대기해야 하는지에 대한 언급은 전혀 없다. 그런데 위의 기록을 보면, 태종 대에 거행된 실제 예식에서는 이러한 미비점이 이미 해소되었음을 확인할 수 있다. 이러한 사실은 『번국의주』 「번국접조의주」를 보완하고 상세화하는 작업이 세종 10년 '영조의'가 마련되기 전에 이미 이루어졌음을 말해줄 것이다.

이렇다고 한다면 세종 10년 '영조의'가 작성되기 전에도 영조례를 원활하게 운용할 수 있을 정도로 『번국의주』의 「번국접조의주」를 보완하고 상세화한 결과물이 있었을 가능성을 배제할 수 없다. 가령 구체적인 예식 절차를 기재한

---

294 『태종실록』 권4, 태종 2년 10월 임술.

295 『태종실록』 권7, 태종 4년 4월 무자.

296 이 기록은 咨文을 맞이하는 과정에서의 사례이긴 해도, 애초에 자문이 아닌 조서로 잘못 알고 이러한 절차를 행한 것이었다.

비공식적인 문건 같은 것이 있었을 수 있다. 매번 조서를 맞이할 때마다 『번국의주』의 「번국접조의주」를 현실에 적용하는 조치가 매번 취해졌다고 보긴 어렵기 때문이다. 이러한 사실은 세종 10년 '영조의'의 작성 이전에 보이는 '조서를 맞기를 의식대로 하였다(迎詔如儀)'는[297] 식의 사례들로부터 어느 정도 추정해볼 수 있다.[298]

다음으로 세종 10년 '영조의(迎詔儀)'와 『세종실록』 오례 '영조서의(迎詔書儀)'[299]를 비교해보면, 두 의주는 사실상 동일하다고 할 수 있다. 만약 혹자가 이들 의주 각각을 토대로 하여 동시에 영조례를 거행한다면, 구현되는 양상은 세심한 데 이르기까지 거의 다르지 않을 것이다.[300] 그런데도 양자 사이에는 뚜렷한 차이가 있다. 무엇보다 『세종실록』 오례 「영조서의」가 세종 10년 '영조의'에 비해 훨씬 상세하다. 세종 10년 '영조의'를 더 상세히 하는 작업이 이루어진 것은 무엇보다 세종 10년 '영조의'의 부족함 때문이었을 것이다. 의주대로만 의식을 거행해도 충분할 만큼 빈틈없는 매뉴얼로 기능하지 못하였기 때문일 것이다. 세종 10년 '영조의'는 『번국의주』 「번국접조의주」와는 비교할 수 없을 정도로 상세하긴 해도, 여전히 완성도 면에서는 부족한 점들이 있었다. 이와 달

---

297 『태종실록』 권7, 태종 4년 6월 기묘. "朝廷使臣內史楊進保給事中敕惟善奉詔書至迎詔如儀."

298 『蕃國儀注』의 「蕃國接詔儀注」를 보완하고 상세화한 결과물이 만들어진 시기는 고려 말기까지 거슬러 올라갈 수 있을 것이다. 고려 말기에 「迎大明詔使儀」가 있었기는 하나 그것은 『번국의주』 「蕃國接詔儀注」의 복제품 같은 것이어서 『번국의주』 「번국접조의주」의 한계를 고스란히 공유하였고, 그러했기에 영조 예식의 원활한 거행을 위해서는 어떠한 식으로든 미비한 곳들을 해결하는 작업이 있었을 것이기 때문이다.

299 『세종실록』 권132, 五禮 嘉禮儀式 迎詔書儀.

300 다만 의식을 사전에 준비하는 부분에서 "前期 3일에 예조는 內外官에게 宣攝하여 각기 그 직무를 다하게 한다(前三日 禮曹宣攝內外 各供其職)"라는 내용이 추가되어 있다.

리 『세종실록』 오례의 「영조서의」는 이에 전적으로 의지해도 될 만큼 완성도가 높았다.

가령 세종 10년 '영조의'에는 "기일 전에 유사(有司)가 장전(帳殿)을 모화루 서북쪽에 남향하여 설치하고 홍문(紅門)을 장전(帳殿)의 북쪽에 세우고 결채(結綵)한다"라고 기록되어 있는 데 비해, 『세종실록』 오례 「영조서의」에는 "전기 1일에 충호위(忠扈衛)가 장전(帳殿)을 모화관(慕華館)의 서북쪽에 남향하여 설치하고 결채(結彩)하며, 유사(攸司)가 홍문(紅門)을 장전(帳殿)의 북쪽에 세우고 결채(結彩)한다"라고 더 상세히 기재되어 있다. 사실상 같은 내용이지만, 『세종실록』 오례 「영조서의」는 장전 설치 주체를 유사(有司)가 아닌 충호위(忠扈衛)로 구체화하였고, 적시되지 않은 홍문 설치 주체를 구체적이진 않아도 유사(攸司)로 명시하였다. 특히 국왕이 조서를 맞이하기 위해 모화루(관)에 이르는 과정에 관한 서술 면에서 『세종실록』 오례 「영조서의」는 세종 10년 '영조의'에 비할 수 없을 만큼 자세하다. 세종 10년 '영조의'에는 "그날에 전하는 왕세자와 여러 신하들을 거느리고 의장(儀仗)을 갖추어 모화루에 나가서 맞이한다"라고만 되어 있어, 궁궐에서 모화루까지 가는 구체적인 과정이 기록되어 있지 않다. 이에 비해 『세종실록』 오례 「영조서의」는 그 과정을 상세히 기술하였다. 예컨대, 국왕은 익선관을 쓰고 곤룡포를 입고 수레(輿)를 타고 나온 후, 근정문 밖에 이르러서는 수레(輿)에서 내려 가마(輦)로 갈아타고, 모화관의 남문 밖에 도착해서는 가마(輦)에서 내려 수레(輿)를 타고서 악차(幄次)로 들어간다는 과정이 소상히 기록되어 있다.[301]

---

301 『세종실록』 오례 「迎詔書儀」가 세종 10년 '迎詔儀'를 보완하는 방식 역시 해당 의례의 온전한 구현을 염두에 두고 단위 의절 간에, 혹은 단위 의절 내에 존재한 미비한 지점들을 해결하는 식이었다.

『세종실록』오례「영조서의」는 세종 10년 '영조의'와 비교해서 의주대로만 의식을 거행해도 될 정도로 빈틈없는 매뉴얼로 기능한 데 그치지 않았다. 후술하듯 세종 대에는 『번국의주』「번국접조의주」의 미비점을 단순히 메우는 것을 넘어 예의(禮義) 등의 관점에서 '제대로 된' 영조례 의식 절차를 갖추기 위해 노력하였는데, 이러한 열의는 세종 10년 '영조의'의 작성 이후로도 지속하였다. 이와 맞물려 『세종실록』오례「영조서의」에는 세종 10년 '영조의'의 작성 이후에 논의·궁리된 결과물이 반영되기도 하였다. 가령 궁내에서 조서를 받는 의식 절차를 진행하는 과정에서 향을 피우는 주체는 세종 10년 '영조의'에서는 "전하가 향을 세 번 피운다(殿下三上香)"라고 하여 국왕이었지만, 『세종실록』오례「영조서의」에서는 "사향(司香) 두 사람이 향안(香案) 앞에 나아가서 꿇어앉아 세 번 상향(上香)한다(司香二人 進香案前跪 三上香)"라고 하여 사향(司香)이었다. 이러한 변화는 후술하듯 세종 10년 '영조의' 작성 이후인 세종 32년 1월 5일에 논의되어 결정된 사항이[302] 반영된 결과였다.

3. 영조례 운영 방식의 시기별 차이

영조례는 고려 말 이래 기본적으로는 명이 하사한 『번국의주』「번국접조의주」에 의거해서 거행되었다. 의주 면에서 보면, 고려 말기에는 『번국의주』「번국접조의주」의 복제품이라고 할 수 있는 「영대명조사의」가 사용되었고, 조선에 들어서는 『번국의주』의 「번국접조의주」가 활용되다가, 소략한 매뉴얼이라는 한계를 지닌 『번국의주』「번국접조의주」를 상세화한 세종 10년 '영조의'가

---

302 『세종실록』권127, 세종 32년 1월 신사.

마련되었으며, 그 이후 영조례 예식 진행을 전적으로 의지해도 될 만큼 완성도 높은 의주인 『세종실록』 오례 「영조서의」가 작성되었다고 정리해볼 수 있다.

이처럼 고려 말 이래 기본적으로 영조례는 명이 보내준 『번국의주』 「번국 접조의주」에 의거해서 거행되었는데, 영조례의 운영 방식 면에서는 시기에 따른 차이가 없었을까? 이하의 서술은 이 질문의 해답을 탐구한 결과이다.

영조례는 『번국의주』의 「번국접조의주」에 의거하여 거행되는 속에서도 운영 방식상 시기에 따른 차이가 존재하였다. 구체적으로는 세종 대를 분수령으로 차이가 분명해진다. 이는 단순히 세종 대에 들어서 『번국의주』 「번국접조의주」나 그 복제품이랄 수 있는 의주에 의존하는 대신 자체적으로 『번국의주』 「번국접조의주」를 보완하고 상세화한 세종 10년 '영조의'(그 이후 『세종실록』 오례 「영조서의」)를 마련해서가 아니다. 결론부터 말하자면, 이전과는 달리 동인(東人)이 주체가 되어 중국이 아닌 동국(東國)에서 이상적 문명 중화를 구현하고자 하는 열망을 반영한 영조의례 거행 방식이 뚜렷이 부상되어서였다. 거듭 언급하듯, 『번국의주』의 「번국접조의주」를 토대로 영조례를 실행한다고 할 때 각종 빈틈을 메워야 했는데, 세종 대 이전에는 이러한 빈틈을 예의(禮義) 등에 맞게, 달리 말해 자신들의 이념적 지향에 부합하게 메우는 문제를 놓고서 궁리나 고민을 한 흔적이 거의 보이지 않는다. 반면 세종 대에는 '상정(詳定)'으로 상징되는 이러한 성격의 궁리나 고민이 곳곳에서 확인된다.

영조례 운영 방식 면에서의 시기별 차이를 살펴보기 위해, 세종 10년 '영조의'에 '국왕이 국문(도성문) 밖에서 국궁(鞠躬)의 예로 조서를 맞이한 절차'가 기재된 사안을 실마리 삼아 접근해보겠다. 앞서 인용한 (3)과 (4)에서 알 수 있듯이, 『번국의주』의 「번국접조의주」에는 "이날 왕은 나라 안의 관리들과 기로(耆老)와 승려·도사를 이끌고 국문(國門) 밖에 나와 맞이한다"라고 하여, 국왕과 그가 통솔한 신하들이 어떠한 자세로 조서를 맞이해야 하는지를 불분명하게 기술한 데 비해, 세종 10년 '영조의'에는 "조서가 이르면, 전하는 여러 신하를 거느리고 몸을 굽혀(鞠躬) 맞이한다"라고 하여, 국왕과 그가 통솔한 신하들이 국궁의 예로 조서를 맞이해야 한다고 명시하였다. 세종 10년 '영조의' 이후에 작성된 의주들, 가령 『세종실록』 오례와 『국조오례의』의 「영조서의」에서도 '국궁' 행위가 명시되어 있다. 이와 달리 『번국의주』 「번국접조의주」는 물론이요, 이것의 복제품이라 할 수 있는 「영대명조사의」에서도 국왕이 어떤 자세로 조서를 맞이해야 하는지를 명시하지 않았다.

세종 10년 '영조의'에서 처음으로 확인되는, 도성문 밖에서 국왕이 조서를 맞이할 때의 '국궁' 의절은 『번국의주』의 「번국접조의주」를 상세화한 의주인 세종 10년 '영조의'를 작성하는 과정에서 추가되었을 것이다. 그렇다면 조선 측은 어떠한 지향을 갖고 '국궁'을 추가하였을까? 그 해답은 앞서 인용한 세종 32년(1450) 1월 29일 기사 가운데 일부인 (1)에서 찾을 수 있다. 명 사신이 『홍무예제』를 근거로 도성문 밖에서는 국왕이 오배구두례(五拜叩頭禮)로, 즉 오배삼고두(五拜三叩頭)의 예로 조서를 맞이해야 한다고 보고 국궁의 예로 조서를 맞이하려는 조선의 방식을 문제 삼자, 조선 측은 "번국의주(藩國儀注)에는 문밖에서 조서를 맞이할 때 절하는 예식이 없고, 고황제(高皇帝)가 이 책을 하사한 이래 아국(我國)은 모두 이 예식을 준행하였습니다"라고 하여, 『홍무예제』가 아닌 『번국의주』를 준행하여 국문 밖에서 조서를 맞이하는 예식을 거행해왔다고 답변하였다. 또한 『번국의주』에는 정작 '국궁'의 절차가 없다는 명 사신의 문제 제기에 대해서는, "천자의 명(命)을 공경하여 감히 서서 맞이할 수 없으므로 이 국궁(鞠躬) 일절(一節)을 더한 것입니다"라고 해명하였다. 핵심은 당시 조선 측이 『번국의주』의 「번국접조의주」를 준용하면서도 이를 상세화한 세종 10년 '영조의'를 작성하는 과정에서는 예의에 부합하는 방향으로 일부 의절을 변개한 사실이다. 조선은 의리적 관점에서 국궁 일절을 추가한 것이다.

세종 10년 '영조의'의 의주 내용 중 "사신은 조서를 실은 용정을 가지고 중문(中門)을 거쳐 들어온다. 전하가 몸을 굽히면 여러 신하들은 모두 반(班)을 돌려 몸을 굽히고, [조서를 실은 용정이] 지나가면 몸을 바로하고 북향한다"라는 구문 또한 같은 맥락에서 추가된 것이라고 할 수 있다. 궁내에 도착한 후 조서를 맞이하기에 앞서 국왕과 신하들이 배위(拜位)에 나가기까지의 과정에서, 『번국의주』「번국접조의주」는 조서를 실은 용정을 전상(殿上)의 한가운데에 두는 것 및 왕과 그 신하들이 배위에 나아가는 사실을 말해줄 따름이어서, 조서를 실은 용정이 지나갈 동안 왕과 그 신하들이 '몸을 굽히는(躬身)' 예절은 그 어디에서도 보이지 않는다. 그러다 세종 10년 '영조의'를 작성하는 과정에서 조서를 실은 용정이 통과할 때 국왕과 그 신하들이 그대로 서 있는 것은 예의에 부합하지는 않는다고 판단하여 '몸을 굽히는(躬身)' 예절을 추가하였을 것이다.

이들 일부 사례만 보더라도, 세종 10년 '영조의'를 작성하는 작업은 단순히 원활한 의식 거행을 목표로 소략한 『번국의주』「번국접조의주」의 미비점을 메우는 차원을 넘어섰음을 간취할 수 있다. 자신들의 이념적 지향에 걸맞은 '제대로 된' 영조의례를 거행하고자 하는 면모를 엿볼 수 있는 것이다.

기록이 불완전해서 국궁 일절과 같은 성격의 것이 세종 10년 '영조의'의 작성 과정에서 고안된 것인지, 아니면 세종 대에 들어서 영조례를 실행하는 과정에서 도입되었다가 의주 작성 시에 반영된 것인지는 명확히 알 수 없지만, 세종 대 이전에는 존재하지 않았을 가능성이 크다. 고려 말기부터 태종 대까지는 후술할 세종 대와 달리 '제대로 된' 영조의례를 거행하고자 하는 인식적 열망이나 면모를 거의 감지할 수 없기 때문이다. 태종 대 이전은 말할 것도 없고, 일부 의례들을 대상으로 '제대로 된' 의식 절차를 갖추기 위해 나름의 노력을 보이곤 한 태종 대조차[303] 영조례 운영 방식에서는 별반 다른 점이 없었다. 유일하다시피 눈에 띄는 대목은 태종 8년(1408) 9월 24일에 상중이라는 특별한 상황에서 흉복도, 길복도 불가하다고 하여 담채복(淡綵服) 차림으로 '영명(迎命)'하고자 했던 것 정도였다.[304] 이는 상중이라는 특별한 상황에서 제기된 국왕 태종의 의견이었을 뿐, 조정 내의 논의나 논란으로까지 진행되진 않았다.[305] 이처럼 태종 대에조차 하나의 사례에 그친 변례(變禮) 시도만이 있었을 뿐, 영조례 실행을 놓고서 예의(禮義) 등의 관점에서 문제가 될 만한 사안들—세종 대에는 문제가 된 사안들—을 스스로 찾아내 해결 방안을 모색하고자 한 흔적은 보이지 않는다.

결국 세종 대 이전에는 다소 편의적이고 임기응변식으로 「영대명조사의」나 『번국의주』 「번국접조의주」의 빈 부분들을 메우면서 영조례를 거행하였다고 할 수 있다. 이러한 방식의 영조례 운영은 후술하듯 세종 대에 이르러 문제로 부상하였다. 세종 대에는 영조례 운영의 측면에서 확연히 다른 분위기를 감지할 수 있다. 몇몇 사례들을 예시로 들어 이 점을 확인해보도록 하겠다.

우선 세종 5년(1423) 7월 30일에 예조가 계문한 '금번의 사신을 영접할 때의 사목(今使臣迎接時事目)'이 주목된다. 이 사목은 그 내용이 "하나, 연향(宴享) 시에 음악을 쓰지 말 것. 하나, 산대나례(山臺儺禮)를 없애고 단지 결채(結彩)할 것. 하나, 영명(迎命)에 조서면 조복(朝服)을 칙서면 길복(吉服)을 착용하고 사례(私禮)는

---

303 가령 태종 대에는 宗廟禮의 일부 의절을 놓고서 여러 논의가 있었다. 한형주, 『조선 초기 국가제례 연구』, 일조각, 2002 참조.

304 『태종실록』 권16, 태종 8년 9월 기사.

305 해당 變禮 시도는 "天子의 명령을 맞이하는데 그렇게 할 수는 없소 잠시 동안 길복을 입는 것이 위를 공경하는 의리요. 禮服으로 맞이하고 孝服으로 제사하는 것이 가하다"라는 사신의 주장에 막혀, 국왕은 예전대로 冕服을 갖춰 입고 천자의 명령을 맞이해야 했다.

백의(白衣)와 오각대(烏角帶)로 할 것"[306]으로, 태종의 홍서로 인한 상중에 강구된 변례들이라 할 수 있다. 통상적인 여건 속에서 영조례를 거행하는 것에 관한 내용이 아니요, 조사를 맞이하는 것에 한정되는 것도 아니긴 해도, 상중에 사신(조사 포함)을 맞이하는 상황에서 감안해야 할 여러 사항을 발굴하고 변개 방안을 제시한 면모가 눈길을 끈다.

세종 대에 들어서는 사신을 맞이할 때 채붕(綵棚)(산붕)을 설치하고 나례를 행하는 여부를 놓고서도 논란이 있었다. 조서를 맞이하는 과정에서 채붕(산붕)을 설치하고 나례를 행하는 것은 『번국의주』 「번국접조의주」에는 기재되어 있지 않은 것으로,[307] 늦어도 고려 말기부터 있어온 일인데,[308] 세종 대에 이르러 새삼 논란거리로 등장한 것이다. 세종 17년(1435) 3월 15일 기사에 따르면, 세종이 대신들에게 "이번에 조서와 칙서를 맞이하는 데 있어 채붕과 나례는 어찌할 것인가"라고 묻자, 혹자는 황제가 죽고 아직 무덤에 모셔지지 않은 상태에서 종고(鍾鼓)를 울리고 채붕을 세우는 것은 사의에 합당하지 않다고 하여 채붕을 세우지 말도록 건의하였고, 다른 이는 명 사신이 길한 일로 온 것이고 시일도 흘렀으니 흉한 것을 버리고 길한 것을 취해야 한다고 보아 채붕을 설치하고 나례를 베풀어야 한다고 주장하였다. 이에 세종은 "사신이 평양에 도착하여 음악을 들을지 아니 들을지를 자세히 안 연후에 정해야 할 것이다"라고 언급하

---

306 『세종실록』 권21, 세종 5년 7월 무신.

307 『세종실록』 권126, 세종 31년 10월 무신에는 "但今大明藩國迎詔儀 只於街巷及館門 結彩而已 無設彩棚儺禮之文"이라고 하여, 『번국의주』 「蕃國接詔儀注」였을 "大明藩國迎詔儀"에는 채붕·나례를 베푼다는 禮文이 없다고 하였다. 실제로 『번국의주』의 「번국접조의주」에는 綵棚(山棚)과 儺禮가 보이지 않는다.

308 고려 말기에도 그러하였음은 다음 기록을 통해 엿볼 수 있다. 『고려사절요』 권30, 우왕 2년 8월. "崔瑩凱還 禑命宰樞供帳于天水寺 巡衛府具雜戱 迎于臨津 如迎詔使禮."

였다.[309] 조칙(詔勅)을 맞이할 때 채붕(산붕)을 설치하고 나례를 행하는 것 여부를 놓고서 논의가 있었지만, 논란은 채붕 설치와 나례 실행 자체가 타당한지를 두고서가 아니라 황제가 사망한 지 얼마 되지 않은 시점에서 채붕(산붕)을 설치하고 나례를 행하는 것이 사의에 합당한지 여부를 놓고서 벌어졌다.

그런데 세종 31년(1449) 10월 1일 기사는[310] 이전과 달리 조칙을 맞이할 때 채붕(산붕)을 설치하고 나례를 행하는 것 자체의 타당 여부를 논의하기도 했음을 보여준다. 논의의 발단은 명 황제 정통제가 오이라트의 포로가 된 토목보의 변이 발생한 상황에서 예조가 조서 영접 시 "채붕과 나례는 기쁜 경사와 같아 혹 미안하지 않을까 합니다"라고 건의한 데서 시작되었다. 이에 대해 세종은 황제의 사망 소식이 없기에 채붕(彩棚)과 나례(儺禮)를 폐하기는 어려울 듯하다고 하면서도 정부(政府)와 다시 의논토록 하였다. 좌참찬 정분과 우참찬 정갑손은 『번국의주』「번국접조의주」였을 「대명번국영조의(大明藩國迎詔儀)」에는 채붕·나례에 관한 예문이 없다는 사실을 지적하고서 순의(順義) 차원에서 앞으로는 조칙을 맞이할 시 채붕·나례를 영구적으로 혁파할 것을 제안하였다. 영의정 황희, 좌의정 하연, 우의정 황보인도 정분 등과 의견을 같이하였지만, 세종은 "채붕과 나례는 정(情)으로써 말하면 행하기 미안하지만, 형세로써 보면 하지 않을 수 없다"라고 했다. 즉 포로의 처지인 정통제를 생각하면 채붕과 나례를 행하기 어렵지만 새로 등극한 경태제를 고려하면 행해야 한다는 현실적인 이유를 들어, 갑자기 예문에 없다고 하여 행하지 않는 것은 불가하다고 하였다. 당시에 조칙을 맞이할 때 채붕을 설치하고 나례를 행하는 것을 폐지하자는 주장

---

309 『세종실록』 권67, 세종 17년 3월 정해. 세종은 사신이 평양과 황주에서 음악을 들은 사실을 보고받고서 사신이 길한 것을 취하고 있다고 보아 채붕을 세우고 나례를 베풀어 詔勅을 맞이하도록 하였다.

310 『세종실록』 권126, 세종 31년 10월 무신.

은 수용되지 않았지만, 채붕과 나례가 『번국의주』「번국접조의주」에 없는 예문임을 지적하면서 의리에 부합하도록 이를 없애야 한다는 주장이 제기된 사실은 세종 대에 들어서 '제대로 된' 영조의례를 거행하고자 하는 달라진 분위기를 전해주기에 부족함이 없다고 하겠다.

다음으로는 세종 대 상향(上香) 절차에 관한 논의가 갖는 함의를 간략히 언급해보려 한다. 아래의 기록을 보도록 하자.

> 경창부윤(慶昌府尹) 정척(鄭陟)을 불러 말하기를, "번국의주(藩國儀注)에는 '왕이 친히 상향(上香)한다'라는 말이 있는데, 우왕 때 사신 장부(張溥)와 주탁(周倬)이 오자 예관이 묻기를, '왕이 친히 향을 피우냐 그렇지 않으냐' 하였더니, 대답하기를, '왕이 친히 향을 피우는 의식이 없다'라고 하였다. 내(세종—인용자)가 즉위하여 황엄(黃儼)이 고명(誥命)을 가지고 와서 말하기를, '왕은 마땅히 친히 상향해야 한다'라고 하여, 내가 친히 상향하였고, 정통황제(正統皇帝)의 조서를 반포하는 사신인 이의(李儀)와 이약(李約)이 왔을 때 예관이 향을 피우는 절차를 물은즉, 대답하기를, '사향(司香)이 하는 것이다'라고 하였다. 지금 조서를 맞이함에 동궁(東宮) 역시 병이 있으니 마땅히 대군(大君)으로써 이를 대행하게 하고, 인군(人君)은 지위가 중하니 친히 향을 피우지 않는 것이 옳을 것이다. 배신(陪臣)으로써 조칙을 대신 맞이하게 하고, 친히 상향하지 않고 사향으로 하여금 상향하게 하는 것은 예에 어긋남이 없을까? (…)" 하니, 정척이 말하기를, "(…) 조정(명—인용자)의 예에 반두(班頭)가 상향하는 의식이 없으므로 따로 상향하는 자가 있는 것이고, 또 번국의주에 '사향이 계속하여 상향한다'라는 말이 있으니, 사향으로 하여금 상향하게 하는 것이 또한 편할 것입니다" 하니, 임금이 말하기를, "이로써 의주를 만들도록 하라" 하였다.[311]

---

311 『세종실록』 권127, 세종 32년 1월 신사.

위 인용문에서 알 수 있듯이, 우왕 대에 명 사신이 조칙을 맞이할 때 국왕은 친히 상향하지 않아야 한다고 하자 사신 의견대로 친히 상향하지 않았고, 이 방식은 이후로도 한동안 지속하였으며,[312] 세종 대에는 사신에 따라 국왕이 친히 상향하기도, 사향(司香)이 상향하기도 하다가, 국왕 세종은 신하와 논의하여 사향이 상향하도록 결정했다. 이 과정에서 『번국의주』의 규정[313] 및 군주 위상에 대한 배려 등이 고려되었고, 결정 사항이 예에 어긋나는지 여부가 고심되었다. 이는 사신의 의견을 반영하여 별다른 고민 없이 국왕이 친히 상향하지 않았던 고려 우왕 대부터 세종 대 이전까지의 모습과는 다르다고 하겠다. 아래의 세종 20년(1438) 11월 16일 기사도 위와 같은 이유에서 주목할 만하다.

의정부에서 예조의 정문에 의거하여 아뢰기를, "번국의영조칙의주(蕃國儀迎詔勅儀注)에는 단지 '금고(金鼓)와 의장(儀仗)과 고악(鼓樂)을 준비한다'라고 말해질 뿐 의장의 수는 없었사옵니다. 우리 조정이 조칙을 영접할 때 특별히 만든 의장이 없이 대가(大駕)의 의장으로 영접하니 미편한 것 같사옵니다. 삼가 정통(正統) 원년의 명 관제를 상고하니, 군현에서 조칙을 영접하는 의장은 산(傘)이 하나요, 횡과(橫瓜)가 둘이요, 월부(鉞斧)가 둘이요, 과퇴(瓜槌)가 둘이요, 검(劍)이 둘이요, 영기(令旗)가

---

312 1435년(세종 17) 3월 13일 명 사신에게 예를 묻는 御札事目 중에는 "고려 僞朝 때에 명 사신이 詔書를 가지고 오자 왕이 친히 향을 올리고자 하였더니, 명 사신이 말하기를 '왕이 친히 향을 올린다는 義는 없다'라고 하였다. 그러하기에, 우리 태조와 태종이 조서를 맞이했을 때 모두 친히 향을 올리지 않았다"(『세종실록』 권67, 세종 17년 3월 을유)라고 하여, 태조와 태종 대에 국왕은 전례대로 조서를 맞이한 시에 친히 향을 올리지 않았다.

313 『蕃國儀注』「蕃國接詔儀注」(1부 제1장에서 복원한 해당 의주 참조)에는 "引禮唱 上香上香 三上香 司香捧香 跪進於王之左 王三上香"이라고 하여, 국왕은 사향의 도움을 받아 세 차례 향을 올린다. 이와 달리 『蕃國儀注』「蕃國受印物儀注」에는 사향에 관한 내용도, 국왕이 친히 향을 올리는 것도 기록되지 않았다.

둘이요, 고악(鼓樂)이 좌우로 나뉘어 있었습니다. 이것은 군현의 제도여서, 그 수효가 너무 적사옵니다. 이제 특별히 제작한 산 하나, 횃과 넷, 월부 넷, 과퇴 넷, 검 넷, 영기 둘, 황개(黃蓋)와 홍개(紅蓋) 각 둘, 황선(黃扇)과 홍선(紅扇) 각 넷으로 조칙을 영접하는 데 대비하도록 하고 (…)."[314]

위 기록에서 알 수 있듯이, 『번국의주』의 「번국접조의주」와 「번국수인물의주」를 합칭한 것으로 추정되는 번국의영조칙의주(藩國儀迎詔勅儀注)에는[315] '금고와 의장과 고악을 준비한다'라는 매우 소략한 사실만 기술된 탓에,[316] 이를 토대로 실제로 조칙을 맞이하는 의례를 거행하는 측은 어떤 식으로든 의장의 수를 정해야 했다. 세종 대의 이 기록에서 주목되는 점은 '특별히 만든 의장이 없이 대가(大駕)의 의장으로 영접하는' 기존의 임시방편적, 편의적 방식 대신에 명의 군현에서 조칙을 영접하는 의장을 참고하면서도 군현이 아닌 번국(외신 제후국)에 걸맞도록 재조정하는―기본적으로 중국 군현의 2배 정도의 규모로 조정―방식을 택한 것이다. 앞서 언급한 바와 같이, 영조 예식을 실행하기 위해서는 어떠한 식으로든 『번국의주』의 「번국접조의주」에서 미비한 곳들을 해결하는 작업이 필요했는데, 세종 대에는 이러한 문제를 해소하는 방식이 전대와는 달랐다. 즉 이념적 지향에 걸맞은 '제대로 된' 영조의례를 거행하려는 열망에서 미비한 부분들을 해결하고자 했던 면모가 확인되는 것이다.

세종 대에는 『번국의주』의 빈 부분을 메우는 데 『홍무예제』를 활용하기도

---

314 『세종실록』 권83, 세종 20년 11월 병신.
315 「蕃國受印物儀注」는 칙서를 맞이하는 의주와 관련이 있다.
316 실제로 『蕃國儀注』의 「蕃國接詔儀注」와 「蕃國受印物儀注」에는 공히 '備金鼓儀仗鼓樂'이라는 구절이 명시되어 있다.

하였다. 세종 15년(1433) 윤8월 15일에 예조는 "홍무예제에는 무릇 조서의 경우 이를 펴 읽을 곳이 본아문(本衙門)이면 용정(龍亭)을 준비해 가지고 교외에서 마중하고, 칙부(勅符)면 비록 이르는 곳이 본아문이라 할지라도 용정을 가지고 영접하는 예(例)가 없는데, 본조(本朝)는 경과하는 고을 모두가 용정을 갖추고 교외에서 마중하니 예에 부합하지 않습니다. 금후로는 용정을 없애야 할 것입니다"라고 건의하였고, 세종은 이를 수용하였다.[317] 조서가 도성에 도착하기까지 통과하거나 머무는 고을에서 조서를 어떻게 맞이해야 하는지는 『번국의주』에 적시되지 않았다. 당시 예조는 이때까지 조서가 단순히 통과하는 고을에서도 용정을 준비하여 조서를 맞이해온 관례를 예에 부합하지 않다고 보고, 이를 없애야 한다고 건의한 것이다. 예조는 예에 부합하는지를 기준으로 지방 군현에서 조서를 맞이해온 관례를 재검토하였고, 이 과정에서 『홍무예제』를 참작·활용하였다.

기본적으로 『번국의주』, 「번국접조의주」를 준용하면서도 '제대로 된' 영조의례를 거행하기 위해 미비한 곳들을 예의 등에 부합하도록 메운다고 할 때, 일반적으로 명확한 정답은 사전에 존재하지 않기 마련이어서, 이러한 작업은 최선의 정답을 도출하기 위해 고심하고 궁리하는 일이었다고 할 수 있다. 이 과정에서 어떠한 전거를 활용해야 하는지는 일률적이지 않았고, 개별 사안에 따라 적절하고 타당하다고 판단되는 것들을 선택·활용하여 문제를 해결해야 했다. 이러한 지적 작업을 통해 '제대로 된' 영조의례를 거행하려 했다고 볼 수 있는 것이다.[318]

---

317 『세종실록』 권61, 세종 15년 윤8월 을축.

318 1432년(세종 14) 5월 19일에 예조는 詔勅을 맞이하는 것을 포함한 몇몇 의례를 위한 예행연습이 한 번에 그쳐 예식이 정제되지 못한 채 이루어지고 있다고 하면서, 명의 제도에 따라 중대한 일은 세 번, 가벼운 일은 두 차례 예행 연습을 할 것을 제안하였고, 국왕은 이를 받아

지면의 제약으로 몇몇 사례에 한정하여 검토하기는 했어도, 영조례 운영 면에서 이전과 확연히 다른 세종 대의 지적 분위기를 확인하기에는 부족하지 않으리라 믿는다. 세종 대의 이러한 지적 환경에서 『번국의주』의 「번국접조 의주」를 토대로 하면서도 자체적으로 작성된 영조례 의주인 세종 10년 '영조 의'가 마련될 수 있었으며, 이것은 의식을 원활하게 거행하기 위해 『번국의주』 「번국접조의주」의 미비점을 단순히 보완하는 차원을 넘어 동국에서 이상적 문명 중화의 구현이라는 이념적 지향에 걸맞은 '제대로 된' 영조례 의주로 기 능할 수 있었을 것이다. 그리고 이러한 움직임의 연장선에 있으면서도 귀결이 라 할 수 있는 것이 『세종실록』 오례 「영조서의」였을 것이다. 또한 세종의 병환 으로 인해 국왕이 조서를 맞이할 수 없는 상황에서[319] 임시방편으로 이에 대응 하지 않고, 해당 사안을 다루는 「대영조칙급사물의(代迎詔勅及賜物儀)」[320]라는 의 주를 고안해낸 것도 이러한 분위기의 산물이라고 할 수 있을 것이다.

들였다(『세종실록』 권56, 세종 14년 5월 병자). 세종 대에 명의 제도에 의거한 醫儀 강화 역 시 영조례를 포함한 의례들을 제대로 거행하고자 하는 열망에서 추동되었을 것이다.

319 『세종실록』 권127, 세종 32년 1월 임인; 『세종실록』 권127, 세종 32년 1월 갑진.

320 『세종실록』 권127, 세종 32년 1월 갑진. "禮曹定代迎詔勅及賜物儀 (…)."

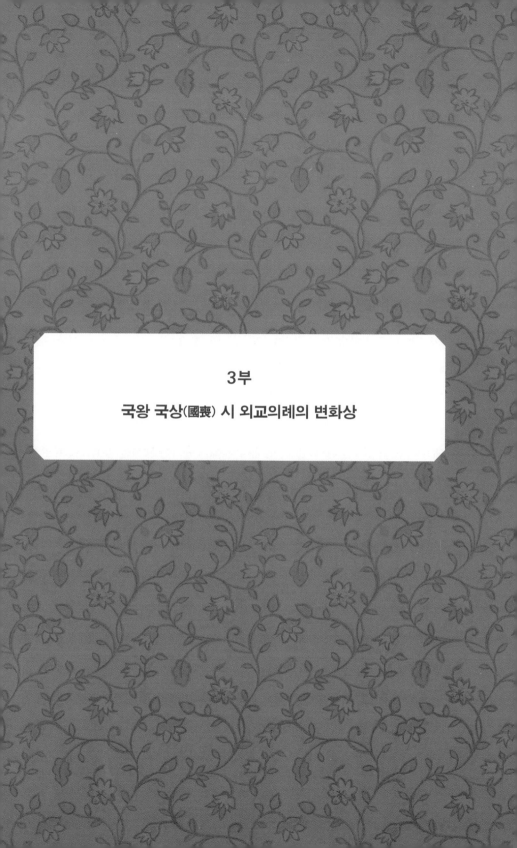

3부

국왕 국상(國喪) 시 외교의례의 변화상

2부에서 검토했듯이, 빈례(賓禮)나 가례(嘉禮)에 수록된 통상적인 외교의례는 원 복속기에 들어서 전면적으로 전환되었다. 이러한 변화는 원 지방 관부에서 황제에 대해 거행하는 의례가 고려에 적용·활용되는 것을 통해 일어났다. 원 복속기에 대폭 전환된 외교의례는 고려 말기에 전유·계승의 과정을 통해 그 이후로도 질적 변화 없이 존속하였다.

　3부에서는 흉례(凶禮)에 수록된 국왕 국상 시의 외교의례 또한 빈례나 가례에 수록된 통상적인 외교의례와 동질적인, 혹은 유사한 궤적을 밟았음을 규명할 것이다. 흉례에 수록된 국왕 국상 시의 외교의례에서도 원 복속기를 변곡점으로 큰 폭의 전환이 있었음을 밝혀보고자 하는 것이다.

　우선은 흉례에 수록된 국왕 국상 시 외교의례의 전환을 규명하는 사전 작업으로, 국왕 사후 책봉국을 상대로 행하는 외교의례 및 황제국 측이 조문 차원에서 행하는 외교의례 면에서 고려 전기와 조선 초기 간에 큰 폭의 시대적 간극이 존재하였음을 규명하고자 했다. 그리고 나서는 국왕 국상 시 외교의례 면에서 고려 전기와 조선 초기 간의 질적이고 단절적인 차이 역시 통상적인 외교의례와 보조를 맞추었음을, 구체적으로는 원 복속기를 분기점으로 하여 전환이 이루어졌고 전환 양상은 질적 변화 없이 고려 말기 이후로도 지속하였음을 밝히고자 했다.

1장

책봉국을 상대로 한 외교의례의 변화
―고애(告哀)·칭사(稱嗣)에서 고부(告訃)·청시(請諡)·청승습(請承襲)으로

1. 머리말

2부에서는 원 복속기를 분수령으로 한 외교의례의 전환과 그 성격을 다루
었는데, 이러한 외교의례는 빈례(賓禮)나 가례(嘉禮)에 수록된 외교의례였다. 국
상(國喪) 시에 이루어진 외교의례, 즉 흉례(凶禮)에 수록된 외교의례는 미처 다루
지 못해, 흉례에 수록된 외교의례가 종래 다루어온 외교의례와 동일한 궤적을
밟았는지, 차이점이 있다면 무엇인지 하는 점 및 두 의례의 공통점과 차이점에
서 도출할 수 있는 역사적 함의가 무엇인지 등의 사안은 검토하지 못하였다.

최근 고려시대와 조선시대(좁게는 조선 초기) 각각의 국상(國喪) 시 외교의례에
관한 연구 성과는 눈에 띄게 축적되었고,[01] 필자는 이러한 성과에 힘입어 국상

---

01 대표적인 연구성과를 소개하면 다음과 같다. 이승민, 「고려 國喪에 대한 거란·금·송의 弔問
使行 양상과 다층적 국제관계」, 『한국중세사연구』 48, 2017; 이승민, 「고려시대 국상 의례와
조문 사행 연구」, 가톨릭대학교 국사학과 박사학위논문, 2018; 이현진, 「명·청의 賜祭·賜諡에
대한 조선의 대응」, 『조선시대사학보』 63, 2012; 이현진, 「조선 전기 국왕 국장(國葬)에서 명
(明) 사신의 의례설행과 그 공간」, 『조선시대사학보』 85, 2018; 윤승희, 「여말선초 對明 外交

시 외교의례에 대해 진전된 이해를 지닐 수 있게 되었다. 그런데도 다소 아쉬운 점은 국상 시 외교의례에 관한 연구 성과가 빈례나 가례에 수록된 외교의례에 관한 성과와 비교해 수적으로 여전히 적다는 사실뿐만 아니라, 무엇보다 고려 전기와 여말선초 시기 각각의 국상 시 외교의례를 분절적으로 다루어온 연구 경향이다. 국상 시 외교의례에 관한 그간의 연구가 각 시기에 국한되어 이루어지다 보니, 성과의 축적과는 별개로 앞서 언급한 의문들, 즉 국상 시 외교의례도 원 복속기를 분수령으로 해서 큰 폭으로 전환되었는지, 빈례나 가례에 수록된 외교의례와 비교해 변화 양상 면에서 공통점과 차이점은 무엇인지, 그리고 변화상에서 읽을 수 있는 역사적 함의가 무엇인지 등은 기존의 성과만으로는 해소하기 어려웠다.

이에 3부에서는 기존 연구 성과를 적극적으로 활용하면서도 특정 시기에 초점을 맞춰 검토해온 종래의 연구 경향을 넘어서, 거시적이고 통시적인 시각에서 국상 시 외교의례의 변화상과 그 역사적 함의를 탐색해보고자 한다. 3장으로 나누어 이 사안을 검토할 계획인데, 문제 해결의 실마리를 찾는 본 장에서는 국왕의 사망 후 책봉국을 상대로 행하는 외교의례에 초점을 맞춰 고려 전기와 조선 초기를 비교 검토하는 연구 작업을 진행할 것이다.[02] 이를 통해 국상 시 외교의례 면에서 두 시기 사이에 질적 전환이 있었다는 사실 및 변화의 구체적인 모습을 규명해볼 것이다. 그리고 더 나아가 국상 시 외교의례 면에서 두 시기 간 질적 차이가 어떠한 역사적 함의를 지니고 있는지도 탐색해보겠다.

　　儀禮 연구」, 숙명여대 역사문화학과 박사학위논문, 2021.

02　고려 전기 국상 시 책봉국을 상대로 한 외교의례의 경우, 의례가 정형화되었다고 할 수 있는 현종 대 이후 요와 금을 상대로 한 외교의례를 검토할 것이고, 이에 더해 국교 재개 이후 송에 대한 의례도 부가적으로 다룰 것이다.

2. 책봉국을 상대로 한 청시(請諡)의 존부(存否)와 그 역사적 성격

국왕 사망 후 책봉국을 상대로 행하는 의례는 얼핏 보면 고려 전기와 조선 초기 사이에 별 차이가 없어 보인다. 고려 전기의 해당 의례는 고애(告哀), 칭사(稱嗣)(=고사위告嗣位) 의례이고,[03] 조선은 고부(告訃), 청시(請諡), 청승습(請承襲) 의례인데,[04] 고애(告哀)=고부(告訃), 칭사(稱嗣)=청승습(請承襲)으로 본다면, 조선은 고려 전기와 달리 황제를 상대로 승하한 전왕(前王)에게 시호를 내려줄 것(賜諡)을 요청하는 의례(請諡) 하나만 더 행했다고도 볼 수 있다.

하지만 국왕의 사망 후 책봉국을 상대로 거행하는 의례는 두 시기 간에 질적인 차이가 있었다. 달리 말해, 청시(請諡) 의례의 추가라는 변화는 양적으로 관련 의례를 하나 더 행하는 것에 그치지 않고 두 시기 간에 심대하고도 질적인 차이가 존재하였음을 상징한다. 정도 차는 있겠지만 고애에서 고부로의 변화에서도, 그리고 칭사에서 청승습으로의 변화에서도 질적인 차이가 존재하였다. 이하에서는 이 점을 하나씩 확인해보고자 한다.

우선 청시(請諡)에 관해 살펴보자. 고려 전기에는 책봉국을 상대로 아예 청시를 행하지 않았다. 청시는 충렬왕의 사망 후 충선왕이 원(황제)에 대행왕(大行王)인 부왕(父王)의 시호를 요청한 것을 효시로 한다.[05] 그전까지는 책봉국을 상대로 한 청시 의례 없이, 고려의 신하들이 사왕(嗣王)과 의논해서 대행왕의 시

---

03 고려시대에 告哀使는 국왕의 사망을 알리는 告哀表 외에도 嗣王의 즉위를 알리는 稱嗣表를 올리는 임무를 수행하였다. 이에 관해서는 이승민, 「고려시대 국상 의례와 조문 사행 연구」, 가톨릭대학교 국사학과 박사학위논문, 2018, 132쪽 참조.

04 『국조오례의』 권7, 五禮 告訃請諡請承襲.

05 『고려사』 권33, 충선왕 복위년 10월 병신. "有司議上大行王諡 王不可曰 有上國 在我且請之 竹冊玉冊 亦合於禮乎 於是 但上號曰純誠守正上昇大王."

호를 올렸다(上諡).[06] 이는 황제국에서 사망한 황제의 시호를 올리는 방식과 동일하였다.[07]

당시에는 책봉국을 상대로 훙서한 국왕의 시호를 요청하는 의례에 대한 선례가 없었기에, 고려는 이를 행해야겠다는 생각 자체를 하지 못하였을 것이다.[08] 황제국·책봉국조차 외국이자 조공국·피책봉국이 시호를 요청하는 것을 전혀 기대하지 않았을 것이다. 원 복속기 이후로는 조선 말기까지 줄곧 청시 의례가 거행되었기에, 자칫 이 사실을 고려 전기로 소급해서 당시 시호를 요청하지 않았던 것은 청시 여부를 놓고서 시호를 요청하지 않는 쪽으로 선택을 했던 결과였다고 생각할 수도 있으나, 고려 전기 당시에는 청시 여부를 놓고서 선택한다는 개념 자체가 부재하였을 것이다. 충렬왕 사후 충선왕이 원(황제) 측에 시호를 요청한 것은 그간 청시 여부를 놓고서 시호를 요청하지 않았다가 시호를 요청하는 것으로 입장을 선회해서가 아니었다. 그간 청시(請諡) 여부를 놓고서 선택한다는 개념 자체가 부재한 여건에서, 그리고 고려가 책봉국

---

06 이정란, 「고려 전기 국왕 諡號制의 내용과 그 의미」, 『한국사학보』 82, 2021 참조.

07 중국에서와 마찬가지로 南郊나 종묘에서 의식을 거행해 하늘 혹은 조상으로부터 시호를 받는 식으로 상시 의례가 거행됐을 것이지만(안기혁, 「여말선초 대중국관계와 국왕시호(國王諡號)」, 『역사와 현실』 104, 2017, 230쪽), 자료 부족으로 구체적인 내용은 확인할 수 없다.

08 고려시대 이전에 단 한 건이긴 해도 중국 왕조로부터 시호를 받은(賜諡) 사례가 있긴 하나, 이것은 請諡의 선례가 되긴 어렵다. 북위 효문제는 고구려 장수왕에게 '康'이라는 시호를 하사한 일이 있었다(『魏書』 권100, 列傳88 高句麗). 그런데 『삼국사기』에는 장수왕을 康王이라 칭한 사례가 없다. 이 사실에서 짐작할 수 있듯이, 고구려는 북위가 내린 시호를 받아들이지 않았을 것이다(羅新, 「고구려 王號 제도에 관한 몇 가지 추론」, 『한국고대사연구』 67, 2012, 73쪽). 장수왕을 대상으로 한 賜諡는 북위 측의 일방통행이었고, 고구려는 북위에 시호를 요청하지도 않았을 것이다. 한편, 고려에 이 사례는 請諡는 말할 것도 없고 賜諡의 선례로조차 기능하지 못하였을 것이다. 중국 왕조로부터 하사된 시호는 이것이 유일무이한 데다가 고구려 측은 이를 사용하지도 않았으며 고려 입장에서 이 일은 매우 오래전의 일이었기 때문이다.

에 시호를 요청하고 책봉국 측으로부터 시호를 받는다는 상상이 부재한 상황에서, 충렬왕 사후 신하들이 관례대로 시호를 올리려 하자 충선왕은 이를 제지하면서 책봉국에 시호를 요청하는 유례없는 일을 주도한 것이다. 원 복속기 들어서, 특히 충렬왕 사후 충선왕은 '특수한' 이유로 원 측에 시호를 요청하였을 것이고,[09] 이 일을 계기로 시호 요청은 지속해서 이루어지게 되었다.

이처럼 고려 전기에 청시 의례가 부재했던 맥락은 2부에서 검토한 망궐례와 배표례가 고려 전기에 거행되지 않았던 맥락과 다르지 않았다고 할 수 있다. 앞서 살펴보았듯이, 고려(조선) 국왕이 황제를 상대로 행한 망궐례(요하례)와 배표례는 원 복속기 이래로 거행되었는데, 원(몽골) 등장 이전에는 중국 밖 제후국의 군주가 자국의 사자에게 표문을 건네는 과정에서 배표례를 행한다고 하는 감각은 황제국(책봉국)과 고려 어느 편에도 존재하지 않았다. 망궐례도 마찬가지여서 원 복속 이전에 고려 국왕이 새해 첫날, 성절 등의 명절을 맞아 국내에 머무르면서 황제를 대상으로 요하(遙賀)를 행한 예는 없었는데, 당시에는 고려 국왕이 황제를 상대로 망궐례를 행할 수 있다는 상상 자체가 고려와 책봉국 모두에 부재하였다. 그러다 원 제국 아래에서 망궐례와 배표례는 다소 맹목적이고 우발적인 과정을 통해 신출(新出)하여 원 복속기 동안 지속해서 거행되었고, 이들 의례는 전유·계승의 과정을 통해 고려 말기 이후로도 질적 변화 없이 존속하였다. 원에 복속되었다는 '특수한' 환경에서 망궐례와 배표례가 출현한 사실을 감안할 때, 고려 전기에는 이들 의례를 거행할 수 있다는 가능

---

09 그 이유는 분명치 않은 데다가 복합적이었을 것이다. 충선왕이 처음 즉위하였을 시 참월한 관제 개편을 하나의 이유로 해서 폐위당했던 경험이 충선왕이 주도하여 시호를 요청하는 배경으로 작용하였다고 본 견해는(이명미, 『13~14세기 고려·몽골 관계 연구』, 혜안, 2016, 186~188쪽) '특수한' 이유를 상상하는 데 참고가 된다. 충선왕이 유례없이 시호를 요청한 사안에 관해서는 3부 3장에서 좀 더 상세히 검토할 예정이다.

성 자체를 상상하지 못하였을 것이다. 그러하였기에 당시에는 이들 의례를 거행하지 않았다는 인식 자체가 부재했을 것이다. 청시 의례도 이와 마찬가지였을 것이다.

고려 전기에 청시 의례가 망궐례, 배표례와 마찬가지로 부재한 현상을 국왕 위상의 측면에서 해명해보자면, 원 복속기 이전인 고려 전기에는 그 이후와 달리 고려 국왕이 '국내'에서는 군주의 위상만을 누려 황제 신하로서의 위상은 구현되지 못하였고, 황제국·책봉국도 황제 신하의 위상을 고려 내에까지 관철하고자 하는 생각을 아예 하지 못한 시대 환경에서,[10] 청시 의례가 부재한 현상이 비롯되었다고 할 수 있다. 고려 전기 외교의례를 보더라도, 그것은 고려 국왕의 외교(대외) 현장에서 황제 제후(신하)의 위상을 구현하는 성격의 것이어서 사실상 황제의 조서와 칙서 등을 지니고 온 사신을 맞이하는 의례가 전부이다시피 했다. 그리하여 당시에는 망궐례와 배표례처럼 고려 국왕이 황제국에서 온 인사(사신)의 시선이 없는 상황에서도 자국 내에서 황제를 상대로 신례를 거행하는 의례는 아예 존재하지 않았고, 존재할 수도 없었다. 청시의 경우도 마찬가지여서, 대외 방면으로의 의례는 수동적 자세로 황제의 사신을 맞이하는 것으로 제한되는 환경에서, 시호를 요청할 수 있다는 생각이 아예 나지 않았을 것이다. 조선시대의 상황과 비교해보자면, 청시를 둘러싸고 상전벽해 식의 인식론적 단절이 존재한 셈이다.

반면 조선에서 청시는 국왕의 사망 후 책봉국을 상대로 거행하는 고부·청시·청승습이라는 일련의 조합 가운데 하나의 의례로 자리 잡고 있었다.[11] 다만

---

10 고려 전기 국왕 위상에 관해서는 최종석, 「고려시대 朝賀儀 의례 구조의 변동과 국가 위상」, 『한국문화』 51, 2010a; 최종석, 「13~15세기 천하질서와 국가 정체성」, 『고려에서 조선으로』, 역사비평사, 2019d 참조.

11 『세종실록』 권134, 五禮 凶禮儀式 告訃請諡請承襲. 일련의 것이다 보니, 사신을 따로따로 파

왕위 계승이 전왕의 사망으로 인한 것은 세종 사후 문종의 즉위부터이다 보니, 이때서야 고부·청시·청승습이라는 일련의 조합이 온전히 구현되었고,[12] 그전에는 고부·청시와 청승습이 시기를 달리한 채 이루어졌다.[13] 어쨌든 조선시대에 청시는 국왕의 사망 후 책봉국을 상대로 거행해야 하는 의례로, 고부(告訃) 시에 수반되어야 하는 것이었다.

황제에게 사망한 국왕의 시호를 요청할 시에는 문서를 갖추어 명(황제) 측에 시호를 요청해야 했다. 『세종실록』 권134, 오례 흉례 의식 고부청시청승습(告訃請諡請承襲)에 따르면, 우선 승문원(承文院)이 고부표전(告訃表箋)과 함께 청시표전(請諡表箋)을 찬진(撰進)하였고, 사위례(嗣位禮)를 마친 후 종친과 문무백관은 백의(白衣)·오사모(烏紗帽)·흑각대(黑角帶) 차림으로 근정전의 뜰에 들어가서 고부청시표전(告訃請諡表箋)을 상대로 배표(전)례를 행하였으며, 그 후 사신은 고부청시표전을 지니고 명 도성을 향해 떠났다.[14] 승문원이 찬진하고 사신이 지니고 간 청시표전(請諡表箋)은 사망한 국왕의 후계자인 조선국권서국사(朝鮮國權署國事) 명의의 문서였는데,[15] 조선국권서국사(朝鮮國權署國事)로 자처한 존재는 명

견하지 않고 告訃請諡請承襲使를 파견하는 게 일반적이었다. 경우에 따라서는 告訃請諡使와 請承襲使를 별도로 파견하기도 하였다. 이현진, 「명·청의 賜祭·賜諡에 대한 조선의 대응」, 『조선시대사학보』 63, 2012 참조.

12 위의 논문, 137쪽.

13 1408년(태종 8) 태조 승하 시에는 국왕인 태종이 이미 책봉을 받은 상태였기에, 명(황제)을 상대로 해서는 請承襲 없이 告訃와 請諡의 의례만을 행했다. 마찬가지 이유에서 정종이 1419년(세종 1)에, 그리고 태종이 1422년(세종 4)에 승하한 이후에도 告訃와 請諡의 의례만이 행해졌다(이현진, 위의 논문, 2012, 135~136쪽).

14 『세종실록』 권134, 五禮 凶禮儀式 告訃請諡請承襲. "前期 承文院撰進告訃請諡表箋及議政府請承襲申呈嗣位禮訖 宗親及文武百官以白衣烏紗帽黑角帶 入勤政殿庭 拜告訃請諡表箋 如常儀 樂陳而不作 使者捧表箋旣出 宗親及百官送至國門外 還著衰服."

15 『성종실록』 권1, 성종 즉위년 12월 경신. "請諡表曰 朝鮮國權署國事臣諱言 臣叔父先國王臣

(황제)에게 고부청시표전(告訃請諡表箋)을 올려 국왕의 부음을 알리고 사망한 전왕에게 시호를 내려달라고 요청하였다. 그리고 이때 조선은 청시표전(請諡表箋) 외에도 선왕의 행장(行狀)을 명 측에 제출하였다.[16]

한편 고려 전기와 달리 책봉국을 상대로 승하한 국왕의 시호를 요청하는 의례를 거행한 사실로부터, 당시 조선은 외국이자 제후국—외신 제후—이긴 해도 국왕 시호라는 사안에서만큼은 영내의 내복(內服) 제후와도 같은 행보를 취하였다고 볼 수 있다.[17]

외국의 군주로서 명으로부터 국왕 시호를 받은 사례는 조선 국왕으로 한정되지는 않는다. 하지만 조선은 다른 사례와는 확연히 이질적이었다. 우선, 조선만이 유일하게 명으로부터 지속해서 국왕 시호를 하사받았다. 『명시기휘편(明諡紀彙編)』 권22, 신휘(臣諡)5 외이(外夷)에는 명(황제)이 하사한 제후국 국왕 시호가 정리되어 있는데, 이들 가운데 고려의 공민왕(1건)을 제외하더라도 조선 국왕의 시호 사례(12건)는 압도적 다수를 차지하고 있었다. 조선 국왕에 대한 이들 사시(賜諡)는 영락제부터 만력제까지의 기간에 걸쳐 꾸준히 이루어졌다. 조

譚諡號 禮當陳請 伏望聖慈兪允者 伏以賜諡易名 惟帝王之大典 告終請命 實臣子之至情 敢煩籲呼 采增惶懼 竊念先臣譚 祇承睿眷 嗣守敝邦 遵侯度而小心 常勵忠節 遭家閔而在疚 奄辭昌辰 載稽前規 顒望殊號 伏望皇帝陛下諒親之懇 垂恤孤之仁 遂令貞魂 獲紆異渥 臣謹當之屛之翰 永保箕封 曰壽曰康 恒申華祝."

16 안기혁, 「조선시대 국왕행장(國王行狀)의 제술과 기능 변화」, 『역사문화논총』 8, 2014, 119~120쪽 참조.

17 조선이 명 영내의 內服 제후와 항상 동일한 행보를 취하지 않았음은 너무나 당연하고도 분명한 사실이다. 사안에 따라 동일한 행보를 취하곤 하였을 뿐이다. 문제는 외국이자 제후국인 조선이 어느 사안에서 內服 제후와 동일한 행보를 취해야 하는지가 불분명하고 유동적이라는 점이다. 이로 인해 조선 유자 관료들은 특정 사안에서 내복 제후와 동일한 행보를 취해야 하는지를 놓고 논란을 벌이기도 하였다. 이와 관련해서는 최종석, 「조선 초기 국가 위상과 '聲敎自由'」, 『한국사연구』 162, 2013, 23~31쪽 참조.

선 이외의 사례도 있긴 하지만 드문 데다가 모두 영락제 시기로 국한된다. 즉 영락제 시기에 명 황제는 일본국왕(日本國王) 원도의(源道義)에게 공헌(恭獻) 시호를, 발니국왕(渤泥國王) 마나야가나내(麻那惹加那乃)에게 공순(恭順) 시호를, 소록국동왕(蘇祿國東王) 파도갈팔답랄(巴都葛叭荅剌)에게 공정(恭定) 시호를, 고마랄국왕(古麻剌國王) 간랄의역돈(幹剌義亦敦)에게 강정(康靖) 시호를 하사했다. 이들 사시(賜諡) 사례는 일본국, 발니국(渤泥國), 소록국(蘇祿國), 고마랄랑국(古麻剌朗國) 등 4개국을 대상으로 각각 한 차례에 그쳤고, 모두 정화의 원정으로 상징되는 적극적인 대외 정책을 운용한 영락제 시기에 국한해 이루어졌다.[18] 조선의 또 다른 이질적인 면모는 청시 의례를 통해 사시가 이루어진 경우가 조선(고려) 국왕을 대상으로 한 것으로 한정된 사실이다. 조선(고려) 외의 사시 사례는 이들 국가가 행한 '청시' 의례에서 비롯되지 않았다. '청시'는 아예 이루어지지 않았다. 발니국, 소록국, 고마랄랑국의 국왕에 대한 사시는 이들이 친조한 후 귀국 도중 명에서 사망한 데 따른 것이고, 원도의(源道義)인 아시카가 요시미츠(足利義滿)에 대한 사시는 명 황제가 부고를 전해 들은 후 특명으로 시호를 수여한 것이었다.[19] 청시도 없고 단건에 그친 사시는 국왕 시호라는 사안에서만큼은 번국이 내복(內服) 제후와 같은 행보를 취한 것을 의미한다고 보긴 어렵지만, 이와 이질적인 조선의 경우는 얘기가 사뭇 달라진다.

명에서의 시호 수여는 전대(前代) 왕조처럼 영내의 왕공 및 3품 이상 관리 등의 대신이 사망하면 그의 집안 등에서 부고를 알리고 행장을 제출하면서 시

---

18 단죠 히로시 지음, 한종수 옮김, 『영락제—화이질서의 완성』, 아이필드, 2017; 田冰, 『明代官員諡號研究』, 河南大學博士論文, 2009, 46~47쪽 참조.

19 안기혁, 앞의 논문, 2017, 255쪽 참조.

호를 요청한 것에 응해서 이루어졌을 것인데,[20] 조선 국왕의 사망 시에도 조선 측은 이와 다를 바 없이 명 황제에게 시호를 요청했다. 조선은 훙거한 조선 국왕을 대상으로 하는 명 측의 사시를 반드시 성사되어야 하는 일로 간주하고서는 청시를 빠짐없이 행하였다. 여타 제후국(조공국)과는 현저히 다르게 말이다. 시호 요청 사실에 그치지 않고, 해당 의례 역시 명 영내 왕공대신(王公大臣)의 시호 요청과 다를 바 없이 이루어졌을 것이다.[21] 그리고 이와 관련하여 청시 의례와 짝을 이루는 사시 의례의 경우, 명은 조선 측의 청시에 화답하는 사시 의례를 비롯한 조문의례 전반을 명 영내의 왕공대신(王公大臣)을 대상으로 하는 의주대로 거행하도록 하였고, 이를 위해 명 영내의 왕공대신을 대상으로 하는 의주를 조선에 보내주었으며, 조선 측도 왕공대신을 대상으로 한 조문의례 의주

---

20 명대에 시호를 받는 대상자는 "明諡法 凡皇帝十七字 皇后十三字 皇妃東宮東宮妃二字 親王一字 郡王二字 文武大臣二字 若官品未高而侍從有勞 或死勤事 特恩賜諡者 不拘常例"(『明會要』권19, 禮14 凶禮)라 하여, 皇帝, 皇后, 皇妃, 東宮, 東宮妃, 親王, 郡王, 고위 官品의 文武大臣 등이었다. 여기서 시호를 청할 수 있는 고위 官品의 文武大臣이란 3품 이상의 官員을 가리켰다. 시호 제도가 완성되었다고 할 수 있는 唐代에 王公 외 시호를 청할 수 있는 자격의 官員은 3품 이상의 관원이었고(散官은 2품 이상), 당 이후로 송·원대 그리고 명대에도 請諡가 허락되는 관원은 3품 이상의 관원이었다(田冰, 앞의 논문, 2009, 20~32쪽 참조). 명대의 경우 『大明會典』 등에서 王公은 말할 것도 없고 文武大臣의 請諡 절차에 관한 자세한 정보를 찾긴 어렵지만, 기본적인 절차는 당송 이래의 것이었을 터여서 다음의 기록이 참고된다. 『宋史』권124, 志77 禮27 凶禮3. "定諡 王公及職事官三品以上薨 贈官同 本家錄行狀上尙書省考功 移太常禮院議定 博士撰議 考功審覆 判都省集合省官參議 具上中書門下宰臣判準 始錄奏聞 敕付所司 卽考功錄牒 以未葬前賜其家 省官有異議者 聽具議聞"; 『元史』권23, 本紀23 武宗 2년 12월 丁丑. "詔 (…) 三品以上者許請諡 凡請諡者 許其家具本官平日動勞政績德業藝能 經由所在官司保勘 與本家所供相同 轉申吏部考覆呈都省 都省準擬 令太常禮儀院驗事蹟定諡 若勳戚大臣奉旨賜諡者 不在此例." 정확한 절차는 불분명하지만, 명대에도 사망한 王公大臣의 집안에서 시호를 받기 위해 행장이나 그에 준하는 것을 작성하여 시호를 요청했을 것이다.

21 명 국내와 동일한 절차로 국왕 시호 요청이 진행되었음은 안기혁, 앞의 논문, 2017, 255쪽 참조

를 어떠한 거부감 없이 수용·활용한 사실이[22] 주목된다. 이는 서로 짝을 이루는 청시와 사시 의례가 명 내 왕공대신을 대상으로 한 의례(의주)와 사실상 동일하게 거행되었을 사실을 시사한다고 하겠다.

그리고 조선의 시호 요청과 관련해서 주목해야 할 점은 청시가 조선의 자발적 의지의 산물이었으리라는 사실이다. 앞서 언급했듯이 청시는 명의 조공국·피책봉국 가운데 조선(고려)만이 행했다. 명이 조선에게만 청시를 요구·강제하지 않았음은 너무나 분명한 사실이다. 타국과 구별되는 조선의 유별난 행보는 그 동인이 명이 아니라 조선 측에 있었다. 좀 더 부연 설명을 해보겠다.

명조는 번국에서 황제를 대상으로 시호를 요청하는 의례는 물론이거니와 사망한 번국왕(蕃國王)을 대상으로 황제가 시호를 하사하는 의례조차 갖추고 있지 않았다. 홍무 3년(1370)에 편찬된 『대명집례』 빈례에는 번국 내에서 번국이 주체가 되어 명(황제)을 대상으로 거행하는 의례(의주)인 「번국접조의주」, 「번국수인물의주」, 「번국정단동지성수솔중관망궐행례의주」, 「번국진하표전의주」가 수록되었지만,[23] 흉례에는 번국과 관련된 의례로는 명 황제가 번국왕의 부주(訃奏)를 받는 의례(의주)인 「승여수번국왕부주의(乘輿受蕃國王訃奏儀)」만이 구비되어 있었을 따름이다.[24] 영락제가 일본국왕, 발니국왕, 소록국동왕, 고마랄

---

22 『태종실록』 권16, 태종 8년 9월 기사; 윤승희, 「여말선초 對明 外交儀禮 연구」, 숙명여대 역사문화학과 박사학위논문, 2021, 76~84쪽 참조.

23 『大明集禮』 권30, 賓禮1과 賓禮3. 岩井茂樹, 「明代中國の禮制覇權主義と東アジアの秩序」, 『東洋文化』 85, 2005 참조.

24 『大明集禮』 권36, 凶禮 乘輿受蕃國王訃奏儀注. 『大明集禮』 권36, 凶禮에는 蕃國王을 대상으로 한 예식이 단 한 건에 그친 반면, 王公大臣을 대상으로 한 흉례 예식은 「遣使問王公大臣疾病儀注」, 「乘輿為王公大臣舉哀儀注」, 「乘輿受蕃國王訃奏儀注」, 「乘輿臨王公大臣喪儀注」, 「遣使弔王公大臣喪儀注」, 「遣使賻王公大臣喪儀注」, 「遣百官會王公大臣喪儀注」, 「遣使冊贈王公大臣儀注」, 「遣使致奠王公大臣儀注」 등 여러 건이었다.

국왕에게까지 시호를 하사하긴 했지만, 당시에 번국(왕)에게 시호를 하사하는 예식(의주)은 마련되어 있지 않았다. 그전과 그 후도 사정은 다르지 않았다. 명은 번국(왕)을 대상으로 시호를 하사해야 한다고 생각하지 못한 것이다. 영락 연간에 번국(왕)을 대상으로 한 시호 하사는 제도적·항구적인 것이 아니라 일회적·우발적인 움직임에 가까웠을 것이다.[25] 이들 국가(왕)에 대한 시호 하사는 준비된 예식(의주)을 토대로 한 게 아니라 임기응변식으로 이루어졌을 것이다.

그런데 명은 조선을 상대로 해서만 유독 다른 국가와 달리 왕공대신에게 시호를 하사하는 예식(의주)인 「견사책증왕공대신의주(遣使冊贈王公大臣儀注)」[26]를 초록(抄錄)한 것을 하사한 것이다.[27] 명은 번국(왕)을 대상으로 시호를 하사해야 한다고 생각지 않았기에, 번국(왕)을 대상으로 한 청시 규정이라든가 사시 예식(의주)을 마련하진 않았지만, 조선이 여타 번국과 달리 명 내의 왕공대신처럼 시호를 요청하자, 명은 수동적이나마 이에 반응하여 왕공대신에게 시호를 하사하는 예식(의주)을 추려 베껴 조선에 보내주었을 것이다. 이는 어떠한 이념이나 체계적인 계획에 따른 게 아니라 임기응변적 조치였을 것이다. 그리고 명이 어떠한 배경과 심산에서 이 의주를 준 것인지와는 별개로, 조선은 명이 보내준 이 의주를 토대로 하여 사시의주(賜諡儀注)를 정비해갔다.[28]

이처럼 번국(왕)을 대상으로 시호를 하사해야 한다는 생각이 부재한 명을

---

25 여기에는 영락제의 개성도 작용하였을 것이다.

26 『大明集禮』 권36, 凶禮 遣使冊贈王公大臣儀注.

27 『태종실록』 권16, 태종 8년 9월 기사.

28 『태종실록』 권16, 태종 8년 9월 기사; 윤승희, 앞의 논문, 2021, 79~84쪽 참조. 당시 명은 「遣使冊贈王公大臣儀注」뿐만 아니라 「遣使致奠王公大臣儀注」와 「遣使賻王公大臣喪儀注」를 추려 베껴 조선에 보내주고 조선은 이를 준용하여 각각 賜諡儀禮, 賜祭儀禮, 賜賻儀禮를 거행하였는데, 이 사안에 관해서는 3부 2장에서 상세히 검토할 것이다.

추동하여 번국(왕)에게 시호를 하사하는 예식(의주)을 마련하는 것까지는 아니어도 「견사책증왕공대신의주(遣使冊贈王公大臣儀注)」를 초록한 의주를 마련하여 조선에 보내도록 한 조치는, 조선이 사망한 전왕을 대상으로 이루어지는 명 측의 사시를 당위로 간주하면서 사시를 성사시키기 위해 청시를 행한 작용에 따른 반작용이었을 것이다. 국왕 사망 후 책봉국을 상대로 고부(告訃) 시에 청시를 수반한 것은 명에 의해 강제된 것이 아니라 조선의 자발적 의지의 산물이었다고 볼 수 있는 것이다.[29]

홍서한 조선 국왕을 위해 명 황제에게 시호를 요청한 사실의 역사적 의미를 이상과 같이 바라볼 수 있다면, 고려 전기에 청시 의례가 거행되지 않은 것은 당시 고려 국왕이 조선과 다름없이 외국의 군주이자 황제에게 '칭신'(제후)하는 존재이긴 했어도, 황제의 신하(제후)라는 위상은 조선과 달리 대외 현장에 국한해서 작용하였고,[30] 그러했기에 통상적으로 해온 대외 현장에서의 '칭신'을 넘어서 책봉국 내의 왕공대신이나 할 법한 청시 의례를 행할 수 있다는 생각 자체를 하지 못했을 것을 시사한다. 그 당시에는 고려뿐만 아니라 책봉국 측도 사망한 고려 국왕을 대상으로 사시를 할 생각을 못했을 것이다.

---

29 조선의 시호 요청에는 충선왕 이후로 시호를 요청해온 관성도 작용하였을 것이다. 그런데 조선은 제후국의 명분과 관련 있는 사안을 철저히 명분에 부합하도록 실행했기 때문에, 前代를 계승하여 시호를 요청하면서도 제후의 禮에 더 걸맞은 방향으로 국왕 시호를 요청하는 의례를 운영하고자 했을 것이다.

30 이에 관해서는 최종석, 「고려시대 朝賀儀 의례 구조의 변동과 국가 위상」, 『한국문화』 51, 2010a 참조.

3. 사위(嗣位)의 대외적 위상 차이 및 고사위와 청승습 간의 시대적 간극

다음으로 칭사(稱嗣)(=고사위告嗣位)와 청승습(請承襲)의 차이를 살펴보도록 하겠다. 칭사는 새로운 군주의 즉위, 곧 사위(嗣位)의 사실을 책봉국에 알리는 의례였다.[31] 사위 사실을 알리는 의례는 『고려사』와 『고려사절요』에 주로 '고사위(告嗣位)'로 기록되었고,[32] 한 건이긴 하지만 '고즉위(告卽位)'로도 기록되었다.[33] 그런데 사위 사실을 알리는 표문으로 현존하는 것의 제목은 모두 '칭사표(稱嗣表)'인 것을 보면, '칭사(稱嗣)'는 '고사위(告嗣位)'와 동의어이고 양국 간 보다 공식적인 용어였던 것 같다.[34]

부고를 아뢰는 고애표(告哀表)가 전왕의 사망 일자와 경위 및 사왕의 애통한 심정을 담고 있다고 한다면,[35] 고애표와 마찬가지로 사위한 왕(嗣王)의 명의로 작성했을 칭사표는 전왕의 황제를 향한 충순한 행적을 적고, 전왕의 사망 후 그의 유명(遺命)을 받아 '임시로 번봉(藩封)을 지키게 되었다(假守藩封)'라는 식으로 즉위 사실을 전한다.[36] 칭사표는 '가수번봉(假守藩封)',[37] '가수종팽(假守宗祊)',[38]

---

31 국교 재개 이후의 송은 책봉국은 아니었지만, 고려는 송에게 사위를 알리기도 하였다. 『고려사』 권11, 숙종 3년 7월 기미 참조.

32 『고려사』에서 '稱嗣' 사례는 한 건 확인된다. 『고려사』 권4, 현종 즉위년 2월. "是月 遣司農卿 王日卿如契丹 告哀稱嗣."

33 『고려사절요』 권6, 현종 원년 10월. "遣左司郎中尹瓘刑部侍郎任懿如遼 告卽位."

34 이승민, 앞의 논문, 2018, 131쪽 참조.

35 『東人之文四六』 권4, 事大表狀 告哀表(崔惟淸); 『동문선』 권40, 表箋 告哀表(崔洪胤).

36 『동문선』 권39, 表箋 稱嗣表(崔惟淸); 『동문선』 권40, 表箋 稱嗣表(崔洪胤).

37 『동문선』 권40, 表箋 稱嗣表(崔洪胤).

38 『고려사』 권11, 숙종 3년 7월 기미.

'가수유기(假守遺基)'[39] 식으로 사위한 왕이 임시로 군주의 역할을 한다고 표현하긴 했어도, 고려 내에서 전왕의 유명 등에 의거해 새로운 국왕이 즉위한(사위) 사실을 적시하여 고려 자체의 질서에 의해 새로운 군주가 즉위하였음을[40] 황제에게 알리고 있다.[41] 칭사가 고사위(告嗣位)나 고즉위(告即位)로도 불린 것은 이러한 이유에서였다. 이처럼 책봉국을 상대로 해서 고사위 의례를 실행한 것은 국내에서 사위한 군주가 대외에까지(황제를 대상으로 해서까지) 이 사실을 표방하였음을 의미한다고 할 수 있다.

주목해야 할 점은 고사위가 책봉을 요청하는 의례('請承襲')와는 전혀 다른 의례라는 사실이다. 무엇보다 칭사표의 어디에도 즉위한 사왕(嗣王)을 책봉해달라는 요청이 보이지 않는다. '청승습' 문서에서 보이는 '주문을 갖추어 사자(嗣子) 휘(諱)를 책봉하여 국왕을 승습(承襲)하도록 요청합니다(具奏欽請冊嗣子諱承襲國王)'[42]라는 식의 요구가 전혀 보이지 않는 것이다. 대신에 전왕의 유명을 받아 즉위한 사실을 전할 뿐이었다.

이 사실에 더해 책봉국이 아닌 국교 재개 이후의 송을 상대로도 '고사위'를 행한 사실 또한 '고사위'가 책봉 요청과 무관한 의례임을 웅변해준다. 숙종이 송을 상대로 '사위 사실을 고하였지만(告嗣位)',[43] 주지하듯 당시 고려는 요로

---

39 『동문선』 권39, 表箋 稱嗣表(崔惟淸).

40 고려(전기) 사위(즉위)에 관해서는 다음 연구를 참고할 수 있다. 김지영, 「조선시대 사위 의례에 대한 연구」, 『조선시대사학보』 61, 2012; 김철웅, 「고려시대 국왕의 즉위 의례」, 『정신문화연구』 38(2), 2015; 장지연, 「고려 초 即位儀禮와 喪禮를 통해 본 권위의 성격」, 『한국중세사연구』 47, 2016.

41 즉위를 알리면서도 '假守藩封'이라는 식으로 표현한 이유에 관해서는 후술토록 하겠다.

42 『순조실록』 권1, 순조 즉위년 8월 계축.

43 『고려사』 권11, 숙종 3년 7월 기미. "遣尹瓘趙珪如宋 告嗣位 進方物."

부터 책봉을 받았지 송으로부터 책봉을 받지 않았고 책봉을 받을 의사도 없었다.[44] 더군다나 숙종이 송에 사신을 보내 사위를 알렸을 때 그는 이미 요로부터 책봉을 받은 상태였다.[45] 당시에 요가 고려왕을 책봉한다는 사실은 불문율과도 같은 일이었을 것이므로, 송을 상대로 '사위' 사실을 알린 것은 책봉을 염두에 두지 않은 채 고려 내에서 새로운 군주가 즉위한 사실을 알리기 위해서였을 것이다.[46] 표문 내용 또한 중병으로 인해 군주의 역할을 할 수 없는 전왕으로부터 그 자리를 계승 받았다('假守宗祧')는 사실을 알리는 것이었다. 이렇듯 '고사위'는 '청승습'과는 확연히 다른 성질의 것이었다.

조선에서는 고려 전기와 달리 책봉국을 상대로 한 고사위 의례 자체가 부재하였다. 조선에서도 사위 의례를 행했지만,[47] 명·청(황제)을 상대로 해서는 조선 내에서 사위가 이루어졌음을 알리지 않았다.

재삼 언급하듯이, 청승습(請承襲)은 책봉국을 상대로 사위하였음을 알리는 것과는 이질적인 의례였다. 청승습은 승하한 국왕의 후계자가 '조선 국왕'을

---

44 문종 대에 국교 재개가 이루어진 이후 고려와 송의 관계는 책봉이 배제된 군신 관계였다고 할 수 있다. 김상기, 「고려와 金·宋과의 관계」, 『國史上의 諸問題』 5, 국사편찬위원회, 1959; 안병우, 「고려와 송의 상호인식과 교섭—11세기 후반~12세기 전반」, 『역사와 현실』 43, 2002 참조.

45 『고려사』 권11, 숙종 2년 12월 계사. "遼遣耶律思齊李湘 來賜玉冊圭印冠冕車輅章服鞍馬匹段等物 冊曰 (…) 王受冊于南郊."

46 숙종 8년(1103)에 송은 고려에 책봉을 제안하기도 했다(『고려사』 권13, 예종 5년 7월 무술). 하지만 이때는 嗣位를 알리고 나서(숙종 3년) 몇 년 지나고 나서인 데다가, 고려는 요와 국경을 맞대고 있고 오랫동안 요로부터 책봉을 받아왔다는 이유를 들어 송 측의 제안을 정중히 거절하였다. 숙종 대 송 측의 책봉 제의와 관련해서는 김보광, 「12세기 초 송의 책봉 제의와 고려의 대응」, 『동국사학』 60, 2016, 54~56쪽 참조.

47 김지영, 「조선시대 사위 의례에 대한 연구」, 『조선시대사학보』 61, 2012; 김지영 외, 『즉위식, 국왕의 탄생』, 돌베개, 2013; 이현욱, 「조선 초기 보편적 즉위 의례의 추구—嗣位」, 『한국사론』 60, 2014 참조.

승습할 수 있도록 요청하는 의례였다. 고려 전기에는 국왕의 부음을 고하면서 책봉을 요청하지 않았는데, 조선에서는 국왕의 부고를 고하면서 동시에 책봉도 요청하였다(請承襲). 조선에서 일반적으로 부고를 알리는 사신이 시호 고명과 승습을 요청하는 임무도 함께 행한 사실은 이를 단적으로 입증해준다.

부고를 알리면서 동시에 책봉을 요청한 사실과 관련하여 주목해야 하는 것은, 청승습이 국내에서 이미 즉위(사위)한 군주가 표문을 올려 책봉을 요청하는 식의 의례가 아니라 의정부 혹은 전왕의 비가 훙서한 전왕의 후계자(세자)인 아무개를 책봉해달라고 요청하는 의례였다는 점이다.[48] 고려에서와 마찬가지로 조선에서도 국내에서는 분명 사위가 이루어졌지만,[49] 황제를 상대로는 전왕의 후계자만 있을 뿐 아직 군주의 자리는 비어 있다고 상정하고는 그 자리를 후계자가 이어받을 수 있도록 승습을 요청한 것이다(請承襲).[50] 이는 당시 조선과 명 관계 속에서는 책봉국 황제로부터 책봉을 받아야(승습을 인정받아야) 군주의 위상이 확보되었음을 의미한다고 하겠다.[51] 이러하기에 당시에는 황제(국)

---

48 『세종실록』 권134, 五禮 凶禮儀式 告訃請諡請承襲에 따르면, 의정부는 승습의 요청을 (명 예부에) 申呈한다고 한다. 실제로 성종 즉위년에 議政府는 承襲의 요청을 명 예부에 申報하였다(『성종실록』 권1, 성종 즉위년 12월 경신). 이외에도 예종 즉위년에 국왕은 사신단이 告訃請諡請承襲의 임무를 겸해온 통상적 방식과 달리, '청승습사'와 '고부청시사'를 구분해 사신을 보냈다. 이는 청승습사가 의정부에서 보내는 것인 데 비해 告訃請諡使는 왕이 보내는 것이라는 이유에서였다(『예종실록』 권1, 예종 즉위년 9월 기사). 이때도 의정부는 명 측에 승습을 요청하였을 것이다. 그런데 승습의 요청은 (왕)대비가 奏本을 갖추어 요청하는 식으로 이루어진 경우도 드물지 않은 듯하다(이현진, 앞의 논문, 2012, 140쪽).

49 『세종실록』 오례에 따르면, 嗣位 의례는 전왕이 승하하고 6일째 되는 날에 成服禮를 행한 뒤 시행되었다. 사위 의례에서 왕세자는 遺教와 大寶를 받아 국왕으로 즉위하였다. 『세종실록』 권134, 오례 흉례 의식 사위.

50 이러한 請承襲 방식 역시 명 측의 요구나 강압에서가 아니라 조선의 자기 신념—제후 분의의 견지— 속에서 구현된 것이었다고 하겠다. 3부 3장에서 이 사안을 좀 더 다뤄볼 것이다.

51 기우에서 언급하면, 명과의 관계에서 그렇다는 것이지 조선 내에서도 책봉국 황제로부터 책

를 상대로 한 고사위 의례는 결코 거행될 수 없었을 것이다.[52] 고려 전기 때와는 현저히 달라져 있는 것이다.

양 시기 사이에 보이는 이런 차이는 무엇보다 각 시기에 국내에서 행한 '사위'의 대외적 위상이 질적으로 다른 데서, 그리고 이와 맞물려 책봉의 의미 또한 다른 데서 비롯되었을 것이다. 조선에서는 고사위 의례를 거행하지 않은 것 및 청승습 시에 군주위(君主位)의 부재를 가정한 사실로 보아, 이 시기에는 국내에서 행한 '사위'가 대외적으로 기능하지 못했다 해도 과언은 아닐 것이다.

반면 고려 전기에 책봉국(경우에 따라서는 책봉과 무관한 황제국)을 상대로 사위를 통고한 사실은, 사왕이 국내에서 행한 '사위'에 의지해서 책봉국(황제국)을 상대로도 군주의 위상을 확보할 수 있었을 현실을 강력히 시사한다.[53] 고사위가 고려의 일방통행이 아니었던 것은, 당시 책봉국·황제국이 고사위 의례를 문제 삼지 않고 수용하였으며 이에 그치지 않고 조문 의례로 화답하기까지 한 사실을 통해 알 수 있다.[54]

재삼 언급하듯, 조선에서는 국왕의 부음을 알리면서 승습을 요청한다든지, 청승습 시에 국왕 자리의 부재를 가정한다든지 하는 것으로 보아, 조선과 명의

봉을 받아야 군주의 위상이 확보되는 것은 아니었다. 조선 내에서는 즉위하면 군주가 되었다.

52 오해하지 말아야 할 게 조선이 이런 식으로 한 것은 명의 요구나 강제 때문이 아니었다. 명대에 베트남은 명과의 관계에서 조선과 전혀 다른 행보를 보였지만, 명은 이를 문제 삼지 않았다. 명은 藩國이 예에 명백히 어긋나지 않는 범위 내에서 접근해 오면, 상대에 맞춰 다르게 대우했다고 할 수 있다. 청승습에서 보이는 면모는 재차 언급하듯 조선이 자발적으로 고안·실행한 결과였다.

53 책봉을 염두에 두지 않은 채 송(황제)을 상대로도 嗣位를 알린 사실에 적극적으로 의미부여를 하자면, 고려 전기에는 책봉 여부와 상관없이 국내에서 이루어진 嗣位를 알리는 것만으로 대외적으로도 온전한 군주의 위상을 향유하였다고 할 수 있다.

54 이승민, 앞의 논문, 2018 참조.

관계에서 책봉은 사망한 전왕의 후계자가 국왕(군주)이 되는 것을 의미하였을 것이다.[55] 이렇다고 할 때, 조선과 명의 관계에서 책봉은 형식 논리적으로만 보자면 피책봉국에서 이루어진 즉위를 사후에 승인하는 의례 절차라 볼 순 없다. 국내에서 행한 사위(즉위) 의례는 조·명 관계에서는 아예 존재하지 않는 것이어서 사후에 승인할 만한 즉위 자체가 없는 셈이었고 오히려 책봉이 즉위를 만들었다고 할 수 있다.

이와 달리 고려 전기에 책봉은 전왕의 후계자가 대외 방면에서 국왕(군주)이 되는 것을 의미하진 않았다. 앞서 본 바와 같이, 대외 방면에서조차 국왕(군주)이 되는 것은 사위와 그 통고를 통해서였을 것이기 때문이다. 책봉국 황제의 즉위 사실을 고려 측에 알려오는 '고즉위(告卽位)'라는 용어를[56] 고려도 동일하게 국왕의 즉위 사실을 책봉국에 알리는 데 활용했던 사례[57] 역시 국내에서의 즉위(사위)가 대외적으로도 유효하였음을 말해준다. 또한 요·금은 고려 국왕의 부음을 듣고 기복사를 파견하곤 하였는데,[58] 기복사의 파견은 책봉국인 요·금이 고려에서 이루어진 사위를 인정하는 것을 전제로 하였을 조치였다.[59]

이렇다고 할 때 고려 전기에 책봉은 국내에서 즉위하였긴 하나 대외 방면에서는 아직 군주가 아닌 존재를 군주로 삼는 기제가 아니라, 이와 다른 기능과 역할을 했다고 볼 수 있다. 일전에 필자는 고려 전기에 고려의 중국 왕조와

---

55 조·청 관계에서도 다르지 않았을 것이다.

56 일례를 소개하면 다음과 같다. 『고려사』 권18, 의종 16년 11월 무신. "金遣大府監完顔興來 告卽位."

57 『고려사절요』 권6, 현종 원년 10월. "遣左司郞中尹瓘刑部侍郞任懿如遼 告卽位."

58 요·금이 파견한 기복사에 관해서는 이승민, 「고려 國喪에 대한 거란·금·송의 弔問 使行 양상과 다층적 국제관계」, 『한국중세사연구』 48, 2017 참조.

59 이에 관해서는 3부 2장에서 상세히 다룰 것이다

의 관계를 언급하면서 "당시 고려는 중국 왕조와 별개로 굴러가면서 독자성을 누리는 와중에 대국인 중국 왕조와 물리적 마찰 없이 공존하기 위해 외교 현장에 국한해서 중국 측이 마련한 군신 의례를 수용했다고 보는 편이 사실과 가까울 것이다"[60]라고 한 바 있는데, 이러한 견지에서 보자면, 당시에는 고려 내 독자의 질서 속에서 이루어진 즉위가 상대국에 통보될 수 있는 것이었고, 책봉을 받는 것은 이와 차원을 달리한 채 독자적 소국인 고려가 예적 차등을 전제로 대국인 책봉국과 상호 공존의 관계를 체결·유지하는 일이었다고 할 수 있다.[61]

그런데 고려 전기와 조선(초기)에 국내에서 행한 '사위'의 대외 위상이 질적으로 다르다든지, 책봉의 성격 또한 마찬가지였을 것이라든지 하는 이상의 검토 내용은 필자가 그간 생각하지 못했던 다음과 같은 문제를 제기한다. 고려에서도 조선과 마찬가지로 사위한 국왕이 책봉을 받기 전까지는 책봉국을 상대로 '권지국사' 식의 명칭을 사용한 사실을 어떻게 보아야 하는지가[62] 바로 그것이다. '사위'의 대외적 위상이 다르고 책봉의 성격 또한 다른데도, 두 시기에 공히 '권지국사' 식의 명칭이 통용된 까닭은 무엇인가 하는 게 의문의 핵심이다.

필자의 생각으로는, '권지국사' 식의 용어가 공통으로 사용되었어도 고려

---

60 최종석, 「13~15세기 천하질서와 국가 정체성」, 『고려에서 조선으로』, 역사비평사, 2019d, 218쪽.

61 흔히 얘기하듯, 책봉은 국내에서 이루어진 즉위를 전제로, 외교 현장에서의 사후 승인 및 이를 통한 상하 차등적 禮的 관계를 성립·유지하는 것이라 말할 수 있다. 시기에 따른 책봉 성격 차이에 관해서는 3부 3장에서 자세히 다루도록 하겠다.

62 다만 고려 전기에는 왕위가 부자로 계승되는 경우에 요·금으로부터 기복사가 오곤 했는데, 기복사가 고려 군주에게 官誥를 전달하면서 기복을 명하고 나서는 고려 국왕은 더는 '權知國事' 식의 명칭을 사용하지 않고 관고를 통해 부여된 직위를 칭하였을 것이다. 가령 예종의 책봉 시에 요는 高麗國王俁를 守太尉兼中書令으로 책봉하고 식읍을 더하였는데(『고려사』 권12, 예종 3년 2월 병오), 책봉 전에 예종은 이미 고려 국왕이었고 이렇게 된 것은 기복의 명을 받았기 때문일 것이다. 기복사가 온 이후로 더는 '權知國事' 식의 명칭을 사용하지 않았을 것이다. 이승민, 앞의 논문, 2018, 161쪽 참조.

전기에 '권지국사' 식의 지위가 갖는 위상은 조선과는 이질적이었던 것 같다. 이 문제를 풀기 위한 실마리로 사위한 고려 국왕이 책봉국인 요·금뿐만 아니라 국교 재개 이후의 송(황제)을 상대로도 사위를 알릴 때 '임시로 종묘를 지킨다(假守宗祧)'라는 표현을 쓴 사실을[63] 주목하려 한다.

고려 국왕이 국교 재개 이후 송 황제를 상대로도 이러한 표현을 사용한 것은 자칫 송(황제)과의 관계에서 군주이지 못하고 문면 그대로 임시로 국사를 맡은 존재에 불과하였고 책봉을 받아야 온전한 군주가 될 수 있었다는 인상을 주지만, 당시 고려 국왕이 송(황제)에게 사위를 알린 점 및 송(황제)으로부터 책봉을 받는 처지에 있지 않았다는 점, 정확히는 책봉을 받을 생각이 없었다는 점 등을 종합적으로 감안할 때, 그렇게 보기는 어려울 것이다. 당시 숙종이 요로부터 이미 책봉을 받은 사실을 고려할 때 더욱 그러하다.

고려 국왕이 송 황제를 상대로 '가수종팽(假守宗祧)' 식의 태도를 표방한 것은 실제와 괴리된 의례적 행위에 불과하였을 것이다. 이것은 독자성을 견지·향유하는 것과는 별개로 송과 비교하면 소국인 고려가 대국인 송과 관계를 맺는 데—당대 맥락에서 보자면 상하 차등의 예적 군신 관계를 맺는 데— 수반된 일종의 프로토콜을 따른 것이라고 할 수 있다. 즉 당시 동아시아 세계의 대외관계 문법 속에서 상대적 소국은 이러한 식으로 예를 표방해야 대국과 관계를 맺어 나갈 수 있었다. 고려는 독자성의 견지·향유의 차원에서 자체적인 질서에 의거해 즉위를 거행하고 이 사실을 송에 알리면서도, 근대와 달리 당대의 환경 속에서는 송에 비해 소국으로서 열위에 위치한 채 송과 상하 차등의 예적 군신 관계를 맺는 처지에 있다 보니, 새로 즉위한 군주의 사위를 알릴 때 독자적인 외국의 군주임을 전제로 하면서도 종래의 프로토콜에 따라 '가수종팽' 식

63　『고려사』, 권11, 숙종 3년 7월 기미.

으로 열위에 있는 자신의 예적 위상을 드러내야 했을 것이다.[64] 이처럼 상대적 대국인 송과의 관계에서 독자성의 향유(자체적 즉위)와 '가수종팽' 식의 표방은 차원을 달리한 채 공존하였다고 할 수 있다.

이외에 고려 전기에 '권지국사' 식의 지위가 갖는 위상을 파악하는 데서 다음 사실은 결정적인 실마리를 제공해준다. 즉 고려 국왕은 국교 재개 이후의 송을 상대로도 '권지국사(權知國事)'를 표방하였는데, 문면만으로는 역설적이게도 고려 국왕이 책봉국을 상대할 때와 달리 송(황제)을 상대로 해서는 내내 '고려 국왕'이 되지 못하고 '임시로 국사를 맡는 존재'에 머물렀다는 사실이 바로 그것이다. 예종 5년(1110) 송 사신이 전달한 황제의 밀지(密旨)에서 송 황제는 송과 요의 우호적인 관계 및 고려의 요로부터의 책봉 현실을 감안하여 예종을 책봉하지는 않고 '권(權)' 자(字)를 떼어 진왕(眞王)으로 대우하겠다고 하였는데, 실제로 함께 보낸 조서에는 '권(權)' 자(字)가 삭제되어 있었다.[65] 고려는 고민 끝에 이 조치를 수용하였다.[66] 이렇다고 하면, 예종 5년 송(황제)이 우호적인 뜻에서 '권(權)' 자(字)를 떼고 '고려 국왕'으로 칭하기 전까지, 고려 국왕은 송 황제를 상대로 해서는 내내 '권지국사(權知國事)'를 표방한 것이 된다. 문면으로만 보자면, 고려 군주는 요 황제를 상대로 해서는 책봉을 통해 임시로 국사를 담당하는 위치에서 벗어나 정식 국왕이 될 수 있었지만, 송 황제를 상대로 해서는 임시로

---

64 이와 관련해서는 이용희, 『일반국제정치학』(상), 박영사, 1962; 김용구, 『세계관 충돌의 국제정치학—동양 禮와 서양 公法』, 나남, 1997; 권선홍, 『전통시대 동아시아 국제관계』, 부산외국어대학교출판부, 2004; 권선홍, 「유교의 '禮' 규범에서 본 전통시대 동아시아 국제관계」, 『한국정치외교사논총』 35(2), 2014; 전재성, 『동아시아국제정치—역사에서 이론으로』, 동아시아연구원, 2011; 최종석, 「현종 대 고려-거란 관계와 외교의례」, 『동국사학』 60, 2016b 등 참조.

65 『고려사』 권13, 예종 5년 6월 계미.

66 『고려사』 권13, 예종 5년 7월 무술.

국사를 담당하고 있다는 딱지를 뗄 수 없던 것이다. 문면만으로는 고려 군주가 요보다 송 황제를 상대로 더 열악한 처지에 놓여 있었던 셈이다. 현실은 정반 대로 송이 요의 눈치를 보느라 고려 국왕을 책봉하고 싶어도 그러지 못하였고, 종국에는 책봉을 하지 못하고 '권(權)' 자(字)만 삭제하는 편법을 행할 수밖에 없 었음에도 말이다. 이러한 현실과의 괴리는, '권지국사'는 '가수종팽(假守宗祊)'과 마찬가지로 독자적 군주의 위상을 구가하는 것과 차원을 달리한 채 상대적 소 국이 대국과 관계를 맺고 유지하기 위한 일종의 예적 프로토콜이었을 것을 웅 변한다.

책봉국인 요·금과의 관계는 여기에 책봉이 부가될 뿐이지, 국교 재개 이후 송과의 관계와 질적으로 다르지 않았을 것이다. 국교 재개 이후 고려와 송의 관계로 미루어 볼 때, 고려가 책봉국인 요·금을 상대로 사위를 알리면서도 '가 수유기(假守遺基)', '가수번봉(假守藩封)' 식의 표현을 사용한 사실[67] 역시 송을 상 대로 한 것과 같거나 유사한 취지와 맥락에서의 일이었을 것이다. 고려 전기 에 국왕이 책봉국을 상대로 책봉을 받기 전까지 '권지국사' 식의 명칭을 사용 한 것 또한 국왕의 위상이 대외적으로는 '임시로 국사를 맡은 존재'여서가 아 니라, 책봉국을 상대로 즉위를 알리고(군주임을 알리고) 이를 인정받는 것과 차원 을 달리한 채, 책봉에 앞서 열위에서 책봉국과 상하 차등적인 예적 군신 관계 를 체결·유지하는 절차에서 행하는 일종의 프로토콜이었다고 할 수 있다.

이처럼 고려의 '권지국사'는 군주의 위상을 의미하였는데, 조선은 그렇지 못하였다. '청승습(請承襲)'이라는 용어에서 엿볼 수 있듯이, 조선의 경우 대외 방면에서는 책봉을 받아야 군주의 지위를 물려받는 것이 되어서 국왕의 사망

---

67 숙종은 송과 요를 상대로 똑같이 '假守宗祊'을 표방하였다. 요를 상대로 한 '假守宗祊' 사례 는 『고려사』 권11, 숙종 즉위년 10월 신미 참조.

후 곧바로 명을 상대로 책봉을 요청하는 의례를 행했고, 이와 맞물려 책봉 이전에 황제(국)를 상대로 표방한 '권서국사(權署國事)'는 기본적으로 군주가 아니었다. 문면 그대로 '권서국사'를 표방한 인물은 대외적으로는 아직 군주가 아니고 군주의 자리가 비어 있는 비상한 상황에서 이를 임시로 메우고 있는 존재였다. 앞서 언급하였듯이, 조선 측이 명 황제를 상대로 해서는 전왕의 후계자만이 존재할 뿐 아직 군주의 자리는 비어 있다고 상정하고 그 자리를 후계자가 이어받을 수 있도록 요청한 것이라든지, 조선 내에서는 이미 즉위했지만 아직 책봉을 받지 못한 존재를 명 측이 '세자'로 칭하기도 한 것이라든지[68] 하는 데서 알 수 있듯이, 고려 전기와 달리 황제(국)를 상대로 표방한 '권서국사'는 아직 군주가 아닌 전왕의 후계자였을 따름이었다.

4. 고애(告哀)와 고부(告訃)의 차이와 그 함의

마지막으로, 고애(告哀) 의례와 고부(告訃) 의례를 비교해보겠다. 고애와 고부는 공히 표문을 올려 국왕의 상을 알리는 의례였다. 전반적으로는 고애표(告哀表)와 고부표(告訃表) 간에 차이점이 뚜렷하진 않다.[69] 앞에서 다룬 것들에 비해

---

68 『인종실록』권2, 인종 1년 5월 을축. 중종이 승하하고 인종이 즉위하자, 이때 명은 이전과 달리 賜祭·賜諡를 담당하는 '弔祭使'와 權署國事를 국왕으로 책봉하는 '封王使'를 구별해서 따로 파견하였다. 이들 사신은 시일을 달리한 채 入京하였는데, 먼저 온 조제사는 봉왕사가 오기 전까지 '權署國事'를 '세자'라고 칭했다. 아직 책봉 절차가 이루어지지 않아서였다. 이에 관해서는 이현진, 앞의 논문, 2012, 138쪽 참조. 이에 더해 명 황제가 蕃國王의 訃奏를 받는 의례의 의주에 따르면, 전왕 부고의 주체는 세자였다. 『大明集禮』권36, 凶禮 乘輿受蕃國王訃奏儀注. "太常卿跪奏 某國世子 遺陪臣某官某 奏某國王臣某薨."

69 표문은 공히 내용이 소략하며 전왕의 사망 일자와 애통한 심정을 담아 부고를 아뢰고 있다.

시기에 따른 차이가 덜 명확한 것이다. 그런데도 굳이 꼽을 수 있는 차이는 책봉국과의 관계에서 국왕의 상을 알리는 표문의 주체가 고려 전기에는 사위(嗣位)한 왕인 데 비해, 조선(초기)에는 전왕의 후계자였다는 사실이다. 표면적으로는 공히 '권지국사' 식의 지위를 자처했음에도 말이다. 이러한 차이 역시 사위의 대외적 위상 차이와 직결되었을 것이다.

고려 전기에 고애표는 칭사표(稱嗣表)와 함께 올려진 것을 볼 때 칭사표와 마찬가지로 사위한 군주를 주체로 하여 작성된 문서였을 것이다. 곧 사위한 군주는 표문을 통해 전왕의 사망을 알린 것이다. 이와 달리 조선의 경우에는 국내에서 행한 사위가 황제를 상대로는 유효하지 못한 까닭에, 즉위(사위) 의례를 통해 이미 조선 내에서는 군주로 등극한 존재가 이를 표방하지 못한 채 단순히 전왕 후계자의 위상에서 황제(국)에게 표문을 올려 상을 알렸을 것이다. 정확히는 조선국권서국사(朝鮮國權署國事)의 명의로 고부표(告訃表)를 올렸을 것인데,[70] 앞서 언급했듯이, 황제(국)를 상대로 표방한 조선국권서국사는 아직 전왕의 자리를 승습한 존재가 아니었다. 이와 맞물린 현상으로, 명 측이 작성한 『대명집례』에 수록된 「승여수번국왕부주의(乘輿受蕃國王訃奏儀)」는 번국왕의 훙서(薨逝)로 번국의 사자가 와서 부음을 아뢸 때(訃奏) 해당 번국의 세자가 사자를 보낸다고 상정하였다.[71] 번국왕 부주(訃奏)의 주체를 세자로 설정한 것이다.

다만 조선의 告訃表에는 고려 전기의 告哀表와 달리 사망 경위가 보이지 않는다. 『성종실록』 권1, 성종 즉위년 12월 경신; 『연산군일기』 권2, 연산군 1년 1월 정유; 『선조실록』 권221, 선조 41년 2월 무오; 『광해군일기』 권1, 광해군 즉위년 2월 무인 등 참조.

70　그 일례는 다음과 같다. 『성종실록』 권1, 성종 즉위년 12월 경신. "其告訃表曰 朝鮮國權署國事臣諱言 臣叔父先國王臣諱 於成化五年十一月二十八日薨逝 伏以自緣薄祚 奄罹大憂 靡堪熒疚之懷 敢伸訃告之禮 謹奉表訃奏以聞."

71　『大明集禮』 권36, 凶禮 乘輿受蕃國王訃奏儀注. "凡蕃國王薨 使者訃奏 至京 (⋯) 太常卿跪奏某國世子 遣陪臣官某 奏某國王臣某薨."

또 다른 차이라 할 수 있는 것은 조선이 외국이자 제후국—외신 제후—이긴 했어도 중국 영내의 내복 제후처럼 황제에게 훙서한 국왕의 부음을 알리고자 했다는 사실이다. 함께 행한 '청시'와 다르지 않게 말이다.[72] 이 사실은 군주 대 군주로서 부고를 알렸던 고려 전기와는 다른 모습이라 할 수 있다.

이는 명 황제가 중국 영내의 왕공대신(王公大臣)과도 같이 번국왕의 부주(訃奏)를 받았을 사실을 통해 간접적으로 알 수 있다. 『명사(明史)』 권60, 지(志)36 예(禮)14 흉례(凶禮)3에 따르면, 「승여수번국왕부주의(乘輿受蕃國王訃奏儀)」는 거애(擧哀)를 하지 않을 뿐 대략 「임왕공대신상의(臨王公大臣喪儀)」와 같다고 한다.[73] 「임왕공대신상의(臨王公大臣喪儀)」는 같은 조에 수록된 「승여임왕공대신상의(乘輿臨王公大臣喪儀)」를 가리키기에, 「승여수번국왕부주의」의 기본적인 예식 절차는 「승여임왕공대신상의주(乘輿臨王公大臣喪儀注)」와 동일하다는 것이다. 그런데 「승여수번국왕부주의」와 예식 절차 면에서 대략 같은 것은 「승여임왕공대신상의」가 아니라 「승여위왕공대신거애의(乘輿爲王公大臣擧哀儀)」였을 것이다. 예식 절차를 볼 때 '거애(擧哀)를 하지 않을 뿐 의식은 대략 같다(其儀大略如臨王公大臣喪儀 但不擧哀)'라는 설명에 부합하는 예식은 「승여임왕공대신상의」가 아니라 「승여위왕공대신거애의(乘輿爲王公大臣擧哀儀)」이고, 『명사』의 「승여수번국왕부주의」와 비교해서 더욱 상세한 예식 절차를 알 수 있는 『대명집례』에 수록된 「승여수번국왕부주의주(乘輿受蕃國王訃奏儀注)」를 보더라도, 「승여수번국왕부주의」가 예식 절차 면에서 「승여위왕공대신거애의주(乘輿爲王公大臣擧哀儀注)」와

---

72 조선에서의 이러한 행보는 제후의 分義를 구현하고자 하는 노력의 일환이었을 것이다.

73 『明史』권60, 志36 禮14 凶禮3 乘輿受蕃國王訃奏儀. "凡蕃國王薨 使者訃奏至 於西華門內王地設御幄 皇帝素服乘輿詣幄 太常卿奏 某國世子 遣陪臣某官某 奏某國王臣某薨 承制官至使者前宣制曰 皇帝致問爾某國王某 得何疾而逝 使者答故 其儀大略如臨王公大臣喪儀 但不擧哀."

대략 같음을 확인할 수 있다.[74] 왕공대신의 부주(訃奏)가 이루어지고 난 후, 황제가 왕공대신의 상가에 가서 조문을 행하는 의례인 「승여임왕공대신상의주(乘輿臨王公大臣喪儀注)」는[75] 의례 내용 면에서 황제가 번국왕의 부주를 받는 예식인 「승여수번국왕부주의주(乘輿受蕃國王訃奏儀注)」와 거리가 있는 것이다.[76]

요는, 「승여수번국왕부주의(乘輿受蕃國王訃奏儀)」(황제가 번국왕의 부주를 받는 예식)가 기본적인 예식 절차 면에서 황제가 왕공(王公)의 부보(訃報)를 받고 거애하는 예식인 「승여위왕공대신거애의주(乘輿爲王公大臣舉哀儀注)」와 동일했다는 것이다. 명(황제) 입장에서는 번국왕과 왕공의 차이에 따라 부주(訃奏)를 받는 예식의 세부적인 의절 등을 달리해야 했지만—가령 거애 실행 여부—, 양자 간에 기본적인 예식 성격과 예식 절차는 다르지 않았을 것이다. 그리고 이러한 사실로 미루어 볼 때, 「승여수번국왕부주의」에서 번국왕에 해당하는 조선 국왕의 부주(訃奏)는 왕공대신의 부보(訃報)와 세부적으로는 달랐어도, 기본적인 예식 성격과 절차 면에서 다르지 않았을 것을 예상해볼 수 있다.

조선의 고부(告訃) 의례에 화답해 이루어진 명 측의 조문 의례인 사제 의례(賜祭儀禮)와 사부 의례(賜賻儀禮)가 영내 왕공대신의 상에 조문하는 의례의 의주를 토대로 거행된 데서도, 조선의 고부 예식이 내복 제후처럼 행해졌을 것을 추정해볼 수 있다. 명(예부)은 영내 왕공대신의 상에 조문하는 의례의 의주를 조선 측에 전달하여 사제 의례(賜祭儀禮)와 사부 의례(賜賻儀禮)를 거행토록 하였고, 이에 응해 조선은 그러한 의주를 토대로 사제 의례와 사부 의례의 예식 절

---

74 『大明集禮』 권36, 凶禮 乘輿爲王公大臣舉哀儀注와 乘輿受蕃國王訃奏儀注.

75 『大明集禮』 권36, 凶禮 乘輿臨王公大臣喪儀注.

76 「乘輿爲王公大臣舉哀儀」를 「乘輿臨王公大臣喪儀」로 기술한 것은 『명사』 편찬자의 오기였을 것이다.

차를 만들어 이들 의례를 거행하였다.[77] 곧 명 측은 사제 의례와 사부 의례 면에서 사실상 영내 왕공대신과 번국왕인 조선 국왕을 구분하지 않았고, 조선 또한 이에 동조한 셈이었다. 이러한 점으로 미루어 볼 때, 조선은 사제 의례와 사부 의례의 전제가 된 고부 의례를 왕공대신처럼 거행하고자 했을 것을 추정해볼 수 있다. 조선은 제후국의 명분과 관련 있는 사안에서는 자기 신념적으로 이를 견지하고자 했음을[78] 고려할 때, 당시 내복 제후처럼 부주(訃奏) 예식을 실현코자 했을 행보는 별스럽다고 볼 수 없을 것이다.[79]

이렇듯 조선은 외국이자 제후국—외신 제후—이긴 했어도 내복 제후처럼 명 황제에게 훙서한 국왕의 부음을 알리고자 하였을 것이고, 이는 제후의 분의를 구현하고자 하는 노력의 일환이었을 것이다. 고려 전기에는 이와 달리 고려와 책봉국 상호 간에 각국 군주의 부고를 알리는 고애사(告哀使)가 오고 가는 식으로 부고가 전달되었다. 구체적으로, 『고려사』에는 고려가 요·금을 상대로 사신을 보내 군주의 부고를 알리는 '고애' 사례가 적지 않게 기록되어 있고,[80] 이 것과 비교하면 매우 적기는 해도 요 측이 고애사를 보낸 기록들도 수록되어 있

---

77 『태종실록』 권16, 태종 8년 9월 기사. 이 일에 관해서는 3부 2장에서 상술토록 하겠다.

78 최종석, 「중화 보편, 딜레마, 창의의 메커니즘—조선 초기 문물 제도 정비 성격의 재검토」, 『조선시대 예교 담론과 예제 질서』, 소명출판, 2016a; 최종석, 「13~15세기 천하질서와 국가 정체성」, 『고려에서 조선으로』, 역사비평사, 2019d, 218쪽 참조.

79 이 점은 조선 측의 訃奏가 내복 제후를 대상으로 한 것처럼 작성된 「乘輿受蕃國王訃奏儀」와 호응하도록 이루어졌을 가능성에서 또한 엿볼 수 있다. 앞서 확인 가능한 告訃表에는 고려 전기의 告哀表와 달리 사망 경위가 누락되어 있음을 언급한 바 있는데, 이러한 현상은 「乘輿受蕃國王訃奏儀」의 예식 절차 가운데 制書를 내려 '황제가 국왕의 사망 경위를 묻고' 使者가 이에 답을 하는 절차가 있어(『大明集禮』 권36, 凶禮 乘輿受蕃國王訃奏儀注. "宣制曰 皇帝致問爾某國王某得何疾而逝 使者答云云") 이를 염두에 두고 告訃表에 사망 경위를 담지 않고 사신이 대답하도록 한 데서 비롯되었을 수 있다.

80 이들 사례는 이승민, 앞의 논문, 2018, 134쪽의 〈표 13〉에 정리되어 있다.

다.[81] 『고려사』에는 책봉국 측의 고려를 대상으로 한 '고애' 사례가 드물긴 해도, 『요사』와 『금사』에서 고려를 상대로 황제의 부고를 알리는 '고애' 사례들이 추가로 확인되고,[82] 『고려사』와 『요사』 그리고 『금사』에서는 책봉국 측의 고려를 대상으로 한 '보애(報哀)' 사례도 보이는데,[83] '보애(報哀)'는 '고애'와 동일한 용어라 할 수 있다.[84] 이것에 더해서 요·금이 피책봉국인 고려와 적례국(敵禮國)인 송을 구분하지 않고 똑같이 고애사를 파견한 사실도[85] 주목할 필요가 있다. 피책봉국도 적례국과 마찬가지로 외국의 군주로 간주하여 똑같이 고애사를 파견하였다고 볼 수 있는 것이다.[86]

이들 현상에서 읽어낼 수 있는 점은 고려 국왕과 요·금 황제가 군주 대 군주로서 서로 고애사를 파견한 사실일 것이다. 당시에 군주 대 군주의 이러한

---

81 3건이 확인되나 중복이 있어 사실상 2건에 그치고 있다. 『고려사』 권7, 문종 9년 9월 계해; 『고려사』 권64, 지18 예6 흉례 上國喪 문종 9년 9월 계해; 『고려사』 권11, 숙종 6년 4월.

82 『遼史』 권18, 本紀18 興宗1 太平 11년 6월 甲申; 『遼史』 권27, 本紀27 天祚皇帝1 乾統 원년 2월 乙未; 『金史』 권4, 本紀4 熙宗 天會 13년 정월 癸酉.

83 『고려사』 권5, 덕종 즉위년 7월 기미; 『고려사』 권16, 인종 13년 2월 신축; 『遼史』 권21, 本紀21 道宗1 淸寧 원년 8월 癸巳; 『金史』 권9, 本紀9 章宗1 大定 29년 정월 甲辰.

84 드물기는 하나 '告喪' 용례도 확인된다. 『고려사』 권10, 선종 즉위년 11월. "是月 遣侍御史李資仁如遼 告喪"; 『고려사』 권21, 희종 즉위년 2월 경신. "葬于陽陵 遣郎中任永齡如金 告喪." 이는 고려가 각각 요와 금을 상대로 '告喪' 용어로 국왕의 부음을 알리는 기록이다. 아래의 기록은 금 측이 고려를 상대로 '告喪' 용어로 황제의 부음을 알리는 사례다. 『고려사』 권20, 명종 19년 3월 기미. "金遣使來 告喪"; 『고려사』 권21, 희종 5년 1월 신축. "金遣孫居寬來 告喪."

85 다음 기록에서 이 점은 뚜렷이 확인된다. 『遼史』 권18, 本紀18 興宗1 太平 11년 6월 甲申. "遣使告哀于宋及夏高麗"; 『遼史』 권27, 本紀27 天祚皇帝1 乾統 원년 2월 乙未. "遣使告哀于宋及西夏高麗."

86 부음을 전하는 문서의 종류는 고려와 송의 예적 위상이 다른 까닭에 상이했을 것이다. 이와 관련해서는 古松崇志, 「契丹·宋間の國信使と儀禮」, 『東洋史研究』 73(2), 2014 참조.

관계 양상은 서로 고애사를 파견하는 것에 그치지 않았다. 가령 서로 하생신사(賀生辰使)를 파견하는 데서도 동일한 모습을 확인할 수 있다.[87] 그러면서도 군주 상호 간의 상하 차등적 관계를 반영하여 고려에서는 표문을 통해 고애를, 책봉국·황제국 측에서는 조서를 통해 고애를 행하였을 것이다.[88]

마지막으로, 고려 전기와 조선(초기) 간에 고애와 고부라는 용어 사용의 차이 또한 책봉국을 상대로 국왕의 부고를 알리는 의례 면에서의 시기별 차이와 무관하지 않을 것이다. 고려 전기와 조선(초기) 간에 책봉국을 상대로 국왕의 부고를 알리는 의례의 차이는 각 시기의 해당 의례를 지칭하는 용어에도 반영된 듯싶은 것이다.

고려 전기에는 앞서 보았듯이 책봉국을 상대로 국왕의 부음을 알리는 용어로 '고애'가 사용되었다.[89] 이에 비해 당시에는 '고부(告訃)' 사례가 전혀 확인되지 않는다. 『고려사』에서 '고부' 사례는 충숙왕 6년에 고려가 충숙왕비인 복국장공주(濮國長公主)의 상을 그녀의 부친인 원(元) 영왕(營王)에게 알릴 때 처음

---

87 고려와 거란 간에 賀生辰使가 오고 간 일에 관해서는 이승민, 「10~12세기 하생신사(賀生辰使) 파견과 고려-거란 관계」, 『역사와 현실』 89, 2013 참조. 하생신사는 고려와 금 사이에서도 정기적으로 오고 갔다. 이에 관해서는 한정수, 「고려-금 간 사절 왕래에 나타난 주기성과 의미」, 『사학연구』 91, 2008 참조.

88 조서를 통해 고애를 행하였음은 다음 기록을 통해 엿볼 수 있다. 『고려사』 권5, 덕종 즉위년 7월 기미. "契丹報哀使工部郎中南承顔來 告聖宗崩 宣詔於顯宗返魂堂"; 『고려사』 권64, 지18 예6 흉례 上國喪 문종 9년 9월 을축. "王服素禕 率百官 出昌德門前 嗣復傳詔 擧哀 行服 輟朝市三日"; 『고려사』 권64, 지18 예6 흉례 上國喪 인종 13년 2월 계묘. "王受詔 與國人服喪三日"; 『고려사』 권64, 지18 예6 흉례 上國喪 명종 19년 3월 경신. "王素服 率百官 迎詔于都省廳 擧哀." 생신을 축하하는 경우에도 고려는 책봉국에 표문을 올렸을 것이고, 책봉국은 고려를 상대로 황제의 명령문을 내렸을 것이다. 예컨대, 거란이 보낸 하생신사는 칙서와 하사품을 전달하였다고 한다. 이승민, 위의 논문, 2013, 102쪽 참조.

89 앞서 서술했듯이, '告哀'가 주로 사용되었고, 드물게 '告喪' 용어가 활용되었다.

등장한다.[90] 이것 외에 『고려사』에서 확인되는 '고부' 사례는 우왕 즉위년 명 측에 사신을 보내 공민왕의 상을 알리는('告訃') 것 하나에 그친다.[91] 이 사례에서 주목해야 하는 점은 책봉국을 상대로 국왕의 상을 알리는 용어로 '고부'를 구사한 것이 고려 말에야, 그리고 명을 상대로 해서야 등장했다는 사실이다.

고려 전기 '고애' 용어의 활용은 앞서 언급했듯이 고려 국왕과 요·금 황제가 군주 대 군주로서 서로 고애사를 파견한 데서 비롯되었을 것이다. 이를 감안하면, 조선이 명을 상대로 '고부' 용어를 일관되게 사용한 행위는 책봉국을 상대로 국왕의 부고를 알리는 의례의 성격이 고려 전기와 확연히 달라진 분위기 속에서 이루어졌을 가능성을 생각해볼 수 있다. 추측건대, 조선은 제후의 분의를 견지하기 위해 국왕의 상을 알리는 사안에서는 내복 제후처럼 명 황제에게 훙서한 국왕의 부음을 알리고자 하는 심산으로 '고부' 용어를 사용한 듯싶다.

'고부' 사례가 원 복속기에 출현했다고는 해도, 책봉국을 상대로 국왕의 상을 알리는 용어로 '고부'를 사용한 것은 명을 상대하고 나서이므로, 명을 상대로 한 '고부' 용어의 사용이 명에 의해 견인되었다고 생각하기 쉽다. 그런데 그렇게 보기는 어려울 듯싶다. 우선 고려 말기에 명을 상대로 여전히 '고애' 용어를 사용했기 때문이다.[92] 명이 일관해서 '고부' 용어를 강제했다면, 고려는 '고

---

90 『고려사』 권34, 충숙왕 6년 9월 정미. "公主薨 殯于延慶宮 移御內願堂 自是屢移寺院 遣元尹任子松如元 告喪 郎將李麟起 告訃于瀋王." 같은 사실을 전하는 열전 기록에는 고려가 瀋王과 원 측 모두에 '告訃'하였다고 한다. 『고려사』 권89, 열전2 후비 충숙왕 후비 濮國長公主. "遣元尹任子松 如元告訃 郎將李麟 告訃于瀋王."

91 『고려사』 권133, 열전46 우왕 즉위년 11월. "遣密直使張子溫典工判書閔伯萱 如京師告訃 請賜諡承襲."

92 『고려사』 권117, 열전30 諸臣 정몽주. "恭愍被弑 金義殺使 國人恟恟 不敢通使朝廷 夢周又陳大義以謂 遭來變故 當早詳奏 使上國釋然無惑 豈可先自疑貳 構禍生靈 於是 始遣使告哀 於

부'와 '고애'를 혼용하지 못했을 것이다.[93] 또한 베트남 측이 명을 상대로 '고애' 용어를 활용하여 군주의 부고를 알린 사례들이 『명실록(明實錄)』에서 확인되며,[94] 이 사실은 베트남 측 자료인 『대월사기전서(大越史記全書)』에서도 뒷받침된다.[95] 이외에도 명 측 기록은 후레 왕조의 여유담(黎維潭, 世宗)이 사망하고 여유신(黎維新, 敬宗)이 즉위하고 나서 명에 전왕의 부고를 알리지 않은 것을 '불고애(不告哀)'라고 표현하였다.[96] 이렇듯 명은 제후국(피책봉국)이 고애사가 아닌 고부사를 파견하도록 강요한다거나, 그러한 방향으로 바꾸도록 유도한다거나 하지 않았다.

명의 행보와 달리 조선은 일관되게 '고부(告訃)' 용어를 사용하였는데,[97] 이

是 始遣使告哀";『明史』권320, 列傳208 外國1 朝鮮 洪武 8년. "禑遣判宗簿事崔原來告哀 且言前有貢使金義殺朝使蔡斌 今嗣王禑已誅義 籍其家 帝疑其詐 拘原而遣使往祭弔";『明太祖實錄』권98, 홍무 8년 3월 丁卯. "高麗國 遣判宗簿事崔原來告哀."

93 그 외에 고려가 명을 상대로 '告喪' 용어를 활용하여 국왕의 부고를 알린 사례도 확인된다. 『고려사』권133, 열전46 우왕 원년 1월. "遣判宗簿寺事崔源 如京師告喪 請諡及承襲."

94 『明太祖實錄』권51, 홍무 3년 4월 壬申;『明太祖實錄』권244, 홍무 29년 2월 壬寅;『明世宗實錄』권331, 가정 26년 12월 甲寅.

95 『大越史記全書』本紀 권10, 黎紀 太祖高皇帝 順天 6년 12월 2일. "遣陪臣黎偉程真等 如明告哀";『大越史記全書』本紀 권11, 黎紀 太宗文皇帝 紹平 원년 11월. "明遣行人郭濟朱弼等 隨告哀使黎偉來 弔祭";『大越史記全書』本紀 권11, 黎紀 太宗文皇帝 紹平 원년 11월 22일. "德政為行人 如明告哀";『大越史記全書』本紀 권11, 黎紀 太宗文皇帝 大寶 3년 10월. "遣使如明 海西道同知阮叔惠審刑院僉知杜時曄謝賜冠服 侍御史趙泰奏欽州地方事 參知阮廷歷范瑜 等告哀 參知黎傳都事阮文傑御前學生局長阮有孚求封."

96 『明神宗實錄』권418, 만력 34년 2월 甲辰. "(黎)維潭卒 子維新立 不告哀 亦不請貢."

97 『명실록』은 조선 측이 국왕의 상을 알리는 용어로 '告訃'를 사용하였음을 알려주면서도, 한 건이긴 하지만 '告哀' 용어도 활용하였음을 보여준다. 다음 기사가 바로 그것이다. 『明英宗實錄』권218, 경태 3년 7월 丙辰. "朝鮮國王李珦卒 遣使來告哀." 이에 따르면, 단종은 '告哀' 용어를 활용하여 명 측에 문종의 부고를 알린 셈이다. 하지만 '告哀'는 '告訃'의 오기였을 것이다. 『명실록』에 수록된 베트남의 '告哀' 사례는 베트남 측 자료인 『大越史記全書』에 의해

는 외풍에서가 아니라 자기 신념적 지향에서였을 것이다. 조선은 '종묘·영녕전·영창전·사직에 국상(國喪)을 고하였다(告哀于宗廟永寧殿永昌殿社稷)'[98]라는 식으로 '고애(告哀)' 용어의 사용 자체를 배제하진 않았지만, 명을 상대로 해서는 국왕의 부음을 알리는 용어로 일관되게 '고부'를 활용하였다. 이러한 일관된 모습은 단순한 우연이 아니라, 조선 측이 고애가 아닌 고부 용어를 구사해서 제후의 분의를 견지하고자 한 데서 비롯되었을 것이다. 조선은 스스로 판단하기에, 황제의 사망을 주변 외국에 알릴 때 주요하게 활용되어온 '고애' 용어를[99] 조선 국왕의 부음을 명 측에 알리는 데 사용하는 것이 예에 부합하지 않는다고 보았을 것이다. 그리하여 '고애'를 회피하고 '고부' 용어를 일관되게 활용하였을 것이다.[100]

뒷받침되나, 단종의 '告哀' 사례는 『조선왕조실록』과 충돌한다. 『단종실록』에는 '告訃'를 한 사실과 告訃表까지 적시되어 있어, 『단종실록』의 신뢰성이 더 높다고 판단된다. 『단종실록』 권1, 단종 즉위년 5월 계축. "遣知中樞院事金世敏慶昌府尹柳守剛 如大明告訃 並請證承襲 其告訃表曰 (…)."

98 『성종실록』 권1, 성종 즉위년 11월 무신.

99 이와 관련하여 『文獻通考』 권122, 王禮考17 國恤喪禮 告哀外國及外國弔祭 참조.

100 다만 조선이 '告哀' 용어를 회피한 까닭은 어느 정도 파악이 되나, 조선이 '告哀'의 대안으로 '告訃'를 선택한 이유는 분명치 않다. 추측건대, 조선은 고려 말에 '告哀'와 함께 새로이 '告訃' 용어를 구사했던 전례를 계승·활용하여 '고부' 용어를 대안으로 삼았을 수도 있지만, 그보다는 명 황제가 藩國王의 訃奏를 받는 의례인 「乘輿受藩國王訃奏儀」에 부합할 수 있도록 '告訃'('告訃奏')를 사용한 듯싶다.

2장

황제국 측 조문 외교의례의 변화

1. 머리말

국상 시 외교의례 면에서 원 복속기를 분기점으로 한 전환상을 규명하는 일련의 작업 가운데 하나로, 앞 장에 이어 여기서는 국왕 사후 황제국 측이 조문 차원에서 행하는 외교의례 면에서 고려 전기와 조선 초기 간의 차이를 비교 검토하는 작업을 하고자 한다.

앞 장에서도 언급했듯이, 종래의 연구 성과는 통시적인 관점에서 국상 시 외교의례의 변화를 다루지 못하였기에, 여기서는 통시적인 관점에서 국왕 사후 황제국 측이 조문 차원에서 행하는 외교의례를 검토할 것이다. 바로 앞 장에서 검토하였듯이, 국왕의 사망 후 책봉국을 상대로 행하는 외교의례는 고려 전기에는 고애(告哀), 칭사(稱嗣)(=고사위告嗣位) 의례인 데 비해, 조선(초기)에는 고부(告訃), 청시(請諡), 청승습(請承襲) 의례로, 두 시기의 의례 사이에는 질적이고 단절적인 차이가 가로놓여 있었다. 특히 양 시기 사이에 드러난 이러한 차이를 탐색하는 과정에서 각 시기 국내에서 행해진 '사위'가 갖는 대외적 위상이 질적으로 달랐음을, 구체적으로는 고려 전기에는 국내에서 행해진 사위가 대외적으로도 통고·통용된 데 반해 조선에서는 대외적으로 전혀 의미를 지니지 못했음을 확인할 수 있었다. 바로 앞 장의 내용과 짝을 이루는 본 장에서는 국왕 사후 황제국 측이 조문 차원에서 행하는 외교의례 면에서도 고려 전기와 조선 초기 간에 큰 폭의 시대적 간극이 가로놓였음을 규명하고, 이러한 시대적 차이가 말해주는 역사적 함의를 탐색해볼 것이다.

2. 명 예부의주(禮部儀注)의 전달·준용과 그 함의

국왕 사후 책봉국에 행하는 (외교)의례뿐만 아니라 이것에 응해서 황제국이 행하는 조문(弔問) (외교)의례에서도 고려 전기와 조선(초기) 간의 질적 변화를 감지할 수 있다. 무엇보다 눈길을 끄는 대목은 명 황제가 조선에 사신을 파견해서 국왕의 사망에 조문하는 의례들인 사제(賜祭) 의례, 사부(賜賻) 의례, 사시(賜諡) 의례가 명이 조선에 보내준 의주를 토대로 거행되었다는 사실이다.

조선 초기에 거행된 사제 의례는 명 황제가 사자를 보내 사망한 국왕을 대상으로 상향(上香)과 제주(祭酒)를 행하고 제문을 읽도록 하는 것이고,[101] 사시 의례와 사부 의례는 각각 사망한 국왕과 그 후계자를 대상으로 시호(諡號)가 적힌 고명(誥命)과 부물(賻物)을 하사하는 예식인데, 비록 사여 주체가 황제라 해도 이들 의례는 조선 땅에서 거행되는 것이어서 명이 마련해준 의주에 따라 해당 의례를 거행한 사실은 매우 이례적이라 할 수 있다. 예상대로 이러한 모습은 고려 전기에는 전혀 보이지 않는다. 고려 전기에는 자체적으로 마련한 예식 절차

---

101 정확히는 제문을 읽는 것은 사신이 직접 하지 않았다. 이 역할을 하는 이는 따로 있었다. 가령 『세종실록』 권135, 오례 흉례 의식 賜祭儀에서는 讀祭文官이 이 역할을 한다고 하였다.

(의주)에 따라 황제가 보낸 제전사(祭奠使)(=칙제사勅祭使), 위문사(慰問使)(=조위사弔慰使)와 기복사(起復使)를 맞이하였고, 사신 맞이에 그치지 않고 스스로 작성한 의주에 따라 관련 의례(제전, 위문, 기복)를 행하였을 것이다. 기복사를 맞이하는 예식 절차인 「영북조기복고칙사의(迎北朝起復告勅使儀)」[102]는 고려가 자체 제작한 것으로, 이 점을 직접 증명해주고 있다.

태종 대에 명이 사제의주(賜祭儀注), 사부의주(賜賻儀注), 사시의주(賜諡儀注)를 조선 측에 전해주고 이를 준행토록 하자,[103] 조선은 이들 의주에 따라 사제·사부·사시 의례를 거행하였는데,[104] 이는 전례가 없던 일로, 동아시아 지평으로 확장해보더라도 유례가 없기는 마찬가지이다. 그런데 이 일은 고려 말에 명이 『번국의주』를 고려에 하사하고 고려·조선은 이를 토대로 명에 대한 각종 외교 의례를 거행한 사실을[105] 상기시킨다. 명은 홍무(洪武) 초기에 유례없이 번국 내에서 번왕이 명(황제)에 거행하는 각종 외교의례의 의주를 직접 작성하여(『번국의주』 작성) 고려에 하사하였고, 이 일을 계기로 고려 말 이후부터 조선 말기까지 각종 외교의례의 예식 절차는 기본적으로 명이 하사한 『번국의주』에 수록된 해당 의주를 토대로 마련되었다. 태종 대에 명이 전례 없이 사제·사부·사시 의례의 의주를 조선 측에 전달하여 준행토록 하고 조선이 이를 바탕으로 해당 의례를 거행한 일은, 유례없이 『번국의주』를 작성하여 고려에 보내주고 고려·조선이 이것을 토대로 해당 예식을 행한 것과 동일한 성격의 일이었다고 봐도 무리가 없을 것이다.

---

102 『고려사』 권65, 지19 예7 빈례 迎北朝起復告勅使儀.

103 『태종실록』 권16, 태종 8년 9월 기사.

104 『태종실록』 권16, 태종 8년 9월 임신; 『태종실록』 권16, 태종 8년 9월 계유; 『태종실록』 권16, 태종 8년 9월 갑술.

105 『번국의주』에 관해서는 1부 1장에서 상세히 소개한 바 있다.

특히 명이 조선 측에 보내 준행토록 한 사제의주, 사부의주, 사시의주는 외국이자 제후국인 조선을 염두에 두고 별도로 마련한 게 아니라, 명 황제가 영내 왕공대신의 상에 조문하는 의례의 의주를 초록한 것이었다. 주목할 만한 사실인데, 이와 관련하여 『태종실록』 권16, 태종 8년 9월 기사일 기록을[106] 꼼꼼히 살펴볼 필요가 있다.

해당 기사는 조문 의례의 과정을 소개한 후 "임관(林觀)은 가지고 온 예부의주(禮部儀注)를 예관(禮官)에게 주었다"라고 하여, 명 사신 예부낭중 임관이 조선 측에 예부의주(禮部儀注)를 전달한 사실을 전하고 있다.[107] 예부의주는 조선이 명 측으로부터 전달받은 사제의주, 사부의주, 사시의주를 통칭한 것으로 보인다. 조선이 그렇게 명명하였을 것이다. 이 구문 다음에는 '예부에서 예의(禮儀)의 일을 위해 지금 예제(禮制) 중에서 마땅히 행해야 하는 의주를 초록하여 흠차사신(欽差使臣)에게 주어 보내니 준수하여 시행하라(禮部爲禮儀事 今於禮制內 抄錄合行儀注 與欽差使臣齎執前去 遵守施行)'라는 어구 및 각각 사제의주, 사부의주, 사시의주를 제목으로 하는 비교적 상세한 의주가 기록되어 있는데, 필자가 보기에 이 부분은 명 측이 보낸 외교문서를 옮겨 적은 것에 해당한다. '예부위예의사(禮部爲禮儀事)' 이하 사시의주까지의 부분이 문서 내용이었음은 무엇보다 '예부위예의사(禮部爲禮儀事)'라는 어구에서 알 수 있다. '예부위예의사'는 '예부에서 예의(禮儀)의 일을 위해' 또는 '예부에서 예의(禮儀)의 일 때문에'로 번역되는 것으로,

---

106 『태종실록』 권16, 태종 8년 9월 기사. "林觀以齎來禮部儀注 授禮官 禮部爲禮儀事 今於禮制內 抄錄合行儀注 與欽差使臣齎執前去 遵守施行." 이 기록 다음에 賜祭儀注 賜賻儀注 賜諡儀注의 구체적인 내용이 차례로 수록되어 있다.

107 명실록에는 다음과 같이 禮部郎中 林觀을 보내 致祭하고 賻物을 전달하도록 한 사실만이 기재되었을 뿐, 林觀 편에 禮部儀注를 조선에 전달하도록 한 기록은 보이지 않는다. 『明太宗實錄』 권81, 영락 6년 7월 壬申. "朝鮮國王李芳遠 遣陪臣鄭擢 告其父旦卒 請諡 賜諡康獻 命禮部郎中林觀 祭之 賻布帛千匹."

문서의 발신자 및 사안에 해당하는 제목을 밝히는 도입부에 해당한다.[108] 그러하기에 이 어구 뒤에 적시된 '금어예제내(今於禮制內)' 이하 사시의주까지의 부분은 문서의 본문에 해당할 것이다.[109] 원본 문서를 옮겨 적는 과정에서 내용을 대폭 생략하고 핵심 내용만 적은 듯하다. 이 가운데 '지금 예제(禮制) 중에서 마땅히 행해야 하는 의주를 초록하여 흠차사신(欽差使臣)에게 주어 보내니 준수하여 시행하라'라는 구절은 발화 주체가 명 예부가 아니라 황제로 보이기에, 명 예부가 보낸 문서 가운데[110] 황제의 성지(聖旨)를 인용한 부분에[111] 해당할 것이다. 요컨대, 태종 8년 9월 24일 기사 중 일부는 명 예부가 보낸 원본 문서에서 자질구레한 것은 생략하고, 도입부와 '의주를 보내니 준수하여 시행하라'라는 황제의 성지 및 사제의주, 사부의주, 사시의주만을 옮겨 적은 것이라 할 수 있다.

기왕의 연구에서 밝혔듯이, 이들 의주는 명 영내에서 거행되는 의례의 의주인 「견사치전왕공대신의주(遣使致奠王公大臣儀注)」, 「견사부왕공대신상의주(遣使賻王公大臣喪儀注)」, 「견사책증왕공대신의주(遣使冊贈王公大臣儀注)」를[112] 조선 측에 전달한 것이다.[113] 의주를 대조하여 검토해보면, 사제의주는 「견사치전왕공

---

108 황제에게 올리는 문서를 제외한 모든 문서는 '[발신자], 爲 (…) 事'라는 상용어구를 취한다고 한다. 구범진, 『조선시대의 외교문서』, 한국고전번역원, 2013, 46쪽 참조.

109 이렇다고 하면 林觀이 전달한 것은 禮部儀注를 책자로 만든 것이 아니라 禮部儀注, 곧 賜祭儀注, 賜賻儀注, 賜諡儀注가 적힌 문서였을 것이다.

110 발신자는 명 예부이고 문서는 조선 국왕에게 보내졌을 것이기에, 문서 종류는 咨文에 해당하였을 것이다.

111 자문 내에 인용된 황제의 성지는 구어체 白話文으로 기록되는데, 이 구절도 백화문체로 서술되어 있다. 정동훈, 「洪武帝의 명령이 고려에 전달되는 경로」, 『동양사학연구』 139, 2017a 참조.

112 『大明集禮』 권36, 凶禮.

113 윤승희, 앞의 글, 2021, 81쪽 참조.

대신의주(遣使致奠王公大臣儀注)」와, 사부의주는 「견사부왕공대신상의주(遣使賻王公大臣喪儀注)」와, 사시의주는 「견사책증왕공대신의주(遣使冊贈王公大臣儀注)」와 사실상 동일하다. 다만 그대로 베낀 것은 아니고, 사제의주는 「견사치전왕공대신의주」를, 사부의주는 「견사부왕공대신상의주」를, 사시의주는 「견사책증왕공대신의주」를 추려 베낀 것이었다. 양자 간에 예식 절차가 동일하긴 해도, 조선에 보내준 것은 예식 절차의 구체적 내용이 더 소략하고, 상가에서 행해지는 예식 외의 것, 가령 '사자가 돌아와 황제께 아뢴다(使者回奏)' 등의 의절이 생략되어 있다.

『태종실록』에 수록된 사제의주, 사부의주, 사시의주는 명 측이 전해준 문서에 기재된 이들 의주를 그대로 옮겨 적은 것으로 보이지만, 그 과정에서 매우 제한적이긴 해도 일부 의절을 변개하거나 내용을 수정하는 작업이 가미된 듯싶다.[114] 가령 사부의주를 옮겨 적는 과정에서 칙서 선독의 의절을 삭제한 듯싶다.[115] 또한 사시의주를 옮겨 적는 과정에서는 불특정 왕공대신을 대상으로 한 고명인 '황제가 신(臣) 모(某)를 보내 고(故) 모관(某官) 모(某)에게 모훈(某勳) 모작(某爵)을 책증(冊贈)한다(皇帝遣臣某冊贈故某官某為某勳某爵)'[116]를, 태조에게 내린 시호 고명인 '황제가 도지감좌소감(都知監左少監) 기보(祁保) 등을 보내 반고(頒誥)하여 고(故) 조선 국왕 이(李) 휘(諱)에게 시호(諡號)를 주기를 강헌(康獻)이라 한다(皇帝遣都知監左少監祁保等頒誥賜故朝鮮國王李諱諡曰康獻)'로 교체한 듯싶다.[117] 이러한 미

---

114 이에 관한 상세한 내용은 윤승희, 「조선 초기 賜賻·賜諡·賜祭儀禮와 明禮의 영향」, 『한국학논총』 57, 2022b, 77~84쪽을 참고하기 바란다.

115 윤승희, 앞의 글, 2021, 81~83쪽.

116 『大明集禮』 권36, 凶禮.

117 『태종실록』 권1, 태종 8년 9월 기사.

미한 변개와는 별개로,[118] 준행하도록 하라는 황제의 말마따나 조선이 이들 의주에 의거해서 해당 의례를 거행하였음은('一如儀註') 실록 기사를 통해 구체적으로 확인된다.[119]

한편 명 황제가 영내 왕공대신의 상에 조문하는 의례의 의주인 「견사치전왕공대신의주」, 「견사부왕공대신상의주」, 「견사책증왕공대신의주」를 초록하여 조선 측에 전달하고서 이를 준행토록 한 사실은, 명(황제)이 조선의 국왕을 왕공대신과도 같은 존재로 보아 영내 왕공대신의 상에 조문하는 의례를 조선에까지 확대 적용하였음을 시사한다고도 볼 수 있다. 이 사안의 경우 명(황제)이 조선을 내복 제후처럼 대한 셈이 된다. 단 이러한 명의 움직임은 명조가 예제 차원에서 천자를 정점으로 한 무외(無外)·일시동인(一視同仁)의 세계를 구현하고자 한 시대 분위기를 배경으로 하였지만,[120] 그러한 세계를 적극적으로 구

---

118 이러한 변개는 조선에서 한 일이 아니라 가능성은 희박해도 명 측이 했었을 수도 있다.

119 『태종실록』 권16, 태종 8년 9월 임신; 『태종실록』 권16, 태종 8년 9월 계유; 『태종실록』 권16, 태종 8년 9월 갑술. 다만 사시 의례를 거행하는 과정에서는 사시의주를 토대로 하면서도 시호 고명을 선독하는 의주 내용과 달리, 태종은 사신으로부터 고명을 받아 혼자 눈으로 읽었다. 이에 관해서는 윤승희, 앞의 글, 2022b, 84~85쪽 참조.

120 명대적 화이질서의 구현은 유례없이 확장된 원조의 천하질서를 의식·계승·전유한 것으로, 천자를 정점으로 한 (예적) 지배질서가 외교 무대라는 울타리를 넘어 蕃國 내에까지 실현되는 것을 특징으로 한다. 따라서 명 황제가 영내 왕공대신의 상에 조문하는 의례의 의주를 조선에까지 준용토록 한 조치는 명대적 화이질서의 구현과 무관하지 않았을 것이다. 명대적 화이질서와 관련해서는 宮岐市定, 「洪武から永樂へ—初期明朝政權の性格」, 『東洋史研究』 27-4, 1969; 岩井茂樹, 「明代中國の禮制覇權主義と東アジアの秩序」, 『東洋文化』 85, 2005; David M. Robinson, "The Ming Court and the Legacy of the Yuan Mongols", Culture, Courtiers, and Competition: The Ming Court (1368~1644), Harvard University Asia Center, 2008; 檀上寬, 『明代海禁=朝貢システムと華夷秩序』, 京都大學學術出版會, 2013; 최종석, 「고려 후기 '자신을 夷로 간주하는 화이의식'의 탄생과 내향화—조선적 자기정체성의 모태를 찾아서」, 『민족문화연구』 74, 2017 참조.

현하고자 한 데서 비롯되진 않았을 것이다.[121] 정확히는 조선 측의 움직임에 의해 유발되어 수동적으로 행한 일이었을 것이다. 부연설명을 하면 이러하다.

명 측이 사제의주, 사부의주, 사시의주를 보내준 행보는 일차적으로는 조선 측의 움직임에 의해 촉발되었을 것이다. 베트남·류큐와 비교해서 볼 때 그러하다. 필자가 아는 한, 베트남과 류큐를 상대로 해서는 명이 이들 의주를 보내준 바가 없다. 이들 의주의 사여는 명의 피책봉국·조공국 가운데 조선에 한정된 일이었다.[122] 앞서 언급한 명의 『번국의주』 하사가 고려(조선)에 한정해서 이루어진 것과 동일하게 말이다. 유례없이 명이 번국 내에서 명(황제)을 대상으로 거행하는 각종 (외교)의례의 의주(『번국의주』)를 고려에 하사한 게, 고려 측이 먼저 「본국조하의주」라는 본국(고려)에서 명 황제를 대상으로 거행하는 조하례 의주를 요청한 데 따른 산물인 것과[123] 유사 혹은 동일하게, 이 현상 역시 건국 이후 처음으로 국왕의 국상을 당한 조선이 명(황제)을 상대로 고부(告訃)

---

121 명이 영내 왕공대신의 상에 조문하는 의례를 조선에까지 확대 적용한 움직임은 조선의 국왕을 영내의 왕공대신과 같은 존재로 적극적으로 인식한 데 따른 결과는 아니었을 것이다. 명이 왕공대신을 대상으로 한 흉례 관련 의주들 가운데 일부만을 조선 측에 보낸 사실로 볼 때도 그러하다. 가령 황제가 사신을 보내 '皇帝는 某官의 홍서함을 듣고 臣某를 보내 조문한다'라는 식의 황제 명령을 선포하는(宣制曰皇帝聞某官薨遣臣某弔) 의례의 의주인 「遣使弔王公大臣喪儀注」는 조선에 전달되지 않았다. 왕공대신을 대상으로 한 흉례 관련 일부 의주를 조선에까지 확대 적용한 움직임을 과장해서 의미 부여해서는 곤란할 것이다.

122 소위 '외왕내제'의 방식을 운영한 베트남을 상대로 이들 의주의 전달이 이루어지지 않은 것은 자연스러운 일이라고 볼 수도 있으나, 조선과 더불어 유이하게 명(황제)을 상대로 망궐례를 행한 류큐에게조차 이들 의주를 하사하지 않았다는 사실은 유의미하다고 하겠다. 류큐의 망궐례에 관해서는 豊見山和行, 『琉球王國の外交と王權』, 吉川弘文館, 2004 참조.

123 이 사실은 1부 1장에서 규명한 바 있다.

와 청시(請諡)의 의례를 행한 데서[124] 유발되었을 것이다.

당시 조선은 명과의 사전 조율 없이 제후로서의 분의를 견지하고 아울러 예에 부합하는 방식으로 명(황제)을 상대로 고부와 청시의 의례를 거행하였을 것이다.[125] 특히 고부와 청시 중에서도 시호의 요청은 명이 사제의주, 사부의주, 사시의주를 조선에 전해주는 더 직접적인 계기로 작용하였을 것이다. 군주의 상을 알리는 의례는 조선 외에 여타 피책봉국도 행하곤 했지만,[126] 조선이 여타 국가와는 달리 시호를 요청하자(청시), 명은 이 요청에 응해 시호를 하사하였고 이에 그치지 않고 조선 내에서 거행하는 사시 의례의 예식 절차(의주)까지 보내준 것이다. 이때 명은 조선 내에서 거행하는 사시 의례의 예식 절차(의주)로 왕공대신을 대상으로 작성된 해당 의주를 베껴 보내주었고, 여기에 더해 왕공대신을 대상으로 한 사제의주, 사부의주도 함께 베껴 보내주었다. 조선이 고부와 청시의 의례를 행한 것에 응해 명 황제가 사신을 보내 행하는 의례는 사시와 함께 사제, 사부 의례였기에, 이들 의례의 의주도 함께 챙겨 보내주었을 것이다.

명이 사시의주를 비롯하여 사제의주와 사부의주를 조선에 보내주기는 했

---

124 『태종실록』권15, 태종 8년 5월 정축. 당시 請承襲의 의례가 행해지지 않은 것은 국왕인 태종이 이미 책봉을 받은 상태였기 때문이다.

125 이에 관해서는 최종석, 「告哀·稱嗣에서 告訃·請諡·請承襲으로―고려 전기와 조선 초기 국상 시 책봉국에 행한 외교의례를 비교하며」,『한국문화』99, 2022 참조.

126 가령 베트남은 명(황제)에 告哀(告訃) 사신을 파견하곤 하였다. 『明太祖實錄』권51, 홍무 3년 4월 壬申; 『明太祖實錄』권244, 홍무 29년 2월 壬寅; 『明武宗實錄』권7, 홍치 18년 11월 丙午; 『明世宗實錄』권331, 가정 26년 12월 甲寅. 베트남 외에 류큐, 일본, 暹羅 또한 告訃使를 파견하였음이 확인된다. 류큐, 일본, 暹羅의 고부사 파견 사례는 각각 다음과 같다. 『明太宗實錄』권28, 영락 2년 2월 壬辰; 『明太宗實錄』권86, 영락 6년 12월 庚寅; 『明太宗實錄』권176, 영락 14년 5월 壬辰.

어도, 이 일은 애초부터 계획한 것이 아니었을 것이다. 무엇보다 보내준 의주가 조선, 넓게는 번국(藩國)을 염두에 두고 별도로 작성된 게 아니라, 기존의 「견사책증왕공대신의주(遣使冊贈王公大臣儀注)」, 「견사치전왕공대신의주(遣使致奠王公大臣儀注)」, 「견사부왕공대신상의주(遣使賻王公大臣喪儀注)」를 초록(抄錄)한 것이라는 데서 그렇다. 임기응변이나 임시방편 차원의 일이었을 것임을 시사한다. 또한 홍무 3년에 편찬된 『대명집례』에 수록된 「견사책증왕공대신의주」, 「견사치전왕공대신의주」, 「견사부왕공대신상의주」를 의주 작성 한참 뒤에야 초록(抄錄) 버전으로 해서 조선 측에 전달한 사실로 보아, 명은 「견사책증왕공대신의주」, 「견사치전왕공대신의주」, 「견사부왕공대신상의주」를 마련하였을 당시에 이를 활용한 초록(抄錄) 버전을 만들어 조선 등의 번국에 전달할 생각을 하지 못하였을 것이다.

이들 사실로 보아 명 측은 당초 사시의주를 비롯하여 사제의주와 사부의주를 조선에 보내겠다는 계획이나 생각 자체를 가지고 있지 않다가, 조선이 왕조 개창 이후 처음으로 청시 의례를 행하자 이것에 응해서 사신을 보내 시호를 내렸고 이에 그치지 않고 종래와 달리 급하게 이 의례를 실행하는 절차(의주)로 기성의 「견사책증왕공대신의주」를 초록하여 사신 편에 조선에 전해주었을 것이다. 앞서 언급했듯이, 이 과정에서 「견사치전왕공대신의주」와 「견사부왕공대신상의주」의 초록(抄錄)도 함께 마련하여 보내주었을 것이다. 사전 준비 없이 급하게 만들다 보니, 임기응변 식으로 「견사책증왕공대신의주」, 「견사치전왕공대신의주」, 「견사부왕공대신상의주」를 그대로 활용하면서 추려 베껴 마련한 듯싶다.

이처럼 명이 사시의주를 비롯하여 사제의주와 사부의주를 조선에 보내준 것은 조선에 의해 견인되었고, 이들 의주의 마련은 애초부터 조선을 포함한 번국을 염두에 두고 계획적으로 이루어진 게 아니라 맞닥뜨린 상황에서 임시방편으로 왕공대신을 대상으로 한 종래의 의주를 활용해서 이루어지다 보니, 조선에 한정해서 이들 의주의 전달이 이루어졌을 것이다. 베트남과 류큐 등은 (고려)조선과 달리 명 측에 시호를 요청하지 않았기에, 명은 베트남과 류큐의 사망한 군주를 상대로 시호를 내려주지 않았다. 명은 베트남과 류큐가 시호를 요청하지 않았는데 이를 무시하고 사시를 강행하려 들지 않았고, '사시'를 반드시 구현하고자 해서 베트남과 류큐가 시호를 요청하도록 유도하거나 강제하지도 않았다. 명은 베트남과 류큐가 시호를 요청하지 않는 것을 방관하였고, 이와 맞물려 베트남과 류큐의 사망한 군주를 상대로 시호를 내려주지 않았다. 이러한 여건에서 베트남과 류큐를 상대로 사시의주를 전해줄 생각은 전혀 하지 않았을 것이다. 베트남과 류큐는 고부(告訃) 의례를 거행했기에, 명은 베트남과 류큐에 사신을 보내 사제와 사부 의례를 거행토록 했지만, 베트남과 류큐에 사제의주, 사부의주를 보내 이를 준행토록 하지는 않았다.[127] 이는 명이 솔선하여 시호를 요청하는 조선과 달리 베트남과 류큐를 문명·예의 가치를 공유하는 공명(共鳴)의 상대로 보지 않았기 때문일 것이다.[128]

---

127 賜諡儀注를 제외하고 賜祭儀注, 賜賻儀注만 보내줄 수도 있었지만, 명은 그렇게 하지 않은 것이다.

128 명이 賜諡儀注를 비롯하여 賜祭儀注와 賜賻儀注를 조선에 국한해서 보내준 일은, 조선의 외교의례가 명이 사여한 『蕃國儀注』를 토대로 거행되고 있었다는 사실과도 무관하지 않았을 것이다. 비록 당시에 명은 『번국의주』를 하사했던 사실을 망각하고 있었을 테지만, 조선의 외교의례는 『번국의주』를 토대로 거행되고 있다 보니, 다음과 같은 사정에서 기본적으로 명의 의례와 부합하였다. 명은 홍무 2년(1369) 9월에 각종 蕃國禮를 마련하였고, 그 이후 수정·보완을 하여 『大明集禮』 빈례를 완성하였는데, 『번국의주』는 『大明集禮』 빈례의 완성 과정에서 명이 고려의 요청에 응해 번국 내에서 번국이 주체가 되어 명(황제)을 대상으로 거행하는 의례인 「蕃國接詔儀注」, 「蕃國受印物儀注」, 「蕃國正旦冬至聖壽率衆官望闕行禮儀注」, 「蕃國進賀表箋儀注」만을 수록하여 만든 책자였다. 그러다 보니 『번국의주』에 수록된 의주는 『大明集禮』 빈례의 해당 의주와 사실상 동일할 수밖에 없었다. 『大明集禮』는 편

한편 명 측이 사시의주 등을 마련하여 조선에 보내준 일이 조선의 청시에서 유발되었다 해도, 그 과정에서 명 측의 의지와 판단이 개입했음은 부정하기 어렵다. 조선 측이 해당 의주의 하사를 명에 요청하였음은 어디에서도 확인되지 않는다. 사시의주 등을 마련하여 조선에 보내준 것은 어디까지나 명의 판단과 의지에서였을 것이다. 조선의 시호 요청에 응해 시호를 하사한다고 해도, 명 측이 관련 의주를 직접 작성하여 보내주기까지 해야 하는 것은 아니었기 때문이다. 사신을 보내 시호만 하사해도 이상할 것이 없는 게, 고려 말에 이미 전례가 있었다.[129] 결국, 사시의주 등을 마련하여 조선에 보내준 일은 조선에 의해 견인되었다 해도, 의주를 마련하여 조선 측에 보내겠다는 것, 왕공대신을 대상으로 작성된 기성의 의주를 베껴 보내겠다는 것, 사시의주 외에 사제의주와 사부의주도 함께 보내겠다는 것 등은 명 측의 의지와 판단의 소산이었을 것이다.

그리고 이와 함께 그러한 의지의 구현이 영락제 시기에 이루어졌다는 사실도 주목할 필요가 있다. 명(황제)을 상대로 고부와 청시의 의례를 행한 것은

성 후 곧바로 禁中에 보관되었고, 간행은 嘉靖帝 때에 이루어 탓에, 명 측이 실제로 활용한 의례(의주)는 『諸司職掌』과 이를 계승·보완한 『大明會典』에 수록된 각종 蕃國 관련 의례였지만, 이들은 『大明集禮』 빈례와 사실상 다르지 않았다. 이는 이들 의례가 『大明集禮』 빈례를 바탕으로 작성되진 않았어도 『大明集禮』 빈례와 마찬가지로 홍무 2년(1369) 9월에 마련된 각종 蕃國禮를 수정·보완하여 작성되었기 때문이다. 『번국의주』가 『대명집례』는 물론이요, 『諸司職掌』과 『大明會典』에 수록된 각종 蕃國 관련 의례와도 사실상 동일한 것은 바로 이러한 이유에서였을 것이다. 이상은 최종석, 앞의 글, 2015; 郭嘉輝, 「天下通禮─明代賓禮的流傳與域外實踐的紛爭」, 『臺灣師大歷史學報』 59, 2018 참조. 이처럼 조선의 외교의례는 『번국의주』를 토대로 거행되고 있다 보니, 조선의 행보는 명 측에게 문명·예의 가치에 부합하는 모습으로 비췄을 것이다. 그래서인지 명은 조선 내에서 거행하는 賜諡 의례의 예식 절차(의주)까지 보내주었을 것이다. 물론 명 측에게 문명·예의 가치에 부합하는 고려의 모습은 외교의례에 한정되지 않고 여러 방면에서 구현되고 있었을 것이다.

129 『明太祖實錄』 권174, 홍무 18년 7월 甲戌; 『고려사절요』 권32, 우왕 11년 9월 을해.

고려 우왕 대(홍무제 시기)에 있었긴 해도,[130] 조선 개국 후 처음 있은 국상에서 명이 조선 측의 고부(告訃)와 청시(請諡) 의례에 유발되어 사제의주, 사부의주, 사시의주를 보낸 행위는, 고려-명 간 갈등이 고조된 우왕 대와 달리 태종 대(영락제 시기)에 양국 관계가 우호적이었기 때문에[131] 가능하였을 것이다. 특히 영락제가 사시의주 등을 마련하여 조선에 보내준 일은 영락제 시기에 유별나게도 그간 시호를 준 적이 없던 외국의 군주를 대상으로 여러 차례 시호를 하사한 사실과 무관치 않을 것이다. 이것은 천자를 정점으로 한 (예적) 지배질서가 외교 무대라는 울타리를 넘어 번국 내에까지 실현되는 것을 특징으로 한 명대적 화이질서의 구현을 배경으로 하면서도, 영락제가 비합법적인 방식으로 이루어진 즉위를 정당화하기 위해 천자의 천하 지배 면에서 주원장을 넘어, 더 나아가 쿠빌라이까지 넘고자 했던 데서 비롯되었을 것이다.[132]

단 이러한 질서를 적극적으로 구현하고자 하는 차원에서 행한 일은 아니었을 것이다. 명은 무외(無外)·일시동인(一視同仁)의 질서를 지면상에 실현하는 경향이 강했고, 이와 맞물려 무위(武威)를 동원해서라도 현실 세계에서 이를 구현해야겠다고 생각하지 않았기에,[133] 현실 차원에서의 구현은 문명·예의 가치를 공유하는 공명(共鳴)의 상대를 필요로 하였다. 당시에는 홍무제 시기와 달리

---

130 『明太祖實錄』 권111, 홍무 10년 1월 丁未; 『明太祖實錄』 권174, 홍무 18년 7월 甲戌.

131 우왕 대와 태종 대의 한중 관계에 관해서는 각각 다음 저서를 참조할 수 있다. 동북아역사재단 한국외교사편찬위원회, 『한국의 대외관계와 외교사—고려 편』, 동북아역사재단, 2018; 동북아역사재단 한국외교사편찬위원회, 『한국의 대외관계와 외교사—조선 편』, 동북아역사재단, 2018.

132 檀上寬, 『天下と天朝の中國史』, 岩波新書, 2016, 211~217쪽 참조.

133 예제를 매개로 한 명대적 화이질서의 구현이 사실상 지면상의 실현에 만족한 점에 관해서는 최종석, 「鞠躬인가 五拜三叩頭인가?—조서를 맞이하는 예식을 둘러싼 조선과 명 사신 간의 갈등에 관한 탐색」, 『한국문화』 83, 2018b, 234~235쪽 참조.

조선과의 관계가 우호적으로 변해 있었고 조선 측은 예의 가치를 견지한 채 명과의 관계를 풀어 나가고 있었기에, 명(영락제)은 조선이 청시 의례를 행하자 이에 적극적으로 반응하여 시호를 하사하는 데 그치지 않고 이전과 달리 사시의 주 등을 마련하여 조선에 보내주었을 것이다.

3. 기복사 파견의 여부와 그 의미

책봉국의 조문 외교의례 측면에서 고려 전기와 조선(초기) 사이의 질적 변화는, 고려 전기와 달리 명 측이 왕공대신을 대상으로 한 의주를 추려 베껴 조선에 보내주고 조선은 이를 준용하여 해당 의례를 거행한 사실로 국한되지 않는다. 이하에서는 변화상 가운데 두드러진 것을 위주로 살펴보도록 하겠다.

우선, 고려 전기에는 기복(起復) 의례의 실행이 확인되나, 조선(초기)에는 전혀 보이지 않는다.[134] 조선(초기)에 그 의례는 시행되지 않았기 때문이다. 고려에서 기복 의례에 해당하는 의례(의주)는 「영북조기복고칙사의(迎北朝起復告勅使儀)」인 데 비해, 조선에서 이와 상응하는 의례는 아예 존재하지 않는다.

그런데 그렇게 단정하고 넘어가기에는 고려 전기에는 책봉국인 요·금이 고려에 사신을 보내 기복(起復)을 명하면서 관고(官告)를 통해 고려 군주를 일차적으로 책봉했다고 볼 수도 있어, 고려 전기 기복 의례는 구체적인 모습은 다를지언정 실질적으로는 조선의 책봉 의례와 상응한다고도 볼 수 있는 여지가 남아 있다. 구체적으로는 기존 연구에 따르면, 고려 전기에 제전(척제), 조위(위

---

134 이 책에서는 이승민의 연구처럼 起復 의례를 넓은 의미의 조문 외교의례의 일환으로 보고 검토하려 한다. 이승민, 앞의 글, 2018 참조.

문)와 함께 조문 의례로 거행되곤 한 기복은 "고려 국왕을 임명하는 절차를 시행함으로써 조문과 책봉 사이의 외교의례로서 책봉 전까지 정치 외교적 틈을 메우는 역할을 했다"라고 이해되고 있다.[135] 제전(최제), 조위(위문)와 함께 거행되곤 한 기복 의례가 조선시대에 청승습에 응해서 이루어진 조선 왕에 대한 책봉 의례(고명을 줌)와 상응한다고도 볼 수 있는 것이다.[136]

책봉국인 요·금은 고려 군주에게 관고(官告)를 주면서 기복하도록 했는데, 기복사가 전달했던 관고로 그 내용이 확인되는 것은 "표기대장군검교태위겸중서령상주국고려국왕(驃騎大將軍檢校太尉兼中書令上柱國高麗國王)과 식읍(食邑) 7,000호와 식실봉(食實封) 700호로 기복하게 한다. 담당 관청에게 날짜를 택하여 예를 갖추어 책명(冊命)할 것이다"[137]라는 기록이다. 이 기록 등에 의거해서 책봉국이 기복을 통해 '고려 국왕'의 위호를 주었다고 이해되고 있다.[138] "거란이 고려 국왕을 책봉할 때에 상기(喪期)를 마치기 이전에는 관고를 통해 국왕으로 일단 인정했다가 상기를 마친 후에 정식으로 책(冊)을 내려 책봉하였다"[139]라고 한 언설도 같은 취지의 주장이라 할 수 있다. 이렇게 본다면, 기복 의례는 세부적인 차이는 있어도 조선의 책봉 의례(고명 수여)와 상응한다고 볼 수 있는 것이다. 국왕 사후에 조선 측이 책봉국에 행한 고부·청시·청승습이라는 일련의 조합

---

135 위의 글 참조.

136 이승민은 고려 전기에 행해진 起復의 성격을 "기복이 책명을 받는 것은 아니지만 그에 상응하는 정치·외교적 성격을 가지고 있었다"라고 규정한 바 있다. 위의 글, 163쪽.

137 『고려사』 권10, 헌종 즉위년 12월 병술.

138 이승민, 앞의 글, 2018, 156쪽.

139 김윤정, 「고려 후기 사여관복(賜與冠服) 행례와 예제(禮制) 질서의 형성」, 『역사와 현실』 118, 2020, 479쪽. 이는 정동훈의 다음 연구 성과를 토대로 하였다. 정동훈, 「冊과 誥命—고려시대 국왕 책봉문서」, 『사학연구』 126, 2017b, 175~180쪽.

가운데 하나인 청승습 의례에 응해서, 책봉국인 명은 조문 사절과 함께 고명을 전하는 책봉 사신을 함께 보냈는데,[140] 고려 전기에는 사실상 이와 다름없이 조문과 함께 기복(관고 전달)이 행해졌다고도 볼 수 있는 것이다. 달리 말해, 조선에서는 기복(사)은 없었어도 사실상 고명 수여가 이를 대신하였다고 볼 수도 있는 것이다.

하지만 '기복(관고)을 통해 고려 국왕의 위호를 주었다', '상기(喪期)를 마치기 이전에는 관고(官誥)를 통해 국왕으로 일단 인정했다'라는 식의 국왕 책봉은 조선의 책봉(고명을 줌)과는 이질적이었다. 우선 고려 전기 당시에 기복사는 전왕의 조문을 위한 여타 사절과 달리 일반적으로 오는 사신이 아니었다.[141] 조선시대에 고명을 전하는 사신이 일반적으로 오는 것과도 달랐다. 기복사는 왕위가 부자로 계승되는 경우에 한해 왔다. '기복은 삼년상으로 인한 해관(解官)을 전제로 하기에' 그러했다.[142] 주지하듯 고려 전기에 부자 계승은 일반적이지 않았기에, 국왕이 사망했는데도 기복사가 오지 않은 경우는 드물지 않았다. 기복사가 오지 않은 경우에 '고려 국왕'으로 기복하라는 관고의 전달이 이루어지지 않았음은 물론이다. 또한 기복사는 왕위가 부자로 계승되는 경우인데도 오지 않기도 했으며,[143] 고려에 기복사가 온 것이 처음 확인된 때는 개국 후 250년도 지

---

140 조문과 책봉이 함께 이루어지다 보니, 경우에 따라서는 賜祭와 冊封 가운데 어느 의례를 먼저 할지를 놓고서 조선과 명 사신이 갈등하는 일이 발생하기도 하였다. 『연산군일기』 권5, 연산군 1년 5월 정미; 『연산군일기』 권5, 연산군 1년 5월 신해 참조.

141 고려 전기에 전왕의 조문을 위한 사행은 특별한 사정을 제외하고는 실행되었다. 이승민, 앞의 글, 2018, 145~146쪽 참조.

142 이승민, 위의 글, 2018, 157쪽.

143 고려나 책봉국의 사정에 따라 부자 간의 왕위계승임에도 기복사가 오지 않는(못하는) 경우도 있었다. 가령 예종이 사망하고 인종이 즉위한 후가 그러하였다.

나서였다.[144] 게다가 금은 요와 달리 고려 군주를 국왕으로 기복시키지도 않았다.[145] 이들 사실을 종합해보면, 고려 전기 동안 기복사가 파견되어 와 '기복(관고)을 통해 고려 국왕의 위호를 준' 경우는 일반적이었다고 할 수 없다. 매우 제한적으로 이루어졌다고 하는 것이 사실에 가까울 것이다. 한편 왕위계승이 부자로 이어지지 않은 경우에는(가령 형제 계승) 상기가 짧아 기복사 대신 책봉사가 왔을 것으로 예상해볼 수 있으나, 고려 초기를 제외하면 책봉사는 조문 사절과 함께 오는 것이 아니라 그보다 더 늦게 따로 왔다.[146] 이와 달리 조선에서는 고명의 전달(책봉)이 일반적인 일이었고, 그것은 조문과 함께 이루어졌다. 조선은 명(황제)을 상대로 국왕의 부고를 알리면서 동시에 승습(承襲)을 요청하였고, 명은 특별한 일이 없으면 조문과 고명 전달을 함께 진행했다.

고려 전기의 기복(관고 전달)을 조선의 책봉(고명 수여)과 비교할 때 염두에 두어야 할 사실은 기복사가 모후의 사망 시에도 왔다는 점이다. 가령 예종의 모후인 명의태후가 사망하자 요는 기복사를 보내왔다.[147] 국왕이 교체되는 때에 국한해서 오는 게 아니었던 것이다.[148] 요·금 측은 국왕이 모후의 사망 시에도 삼년상을 치른다고 전제하였기 때문이다. 이때에도 요·금 측은 사신을 보내 관고를 주어 기복하도록 하였는데, 국왕이 이미 책봉을 받은 상황이라면, 책봉 시 수여되었던 관작은 해관(解官)을 전제로 하여 관고를 통해 회복되었을 것이

---

144 『고려사』 권10, 선종 2년 11월 병오. "遼遣落起復使高州管內觀察使耶律盛來." 일반적으로 요는 고려에 기복사를 보내고 일정 시일이 경과한 후 기복을 파하는 落起復使를 보낸 점으로 미루어, 이때에 앞서 기복사가 파견되었을 것이다. 이승민, 앞의 글, 2018, 156쪽 참조.

145 이승민, 앞의 글, 2018, 162쪽.

146 위의 글, 145~146쪽의 〈표 14〉 고려 전·중기 조문 사행 참조.

147 『고려사』 권13, 예종 8년 1월 무인.

148 앞서 언급하였듯이, 그러한 왕위교체는 부자 계승에 국한되었다.

다.[149] 이러한 사실은 고려 전기에 이루어진 기복(관고 전달)이 결과적으로는 국왕으로 일단 인정하거나 '고려 국왕'의 위호를 주는 것으로 읽힐 수 있어도, 취지는 국왕이 친상으로 인해 해관(解官)되었다고 전제하고 탈정기복(奪情起復)하는 조치였다고 할 수 있다. 이를 책봉과 직간접적으로 연결 짓는 시도는 무리인 것이다.

특히 고려 전기 기복 운용이 해관을 전제로 이루어진 사실은 주목을 요한다. 모후 사망 시에도 책봉국은 해관(책봉 시 수여된 관작官爵의 해임)을 전제로 관고를 내려 기존의 관작으로 기복하도록 하였음은 앞서 언급한 바 있는데, 그렇다면 부왕(父王)의 사망 이후에, 구체적으로는 새 국왕이 즉위한 지 얼마 되지 않은 때에 이루어진 기복(관고)이 전제로 한 '해관(解官)'에서 해임된 '관(官)'은 무엇을 가리켰을까? 국왕이 즉위한 지 얼마 되지 않은 책봉 이전 시기이기에 책봉 관작은 분명 아닐 것이고, 관고 전달 이전이기에 책봉국이 관고를 통해 부여한 관작도 아닐 것이다. 해임된 '관'의 실체와 관련해서는 당시 고려 왕이 책봉국을 상대로 칭사(고사위) 의례를 거행한 사실을 주목해볼 수 있다. 고려 전기에 실행된 칭사(고사위)는 새로운 군주의 즉위, 곧 사위(嗣位)의 사실을 책봉국에 알리는 의례였다. 바로 앞 장에서 살펴봤듯이, 책봉국을 상대로 한 고사위 의례의 실행은 국내에서 사위한 군주가 대외에까지(황제를 대상으로 해서까지) 이 사실을 표방하였음을 의미하는 것으로, 사왕(嗣王)이 국내에서 거행된 '사위'를 통해 책봉국(황제국)을 상대로도 군주의 위상을 확보하였음을 의미한다고 할 수 있다. 고사위 의례 실행의 의미가 이러했기에, 책봉국 측이 상정한 부왕(父王) 사

---

149 명의태후 사망 후 기복사가 전한 告身에서 고려 국왕은 '前推誠奉國功臣開府儀同三司檢校太師守太尉兼中書令上柱國高麗國王 食邑三千戶 食實封一千五百戶王俣'라고 기재되고 있어, 요의 가정 속에서 기복 전 예종은 책봉 받은 관작에서 해임된 상태였다.

망 시 해관은 대외로까지 사위가 인정되는 것을 전제로 이루어졌을 것이다.[150]

조선에서는 사위 의례를 거행하기는 했어도, 명·청(황제)을 상대로 해서는 조선 내에서 사위가 이루어졌음을 알리지 않았고, 대신 청승습 의례를 거행하였다. 청승습 의례는 의정부 혹은 전왕의 비가 책봉국(황제)을 상대로, 전왕의 후계자만이 있을 뿐 아직 군주의 자리는 비어 있다고 상정한 채 홍서한 전왕의 후계자(세자)인 아무개를 책봉해달라고 요청하는 의례였다.[151] 명·청(황제)을 상대로는 책봉 전까지는 군주의 자리가 비어 있는 것이어서, 설령 명이 기복사를 파견하여 '왕위'를 탈정기복(奪情起復)하고자 해도 친상(親喪)으로 인해 해임되었을 만한 왕위는 부재하였을 것이다. '청승습' 의례는 이러한 성격의 것이다 보니 사망 직후 고부(告訃) 의례와 함께 이루어졌고, 명 또한 이러한 '청승습' 의례에 응해 전왕을 조문하는 사신과 함께 책봉사를 보내 후계자가 '조선 국왕' 위(位)를 승습할 수 있도록 했다.[152] 조선(초기)에는 고려 전기와 같은 기복사가 오고 싶어도 올 수 없는 것이었다.

---

150 실제로는 부왕의 사망 시에도, 모후의 사망 시에도 국왕의 '解官'은 이루어진 적이 없었다. '해관'은 요·금과의 외교 질서 내에서 가정되었을 따름이다. 바로 앞 장에서 밝혔듯이, 고려 내에서는 자체의 질서에 의해 왕위교체가 이루어졌고, 이러한 사실은 요·금에 통고되었다(告嗣位). 이와 차원을 달리한 채 고려의 군주는 대국인 요·금과 상하 차등의 예적 군신 관계를 맺기 위해 嗣位를 통보하면서도 '權知國事', '假守宗祊' 식으로 열위에 있는 자신의 예적 위상을 드러내야 했고 종국에는 책봉을 받아야 했다. 이와 유사한 맥락에서 요·금 측도 우위에서 상하 차등의 예적 군신 관계를 맺고 이어 나가기 위해 실제로 고려 내에서 '해관'이 이루어졌는지와 무관하게 자신이 설정한 프로토콜에 따라 '해관'을 전제로 기복을 명하고 기복해서 수행해야 할 관작을 내렸으며 이후 喪이 끝났다는 생각되는 시점에 落起復을 명하고 그 이후에 책봉사를 보냈다고 할 수 있다.

151 최종석, 「告哀·稱嗣에서 告訃·請諡·請承襲으로—고려 전기와 조선 초기 국상 시 책봉국에 행한 외교의례를 비교하며」, 『한국문화』 99, 2022 참조.

152 고려 전기에도 책봉사가 왔으나, 당시 책봉사는 조문 사신이 올 때가 아니라 그보다 뒤에 왔다(상이 끝난 이후). 조문 의례와 병행해서 이루어지지 않은 것이다.

4. 사시(賜諡) 의례의 존부와 그 함의

기복사의 파견 유무 외에 또 다른 이질적인 점은 조선에서는 사시(賜諡) 의례가 거행되었으나 고려 전기에는 그러지 않았다는 사실이다. 조선 초기에 사시 의례는 조선 측의 국왕 시호 요청에 응해 명이 국왕 시호를 하사한 데 따라 거행된 의례였기에 국왕 시호 요청이 없었던 고려 전기에는 책봉국 측도 시호를 하사하지 않았고 자동적으로 사시 의례도 거행될 수 없었다.

앞 장에서 검토했듯이, 고려 전기에는 청시의례가 거행되지 않았다. 청시는 충렬왕의 사망 후 충선왕이 원(황제)에 대행왕(大行王)인 충렬왕의 시호를 요청한 데서 시작되었다.[153] 고려 전기에는 책봉국을 상대로 훙서한 국왕의 시호를 요청하는 선례도 없었기에, 고려는 이를 행해야겠다는 생각 자체를 하지 못하였고, 황제국·책봉국조차 외국이자 조공국·피책봉국이 시호를 요청하는 것을 전혀 기대하지 않았을 것이다.[154] 요컨대, 고려 전기에는 고려가 책봉국에 국왕 시호를 요청하지 않았고, 책봉국 측도 국왕 시호를 사여하지 않았다. 사시 의례가 거행될 여지가 없었던 것이다.

조선에서의 사시 의례는 국왕이 대수고명자(代受誥命者)로서 시호 고명을 받고 이를 영좌(靈座) 앞에 올리는 것을 핵심으로 하는 의례로,[155] 기본적으로는 명이 「견사책증왕공대신의주(遣使冊贈王公大臣儀注)」를 초록(抄錄)하여 보내준 의주를 토대로 거행되었다.

---

153 『고려사』 권33, 충선왕 복위년 10월 병신.

154 안기혁, 「여말선초 대중국관계와 국왕시호(國王諡號)」, 『역사와 현실』 104, 2017; 최종석, 앞의 글, 2022.

155 『태종실록』 권16, 태종 8년 9월 기사.

태종 대 사시 의례의 예식 절차(의주)는 명 측이 「견사책증왕공대신의주」를 초록하여 보내준 것으로 조선이 별도로 작성하지 않았기에,[156] 당시 사시 의례는 명이 전해준 사시의주대로 거행되었을 것이다.[157] 다만 명이 전해준 사시의주는 본래 왕공대신을 대상으로 작성된 것이고 내용적으로 소략하였기에, 조선 측은 이를 토대로 예식을 실행하는 과정에서 부연하고 해석할 여지가 적지 않았을 것이다. 이외에 조선의 사정을 반영하여 사시의주와 달리 진행하는 의절도 있었다. 가령 사시의주와 달리 시호고명을 선독(宣讀)하는[158] 절차 없이 태종은 시호고명을 사신으로부터 건네받아 보았다.[159]

이 이후로는 명 측이 전해준 사시의주를 토대로 하면서도 이를 보완하고 상세히 하는 의주 작업이 이루어졌다. 이렇게 마련한 의주에 의거해서 사시 의례가 거행되었음은 물론이다. 명 측이 사시의주와 함께 전해준 사제의주와 사부의주를 대상으로 해서도 마찬가지의 작업이 이루어졌다.[160] 간략히 그 정비 내용을 소개하면 다음과 같다.

우선, 세종 5년에는 태종의 국상을 계기로 종래의 사시의주를 비롯하여 사제의주, 사부의주를 정비하였다.[161] 세종 5년에 정비된 사시의주를 위시한 사제

---

156 앞서 언급했듯이, 조선은 명 측이 전해준 외교문서에 적힌 賜諡儀注를 옮기면서 일부 의절을 변개하거나 내용을 수정하였을 수 있다.

157 『태종실록』 권16, 태종 8년 9월 갑술.

158 賜諡儀注에는 다음과 같은 선독 절차가 있었다. 『태종실록』 권16, 태종 8년 9월 기사. "使者稱有制 贊跪 代受諡者跪 使者宣制曰 (…) 宣訖."

159 『태종실록』 권16, 태종 8년 9월 갑술. "使臣以諡文授上 上覽訖." 이에 관해서는 윤승희, 앞의 글, 2022b, 84~85쪽을 참조하기 바란다.

160 이하에서는 조선 초기 동안 賜諡儀注의 보완·상세화 작업을 간략히 검토할 것인데, 賜祭儀注와 賜賻儀注도 함께 다룰 것이다.

161 『세종실록』 권20, 세종 5년 4월 계축. 더 나아가 고명·제문·부물을 맞이하는 의주인 「迎諡誥

의주, 사부의주는 명이 각각 「견사책증왕공대신의주」, 「견사치전왕공대신의주(遣使致奠王公大臣儀注)」, 「견사부왕공대신상의주(遣使賻王公大臣喪儀注)」를 초록하여 전해주었던 태종 대의 사시의주, 사제의주, 사부의주와 비교해서 내용이 더 상세하다. 태종 대의 것은 매우 소략하고 사실상 명 영내의 왕공대신을 대상으로 한 것이다 보니 조선의 현실과 괴리되기도 했는데, 세종 5년에 작성된 사시의주를 위시한 사제의주, 사부의주는 조만간 치러야 할 이들 의례의 실제 거행을 염두에 두고 각각의 의주를 구체화한 것이었다.[162] 그렇긴 해도 구체화 작업은 명이 전달한 의주를 토대로 이루어졌다. 태종 대의 것과 세종 대에 작성된 이들 의주는 동질적이었던 것이다.

한편 세종 5년에 작성된 사시의주를 위시한 이들 의주는 이후에도 지속해서 활용될 것을 염두에 두고 작성되었다기보다는 일회적 사용을 위해 마련된 듯싶다. 가령 당시 명은 태조의 상 때와 달리 사부 의례를 위한 칙서를 보내지 않았는데, 조선 조정은 칙서가 없는 상황을 전제로 사부의주를 작성하였다.[163] 지속적인 활용을 염두에 두었다면, 『세종실록』 오례에서처럼 세주(細註) 등을 이용해서라도 칙서가 있는 경우를 반영하였을 것이다.[164] 이 건에 한정된 의주

祭文賻物儀註」를 자체적으로 상정하였다.

162 구체화하였으면서도 세 의주에는 공히 의례 당일에 앞서 행하는 예식 준비 내용이 생략되어 있다.

163 윤승희, 앞의 글, 2021, 101~103쪽.

164 한편 세종 5년에 사시의주, 사제의주, 사부의주와 함께 작성된 「迎諡誥祭文賻物儀註」는 국왕이 교외에 나가 시호가 적힌 고명·제문·부물을 맞이하여 태평관으로 이동한 뒤 봉안하는 예를 행하는 예식 절차에 관한 것이다(『세종실록』 권20, 세종 5년 4월 계축; 윤승희, 앞의 글, 2021, 98쪽 참조). 이에 해당하는 예식 절차는 조선 내에서는 반드시 실행되어야 하는 것이나 명 측이 전해준 의주로는 전혀 충족되지 않기에, 조선은 직접 「迎諡誥祭文賻物儀註」를 작성하여 불비한 부분을 개선해야 했다. 「迎諡誥祭文賻物儀註」에 수록된 기본적인 예식 절차는 태종 대에도 행해졌을 것이나, 태종 대에는 의주 문서로 작성되진 않았을 것이다.

마련인 것이다. 이는 사부의주에 한정하지 않고 함께 작업한 세 의주에 공히 해당하였을 것이다.

이 이후에 작성된 『세종실록』 오례와 『국조오례의』의 흉례에는[165] 사시의 (賜諡儀)를 위시하여 사제의(賜祭儀), 사부의(賜賻儀)가 수록되어 있다.[166] 사시의를 비롯한 사제의, 사부의는 각각 세종 5년에 제작된 사시의주, 사제의주, 사부의주를 상세히 한 것이었다.[167] 세종 5년에 작성된 이들 의주는 의주에만 기대어 예식을 거행해도 좋을 정도로 상세하지는 못한 데 비해, 『세종실록』 오례와 『국조오례의』에 수록된 것들은 충분히 상세하다고 말할 수 있을 정도다.[168] 이 것들 역시 구체화한 것이긴 해도 이전의 것과 동질적이었으니, 의례 절차의 기본 구성뿐만 아니라 각 부분 내 세부 절차에서조차 사실상 다른 점은 없었다.[169] 한편 『세종실록』 오례와 『국조오례의』에 수록된 사시의를 비롯한 사제의, 사부의는 기왕의 의주들을 상세히 하는 데 그치지 않고 이후 지속해서 활용될 수

이와 달리 세종 대에는 의주 문서를 마련한 것이다. 한편 「迎諡誥祭文賻物儀註」도 함께 마련된 賜祭儀注, 賜賻儀注, 賜諡儀注와 마찬가지로 곧 치러질 해당 예식의 실제 구현을 염두에 두고 작성되었다. 이 역시 일회적 활용을 위해 마련된 것이다.

165 명 황제가 사신을 파견하여 국왕의 사망에 弔問하는 의례의 측면에서 『국조오례의』는 『세종실록』 오례와 거의 유사하다. 이현진, 앞의 글, 2018, 124쪽 참고.

166 『세종실록』 권135 오례 흉례의식의 迎賜諡祭及弔賻儀, 賜諡儀, 賜賻儀, 賜祭儀; 『국조오례의』 권8, 흉례의 迎賜諡祭及弔賻儀, 賜諡儀, 賜賻儀, 賜祭儀. 여기에는 諡誥·祭文·賻物을 모화관에서 맞이하여 태평관에 봉안하는 의례인 「迎賜諡祭及弔賻儀」도 수록하고 있다.

167 「迎賜諡祭及弔賻儀」는 동년에 마련된 「迎諡誥祭文賻物儀註」를 보완한 것이다.

168 구체화하는 과정에서 조선의 실정을 반영하였고, 필요한 경우 새로운 절차를 삽입하기도 하였다. 윤승희, 앞의 글, 2022b, 89~92쪽 참조.

169 이러한 모습은 『세종실록』 오례와 『국조오례의』에 수록된 迎詔書儀, 迎勅書儀, 正至及聖節望闕行禮儀, 拜表儀가 명이 하사한 『蕃國儀注』 수록 의주를 구체화, 상세화한 것과 정확히 일치한다. 최종석, 「조선 초기 迎詔禮 운영과 『蕃國儀注』」, 『역사와 담론』 86, 2018a 참조.

있도록 여러 변수를 감안·반영하여 작성되었다.[170] 세종 5년에 작성된 의주들과 달리 일회용으로 그치지 않은 것이다.

이처럼 태종 대에는 명이 「견사책증왕공대신의주(遣使冊贈王公大臣儀注)」를 초록하여 전해준 사시의주에 따라 예식을 치렀고, 세종 5년에는 곧 치러야 할 사시 의례의 실제 거행을 염두에 두고 사시의주를 구체화하고 이에 따라 의례를 실행하였다. 세종 5년에 작성된 사시의주도 태종 대의 것처럼 명이 전해준 의주를 바탕으로 한 데서는 차이가 없었다. 이후 『세종실록』 오례와 『국조오례의』에 수록된 사시의 역시 명이 전해준 의주를 토대로 한 데서는 이전과 다르지 않았지만, 내용 면에서는 의주에만 기대어 예식을 거행해도 좋을 만큼 훨씬 구체화되었고 지속해서 활용될 수 있도록 작성되었다.

다음으로는 조선에서 사시 의례 거행의 역사적 의미를 앞선 검토를 참고해서 간략히 언급해보겠다.

조선의 사시 의례가 기본적으로는 명이 전달한 사시의주를 토대로 거행되었다는 사실은, 명(황제) 입장에서 보면 영내의 왕공대신을 대상으로 시호를 하사하는 의례(의주)인 「견사책증왕공대신의주」를 외국이자 제후국인 조선에까지 구현하였음을 의미한다고 할 수 있다. 비록 명(황제)이 「견사책증왕공대신의주」를 추려 베껴 조선에 전달하고서 이를 준수토록 한 것은 치밀한 사전 계획 없이 조선의 청시(請諡)에 견인되어 임기응변 식으로 이루어졌다 할지라도, 전례 없는 현상으로 시대성을 노정한 면이 있음을 부인하긴 어려울 것이다. 이 현상은 소극적일 순 있어도 명대적 화이질서의 구현을 배경으로 하고

---

170 여기서는 고려 전기의 양상과 비교하기 위해 조선의 賜諡儀禮, 賜祭儀禮, 賜賻儀禮가 줄곧 명이 보낸 의주를 토대로 거행된 사실을 확인하는 정도에서 이들 의주의 작성 추이를 다루었다. 이들 의주의 정비 추이에 관한 자세한 내용은 윤승희, 앞의 글, 2022b를 참조하기 바란다.

있었을 것이다.

조선의 입장에서는 명 측의 의도와는 별개로 천자를 정점이자 중심으로 하는 천하질서 속에서 문명 중화를 온전히 구현하기 위해, 그리고 그 일환으로 제후 분의를 견지하기 위해,[171] 「견사책증왕공대신의주」를 초록하여 전달한 의주를 준용하여 사시 의례를 실행하였을 것이다. 또한, 그러한 맥락에서 명의 의주를 준용하였기에, 단순히 명이 전해준 의주를 준용하는 데 그치지 않고 그러한 의주를 구체화하고 조선의 실정을 반영하면서도 예에 더 적합하도록 보완하였을 것이다.

5. 제전(祭奠) 의례에서 사제(賜祭) 의례로의 전환

각 시기에 황제가 사망한 국왕을 위해 (사신을 보내) 제사를 행하는 의례라 할 수 있는 고려 전기 제전(祭奠)(=칙제勅祭) 의례와 조선의 사제(賜祭) 의례 또한 여러모로 상호 이질적이었다. 얼핏 보면 양자는 동일한 듯싶지만, 여기에서도 시대적 간극을 확인할 수 있다. 이하에서는 뚜렷이 차이가 나거나 의미가 있다고 판단되는 것 위주로 양자를 비교해보겠다.[172]

먼저, 조선(초기)에는 사제 의례와 사부 의례가 구분된 반면, 고려 전기에는 제전례 내에 사부 의례까지 포함되었다.

---

171 당시의 이러한 지적 분위기에 관한 개설적 정리로는 최종석, 「중화 보편, 딜레마, 창의의 메커니즘—조선 초기 문물 제도 정비 성격의 재검토」, 『조선시대 예교 담론과 예제 질서』, 소명출판, 2016a; 최종석, 「13~15세기 천하질서와 국가 정체성」, 『고려에서 조선으로』, 역사비평사, 2019d를 참조하기 바란다.

172 지면의 제약으로 일일이 비교 검토하는 작업은 생략한다.

조선(초기)의 경우 사제 의례와 사부 의례가 뚜렷이 구분되었다. 앞서 본 바와 같이 별도의 의주가 갖추어져 있었을 뿐만 아니라(사제의주와 사부의주), 의례 거행의 장소와 날짜도 상이하였다.[173] 완전히 별개의 의례인 것이다. 가령 태조의 사망으로 태종 대에 거행된 사제 의례는 태종 8년 9월 임신일 문소전에서 치러졌으며,[174] 사부 의례는 그 다음 날인 계유일에 왕궁의 정전, 곧 경복궁의 근정전 혹은 창덕궁의 인정전에서 거행되었다.[175] 사제 의례와 사부 의례 간에 예식 거행의 장소가 상이한 것은 각 예식의 토대가 되는 명의 「견사치전왕공대신의주(遣使致奠王公大臣儀注)」(사제의주)와 「견사부왕공대신상의주(遣使賻王公大臣喪儀注)」(사부의주)에서 예식 거행의 장소가 상가 내의 영좌(靈座)와 정청(正廳)으로 달랐기 때문일 것이다.[176] 조선은 명이 전달한 왕공대신을 대상으로 한 의주를 준용하면서도 외국이자 제후국의 위상과 실정에 맞게 변용해야 했기에, 상가를 궁궐에, 영좌(靈座)가 설치된 곳을 선왕의 혼이 깃든 신주(우주)의 봉안처인 혼전에,[177] 정청(正廳)이 있는 곳을 정전인 근정전 혹은 인정전에 비정하였을 것이다.

『고려사』 예지 흉례에 수록된 「상국사제전증부조위의(上國使祭奠贈賻弔慰儀)」에 따르면,[178] 고려 전기 제전례(祭奠禮) 절차는 다음과 같다. 제전사(祭奠使)는 혼

---

173 다만 예종 1년 세조의 훙서로 인해 명 사신이 설행하는 의례는 전과 달리 같은 날에 사제 의례, 사시 의례, 사부 의례가 하나로 합쳐진 형태로 치러졌다(『예종실록』 권4 예종 1년 윤2월 신미). 이에 관한 자세한 검토는 윤승희, 앞의 글, 2022b, 94~99쪽 참조.

174 『태종실록』 권16, 태종 8년 9월 임신.

175 『태종실록』 권16, 태종 8년 9월 계유.

176 『태종실록』 권16, 태종 8년 9월 기사에 수록된 賜祭儀注와 賜賻儀注 참조.

177 이현진, 앞의 글, 2018, 129쪽.

178 『고려사』 권64, 지18 예6 흉례 上國使祭奠贈賻弔慰儀.

전(魂殿)에서 사망한 전왕을 대상으로 향을 피우고 술을 땅에 부은 후 축문을 읽고 그것이 끝난 후 사왕(嗣王)을 대상으로 칙서를 구두로 전한다. 그러고서 사왕은 사신으로부터 증부조서(贈賻詔書)를 받는다. 이를 끝으로 제전례는 종료된다.[179] 증부조서를 받는 의절이 제전례 중에 있는 식으로, 고려 전기에는 제전례 내에 사부 의례가 포함되었다. 조선으로 치자면, 사제 의례와 사부 의례가 한 공간에서 연속적으로 치러진 셈이다.[180]

그런데 『고려사』 예지에 수록된 「상국사제전증부조위의(上國使祭奠贈賻弔慰儀)」는 예식 절차를 자세히 알려주긴 하나 문종의 국상 시에 송 황제가 사신을 보내 행한 예식이어서, 요·금의 제전례도 기본적으로는 그러했는지 따져볼 필요가 있다. 관련 자료가 부족한 탓에 정확한 사실은 알 수 없어도, 요·금의 제전례도 기본적으로 다르지 않았을 것으로 판단된다. 송은 제전사와 조위사를 보내 각각 제전과 조위 의례를 행하도록 하였는데, 요·금도 제전사(칙제사)와 조위사(위문사)를 고려에 파견하였다.[181] 요·금 사신이 와서 행한 제전례(칙제례)에서도 사신은 증부조서(贈賻詔書)를 전달하였을 것이다.

한편 고려 전기 제전례와 조선(초기) 사제 의례는 의례의 성격 면에서도 현

---

179 이는 祭奠禮 절차를 골자만 소개한 것이다.

180 「上國使祭奠贈賻弔慰儀」에 따르면, 祭奠禮가 마무리된 후에는 이어서 조위례가 거행되었다. 곧 弔慰使는 嗣王을 대상으로 칙서를 구두로 전하고, 또한 사왕은 사신으로부터 弔慰詔書를 건네받는다. 이처럼 고려 전기에는 賜賻 의례까지 포함된 祭奠禮(사제 의례)가 거행된 후 연이어 조위례도 치러졌다. 이와 달리 조선 초기에는 조위례가 확인되지 않는다. 명은 영내의 왕공대신을 대상으로 황제가 사신을 보내 弔慰를 행하는 예식과 그 의주(「遣使弔王公大臣喪儀注」)를 갖추고 있었지만, 조선에 이 의주를 전달하지 않았고 이와 맞물려 조선(초기)에서는 해당 예식을 거행하지 않았다. 이는 명이 「遣使致奠王公大臣儀注」, 「遣使冊贈王公大臣儀注」, 「遣使賻王公大臣喪儀注」를 초록하여 조선 측에 전달하고 조선은 이들 의주를 토대로 사제 의례, 사시 의례, 사부 의례를 거행한 것과 대조를 이룬다.

181 가령 『고려사』 권12, 예종 원년 1월 계축. "遼祭奠弔慰使祭肅宗虞宮 王服深衣 助莫."

저히 달랐다. 결론부터 말하면, 고려 전기 제전례는 기본적으로 사망한 외국 군주를 추모하는 성격의 의례라고 한다면—한편으로는 상하 차등적 관계를 구현하면서도—, 조선(초기) 사제 의례는 기본적으로 고인이 된 자신의 신하에게 행한 황제의 은전이었다고 할 수 있다.

고려 전기 당시에 '제전'이라는 용어는 앞서 본 바와 같이 송·요·금이 고려의 국상 시에 고려를 상대로 사용하였는데,[182] 이 용어는 국상 시 요와 송 사이에서도 사용되었으며,[183] 경우에 따라서는 고려가 금에 제전사를 보내기도 하였다.[184] '제전'이라는 용어가 적례국(敵禮國)인 요와 송 사이에서 사용된 데서 알 수 있듯이, '제전'은 군주 상호 간에 이루어질 수 있는 것으로, 후술하듯 군주가 신하를 대상으로 해서만 행하는 '사제'와는 사뭇 다른 성격의 의식이었다. 여기서 말하고자 하는 바는, 고려 전기에 황제가 고려에 사신을 보내 행한 제전례가 기본적으로는 군주 대 군주로서의 관계를 전제로 하여 사망한 외국 군주를 추모하는 성격의 의례였을 사실이다. 제전례가 그러한 성격의 예식이었던 까닭에, 고려는 황제국을 상대로조차 사신을 파견하여 제전례를 행할 수 있었을 것이다. 다만 고려 전기에 황제가 고려에 사신을 보내 행한 제전례가 그러한 성격의 것이었다고 해도, 그것은 군주 상호 간의 상하 차등적 관계를 반영하여 사왕(嗣王)을 상대로 칙서를 구두로 전한다든가, 사신이 사왕에게 증부조서(贈賻詔書)를 전한다든가 하는 등의 상하 차등적인 관계를 구현하는 의절을

182　다음 기록에서 금이 고려에 祭奠使를 파견한 사실을 확인할 수 있다. 『고려사』 권20, 명종 14년 5월 갑오. "金祭奠使大府監完顔等來."

183　가령 『宋史』 권9, 本紀9 仁宗 원년 6월 丁巳. "契丹使來祭奠弔慰"; 『宋史』 권9, 本紀9 仁宗 9년 7월 丙午朔. "契丹使來告其主隆緖殂 遣使祭奠弔慰及賀宗真立."

184　『고려사』 권20, 명종 19년 3월 무오.

포함해야 했을 것이다.[185]

고려 전기에는 고려가 황제국의 국상 시에 황제국을 상대로 '제전'이라는 용어를 사용하는 게 가능했던 데 반해, 조선은 명의 국상 시에 명을 상대로 '사제'라는 용어를 사용할 수 없었다. 명이 조선의 국상 시에 조선을 상대로 '사제'라는 용어를 사용한 것과 달리 말이다. 그러한 까닭은 '제사를 내린다(賜)'로 풀이할 수 있는 사제의 용어 정의에서 미루어 짐작할 수 있듯이, 사신을 보내 제사를 지내도록 하는(賜祭) 주체가 군신 관계에서 군주에 해당하기 때문이다.[186] 사제의 대상은 (서거한) 신하였다.[187] 이처럼 군주가 고인이 된 자신의 신하(왕공대신)를 대상으로 제사를 내리는 것을 의미한 '사제(賜祭)'는 용례상으로는 원대까지는 사실상 보이지 않다가 명대에서부터 빈빈히 보인다.[188] 이와 맞물려 명대 들어 유제(諭祭)가 등장하였다. 명 황제가 사신을 보내 고인이 된 자신의 신하에게 내리는(賜) 제사는 유제(諭祭)라 불리는 경우가 일반적이었으니,[189] 유제

---

185 고려 전기 '제전' 용어의 사용은 당시 고려와 황제국(책봉국) 상호 간에 '告哀' 용어가 활용된 것과 유사 내지 동일하다고 하겠다. 바로 앞 장에서 살펴봤듯이, 고려 국왕과 요·금 황제는 군주 대 군주로서 상호 간 告哀使를 파견하였고, 그러면서도 군주 상호 간의 상하 차등적 관계를 반영하여 고려에서는 표문을 통해 고애를, 책봉국·황제국 측에서는 조서를 통해 고애를 행하였다.

186 薛鳳昌, 『文體論』, 商務印書館, 1934, 107쪽. "若在大臣薨逝 天子賜祭 則又謂之諭祭文."

187 구체적으로는 王公大臣이었다.

188 중국에서의 변화와 발맞춰 고려 말기부터 국왕이 자신의 신하를 대상으로 제사를 내리는 '賜祭' 사례가 확인된다. 사례가 많은 조선시대 '賜祭' 사례는 소개를 생략하도록 하고, 고려 말기 사례인 경복흥을 대상으로 한 '賜祭'만을 소개하면 다음과 같다. 『고려사』 권111, 열전 24 諸臣 慶復興. "辛昌立 賜祭曰(…)."

189 명대에는 다음과 같이 황제가 사망한 대신을 상대로 시호를 내리고 관인을 보내 諭祭를 행한다(遣官諭祭)는 기록을 어렵지 않게 확인할 수 있다. 『明文衡』(四庫全書) 권78, 神道碑 奉天靖難推誠宣力武臣特進榮祿大夫柱國太保寧陽侯追封滏國公諡武靖陳公神道碑銘. "遂薨 時天順癸未(1463년)七月十六日也 距生洪武己未二月九日 享年八十有五 訃聞 上震悼

(諭祭)란 군주가 고인이 된 자신의 신하에게 유시(諭示)하는 성격의 제사였다. 이러한 유제가 명대에 들어 등장한 것이다.

이렇다고 하면, 조선(초기)에서 사제 의례의 거행은 명 황제가 영내의 신하를 대상으로 하는 데 그치지 않고 번국(외신 제후국)의 사망한 군주에까지 사신을 보내 유제를 거행하도록 한 것이라 볼 수 있다. 이와 관련하여 '명 황제의 사망한 번국 왕을 대상으로 한 유제(諭祭)는 단순한 조문이 아니라 영내의 제왕(친왕)을 대상으로 한 것과 동일하게 번병으로서 직분을 다한 것을 가상히 여겨 그의 고종(告終)을 맞아 특별한 은혜를 보여주기 위한 것'이라는 지적이[190] 주목된다. 이 언급을 필자의 논지에 맞춰 전유해보자면, 명 황제는 이전과 달리 사망한 왕공대신을 대상으로 사신을 보내 유시(諭示)하는 성격의 제사인 유제를 행하였는데, 번국 왕에까지 적용한 유제는 왕공대신 중에서도 영내의 제왕(친왕)을 대상으로 한 것에 해당한다.

정리해보자면, 조선(초기)에서 거행된 사제 의례는 고려 전기 제전례와 달리 사망한 외국 군주를 추모하는 의례의 성격이 부재한 채, 군주가 신하를 대상으로 유시(諭示)하며 은전을 베푸는 유제(諭祭)란 제사를[191] 명 황제가 사신을 보내

輟視朝一日 追封濟國公 諡曰武靖 遣官論祭加賻及營葬事 東宮及諸王亦各致祭."

190 岩井茂樹, 앞의 글, 2005, 139쪽. 이와이 시게끼는 陳侃의 『使琉球錄』을 전거로 삼아 蕃國王을 대상으로 한 유제에 사용된 희생이 牛·羊·豕 각 一頭로 제왕(친왕)을 대상으로 한 유제와 동일하였음을 규명하였다.

191 이후 시기이긴 하나, 사망한 조선의 세자를 상대로 청의 攝政王이 사자를 보내 致祭를 행한 것과 달리, 청 황제는 사자를 보내 論祭를 행한 데서도 유제의 특성이 잘 드러난다. 『同文彙考』原編 권5, 哀禮 攝政王致祭文; 賜祭文 참조. 같은 맥락에서 조선의 국왕은 신하의 상에 사신을 보내 論祭를 행하였다. 가령 선조는 사망한 조식에게 論祭를 행하였다. 『선조실록』권6, 선조 5년 2월 을미. "上遣禮曹佐郎金瓚 論祭于故 宗親府典籤曺植之靈(…)精靈不昧 歆我馨香."

조선국왕에게 내리는(賜) 의례였다고 할 수 있다. 이렇듯 조선(초기) 사제 의례와 고려 전기 제전례 사이에 노정되는 시대 간극은 제전례에서는 사신이 영전에 꿇어앉아 황제의 제문을 읽는 것과 달리 사제 의례에서는 사신이 영전에 서서 황제의 제문을 읽는 차이와도 잘 부합한다.

고려 전기 제전례와 조선(초기) 사제 의례가 의례의 성격 면에서 현저히 다르다 보니, 이와 맞물려 각 의례에서 사용되는 제문도 형식과 성격 면에서 상이하였다. 고려 전기 제전례에서 사용된 제문은 상하 차등적 군신 관계를 반영하면서도 기본적으로는 외국 군주의 죽음을 기리고 애도하는 성격의 글인 데 비해, 조선(초기) 사제 의례에서 사용된 제문은 유제문(諭祭文)이었다.

유제문(諭祭文)은 천자가 사신을 보내 하제(下祭)하는(존자尊者가 비자卑者를 제사하는) 문사(文辭)로, 종실비빈(宗室妃嬪)에게 내려 친친(親親)을 밝히거나 훈신대신(勳臣大臣)에게 내려 현인을 어질게 대하는 것을 밝혀 군신 간의 시종 변함없는 뜻을 보이기 위한 것이었다고 한다. 또한 유제문(諭祭文)은 '왕언(王言)의 일체(一體)'라고 한다.[192] 유제(諭祭)가 명대에 들어서 등장한 만큼, 유제문(諭祭文)도 자연히 명대 이후에서야 확인되는 시대적 면모를 지니고 있었다.

이러한 성격의 조선(초기) 유제문과 고려 전기 제전례에서 사용된 제문을 구체적으로 비교해보겠다.

(1) ㉠ 생각건대, 영령은 기량이 넓고 외모가 뛰어났다. 경사스럽게도 풍운의 때를 만나 일월의 빛남에 공손하게 의지하여 조상의 유업을 계승하였고, 번국을

---

192 『文體明辯』권21, 諭祭文. "按諭祭文者 天子遣使下祭之謂也 或施諸宗室妃嬪 以明親親 或施諸勳臣大臣 以明賢賢而示君臣始終之義 自古及今 皆用之 蓋王言之一體也 故今採而錄之 若其他臣庶相祭之文 則別爲別一類云."

계승하여 다스림을 이어갔다. 바닷가에 봉해진 봉토에서 구복(舊服)에 순종하여 조정을 받드는 것에 부지런하고 정성스러웠다. 진실로 의방(義方)을 타고났으며, 오로지 충절을 갖추었다.

ⓒ 장차 큰 은총을 더하려 하였는데 갑자기 세상을 떠났다. 부음을 들은 이래로 은혜로운 포상이 미치지 못한 것을 애통하게 여겼다.

ⓒ 특별히 사신을 빨리 보내 전(奠)에 술을 올리게 하니, 정혼(貞魂)은 진심으로 생각하여 오로지 깊은 뜻을 헤아려 달라.[193]

(2) ㉠ 생각건대, 왕이 일찍이 어질어서 작위를 이어받아 하늘을 공경하고 큰 나라를 섬김에 시종 한결같은 마음이어서 마땅히 길이 장수하여 왕국에 누림이 있을 것인데,

ⓒ 갑자기 몰(歿)하였다 하니 자못 슬프다.

ⓒ 이에 특별히 왕에게 '공순(恭順)'의 시호를 내리고 관원을 보내어 유제(諭祭)하며 아울러 왕세자에게 왕작을 이어받아 봉작하므로써 나라와 백성을 다스리게 하고, 왕가의 제사를 받들게 하니, 왕은 이에 흠복(欽服)하여 영구히 자손을 편안하게 하라.[194]

(1)은 훙서한 고려 선종을 대상으로 한 요 황제의 제문이요, (2)는 훙서한 조선 문종을 대상으로 한 명 황제의 제문이다. 이들 제문은 공통적으로 언제 누구를 위해 제사를 거행하는지를 밝히는 서두를 생략하고 있다.[195]

---

193 『고려사』 권10, 헌종 즉위년 12월 을유.

194 『단종실록』 권4, 단종 즉위년 10월 임진.

195 실제 제문에는 서두 부분이 있었을 것이나, 제문을 수록하는 과정에서 서두를 생략하였을

(1)과 (2)의 ㉠ 부분은 고인의 성품이나 업적을 기리는 내용에 해당한다. (2)의 ㉠은 사망한 전왕(前王)의 책봉과 충성을 위주로 작성된 데 비해, (1)의 ㉠에는 이러한 내용 외에 성품 및 책봉국과 직접 관련 없는 행적도 수록되어 있다. (1)과 (2)의 ㉡은 황제의 애도를 나타내는 부분으로, 양자 사이에 뚜렷한 차이가 보이진 않는다. 마지막으로 (1)과 (2)의 ㉢은 제문의 결어(結語)에 해당하는 부분으로, 양자 간에 뚜렷한 차이를 노정한다. (1)의 ㉢에서 요 황제는 사신을 보내 술을 올리며 사망한 고려 국왕의 영혼을 상대로 깊은 뜻을 헤아려달라고 하고 있다. 황제의 제문이라 할지라도 사망한 고려 국왕의 영(靈)을 존숭하는 형식으로 작성된 것이다.[196] 이와 달리 (2)의 ㉢은 명 황제가 사망한 조선 국왕의 영혼을 상대로 시호 등을 하사하고 시종일관 명령하는 것을 특징으로 한다. 마치 살아 있는 이를 대상으로 황제가 관작을 사여하고 당부를 하는 듯하다. 사제, 유제에 부합하는 형식과 내용이라 할 수 있는 것이다. 특히 황제가 사망한 국왕의 영(靈)을 상대로 하사한 것들을 '흠복(欽服)'토록 한 어구는 유제문의 특징을 웅변하고 있다.

고려 전기와 조선(초기)에서 한 사례씩 선택해서 비교해보았지만, (1)과 (2) 제문은 각각 고려 전기와 조선(초기)에서 특별할 것 없는 통상적인 것이었다. 비

것이다. 한편 『宣和奉使高麗圖經』 권25, 受詔 祭奠에는 다음과 같은 서두가 확인된다. "維宣和五年 歲次癸卯三月甲寅朔十四日丁卯 皇帝遣使通議大夫守尙書禮部侍郎元城縣開國男食邑三百戶路允迪 太中大夫中書舍人淸河縣開國伯食邑九百戶傅墨卿 致祭于高麗國王之靈."

[196] 고려 전기 제문에는 황제가 사망한 高麗 國王을 존숭하는 표현이 드물지 않게 사용되었기 때문에, 원본의 제문은 '尙饗'을 고하는 것으로 끝을 맺었을 가능성이 크다고 판단된다. 가령 『宣和奉使高麗圖經』 권25, 受詔 祭奠에 실린 제문은 『고려사』 권15, 인종 원년 6월 계묘조에 축약되어 기재되었는데, 『고려도경』에 수록된 제문의 '尙饗'은 『고려사』 기록에는 생략되어 보이지 않는다.

교 검토한 결과를 일반화해도 대과는 없을 것이다.

3장

원 복속기 국왕 국상 시 외교의례의 전환과
이후 그것의 존속

1. 머리말

앞의 두 장에서는 흉례(凶禮)에 수록된 국왕 국상 시 외교의례의 전환을 밝히기 위해 고려 전기와 조선 초기를 비교 검토하는 작업을 하였다. 즉 국왕 사후 책봉국을 상대로 행하는 외교의례 및 황제국 측이 조문 차원에서 행하는 외교의례의 방면에서 고려 전기와 조선 초기 간에 큰 폭의 시대적 간극이 가로놓였음을 규명하고자 했다. 이들 작업은 국왕 국상 시 외교의례도 빈례(賓禮)나 가례(嘉禮)에 수록된 통상적인 외교의례와 동질적인 혹은 유사한 궤적을 밟았음을 규명하고자 하는 목적의 일이었다. 빈례나 가례에 수록된 통상적인 외교의례는 원 복속기에 들어서 전면적으로 전환되었고 그렇게 전환된 외교의례는 전유와 계승의 기제를 통해 고려 말기 이후로도 질적 변화 없이 존속하였는데, 국왕 국상 시 외교의례에서도 동일 혹은 유사한 변화상을 확인하고자 한 것이다.

국왕 국상 시 외교의례의 측면에서 고려 전기와 조선 초기 간에 큰 폭의 시대적 간극이 가로놓였음을 규명한 작업은 애초의 목적에 비추어 봤을 때 예비 작업에 가깝거나 변죽만 울릴 뿐이었다. 핵심이라 할 수 있는, 원 복속기를 분수령으로 한 국왕 국상 시 외교의례의 변화 과정을 검토하지 못해서였다. 이에 본 장에서는 종래의 연구 작업을 보완하고 마무리하는 일환으로, 국왕 국상 시 외교의례 면에서 고려 전기와 조선 초기 간의 질적이고 단절적인 차이가 어떠한 과정을 통해 성립되었는지를 탐색해보고자 한다. 구체적으로는 국왕 국상 시 외교의례 면에서의 변화 또한 통상적인 외교의례의 궤적과 마찬가지로 원 복속기를 분기점으로 하여 전환이 이루어졌음을 규명하고, 그러한 전환 양상이 고려 말기의 전유·계승의 과정을 통해 질적 변화 없이 그 이후로도 존속하였음을 밝히며, 그러한 변화상의 역사적 의미와 맥락을 짚어 보도록 하겠다.

2. 원 복속기: 고상(告喪) 시 고사위 대신 승습 요청 및 청시 등장

1) 고종 국상 시 외교의례 양상

고종의 훙서(薨逝)에 따른 외교의례는 이전 시기와 비교해 큰 폭으로 변화했는데, 그러한 변화는 모종의 지향에 따른 게 아니라 변화된 여건과 우발적 요인이 함께 어우러져 작용한 산물이었다. 이하에서는 그 변화 양상을 당대의 맥락을 고려하면서 검토해보겠다.

고종은 고종 46년 6월 임인일(30일)에 유경(柳璥)의 집에서 훙서하였다.[197] 고종이 사망한 당시에 왕태자 왕전(王倎)은 고려에 있지 않았다. 강화를 요청하기 위해 몽골에 입조하러 갔기('入朝蒙古') 때문이다. 관례대로라면 왕태자는 왕위를 잇도록 한 전왕의 유조(遺詔)를 토대로 전왕 사망 후 수일 내에 즉위(사위) 의

---

197 『고려사』 권24, 고종 46년 6월 임인.

3부 국왕 국상(國喪) 시 외교의례의 변화상 315

례를 거행하고, 이후 그의 명의로 고애표(告哀表)와 칭사표(稱嗣表)를 (책봉국)황제에게 올려 각각 전왕(前王)의 사망과 자신의 사위(嗣位)(즉위) 사실을 알렸을 것이다.[198] 그런데 고종 사망 이후의 양상을 보면, 고종은 관례대로 왕태자가 왕위를 잇도록 하는 유조(遺詔)를 남겼지만[199] 사위할 왕태자가 몽골에 입조하러 가 고려에 있지 않았기에 전왕 사망 후 수일 내에 즉위가 이루어지지 못하였다. 첫 단추부터 다르게 채워질 수밖에 없던 것이다. 유조에서 고종은 왕태자의 부재를 감안하여 '사왕(嗣王)이 사행(使行)에서 돌아오기 전까지 태손(太孫)이 군국(軍國)의 서무(庶務)를 담당하도록' 명했다.[200] 왕태자가 곧바로 즉위할 수 없었기에, 부득이 태손이 왕태자의 부재 동안 '임시로 국사를 살피는(權監國事)' 임무를 수행하도록 한 것이다.[201] 실제로 고종의 유조에 따라 태손은 태자 왕전이 돌아올 때까지 군국의 서무를 담당하였다.

고려는 몽골 측에 고종의 상을 알렸다.[202] 아직 몽골과의 강화가 매듭지어지진 않았어도,[203] 왕태자가 몽골과 강화를 맺기 위해 몽골에 입조(入朝)하러 간 상태인 데다가, 몽골에 체류 중인 왕태자에게 고종의 사망 사실을 알려야 하기

---

198 김지영, 「조선시대 사위의례에 대한 연구」, 『조선시대사학보』 61, 2012; 김철웅, 「고려시대 국왕의 즉위의례」, 『정신문화연구』 38(2), 2015; 장지연, 「고려 초 卽位儀禮와 喪禮를 통해 본 권위의 성격」, 『한국중세사연구』 47, 2016; 이승민, 「고려시대 국상 의례와 조문 사행 연구」, 가톨릭대학교 국사학과 박사학위논문, 2018 참조.

199 『고려사』 권24, 고종 46년 6월 임인.

200 『고려사』 권24, 고종 46년 6월 임인.

201 『고려사절요』 권17, 고종 46년 6월 임인.

202 『고려사절요』 권17, 고종 46년 6월. "遣別將朴天植 告哀于蒙古."

203 몽골과의 강화를 위해 태자 왕전은 몽케 카안을 찾아가 항복해야 했는데, 만남이 성사되기도 전에 몽케는 사망하고 말았다. 그런데 고종은 몽케보다도 먼저 사망했기 때문에, 고종 사망 직후 몽골 측에 상을 알리는 사자가 고려에서 출발한 시점은 강화 성사 전이었음이 분명하다.

도 해서 고종의 상을 알리는 사신을 몽골 측에 보냈을 것이다. 이전과 다른 바 없이 몽골 '황제'를 대상으로 고애(告哀)를 행했지만, 여건의 다름에서 기인하는 차이도 있었다. 그간 책봉국과의 관계에서 국왕의 상을 알리는 표문의 주체는 즉위를 통해 새로이 국왕이 된 사왕(嗣王)이었는데,[204] 이때는 사왕이 존재하지 않았기에[205] 표문의 주체는 임시로 군국의 서무를 담당하고 있던 태손이었을 것이다.[206] 이러한 변개는 의도한 게 아니라 전례 없는 여건에서 이루어진 임기 응변이라 할 수 있다.

변화된 여건 때문에 부득이하게 표문의 주체가 달라지긴 했어도 '고애'는 실행되었으나, '고사위(告嗣位)' 의례는 아예 거행되지 못하였다. 그간 전왕의 상을 알릴 때 '고사위(청사)' 의례도 거행하는 게 일반적이었지만, 이때에는 사위가 이루어지지 못한 탓에 '고애'와 동반하여 '고사위' 의례를 거행하고 싶어도 그럴 수가 없었다. 그리고 후술하듯 왕태자가 귀국 후 즉위하여 뒤늦게라도 고사위 의례를 거행할 수도 없었던 게, 전례 없이 사위(嗣位)에 앞서 책봉이 먼저 이루어졌기 때문이다.

몽골 측은 고종의 사망 소식을 듣고 환국하려는 왕태자를 상대로 환국에 앞서 책봉을 단행하였다. 책봉은 사전 계획에 따라 이루어진 일은 아니었다. 몽골 측은 갑작스러운 고려 왕의 사망 소식을 접한 후 환국하려는 왕태자를 빈 손으로 돌려보내서는 안 되고 고려로 돌아가기 전에 그를 왕으로 삼으면('立佛 爲王') 고려의 충성을 기대할 수 있으리라는 심산에서 책봉을 단행한 것이다.[207]

---

204 최종석, 「告哀·稱嗣에서 告訃·請諡·請承襲으로—고려 전기와 조선 초기 국상 시 책봉국에 행한 외교의례를 비교하며」, 『한국문화』 99, 2022, 152쪽.

205 당시는 국왕위의 공백 상태라 할 수 있다.

206 『고려사』 권25, 원종 총서.

207 『고려사』 권25, 원종 원년 3월; 『元史』 권4, 本紀4 世祖1 中統 원년 3월 辛卯; 『元史』 권208, 列

'왕전(王佺)을 국왕으로 삼는다'라는 조치의 구체적인 내용은 불분명하지만, 왕전(王佺, 원종)이 쿠빌라이 측에 의해 '왕이 된' 사실만은 분명하다. 한편 이때의 책봉은 앞의 이유에서 고려 측의 책봉 요청이 없었음에도 왕태자를 왕으로 책봉한 전격적이고 일방적인 일로, 몽골 측(정확히는 쿠빌라이 측)이 예기치 못한 상황에서 자신의 이익을 좇아 행한 임기응변이라 할 수 있다.

원종 1년 3월 갑신일(17일) 태자는 몽골 사신 쉬리다이(束里大)와 함께 고려 개경에 돌아오고[208] 그 뒤 한 달여 지난 후인 4월 무오일(21일)에 즉위하였는데,[209] 즉위(사위)하고 나서 몽골을 상대로 '고사위(칭사)'의례를 행할 필요는 전혀 없었다. 몽골 측은 이미 원종을 책봉하여 그가 고려의 국왕임을 알고 있었기에, 고려가 사위 사실을 몽골에게 알릴 필요가 사라졌기 때문이다. 실제로 '고사위(칭사)'의례의 거행 사실은 전혀 확인되지 않는다. 이처럼 원종의 사위 사실을 알리는 '고사위(칭사)'의례를 거행하지 않은 것 또한 의도와 계획의 산물이 아니었다. 고종의 사망 시에 때마침 몽골에 있었던 왕태자를 쿠빌라이 측이 자신의 이익에 부합하도록 기지를 발휘하여 고려의 국왕으로 삼고 그 이후 원종이 귀국하고서 즉위하게 되면서, 결과적으로 '고사위(칭사)'의례가 필요 없게 된 것이다.

한편 남아 있는 기록으로 볼 때 몽골 측은 조문 외교의례를 행하지 않은 듯하다. 직접 왕태자에게 애도의 뜻을 전할 수 있어서인지, 양국 간에 군사적 긴장이 아직 온전히 해소되지 않아서인지, 혹은 몽골적 특성에서 연유한 것인지 정확한 이유는 불분명하지만, 어쨌든 조문 외교의례는 실행되지 않았다. 전에

傳95 外夷1 高麗 中統 1년 3월 참조.

208 『고려사절요』 권18, 원종 1년 3월 갑신.

209 『고려사』 권25, 원종 원년 4월 무오.

는 책봉국(황제국)이 고려 국왕의 부고 소식을 듣고 제전(칙제)과 조위(위문), 그리고 경우에 따라서는 기복을 위해 사신을 보냈지만,[210] 몽골은 고종의 훙거 소식을 듣고서 그 전에 이미 몽골에 와 있던 왕태자를 귀국 전에 책봉한 것을 제외하고는 별다른 조처를 취하지 않았다. 그리고 이후로도 원 복속기 내내 국왕 사후 몽골 측의 조문 외교는 보이지 않는다.[211]

2) 원종 국상 시 외교의례 양상

원종 15년 6월 계해일(18일)에 원종이 제상궁에서 훙서하였다.[212] 원종의 훙서에 따른 외교의례는 고종의 훙서 때와도 달랐다. 원종 대를 경과하면서 몽골과 직간접적으로 얽힌 각종 사안을 겪어서인지, 고려는 몽골 혹은 고려-몽골 관계에 대한 이해의 폭과 깊이 면에서 큰 진전을 이루었다. 특히 고려 국왕과 신료들은 원(몽골)의 황제권이 고려 내에서도 실질적인 최고권으로 존재하고 작용하며 책봉권이 실질화했음을 인지하게 되었다.[213] 원종의 훙서에 따른 외교의례는 고종 사후와 달리 변화된 여건과 이에 대한 진전된 이해 속에서 '능동적으로' 모종의 변개가 추진되었다고 판단되는데, 그 구체적인 모습을 살펴

---

210 이승민, 앞의 논문, 2018 참조.

211 이에 관한 자세한 검토는 위의 논문, 180~185쪽 참조. 이는 사망한 前王에 대한 조문 자체가 전혀 이루어지지 않았다는 의미는 아니고 조문 사절이 오지 않았다는 것을 뜻한다. 조문 사절은 없었지만, 국왕 사망 시에 원에 체류 중인 후계자가 황제로부터 조문을 받기도 하였다. 가령 세자 왕심(충렬왕)은 조문의 내용이 담겼을 조서를 받았다. 위의 논문, 181~182쪽 참조.

212 『고려사』 권27, 원종 15년 6월 계해.

213 이명미, 『13~14세기 고려·몽골 관계 연구』, 혜안, 2016, 59~78쪽 참조. 아울러 원 복속기에 원이 고려 국왕에 대한 책봉 권한을 일방적이고 실질적으로 행사한 것과 관련해서는 심재석, 『高麗國王 冊封 研究』, 혜안, 2002; 이익주, 「고려-몽골 관계에서 보이는 책봉-조공 관계 요소의 탐색」, 『13~14세기 고려-몽골 관계 탐구』, 동북아역사재단, 2011을 참고하기 바란다.

보면 다음과 같다.

원종 사망 당시에 왕세자 왕심(王諶)은 전달에 원에서 쿠빌라이의 딸인 쿠틀룩 켈미시(제국대장공주)와 혼인하고[214] 원에 체류 중이었다. 원종이 사망하자 고려는 원종의 상을 알리는 표문을 원 황제에게 올렸는데('奉表告王植薨',[215] '告哀悼表'[216]) 공교롭게도 고종의 훙서 시와 마찬가지로 이때에도 왕위를 계승해야 할 세자가 나라 밖에 있다 보니 표문의 주체는 사왕일 수가 없었다.[217] 세자 왕심(王諶, 충렬왕)은 표문을 올리는 주체가 되지 못하고, 오히려 원에서 원종의 훙거 소식을 듣는 처지에 있었다.

고애와 달리 고사위 의례는 이때에도 거행되지 않았다. 정확히는 거행될 수가 없었다. 그 대신 후대에서처럼 고애(고부)와 동반하여 이루어진 청승습(請承襲)과 같은 성격의 일이 출현하였다. 고려가 세자의 왕위 승습을 요청하는 원종 유표(遺表)를 원 측에 올린 일('上遺表于元')이[218] 바로 그것이다.

유표(遺表)의 검토에 앞서 원종의 유조(遺詔)에 관해 간략히 짚어볼 필요가 있다. 이때도 관례대로 원종의 유조가 있었다. 유조에서 원종은 세자가 왕위를 잇도록 명했다. 종래대로라면 유조에 따라 전왕(前王) 사망 후 며칠 뒤 세자가 사위 의례를 거쳐 즉위했겠지만, 원에 체류 중인 세자는 그렇게 하고 싶어도 할 수 없었다.[219] 이러한 상황에서 '백관이 멀리서 세자 왕심(王諶)을 받들어 왕

---

214 『元高麗紀事』世祖皇帝 至元 11년 5월 11일; 『고려사』 권27, 원종 15년 5월 병술.

215 『元高麗紀事』世祖皇帝 至元 11년 7월.

216 『動安居士集』動安居士行錄卷第四, 賓王錄. 원문에는 '告哀都表'로 오기되어 있다.

217 당시에는 사왕이 존재하지 않았다. 즉위(사위)가 이루어지지 못했기 때문이다.

218 『고려사』 권27, 원종 15년 6월 계해.

219 후술하듯 국내에 있었어도 바로 즉위하지는 못했을 것이다.

으로 삼는(百官遙尊世子諶爲王)'[220] 이벤트가 있었다. 이는 백관들이 유조를 수용하여 세자를 왕으로 받들겠다는 일종의 퍼포먼스였다.[221]

재차 언급하듯, 원종은 유조 외에도 유표를 남겼다.[222] 원종 명의의 유표는 세자가 왕위를 승습할 수 있도록 원 측에 요청하는 표문이었을 것이다. 국왕이 사망 직전에 유표를 작성하여 후계자인 아무개가 왕위를 승습할 수 있도록 요청한 행위는 전례(前例) 없던 일로, 원종 대를 거치면서 책봉권이 실질화한 것과 맞물려 고려의 왕위가 원(몽골)의 책봉을 통해서야 국내외적으로 유효하게 된 데서 새로이 등장한 현상이었을 것이다.[223] 특히 무신 집정자 임연에 의한 원종 폐위와 뒤이은 안경공의 사위가 종래와 달리 책봉국에 의해 사후 승인(책봉)받지 못하고 원의 적극적 개입에 의해 번복되어 원종이 복위하게 된 사건은, 국왕을 비롯하여 신료들이 고려 국왕권의 유효함은 원 황제의 인정을 토대로 작동한다는 사실을 분명히 깨닫는 계기가 되었을 것이다.[224] 이러한 지적 환경에서 원종은 죽기에 앞서 세자가 왕위를 승습할 수 있도록 원 황제에게 요청하는 유표를 새롭게 고안하여 변화된 여건에 대응하고자 했을 것이다. 즉 원으로부터 책봉을 받아야 왕위가 실효를 갖게 되고 책봉 받기 전까지는 왕위가 부재

---

220 『고려사절요』 권19, 원종 15년 6월 갑자.

221 이러한 퍼포먼스는 고종 사후에 權臣 金仁俊(김준)이 몽골에 체류 중인 왕태자 대신에 안경공 창을 국왕으로 세우고자 한 데서 기인했던 갈등과 혼선의 경험을 고려한 조치였을 것이다. 『고려사』 권24, 고종 46년 6월 임인 참조.

222 『고려사』 권27, 원종 15년 6월 계해. "又上遺表于元 且言世子諶孝謹可付後事."

223 후술하듯 고려의 자체 질서 속에서 이루어지는 즉위는 원과의 관계에서는 존재하지 않은 일로 간주되고 있었다.

224 고려의 왕과 신료들은 원종 복위 과정을 통해 황제권이 고려 내에서도 실질적인 의미를 갖게 되었음을 명확히 인지하게 되었는데, 이 사안은 이명미, 앞의 책, 2016, 66~79쪽에서 치밀하게 다루어진 바 있다.

상태에 처하기에, 고려 측은 이전과 달리 국왕위의 공백 기간을 최소화하기 위해 국왕이 사망하자마자 원에 세자의 왕위 승습을 요청하는 유표를 올리는 새로운 시도를 해야 했을 것이다.

이러한 성격의 유표는 후술하듯 고려 말기와 조선시대 청승습표(請承襲表)[225]의 원조 격에 해당한다고 할 수 있다. 유표는 훙거한 전왕의 명의로 작성된 것인 데 비해, 청승습표는 고려 말기에는 왕위 계승자로 승습을 원하는 자가, 조선에 들어서는 의정부 혹은 전왕의 비가 작성한 것인 점에서[226] 차이가 있긴 해도, 국왕의 부고를 고하면서 동시에 훙서한 전왕의 후계자(대개는 세자)인 '아무개'를 책봉해달라고 요청한 데서는 양자 사이에 어떤 차이도 없다. 실제로 당시 세자의 승습을 요청한 유표는 '고애도표(告哀悼表)'와 함께 원에 올려졌을 것이다.[227] 명(明)을 상대로 고려(조선)가 고부표(告訃表)와 청승습표(請承襲表)를 함께 올린 것과 마찬가지로 말이다.[228] 『빈왕록』에 따르면,[229] 원종이 사망

---

225 청승습표는 명·청에 후계자의 국왕위 승습을 요청하는 표문이다. 일반적으로는 告訃請諡 請承襲使가 청승습표 외에도 고부표와 청시표를 함께 가지고 가 황제에게 올렸다. 이현진, 「명·청의 賜祭·賜諡에 대한 조선의 대응」, 『조선시대사학보』 63, 2012; 이현진, 「조선 전기 국왕 국장(國葬)에서 명(明) 사신의 의례설행과 그 공간」, 『조선시대사학보』 85, 2018; 최종석, 앞의 논문, 2022; 이승민, 「고려 국왕 즉위에 관한 외교 형식의 변화와 의미」, 『역사문화연구』 86, 2023 참조.

226 최종석, 앞의 논문, 2022 참조.

227 『元史』 권8, 本紀8 世祖5 至元 11년 7월 癸巳(19일) 조에 따르면, "高麗國王王禃薨 遣使以遺表來上 且言世子愖孝謹 可付後事 勅同知上都留守司事張煥 冊愖爲高麗國王"이라고 하여, 계사일(19일) 조에는 원종의 훙거 소식을 듣는 것과 遺表를 수령하는 것, 그리고 충렬왕을 책봉하는 것이 함께 수록되어 있다. 이는 遺表와 '告哀悼表'가 함께 올려졌거나, 따로 올렸다고 해도 거의 시차 없이 이루어졌음을 강력히 시사한다.

228 『세종실록』 권134, 五禮 凶禮儀式 告訃請諡請承襲 참조.

229 『動安居士集』 動安居士行錄卷第四, 賓王錄.

한 원종 15년(1274) 6월 18일로부터 3일 뒤인 21일에 고애 사신단이 개경에서 출발하였는데, 이들은 '고애도표(告哀悼表)'와 유표를 함께 지니고 원으로 향했을 것이다.[230] 하루라도 빨리 책봉을 받기 위해 원종이 사망하고서 3일 뒤에 유표를 지닌 사신이 원을 향해 출발한 것이다.

세자가 왕위를 승습할 수 있도록 요청하는 유표를 작성하여 '고애도표'와 함께 원에 올리는 일은 원 측의 요구에 따른 게 아니었다. 변화된 여건에 적응하고자 한 고려 나름의 능동적 조치였을 것이다. 책봉 조서에 따르면, "국왕이 살아 있을 때 세자가 왕위를 계승할 만하다고 여러 번 말하였다"라고[231] 하여, 원종은 몽골 등장 이전과는 확연히 달라진 여건— 원(몽골) 황제의 고려 국왕에 대한 책봉권의 실질화—을 마주하여 원(몽골) 측에 세자가 왕위를 승습해야 한다고 반복해서 언급하였는데, 죽기 직전에 유표를 작성하여 세자가 왕위를 승습할 수 있도록 거듭 요청하는 것도 그 연장선에서의 일이었을 것이다. 책봉이 더는 단순한 사후 승인이 아니라 원의 의지와 결정에 좌우되어 고려 자체의 질서, 왕실의 질서에 의해 정해진 후계자가 왕위를 승습하지 못할 수도 있는 변화된 여건에서, 원종은 이처럼 대응하였다고 봐야 할 것이다.

한편 원은 원종의 훙서 소식을 들었으며, 또한 함께 전달된 원종의 유표에 응답하여 곧바로 동지상도유수사(同知上都留守事) 장환(張煥)을 보내 세자 왕심

---

230 앞서 언급한 바 있는 『元史』 권8, 本紀8 世祖5 至元 11년 7월 癸巳(19일) 조에서 7월 19일은 충렬왕을 책봉한 날짜이고, 원종의 훙거 소식을 듣는 것과 遺表를 수령하는 것은 절차를 고려할 때 책봉 이전의 일이었을 게 분명하다. 『빈왕록』 기록에 따르면(『動安居士集』 動安居士行錄卷第四, 賓王錄), 7월 12일에 고려 사신단은 개평부에 도착하였고 다음 날 告哀悼表를 올렸다고 한다. 『빈왕록』에는 보이지 않으나, 고려 사신은 遺表도 소지하고 가서 이것도 함께 올렸을 것이다. 그랬기에 『元史』에 원 측이 원종의 훙거 소식을 듣는 것과 遺表를 수령하는 것을 함께 수록할 수 있었을 것이다.

231 『고려사』 권28, 충렬왕 즉위년 8월 기사.

을 고려 국왕으로 책봉하였다. 구체적으로는 고려를 향해 출발하는 사자에게 조서를 건넨 날짜가 7월 계사일(19일)이었을 것이고,[232] 사자는 8월 기사일(26일)에 고려 궁궐 내 강안전에서 책봉 조서를 전하였다.[233] 충렬왕은 7월 18일 '궁주(宮主, 제국대장공주)는 뒤에 갈 테니 먼저 돌아가서 상을 치르라'라는 황제의 명을 받고, 다음 날(19일) 개평부를 떠나 고려로 향했다.[234] 동일한 출발 날짜로 미루어 충렬왕 일행과 책봉 조서를 전하는 사신단은 고려까지 함께 움직였을 가능성이 크다고 판단되는데, 실제로 "왕이 원(元)에서 돌아오니 백관이 마천정(馬川亭)에서 영접하였다. 왕과 동행한 원의 사신은 조서를 받들고 먼저 개경으로 들어왔다."[235]라고 하여 개평부에서 고려까지 동행하였음이 확인된다.

8월 무진일(25일)에 충렬왕은 개경에 돌아와서는 제상궁으로 나아가서 빈전(殯殿)에 배알하였다.[236] 다음 날 강안전에서 책봉 조서를 받았고, 이를 마친 후 경령전에 배알하고 강안전으로 돌아와 즉위하였다.[237] 이처럼 원종에 이어 충렬왕도 국내에서의 즉위에 앞서 원에 의해 왕이 되었다.[238]

충렬왕의 경우도 원을 상대로 '고사위(청사)' 의례를 행하고 싶어도 그럴 수가 없었다. 원 측에 즉위를 알릴 필요가 없었기 때문이다. 충렬왕은 즉위(사위)

---

232 『元史』권8, 本紀8 世祖5 至元 11년 7월 癸巳(19일).

233 『고려사』권28, 충렬왕 즉위년 8월 기사. 『元高麗紀事』에는 8월 25일에 습위하였다고 한다. 『元高麗紀事』世祖皇帝 至元 11년 8월 25일. "世子愖還國 是日 襲位."

234 『動安居士集』動安居士行錄卷第四, 賓王錄.

235 『고려사』권28, 충렬왕 즉위년 8월 무진.

236 『고려사』권28, 충렬왕 즉위년 8월 무진.

237 『고려사』권28, 충렬왕 즉위년 8월 기사.

238 충렬왕도 원종과 마찬가지로 즉위에 앞서 책봉이 이루어졌지만, 충렬왕의 책봉은 원종의 책봉과 다르게 인식되고 있었을 것이다.

직전에 책봉 조서를 받았는데, 원 입장에서 보면, 전달인 7월에 이미 충렬왕을 고려 국왕으로 책봉하였다.[239] 원 측은 충렬왕이 고려 국왕위를 승습하였음을 7월에 이미 알고 있었기에, 8월 기사일(26일)에 즉위를 하고 나서 고려가 이 사실을 원에 알릴 필요는 전혀 없었을 것이다. 그리고 이 사안을 검토하는 데서 간과해서는 안 되는 것은, 원과의 관계에서 고려 자체적인 질서에 의해 이루어지는 즉위(사위)는 유령과도 같은 게 되고 말았다는 사실이다. 즉 고려가 자체적으로 행한 즉위(사위)는 원과의 관계에서는 존재하지 않는 것으로 간주되었다. 원에 의한 책봉만이 있을 따름이었다.[240] 이러했기에 더욱더 즉위(사위)를 원 측에 알릴 필요가 없었을 것이다.

이처럼 원종이 흥서하고 나서 책봉국을 상대로 행한 의례는 종래의 고애(告哀)와 고사위(告嗣位) 의례의 조합이 아니라, 고애 및 유표를 통한 세자의 왕위 승습 요청의 조합이라 할 수 있다. 원과의 관계에서는 고려 자체의 질서에 의해 행해진 즉위는 존재하지 않은 일로 치부되었고, 이와 맞물려 고사위 의례의 설 자리는 사라져버렸다. 이와 달리 책봉은 궐위 기간을 단축하기 위해 최대한 빨리 이루어져야 하는 일이 되어서, 후계자(대개는 세자)의 승습을 요청하는 의례는 사망한 국왕의 부고를 알릴 때 동반 거행되어야 했다. 그리고 이러한 변화는 원의 계획에 의해 잉태된 것이 아니었다. 원은 이 사안과 관련하여 별다른 생각이 없었을 것이고, 이러한 변화를 요구하지도 않았다. 이것은 고려 측이 변화된 여건에 능동적으로 대응한 소산이었다.

---

239 『고려사』 권28, 충렬왕 즉위년 7월. "元遣同知上都留守事張煥 冊爲王"; 『元高麗紀事』 世祖 皇帝 至元 11년 7월. "是月 詔世子愖襲爵 詔曰 諭高麗國王宗族及大小官員百姓人等 國王 王植在日 屢言世子愖可以承替 今令世子王愖承襲高麗國王勾當 凡在所屬 並聽節制."

240 그런 점에서 '책봉 후 즉위하였다'라는 식의 언사는 정확한 표현이 아닐 수 있다.

3) 충렬왕 국상 시 외교의례 양상

충렬왕 34년 7월 기사일(13일)에 충렬왕은 신효사에서 훙서하였다.[241] 이후 전개된 국상 시 외교의례는 기본적으로 원종 사후에 이루어진 방식을 계승하는 식으로 구현되었다.

충렬왕이 사망하자 고려 측은 사신을 보내 원에 충렬왕의 상을 알렸다.[242] 사신단은 사망 이틀 후인 신미일(15일)에 원을 향해 출발하였다. 표문을 올려 충렬왕의 상을 알렸을 것인데, 당시 원에 체류 중이던 심양왕 왕장(王璋)(충선왕)은 원에서 부왕의 훙거 소식을 들었고, 소식을 전해 듣고서는 10여 일 만에 급거 귀국하였다.[243]

충렬왕의 상을 알리는 표문과 함께 충렬왕의 유주(遺奏)도 원 측에 전달되었을 것이다. 충선왕을 책봉하는 조서에서 왕장(충선왕)이 작위를 물려받기를 요청하는 충렬왕 유주(遺奏)의 존재가 확인되기 때문이다.[244] 충렬왕의 유주는 원종의 유표를 계승한 것으로, 이와 동일한 성격의 것이 분명하다. 즉 충렬왕이 죽기 직전에 작성된 유주는 왕장(충선왕)이 왕위를 계승할 수 있도록 요청하는 주문(奏文)이었을 것이다. 이처럼 충렬왕이 죽자 고려 측은 원종 사후와 마찬가지로 궐위 기간을 최소화하기 위해 원 황제에 충렬왕의 상을 알리면서 동시에 국왕위의 승습을 요청하였다.

이와는 별도로 원과의 관계에서는(원 측에게는) 무의미한 일이긴 하나, 원종

241　『고려사』 권32, 충렬왕 34년 7월 기사.

242　『고려사』 권33, 충선왕 복위년 7월 신미. "遣僉議評理金利用如元 告喪."

243　『고려사』 권33, 충선왕 복위년 8월 임자.

244　『고려사』 권33, 충선왕 복위년 10월 신해.

홍서 시와 마찬가지로 충렬왕은 유교(遺敎)에서[245] 아들인 심양왕(충선왕)이 왕위를 잇도록 하는 의사를 밝혔다. 충렬왕의 유교는 종래의 질서와 관행의 연장선에서 이루어지는 것으로, 국내에 한정해서 의미가 있긴 해도 충선왕의 즉위를 정당화하는 데 기여하였을 것이다.

한편 충선왕은 상을 치르기 위해 고려로 급히 돌아왔다. 밤낮없이 길을 재촉하여 10여 일 만에 도착했다고 한다. 8월 임자일(26일)에 도착하여 먼저 빈전(殯殿)에 나아가 곡을 하고 제사를 지낸 후 인명태후전(仁明太后殿)에 나아가 제사를 지냈다.[246] 그리고 다음다음 날인 8월 갑인일(28일)에 충선왕은 경령전(景靈殿)에 가서 사위(嗣位)할 것을 알렸고, 이후 수녕궁(壽寧宮)에서 즉위하였다.[247] 즉위는 고려 자체의 질서에 의해 이루어진 것으로 전왕의 유교를 기반으로 해서 귀국하고서 얼마 안 가 성사되었다.

즉위가 있고 나서 몇 달 후에 원은 충렬왕이 작성한 유주에 화답하여 고려에 돌아가 있는 충선왕을 상대로 사자를 보내 책봉을 하였다. 『고려사』에 따르면, 10월 신해일(26일)에 원의 사신이 고려에 와 충선왕을 '정동행중서성우승상 고려국왕(征東行中書省右丞相高麗國王)'으로 책봉하였다.[248] 『원사』 무종 본기에 따르면, 무종 지대 1년(1308) 9월 경진일(25일)에 고려 국왕 왕장으로 고려왕을 잇도록 한다고 했는데,[249] 이 무렵 원에서 출발한 사신이 10월 26일에 개경에 와서 충선왕을 책봉하였을 것이다.

---

245 다만 그 사이에 遺詔는 참월하다고 하여 강격이 이루어져 遺敎로 바뀌었을 것이다.

246 『고려사』 권33, 충선왕 복위년 8월 임자.

247 『고려사』 권33, 충선왕 복위년 8월 갑인.

248 『고려사』 권33, 충선왕 복위년 8월 10월 신해.

249 『元史』 권22, 本紀22 武宗1 至大 1년 9월 庚辰. "以高麗國王王璋 嗣高麗王."

그런데 충선왕에 대한 책봉은 원 복속기의 여타 사례와 달리 즉위 뒤에 이루어졌기에, 충선왕의 경우는 고려 전기처럼 즉위 후 사후 승인으로서 책봉이 이루어진 사례로 생각해볼 수도 있다.[250] 하지만 그렇게 보기는 어려우며, 충선왕의 사례도 본질적으로는 원 복속기의 여타 사례와 다른 바가 없었다고 할 수 있다. 부연 설명을 하자면 이러하다.

우선 충렬왕의 사후에 고려 전기와 달리 고사위 의례가 거행되지 않은 사실을 주목해야 한다. 표면적으로는 책봉에 앞서 즉위가 이루어졌다고는 하나, 고려 측은 원에 즉위 사실을 알리지 않았다. 고려 전기와 달리 말이다. 그리고 이와 무관하지 않은 현상으로, 원 측에 충렬왕의 상을 알리는 시에 왕장(충선왕)이 왕위를 승습할 수 있도록 요청하는 충렬왕 유주를 올리는 일이 수반되었다. 거듭 언급하듯, 당시 고려와 원의 관계에서 책봉은 고려 전기처럼 즉위를 사후 승인하는 게 아니라 왕위의 공백 상태에서 왕위를 이을 만한 인물을 상대로 왕위를 잇도록 하는 일이었다. 그러했기에 고려 측은 궐위(闕位)를 최소화하기 위해 유주를 통해 충렬왕이 사망하자마자 원에 국왕위의 승습을 요청하고 책봉을 기다려야 했을 것이다.

이 시기에 고려의 자체적인 질서에 의해 이루어진 즉위는 원과의 관계에서는(원 측에게는) 사실상 존재하지 않은 일이었고, 책봉과는 차원이 다른 일이었다. 그러면서도 즉위는 책봉을 의식하면서 일반적으로 책봉 이후에 이루어졌는데, 이는 고려 전기처럼 했다간 자칫 즉위한 인물이 원이 책봉한 인물과 다를 수도 있는 변화된 여건을 고려해서였을 것이다. 충선왕 사례는 시간 순서로만 보면 분명 즉위가 책봉에 앞서긴 해도, 책봉을 행한 원 측의 시각에서는

---

250 다시 말해, 원종과 충렬왕의 경우와 이질적이었고, 결과적으로는 고려 전기와 다름없이 즉위와 뒤이은 사후 승인으로서의 책봉이라는 양상으로 볼 수도 있는 것이다.

유주에 화답하여 왕장(충선왕)을 책봉한 것은 유표에 응해 왕심(충렬왕)을 책봉한 것과 하등 다른 바가 없었다. 책봉에 앞서 거행된 즉위는 전혀 고려 대상이 아니었고 존재한 일로도 간주하지 않았을 것이다. 군이 차이라고 한다면, 충렬왕의 책봉은 유표에 화답하여 지체 없이 이루어진 데 비해, 충선왕의 책봉은 무슨 이유에서인지 유주에 화답하는 시간이 상대적으로 늦어졌을 뿐이었다.[251] 고려에게도 즉위와 책봉은 선후를 따지는 게 별 의미가 없는 차원이 다른 일이었으며, 즉위는 대외적으로는 전혀 기능하지 못하는 것으로 인식되고 있었을 것이다. 또한 충선왕의 책봉 건은 상대적으로 더디게 진행되었을 뿐 충렬왕의 경우와 본질적으로 다르지 않게 받아들여지고 있었을 것이다. 다만 책봉이 상대적으로 지체되고 있었던 데다가 충선왕의 책봉은 의심할 여지 없이 예정되어 있었기에,[252] 책봉에 앞서 즉위가 이루어졌을 뿐이었다. 이때의 즉위는 고려 전기처럼 원 측에 알릴 수 있는 성격의 일이 아니었던 까닭에, 당연히 원 측에 이를 알리지 않았다(고사위의 미시행). 시간 순서로만 보면 즉위가 책봉에 앞서긴 해도, 책봉 이후에 이루어진 경우와 유의미한 차이는 없었던 셈이다.

이처럼 충렬왕의 훙서 이후 전개된 외교의례는 사소한 차이가 있긴 해도 기본적으로 원종의 국상 시에 이루어진 것을 계승하는 방식으로 구현되었다. 고애 및 유주를 통한 아들 왕장(충선왕)의 왕위 승습 요청의 조합 말이다. 그런

---

251 원으로서는 두 경우 모두 고려의 전왕이 遺表 혹은 遺奏를 올려 후계자(세자)의 승습을 요청한 것에 응해 책봉을 해 준 것으로서 양자 간에 어떠한 차이도 없었을 것이다.

252 충선왕은 成宗 테무르 사후에 벌어진 카안위 계승 분쟁에서 武宗 옹립의 공을 세우면서 원조 내에서 위상이 크게 격상되었고, 이를 토대로 충렬왕 세력과의 권력투쟁에서 승리하여 복위 전에 이미 고려 국정의 실권을 장악하고 있었다. 여기에 더해 원조의 功臣이면서 충선왕의 왕위 승습을 요청하는 충렬왕의 遺奏까지 있어, 충렬왕 사후 충선왕의 책봉이 다소 지체된다 해도 책봉은 기정사실이었다고 할 수 있다. 충선왕의 무종 옹립의 공과 옹립 이후의 위상에 관해서는 고병익, 「高麗忠宣王의 元武宗擁立」, 『역사학보』 17·18, 1962 참조.

데 여기에 우발적이게도 또 하나의 의례가 추가되었으니, 청시(請諡)의 등장이 바로 그것이다.

충선왕은 즉위하고서 한 달 남짓 지난 시점에 전례 없이 원 측에 홍서한 부 왕의 시호를 요청하기로 결정하였다. 처음부터 이를 계획한 것으로 보이진 않 는다. 신하들이 관례대로 대행왕의 시호를 올리자, 충선왕은 이에 반응하여 종 래의 방식을 문제 삼으면서 원 측에 시호를 요청하기로 한 것이다.[253] 기록상으 로는 이 기사 뒤에 시호를 요청하는 사신을 보낸 사실이 적시되진 않았지만, 다음 해(충선왕 복위 원년) 7월 임인일(22일)에 "상승왕(上昇王)의 시호를 청하는 표 문은 밀직부사로 치사(致仕)한 오양우(吳良遇)가 짓도록 하라"라는 충선왕의 명 령이 있음을 볼 때,[254] 고려 측은 이 명령 직후에 부왕의 시호를 요청하는 표문 을 작성하여 사신을 보내 원 측에 올렸을 것이다.

그리고 왕의 3대조를 추증하는 제서(制書)를 수록한 『고려사』 권33, 충선왕 2 년 7월 을미 조에 따르면, "처음에 나라에서는 송, 요, 금의 정삭(正朔)을 사용하 였으나 역대의 시호는 모두 종(宗)이라고 칭하였다. 원을 섬기기 시작하자 명분 이 더욱 엄중해져서 옛날 한(漢)의 제후들이 모두 한의 시호를 받았기 때문에 왕도 표문을 올려 상승왕(上昇王)의 존호를 청한 것이다. 또한 고종과 원종 두 왕도 추시(追諡)해줄 것을 청한 것이었는데, 조서를 내려 왕의 청을 따른 것이었 다"라고 하여, 충선왕은 부왕의 시호뿐만 아니라 조부인 원종과 증조부인 고종 의 추시도 요청하였다. 그러자 원 측은 고려의 청시에 응해 '충렬'을 비롯하여 '충헌'과 '충경'이라는 시호를 하사하였는데, 원 측의 사시(賜諡)는 시호 요청을

---

253 『고려사』 권33, 충선왕 복위년 10월 병신. "有司議上大行王諡 王不可日 有上國 在我且請之 竹冊玉冊 亦合於禮乎 於是 但上號曰純誠守正上昇大王."

254 『고려사』 권33, 충선왕 원년 7월 임인.

받고 나서 대략 1년 뒤에 이루어졌다고 추정되고 있어, 청시와 사시 간에 시차는 제법 있었다고 할 수 있다.

이처럼 청시는 미리 계획된 일이 아니었다. 원에 있던 충선왕이 귀국하고 나서 한 달여 지난 후의 시점에서 다소 우발적으로 청시는 결정되었고, 구체적인 실행은 그로부터 몇 달 뒤에야 이루어졌다. 그러다 보니 청시는 고려 말기 이후와 달리 고애와 동반하여 이루어지지 않고 뒤늦게 행해졌다.[255]

한편 충선왕 2년 7월 을미 조 기사는 왕의 3대조를 추증하는 제서(制書)를 수록한 후 말미에 "원을 섬기기 시작하자 명분이 더욱 엄중해져서 옛날 한(漢)의 제후들이 모두 한의 시호를 받았기 때문에 왕도 표문을 올려 상승왕(上昇王)의 존호를 청한 것이다"라는 의견을 덧붙였다. 이 의견은 원 복속하에서 청시·사시가 당연하고도 자동으로 이루어지는 일로 간주하였으나, 사후에 '유교적'으로 정당화를 시도한 해석이라 하겠다. 곧 이 견해는 충선왕이 고려의 자체적인 상시(上諡)를 거부하고 청시를 단행했을 당시의 생각을 반영한 게 아니었을 것이다. 이 말마따나 '[고려가] 원을 섬기기 시작하자 명분이 더욱 엄중해졌다'라고 해도, 이로 인해 고려가 한(漢) 제후들의 사례를 적용하여 원에 시호를 요청하게 되었다는 의견은 원에 시호를 요청하고 원으로부터 시호를 받게 된 사후의 결과를 놓고 짜 맞춘 해석이라 하겠다. 원은 그간 고려의 자체적인 시호 사용을 문제 삼은 적이 없었다. '명분이 더욱 엄중해졌다'라고 해도, 달리 말하면 국내에까지 제후 위상이 구현되었다고 해도,[256] 고려는 한(漢)의 제후와 같은 원 영내의 내신(내복) 제후가 아니라 외국(제후)이었고, 이러한 위상의 국가에

---

255 賜諡 또한 조선-명 관계에서와 달리 시호 요청이 있고 나서 한참 뒤에 이루어졌다.

256 최종석, 「고려시대 朝賀儀 의례 구조의 변동과 국가 위상」, 『한국문화』 51, 2010a 참조.

서 시호를 요청하는 것은 전례 없는 일이었기에,[257] 원 측은 고려가 시호를 요청해야 하고 이것에 응해 시호를 내려주어야 한다고 생각하지 못하였을 것이다. 고려가 종래 관행대로 자체적으로 시호를 올리고(上諡) 원 측에 시호를 요청하지 않더라도, 원 복속기 내내 별문제 없었을 가능성은 꽤 크다. 마찬가지로 고려 측도 시호를 요청해야겠다는 생각 자체를 하지 못하였을 것이다.

이러한 점에서 시호를 요청하게 된 것은 순전히 충선왕의 자체적인 판단의 소산이었을 가능성이 크다. 충선왕도 사전에 계획을 지니고 있었던 것은 아니고, 신하들의 상시(上諡) 시도를 막아서면서 행한 임기응변에 가까운 조치였을 것이다. 이와 관련하여 충선왕이 자신의 3대에 대한 추증을 요청하고 받아 낸 것은 원 국내의 추증 규정에 따른 것이라는 선행 연구 성과가 참고된다. 즉 원에서는 요청자의 훈위에 따라 추증의 범위를 정해두어 3대 추증은 정1품의 상주국(上柱國)과 종1품의 주국(柱國)에게만 허용되는 것이었는데, 충선왕은 무종(武宗) 카이샨 즉위 직후 공신호와 함께 상주국의 훈위(勳位)를 받았기 때문에 자신의 3대에 대한 시호 요청이 가능했다는 것이다.[258] 그런데 여기서 간과해서는 안 되는 것은, 충선왕이 공신호와 함께 상주국의 훈위(勳位)를 받았기에 3대에 대한 시호 요청을 할 수 있었던 것(가능태)과 실제로 시호를 요청한 것(현실태) 사이에는 커다란 간극이 존재한다는 사실이다. 충선왕은 고려 국왕으로 '외국지주(外國之主)'이기도 했기에 시호 요청을 꼭 해야 하는 것은 아니었고, 시호 요청을 해야 한다는 분위기가 고려와 원에 조성되어 있던 것도 아니었다. 또한 앞서 언급했듯이 신하들의 뜻을 수용하여 상시(上諡)를 구현하는 것도 이상한

---

257 이와 맞물려 이러한 국가(外國)를 대상으로 시호를 내려 준 적도 없었다.

258 안기혁, 「여말선초 대중국 관계와 국왕시호(國王諡號)」, 『역사와 현실』 104, 2017, 235~236 쪽.

일이 아니었을 것이다. 더는 자체적인 상시(上諡)를 못하고 상주국의 훈위(勳位)를 지닌 자로서 3대에 대한 시호를 요청해야 했다면, 애초에 신하들이 상시(上諡)를 하지 않았을 뿐만 아니라 충선왕도 '상국이 있는데 시호를 요청하는 것이 예에 부합하겠는가?'라는 식으로 대답하지 않았을 것이다. 관행인 상시(上諡)를 더는 못하게 하고 원 국내의 추중 규정을 활용하여 자신의 3대에 대한 시호 요청을 해야겠다는, 가능성을 현실로 구현한 충선왕의 판단은 계획적인 것은 아니고, 신하들이 대행왕의 시호를 올리는 관행에 직면하여 충선왕이 개성적으로 생각해낸 '특수'라 하겠다. 그리고 충선왕은 이를 생각해내는 과정에서 청시를 통해 원의 공신으로서의 자신의 위상을 부각하려 한 듯싶다.

이렇듯 충선왕이 원 측에 시호를 요청한 것은 원 복속기 들어 국내에까지 제후 위상이 구현된 데 따른(명분이 더 엄중해진 데 따른) 자동적 산물이 아니라, 충선왕의 특수성, 개성에서 비롯된 소산이었다고 할 수 있다. 물론 시호 요청의 실행은 당시에 충선왕이 시호를 요청할 수 있는 기반이 구비되어 있던 여건을 배경으로 하고 있었을 것이다. 한편 고려 측의 시호 요청에 응해 원은 기꺼이 시호를 내려주었다. 앞서 보았듯이, 원 측은 고려의 청시에 응해 '충렬'을 비롯하여 '충헌'과 '충경'이라는 시호를 하사하였다.

결과적으로는 충렬왕 사후 충선왕이 시호를 요청하면서 후대에 국상 시 명을 상대로 행한 외교의례인 고부·청시·청승습의 원형이 이때 마련되었다고 할 수 있다. 즉 전왕의 상을 알리는 것과 유주를 통해 후계자의 승습(承襲)을 요청하는 것, 그리고 전왕의 시호를 요청하는 것이 그 원형이라 할 수 있다.

4) 충선왕 국상 시 외교의례 양상

충렬왕 사후에, 정확히는 충선왕 복위기에 고부·청시·청승습의 원형에 해당하는 조합이 마련되었다고 했는데, 그러한 조합은 혼란스러운 국내외적 여건 속에서 이후 한동안 구현되지 못하였다. 성종 테무르 사후로 지속해서 카안 울루스 내 카안위 계승 분쟁을 비롯하여 권력 다툼이 격화되고, 이것은 고려 국왕위에도 직간접적으로 영향을 끼쳤다.[259] 여기에 고려 자체의 변수마저 보태지면서, 후술하듯 국상 시 외교의례는 피치 못하게 그러한 조합으로 운영되지 못한 경우가 다반사였다. 국내외적 변수가 많았고 이것이 국상 시 외교의례에 영향을 끼쳤기 때문이다. 이하에서는 이를 구체적으로 검토해보겠다.

충숙왕 12년 5월 신유일(13일), 충선왕은 대도에서 훙서하였다.[260] 사망 당시 충선왕은 이미 전위(傳位)한 상태였다. 즉 충선왕 5년 3월 갑인일(24일)에 충선왕이 아들인 강릉대군 왕도를 황제에게 알현시키고 전위(傳位)를 주청하자, 황제는 이를 수용하여 왕도를 왕으로 책봉했었다.[261] 이미 전위(傳位)를 했었기에 충선왕 사후에는 유표·유주 등을 통해 후계자의 승습을 요청하는 일이 불필요했다. 그리고 충선왕이 원의 대도에서 사망하다 보니, 고려는 원을 상대로 부고를 알리는 의례를 행할 수도 없었다. 오히려 고려가 원으로부터 충선왕의 부고 소식을 들어야 했고(訃至), 원으로부터 온 시신과 관을 맞이한 후(迎梓宮) 장사를 치러야 했다.[262] 이처럼 충선왕 사후에는 부고를 알리는 의례를 행할 수도 없었다. 여기에 더해 청시도 이루어지지 않았다. 이는 충숙왕이 충선왕이 시작한 청시를 의도적으로 계승하지 않으려 한 것이 아니라, 시호를 요청할 만한 상황

---

259 이익주, 「고려·원 관계의 구조와 고려 후기 정치체제」, 서울대 박사학위논문, 1996; 권용철, 「大元帝國 末期 政局과 고려 충혜왕의 즉위, 복위, 폐위」, 『한국사학보』 56, 2014; 최윤정, 「14세기 초(1307~1323) 元 政局과 고려—1320년 충선왕 토번유배 원인 재론」, 『역사학보』 226, 2015; 이명미, 앞의 책, 2016; 김광철, 『원 간섭기 고려의 측근정치와 개혁정치』, 경인문화사, 2018 참조.

260 『고려사』 권35, 충숙왕 12년 5월 신유. "是日 上王薨于燕邸."

261 『고려사』 권34, 충선왕 5년 3월 갑인; 『고려사』 권34, 충숙왕 총서.

262 『고려사』 권64, 지18 예6 흉례 국휼 충숙왕 12년 5월 갑술.

이 아니라고 보았기 때문일 것이다. 이에 관해 간략히 언급하면 다음과 같다.

성종 테무르 사후에 벌어진 카안위 계승 분쟁에서 충선왕은 아유르바르와다(후의 인종)와 다기 태후를 도와 부르간 황후와 안서왕파를 누르고 무종 옹립에 공을 세웠다. 이를 계기로 충선왕은 공신이 되고 왕작을 받는 등 무종 카이샨과 인종 아유르바르와다 대에 원 제국 내에서 승승장구했지만, 영종 시데발라가 즉위하고 세력 관계가 재편되는 속에서 임바얀투구스(任伯顔禿古思)의 모함으로 토번으로 유배를 가기에 이르렀다. 충숙왕도 심왕 측의 무고로 영종 시데발라 대에 몇 해 동안 인장을 압수당한 채 대도(大都)에 억류되었다. 영종 시데발라가 상도에서 대도로 남환(南還)하는 도중 남파(南坡)에서 피살되고 태정제(泰定帝) 이순테무르가 즉위하면서 세력 관계가 다시금 재편되자 충선왕은 사면을 받아 유배에서 풀려났고, 충숙왕은 충숙왕 11년 1월 갑인일(27일) 환국(還國)의 명을 받고 인장을 되돌려받았다.[263] 충숙왕 12년 5월 신유일(13일)에 충숙왕은 공주와 함께 귀국하였는데,[264] 이날 공교롭게도 충선왕이 대도에서 사망하였다. 충숙왕은 여러 해 원에 구류되었다가 이제 막 고려에 돌아온 데다가, 심왕 지지 세력들에 의한 정치적 공세가 지속되고 있었고 충숙왕의 측근 세력이 제대로 구축되지 못한 여건에서,[265] 시호를 요청할 엄두를 내지 못한 듯싶다. 이외에 아직 양국 간에 청시·사시가 제도화 혹은 고착화되어 있지 못해 충숙왕이 시호를 요청하지 않았을 수도 있다. 여하튼 충선왕 사망 직후뿐만 아

263 『元史』권29, 本紀29 泰定帝1 泰定 1년 정월 甲寅. "勅高麗王還國 仍歸其印."

264 『고려사』권35, 충숙왕 12년 5월 신유.

265 김당택, 「고려 忠肅王代의 瀋王 옹립 운동」, 『歷史學研究』12, 1993; 김혜원, 「고려 후기 瀋王 연구」, 이화여대 사학과 박사학위논문, 1999; 이익주, 「14세기 전반 高麗·元關係와 政治勢力 동향—忠肅王代의 瀋王擁立運動을 중심으로」, 『한국중세사연구』9, 2000; 이명미, 「忠肅王代 國王位 관련 논의와 국왕 위상」, 『한국중세사연구』36, 2013 참조.

니라 충숙왕 대 내내 시호 요청은 없었고, 후술하듯 충숙왕 사후에 충혜왕이 충선왕과 충숙왕의 시호를 한꺼번에 요청하였다.

결과적으로 충선왕 사후에는 고부·청시·청승습의 원형에 해당하는 조합 가운데 어느 하나도 거행되지 않았다. 이는 충숙왕이 이들 의례의 계승을 꺼려서는 아니고, 이들 의례 가운데 여건상 아예 거행이 불필요한 것도 있었고 거행하기에 여의치 않은 것도 있어서였을 것이다.

5) 충숙왕 국상 시 외교의례 양상

충숙왕 사후 원을 상대로 한 행보는 충렬왕 사후와도 또 달랐다. 충숙왕은 복위 후 8년 3월 계미일(24일)에 홍서하였다.[266] 기록상으로는 원 측에 국왕의 부고를 알리는 의례의 거행이 확인되지 않는다. 충숙왕은 고려 내에서 사망했기에 관행대로라면 원 측에 국왕의 부고를 알렸어야 했는데, 기록상으로 확인되지 않는 것이다. 원에 국왕의 부고를 알리는 기록이 누락되었을 가능성을 배제할 순 없지만, 당시 원으로부터 복위(復位)의 명을 받아야 할 충혜왕이 원의 집권자인 바얀으로부터 배척받는 처지 속에서,[267] 충숙왕의 부고를 알리는 의례는 거행되지 못한 듯싶다. 『원사(元史)』에 충숙왕 홍서 기록이 없는 것도 고려가 충숙왕의 상을 알리는 사신을 보내지 않은 것과 무관하지 않을 것이다.

한편 충숙왕은 폐위된 충혜왕을 박대하긴 했어도 홍거 시에 '유명(遺命)으로 충혜왕이 왕위를 잇도록 했다(遺命襲位).'[268] 이것은 앞선 시기에 보이는 유교

---

266 『고려사』 권35, 충숙왕(후) 8년 3월 계미. "王薨于寢 在位前後二十五年."
267 당시 충혜왕은 엘테무르 이후 국정을 장악한 權臣 바얀으로부터 철저히 배척되고 있었다. 김광철, 「고려 충혜왕 대 측근정치의 운영과 그 성격」, 『國史館論叢』 71, 1996; 권용철, 앞의 논문, 2014 참조.
268 『고려사절요』 권25, 충숙왕(후) 8년 5월.

(유조)에 해당한다고 할 수 있는 것으로, 충혜왕이 왕위를 잇도록 하는 충숙왕의 의사표명이라 하겠다. 이 유명에 의거해서 충혜왕은 고려 내에서 국왕과도 같은 위상을 확보하였을 것이다.[269]

충혜왕의 경우처럼 전왕(前王)이 사망하면서 복위한 충선왕 사례와 비교해 보면 충혜왕 사례의 특징을 더욱 뚜렷이 간취할 수 있다. 충선왕은 부왕의 사망 시에 원에 체류하고 있었고, 부고 소식을 듣고 고려에 돌아온 후 유교(遺敎)에 의거해서 즉위하였다.[270] 앞서 언급했듯이 아직 책봉은 이루어지지 않았지만 의심할 여지 없이 예정되어 있었기에 즉위가 이루어질 수 있었을 것이다. 충선왕과 달리 충혜왕은 부왕 사망 시에 고려에 있었다. 충혜왕이 왕위를 잇도록 하는 충숙왕의 유명이 있었긴 해도, 후술하듯 충혜왕의 책봉은 미정이다 보니 고려 내에서 왕과 같은 존재로 군림하였을 뿐 즉위는 하지 못하고 있었다.

원과의 관계에서 보면, 충숙왕의 훙서로 인해 왕위는 공백 상태가 되었다고 할 수 있다. 그간 왕위의 공백을 최소화하기 위해 원에 국왕의 부고를 알릴 시에 유표·유주를 통해 후계자의 승습을 요청해왔는데, 이때에는 충숙왕의 유표·유주가 부재하였다. 이러한 여건에서 전왕의 의사를 직접 밝히는 방식(유표·유주) 대신에, 정동행성 좌우사(左右司)가 중서성에 문서를 보내 충숙왕의 뜻을 전한다든지, 충혜왕이 전평리(前評理) 이규(李揆) 등을 보내 습위(襲位)를 요청한다든지 하였다.[271] 주목해야 하는 사실은, 이들 승습 요청이 주어진 여건의 상이함으로 인해 구체적인 형식 면에서는 전왕의 유표·유주를 통한 승습 요청과

---

269 단 즉위(복위)를 한 것이 아니라는 사실을 간과해서는 안 된다.

270 누차 언급했듯이, 즉위는 원 측에게는 무의미한 일이긴 하다.

271 『고려사절요』 권25, 충숙왕(후) 8년 5월. 그간 원과의 관계에서 襲位 당사자가 직접 나서는 경우가 없었다는 점을 고려할 때, 충혜왕은 承襲 요청의 주체로 나서지 않고 신하들을 시켜 승습을 요청하였을 것이다.

다르긴 해도, 국왕위의 공석을 전제로 해서 전왕 사후에 곧바로 승습을 요청한 데선 본질적으로는 종래와 다르지 않은 방식이라는 점이다. 이규 등이 승습 요청을 위해 원을 향해 출발한 시점은 확인되지 않지만, 충숙왕이 사망한 3월 계미일(24일)로부터 며칠 지나지 않은 때에 이규 등이 원을 향해 출발했다고 가정할 수 있다. 그래야 고려 조정이 5월 중에 이규가 보낸 역어낭장(譯語郎將) 전윤장(全允臧)으로부터 원에 도착한 이규 등이 행한 승습 요청이 결실을 맺지 못했다는 사실을 전해 들을 수 있었을 것이다. 달리 말해, 이전과 마찬가지로 국왕이 사망하고 며칠 지나지 않아 충혜왕의 승습을 요청하는 사신단이 원을 향해 출발했을 것이다. 궐위 기간을 최소화하기 위해 말이다.

그런데 충혜왕은 원조의 집권자로 그와 친밀한 관계를 맺어왔던 권신 엘테무르가 사망하고서 그를 대신하여 권력을 독점한 권신 바얀으로부터 냉대를 당하고 있었던 데다가, 당시 단독으로 권력을 장악하고 있던 바얀은 심왕이 고려 국왕위를 이어받아야 한다고 생각하고 있었기에,[272] 습위 요청은 수용될 수가 없었다. 이후에도 몇 차례 습위 요청이 이루어졌고 뇌물이 동원되기도 했지만,[273] 권신 바얀이 건재하는 한 충혜왕의 복위는 성사될 수 없었다. 이렇게 되면서 전례 없이 국왕의 사망으로 인한 왕위 공백이 길어졌다.

11월 병진일(2일)에 충혜왕은 원의 사자로부터 전국인(傳國印)을 받았지만,[274] 며칠 뒤 전국인을 전해준 사자에게 잡혀 원으로 끌려가[275] 형부 옥에 갇히는 신

---

272 이에 관해서는 김광철, 앞의 논문, 1996; 권용철, 앞의 논문, 2014; 이명미, 앞의 책, 2016 참조.

273 『고려사』 권36, 충혜왕(후) 즉위년 5월 병자; 『고려사』 권36, 충혜왕(후) 즉위년 6월 임진; 『고려사』 권36, 충혜왕(후) 즉위년 9월.

274 『고려사』 권36, 충혜왕(후) 즉위년 11월 병진.

275 『고려사』 권36, 충혜왕(후) 즉위년 11월 병인.

세가 되고 말았다.[276] 원으로의 압송은 조적 무리의 참소로 인한 것이었다. 원 측은 충혜왕을 복위시키려 그에게 전국인(傳國印)을 주었다가 뜻하지 않게 조 적 무리가 참소하자 사자로 하여금 충혜왕을 잡아 오도록 한 게 아니라, 전국 인을 전달하여 충혜왕을 안심시켜 놓은 이후에 갑작스럽게 체포하려 한 것이 었다.[277] 애초에 충혜왕을 복위시킬 뜻은 없었던 것이다.

고려 국왕위 계승자로 심왕을 염두에 둔 바얀의 주도 속에서 충혜왕에 대 한 심문이 이어지며, 충혜왕은 매우 심각한 위기를 맞았다. 그러다 혜종 토곤 테무르와 바얀의 조카인 어사대부(御史大夫) 톡토가 바얀을 축출하고 얼마 후 바얀이 사망하면서, 충혜왕은 기사회생하였다. 곧 톡토가 황제에게 상주하여 충혜왕은 석방되고 복위까지 하게 되었다.[278] 이처럼 복위하는 데 있어 승상 바 얀이 걸림돌이었지만, 바얀이 물러나면서 충혜왕은 복위할 수 있었다. 충혜왕 은 국내에 돌아와서 충선왕과 달리 복위 예식을 거행하진 않았다.

한편 충혜왕은 복위하고 나서 대략 2년의 세월이 흐른 뒤에 충선왕과 충숙 왕의 시호를 요청하였다. 『고려사』 세가에 따르면, 왕후(王煦)를 원에 보내 대행 왕(大行王, 충숙왕)의 시호를 요청했다고 하는데,[279] 왕후(王煦) 열전에 따르면, 이 때 충선왕과 충숙왕의 시호를 함께 요청했다고 한다.[280] 충숙왕 대에는 전왕 충 선왕에 대한 시호 요청이 이루어지지 않은 듯하고, 충혜왕은 우여곡절 끝에 복 위해서인지 한동안 시호를 요청하지 못하다, 충혜왕 복위 3년에 충선왕과 충

---

276 『고려사』 권36, 충혜왕(후) 1년 1월 신미.

277 권용철, 앞의 논문, 2014, 85쪽.

278 『고려사』 권36, 충혜왕(후) 1년 3월 갑자.

279 『고려사』 권36, 충혜왕(후) 3년 2월 경술. 왕후를 사신으로 보내 원에 請諡表를 올리도록 하 였을 것이다.

280 『고려사』 권110, 열전23 王煦.

혜왕의 시호를 요청한 것이다. 그렇지만 결과는 원 측이 충혜왕의 시호 요청을 외면하는 것으로 끝이 났다.[281] 결실을 거두진 못했지만, 충혜왕 복위 3년에 충선왕과 충혜왕의 시호를 요청한 일은 충선왕이 시작한 청시를 관행으로 정착하는 데 중요한 계기로 작용하였을 것이다. 달리 말해, 충선왕이 시작한 청시는 단건으로 끝나지 않고 이후의 국왕들에 의해 계승된 것이다.

6) 충혜왕 국상 시 외교의례 양상

충혜왕은 충혜왕 (후)5년 1월 병자일(15일)에 원의 악양현에서 훙거하였다.[282] 게양현(揭陽縣)으로 유배 가는[283] 도중에 비명횡사하였다. 충혜왕은 원에서 사망했기에, 원에서 사망한 전대 왕과 마찬가지로 고애 의례는 거행되지 못했고, 원에서부터 충혜왕의 영구가 왔다(喪至).[284]

충혜왕 후4년 11월 충혜왕은 원이 보낸 인사들에 의해 포박되어 원으로 압송되고[285] 나서 유배길에 올랐었기에, 사망 당시 충혜왕은 국왕이 아니었을 것이고, 이와 맞물려 충혜왕 사망 이전에 이미 국왕위는 공석 상태였을 것이다.[286]

---

281 원 측은 충혜왕의 시호 요청에 묵묵부답이었다. 그러다 賜諡는 충목왕 즉위년에 이루어졌다(『고려사』 권37, 충목왕 즉위년 12월 정축). 王煦 열전에 따르면, 柄國者가 걸림돌로 작용하였는데 왕후의 노력으로 마침내 賜諡가 성사되었다고 한다. 안기혁은 이때의 사시를 새로이 즉위한 국왕에 대한 배려로 추정하였다. 안기혁, 앞의 논문, 2017, 239쪽 참조.

282 『고려사』 권36, 충혜왕(후) 5년 1월 병자. "薨于岳陽縣."

283 『고려사』 권36, 충혜왕(후) 4년 12월 계축.

284 『고려사』 권37, 충목왕 즉위년 6월 계유. "大行王之喪 至自岳陽."

285 『고려사』 권36, 충혜왕(후) 4년 11월 갑신.

286 국왕위의 공석에 대응하여 郊社를 지내고 사면령을 반포한다는 명목으로 元에서 온 大卿 도치(朶赤) 등은 충혜왕 체포 당일 고용보에게 명하여 國事를 바로잡으라고 하고, 德成府院君 奇轍과 理問 洪彬을 權征東省事로 임명하였다.

충혜왕의 처지를 감안할 때, 유표(遺表)는 말할 것도 없고 유교(遺教)조차 남길 수 없었음이 당연하다. 이로 인해 충혜왕 이후 고려 왕위를 승습할 존재가 불명확하였고, 이와 맞물려 어떠한 형식으로든지 간에 원 측을 상대로 하여 아무개가 왕위를 승습하도록 요청하는 일 자체도 시도되지 못했다. 원 복속기 내에서도 전례 없는 상황이라 할 수 있는 것이다. 이러한 상황에서 충혜왕 후5년 2월 기황후 세력으로 활동하는 고용보는 충혜왕의 8살 된 원자 왕흔(王昕, 충목왕)을 안고 혜종 토곤테무르를 알현하였고, 이 자리에서 왕흔은 혜종 토곤테무르로부터 자질을 인정받아 왕위를 계승하도록 하는 황제의 명을 받았다.[287] 『원사』에 따르면, 지정 4년 3월 임인일(12일)에 충목왕이 고려 국왕을 잇도록 했다고 한다.[288] 전왕이 원조의 죄인으로 유배 도중에 사망하는 전례 없는 상황에서 변태적인 방식으로 새 국왕이 정해졌다고 할 수 있다. 충목왕은 원에 체류하면서 이 명령을 받고 고려로 귀국하여 4월 을유일(26일) 개경에 도착하였고,[289] 다음 날 원 사신 셍게(桑哥)가 개경에 와서 충목왕을 왕으로 책봉하는 조서를 반포하였다.[290] 그리고 다음 달 갑오일(6일)에는 원 사신 이휴(李麻)와 진근(秦瑾)이 와서 왕흔(王昕, 충목왕)을 왕으로 책봉하였다.[291]

이처럼 충혜왕이 원의 죄인으로 갑작스레 원에 끌려가 유배 가는 도중에

---

287 『고려사절요』 권25, 충혜왕(후) 5년 2월. 그 내막에 대해서는 김형수, 「충혜왕의 폐위와 고려 유자(儒者)들의 공민왕 지원 배경」, 『국학연구』 19, 2011 참조.

288 『元史』 권41, 本紀41 順帝妥懽貼睦爾 至正 4년 3월 壬寅.

289 『고려사』 권37, 충목왕 즉위년 4월 을유.

290 『고려사』 권37, 충목왕 즉위년 4월 병술. "元遣桑哥來 頒詔曰……."

291 『고려사』 권37, 충목왕 즉위년 5월 갑오. 이 일 이전에 政丞 奇轍, 萬戶 權謙, 前摠郎 盧永이 國璽를 받들어 行宮에 나아간 일이 있었다(『고려사』 권37, 충목왕 즉위년 4월). 한편 어려서인지 즉위의례는 거행되지 않은 듯하다.

사망하고 왕위를 승습할 자가 불분명한 이례적인 상황에서, 국왕의 상을 알리는 의례는 물론이요, 청승습에 해당하는 일조차 거행되지 못하였다.

청시의 경우, 충혜왕이 죄인으로 유배 도중 사망한 탓에, 아들인 충목왕과 충혜왕비인 덕녕공주(德寧公主)의 바람에도 불구하고 한동안 시도되지 못하였다.[292] 그러다 세월이 어느 정도 흘러서인지 충목왕 4년 3월에 왕은 영천부원군(寧川府院君) 이능간(李凌幹)을 원에 보내 충혜왕의 시호를 요청했다.[293] 이 일에 앞서 충목왕과 덕녕공주는 시호를 요청하기 위해서는 먼저 충혜왕의 죽음을 야기한 화(禍)의 원흉인 강윤충(康允忠)의 죄악(罪惡)을 바로잡아 충혜왕의 무고함을 밝혀야 한다는 김륜(金倫)의 의견에 공감하였다. 이에 강윤충의 죄를 바로잡고 원에 충성한 충혜왕의 한을 위로해달라고 요청하는, 김륜 및 이제현(李齊賢)·박충좌(朴忠佐) 등의 기로(耆老)가 작성한 상소문을 원에 올렸으며,[294] 김륜으로 하여금 개정표(改正表)와 청시표(請諡表)를 원에 올리도록 했다. 김륜은 원으로 가는 채비를 하는 중 병이 나 사망하고 말았지만,[295] 김륜을 대신하여 영천부원군 이능간이 이 두 표문을 원 측에 전달하였을 것이다.

이렇듯 충목왕은 늦게나마 부왕의 시호를 요청하였다. 하지만 고려 측의 시호 요청과는 별개로 원 측은 충혜왕을 죄인으로 간주하고 있었을 것이기에, 시호 요청을 받아들이지 않았다.

---

292 『고려사』 권110, 열전23 諸臣 金倫.

293 『고려사』 권37, 충목왕 4년 3월 임인.

294 상소문은 왕에게 올려졌을 것이나, 국왕은 이를 원 측에도 올렸을 것이다.

295 『고려사』 권110, 열전23 諸臣 金倫.

7) 충목왕과 충정왕 국상 시 외교의례 양상

충목왕 4년 12월 정묘일(5일)에 충목왕이 김영돈(金永旽)의 집에서 훙거하였다.[296] 국왕 훙거 시 오랜만에 고애(告哀)가 확인된다.[297] 곧 동월 병자일(14일)에 국왕의 상을 알리는 사신이 원을 향해 출발하였다. 당시 고려는 충목왕의 상을 알리는 표문을 원(황제)에 올렸을 것인데, 표문의 주체는 고려 전기와 같이 사왕(嗣王)일 수는 없었다. 후술하듯 충목왕 사후 고려 왕위를 누가 승습할지가 뚜렷하지 않아 후계자라 할 수 있는 인물이 표문의 주체일 수도 없었을 것이다.[298]

충목왕은 사망 당시에 11살로 관례도 치르지 못한 어린 나이였고, 이와 맞물려 자식도 없었다 보니, 후계와 관련한 유교(遺敎)도 유표(유주)도 없었다. 이는 고려 왕위를 승습할 존재가 명확하지 않은 사실과 무관하지 않았다. 이러한 여건에서 충목왕 4년 12월 기묘일(17일)에 정승(政丞) 왕후(王煦) 등이 이제현을 원에 보내 왕기(王祺, 공민왕)와 충혜왕의 차남 왕저(王眡, 충정왕) 가운데 왕을 선택해줄 것을 요청하는 표문을 올렸다.[299] 이 또한 원 복속기 내에서 전례 없는 일이었다. 유표(유주)도 없고[300] 국왕의 자식도 없으며 고려 내에 왕위를 계승할 만

---

296 『고려사』 권37, 충목왕 4년 12월 정묘.

297 『고려사』 권37, 충정왕 즉위년 12월 병자. "遣護軍申元甫如元 告哀."

298 표문의 주체는 충혜왕비인 德寧公主일 수 있고, 德寧公主의 명으로 '征東省事'를 攝行하는 임무를 맡은 德城府院君 奇轍과 政丞 王煦일 수 있을 것이다.

299 『고려사』 권37, 충정왕 즉위년 12월 기묘. "王煦等遣李齊賢如元 上表曰 (…)." 그리고 후계자가 분명하지 않은 상황에서 임시로 國事를 책임질 주체를 세워야 해서 충목왕의 모후인 德寧公主는 德城府院君 奇轍과 政丞 王煦가 '征東省事'를 攝行하도록 명하였다(『고려사절요』 권25, 충목왕 4년 12월). 이는 충혜왕 체포 당일 德成府院君 奇轍과 理問 洪彬이 權征東省事로 임명된 조치와 궤를 같이한다고 할 수 있다.

300 원과의 관계에서 遺敎는 遺表(遺奏)와 달리 직접적인 기능을 하진 못했어도 遺敎를 토대로 신하들이 전왕의 의사를 원 측에 전달할 수도 있었다. 그런데 당시에는 유교조차 없었다.

한 인물이 복수로 존재한 데다가 원이 후계자로 지목할 수밖에 없는 뚜렷한 인물이 부재한 여건에서, 정동행성의 일을 대행하고 있는 정승 왕후 등은 후계자 후보군에 해당하는 충혜왕의 동생인 왕기와 차남 왕저(王眡) 가운데 한 사람을 왕위 승습자로 결정해달라고 원 측에 요청한 것이다.

국왕의 상을 알리는 표문을 지니고 갔을 사신보다 며칠 뒤늦게 떠났긴 했어도, 두 사람 가운데 한 사람을 국왕으로 임명해달라고 요청하는 표문은 국왕의 상을 알리는 표문과 함께 원 측에 올려졌을 것이다. 이 또한 국왕위의 공백을 전제로 이를 최소화하기 위한 조치로, 구체적인 방법은 다르긴 해도 전왕의 사망 직후에 유표(유주)를 통해 '아무개'가 국왕위를 승습할 것을 요청하는 절차와 동질적인 것이었다. 국왕 사후 국왕위가 궐위인 상황에서 아무개의 승습을 요청하는 일의 일종인 셈이다.

원 측은 고애표 및 왕후 등이 올린 표문을 받고도 몇 달이 경과한 후인 충정왕 원년 5월 무술일(8일)에 이르러서야 왕저로 왕위를 잇도록 했다.[301] 이에 앞서 동년 2월 갑술일(13일)에 원은 전지도첨의사(前知都僉議事) 최유(崔濡)를 고려로 보내 왕저의 입조를 요구하는 황제의 명을 전했다.[302] 원은 왕위의 계승자로 왕기(공민왕)가 아니라 왕저(충정왕)를 염두에 두고 왕저의 입조를 명하였을 것이다. 왕저는 입조하고 두어 달 뒤에 황제로부터 '사왕위(嗣王位)'의 명령을 받았다.

이후 충정왕은 한림학사(翰林學士) 셍게(雙哥)의 호행(護行)을 받으며 충정왕 원년 7월 병진일(27일)에 고려로 돌아왔다. 이날 셍게(雙哥)는 국인(國印)을 충정

---

301 『고려사』 권37, 충정왕 원년 5월 무술. "帝命元子眡 嗣王位."
302 『고려사』 권37, 충정왕 원년 2월 갑술.

왕에게 전하였고,[303] 국인을 받고 나서 충정왕은 강안전에서 즉위하였다.[304] 한편 충혜왕과 충목왕의 시호를 요청하는 기록은 확인되지 않는다. 실제로 시호를 요청하지 않았을 것이다. 짧은 재위 기간을 감안할 때, 계획이 있었어도 실천으로 옮겨지진 못했을 것이다.

공민왕 원년 3월 신해일(7일)에 충정왕은 강화도에서 훙서하였다. 구체적으로는 독을 먹고 죽었다.[305] 충정왕은 사망 당시 국왕이 아니었다. 전년도 10월 임오일(6일)에 원이 왕기를 왕으로 삼고서 단사관(斷事官) 울제이부카(完者不花)를 보내 창고를 봉하고 국새를 거둬들이도록 하였고,[306] 이와 맞물려 충정왕은 왕위에서 물러나 강화도로 갔었기 때문이다.[307] 충정왕은 원에 의해 폐위된 상황에서 죽음을 맞아서인지, 그리고 공민왕이 충정왕을 정식 국왕으로 인정하지 않으려 해서인지,[308] 고려는 원 측에 충정왕의 상을 알리는 일조차 하지 않은 듯하다. 아울러 시호 요청도 이루어지지 않았다.

이렇듯 원에 의해 폐위된 충정왕이 사망하고 나서는 고애 의례가 거행되지 않았고, 이미 원이 공민왕을 왕으로 삼았기에 승습을 요청하는 의례도 아예

---

303 『고려사』 권37, 충정왕 원년 7월 병진.

304 『고려사』 권37, 충정왕 원년 7월 병진. "是日 王卽位于康安殿."

305 『고려사』 권38, 공민왕 원년 3월 신해.

306 이때 원이 보낸 斷事官 完者不花가 와서 공민왕을 왕으로 삼았음을 알렸을 것이다.

307 『고려사절요』 권26, 충정왕 3년 10월 임오. "元以江陵大君祺爲王 遣斷事官完者不花 封倉庫 收國璽以歸 王遜于江華." 『元史』에 따르면, 9월 임술일(16일)에 조서를 내려 공민왕이 고려 왕위를 승습하도록 하고 충정왕은 폐위하였다(『元史』 권42, 本紀42 順帝5 至正 11년 9월 壬 戌). 고려에 이 일이 전달된 것은 다음 달 임오일이었을 것이다.

308 충정왕은 사망 후 공민왕 대에는 태묘에 부묘되지 못하다 우왕 대에 이르러서야 태묘 부묘가 이루어졌다. 공민왕 대에는 정식 국왕으로 인정받지 못한 것이다. 안기혁, 앞의 논문, 2017, 244쪽 참조.

불필요하였으며, 청시도 이루어지지 않았을 것이다.[309]

3. 여말선초 시기: 원 복속기의 계승과 고부·청시·청승습

공민왕 23년 9월 갑신일(22일)에 공민왕이 시해되었다.[310] 공민왕 18년부터 원과의 관계를 단절하고 명에 사대를 해왔기에,[311] 이때 고려는 국상 시 외교의 례를 원이 아니라 명을 상대로 거행해야 했다.

공민왕 사후 명을 상대로 거행한 국상 시 외교의례에 관해 검토하기에 앞서, 이때 즉위 면에서 원 복속기와 큰 폭으로 달라진 양상을 먼저 짚어보아야 한다.

공민왕 사후에 고려 자체의 질서에 의해 행해진 즉위는 원 복속기와 달리 전왕 사망 후 며칠 만에 이루어졌다. 구체적으로는 전왕(前王)이 사망하고(9월 22일) 나서 며칠 뒤(9월 25일) 논란 끝에 이인임이 백관을 이끌고 우왕을 국왕으로

---

309 공민왕 16년에 원은 충혜왕, 충목왕, 충정왕을 대상으로 공신호와 시호를 사여하였다. 다소 일방적이었다고 할 수 있다. 과거 충목왕 대에 충혜왕의 시호를 요청한 적이 있지만 충목왕과 충정왕의 시호를 요청한 일은 기록상으로 확인되지 않고, 특히 공민왕 대에 정식 국왕으로 인정받지 못한 충정왕을 대상으로 해서 시호 요청이 있었을 리는 만무하다. 이때 사시는 원이 여의치 않은 국내 정세 속에서 고려와의 우호적인 관계를 다지기 위해 일방적으로 행한 것으로 보아야 할 것이다. 『고려사』 권41, 공민왕 16년 1월 정해 참조.

310 『고려사』 권44, 공민왕 23년 9월 갑신. "王暴薨."

311 공민왕은 1369년(공민왕 18) 4월 명의 건국과 홍무제의 즉위를 알리는 璽書를 받고서 다음 달에 원의 연호를 정지시키고 표문을 올려 등극을 경하하고 은혜에 감사해하였다(『고려사절요』 권28, 공민왕 18년 5월). 그러자 명은 다음 해 5월 사신을 보내 誥命과 印信을 전하였고(『고려사』 권42, 공민왕 19년 5월 갑인), 이에 고려는 몇 달 뒤 홍무 연호를 사용하였다(『고려사』 권42, 공민왕 19년 7월 을미).

세웠다.[312] 앞장에서 보았듯이, 원 복속기였다면 우왕 즉위는 이처럼 신속하게 이루어질 수 없었을 것이다.

우왕 즉위는 전왕의 유교(遺敎)도 부재하고 후계자가 상대적으로 뚜렷하지 못하여 의견이 갈리는 속에서 이루어진 것이었으므로, 원 복속기였다면 충목왕 사후처럼 사태가 전개되었을 가능성이 농후하였을 것이다. 곧 고려는 원 측에 태후(太后)·경복흥이 왕으로 세우고자 하는 종친과 이인임이 밀고 있는 왕우 가운데 왕을 선택해달라고 요청하였을 것이고, 원이 이 가운데 누군가로 왕위를 잇도록 명하면 이후 그 명을 받은 자는 고려 내에서 즉위하였을 것이다. 그런데 명에 사대한 이후 원과는 사뭇 다른 명과의 관계를 경험해온 탓인지, 공민왕의 갑작스러운 죽음과 왕위 계승자의 불확실이라는 혼란 속에서도 고려 내에서 신속하게 국왕이 결정되어 즉위가 단행된 것이다. 원 복속기와 단절한 모습을 보여주는 큰 폭의 변화라 할 수 있다. 그리고 국왕 즉위가 명의 의사와 상관없이 이처럼 신속히 이루어진 것은 고려 전기와 동일한 모습이라 볼 수도 있다.

그런데 즉위는 고려 전기와 같은 방식으로 진행되었어도, 공민왕 사후 명을 상대로 거행한 국상 시 외교의례는 고려 전기로 회귀하는 게 아니라 오히려 원을 상대로 했던 방식과 질적으로 다르지 않게 이루어졌다. 정확히는 원 복속기에 이루어졌던 방식을 고스란히 계승하였다고 말할 수 있다.[313] 이러한 계승을 단적으로 보여주는 것은 우왕 즉위년 11월에 밀직사 장자온과 전공판서(典工判書) 민휘백(閔伯萱)을 명의 남경에 보내 공민왕의 상을 알리고(告訃) 사시(賜諡)

---

312 『고려사절요』 권29, 공민왕 23년 9월 정해. 왕위를 이을 자가 명확하지 않은 상태에서 우왕
    은 宰樞와 함께 '發喪擧哀'하였고(『고려사』 권64, 지18 예6 흉례 국휼 공민왕 23년 9월 병술),
    다음 날 논의 끝에 고려 국왕이 되었다.
313 이는 고려 말기 국상 시 외교의례가 고려 전기와 이질적이었음을 의미하는 것이기도 하다.

와 승습(承襲)을 요청한(청사시請賜諡·청승습請承襲) 사실이다.[314] 다만 장자온과 민백훤은 사행 도중에 명사 피살 사건이라는 대형 악재의 발생 소식을 듣고서 임무를 방기하고 돌아와,[315] 결과적으로는 명에 공민왕의 상을 알리지 못하였다. 그러자 다시금 다음 해(우왕 원년) 1월에 판종부사사(判宗簿寺事) 최원(崔源)을 보내 공민왕의 상을 알리고(告喪) 시호와 승습을 요청하였다(請諡及承襲).[316] 명 측 기록에 따르면, 최원은 공민왕의 상을 황제에게 고하였다고 한다.[317] 우여곡절이 있긴 해도 고부(告訃)·청사시·청승습의 조합을 거행한 것이다. 이는 고애(告哀)와 고사위(告嗣位) 의례의 조합을 복구하는 게 아니라, 원 복속기의 방식을 계승하였음을 말해준다. 종래와 달리 원이 아니라 명을 상대로 한 차이는 있지만 말이다.[318]

고부(告訃)·청사시·청승습의 조합 중에서도 충선왕이 새로 시작하여 원 복속기 동안 면면히 이어져온 청시(請諡)를 명을 상대로 행한 사실이 역사적 의의가 크겠지만, 이것 못지않게 원 복속기라는 특수한 여건에서 전왕(前王)의 상을 알릴 시에 궐위를 전제로 하여 후계자 아무개의 승습을 요청하는 방식을 계승하여 명을 상대로도 고부(告訃) 시에 청승습 의례를 시행한 사실을 주목해야 한다고 본다.

---

314 『고려사』 권133, 열전46 우왕 즉위년 11월.

315 『고려사절요』 권29, 공민왕 23년 11월. "林密蔡彬所至遲留 彬酗酒 每欲殺金義 至開州站 義殺彬及其子 執密 以甲士三百馬二百匹奔于北元 張子溫閔伯萱逃還 義本胡人也."

316 『고려사』 권133, 열전46 우왕 원년 1월.

317 『明太祖實錄』 권98, 홍무8년 3월 丁卯.

318 공민왕이 피살된 데다가 貢馬 호송의 임무를 맡은 金義가 開州站에서 명 사신을 살해하고서 북원으로 도망치는 일이 발생하면서 고려는 북원에도 부고를 알렸다(『고려사』 권133, 열전46 우왕 즉위년 12월). 그렇기는 해도 북원에는 부고 소식만을 전하여 애초부터 명을 대상으로 한 것과는 구별을 두었다고 할 수 있다.

원 복속기라는 특수한 여건 속에서 고려 자체의 질서에 의해 행해진 즉위는 원과의 관계에서는 존재하지 않은 일로 간주되었고, 일반적으로는 원 측이 왕위를 승습하도록 한 명령이 있고 나서 이루어졌으며, 이와 맞물려 고려 측은 왕위의 공백을 최소화하기 위해 국왕의 상을 원 측에 알릴 때 유표(遺表) 등을 통해 후계자의 승습을 요청하였고, 고사위(告嗣位) 의례를 실행하지 못하였다. 그러다 공민왕 사후에는 고려 전기와 동일하게 흥서 후 며칠 만에 고려 내의 자체 질서를 통해 새로운 국왕이 즉위하였다. 자체 질서에 따른 신속한 즉위(사위)와 맞물려 고사위 의례가 부활하였을 것으로 예상해볼 수 있으나[319] 실제로는 전혀 그러하지 않았다. 오히려 국왕의 상을 알릴 때 궐위를 전제로 하여 유표(遺表) 등을 통해 후계자의 승습을 요청하는 원 복속기 방식을 계승한 청승습 의례가 시행되었다. 요컨대, 원 복속기와 달리, 그리고 고려 전기처럼 전왕의 상을 알릴 시에 즉위한 국왕이 존재했지만, 의례상으로는 원 복속기처럼 고려의 왕위는 공백 상태라 가정되었고,[320] 이와 맞물려 후계자 아무개가 왕위를 승습할 수 있도록 요청하는 의례가 조속히 거행되어야 했을 것이다.[321]

　　의례 면에서 원 복속기와의 연속을 확대해석하여 즉위 면에서의 차이 및 그것이 갖는 의미를 경시해서는 안 되지만, 의례 면에서 원 복속기 양상을 계승한 사실을 간과해서도 곤란하다. 특히 그러한 계승이 지니는 의미 및 계승의 맥락 등을 파악할 필요가 있다. 필자는 의례 면에서 원 복속기의 양상을 계승한 역사적 맥락을 시론적이긴 하나 다음과 같이 보고 있다.

319　고려 전기에는 告嗣位(稱嗣) 의례가 거행되었다. 이승민, 앞의 논문, 2018 참조.

320　달리 말하면, 명을 상대로도 왕위는 공백 상태였다.

321　필자의 이러한 이해 방식은 고려 전기 稱嗣와 고려 말기 請承襲 의례를 다소의 차이에도 불구하고 동질적인 것으로 보는 종래의 견해와는 상이하다고 하겠다. 이승민, 앞의 논문, 2018, 173~174쪽 참조.

명과의 관계에서도 원 복속기와 마찬가지로 황제의 제후라는 위상이 대내적으로 구현되었지만, 이와 차원을 달리한 채 독자성은 원 복속기와 달리 사실상 온전히 향유되었다.[322] 그리고 당시 대내적으로 황제의 제후라는 위상을 구현하는 방식은 국내에서 제후로서 행해야 할 예를 실천하는 것이었다. 그러한 예의 실천은 명의 감시·강제하에서 행한 게 아니라, 그 당시 감각에서는 제후 의례라 생각되는 예를 실행하는 것이라 할 수 있다. 명을 염두에 두지 않은 채 고려 자체의 질서에 따라 새 국왕이 신속하게 즉위(사위)하는 것은 후자 차원의 일, 곧 독자성 향유라고 한다면, 의례상으로 고려 왕위의 공백을 가정하면서 후계자 아무개(고려 내에서는 이미 즉위한 인물)가 왕위를 승습할 수 있도록 시급하게 명에 요청하는 것은 전자의 일(제후 예의 실천)이라고 할 수 있다. 고려 전기처럼 국왕 즉위가 명의 의사와 상관없이 전왕 사후에 신속히 이루어지면서도, 원 복속기처럼 전왕의 상을 명에 알릴 때 후계자 아무개의 승습을 요청한 현상의 맥락은 이렇게 이해해볼 수 있을 것이다. 전왕의 상을 알릴 때 궐위를 전제로 하여 후계자 아무개의 승습을 요청하는 방식은 원 복속기에 원 황제의 고려 국왕에 대한 책봉권의 실질화와 맞물려 등장한 것이지만, 실질적 책봉권이 기능하지 못하게 된 고려 말기의 상황에서도 고려 측은 이러한 방식을 제후국에서 행해왔던 일로 전유하여 계승·실행했다고 할 수 있다.

이상에서 보듯, 공민왕 사후 명을 대상으로 거행한 고부·청사시·청승습 의례는 원 복속기에 이루어진, 좁게는 충렬왕 사후에 이루어진 의례와 동질적이었다고 할 수 있다. 2부에서 검토하였듯이, 빈례나 가례에 수록된 통상적인 외교의례는 원 복속기를 분기점으로 하여 전면적으로 전환되었고, 전환된 외교의례는 고려 말기에 전유·계승의 과정을 통해 그 이후로도 질적 변화 없이 존

---

322 당대의 맥락에서 양자는 기본적으로 공존하였다.

속하였는데, 국상 시 외교의례에서도 이와 동일한 궤적이 확인되는 것이다.

공민왕 사후 명을 대상으로 거행한 고부·청사시·청승습 의례가 원 복속기의 연장선에 있었다고 해도, 세부적으로 들여다보면 시기에 따른 차이가 존재했다.

앞서 언급했듯이, 원 복속기와 달리 고려 내의 자체 질서를 통해 국왕이 신속하게 즉위하였고, 이러한 현상과 맞물려 국왕이 즉위한 후에 고부·청사시·청승습이 거행되었다. 국왕 시해와 명사 살해라는 초대형 악재가 겹치면서 고부·청사시·청승습 의례는 애초의 계획보다 늦게 거행되었지만, 관례대로 했어도 즉위는 전왕 사망 후 3일 뒤에 거행되었으므로 이들 의례가 즉위 이후에 거행되었다는 사실에는 변함이 없었을 것이다.[323]

다른 차이로는 원 복속기에는 고부(告訃) 및 청승습에 해당하는 의례의 주체가 승습 대상자가 아니었다고 하면 이때에는 승습 대상자인 우왕(고려 내에서는 이미 즉위함)이 고부와 청승습의 주체였다는 사실이다.[324] 전술했듯이 국내에서 이루어진 즉위는 명과의 관계에서 의례상으로는 의미를 지니진 못하기에, 우왕은 왕위의 공백 상태를 가정한 채 후계자의 위상에서 이들 표문을 올렸을 것이다.

또 다른 차이로는 당시에는 원 복속기와 달리 고부·청사시·청승습이 세트

323　다만 원 복속기에 請諡는 즉위 이후에 이루어졌다. 청시의 시행 시기와 관련하여 뚜렷한 원칙은 존재하지 않은 듯하지만, 전왕 사망 직후 이루어지는 告訃 및 이와 동반한 請承襲에 해당하는 의례와 달리, 請諡는 전왕 사후 꽤 시간이 경과한 뒤에 이루어졌고, 결과적으로 시호는 즉위 이후에 요청되었다.

324　告訃表는 확인되지 않지만, 함께 올려졌을 承襲表에는 "伏念 臣禍惡運旣深 先臣奄逝 (…) 許孤臣仍守遺基"라고 하여, 표문의 주체가 우왕이었음이 확인된다. 請諡表도 '臣父先臣顓'이라는 어구로 볼 때 표문의 주체는 우왕이었다. 告訃表의 주체도 우왕이었을 것이 비교적 확실하다고 하겠다. 『고려사』 권133, 열전46 우왕 즉위년 11월 참조.

로 거행되었다는 사실이다. 원 복속기에는 고부 및 청승습에 해당하는 의례가 세트로 거행되었으나,[325] 공민왕 사후에는 청사시까지도 고부·청승습과 함께 거행된 것이다. 이 말은 원 복속기에는 청사시가 고부 및 청승습에 해당하는 의례와 달리 전왕 사망 후 한참 지난 후에 행해졌다면, 명을 상대로 해서는 국왕의 상을 알릴 때 함께 이루어졌다는 의미이다. 이처럼 명을 상대로 해서 청시와 청승습은 고부 시에 함께 거행되어야 하는 것이 되었다.

한편 명은 꽤 오랫동안 책봉과 사시(賜諡)를 해주지 않았다. 고려와 명은 공민왕 대부터 요동 일대의 민인 및 제주도에서 방목해온 말 등을 놓고 갈등하였는데,[326] 이러한 상황에서 공민왕이 시해되고 명사 채빈(蔡斌)이 고려 측 인사에 의해 살해당하는 일이 발생하자, 홍무제는 공민왕의 죽음과 우왕의 즉위에 의혹을 제기하면서 책봉을 미루고 고려에서 파견한 사신들을 억류하는 등 고려를 극도로 불신하고 경계하였다. 그러다 명 측이 관계 개선을 위한 조건으로 막대한 세공을 내걸고, 고려는 오랜 기간에 걸쳐 국가의 역량을 쥐어짜 힘겹게 조건을 충족한 끝에, 우왕 11년 9월에 책봉과 사시가 이루어졌다.[327] 그 사이에 고려 측은 청시와 청승습을 세트로 해서 명 측에 지속해서 이를 요구하였다.[328] 단 고부는 청시·청승습과 달리 요청이 아니라 전왕의 상을 알리는 것이기에 단건으로 끝났다. 여기서 주목되는 변화는 사시(賜諡)도 책봉처럼 조속히 받아

---

325 특별한 상황이 발생하지 않는 한 그러하였다.

326 김순자,『韓國 中世 韓中關係史』, 혜안, 2007; 정동훈, 「몽골제국의 붕괴와 고려-명의 유산 상속 분쟁」, 『역사비평』 121, 2017c 참조.

327 『고려사』 권135, 열전48 우왕 11년 9월.

328 우왕 4년 3월에(『고려사』 권133, 열전46 우왕 4년 3월), 우왕 8년 11월에(『고려사』 권134, 열전46 우왕 8년 11월), 우왕 9년 8월에(『고려사』 권135, 열전48 우왕 9년 8월), 우왕 10년 7월에(『고려사』 권135, 열전48 우왕 10년 7월), 우왕 11년 5월에(『고려사』 권135, 열전48 우왕 11년 5월) 請諡表와 請承襲表를 올렸다. 표문의 주체는 모두 우왕이었다.

야 하는 것이 되었다는 사실이다. 이는 고부 시에 청승습은 물론이요, 청사시(請賜諡)도 함께 거행한 것과 무관하지 않은 일로, 원 복속기와는 달라진 현상이라 하겠다. 명은 계속 거부하다 결국 고려의 요청을 수용하여[329] 우왕을 책봉하고 전왕에게 공민이라는 시호를 하사하였다. 원과 달리 명은 책봉과 시호 사여를 함께 진행한 점이 눈에 띄는데, 이는 명의 능동적 결정이라기보다는 고려가 청승습과 청사시를 세트로 지속해서 요청하자 이에 수동적으로 반응한 것이라 하겠다.

고려시대에는 공민왕의 국상을 끝으로 국왕 국상 시 외교의례가 더는 거행되지 못하였다. 연이은 정치적 혼란 때문이었다. 우왕과 창왕은 왕위에서 물러난 상태에서 처형을 받아 사망했고, 사망 당시 각각 신돈의 아들과 손자로 간주되었다. 그러했기에 명을 상대로 이들의 상을 알리지 않았다. 고려의 마지막 왕인 공양왕도 왕위에서 물러나 공양군으로 강등되고서 몇 년 후 태조의 명을 받아 교살(絞殺)되었다.[330] 조선 측이 명을 상대로 공양군의 상을 알리지 않았음은 쉽게 예상할 수 있을 것이다.[331]

공민왕의 국상 이후 국왕 국상 시 외교의례는 조선에 들어서야 다시금 거행되었다. 조선에서의 국상 시 외교의례는 공민왕 사후와 사실상 거의 동일하였다. 곧 고부, 청시, 청승습 의례가 거행되었다. 그리고 단순히 이들 세 의례가

---

329 그간 홍무제는 우왕이 표문을 통해 요청한 承襲과 賜諡를 번번이 기각하다가, 우왕 11년 5월 承襲과 賜諡의 요청을 드디어 수용하였다. 정확히는 사신인 尹虎와 趙胖이 표문을 갖고 고려를 출발한 때가 5월이고, 7월 계해일(3일)에 홍무제가 '襲爵'과 '王顓封諡'의 요청을 수용하였다(『明太祖實錄』 권174, 홍무 18년 7월 癸亥).

330 『태조실록』 권5, 태조 3년 4월 병술.

331 더욱이 창왕과 공양왕은 명의 책봉도 받지 못해 명과의 관계에서 이들이 왕이었던 적은 없었다.

거행되는 것으로 그치지 않고, 공민왕의 국상 시와 마찬가지로 고부 시에 청시와 청승습 의례가 동반되어 거행되었다. 다만 고부·청시·청승습이라는 온전한 조합이 작동된 것은 왕위 계승이 전왕의 사망으로 인해 이루어진 세종 사후부터였다. 그전에는 고부 시에 청시만 동반되었다. 1408년(태종 8) 태조 승하 시에 국왕인 태종은 이미 책봉을 받았었고, 정종이 1419년(세종 1)에, 태종이 1422년(세종 4)에 승하했을 때도 국왕 세종은 이미 즉위하고서 책봉까지 받았던 상태였기 때문이다.[332]

그러면서도 일부 다른 점은, 공민왕 사후에는 청승습이 승습을 받고자 하는 인물이(국내에서 이미 즉위한 인물) 표문을 올려 승습을 요청하는 의례였다고 한다면, 조선에서는 승습을 받고자 하는 자가 아니라 의정부 혹은 전왕의 비가 홍서한 전왕의 후계자(국내에서 이미 즉위한 존재)인 아무개를 책봉해달라고 요청하는 의례라는 점이었다.[333] 고려 말기와 조선시대에 공통으로 전왕 사후에 신속하게 즉위가 이루어지고 즉위 이후 청승습 의례를 거행하면서 명을 상대로는 왕위가 공석이었음을 가정한 채 해당 예식을 거행하였지만, 승습(承襲)을 요청하는 표문의 작성 주체는 상이했던 것이다.[334]

고려 말기와 상이한 조선시대의 방식은 승습을 받고자 하는 존재가 자천하는 방식은 적절하지 않다고 보았기 때문에 고안된 것이라 추정되는데, 이러한 변화는 조선의 자기 신념―제후 분의의 견지― 속에서 시도된 것으로, 왕조 교체 직후에 왕조 교체·국왕 즉위 면에서 제후의 분의에 걸맞은 대외적 정

---

332 이현진, 앞의 논문, 2012, 135~137쪽.

333 위의 논문; 최종석, 앞의 논문, 2022 참조.

334 이러한 조선의 방식은 표면적으로는 원 복속기와 통한다고 할 수 있다. 원 복속기에도 승습 받고자 하는 존재가 아니라 전왕 혹은 신하가 승습을 요청하였기 때문이다.

당성을 확보하는 새로운 방식들을 창출하고자 한 움직임의[335] 연장선에 있다고 할 수 있다. 그러한 새로운 방식에 해당하는 사례로, 이성계의 즉위 다음 날 도평의사사와 대소신료(大小臣僚), 한량(閑良), 기로(耆老) 등이 지밀직사사 조반(趙胖)을 보내 명 예부에 신문(申文)을 올린 일이 있다. 이 신문은 실제와 달리 이성계가 아직 문하시중의 자리에 머물러 있는 상태를 설정하고 공민왕비 안씨의 명(命)으로 공양왕이 사저로 물러난 후 공백이 된 '군국(軍國)의 사무를 통솔하는 자리'에 민심이 선택한 이성계를 추대하고자 하니 이를 인정해달라고 요청하는 문서였다.[336] 이외에도 1395년(태조 4) 11월 신미일(11일), 도평의사사가 명 예부에 신문을 보내 고명(誥命)과 인장(印章)을 요청한 사례가 있다.[337] 이때 명을 상대로 해서 이성계의 즉위는 존재하지 않은 일로 간주되었고, 이성계의 지위는 '권지조선국사(權知朝鮮國事)'였다. 구체적인 방식은 다르긴 해도, 조선시대에 청승습 의례가 운용되는 방식은 이들 사례와 본질에서 다르지 않은 취지로, 곧 조선 국내에서는 이미 즉위한 인물이 직접 나서지 않고 대신 의정부나 왕대비가 궐위를 가정한 채 후계자(국내에서는 이미 즉위한 인물)의 승습을 요청하는 방식이었다고 하겠다.

한편 조선시대 들어서서 처음 있은 국왕 국상 시에 명 측이 조문(弔問)(외교)의 례를 행한 사실을 주목할 필요가 있다. 즉 태종 8년 9월 명 황제는 조선에 사신을 파견해서 태조의 사망에 조문하는 의례들인 사제(賜祭) 의례, 사부(賜賻) 의례, 사시(賜諡) 의례를 거행토록 했다.[338] 이들 의례의 실행은 단건으로 그치지 않고

---

335 최종석, 「조선 건국의 대외적 정당화 작업과 중화 보편의 추구」, 『한국사연구』 180, 2018c 참조.

336 『태조실록』 권1, 태조 1년 7월 정유.

337 『태조실록』 권8, 태조 4년 11월 신미.

338 『태종실록』 권16, 태종 8년 9월 임신; 『태종실록』 권16, 태종 8년 9월 계유; 『태종실록』 권16,

이후로도 지속해서 이루어졌다.[339] 그간 원 복속기 이래 국왕 국상 시 조문(외교)의례는 사실상 거행이 중단되었다. 고려 전기 국왕 국상 시 조문(외교)의례는 제전(칙제), 조위(위문) 의례 외에도 기복 의례가 거행되기도 하였지만,[340] 원 복속기 들어서 국왕 국상 시에 원 측의 조문(외교)의례는 전혀 이루어지지 않았다. 새로운 '무엇'으로 개편되는 게 아니라 단순히 종래의 방식이 중단되고 만 것이다. 고려 말기에도 상황은 달라지지 않았다. 그러다 태조 사망을 계기로 해서 국왕 국상 시 황제국 측의 조문(외교)의례가 재개한 것이다. 그런데 이 때 원 복속기 이전의 의례가 복구되는 게 아니라 이것과는 전혀 이질적인 조문(외교)의례가 구현되었다.

태종 대에 재개된 조문(외교)의례가 원 복속기 들어서 중단되기 이전의 고려 전기와 이질적인 모습으로 거행된 직접적인 계기는 명이 조선 측에 보내준 의주인 사제의주, 사부의주, 사시의주를 바탕으로 조선이 각각 사제 의례, 사부 의례, 사시 의례를 거행한 데서였다. 명(영락제)은 전례 없이, 그리고 여타 조공국과 달리 조선에 한정해서 사제의주, 사부의주, 사시의주를 보내주어 준행토록 하였고, 조선 측은 이들 의주에 의거해서 해당 의례를 거행하였는데, 명 측이 보내주고 조선이 준용한 사제의주, 사부의주, 사시의주는 외국이자 제후국인 조선을 염두에 두고 별도로 마련한 게 아니라, 명 황제가 영내 왕공대신의 상에 조문하는 의례의 의주를 초록(抄錄)해서 보내준 것이었다.[341] 이러한 배경

태종 8년 9월 갑술.

339 이현진, 앞의 논문, 2012; 이현진, 앞의 논문, 2018; 윤승희, 앞의 논문, 2022b; 최종석, 앞의 논문, 2022 참조.

340 이승민, 앞의 논문, 2018 참조.

341 영락제가 영내 王公大臣의 상에 조문하는 의례의 의주를 조선에 한정해서 보내주고, 조선은 이를 기반으로 해서 賜祭 의례, 賜賻 의례, 賜諡 의례를 거행하였으며, 이 이후로도 명이

과 경위에서 조선에서는 명 황제가 영내 왕공대신의 상에 조문하는 의례의 의주를 준용하여 국왕 국상 시 조문 (외교)의례를 거행하였다. 그러한 의례는, 상하 차등적 관계를 전제로 하면서도 기본적으로 사망한 외국 군주를 조문하는 성격의 고려 전기 조문 (외교)의례와는[342] 달리, 기본적으로 고인이 된 자신의 신하에게 행한 황제의 은전이었다.

4. 여언

기우에서 첨언하자면, 고려 말기 이후로 원 복속기와 달리 전왕이 사망하고 며칠 내에 자체의 질서에 의해 새로운 국왕이 즉위하였으면서도, 원 복속기와 마찬가지로 명 측에 국왕의 상을 알릴 시에 국왕위의 공백을 가정한 채 후계자의 승습을 요청한 현상은, 근대의 감각에서 보면 스스로 독자성을 제약하거나 포기하는 사대주의적 면모로 읽힐 수 있다. 고려 말기 이후로는 원 복속기와는 분명히 다른 국제적 여건이 조성되었고, 명조가 고려·조선을 상대로 그러한 방식을 강제하지 않았다는 점을 고려하면 더욱더 그렇게 읽힐 수 있다. 그런데 근대의 감각을 소급 적용하지 않고 그 당시의 감각에서 보면, 이야기는 사뭇 달라진다. 본문에서 언급했듯이, 국내에서 즉위가 이루어졌는데도 명을 상대로 해서는 국왕위의 공백을 가정한 채 승습을 요청하는 것은 독자성을 스스로 제약하고자 한 것이 아니라 고려 전기와 다름없이 독자성을 향유하면서

보내준 의주를 토대로 관련 의주를 정비해 나간 구체적 양상 및 그 현상의 시대성과 역사적 의미에 관해서는 최종석, 「고려 전기와 조선 초기 국상 시 황제국 측의 조문 외교의례의 비교 탐색」, 『민족문화연구』 98, 2023을 참고하기 바란다.

342   고려 전기 弔問 (외교)의례에 관해서는 최종석, 위의 논문, 2023 참조.

도 독자성을 구현하는 방식—독자성의 실현을 둘러싼 이데올로기적 환경—이 다른 데서 비롯된 일이었을 것이다.

고려 말기 이후 국왕 국상 시 외교의례 방면에서의 행보는 다음과 같이 당시의 의식세계의 측면에서 이해해볼 수 있다.

원 복속하에서 고려의 유자 관료들은 화이의식을 원안대로 수용하여—지역과 종족 면에서 변방성(marginality)을 인정하면서도 이를 초월하여 보편 문화(문명)를 지향하는 방식으로— 당시의 현실을 전유하고 정당화했다. 곧 원 복속기에 자신을 종족과 공간의 측면에서 이적으로 간주하면서도 여타 이적들과 달리 보편적 성격의 중화 문명(문화)을 추구·향유한다고 하는 의식('자신을 이夷로 간주하는 화이의식')이 대두하여 통용되었고, 그러한 의식 속에서 당시 유자 관료들은 고려가 '보통의 오랑캐(常夷)'와 달리 중화 문명(문화)을 추구·구현한 까닭에 원의 천자를 정점으로 한 천하질서를 수용·긍정하면서 동시에 그러한 질서 속에서 자신의 위상인 이적 세계(중국 밖 외국)의 제후(국)를 망각하지 않고 그 본분을 다한다는 식으로 당시의 현실을 정당화하였다. 이러한 '자신을 이(夷)로 간주하는 화이의식'은 고려 말기 이후로도 지속되었으나, 원 복속하의 당면 현실을 추수거나 수습하는 데서 탈피하여 자기 신념적, 내향적 성격으로 변모하고 진화해갔다. 특히 조선시대 들어서는 고려 말기와 달리 자기 신념화된 '자신을 이(夷)로 간주하는 화이의식'이 유자 관료들 전반에 자리하기에 이르렀다. 이는 유교 가치의 내면화와 무관하지 않았을 것이다. 그러한 의식 속에서는 중국을 중심으로 한 천하 속에 동국(동이 세계)과 동인(동이 사람)을 자리매김하기에, 명의 천자를 정점으로 한 천하질서를 수용·긍정하면서 동시에 그 내에서 자신의 위상인 이적 세계(중국 밖 외국)에 자리한 제후(국)를 받아들였고, 도덕과 예를 핵심 가치로 하는 문명 중화를 보편적인 것으로 간주하면서 자기 신념적으로 이를 추구했기에 제후 위상을 피동적이고 형식적으로 수용하는 게 아니라 천하질서 내에서 자신의 '분(分)'—제후의 분—을 자기 신념적으로 견지해야만 했을 것이다. 달리 말하자면, 독자성을 소홀히 하지 않으면서도 이와 차원을 달리한 채 자기 신념적으로 제후의 위상을 견지하고 그에 걸맞은 예를 실천해야 했을 것이다.[343]

고려 말기 이후로는 독자성을 향유하여 자체의 질서에 의해 새로운 국왕을 세우면서도 명을 상대로 해서는 국왕위의 공백을 가정한 채 국내에서는 이미 즉위한 인물을 후계자라 칭하면서 승습을 요청한 행위는, 현재의 감각에서는 자주적이지 못하다고 여겨지겠지만 당시의 맥락 속에서는 가치와 지향에 부합하는 일로 받아들여지고 있었을 것이다.

---

343 최종석, 「고려 후기 '자신을 夷로 간주하는 화이의식'의 탄생과 내향화—조선적 자기 정체성의 모태를 찾아서」, 『민족문화연구』 74, 2017; 최종석, 「13~15세기 천하질서와 국가 정체성」, 『고려에서 조선으로』, 역사비평사, 2019d 참조.

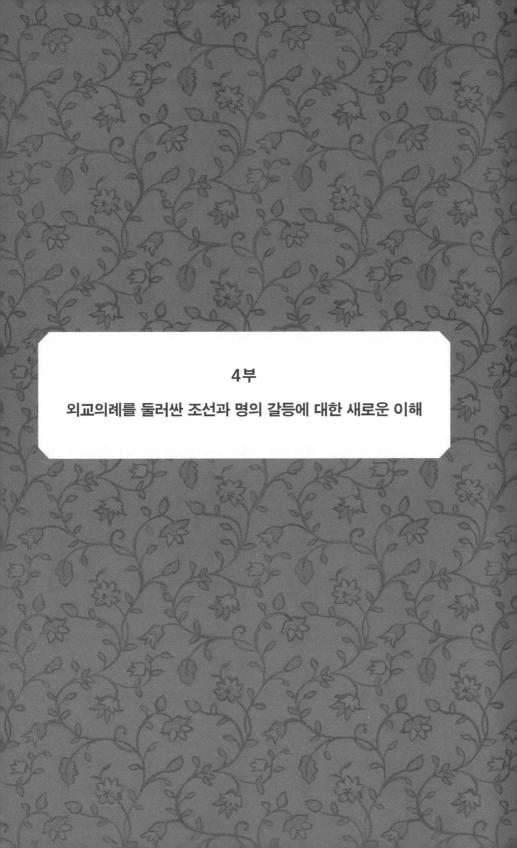

4부

외교의례를 둘러싼 조선과 명의 갈등에 대한 새로운 이해

4부에서는 조선이 명(황제)을 대하는 과정에서 어떤 심성(mentalité) 속에서 외교의례를 거행했는지 파악하고자 한다. 당대의 맥락 속에서 외교의례를 거행하는 자세를 알기 위해서다. 그리고 그 일환으로 외교의례, 그중에서도 영조례(迎詔禮)와 영칙례(迎勅禮)를 둘러싼 명 사신과의 갈등을 분석하려 한다. 이를 통해 조선이 고수하고 성취하고자 한 가치를 파악할 수 있으리라는 기대에서다.

조선은 명으로부터 전달받은 『번국의주』의 「번국접조의주」와 「번국수인물의주」를 기반으로 영조칙례(迎詔勅禮)를 운영했음에도 영조칙례의 일부 예식절차를 놓고 명 사신과 갈등하곤 했다. 명 측도 『번국의주』와 사실상 동일한 의주를 사용하고 있었음에도 그러한 갈등이 발생했다. 이는 현재의 감각에서는 쉽사리 이해되지 않는 '특정' 시기의 맥락에서 일어난 일이었을 것인데, 4부에서는 이 맥락을 고려하고 파악하면서 영조칙례 일부 의절을 둘러싼 조선과 명 사신의 갈등을 새롭게 검토할 것이다. 구체적으로는 도성문 밖에서 조서를 맞이하는 예식 절차를 두고서 국궁(鞠躬)의 예(禮)로 조서를 맞이하고자 한 조선과 오배삼고두(五拜三叩頭)의 예(禮)로 조서를 맞이해야 한다고 주장한 명 사신이 갈등한 사례를 대상으로, 갈등의 이유 및 추이와 귀결을 당대의 맥락을 적극적으로 유념하면서 규명해볼 것이다. 더불어 성종 19년 3월 조선과 명 사신 간에 발생한 갈등, 즉 조서를 맞이할 시 국왕의 이동수단 및 함께 온 조서와 칙서를 맞이하는 방식을 두고 벌인 갈등과 이 이후로 이 일의 연장선에서 이루어진, 함께 온 조서와 칙서를 어떻게 맞이할 것인가 및 칙서를 맞이할 시 국왕은 무엇을 타고 궁궐로 이동해야 하는가의 문제를 놓고 조선과 명 사신이 벌인 갈등 또한 같은 방식으로 다뤄보도록 하겠다.

1장

조서 맞이 예식에 대한 조선과 명 사신의 갈등
—오배삼고두(五拜三叩頭)의 수용을 둘러싸고

1. 문제의 소재

1부와 2부에서 검토했듯이, 조선은 명이 보내준 『번국의주(蕃國儀注)』의 「번국접조의주(蕃國接詔儀注)」와 「번국수인물의주(蕃國受印物儀注)」를 기반으로 해서 각각 조서(조사)와 칙서(칙사)를 맞이하는 의례를 운영하였다. 조선은 중국 천자를 중심으로 한 천하 속에서 동국이자 제후국의 위상에서 이상적 문명 중화를 성취하고자 하였고,[01] 그 염원에서 『번국의주』의 「번국접조의주」와 「번국수인물의주」를 준용하여 그 지향에 걸맞도록 영조례와 영칙례를 운영하였다.

조선이 명으로부터 받은 『번국의주』의 「번국접조의주」와 「번국수인물의주」를 기반으로 하여 영조칙례(迎詔勅禮)를 운영했음에도, 현재를 살아가는 이들의 상식과 달리 조선은 영조칙례의 일부 예식 절차를 놓고서 명 사신과 갈등

---

01 이에 관한 구체적 검토는 다음의 연구를 참고하기 바란다. 최종석, 「조선 초기 국가 위상과 '聲敎自由'」, 『한국사연구』 162, 2013; 최종석, 「중화 보편, 딜레마, 창의의 메커니즘—조선 초기 문물 제도 정비 성격의 재검토」, 『조선시대 예교 담론과 예제 질서』, 소명출판, 2016a; 최종석, 「13~15세기 천하질서와 국가 정체성」, 『고려에서 조선으로』, 역사비평사, 2019d.

하곤 하였다. 명 측도 『번국의주』와 사실상 동일한 의주를 사용하고 있었음에도 그러한 갈등이 발생한 것이다. 종래에는 이 갈등을 조선과 명 사신 간의 갈등으로 보는 것으로 그치지 않고 조선과 명 간의 갈등으로 확대해석하는 것이 일반적이었다. 그리고 이러한 갈등을 양국 간에 이해가 충돌하여 발생한 것으로 보았다. 기본적으로는 양국 간의 파워 게임으로 본 것이다. 이것의 변주로 조선과 명 사신 간의 갈등을 명 측의 '조선 길들이기'와 이에 대한 조선의 반발에서 발생한 일이거나 조선의 자주의식의 발로에서 촉발된 일로 보기도 하였다.[02]

그런데 종래의 시각은 다른 무엇보다 조선이 명으로부터 전달받은 『번국의주』를 준용한 사실과 불협화음을 일으킨다. 이에 더해 조선이 제후 분의(分義)를 포함한 예의(禮義) 등에 부합하도록 영조칙례를 운용하고자 한 각종 노력을 설명하기 어렵다.[03] 요컨대, 종래의 견해는 영조칙례를 둘러싼 조선과 명 사신 간의 갈등을 '아(我)와 비아(非我)의 투쟁' 식으로 바라봤고 이로 인해 당대의 맥락과 부합하지 못하였다고 할 수 있다.

근대주의의 선입관에서 비롯되는 전제에서 벗어나 당대 맥락에 관심을 기울여서 보면, 조선과 명 사신 사이에서 영조칙례의 일부 예식 절차를 놓고서

---

02 권인용, 「16세기 중국 사신의 조선 인식—龔用卿의 『使朝鮮錄』을 중심으로」, 『15~19세기 중국인의 조선 인식』, 고구려연구재단, 2005; 계승범, 「파병 논의를 통해 본 조선 전기 對明觀의 변화」, 『대동문화연구』 53, 2006; 소종, 「명나라 사신 공용경(龔用卿)의 조선사행 연구」, 『역사문화논총』 6, 2010; 유바다, 「朝鮮 初期 迎詔勅 관련 儀註의 성립과 朝明關係」, 『역사민속학』 30, 2012; 김한규, 『사조선록(使朝鮮錄) 연구』, 서강대학교 출판부, 2011; 전세영, 「명대(明代) 중국의 조선관(朝鮮觀) 연구—『명사(明史)』 조선열전(朝鮮列傳)을 중심으로」, 『21세기 정치학회보』 21-1, 2011; 이규철, 「조선 성종 대 외교의례 변경에 대한 논의와 대명의식」, 『역사와 현실』 98, 2015 참조.
03 이러한 노력에 관해서는 이 책 2부 4장에서 다룬 바 있다.

벌인 갈등은 『번국의주』의 「번국접조의주」와 「번국수인물의주」가 영조칙례 예식 절차의 뼈대만 갖추고 있다고 할 정도로 소략한 데서 일차적으로 기인한 다.[04] 이것에만 의존해서는 도저히 영조칙례를 거행할 수 없었기에, 영조칙례 를 실제로 거행해야 하는 측(조선)은 영조칙례 의주의 빈 부분을 자체적인 판단 으로 메워야 했다. 조선은 제후 분의(分義)를 포함한 예의 등에 부합하는 방향 으로 이러한 빈틈을 메웠지만, 그 결과를 놓고서 드물게나마 조선과 명 사신 간에 해석의 차이가 발생하곤 하였다. 만약 빈 부분을 메우는 것을 놓고서 양 측 모두 큰 틀에서 군신(君臣) 간 의리에 저촉하지 않는 범위 내에서 편의적으 로 해답을 찾고 이를 받아들였다면 갈등은 일어나지 않았을 것이다. 그런데 조 선과 명 사신 모두 '올바른' 예(禮)를 구현하고자 하는 지향을 지니고 있었고, 일 부 의절 가운데 사전에 '올바른' 예의 실천 방식이 불분명한 것을 두고서 양측 간에 견해차가 발생하곤 했으며, 그 과정에서 각자의 실천 방식이 예에 부합한 다고 고수하는 일이 있기도 하였다. 거시적으로 보자면, 영조칙례의 일부 예식 절차를 놓고 갈등이 발생한 것은 이러한 맥락에서였다.[05]

영조칙례의 일부 예식 절차를 놓고 조선과 명 사신이 갈등한 사안들 가운 데 지속해서 문제가 된 주요 사안 중 하나는 도성문 밖에서 조서를 맞이하는 예식 절차였다. 조선 측은 국궁(鞠躬)의 예로 조서를 맞이하려 한 데 비해, 명 사 신은 오배삼고두(五拜三叩頭)의 예로 조서를 맞이해야 한다고 하였다. 세종 말년 이후 이 사안을 놓고 여러 차례 대립이 있었고, 중종 32년에 이르러 조선이 명 사신의 요구를 수용하여 오배삼고두의 예로 조서를 맞이하게 되면서 해당 갈 등은 마무리되었다.

---

04   모든 갈등의 원인을 다 이것으로 돌릴 수는 없겠지만 말이다.
05   이러한 사실은 여기 4부에서 본격적으로 규명할 것이다.

기존 연구에서는 명 사신의 오배삼고두(五拜三叩頭) 예(禮) 요구를 부당하고 강압적 성격, 혹은 저자세를 강요하는 행위로 보았고, 조선 측의 국궁(鞠躬) 예 고수를 이에 대한 거부(저항)로 간주하였다. 이것의 연장선에서 중종 대에 오배 삼고두례를 수용한 것을 조선의 대명 태도가 저자세로 바뀐 데 따른 결과라고 보기도 하였다.[06]

그런데 명 사신의 오배삼고두례 요구를 부당하고 강압적인 일, 혹은 저자 세를 강요하는 행위로 바라보는 인식은 입증된 것이라기보다는 연구자의 근 대적 감각에서 전제한 것에 가깝다. 본문에서 볼 수 있듯이, 당시의 관련 기록 들은 전혀 다른 사실을 말해준다. 조선은 소위 '자주적' 방식으로 영조례를 거 행하지 않았고 오히려 명이 하사한 『번국의주』의 「번국접조의주」를 준용하였 다. 문제가 된 국궁 예의 경우, 조선이 오배삼고두례를 굴욕으로 여겨 국궁 예 로 대체한 게 아니라, 그냥 서서 조서를 맞이하도록 한 『번국의주』 규정을 황제 의 명령을 공경하기 위해 국궁 예로 변경한 것이었다. 이런 사실을 감안할 때, 조선이 오배삼고두의 예로 조서를 맞이하는 예식을 수용하지 않고 국궁의 예 를 고수한 것은 부당하게 저자세를 강요하는 행위에 맞선 것이 아니라 전혀 다 른 맥락에서의 일이었을 것이다.

이에 본 장에서는 명 측의 부당한 강요와 이에 대한 저항이라는 기존의 도 식에서 벗어나, 도성문 밖에서 조서를 맞이하는 예식을 놓고 벌어진 조선과 명

---

06 계승범, 「파병 논의를 통해 본 조선 전기 對明觀의 변화」, 『대동문화연구』 53, 2006; 유바다, 「朝鮮 初期 迎詔勅 관련 儀註의 성립과 朝明關係」, 『역사민속학』 30, 2012. 이외에도 권인 용, 「16세기 중국 사신의 조선 인식—龔用卿의 『使朝鮮錄』을 중심으로」, 『15~19세기 중국인 의 조선 인식』, 고구려연구재단, 2005; 소종, 「명나라 사신 공용경(龔用卿)의 조선사행 연구」, 『역사문화논총』 6, 2010; 전세영, 「명대(明代) 중국의 조선관(朝鮮觀) 연구—『명사(明史)』 조 선열전(朝鮮列傳)을 중심으로」, 『21세기 정치학회보』 21-1, 2011을 참조할 수 있다.

사신 간의 갈등과 그 맥락을 새롭게 파악해보고자 한다. 구체적으로는 영조례의 의식 절차들 가운데 이 사안을 두고 조선과 명 사신이 수차례 충돌했던 이유는 무엇이었는지, 조선과 명 사신 각각의 주장과 그 근거는 무엇이었는지, 이전에는 문제로 인식되지 않다가 세종 대 이후로 새삼스레 문제가 된 까닭은 무엇이었는지, 중종 32년에 조선이 명 사신의 요구를 수용한 이유는 무엇이었는지, 그 요구의 수용이 의미하는 바는 무엇이었는지 등을 규명해보겠다.

2. 세종 32년 사례: 갈등의 시작

먼저 도성문 밖에서 조서를 맞이하는 예식을 놓고서 조선과 명 사신이 갈등한 첫 사례인 다음 기록을 보도록 하자.

(2) 사신이 김하(金何)에게 말하기를 "홍무예제(洪武禮制)에는 문밖에서 조서를 맞이할 시에 오배구두례(五拜扣頭禮)를 행하게 되어 있는데, 지금 조서를 맞이하는 의식에는 단지 몸을 굽혀서 맞이한다고 하니 어디에 근거한 것입니까" 하니 (…) 이에 이계전(李季甸)에게 명하여 가서 사신에게 이르게 하기를 "교외에서 맞이할 시에 오배(五拜)하는 예는 마땅하나, 번국의주(藩國儀注)에는 문밖에서 조서를 맞이할 때 절하는 예식이 없고, 고황제(高皇帝, 명 태조)가 이 책을 하사한 이래 아국(我國)은 모두 이 예식을 준행하였습니다"라고 하였다. 사신이 말하기를 "지금 그 책을 가지고 있습니까?" 하기에 즉시 내어 보이니, 두 사신이 보고 나서 서로 눈짓하면서 말하기를 "우리는 홍무예제만을 보았고 이 책이 있는 줄은 미처 알지 못하였습니다. 매우 마땅합니다. 다만 지금의 의주에는 국궁(鞠躬)의 절차가 있는데, 이 책에는 그것이 없습니다"라고 하니, 이계전이 말하기를 "천자의 명(命)을 공경하여 감

히 서서 맞이할 수 없으므로 이 국궁 일절(一節)을 더한 것입니다"라고 하였다. 사신이 말하기를 "틀림이 없소"라고 하였다.[07]

이때 명 사신으로 조선에 온 이들은 한림시강(翰林侍講) 예겸(倪謙)과 형과급사중(刑科給事中) 사마순(司馬恂)으로 경태제(景泰帝)의 등극 조서를 지니고 왔다. 세종 32년 1월 29일, 벽제역에서 명 사신은 문밖에서 오배구두례(五拜扣頭禮)로 조서를 맞이하도록 규정한 『홍무예제』에 근거하여, 도성문 밖 모화관에서 국궁(鞠躬)의 예로 조서를 맞이하려 하는 조선 측의 방식에 의문을 제기하였다.[08] 이에 대해 국왕은 좌부승지(左副承旨) 이계전(李季甸)을 통해서 그간 홍무제가 내려준 『번국의주』에 의거해서 영조례를 거행해오고 있었고 『번국의주』에는 도성문 밖에서 배례(拜禮)로 조서를 맞이하는 예식이 없다는 의견을 전하였다.

사신은 『번국의주』를 직접 눈으로 확인하고서는 조선 측의 거행 방식을 인정하였다. 그러면서도 『번국의주』에 국궁의 예로 조서를 맞이하는 의절이 적시되지 않은 사실을 지적하였다. 국궁의 예로 조서를 맞이하는 의식이 『번국의주』에 근거한다는 조선의 해명과 달리, 정작 『번국의주』에는 국궁의 예가 적시되지 않아서 이와 같은 지적을 한 것이다. 이에 대해 이계전은 『번국의주』대로 그냥 서서 조서를 맞이하는 방식이 불경하다고 판단하여 국궁의 예로 조서를 맞이하도록 예식을 개정하였다고 답하였다. 명 사신은 조선의 이와 같은 판단과 조치에 대해 전적으로 공감하였다.

『번국의주』의 「번국접조의주」에는 "이날 왕은 나라 안의 관리들과 기로(耆

---

07 『세종실록』 권127, 세종 32년 1월 을사.

08 명 사신이 언급한 『洪武禮制』란 구체적으로 그 가운데 "一 凡使者欽賫詔書 至各處開讀 (⋯) 使者到郊外下馬 候龍亭到來 親捧詔書置龍亭中 使者立於龍亭之東 本處官具服行五拜禮訖"(『洪武禮制』 出使禮儀)이라는 구절을 가리킬 것이다.

368 조선의 프로토타입, 원 복속기

老)와 승려·도사를 이끌고 국문(國門) 밖에 나와 맞이한다. 영접관(迎接官)이 조서를 맞이하고 공관(公館)에서 나와 국문에 이르면, 금고(金鼓)가 앞에 있고 다음으로 기로와 승려·도사가 가고 다음으로 관리들이 조복(朝服)을 갖추어 입고 가며 다음으로 왕이 면복(冕服)을 갖추어 입고 가고 다음으로 의장(儀仗)과 고악(鼓樂)이 가고 다음으로 조서를 넣은 용정(龍亭)이 가고 사자는 상복(常服) 차림으로 용정의 뒤를 따른다"라고 하여,[09] 국문 밖에서 국왕이 어떠한 예로 조서를 맞이해야 하는지가 적시되지 않았다. 조선은 국왕이 선 채로 조서를 맞이하는 것으로 독해하였는데,[10] 1428년(세종 10) 3월 19일에 예조가 작성하여 올린 '영조의(迎詔儀)', 즉 세종 10년 '영조의'는 국왕과 그 신하들이 조서를 소지한 사신을 국궁의 예로 맞이해야 한다고 규정하였다.[11] 국궁의 예로 조서를 맞이하는 예식은 세종 10년 '영조의'에서야 처음으로 확인되는데, 『번국의주』의 「번국접조의주」를 상세화한 의주라 할 수 있는 세종 10년 '영조의'의 작성 과정에서 추가되었을 것이다.[12] 달리 말해, 고려 말 이래로 『번국의주』에 의거하여 도성문 밖에서

---

09 『蕃國儀注』「蕃國接詔儀注」. "是日 王率國中衆官及耆老僧道 出迎於國門外 迎接官迎詔書 出館至國門 金鼓在前 次耆老僧道行 次衆官具朝服行 次王具冕服行 次儀仗鼓樂 次詔書龍亭 使者常服行 於龍亭之後." 『蕃國儀注』의 「蕃國接詔儀注」는 현전하지 않지만, 『大明集禮』의 「蕃國接詔儀注」를 활용하여 필자가 이를 복원한 바 있는데, 복원된 『번국의주』 「번국접조의주」는 『大明集禮』의 「번국접조의주」와 거의 똑같다. 복원된 『번국의주』 「번국접조의주」와 그 복원 방법에 관해서는 최종석, 「고려 말기·조선 초기 迎詔儀禮에 관한 새로운 이해 모색―『蕃國儀注』의 소개와 복원」, 『민족문화연구』 69, 2015를 참조하기 바란다.

10 고려 말부터 그러하였을 것이다. 『고려사』 예지에 수록된 「迎大明詔使儀」는 『번국의주』 「蕃國接詔儀注」의 복제품과도 같은 것이어서(최종석, 위의 논문, 2015; 최종석, 「조선 초기 迎詔禮 운영과 『蕃國儀注』」, 『역사와 담론』 86, 2018a), 여기에도 국문 밖에서 국왕이 어떠한 예로 조서를 맞이해야 하는지는 규정되지 않았고, 당시 고려도 국왕이 선 채로 조서를 맞이하는 것으로 독해하였을 것이다.

11 『세종실록』 권39, 세종 10년 3월 신축.

12 최종석, 앞의 논문, 2018a 참조.

선 채로 조서를 맞이해오다가, 이때에 이르러 예의에 더욱 부합하도록 국궁의
예로 조서를 맞이하게 되었을 것이다.[13]

한편 세종 32년의 이 사례는 도성문 밖에서 조서를 맞이하는 예식을 놓고
서 조선과 명 사신이 갈등한 첫 사건이었는데, 그렇다면 왜 이때서야 이러한
갈등이 발생하였을까? 조서는 그 이전부터 수차례 왔는데도 말이다. 인용문에
서 볼 수 있듯이, 갈등은 사신의 문제제기로 시작되었다. 사신이 문제 삼지 않
았다면, 이때의 영조의례 역시 전례대로, 그리고 조선이 마련하여 사신에게 건
넨 의주에 따라 치러지면서 별 탈 없이 끝났을 것이다. 고려 말 이후로 도성문
밖에서 국왕이 그냥 선 채로 조서를 맞이했었다가 늦어도 세종 10년 '영조의'
의 작성 이후로는 국궁의 예로 조서를 맞이했어도 세종 32년의 사례 이전까지
는 이러한 방식이 전혀 문제 되지 않았는데, 이때 새삼스레 문제가 된 것이다.
사신이 '유별나게' 문제로 삼으면서 말이다.

오랫동안 문제가 되지 않았던 예식이 특정 사신에 의해 문제로 대두한 현
상은 명조가 『번국의주』 「번국접조의주」를 직접 작성하여 고려에 하사하기까
지 했음에도 정작 번국 내에서 그 구현 실태에 관해서는 무관심하다시피 했던
사실과 무관하지 않다. 명이 작성하여 하사한 『번국의주』의 「번국접조의주」는
영조례 예식 절차의 뼈대만 갖추고 있을 정도로 소략하여 이것에만 의존해서
는 영조례가 도저히 거행될 수 없었다.[14] 따라서 만약 명이 영조례의 측면에서

---

13 세종 10년 '迎詔儀' 작성 이전의 어느 때부터 국궁의 예로 조서를 맞이해오다가 의주 작성 과
    정에서 이를 반영하였을 가능성도 있다. 만약 그랬다면 세종 즉위년 도성문 밖에서 칙서
    를 躬身(=鞠躬)으로 맞이하도록 규정한 「迎使臣儀」의 작성(『세종실록』 권1, 세종 즉위년 9
    월 기유)을 계기로 조서도 국궁의 예로 맞이하게 되었을 것이다. 이와 관련해서 윤승희, 「조
    선 초기 조선 국왕 책봉 의례의 정비와 그 특징」, 『조선시대사학보』 85, 2018b, 97쪽 참조.
14 이에 관해서는 최종석, 앞의 논문, 2018a 참조.

명대적(明代的) 화이질서(華夷秩序)[15]—원조의 천하질서를 의식·계승·전유한 것으로 이적(夷狄)의 세계까지를 포함한 천하에 보편적으로 미쳐야 하는 천자의 천하 지배를 예제의 차원에서 구현하고자 하는 질서—를 철두철미하게 구현하고자 했다면, 소략하고 부실한 『번국의주』, 「번국접조의주」를 작성한 후 고려에 내려주는 것으로 그칠 게 아니라, 「번국접조의주」를 상세화한 의주를 작성하여 고려(조선) 측에 하사하였을 것이다. 혹은 조사(詔使)에게 상세한 의주를 등사해주어서 그가 명대적(明代的) 화이질서의 철저한 구현에 걸맞은 영조례 거행에 앞장설 수 있도록 했을 것이다. 이도 아니면 조사에게 고려(조선)가 하사받은 의주를 준용하고 있는지, 또한 그 의주의 빈 부분을 제대로 메우고 있는지 등을 신경 써 들여다보게 하였을 것이다.

그런데 명은 「번국접조의주」를 상세화한 의주를 작성하지도 않았으며, 후술하겠지만 명 사신은 의주 면에서 보자면 빈손으로 오곤 했다. 심지어 「번국접조의주」(「번국의주」)가 고려에 하사된 사실조차 모르고 있었다. 명조는 개략적인 성격의 「번국접조의주」를 작성하고 고려에 하사하는 것으로 자족하였다고 할 수 있다.[16] 이렇게 되면서 번국(蕃國)에서 영조의례가 제대로 구현되는지를 판단하는 것도, 예식 절차 가운데 문제 있는 부분을 찾아내 이의를 제기하는

---

15 明代的 화이질서에 관해서는 宮岐市定, 「洪武から永樂へ―初期明朝政權の性格」, 『東洋史研究』 27-4, 1969; 岩井茂樹, 「明代中國の禮制覇權主義と東アジアの秩序」, 『東洋文化』 85, 2005; 檀上寬, 『明代海禁=朝貢システムと華夷秩序』, 京都大學學術出版會, 2013을 참조하기 바란다.

16 이 사실은 예제를 매개로 한 明代的 화이질서 구현의 실상과 성격을 이해하는 데 시사하는 바가 크다. 「蕃國接詔儀注」, 「蕃國受印物儀注」, 「蕃國正旦冬至聖壽率衆官望闕行禮儀注」, 「蕃國進賀表箋儀注」 등은 명이 드물게도 蕃國 내에서의 구현을 전제로 작성한 것인 만큼 규정력이 강하였을 것으로 생각하기 쉬우나 실제로는 그렇지 않았다. 「蕃國接詔儀注」의 경우 명은 사신을 매개로 그것의 구현에 직접 개입할 수도 있었지만 사실상 지면상의 구현에만 족하는 듯한 인상을 주고 있다.

것도 모두 사신의 몫이 될 수밖에 없었다. 명조는 의주 면에서 사신에게 별다른 지침을 내려주지 않았기에, 그 몫이란 국가가 부여한 것이 아니라 사신 개인의 성향, 역량 등에 의해 좌지우지되는 것이었다. 그러하다 보니 도성문 밖에서 국궁으로 조서를 맞이하는 의식을 누구는 문제라고 생각할 수도, 다른 이는 전혀 그렇게 생각하지 않을 수도 있었다.

이러한 점에서 명 초에 한반도에 온 사신들 가운데 다수가 환관이었다는 사실은[17] 세종 32년까지 비교적 오랫동안 도성문 밖에서 조서를 맞이하는 예식이 문제 되지 않았던 이유를 상당 부분 설명해준다. 사신으로 온 환관들은 뇌물 등의 잿밥에만 눈이 멀어 의례절차 자체에는 관심이 없었기 때문이다. 대개 이들은 영조례 예식 절차 자체를 문제 삼지 않았다. 또한, 환관이 아니더라도 명 초에 고려에 보낸 사절들은 대부분 유학이나 시문에 능하거나 의례 제도에 친숙했다고 볼 수 없다는 지적[18] 역시 주목된다. 사신의 성향으로 보아 당시에는 도성문 밖에서 조서를 맞이하는 조선의 방식을 문제 삼을 확률이 현저히 낮았던 것이다.

이에 비해 조선은 명조의 자족적, 소극적 태도와는 별개로 자발적 동력을 토대로 『번국의주』에 의거하여 영조례를 거행하였고, 더욱이 세종 대 이후로는 다소 편의적으로 『번국의주』, 「번국접조의주」의 빈 부분들을 임기응변식으로 메웠던 기왕의 방식에서 벗어나 빈 구석들을 제후 분의(分義) 등을 비롯한

---

17 정동훈, 「명초 국제질서의 재편과 고려의 위상—홍무 연간 명의 사신 인선을 중심으로」, 『역사와 현실』 89, 2013; 정동훈, 「永樂帝의 말과 글—영락 연간 조선-명 관계의 두 층위」, 『한국문화』 78, 2017d 참조.

18 정동훈, 위의 논문, 2013, 143쪽. 그러한 지적은 洪武 연간에 명이 고려에 보낸 사절들을 대상으로 한다. 그런데 홍무 연간 말년부터 영락·선덕 연간까지는 사신으로 온 자들 가운데 대부분이 환관이어서 朝臣은 없다시피 하였다. 홍무제 이후로도 사정은 다르지 않았을 것이다. 정동훈, 앞의 논문, 2017d, 157~160쪽 참고.

자신들의 이념적 지향에 걸맞도록 채워 나갔다. 명의 입장에서 보자면, 이는 지면상에 머무를 수 있었던 명대적 화이질서가 번국에 구현되는 '바람직한' 모습이라 할 수 있다. 그러하기에 오랫동안 사신과 특별한 갈등 없이 영조례가 거행된 것은 전혀 이상한 일이 못 되었을 것이다.

그렇다면 세종 32년에 온 조사는 이전 사신들과 어떤 점이 달라 국궁으로 조서를 맞이하는 의식을 문제 삼았을까? 우선 당시 조사는 한림시강 예겸과 형과급사중 사마순으로, 정사와 부사 모두 환관이 아닌 문관이었다. 물론 이때 처음으로 문관인 조사가 온 것은 아니었기에, 이 요인만으로는 해명이 불충분하다. 이와 관련하여 이전 사신들과 구별되는 정사 예겸의 남다른 면모가 주목된다. 그는 한림원관으로 조선의 문신들과 시부를 주고받으며 이를 나중에 황화집(皇華集)으로 편찬하였고, 이를 계기로 이른바 시부(詩賦) 외교의 전통이 생겨났으며, 명은 문장력을 통해 중국의 체통을 지킬 필요성을 절감하게 되어 사신 인선에 더욱 신경을 써 한림원관 등 문장에 능한 문신을 주로 선발하였다고 한다.[19] 예겸의 이러한 면모는 그가 예제에도 밝았을 가능성을 시사한다.

한편 명 사신을 상대로 문례(問禮)의 임무를 맡은 예조정랑(禮曹正郞) 안자립(安自立)이 황주에서 영조의주(迎詔儀注)를 명 사신에게 보여준 사실이[20] 주목된

---

19 정동훈, 위의 논문, 2013, 142쪽. 김은정에 따르면, 倪謙은 조선의 문신들과 시부를 주고받은 것을 『遼海編』으로 간행하였고 이를 계기로 조선은 세조 대 이후로 명 사신과 酬唱한 시문을 『皇華集』으로 편찬하였다고 한다. 예겸의 『황화집』은 세조 대가 아니라 1608년(선조 41)에 역대 『황화집』을 일괄 간행할 때 1차분으로 편입되었는데, 이것은 『요해편』을 편집하여 수록하였던 것으로 추정된다. 김은정, 「庚午本 『皇華集』 편찬 경위와 詩文酬唱의 의미」, 『한국한시연구』 7, 1999 참조.

20 『세종실록』 권127, 세종 32년 1월 정유. "遣禮曹正郞安自立 齋迎詔儀注 往黃州問禮於使臣"; 『세종실록』 권127, 세종 32년 1월 임인. "安自立回自黃州啓曰 使臣見儀注 曰好."

다. 세종 6년 10월 갑인일의 사례[21]를 제외하고는 기록상으로 사신이 영조례 거행에 앞서 영조의주(迎詔儀注)를 본 것은 이때가 처음이었다. 세종 6년 10월 갑인일 사례의 경우, 당초에 조선 측은 명 사신에게 의주를 보여줄 의사가 없었지만, 명 사신들이 영락제의 상중(喪中)을 이유로 영조 시에 금고를 울리지 않으며 악부를 차려놓고 소리를 내지 않을 것을 고집하자, 문례관 정려(鄭旅)는 사신들의 고집을 꺾고 길례(吉禮)가 아닌 가례(嘉禮)로 조서를 맞이하기 위해 조서영접의주(詔書迎接儀註)를 내어 보였다. 이와 달리 세종 32년 사례의 경우 국왕과 세자 모두 병고로 인해 조서를 맞이할 수 없어 어쩔 수 없이 왕자가 대행해야 했고, 조선 측은 이러한 상황을 반영한 의주를 작성한 후 그 타당함을 묻기 위해 의주를 사신에게 먼저 보여주었다. 의주의 제시는 왕자의 대행에 관한 예식들이 제대로 되었는지를 묻고자 하는 의도에서 비롯되었지만, 조선의 예상과 달리 예제에 밝았을 사신 예겸은 영조례의 바람직한 거행을 염두에 두고 의주를 검토하는 과정에서 도성문 밖에서 국궁으로 조서를 맞이하는 예식을 타당하지 못한 것으로 보아 문제로 삼았을 것이다. 다만 예겸과 같은 예에 밝은 문신이 조사로 오면, 도성문 밖에서 국궁으로 조서를 맞이하는 예식을 반드시 문제 삼는다고 오독하면 곤란하다. 후술하듯, 이 예식은 비례(非禮)라고 단정할 수 없으며, 영조칙례의 예식 절차를 문제로 삼을지 여부 및 문제로 삼는다고 할 때 어느 지점을 문제가 있다고 할지는 사신의 성향, 역량 등에 의해서 좌우되었다. 예겸과 같은 성향의 인물이 도성문 밖에서 국궁으로 조서를 맞이하는 예식을 무조건 문제 삼지는 않는 것이다.[22] 실제 역사 현실도 그렇게 전개되었다.

---

21 『세종실록』권26, 세종 6년 10월 13일 갑인.

22 倪謙과 달리 세종 6년 10월의 사신들은 의주를 보긴 했어도 자신들의 주장인, 金鼓를 울리지 않으며 악부를 차려놓고 소리를 내지 않는 것에 신경 쓸 따름이어서, 의주 내에 적시된 도성문 밖에서 국궁으로 혹은 그냥 서서 조서를 맞이하는 예식은 안중에도 없었을 것이다.

다음으로 갈등 양상을 좀 더 세밀히 들여다보도록 하겠다. 명 사신은 애초에는 영조례 의주에 문제가 없다고 하였다가 뒤늦게 오배삼고두의 예가 아닌 국궁의 예로 조서를 맞이하는 예식에 이의를 제기하였다. 조선 측이 보여주었던 영조의주를 좋다고 한 데서[23] 단적으로 알 수 있듯이, 논란은 영조례 의식 전반이 아니라 도성문 밖에서 조서를 맞이하는 예식에 한정되었다. 위 인용문에 따르면, 해당 논란은 각자 전거로 삼는 의주가 상이해서였다. 조선 측은 『번국의주』의 「번국접조의주」(이를 토대로 상세화한 의주)를, 명 사신은 『홍무예제』를 전거로 삼고 있었다.

『번국의주』 「번국접조의주」의 준용과 이에 따른 국궁 예의 거행은 공식적이며 고려 말 이래로인 것과 달리, 『홍무예제』의 활용, 구체적으로 이에 따른 오배삼고두례의 거행은 사신 개인의 의견일 따름이었다. 이에 관한 명 측의 공식 의주를 굳이 언급하자면, 『홍무예제』가 아니라 『대명집례』 빈례의 「번국접조의주」 및 후술하듯 이를 개정한 의주라 할 수 있다. 명 사신은 조선 측이 제시한 의주를 보고서 도성문 밖에서는 국궁이 아니라 오배삼고두례로 조서를 맞이하는 방식이 타당하다고 판단하였고, 그것의 예적 근거로 『홍무예제』를 내세웠다. 『홍무예제』에 근거하여 오배삼고두의 예로 조서를 맞이해야 한다는 언설이 명 사신의 개인적 판단·입장인 게, 명 측의 공식 의주를 활용하지 않은 것도 그러하거니와, 후술하듯 도성문 밖에서 오배삼고두의 예로 조서를 맞이해야 한다고 주장한 여타 사신들은 『홍무예제』가 아닌 다른 의주·예서를 전거로 삼았기 때문이다. 이처럼 당시 명 사신은 개인적인 판단·입장에서 『홍무예제』를 근거로 해서 오배삼고두의 예를 주장하였다. 그러다 번국에 적합하면서도 홍무제가 하사한 의주인 『번국의주』 「번국접조의주」의 존재를 알고 나서는

---

23 『세종실록』 권127, 세종 32년 1월 임인. "安自立回自黃州啓曰 使臣見儀注 曰好."

바로 꼬리를 내리고 말았다.[24]

요컨대, 세종 32년에 온 명 사신은 문관 출신으로 이전의 조사들과 달리 영조례의 바람직한 거행을 염두에 둔 채 사전에 영조의주를 확인하였고, 『홍무예제』를 근거로 하여 도성문 밖에서 국궁의 예로 조서를 맞이하는 조선의 방식을 문제 삼았다가, 국궁의 예로 조서를 맞이하는 예식이 번국에 적합하면서도 홍무제가 하사한 의주인 『번국의주』에 근거한 것임을 확인하고는 자신의 입장을 철회하였다.

그런데 당시에 사신이 조선의 방식을 전적으로 인정하는 것으로 논란이 해소되었다고 할지라도, 그 결론은 잠정적 성격의 것이었다. 이전 조사들과 달리 도성문 밖에서 국궁의 예로 조서를 맞이하는 예식을 문제 삼은 것도 사신의 개인적 판단·입장이요, 조선의 손을 들어주면서 자신의 입장을 철회한 것도 사신의 개인적 판단·입장이었기에, 이후에 온 사신 중에서는 『번국의주』의 존재를 확인하고서도 이때와는 다른 판단을 하는 이가 있을 수 있었고, 후술하듯 실제로 그러한 일이 발생하였다.

도성문 밖에서 조서를 맞이하는 예식을 놓고서 조선과 명 사신이 갈등한 또 다른 사례들을 검토하기에 앞서, 이들 사안을 이해하는 데 있어 중대했는데도 그간 간과되어온 사실 하나를 짚어볼 필요가 있다. 그것은 다름 아니라 『번국의주』의 작성 이후인 1375년(홍무 8)에 「번국영접의(蕃國迎接儀)」라는 의주가 작성된 사실이다.[25] 이것은 홍무 3년에 작성된 『대명집례』 「번국접조의주」의 개

---

24 『洪武禮制』는 蕃國이 아닌 명 영역 내의 지방관이 준수해야 하는 예제였다. 김문식, 「조선시대 國家典禮書의 편찬 양상」, 『장서각』 21, 2009 참조.

25 『明太祖實錄』 권97, 홍무 8년 2월 壬寅. "又定頒詔諸蕃及蕃國迎接儀."

정인 셈이었다—『번국의주』 「번국접조의주」의 개정을 의미하기도 한다.[26] 홍무 8년의 「번국영접의(蕃国迎接儀)」는 『번국의주』(『대명집례』)의 「번국접조의주」와 거의 동일하면서도 "왕은 면복(冕服)을 갖추어 입고 관리들은 조복(朝服)을 갖추어 입고 오배례(五拜禮)를 행한다(王具冕服 众官具朝服 行五拜禮)"라고 하여,[27] 『번국의주』(『대명집례』) 「번국접조의주」와 달리 번왕이 국문 밖에서 조서를 맞이할 시에 '오배례(五拜禮)'—정확히는 오배삼고두(五拜三叩頭)의 예—를[28] 행하도록 규정하였다.[29] 번왕이 오배삼고두로 조서를 맞이하도록 한 것을 핵심으로 하는 이러한 변화는[30] 번국의 왕도 명의 지방에서와 마찬가지로 '오배례(五拜禮)'(오배삼고두례)로 조서를 맞이하도록 하려는 의도에서 비롯되었을 것이다.[31]

---

26 『大明會典』 권58, 禮部 行人司 儀制清吏司 蕃國禮에 따르면, 홍무 18년에 '蕃國迎詔儀'가 정해졌다고 하는데, 이것은 홍무 8년의 '蕃国迎接儀'와 내용상 거의 동일하면서도 더 자세하다.

27 『明太祖實錄』 권97, 홍무 8년 2월 壬寅.

28 여기서 '五拜禮'가 五拜三叩頭禮를 의미하였음은 여러 경로를 통해 확인 가능하다. 가령 『洪武禮制』 및 홍무 8년 「蕃国迎接儀」와 홍무 18년 「蕃國迎詔儀」에는 공히 五拜禮로 조서를 맞이한다는 규정이 있지만, 예식 구현의 실제를 언급한 기록은 五拜三叩頭禮로 조서를 맞이하였음을 말해준다.

29 홍무 18년의 「蕃國迎詔儀」도 "王即率國中衆官及者儒僧道 出迎於國門外 至館中 具冕服 衆官具朝服 行五拜禮"라고 하여, 번왕이 五拜禮로 조서를 맞이한다고 규정하였다.

30 이것 외에 차이점은 다음과 같은 것 정도였다. 즉 영조례를 마친 후 蕃王이 사신과 상견할 때, 『번국의주』의 「蕃國迎詔儀」는 '蕃王與使者分賓主'라 규정했다면, 「蕃国迎接儀」는 '蕃王居西使者居東'이라고 기록하였다.

31 『洪武禮制』에 따르면, "一 凡使者欽賷詔書 至各處開讀 (…) 使者到郊外下馬 候龍亭到來 親捧詔書置龍亭中 使者立於龍亭之東 本處官具服行五拜禮訖"이라고 하여, 명의 지방에서 조서를 맞이할 시에 관원은 五拜禮를 행해야 했다. 『洪武禮制』는 『대명집례』, 『번국의주』와 마찬가지로 홍무 초년에 작성되었는데, 당시 명 조정은 교외에서 조서를 맞이하는 예식 면에서 지방 아문과 蕃國 간에 차이가 있어야 한다고 판단한 듯싶다. 그러다 蕃國도 지방 아문과 마찬가지로 五拜禮를 행해야 하는 것으로 관련 규정을 개정하였을 것이다.

이처럼 『번국의주』(『대명집례』) 「번국접조의주」의 작성 시에는 번왕이 국문 밖에서 오배삼고두의 예로 조서를 맞이하는 예식이 없었지만, 그 이후 각각 홍무 8년과 18년에 작성된 「번국영접의(蕃国迎接儀)」와 「번국영조의(蕃國迎詔儀)」는 '오배례'(오배삼고두례)로 조서를 맞이하도록 규정하였다. 이로 인해 조선과 명의 공식적인 의주 사이에는 국문 밖에서 번왕이 조서를 맞이하는 예식을 놓고서 차이가 발생하게 되었다고 할 수 있다. 그런데 명은 「번국영접의」(「번국영조의」) 를 번국에 공식적으로 반포하거나 보내주지 않았다. 조선이 이것의 존재 사실 을 전혀 알고 있지 못했다는 점은 이를 웅변해주고 있다. 『번국의주』의 하사도 고려의 요청에 응해서 (수동적으로) 이루어진 데서[32] 엿볼 수 있듯이, 「번국영접 의」(「번국영조의」)의 작성은 의주 작성 자체가 목적이었지, 번국에 이를 하사하여 구현하고자 하는 의지에서 비롯된 것은 아닌 듯싶다. 더욱이 명은 사신이 「번 국영접의」(「번국영조의」)를 숙지하거나 등사해 가도록 강제하지도 않았다. 이로 인해 사신은 「번국영접의」(「번국영조의」)에 대한 제대로 된 정보를 갖고 있지 못 하였으니, 위 인용문에서 보듯, 사신은 번왕(蕃王)이 오배삼고두로 조서를 맞이 하는 예식의 근거를 『홍무예제』라는 잘못된 번지수에서 찾고 있었다.

명이 「번국영접의」(「번국영조의」)를 번국에 구현하려는 별다른 노력을 하지 않아서인지, 조선과 명의 공식적인 의주 간에 국문 밖에서 조서를 맞이하는 예 식이 상이했어도 이 사실은 꽤 오랫동안 조선에서 인지되지 못하였다. 명 사신 조차 「번국영접의」(「번국영조의」)를 인지하지 못했으니 이는 전혀 이상할 게 못 되었을 것이다. 설령 조선이 「번국영접의」(「번국영조의」)의 작성 사실과 그 내용 을 알게 된다고 해도, 그것은 조선에 하사되지 않았기에 이것을 인지하지 못했 을 때와 별반 달라지지는 않았을 것이다. 만약 명이 「번국영접의」(「번국영조의」)

---

32 최종석, 앞의 논문, 2015 참조.

를 조선에 주었다면 조선은 이를 수용·준용하였을 것이고, 이와 맞물려 국문 밖에서 조서를 맞이하는 예식을 놓고서 조선과 명 사신이 갈등하는 일도 사라졌을 것이다.

당시 사정이 이러했기에, 개정된 의주를 구현하는 일 역시 사신의 개인적 역량, 관심 등에 좌우될 수밖에 없었을 것이다. 환관 출신 사신은 개정된 의주에 무지하거나 무관심하였을 것이고, 위 인용문에 나오는 사신조차 오배삼고두의 예로 조서를 맞이해야 한다고 하면서도 「번국영접의」(「번국영조의」)를 인지하지 못했을 정도였으니 문관 출신이라 해도 별반 낫지 않은 듯하다. 그렇지만 사신에 따라서는 개정된 의주를 근거로 하여 오배삼고두례를 관철하려 힘썼을 수 있었고, 이와 맞물려 『번국의주』에 근거한 국궁 거행을 구례(舊禮)를 묵수하는 행위라 비판할 수 있었을 것이다. 실제로 그러한 사례가 발생하였다.

3. 단종 즉위년과 성종 7년의 사례: 갈등의 심화

단종 즉위년 8월 22일에도 도성문 밖에서 조서를 맞이하는 예식을 놓고서 조선과 명 사신 간에 갈등이 발생하였다. 이때 명 사신으로 조선에 온 자들은 이부낭중(吏部郎中) 진둔(陳鈍)과 행인사사정(行人司司正) 이관(李寬)으로, 황태자를 책봉하는 조서를 반포하기 위해 왔다. 단종이 신하들을 거느리고 모화관에서 국궁의 예로 조서를 맞이한 후 가마(輦)를 타고 궁으로 돌아가려고 할 때, 진둔 등은 국왕과 그 신하들이 오배삼고두의 예로 조서를 맞이한 후에 궁궐로 돌아가야 한다고 주장하였다. 앞선 세종 32년 사례처럼 사신이 예식 거행 전에 미리 의주를 확인하고 이의를 제기하는 방식이 아니라, 도성문 밖에서 조서를 맞이하는 예식이 종료되고 나서 뒤늦게 오배삼고두의 예로 조서를 맞이할 것을 요구한 것이다.[33] 명 사신은 오배삼고두의 예로 조서를 맞이할 것이라고 막연히 예상하고 있다가 예식이 그렇게 진행되지 않은 채 궁으로 돌아가려 하자 뒤늦게 오배삼고두례의 거행을 요구하였을 것이다. 아니면 사전에 별다른 생각 없이 도성문 밖에서 조서를 맞이하는 예식에 참여하고서 뒤늦게 자신이 알고 있던 방식과 다른 사실을 발견하고 문제를 제기했을 수도 있다.

이에 대해 도승지 강맹경(姜孟卿)과 동지중추원사 김하(金何) 등은 홍무제가 하사한 『번국의주』에는 국문 밖에서 오배삼고두를 행하는 예가 없다고 하였다. 진둔 등은 현재 중국에서는 영조정(迎詔亭)에서 오배삼고두의 예를 행한 후에 간다는 사실을 들면서 자신의 주장을 굽히지 않았다. 강맹경 등은 세종 대에도 같은 논란이 있었지만 『번국의주』의 존재를 뒤늦게 알게 된 명 사신이 『번국의주』대로 거행하는 것이 옳다고 했던 전례 및 신하들이 반열에서 벗어나 가려고 하는 마당에 다시금 예식을 거행하는 것은 적절하지 않다는 사실을 들어 오배삼고두의 예를 행할 수 없다고 하였다. 명 사신은 이 말을 듣고 말꼬리를 잡듯 국왕만이라도 오배삼고두의 예를 행해야 한다고 고집을 부렸지만, 강맹경 등은 이것이 대단한 실례라 하여 일축하였다. 결국 진둔 등은 단념하고서 조선의 전례대로 오배삼고두례의 거행 없이 궁 안으로 이동하였다. 다만 추후에 『번국의주』를 직접 확인해보겠다고 하였다.

진둔 등은 『번국의주』를 직접 확인한 후 "이 의주는 홍무 3년에 반포한 것입니다. 홍무 14년 및 영락 연간에 예도(禮度)를 개정하였으니, 마땅히 시제(時制)에 따라서 군신이 관(館)으로 보내야 할 것입니다"라고 하였다.[34] 이미 종료된

---

33 『단종실록』 권2, 단종 즉위년 8월 임오.

34 『단종실록』 권2, 단종 즉위년 8월 임오. "此儀 乃洪武三年所頒也 洪武四十年及永樂年間 改定禮度 當依時制 君臣送館." 홍무 40년은 존재하지 않기에 홍무 14년의 오기일 것이다.

도성문 밖에서 조서를 맞이하는 예식이 아니라 곧 치러질 송조(送詔) 예식을 대상으로 해서이긴 해도, 홍무 3년에 반포된 『번국의주』가 아니라 그 이후에 개정된 의주를 준용해야 한다고 한 사실은 주목해야 할 대목일 것이다.

단종 즉위년의 사례는 국궁의 예로 조서를 맞이하려는 조선과 오배삼고두의 예로 조서를 맞이해야 한다고 주장한 명 사신 간의 갈등을 보여준다. 그런데 그 근거로 『번국의주』의 준용을 일관되게 주장하는 조선과 달리, 이번 명 사신은 『홍무예제』를 언급하지 않는 대신 중국 내에서의 실태를 근거 삼아 오배삼고두례의 거행을 주장하였다. 이때에도 사신은 전거로 삼을 의주를 지니고 오지 않았고, 세종 32년의 사례와는 달리 사전에 의주를 확인하지도 않은 듯하다.

조선은 전례대로 영조례를 거행하였고, 사신은 앞서 언급한 바와 같이 도성문 밖에서 조서를 맞이하는 예식이 자신이 판단하기에 바람직하지 않게 진행되었음을 뒤늦게 발견하고서는 해당 예식의 종료 이후 이의를 제기하는 즉흥적인 면모를 보였다. 오배삼고두의 예로 조서를 맞이해야 한다는 주장의 근거로 중국 내의 실태를 내세운 것 또한 사전에 준비된 답안이라기보다는 즉흥적, 임기응변식 아이디어에 가까운 듯싶다. 제대로 준비가 되었다면 「번국영접의」(「번국영조의」)와 같은 의주를 언급하였을 것이다. 송조(送詔) 예식의 경우, 명 사신은 국왕이 신하들을 이끌고 조서를 태평관까지 전도해야 한다고 주장하면서, 그 근거를 제시하는 과정에서 『번국의주』가 홍무 3년에 반포된 사실을 확인하고서는 이를 의식해서 그해 이후에 개정된 예제를 자신의 주장의 근거로 언급하는 순발력을 발휘하였다. 개정된 의주에는 사신의 주장과 달리 국왕이 신하들을 이끌고 조서를 관(館)까지 전도한다는 구절이 없었으므로,[35] 명 사

---

35 「蕃國迎接儀」및 『大明會典』권58, 禮部 行人司 儀制淸吏司 蕃國禮의 어디에도 국왕이 신하

신은 자신이 옳다고 생각한 방식의 근거를 즉자적으로 도출하였다고 할 수 있다.[36] 그러하기에 홍무 3년 이후의 신정의주(新定儀注)를 언급하였기는 하나 이를 제대로 알고 있지는 못했던 듯하다.[37]

한편 세종 32년과 단종 즉위년의 사례에서 조선은 일관되게 홍무제가 보내준 『번국의주』를 이전부터 준용해왔기에 국궁의 예로 조서를 맞이해야 한다고 고수하였는데, 아래의 기록은 그러한 견지가 어떠한 맥락에서 이루어졌는지를 말해준다. 또한, 조건만 갖추어지면 오배삼고두로의 변화도 가능하였을 것을 시사한다.

> 황보인(皇甫仁)과 김종서(金宗瑞) 등이 의논하여 아뢰기를 "마땅히 사신에게 말하기를, '지금 대인(大人)의 지시는 이치에 합당하고 아국(我國)에서 행하는 것도 어렵지 않다. 그러나 아국은 태조고황제(太祖高皇帝)가 내려준 의주에 의거하여 영명(迎命)한 것이 오래되었다. 지금 비록 제도를 고쳤다고 하더라도 이는 하사되지 않았는데, 아국이 졸지에 대인의 말을 듣고 함부로 의주를 고치는 것은 매우 황공하다. 청컨대 대인은 임시로 전례를 따르고 돌아가 전달(轉達)해서 새로 정한 의주를 반강하면 이를 행하는 것은 어렵지 않다'라고 하소서."[38]

들을 이끌고 조서를 館까지 전도한다는 규정은 없다.

36 만약 명 사신이 五拜三叩頭의 예로 조서를 맞이해야 한다고 주장하였을 당시에 『蕃國儀注』가 홍무 3년에 반포된 사실을 알았더라면, 중국 내의 실태를 언급하는 대신에 『번국의주』이후에 개정된 의주를 준용해야 한다는 식으로 주장하였을 것이다.

37 홍무 14년(40년) 및 영락 연간에 禮度를 개정하였다고 한 언설의 실체도 분명치 않다. 홍무 14년(40년) 및 영락제 재위 동안 蕃國에서 조서를 맞이하는 예식 절차가 개정되었다는 사실은 확인되지 않는다.

38 『단종실록』권2, 단종 즉위년 8월 임오.

황보인과 김종서 등은 명 사신의 주장이 이치에 부합하기에 이를 수용하는 것은 어렵지 않다고 보았다. 다만 걸림돌은 두 가지로, 하나는 조선의 방식이 홍무제가 하사한 『번국의주』에 따라 오래전부터 행해온 것이라는 사실과 다른 하나는 개정된 의주가 하사되지 않은 점이었다. 이에 이들은 해결책으로 명 사신에게 이번에는 전례대로, 즉 조선의 방식대로 하고 신정의주(新定儀注)를 하사받은 이후에는 이것을 따르겠다는 뜻을 밝히는 방법을 제시하였다.

도성문 밖에서 조서를 맞이하는 예식이 아닌 송조(送詔) 예식을 둘러싸고 조선과 명 사신이 갈등하는 와중에 제출된 의견이기는 해도, 이것은 조서를 맞이하는 예식을 둘러싼 갈등에도 그대로 적용될 수 있는 논리였다. 위 기록에서 유추할 수 있듯이, 조선이 국궁의 예를 고수한 것은 오배삼고두례로 조서를 맞이하는 예식 자체를 부정적 혹은 굴욕적으로 보아서가 아니었다. 『번국의주』를 준용하여 오래전부터 행해 온 것을 따르는 것이 타당하다고 믿어서였을 것이다. 만약 명이 개정된 의주를 조선 측에 보내주고 조선은 이것이 예에 부합한다고 판단한다면, 조선은 개정된 의주를 준용하고 그 속의 일부 규정인 도성문 밖에서는 오배삼고두의 예로 조서를 맞이하는 예식을 실행할 수 있을 것이다.

성종 7년 2월에 또다시 동일한 갈등이 표출되었다. 이때 명 사신으로 조선에 온 인물은 호부낭중(戶部郎中) 기순(祈順)과 행인사좌사부(行人司左司副) 장근(張瑾)으로 황태자를 책봉하는 조서를 지니고 왔다. 성종 7년 2월 18일에 개성부선위사(開城府宣慰使) 윤필상(尹弼商)이 복명(復命)한 내용에 따르면,[39] 사신은 한양으로 오는 도중 개성부에서 문례관(問禮官) 안처량(安處良)이 건넨 의주를 검토한 후 이것이 『대명집례』와 같지 않다고 하면서, 조서를 맞이할 때는 오배삼고두

---

39 『성종실록』 권64, 성종 7년 2월 임진.

의 예를 행할 것, 서계(西階)를 통해서가 아니라 옆 계단(傍階)을 통해서 승강할 것 및 사신이 조칙을 선포한 후 태평관(太平館)에 나아갈 때 국왕은 의장을 갖추고 선도할 것을 제안하였다. 옆 계단을 통해서 승강하도록 한 것은 이번 사신들이 처음으로 제기한 사안이었다.[40]

영조례 거행에 앞서 조선이 건넨 의주(儀註)를 확인하고서 잘못된 점을 힐문하는 명 사신을 상대로, 원접사 서거정은 "이 의주는 홍무제가 하사한 것으로 행한 지 오래되었고 전에 조사(詔使)가 왔을 시에도 모두 이 의주를 활용하였다"라며,[41] 예전과 마찬가지의 논리로 해명하였다. 사신은 "단지 구습에 따라 행하고 살피지 못했을 뿐이니, 어찌 마땅히 이를 본받습니까?"라고 하여, 『번국의주』에 의거한 조선의 예식 절차—그중에서 잘못되었다고 생각한 일부 의절—를 수용하려 들지 않았다. 사신은 '잘못된' 예식을 거행하는 일을 '인순(因循)'이라고 보았다. 성종은 "작은 절차를 명 사신이 모두 논박하니 우리를 업신여기는 것이 아니겠는가"라고 불만을 토로하면서도 예겸(倪謙) 사례 등의 고사를 근거로 하여 사신을 설득하자는 승지의 의견을 수용하였다.

다음 날 문례관 안처량은 국왕의 의사대로 '예문은 경솔히 변경할 수 없는 것인데, 하물며 번국의(藩國儀)[42]는 곧 조종(祖宗) 이래로 준수해온 전례(典禮)이므로 지금 갑자기 고치기는 어렵다'라고 사신에게 전하였다. 그러자 정사(正使)는 '몸을 굽혀 조칙을 맞이하는 예절은 번국의에는 나타나지 않고 오례의주(五禮

---

40 이는 특정 예식에 관한 문제제기가 사신의 개인적 역량, 관심 등에 달려 있음을 거듭 확인할 수 있는 대목이다.

41 이 의주는 정확히는 『번국의주』를 토대로 조선 측이 부연한 것이라 할 수 있다.

42 안처량이 언급한 藩國儀가 『번국의주』를 지칭하였을 것은 최종석, 앞의 논문, 2015, 281쪽을 참조하기 바란다.

儀註)에만 있으니, 이것은 무엇에 근거한 것인가?'라고 물었다.[43] 안처량은 '조칙 (詔勅)은 황제의 명령이기에 서서 맞이할 수 없는 까닭에서라고' 답하였다.[44] 이는 세종 32년에 명 사신 예겸에게 대답한 내용과 동일하다.

이번 명 사신은 『번국의주』가 아니라 『대명집례』의 의식대로 조서를 맞이할 때 오배삼고두를 행할 것을 요구하였다. 이에 대해 안처량은 "『대명집례』는 명조의 총집(總集)의 예문이고, 번국의(藩國儀)는 번국이 준수해야 할 바를 취해 참정(參定)하여 반행한 것인 까닭에 조선은 대대로 이를 준행하였다"라는 논리로 반박하였다. 예조판서마저 안처량과 의견을 같이하자, 명 사신은 한 발 물러나 오배삼고두례만 제외하고 나머지 두 사안의 양보 의사를 피력하였다. 그러면서 안처량을 상대로 "교지국(交趾國), 유구국(琉球國) 등과 같은 나라도 오배례를 행하는데 예의지방(禮義之邦)인 조선이 어찌 이를 행하지 않는가? 이는 『대명집례』를 보지 않아서다"라고 하여,[45] 예의지국에 걸맞지 않게 오배례(오배삼고두례)를 행하지 않는 조선의 태도를 안타까워했다.

다음 날 원접사(遠接使) 서거정(徐居正)이 복명(復命)한 내용에 따르면,[46] 명 사신은 『대명집례』를 행하고자 하는 심산에서 서거정을 상대로 "『대명집례』가 천하에 시행된 지 오래되었고 교지국, 유구국과 같은 나라도 이를 행하는데 예의지방(禮義之邦)인 조선이 행하지 않는 것이 옳은가?"라고 물었다. 전날 기사를

---

43 五禮儀註는 『국조오례의』를 지칭하였을 것인데, 구체적으로는 『국조오례의』 「迎詔書儀」를 가리켰을 것이다. 앞서 사신에게 건넨 의주란 오례의주였을 것이다. 안처량은 오례의주 외에도 藩國儀(『藩國儀注』)를 함께 가지고 가서 사신에게 보여주었기에 이러한 질문이 나왔을 것이다.

44 『성종실록』 권64, 성종 7년 2월 계사.

45 『성종실록』 권64, 성종 7년 2월 계사.

46 『성종실록』 권64, 성종 7년 2월 갑오.

감안하면, 이는 영조 시 오배삼고두 거행에 관한 언급이었다. 서거정은 "『대명집례』는 단지 중국에서 행하는 것이지, 무엇을 근거로 조선에서 이를 행하겠는가?"라고 반박하였다.[47] 『대명집례』에 근거한 오배삼고두례의 거행을 받아들일 수 없다는 것이었다. 이 시점에 사신은 오배삼고두를 포함하여 그가 제안한 의절들을 더는 밀어붙일 수 없다고 판단한 듯싶다. 그날 안처량이 복명한 내용에 따르면[48] 정사는 '조서를 맞이할 때 국왕이 오배삼고두를 행하고, 사신은 중계(中階)를 경유하고 국왕은 서계(西階)를 경유하여 사신은 남쪽을 향하고 국왕은 서벽(西壁)에 서게 되는 것'이 『대명집례』에 기재된 예라고 하면서도 국왕의 요청에 따라 권례(權禮)를 행하겠다고 하였다. 또한 송조(送詔) 시 국왕이 선도하는 것이 예이지만 이 또한 권례에 따라 백관이 선도하는 게 좋다고 하였다. 결과적으로 사신의 의사는 모두 좌절된 셈이었다.

성종 7년의 사례 역시 국궁의 예로 조서를 맞이하려는 조선과 오배삼고두의 예로 조서를 맞이해야 한다는 명 사신 간의 갈등이었다. 조선은 이전과 마찬가지로 『번국의주』를 준용하여 국궁의 예로 조서를 맞이하고자 한 것에 비해, 이번 명 사신은 이전 사신들과 달리 『대명집례』에 의거하여 오배삼고두의 예로 조서를 맞이해야 한다고 주장하였다.

흥미로운 사실은 『대명집례』에 근거하여 오배삼고두의 예로 조서를 맞이해야 한다는 주장이 사실관계 면에서 오류라는 점이다. 『대명집례』와 『번국의주』는 사실상 동일하였고,[49] 실제로 『대명집례』에는 『번국의주』와 마찬가지로

---

47 『성종실록』 권64, 성종 7년 2월 갑오.

48 『성종실록』 권64, 성종 7년 2월 갑오.

49 최종석, 앞의 논문, 2015 참조.

오배삼고두의 예로 조서를 맞이하도록 하는 규정은 어디에도 없다.[50] 명 사신이 조선을 상대로 기만하였다고 볼 수도 있지만 의도적이었을 것으로 생각되진 않는다. 이러한 오류는 누차 언급했듯이 명조가 번국 내에서 거행되는 영조례 의주를 작성·개정했어도 사신에게 이를 주지시키지 않는 여건에서, 영조례에 관한 문제제기 여부 및 어느 예식(들)을 문제 삼을지 하는 것이 명 사신의 개인적 판단·입장에서 비롯되었던 사실과 무관하지 않을 것이다. 명 사신은 영조례 거행에 앞서 조선 측이 건넨 의주를 검토하는 과정에서 제 생각에 오류인 의절들을 잡아내고 이들을 대신하는 바람직한 행위를 제안하면서 그 예적 근거로 『대명집례』를 내세웠을 것이다. 물론 『대명집례』가 근거라는 주장은 착각과 무지의 소산이었을 것이다. 사신은 『대명집례』를 지참하지도 않았다. 아마도 이를 본 적도 없었을 것이다.

도성문 밖에서 조서를 맞이하는 예식으로 좁혀 오류 문제를 좀 더 살펴보자면, 명 사신은 국문 밖에서는 오배삼고두의 예로 조서를 맞이해야 한다고 확신하고서는 그 예적 근거로 『대명집례』를 제시하였을 것이다. 사신은 『대명집례』의 내용을 숙지하고 있어 오배삼고두의 예로 조서를 맞이한다는 의절을 알고 있는 게 아니라, '내가(명 사신) 외국에 조서를 반포한 것이 한 번이 아닌데'[51] 라고 말한 데서 추정할 수 있듯이, 베트남과 류큐 등의 번국에서 조서를 반포한 경험을 토대로 하여 이를 알고 있었을 것이다. 사신은 이미 알고 있는 지식·정보를 바탕으로 조선 측이 건넨 의주에서 조서를 맞이하는 예식의 문제점을 발견하고서 오배삼고두의 예로 조서를 맞이해야 한다고 요구하면서 그 근거

---

50 『大明集禮』권32, 賓禮3 蕃國接詔儀注. "是日 王率國中衆官及耆老僧道 出迎於國門外 迎接官迎詔書 出館至國門 金鼓在前 次耆老僧道行 次衆官具朝服行 次王具冕服行 次儀仗鼓樂 次詔書龍亭 使者常服 於龍亭之後."

51 『성종실록』권64, 성종 7년 2월 계사.

가 『대명집례』라고 짐작하였을 것이다. 번국의 국문 밖에서 오배삼고두의 예로 조서를 맞이하는 것은 『대명집례』 이후에 작성된 「번국영접의」(「번국영조의」)에서 비롯된 것이지만, 당시 사신은 이 사실을 모르면서도 사행 경험 등을 통해 오배삼고두의 예로 조서를 맞이해야 한다고 인지하고 있었기에, 엉뚱한 것을 자신의 주장을 뒷받침하는 예적 근거로 내세웠을 것이다. 기만하고자 하는 의도가 없었음에도 말이다.

명 사신은 앞서 언급했듯이 자신의 뜻을 모두 접고 조선 측이 주장하는 전례를 따르기는 했어도, 그에게 이것은 어디까지나 '권례'에 불과했다. 명 사신은 『번국의주』에 의거한 조선의 방식을 '인순(因循)'이라 비판하면서 국궁의 예로 조서를 맞이하는 방식 등을 인정하진 않았다. 명 사신은 조서 반포의 임무를 완수하기 위해서라도 조선과의 갈등을 어느 선에서 마무리 지어야 했을 것이고, 국궁으로 조서를 맞이하는 예절 등이 조선 측의 자의가 아닌 홍무제가 하사한 『번국의주』를 토대로 한 것임을 고려해서인지, 전례대로 영조례를 거행하면서도 그것을 권례로 성격 규정하는 것으로 갈등을 봉합하고자 했다. 그러면서도 오배삼고두의 예로 조서를 맞이하는 것은 번국을 포함한 천하에서 공히 통용되어야 하는 것(일시동인-視同仁 구현)인데, 예의지국인 조선이 구습에 얽매어 이를 수용하지 않고 비례를 저지르는 현실을 안타까워했다.

조선 측은 『번국의주』를 준용하는 것인 데다가 조종 이래로 준수해온 전례이다 보니 함부로 고칠 수 없다는 논리로 국궁의 예로 조서를 맞이하는 방식 등을 고수하였다. 여기에 더해 『대명집례』의 적용이 타당하다는 사신의 주장에 대응하여, 번국인 조선에서의 영조례는 중국을 대상으로 하는 『대명집례』가 아닌 번국을 대상으로 하는 『번국의주』에 근거해야 한다고 주장했다.[52] 사신

---

52 『대명집례』 「蕃國接詔儀注」와 『蕃國儀注』 「蕃國接詔儀注」는 사실상 같았지만 『대명집례』

은 예의지국에 걸맞지 않게 오배삼고두의 예로 조서를 맞이하지 않는 행위를 안타까워했지만, 조선 측은 『번국의주』에 따라 국궁의 예로 조서를 맞이해야 번국의 위상에 걸맞은 예의 실현이 이루어진다고 본 것이다.

한편 조선의 뜻대로 영조례를 전례대로 거행하기는 했어도, 예전과는 달리 조선의 방식이 권례로 규정된다든지, 예의지국에 걸맞지 않게 천하에 통행하는 예식을 거행하고 있지 않다고 지적된다든지 하는 현실은 조선 측에게 부담으로 작용하였을 것이다.

4. 중종 32년 사례: 갈등의 해소

1) 오배삼고두례 수용의 경위

중종 32년에 도성문 밖에서 조서를 맞이하는 예식을 놓고서 또다시 갈등이 발생하였다. 그런데 이번에는 이전과 전혀 다른 방향으로 갈등이 해소되었다. 우선 그 경위를 살펴보도록 하겠다.

이때 명 사신으로 조선에 온 인물은 정사는 한림원수찬(翰林院修撰) 공용경(龔用卿)이었고 부사(副使)는 호과급사중(戶科給事中) 오희맹(吳希孟)이었다. 이들은 황장자(皇長子)의 탄생을 알리는 조서를 지니고 왔다.[53] 정사인 공용경은 의주의 의순관에서 문례관인 예조정랑 임필형이 건넨 의주를 확인하고서는 국왕이 교외에서 국궁으로 조서를 맞이하는 점 및 생원들이 영조례에 참여하지 않는

를 직접 보지 못한 조선 측은 이를 알지 못하였고, 그러하다 보니 이러한 식의 논리로 『대명집례』 수용을 반박하였을 것이다.

53 『중종실록』, 권83, 중종 31년 12월 임오; 『중종실록』, 권83, 중종 32년 3월 기축.

사실을 문제 삼았다. 좀 더 구체적으로 소개하자면, 그는 조선 측이 건넨 의주 내에 중국과 같지 않은 예식들이 있는 것은 조서를 맞이하는 의례가 제대로 갖추어져 있지 못한 데서 비롯되었다고 보았다.[54] 또한, 그는 이번 조서가 통상적인 것과 달리 천자의 특별한 은혜를 담고 있는 것임을 강조하면서 오배삼고두를 행하지 않는 것은 불경(不敬)과 비례(非禮)요, 생원이 영조례에 참여하지 않는 것은 예의지국에 걸맞지 않은 일로 예교를 상실한 행위이기에, 이 일이 중국에 전해진다면 웃음거리가 될 것이라고 훈계하였다. 명 사신은 '비례'를 위주로 조선의 의주가 지닌 문제점을 비판한 셈인데, 이에 대해 임필형은 앞선 사례들에서 보이는 논리, 즉 조선의 영조례 예식 절차가 오래전부터 거행되어왔고 홍무 연간에 반포된 의주를 받들어 지켜온 것이라는 등의 논리로 대응하였다. 그러자 공용경은 임필형의 말을 무시한 채 국왕에게 자신의 말을 전하도록 했다. '예를 아는' 국왕은 자신의 뜻을 수용할 것이라고 기대하면서 말이다.[55]

그 이후 임필형은 황해도 봉산군 검수참에서 명 사신을 만나, 사신의 말을 수용하여 유생들이 조서를 맞이하는 데 참여하도록 하겠다는 대신들의 의논을 전하였다.[56] 명 사신은 '중국과 똑같이 하는 것이니 좋은 일'이라고 반색하였다. 하지만 임필형은 오배례(五拜禮) 실행만은 수용할 수 없다는 대신들의 의논 및 전교를 전하였다. 국왕과 대신의 논리는 앞서 임필형이 말한 바와 다르지

---

54 『使朝鮮錄』에 수록된 또 다른 기록에 따르면, 공용경은 조선의 의주가 개정된 의주가 아니어서 미진하다고 하였다(『使朝鮮錄』, 「與禮曹正郎 論禮問答之語 謹識之 (…)」). 따라서 조서를 맞이하는 의례가 제대로 갖추어져 있지 못하다는 그의 지적은 조선 측의 의주가 개정된 의주를 반영하지 못했다는 의미였을 것이다. 이 책에서 활용된 『使朝鮮錄』은 殷夢霞·于浩 選編, 『使朝鮮錄』, 北京圖書館出版社, 2003에 수록된 것이다.

55 『使朝鮮錄』, 「予初至義順館 禮曹正郎任弼亨來呈儀注 (…)」.

56 조선왕조실록의 기록과 달리, 『使朝鮮錄』에 따르면 공용경은 평양에 이르렀을 때 이러한 의견을 전달받았다.

않았다. 이에 대해 사신은 재차 오배삼고두로 조서를 맞이하는 것이 천하에서 통용되는 예(일시동인)이요, 이를 행하지 않는 것은 비례·불경에 해당한다고 반박하였다. 여기에 더해 명 사신은 국궁의 예가 홍무제가 보내준 『번국의주』에 의거하여 오래전부터 거행되어왔다고 하는 조선 측의 논리에 적극적으로 대응하여, 태자 탄생을 알리는 조서를 반포하는 것은 별례(別禮)이기에 전례(前例)를 고집해서는 안 되며 홍무, 영락, 경태(景泰) 시대의 예가 각각 다르고 그것은 모두 『대명회전(大明會典)』에 실려 있다고 주장하였다. 그리고 이어서 오배삼고두의 예로 조서를 맞이하는 의식은 천하에서 통행(通行)하는 의례이기에 거행되어야만 한다고 재차 소리를 높였다. 이 주장에 대하여 임필형의 즉자적 해명 가운데 주목되는 것은 '국왕이 지성으로 사대를 행하기에 조사(詔使)의 말을 따르는 것은 당연하지만, 홍무제가 하사한 『번국의주』를 받들어 오래전부터 준행해왔는데 함부로 고치는 것은 지극히 미안한 까닭에 오배삼고두례의 거행을 수용하지 못한다'라는 대목이다. 그러자 명 사신은 조선을 특별히 애호하여 보낸 조서를 오배삼고두의 예로 맞이하지 않는 것은 존대하지 않는 것이요, 예를 다하지 않는 것이라고 재차 언급하고서, "조서를 맞이하는 것은 천하의 대사(大事)이니 국왕이 마땅히 마음을 다해야 할 것인데, 우리가 힘써 말한 다음에야 행하는 것이 옳겠는가? 너희 나라에서 임의대로 하라"고 하여 노골적으로 불만을 표시했다. 임의대로 하라고는 했지만 본심이 아닌 게, 임필형이 '의주를 고쳐서 써와야 하느냐'라고 묻자, 명 사신은 다른 사항은 다 옳지만 오배삼고두의 예는 고쳐 써야 하는 것이 옳다라고 하면서, 한 발짝도 양보하지 않은 채 오배삼고두례의 거행을 고수하였다.[57]

임필형로부터 상황을 전해 들은 국왕은 사신의 말만으로 오배삼고두의 예

---

57 『중종실록』, 권84, 중종 32년 3월 갑신.

를 행하는 것은 흡사 고례(古禮)를 개정하는 것과 같이 곤란하다는 대신들의 의논을 뒤로한 채, '이것은 천하에서 통행하는 의례이기에 거행해야만 한다'라는 사신의 말이 있으니 다시 논란하지 말고 따르는 것이 옳겠다고 결정했다.[58] 결국 명 사신의 논리 및 비타협적 태도로 말미암아 국왕은 최종 정책 결정자로서 오배삼고두례의 수용을 결단한 것이다.

이후 임필형은 평산부의 보산관에서 명 사신을 만나 '국왕이 명 조정을 지극히 공경하고, 조선의 의주는 홍무제가 하사한 이래 예전부터 행해온 것으로 임의로 바꾼 것이 아니다'라고 하는 국왕의 해명을 전하였다. 오배삼고두의 예를 수용한다는 카드를 먼저 꺼내 들지 않고 마지막으로 한 번 더 사신을 설득하고자 한 것이었다.[59] 하지만 명 사신이 예전부터 행해온 것이라 쉽사리 바꿀 수 없다는 조선 측의 논리에 맞서 이번 조서의 전례 없음, 달리 말해 별례(別禮)를 이유로 여전히 부정적으로 반응하자, 임필형은 결국 오배삼고두례를 수용한다는 국왕의 뜻을 전하였다. 이에 공용경은 '이것은 예를 이루는 순수한 정성이요 예의를 지키는 나라라고 하겠다'라고 하여 조선 측의 양보를 환영하였다.[60]

이후 중종 32년 3월 10일에 영조례가 거행되었고,[61] 이때 도성문 밖에서 국왕은 처음으로 오배삼고두의 예로 조서를 맞이하였다.[62]

---

58 『중종실록』 권84, 중종 32년 3월 갑신.
59 이는 임필형의 자의적 판단에서가 아니라 국왕의 지침에 따른 것으로 추정된다.
60 『使朝鮮錄』, 「越四日 予至寶山 (…)」.
61 『중종실록』 권84, 중종 32년 3월 기축.
62 『使朝鮮錄』, 一曰出使之禮 一迎詔儀.

2) 오배삼고두례 수용의 원인

중종 32년에 도성문 밖에서 조서를 맞이하는 예식을 놓고 발생한 갈등은 이전 사례들과 달리 조선 측이 오배삼고두의 예로 조서를 맞이하는 것으로 귀결되었다. 이렇게 된 데는 무엇보다 명 사신, 구체적으로는 정사인 공용경의 역할이 결정적이었다. 누차 언급했듯이, 그간 조서를 맞이하는 예식을 두고서 조선과 명 사신이 갈등하는 현상에서 독특하면서도 주목할 만한 사실은, 갈등 발생의 구조적 조건이—조선은 홍무제가 하사한 『번국의주』의 「번국접조의주」에 의거하여 국궁을 하려는 데 비해 명은 그 개정 버전이라 할 수 있는 「번국영접의」(「번국영조의」)에 의거해서 오배삼고두를 거행해야 한다고 봄— 갖추어진 동시에, 의주의 작성·개정 자체에 자족하다시피 하는 명조의 태도와 맞물려 사신으로 온 인물의 성향·개성 등에 따라 갈등의 유무와 정도가 결정된 점이었다. 이러하다 보니 조선이 국궁으로 조서를 맞이하고자 하는 것을 상수라고 한다면, 명 사신이 이를 문제 삼으면서 오배삼고두례의 거행을 주장하는 것은 변수라 할 수 있었다. 여기에 더해 공용경이라는 변수는 조선의 국궁 의례를 문제 삼은 여타 사신들과 달리 『번국의주』에 의거한 국궁 실행을 종국에는 인정하고 만 것도 아니요, 도성문 밖에서 국궁으로 조서를 맞이하고 나서 뒤늦게 이를 문제 삼은 것도 아니요, 『번국의주』에 의거한 국궁 실행을 부정했음에도 결국에는 '권례(權禮)'를 명분 삼아 양보한 것도 아니었다. 명 사신 공용경은 한 치도 물러나지 않은 채 비타협적으로 오배삼고두 거행을 고집하였고 종국에는 조선 측으로부터 양보를 얻어냈다.

이하에서는 국궁으로 조서를 맞이하는 의식을 문제 삼은 여타 사신들과도 구별되는 공용경의 (개성적) 면모를 들여다보도록 하겠다. 이러한 작업을 통해서 중종 32년에 이르러서 이전과 달리 오배삼고두의 예가 수용된 이유를 파악할 수 있으리라 기대한다.

공용경은 사신 임무의 명을 받았을 때 명의 조정 신하를 대상으로 하여 조선의 고사를 물어보았으며, 요양(요동도사)의 담당 관리를 상대로 해서는 지난날의 전고(典故)를 알아보았다. 그러나 실망스럽게도 조선의 고사를 아는 이는 없었고, 요양의 관원 역시 지난날의 전고를 알지 못하였다.[63] 소득이 전혀 없는 것은 아니어서, 공용경과 오희맹은 1521년(중종 16)에 부사로 조선으로의 사행 임무를 수행했던 사도(史道)로부터 의주에 관한 약간의 정보를 취득하였다.[64] 이처럼 사신의 임무를 제대로 수행하기 위한 공용경(오희맹)의 준비 과정 및 자세는 시작부터 남달랐다.

요동도지휘사사(遼東都指揮使司)를 발신자로 하는 자문(咨文)을 받고 난 후 중종이 전교한 내용 가운데 일부인 다음 기록은, 당시 명 사신이 제대로 된 예의 구현을 위해 노력한 남다른 면모를 보여주고 있다.

천사(天使)가 (압록)강을 건너기 전에 먼저 요동사(遼東使) 대인(大人)으로 하여금 아국(我國)에게 자문을 보내도록 한 것은 아국에게 기강을 보이고자 해서인데, 이는 전에는 없었던 일이다. 또한 '연로(沿路)의 역관에서 여인이 시중드는 것을 금지하라' 하였는데, 이것은 여악(女樂)을 가리킨 것이다. (…) 이번 천사는 자신이 먼저 금지하니, 예전에 없던 일이다.[65]

---

63 『使朝鮮錄』, 「使朝鮮錄序」. 일정 정도 과장이 있었다 해도, 이런 사실은 명의 신료들 가운데 조선에서 거행되어온 迎詔禮에 관한 정보를 아는 이가 거의 없었음을 시사한다. 藩國에서의 영조례 거행에 관한 명조의 소극적 태도를 감안하면 이는 그리 놀라운 일이라 할 수 없다.

64 부사 오희맹의 「使朝鮮錄後語」에 따르면 "우리는 처음 명령을 들었을 때 조정에 재직하고 있으면서 이 문제에 대해 잘 알고 있는 이들을 찾아보았지만 별로 없었다. 그러는 동안에 앞서의 사행에 대해 나의 스승이신 史鹿野(史道)를 지칭—인용자) 선생께 물어보고서 간신히 의주에 대해 조금 들은 바 있었다"라고 한다.

65 『중종실록』 권83, 중종 32년 2월 정사.

이처럼 이때의 명 사신은 예전에 없던 행보를 선보였다. 조선 영내에 들어서기 전에 자문을 보내 여인이 시중드는 것을 금지하도록 한 일은 풍속을 교정하고 예를 실현하고자 하는 의도에서였다. 자문에 수록된 사신들의 안험(案驗)에 따르면, "도로의 역관(驛館)은 옛 풍속에 젖어 흔히 여인이 답응(答應)한다고 한다. 그 나라가 본디 예의를 지킨다는 것을 잘 아는데, 이 일은 혐의스러운 것과 무관하지 않다. 연전에 사신이 금지한 일이 있어서 요즈음에는 연로(沿路)의 풍속이 바뀌기는 하였으나, 참으로 나라의 체모가 관계되고 여러 가지 거동에 관계되는데, 이미 전하여 듣고서 알았으니, 감히 일찍이 경계하지 않겠는가?"라고 했다.[66] 명 사신은 예의지국에 걸맞지 않은 풍속이 근래 들어 바뀌기는 했어도 그러한 풍속이 실행되었던 사실을 안 이상 미연에 방지하고자 해당 자문을 조선에 보낸 것이다. 연로의 역관을 통해 사신 접대 방식을 파악한 것은 조선의 고사와 지난날의 전고를 알아내고자 한 공용경의 노력과 무관하지 않았을 것이다.[67]

이들 사례가 조선 영내로 진입하기 전의 행적이라고 한다면, 명 사신은 압록강을 건너자마자 또다시 이전 사신들과 구분되는 남다른 면모를 보였다. 공용경이 압록강을 건너 조선 영내에 진입한 이후 첫 번째 객관(客館)인 의주의 의순관에서 의주를 확인한 사실은 그러한 면모에 해당할 수 있다. 이전에도 사신들은 드물게나마 사전에 의주를 확인하기는 했어도, 공용경처럼 조선 영내로 진입하자마자 의주를 확인한 사례는 없었다. 빨라야 황주에 이르러서였다. 공용경의 이러한 행보는 의주에 관해 사도(史道)로부터 얻은 정보를 토대로 이

---

66 『중종실록』권83, 중종 32년 2월 정사.

67 이것은 사도로부터 얻은 의주에 관한 약간의 정보 가운데 하나였을 것이다. 공용경이 의주에 대한 정보를 얻고자 한 노력은 영조의례를 '제대로' 실행하고자 하는 의지에서였을 것이다.

루어졌을 것이다. 1521년에 명 사신 당고(唐皋)와 사도가 오배삼고두례의 실행
및 유생의 영조례 참여를 제안했었던 사실로 미루어,[68] 공용경은 조선 국왕이
교외에서 국궁으로 조서를 맞이하고 생원이 영조례에 참여하지 않는 문제를
사도로부터 미리 전해 듣고서는 조선 영내에 진입하자마자 의주를 통해 직접
이를 확인하고자 하였을 것이다. 예상대로 문제를 발견하자, 공용경은 앞서 당
고와 사도가 제기한 것과 동일한 제안을 하였을 것이다.

　한편 공용경이 국궁을 문제 삼으면서 오배삼고두의 예로 조서를 맞이해야
한다고 요구하는 것 자체는 이전 사신들과 다른 바가 없었다. 그렇기는 해도
영조례를 예의에 맞게 구현하고자 했던 그의 남다른 집념 때문인지, 해당 요구
를 관철하는 과정에서 남다른 몇 가지 면모가 확인된다.

　첫째, '사신은 예제를 통달해야 한다'라는 그의 언급에[69] 부합하듯, 공용경
은 이전 사신들과 달리 번국 내 영조례의 의식 절차를 비교적 정확히 꿰뚫고
있었다.[70] 그는 국궁의 예가 홍무제가 보내준 『번국의주』에 의거하여 오래전부
터 거행되어왔다는 조선 측의 논리를 반박하는 과정에서, 홍무 시대의 예는 이
후 개정되었고 오배삼고두의 예로 조서를 맞이하는 것은 현재 통용되는 예로
그 전거가 『대명회전』이라고 하였다. 홍무 시대의 예인 『번국의주』를 묵수하지
말고 시례(時禮)인 『대명회전』을 준용해서 오배삼고두례를 거행해야 한다는 것
이다. 실제로 『대명회전』에는 『대명집례』(『번국의주』) 「번국접조의주」의 개정판

<hr />

68　『중종실록』 권85, 중종 32년 9월 경진. "政院以禮曹意啓曰 五拜三叩頭之禮及儒生祇迎之事
　　辛巳年天使唐皋史道等 越江初 先言之 今天使龔用卿吳希孟等 見問禮官 先問此禮 兩度天
　　使 皆行此禮 請定爲一定之式."

69　『중종실록』 권96, 중종 36년 10월 기미.

70　의례에 밝았던 공용경의 면모에 관해서는 김문식, 「明使 龔用卿이 경험한 외교의례」, 『조선
　　시대사학보』 73, 2015, 224~225쪽 참조.

으로 오배례(오배삼고두)가 적시된 「번국영조의(蕃國迎詔儀)」가 수록되어 있었다.[71] 공용경의 이러한 면모는 사신의 임무를 제대로 수행하기 위해 예제를 통달하고자 했고 그 일환에서 조선의 고사와 지난날의 전고(典故)를 파악하고자 한 행보와 절대 무관하지 않을 것이다.[72] 이는 그전에 국궁의 예를 문제 삼은 사신들이 번국인 조선에서도 오배삼고두의 예가 거행되어야 한다고 믿고 있었으면서도 그 예적 근거를 제대로 알고 있지 못하여 엉뚱한 예서를 거론하곤 했던 것과 뚜렷한 대조를 이룬다.

둘째, 그는 번국인 조선에서도 오배삼고두의 예가 거행되어야 함을 뚜렷이 알고 있었고, 그 예적 근거도 인지하고 있었다. 그러한 데다 예의에 걸맞은 영조례 구현에 집착하다시피 해서인지 국궁의 예로 조서를 맞이해온 조선의 방식을 권례(權禮)로조차 인정하지 않은 채 비타협적인 태도로 일관하였다. 그전 사신들은 국궁의 예 따위의 일부 의식에 문제가 있더라도 전반적인 예식 절차는 예(의)에 부합하였고, 그들이 보더라도 조선은 예의지국에 걸맞은 면모를 보였으며, 더욱이 영조례 의주는 자의적으로 작성된 것이 아니라 홍무제가 하사한 『번국의주』에 의거한 것이다 보니, 종국에는 자신들의 의사를 접고 조선의 방식을 수용하였다. 이와 달리 공용경은 조선이 건넨 의주에서 잘못되었다고 본 예식 두 가지를 지적하며 각각의 정답을 제시하고서는 한 발짝도 양보하지 않았다. 조선 측이 생원의 영조례 참여를 수용하였을 때 권례로라도 국궁의

---

71 최종적으로 완성된 『大明會典』으로 공용경 사후에 편찬된(1587) 속칭 『萬曆會典』에 「蕃國迎詔儀」가 수록되어 있는데, 이것은 공용경이 보았을 1509년에 편찬된 『大明會典』(『正德會典』)에도 실려 있다. 『大明會典』(正德本) 권55, 禮部14 蕃國禮 蕃國迎詔儀 참조.

72 그가 『대명회전』 수찬에 참여한 사실도(『중종실록』 권84, 중종 32년 3월 계사) 간과해서는 안 된다. 正德帝 시기에 간행된 『대명회전』은 이후 가정제와 만력제 시기에 重修되었다. 이에 관해서는 김한규, 『사조선록使朝鮮錄 연구—송(宋), 명(明), 청(淸) 시대 조선 사행록(使行錄)의 사료적 가치』, 서강대학교출판부, 2011, 280쪽 참조.

예를 용인할 법도 했지만, 그는 일체의 타협 없이 오배삼고두례의 실행을 요구하였다. 그는 국궁의 예가 홍무제가 하사한 『번국의주』를 토대로 하여 오래전부터 행해온 것이라는 조선의 논리를 세세히 공박하면서 전면 부정하였다. 그는 국궁의 예로 조서를 맞이하는 예식을 비례, 불경이라고 보았기에, 제대로 의례를 구현하고자 하는 굳건한 의지에서 오배삼고두의 예를 고수하였을 것이다.

공용경이 오배삼고두의 예를 관철하는 과정에서 보인 전례없는 면모로 언급할 수 있는 마지막 것은, 황장자(皇長子) 탄생을 알리는 조서를 조선에까지 반포하는 행위는 전례 없는 일이었는데,[73] 이 임무를 맡은 공용경이 이 일이 '일통지례(一統之禮)'로서 조선 국왕을 특별히 대우하는 차원에서 이루어졌다고 적극적으로 의미 부여한 점이다. 부사인 오희맹의 입을 빌자면, "동인(同仁)을 크게 펴서 내외를 구별하지 않음을 보임으로써 화이일체를 이루었다. 조선은 비록 황복이지만 평소에 예의를 지켜 상국을 존중해왔기 때문에 이적시하지 않고 중국처럼 간주했다. 황태자께서 탄생하셨으니, 지금부터 새로 시작하는 바가 있게 되었다"[74]라고 하여, 해당 조서의 반포를 예의지국이자 중국과도 같은 조

---

73 嘉靖帝 시기에 명 측은 조선을 내복처럼 간주하여('視同內服') 전례 없는 제도들, 가령 膳黃制度 등을 행하고 특별 예우를 베풀었다. 황장자 탄생을 알리는 조서를 조선에 반포한 일은 이러한 특별 예우의 일환이었다. 가정제 시기에 명 측의 이러한 행보는 국초 이래 조선의 禮儀之國과 이와 맞물린 至誠事大의 면모가 본격적으로 빛을 발한 결과이기도 했지만, 大禮議 국면에서 황제 측의 嘉靖帝 개정 조치들이 조정 안팎에서 반대에 직면했을 때 조선은 사신을 보내 이를 恭賀해서 황제 측이 조선의 행보에 호의를 갖고 정치적으로 활용하기도 한 데서 비롯되었다고 할 수 있다. 이와 관련하여 高艶林, 「嘉靖時期中朝關係的新階段」, 『西北師大學報—社科版』, 2008 참조. 그리고 대례의 국면에서 조선 측의 동향에 관해서는 구도영, 「중종 대(中宗代) 사대 인식(事大認識)의 변화—대례의(大禮議)에 대한 별행(別行) 파견 논의를 중심으로」, 『역사와 현실』 62, 2006 참조.

74 『使朝鮮錄』, 「使朝鮮錄後語」.

선을 대상으로 일시동인의 차원에서 천자의 은혜를 특별히 베푼 일로 본 것이다.[75] 때문에 공용경은 조선이 이 특별하고도 유례없는 조서(別禮)를 '비례'로 맞이하는 것을 도저히 용납할 수 없었을 것이다. 조선을 예의지국이자 중국과도 같은 곳으로 간주한(視同內服) 만큼, 그리고 이를 우대하여 유례없는 조서를 반포하였다고 생각한 만큼,[76] 그는 구례(舊禮)에 구속되어 천하에서 통행하는 예를 외면하는 조선의 비례·불경을 수용하기란 더더욱 어려웠을 것이다. 이전의 사신들과 달리 말이다.

이처럼 중종 32년에 도성문 밖에서 조서를 맞이하는 예식을 두고서 발생한 갈등이 이전 사례들과 달리 조선 측이 오배삼고두의 예로 조서를 맞이하게 되는 것으로 귀결된 데는, 영조례를 예의에 맞게 구현하고자 하는 공용경의 남다른 집념과 역할이 결정적으로 작용하였다고 할 수 있다.[77] 명 사신의 역할에는 못 미친다 할지라도 국왕의 결단도 한몫했음을 부인하긴 어렵다. 대신들의 반대 의견도 있었던 데다 그 전에 몇 차례 논란이 있었음에도 결국 조선의 뜻대로 국궁의 예가 관철되었던 경험이 축적되어 있었는데도, 중종은 최종결정권자로서 결단을 내려 명 사신의 요구를 수용하였다. 다만 그 결단은 능동적이었다기보다는 피치 못한 상황에서 이루어진 것이라고 보는 편이 더 정확할 것이

---

75 『使朝鮮錄』, 「予初至義順館 禮曹正郎任弼亨來呈儀注 (⋯)」, "初差官往汝國來 皆出朝廷聖意 此原無舊例 前所謂以一統之禮 待汝國王 正謂此也."

76 공용경이 조선을 예의지국으로 인식했던 면모는 『使朝鮮錄』 곳곳에서 확인된다. 한편 嘉靖帝 시기에 명 측이 조선을 대상으로 전례 없는 행보를 취한 사실로 보아, 조선은 예의지국이자 내복과도 같은 곳이어서 명이 특별하고 유례없는 조서를 보냈다고 본 공용경의 생각은 개인적 차원의 것이라고 볼 수는 없을 것이다.

77 부사인 오희맹도 그와 보조를 같이하였을 것이다. 嘉靖帝 시기에 명 측이 조선을 내복처럼 간주하여 전례 없는 제도들을 행하고 특별 예우를 베푼 행보는, 오배삼고두의 예로 조서를 맞이하게 된 변화의 시대적 배경으로 작용하였을 것이다.

다. 중종은 1521년(중종 16)에는 명 사신 당고와 사도의 동일한 주장을 받아들이지 않았지만, 공용경이 이전의 사신들과 달리 뜻을 전혀 굽히지 않은 채 오배삼고두의 거행을 밀어붙이는 상황에 직면하여 최종결정권자로서 결단을 내려 명 사신의 요구를 수용한 것이다.[78]

5. 오배삼고두례의 수용을 어떻게 보아야 하는가?

기왕의 연구에서는 명 사신의 오배삼고두례 요구를 부당하고 강압적인 성격의 일이거나 더욱 저자세를 강요하는 것으로 보았기에, 중종 대에 오배삼고두례를 수용한 것을 부당한 외압에 굴복한 일로 보는 듯하다. 바람직하지 않게도 오배삼고두례를 수용하고 만 모습은 중종 대에 조선의 대명 태도가 저자세로 바뀐 데서 기인하였다고 설명하기도 하였다.[79] 그런데 이상의 검토 결과에 따르면, 종래의 이해 방식은 당대의 맥락과 동떨어져 있다는 인상을 준다.

앞서 본 바와 같이 『대명집례』(「번국의주」) 「번국접조의주」의 작성 이후에 「번국영접의」(「번국영조의」)라는 의주가 작성되었고, 이 의주는 번국의 왕이 오배삼고두의 예로 조서를 맞이하도록 규정하였다. 그리고 이러한 개제(改制)는

---

78 이전의 사신들과 달리 공용경의 五拜三叩頭 구현을 향한 의지가 확고부동하였을 뿐만 아니라 그 논리와 근거가 명확하고 풍부했던 점, 오배삼고두례를 거행하지 않는 국왕의 행위를 불경·비례로 간주한 점, 그리고 예의지국이자 중국과도 같아 해당 조서를 특별히 보낸 것인데 실망스럽게도 천하에서 통행하는 예로 맞이하지 않고 비례를 범하고 있다는 비난 등을 고려하여, 최종결정권자로서 중종은 국궁이 아닌 오배삼고두의 예로 조서를 맞이하는 것을 결정하였을 것이다.

79 계승범, 「파병 논의를 통해 본 조선 전기 對明觀의 변화」, 『대동문화연구』 53, 2006; 유바다, 「朝鮮 初期 迎詔勅 관련 儀註의 성립과 朝明關係」, 『역사민속학』 30, 2012.

'일시동인(一視同仁)'의 차원에서 번국도 명의 지방 아문(衙門)과 마찬가지로 오배삼고두의 예를 행하도록 한 조치라고 할 수 있다. 명이 번국에서도 오배삼고두의 예로 조서를 맞이하도록 한 것은 번국(조선)을 대상으로 더욱 저자세를 요구하고자 하는 의도에서 나왔다고 보긴 어렵다. 오배삼고두의 예로 조서를 맞이하도록 한 움직임이 강압적 성격의 것이거나 더욱 저자세를 요구하고자 하는 의도에서 나왔다면, 명은 개정된 의주를 '지면' 위에 남기는 것으로 자족하지 않고 조선에 이를 반포하거나 사신을 통해 강제했을 것이다. 하지만 현실은 대다수 사신이 의주의 개정 사실 자체를 몰랐을 정도였다.

명조는 더욱 온전한 '일시동인'의 구현 차원에서 『대명집례』(「번국의주」) 「번국접조의주」의 작성 이후 「번국영접의」(「번국영조의」)를 제작하였을 것이면서도, 정작 번국을 대상으로 해서는 이를 구현하고자 하는 공식적, 제도적 조치를 전혀 취하지 않았다. 그러한 탓에 조선을 상대로 오배삼고두의 예로 조서를 맞이하도록 요구하는 행위는 개별 사신의 역량, 관심, 성향 등에 달려 있었고, 이와 맞물려 이 사안을 두고서 조선과 명 사신 간의 갈등은 불규칙적, 간헐적으로 발생하였다. 오배삼고두례의 구현에 무관심했던 대부분의 명 사신들과 달리, 공용경을 포함하여 이를 실현하고자 하는 이들의 발심은 조선을 상대로 한 길들이기, 모욕주기에서가 아니라, 중국 내 지방에서 구현되는 방식과의 동조(同調), 천하에서 통행하는 예의 구현 등, 그들이 생각하기에 '올바르다'라고 판단되는 예를 실행하고자 하는 취지에서 나왔을 것이다.

오배삼고두의 예를 관철한 공용경이 조선 관원을 상대로 남긴 다음과 같은 언설은 어떠한 심산에서 오배삼고두의 예로 조서를 맞이하도록 요구했는지를 잘 보여준다.

[국왕의] 전도(前導)를 사용하고 세 번의 무도(舞蹈)가 있으며 열두 번의 절이 있

는데, 왜 오직 이 교외의 예만 아껴서 행하지 않는가. 다른 예는 행하고 오직 이 예만 행하지 않는 것은 이른바 그 큰 것은 버리고 그 자잘한 것만 세는 것이라 하겠다. 지금 천자께서는 그대들 국왕을 대우하기를 천하와 더불어 일체로 여겨서 그대들 나라에서 예를 행하였는데, 천하와 다름이 있다면 이는 스스로 [천하] 밖으로 나가는 것이다. (…) 우리가 말하는 것은 분수 밖의 다툼도 아니고 이치 밖의 요구도 아니다. 단지 그대들이 예를 지키는 나라이기 때문에, 이것을 잃고 행하지 않는 것이 안타까울 뿐이다.[80]

공용경과 함께 온 사신인 오희맹 또한 오배삼고두례의 실현을 포함하여 처음으로 구현된 네 가지 일을 "우리 황상의 성스러운 교화가 멀리 미치고 인문이 널리 펼쳐졌음을 입증하였다"라고 자평하였다.

명 측의 본의와는 별개로 조선은 명 사신의 오배삼고두례 요구를 모욕주기, 길들이기로 오인하였고, 그리하여 명 사신의 부당하고 강압적인 요구에 반발해서 오배삼고두의 예로 조서를 맞이하려 들지 않았다고 생각해볼 수도 있다. 그런데 당시에 국왕이 오배삼고두로 조서를 맞이하는 것을 굴욕적인 일로 보는 인식은 그 어디에서도 발견되지 않는다. 현대를 살아가는 우리들의 예상과 달리 말이다.

80　『使朝鮮錄』, 「與禮曹正郞 論禮問答之語 謹識之 (…)」. 공용경의 이러한 식의 언설은 립서비스가 아닌 게, 공용경은 조선 사행 이후 '達禮制 懷遠人 以昭盛治事'라는 제목의 글을 상주하여 조선을 대상으로 해서는 內服의 例에 따라 천하에 詔誥하는 일이 있으면 다 通論하기를 청하였다. 즉 膰黃制度를 요청한 것이다. 그는 조선이 洪武帝 시기 이래로 중화를 사모하고 향화하는 마음이 두터워 신하의 절의를 지키고 조공을 중단하지 않아온 것 등을 이유로 조선을 대상으로 해서는 여타 蕃國과 달리 중국 내에 반포하는 詔誥를 전해야 한다고 건의하였고, 이는 황제에 의해 수용되었다(『중종실록』, 권96, 중종 36년 10월 기미). 이와 관련해서는 高艶林, 「嘉靖時期中朝關係的新階段」, 『西北師大學報—社科版』, 2008 참조.

도성문 밖에서 오배삼고두의 예로 조서를 맞이해야 하는지 여부와 별개로, 영조례 예식 절차 가운데 국왕이 조서를 상대로 배례(拜禮)나 고두례(叩頭禮)를 행하는 예식은 여럿 있었고,[81] 여타의 명에 대한 의례에서도 황제(상징물)를 대상으로 한 국왕의 배례와 고두례는 심심치 않게 이루어지고 있었다.[82] 그런데 이 현상은 너무나도 자연스럽고 당연한 게, 배례와 고두례는 상하 차등적 군신(君臣) 의례였고 국초 이래 조선(왕)은 자기 신념적 차원에서 제후의 분의를 견지하고 있었기에,[83] 조선(왕)이 황제(상징물)를 상대로 배례와 고두례를 행하는 것은 전혀 꺼릴 일이 못 되었다. 조선의 신하가 자신의 위상을 받아들여 국왕에게 배례와 고두례를 행하는 것이[84] 굴욕적인 일이 아니듯이, 자기 신념적으로 제후(신하)의 위상을 수용하고 있는 조선 국왕이 황제(조서)에게 이러한 의례를 거행하는 것도 전혀 굴욕적이지 않았다.[85] 실제로 명 사신을 상대로 한 반론에서는 물론이요, 조선 내의 논의에서조차 명 사신이 요구하는 오배삼고두례를 굴욕적으로 보는 인식이나 언설은 등장하지 않았다.

조선이 오배삼고두의 예로 조서를 맞이하는 예식을 수용하려 들지 않은

---

81   『세종실록』 권132, 오례 迎詔書儀.

82   가령 『세종실록』 오례의 「正至及聖節望闕行禮儀」와 「迎勅書儀」 등에서 확인할 수 있다.

83   이에 관해서는 최종석, 「중화 보편, 딜레마, 창의의 메커니즘―조선 초기 문물 제도 정비 성격의 재검토」, 『조선시대 예교 담론과 예제 질서』, 소명출판, 2016a; 최종석, 「고려 후기 '자신을 夷로 간주하는 화이의식'의 탄생과 내향화―조선적 자기 정체성의 모태를 찾아서」, 『민족문화연구』 74, 2017; 최종석, 「13~15세기 천하질서와 국가 정체성」, 『고려에서 조선으로』, 역사비평사, 2019d 참조.

84   조선 국왕이 신하들로부터 배례와 고두례를 받았음은 『세종실록』 오례의 「正至百官朝賀儀」, 「正至誕日使臣及外官遙賀儀」 등에서 확인할 수 있다.

85   현대 한국인의 눈에 拜禮와 叩頭禮 못지않게 굴욕적으로 보이는 舞蹈禮, 山呼萬歲 또한 영조례 거행 시에 수차례 등장한다.

것은 그 예식이 굴욕적인 의미를 품고 있어서가 아니었다. 『번국의주』를 준용
하면서도 의리에 맞게 변개하여 국궁의 예로 조서를 맞이하는 것은 오래전부
터 행해온 것인 데다가 예의 측면에서도 타당하다고 보았기 때문에서였을 것
이다. 또한 대부분 사신들은 그냥 넘어가는 상황에서 일부 사신이 문제 삼았다
고 해서 이 말만 믿고 홍무제가 보내준 『번국의주』의 준용이면서 조종예제이
기도 한 기왕의 방식을 함부로 개정할 수는 없었을 것이다. 오배삼고두의 예로
조서를 맞이하는 예식을 적시한 개정 의주를 하사받게 되면 이를 준용하여 오
배삼고두의 예로 조서를 맞이하게 될 것이라는 식의, 조선 측 일부 신하들의
언설은 결코 허언이 아니었을 것이다. 만약 『번국의주』에 오배삼고두의 예로
조서를 맞이해야 한다는 규정이 있었다면, 조선은 오배삼고두의 예를 거행하
였을 것이고 이 문제로 조선과 명 사신이 갈등할 일도 없었을 것이다.

따라서 중종 대에 오배삼고두의 예로 조서를 맞이하게 된 것은 굴욕적인
일도 아니요, 저자세를 드러내는 것도 아니었다. 재차 언급하듯이, 요구하는 명
(사신)도, 반박하는 조선도 오배삼고두의 예로 조서를 맞이하도록 한 것을 굴
욕주기, 길들이기 식의 행위와 연관 짓지 않았다. "오배삼고두의 예는 대인(大
人)(명 사신—인용자)이 말한 바에 따라 부득이 홍무성제(洪武聖制)(『번국의주』—인용자)
를 고쳐야 하므로 지극히 미안하다",[86] 또는 "성지(聖旨)를 받들어 반포한 의주
(『번국의주』—인용자)를 예로부터 준행하고 있는데, 우리 소국에서 함부로 고치기
가 매우 미안하기 때문에 이와 같이 말했을 뿐이다"[87]라는 조선 측의 언설을 감
안하면, 오배삼고두례의 수용이 조선에게 의미한 바는 오배삼고두례라는 새
로운 예식의 수용에 있었다기보다는 오히려 기존 예식의 폐기에 있었던 듯싶

---

86 『중종실록』 권83, 중종 32년 2월 기묘.

87 『중종실록』 권84, 중종 32년 3월 갑신.

다. 즉 조선 측에게 오배삼고두례의 수용은 홍무제가 하사하여 예로부터 준행해온 의주를 개정하는 데 따른 미안함으로 다가왔을 것이다. 굳이 새로이 들어온 것에서 의미를 찾자면, 오배삼고두의 수용은 그 이유에 해당하는 언설인, '이제 들은 조사(詔使)의 말은 올바른 예에 맞으니 준수해야 한다',[88] '이것은 천하에서 통행하는 예이므로 시행해야만 한다는 사신의 말을 따르는 것이 옳다'[89] 등에서 엿볼 수 있듯이, 더욱 올바르고 타당한 예의 준수, 천하통례의 수용이라고 할 수 있다.

오배삼고두례의 수용이 조선에 의미한 바가 이러하였기에, 일단 수용되고 나서는 오배삼고두의 예로 조서를 맞이하는 의식은 거부감 없이 실행되었고 예식(例式)으로까지 자리 잡았을 것이다.[90]

---

88 『중종실록』 권96, 중종 36년 10월 기미.

89 『중종실록』 권84, 중종 32년 3월 갑신.

90 五拜三叩頭를 수용하여 의주를 고쳤다고 했지만(『중종실록』 권96, 중종 36년 10월 기미), 이는 『국조오례의』 「迎詔書儀」의 개정을 의미하진 않았다. 오배삼고두례의 수용 이후로도 『국조오례의』의 「迎詔書儀」는 국궁으로 조서를 맞이하도록 규정하였다. 조선이 고친 의주란 명 사신에게 건네는 의주였을 것이다. 물론 영조례는 이 의주에 따라 거행되었다. 이로 인해 오배삼고두례의 수용 이후로는 오배삼고두의 예가 기본적으로 구현되었으면서도 간혹 조선 조정 내에서는 『국조오례의』 「迎詔書儀」와 다르게 오배삼고두의 예로 조서를 맞이하는 이유와 내력이 논의되기도 하였다. 『선조실록』 권34, 선조 26년 1월 을유; 『광해군일기(중초본)』 권14, 광해군 1년 3월 무신; 『인조실록』 권18, 인조 6년 2월 정사 참조.

2장

성종 19년 영조칙례를 둘러싼
조선과 명 사신의 갈등과 그 성격

1. 머리말

성종 19년 3월 13일에 경복궁에서 반조(頒詔)와 수칙(受勅)이 이루어졌다.[91] 이전과 특별히 다를 게 없는 반조(頒詔)와 수칙(受勅)이었지만, 이 일에 앞서 사전확인 과정에서 이전과 달리 조선과 명 사신은 조칙(詔勅)을 맞이하는 절차, 구체적으로는 이 가운데 두 사안을 두고서 이견을 노출하면서 갈등하였다. 조서를 맞이할 때 국왕의 교통수단, 구체적으로는 모화관에서 궁궐까지 무엇을 타고 이동할 것인가를 놓고서 조선과 명 사신은 각각 가마(輦)와 말(馬)을 주장하면서 갈등하였고, 함께 온 조서와 칙서를 맞이하는 방식을 두고서 조선은 조서를 맞이할 시에 칙서도 함께 맞이해야 한다고(詔勅合迎) 본 데 비해, 명 사신은 조서와 칙서를 별도로 맞이해야 한다고(詔勅分迎) 역설하였다.

이들 사안을 두고서 벌인 갈등은 이례적이었다. 그동안 영조 시에 국왕은 가마(輦)를 타고 궁궐로 이동하였다. 1428년(세종 10) 3월 19일 예조가 작성하여

---

91 『성종실록』 권214, 성종 19년 3월 정축 11번째 기사.

올린 '영조의(迎詔儀)'[92]를 시작으로 이후에 작성된 각종 영조례 의주에도 국왕이 가마(輦)를 타고 궁궐로 이동한다고 적시되어 있다.[93] 그리고 조서와 칙서가 함께 온 경우에 국왕은 양자를 한꺼번에 맞이하였다. 조서와 칙서는 궁궐로 일시에 이동하였고 국왕은 궁궐에서 조서와 칙서를 차례대로 받았다. 성종 19년에 명 사신이 문제 삼기 전까지 명 사신이건, 조선 측이건, 그동안 해온 영조 시국왕의 승연(乘輦) 및 조칙합영(詔勅合迎)에 관해 의문을 제기한 이는 전혀 없었다.

성종 19년 조선과 명 사신이 조칙(詔勅)을 맞이하는 절차를 놓고서 벌인 갈등은 그동안 해왔던 방식을 이때 조선에 온 명 사신이 '유달리' 문제 삼은 데서 비롯된 일이었다. 조선 측은 명 사신의 의견을 인정·수용하지 않고 구래의 방식을 고수하였고, 명 사신도 자신의 견해를 굽히지 않으면서 갈등이 발생하였다. 양 측의 이견이 좁혀지지 않아 논쟁은 지속되었고, 그러다 막다른 골목에 이르러 절충 없이 한쪽이 일방적으로 양보하는 방식으로 논란은 종결되었다. 전자의 갈등에서는 조선의 견해가 관철되어 종래대로 영조 시에 국왕은 가마(輦)를 탔고, 후자에서는 명 사신의 견해가 관철되어 조선 국왕은 모화관(慕華館)에 가서 조서를 맞이하고 가마(輦)를 타고서 조서와 사신을 경복궁으로 인도한 후 조서를 받고서, 다시금 모화관에서 가서 칙서를 맞이하고 말을 타고 칙서와 사신을 경복궁으로 인도한 후 칙서를 받았다(詔勅分迎).

일대일 무승부인 듯 보이지만 조선 입장에서 보자면, 고례인 조서와 칙서

---

92 『세종실록』 권39, 세종 10년 3월 신축. "詔書至 殿下率群臣躬身迎使臣 捧詔書 置龍亭中 出上路 司香二人挾持香亭 續上香 金鼓在前 次耆老僧人乘馬行 次群臣乘馬行 次王世子乘馬行 次殿下乘輦行 次儀仗鼓樂 次香亭 次詔書龍亭 次使臣行於龍亭之後."

93 『세종실록』오례의 迎詔書儀(『세종실록』 권132, 五禮 嘉禮儀式 迎詔書儀)와 『국조오례의』의 迎詔書儀에도 그처럼 기재되어 있다.

를 일시에 맞이하는 방식이 명 사신의 주장에 밀려 개정되고 만 셈이어서, 논쟁 결과는 불만족스러울 수밖에 없었다. 국왕이 칙서를 맞이할 시에 말을 탄 것도 불만스러운 일이었다.[94] 그로 인해 이 사안은 여기서 끝나지 않았고 짧지 않은 기간 동안 조선과 명 사신 간에 단속적(斷續的)으로 논란이 일었다. 인종·명종 대까지 그러하였다. 이러한 과정을 거치면서 조선이 희망한 결과대로 사안은 종결되었다. 즉 국왕은 가마(輦)를 타고 조서와 칙서를 한꺼번에 맞이하고, 칙서만 온 경우에도 조서와 마찬가지로 가마(輦)를 타고 맞이하는 방식으로 귀결되었다. 조칙합영으로의 복구가 이루어졌을 뿐만 아니라 가마(輦)를 타고 칙서를 맞이하게 되었다.

필자는 이 사안 및 이에 관한 일련의 갈등 과정을 검토하고자 한다. 이 장에서는 성종 19년 조선과 명 사신 간에 조칙을 맞이하는 절차를 두고 벌인 갈등과 그 귀결을 다룰 것이다. 성종 19년에 있었던 이 사건의 여진에 관한 검토는 다음 장으로 넘기고자 한다.

이 장의 주요 검토 사안을 소개하면 다음과 같다. 우선 이러한 갈등의 발생 원인에 관한 탐색이다. 바로 앞 장에서 검토하였듯이, 조선은 명이 작성하여 하사한 『번국의주』의 「번국접조의주」와 「번국수인물의주」를 토대로 각각 영조례와 영칙례를 운영하였기에, 조선과 명 사신이 조칙을 맞이하는 절차를 두고 갈등하는 현상은 현재의 시각에서 보면 쉽사리 이해되지 않는다. 자체적으로 고안·작성한 의주를 토대로 영조례와 영칙례를 운용한 고려 전기에는[95] 오히려 고려와 조사(詔使)·칙사(勅使) 간에 그러한 갈등이 발생하지 않았다는 사실을 고려할 때 더욱 그러하다. 역설적으로 보일 수도 있으나, 당대 맥락에서 보

---

94 이 일이 불만스러웠을 이유에 관해서는 본문에서 상술하도록 하겠다.

95 『고려사』 권65, 지19 예7 빈례 迎北朝詔使儀와 迎北朝起復告勅使儀.

면 조선과 명 사신 간에 조칙을 맞이하는 절차를 두고 벌인 갈등은 충분히 있을 수 있는 일이었다. 당대 맥락의 포착을 통해 이러한 갈등 발생의 원인을 규명해보겠다. 다음으로는 성종 19년의 이 일이 있기 전에 수많은 조사가 왔고 조서와 칙서가 함께 온 경우도 드물지 않았는데, 왜 이때서야 영조 시 국왕의 승연(乘輦) 및 조칙합영이 문제로 대두한 것인지에 관해서다. 또한, 이와 연관된 것으로 조칙을 맞이하는 절차 가운데 왜 이들 사안이 유독 당시 명 사신에 의해서 문제로 인식되었을까 하는 점이다. 마지막으로, 조선은 무엇을 근거로 영조 시 국왕의 승연(乘輦) 및 조칙합영을 견지하였고, 명 사신은 무엇을 근거로 영조 시 국왕의 승마(乘馬) 및 조칙분영(詔勅分迎)을 주장하였을까 하는 점에 관해서다. 이러한 검토는 당시 조선과 명 사신 간 논쟁의 성격을 탐색하는 작업이기도 하다. 또한, 이와 연관된 것으로 영조 시 국왕의 승연(乘輦)은 조선의 뜻대로 된 데 비해 조칙분영(詔勅分迎)은 명 사신의 의사대로 된 이유를 탐색하고자 한다.

성종 19년 조선과 명 사신 간에 조칙을 맞이하는 절차를 두고서 벌인 갈등은 이를 다룬 선행 연구가 있어 많은 참고가 된다.[96] 이들 연구를 통해 당시 조선과 명 사신 간에 논란이 된 지점 및 논쟁의 추이와 귀결 등이 전반적으로 다루어지고 밝혀졌다. 그러나 아쉽게도 필자가 앞서 제기한 의문들은 여전히 해소되지 않은 채 남아 있다. 그리고 필자는 핵심 논지의 측면에서 기존 연구와 생각을 달리하고 있다. 김한규는 당시 논쟁을 선구적으로 검토하면서 "동월(董越)은 조서를 영접하는 전통적 관행에 대해 이의를 제기하여 조선 국왕이 가마(輦)를 타지 않고 말을 타고 조서를 맞도록 집요하게 요구해서 이를 관철시켰

---

96 김한규, 「董越의 『朝鮮賦』와 迎詔禮 論爭」, 『사조선록(使朝鮮錄) 연구』, 서강대학교 출판부, 2011; 이규철, 「조선 성종 대 외교의례 변경에 대한 논의와 대명의식」, 『역사와 현실』 98, 2015.

다. 동월은 조선 국왕이 말을 타고 조서를 맞도록 하기 위해 그때까지 조서와 칙서를 함께 영접하던 관행을 깨고 각각 따로 맞게 하였는데, 이는 이후 하나의 새로운 관행으로 정착되었다"라고 정리하였는데,[97] 본문에서 자세히 논증하겠지만 명 사신의 요구가 관철된 지점은 말을 타고 조서를 맞이하는 것이 아니라 조서와 칙서를 별도로 맞이하는 것이었고, 이 경우에 국왕은 칙서를 맞이할 때 말을 타야 했다. 또한 새로운 관행으로 정착했다는 견해도 동의할 수 없다. 앞서 언급하였듯이 종국에 국왕은 가마(輦)를 타고 조서와 칙서를 한꺼번에 맞이하게 되었고, 칙서만 온 경우에도 조서와 마찬가지로 가마(輦)를 타고 맞이하게 되었다.[98]

관점 면에서도 기왕의 연구와 상이하다. 도성문 밖에서 조서를 맞이하는 예식 절차를 두고 조선과 명 사신이 갈등한 사안을 다룬 바로 앞 장과 마찬가지로, 여기서도 조선과 명(사신) 간 외교의례를 둘러싼 갈등을 파워게임처럼 보는 종래의 시각을[99] 탈피하여, 양 측 모두 문명 중화의 구현 차원에서 '올바른' 예(禮)를 실현하고자 하는 공감대 속에서 사전에 '올바른' 실천 방식이 뚜렷하지 않은 일부 의절을 놓고 각자의 실천 방식이 예에 부합한다고 고수했기 때문에 당시에 조선과 명 사신 간의 갈등이 발생하였다고 보고 있다. 필자는 이러한 방향에서 이루어진 연구 성과만이 조선과 명(사신) 간에 외교의례를 둘

---

97 김한규, 앞의 책, 2011, 241쪽.

98 이 점은 다음 장에서 상세히 다룰 것이다. 한편 이규철은 선행 연구에 별다른 이견을 피력하지 않았으며, 당시의 논쟁 결과가 새로운 관행으로 정착했다는 견해와 同調하여 성종 대의 결정이 이후 외교의례를 시행하는 새로운 기준이 되었다고 하였다. 이규철, 앞의 논문, 2015, 184쪽.

99 기존에는 당시에 명 사신이 조선과 상이한 의견을 고수한 것을 朝明 책봉-조공 관계를 강화하고자 한 시도로 본다든가(김한규), 일부나마 명 사신의 주장을 수용한 것을 조선에서 명이라는 존재가 가지는 위상이 더욱 확대된 현상으로 해석한다든가(이규철) 하였다.

러싼 갈등의 전모와 성격을 파악하는 길은 아니라고 보긴 하지만, 중요하고도 상당한 지분을 차지함에도 그간 철저히 외면되다시피 한 만큼 향후 이러한 관점에서 관련 연구성과의 축적이 활발하고도 지속적으로 이루어져야 한다고 믿고 있다.

2. 조서를 맞이할 때 국왕의 승연(乘輦)을 둘러싼 논란과 그 귀결

성종 19년 3월에 조칙(詔勅)을 맞이하는 예에 관해, 정확히는 그 가운데 일부 예식 절차에 관해 명 사신이 행한 문제제기와 그 결과는 당시뿐만 아니라 이후로 한동안 조선 조정 내에서 논란거리로 작용하였다. 이 사안은 조선이 영조칙례(迎詔勅禮)와 같은 외교의례를 어떻게 보고 있는지, 중국과의 관계에서 이러한 의례를 어떠한 입장에서 다루고 있는지 등을 잘 보여주는 사례라 할 수 있다. 『성종실록』 권214, 성종 19년 3월 13일(정축) 기사를 실마리 삼아 이 사안을 검토해보겠다.

> 신시(申時)에 중국 사신이 조서와 칙서를 받들고 모화관에 이르니, 임금은 면복(冕服)을 갖추고 나아가 맞이하였다. 중국 사신은 조서와 칙서를 받들어 각각 용정(龍亭)에 안치하였는데, 그 칙서는 장전(帳殿)에 머물러 두었다. 임금이 조서를 인도하여 가마(輦)를 타고 앞서가고 중국 사신은 말을 타고 조서를 따라서 갔다. 경복궁에 이르러 조서를 반포하기를 의식대로 하였다. 그 조서는 말하기를 (…) 하였다.
> 중국 사신은 도로 나와 모화관에 이르렀다. 임금은 익선관(翼善冠)에 곤룡포(袞龍袍)를 갖추고 돈의문(敦義門)으로 해서 나아가 칙서를 맞이하는 자리에 이르렀다. [임금은] 칙서를 인도하여 말을 타고 먼저 갔다. 경복궁에 이르러 칙서를 받기를

의식대로 하였다. 그 칙서는 말하기를 (…) 하였다.[100]

위 기록에 따르면, 조선 국왕은 모화관에 가서 조서를 맞이하고 가마(輦)를 타고서 조서와 사신을 경복궁으로 인도한 후 조서를 받고서, 다시금 모화관에서 가서 칙서를 맞이하고 말을 타고서 칙서와 사신을 경복궁으로 인도한 후 칙서를 받았다. 함께 온 조서와 칙서를 이러한 방식으로 별도로 맞이하고 받는 경우(詔勅分迎)는 전례 없는 일이었다. 이는 후술하듯 당시에 명 사신의 문제제기로 시작하여 조선 조정과 명 사신의 논쟁 및 그 해결로 이어진 일련의 과정의 소산이었다.

명 사신의 영조칙례에 관한 문제제기는 이 예식 거행의 며칠 앞선 3월 10일(갑술) 조선 조정에 전달된 원접사 허종(許琮)의 치계(馳啓)에서 처음으로 확인된다. 치계에 따르면,[101] 명 사신은 평산도호부의 보산참(寶山站)에 도착해서 원접사인 허종을 상대로 '어제 문례관이 건넨 의주[102]를 보니 조서를 맞이할 때 국왕이 가마(輦)를 타는 것을 제외하고는 모두 옳지만 조서를 맞이할 때 국왕의 승연(乘輦)은 예문에 없어 불가하다'라고 언급하였다. 명 사신이 조서를 맞이할 때 국왕의 승연(乘輦)을 문제 삼은 것은 이때가 처음이었다.[103] 원접사 허종은 이에 반발하여 '조서를 맞이할 때 국왕의 승연(乘輦)은 이미 고례(古例)가 되었고 이전에 왔던 사신들이 영조 시 국왕의 승연(乘輦)을 명 조정에 말했었을 것이고

---

100 『성종실록』권214, 성종 19년 3월 정축 11번째 기사.

101 『성종실록』권214, 성종 19년 3월 갑술 4번째 기사.

102 問禮官 權景祐가 와서 아뢴 내용에 따르면, 권경우는 평산도호부의 安城站에서 명 사신에게 儀註를 전했다. 『성종실록』권214, 성종 19년 3월 갑술 3번째 기사 참조.

103 참고로 명 사신의 詔勅分迎 언급은 후술하듯 조서를 맞이할 때 국왕의 乘輦 문제가 해결된 뒤에야 나온다.

조정도 이를 인지하고 있었을 것이다'라고 하여, 사신의 문제제기가 다소 뜬금 없다는 식으로, 달리 말해 그동안 조서를 맞이할 때 국왕의 승연(乘輦)을 사신도 명 조정도 용인하였음을 상기하는 방식으로 대응하였다. 정사(正使)·부사(副使) 도 물러나지 않고 '전에 그러했다고 해도 예에 부합하지 않기에 고쳐야 하고, 황제도 때에 따라서는 말을 타며, 조서를 맞이할 때 국왕의 승연(乘輦)은 국왕 의 교서를 맞이하는 신하가 견여(肩輦)를 타는 것과 마찬가지로 옳지 못한 행위 이고, 황제의 성지(聖旨)가 없는데 함부로 가마(輦)를 타고자 한다면 왕경(王京)에 들어갈 수 없고 황제에 치주(馳奏)하여 명령을 받은 이후에야 들어갈 것이다' 라고 하여, 조서를 맞이할 때 국왕의 승연(乘輦)을 용인할 수 없다는 강경한 의 사를 표명하였다. 이에 허종은 그동안 온 많은 사신이 조서를 맞이할 때 국왕 의 승연(乘輦)을 단 한 번도 문제 삼은 적이 없었으며 행한 지 이미 오래되었기 에 기왕의 방식대로 해도 무방하다는 앞서와 다르지 않는 논리로 응수하였다. 허종을 설득하기 위해 명 사신들은 구체적인 증거를 가지고 조서를 맞이할 때 국왕의 승연(乘輦)이 예(禮)에 부합하지 않다고 하였으니, 막연히 국왕의 승연(乘 輦)이 예문에 없어 불가하다고 하는 대신에, 자신들이 가지고 온 「제국영조의 주(諸國迎詔儀註)」, 후술하듯 『대명집례』의 「번국접조의주」에는[104] 가마(輦)를 타 고 조서를 맞이하는 예가 없다고 하였다. 명 사신은 조서를 맞이할 때 국왕의 승연(乘輦)을 예에 부합하지 않는 비례로 규정하면서 이를 수용할 수 없다고 한 것이었다. 승연(乘輦) 대신에 요구한 것은 영조 시 국왕의 승마(乘馬)였다.[105]

---

104 당시 사신이 가지고 온 「諸國迎詔儀註」는 다른 곳에서는 『大明洪武集禮』 接詔書儀라고도 한다. 정확히는 『대명집례』의 「蕃國接詔儀注」였을 것이다(『大明集禮』 권32, 賓禮3). 당시 명 사신은 『대명집례』 가운데 謄寫文으로 된 「蕃國接詔儀注」와 「蕃國受印物儀注」를 가지 고 왔다. 『성종실록』 권214, 성종 19년 3월 갑술 5번째 기사 참조.

105 후술하듯 명 사신이 乘輦 대신에 乘馬를 주장하였음은 논의가 전개되면서 더 명확히 드러

성종 대에 이르러서야 명 사신이 조서를 맞이할 때 국왕의 승연(乘輦)을 뜬 금없이 문제 삼은 셈인데, 이러한 현상을 이례적이라고만 할 수는 없다. 세종 32년에도 명 사신 예겸(倪謙)이 고려 말 이래 도성문 밖에서 국왕이 선 채로 혹은 국궁의 예로 조서를 맞이해온 관례를 새삼 문제 삼으면서 오배삼고두(五拜三叩頭)의 예로 조서를 맞이할 것을 주장한 바 있기 때문이다.[106] 그간 별일 없다가 어떤 사신이 이전에 온 사신들과 달리 특정 의절을 문제 삼아 조선과 명 사신 간에 갈등이 생기는 현상은 이례적이라 하긴 어려운 것이다.

이러한 현상은 바로 앞장에서 검토했듯이 당시 여건에서는 명 사신이 영조례의 예식 절차를 문제로 삼을지 여부 및 문제로 삼는다고 할 때 어느 지점을 지적할지는 조선에 온 사신의 성향, 역량 등에 의해 좌지우지된 데서 비롯된 일이었을 것이다. 의례 방면에 비상한 관심이 있는 일부 사신은 조선에서 영조례가 제대로 구현되는지에 관심을 가졌고, 조선 측이 작성한 의주 가운데 비례라고 생각되는 부분이 있으면 이것을 문제 삼곤 하였다. 이러한 행위는 국가(명)가 부여한 임무 수행의 일환이었다기보다는 사신 개인의 성향, 역량 등에서 기인한 것이었다.[107] 명 초에 한반도에 온 사신들 가운데 다수를 차지한 환관들이 예제 자체에는 관심이 없어 예식 절차에 문제를 제기한 적이 거의 없던 데 비해,[108] 세종 대에 온 예겸, 성종 19년에 정사로 온 동월(董越)처럼 등과(登

난다.

106 『세종실록』 권127, 세종 32년 1월 을사.

107 이에 관해서는 최종석, 「鞠躬인가 五拜三叩頭인가?—조서를 맞이하는 예식을 둘러싼 조선과 명 사신 간의 갈등에 관한 탐색」, 『한국문화』 83, 2018b 참조.

108 조영록, 「鮮初의 朝鮮出身明使考—成宗朝의 對明交涉과 明使鄭同」, 『국사관논총』 14, 1990; 정동훈, 「명초 국제질서의 재편과 고려의 위상—홍무 연간 명의 사신 인선을 중심으로」, 『역사와 현실』 89, 2013; 정동훈, 「永樂帝의 말과 글—영락 연간 조선-명 관계의 두 층위」, 『한국문화』 78, 2017d; 이규철, 앞의 논문, 2015 참조.

科) 문신으로 예제에 밝은 사신들이 유달리 일부 예식 절차를 비례라고 하여 시정을 요구하곤 한 것은 바로 이러한 이유에서였을 것이다.[109] 일부 의절을 문제 삼은 명 사신은 기본적으로 문명 중화의 구현 차원에서 '올바른' 예를 실현하고자 하는 의도에서 그러한 행보를 보였을 것이다.[110] 이들은 조선이 준용해 오면서도 내용적으로 소략한 『번국의주』 「번국접조의주」의 빈 부분을 메우고 상세히 한 결과물—정확히는 그 가운데 극히 일부—에 이견을 지녔다고 할 수 있는데, 흥미롭게도 문제로 삼는 지점이 동일하지 않았다. 가령 예겸이 문제로 삼은 국궁의 예로 조서를 맞이하는 행위는 동월에게는 문제로 인식되지 않았고 동월이 문제로 삼은 조서를 맞이할 때 국왕의 승연(乘輦)은 예겸에게는 문제가 되지 않았다. 사신 개인의 성향, 역량 등에 좌우되는 점을 다시 한 번 확인할 수 있는 대목이다. 소략한 『번국의주』 「번국접조의주」의 빈틈을 메우는 것을 두고서 논란의 여지없는 '보편타당하고 완전한' 무언가는 애초에 존재하지 않았기에, 조선과 명 사신 사이에서, 그리고 명 사신 사이에서도 일부 예식 절차를 두고서 해석의 차이가 발생할 수 있었던 것이다. 누구나 '올바른' 예(禮)를 실현하고자 했으면서도 말이다.

---

109 최종석, 앞의 논문, 2018b. 조영록(위의 논문, 1990)에 따르면, 환관 사신이 위주가 되면서도, 朝官의 使臣으로의 발탁은 주로 새 황제가 즉위 조서를 頒行할 때 이루어졌고, 즉위 조서와 무관하게 온 朝官 使臣도 일부 있기는 했다고 지적하였다. 조관 사신이 왔을 때마다 예를 둘러싼 논란이 있었던 것은 아니지만, 논란이 있는 경우는 조관 사신이 왔을 때였다. 성종 대에 온 조관 사신은 성종 7년에 온 祈順, 성종 19년에 온 董越, 성종 23년에 온 艾璞(모두 正使임)이었는데, 이들이 왔을 때 빠짐없이 영조칙례에 관한 논란이 발생하였다.

110 殷夢霞와 于浩가 편집한 『使朝鮮錄』에는 迎詔禮의 예식 절차 가운데 일부를 문제 삼았던 倪謙, 董越, 龔用卿이 조선에 사신으로 와 기록한 기행문을 수록하고 있다. 倪謙의 『遼海編』, 董越의 『朝鮮賦』, 龔用卿의 『使朝鮮錄』이 그것인데, 이들 기행문에 따르면, 이들은 조선을 중화 문명이 구현되는 곳으로 보았고 명(중화)의 성교를 더욱 철저히 구현하는 데 힘썼다. 杜慧月, 「求同在異邦—明代文臣使朝鮮錄論略」, 『淵民學志』 21, 2014 참조.

이러한 시각에서 보자면, 성종 19년 이전의 명 사신들은 조서를 맞이할 때 국왕의 승연(乘輦)을 문제로 생각하지 않았으나 성종 19년의 명 사신이 유독 문제로 삼은 것은 충분히 있을 수 있는 일이었다.[111] 이는 당시 명 사신 개인의 성향에서 기인하였을 것이다. 정사인 동월(董越)은 하급 관원인 행인사원(行人司員)이 아니라 당상원(堂上員)으로 사신에 차정된 인물로,[112] 문한직(文翰職)인 한림시강(翰林侍講)이었고 당시 사람들에 의해 문장에 능하다고 평가받고 있었다.[113] 그는 원접사 허종을 상대로 '전에 듣건대, 조선은 독서하고 예를 안다(知禮)고 하더니, 이제 재상이 예식을 행하는 것을 보니 바야흐로 전에 들은 것이 거짓이 아님을 믿겠다'라고[114] 할 정도로, 조선에서 예가 구현되는 양상에 관심이 많았고,[115] 자신도 예식을 행함에 소홀함이 없었다. 평양에서 기자묘(箕子廟)를 배알하여 사배례(四拜禮)를 행하였고, 단군묘(檀君廟)를 배알하여 재배례(再拜禮)를 행하였으며, 문묘(文廟)에 가서 사배례(四拜禮)를 행했다든가,[116] 문례관(問禮官) 권경

---

111 그렇다고 해도 조선으로서는 뜬금없고 당혹스러운 일이었을 것이다.

112 董越은 사신으로 오기 전 북경에서 登極使 右議政 盧思愼, 副使 武靈君 柳子光, 正朝使 延原君 李崇元 등을 상대로 "나는 지금 황제가 東宮으로 있을 때의 侍講입니다. 이전에는 그대 나라에 보내는 사신을 모두 行人司員으로 差任하고 堂上員을 差任해 보낸 적이 없었는데, 지금 조정은 그대 나라의 事大가 至誠하다 하여 특별히 나와 같은 연로한 사람을 사신으로 선발했으니, 이 뜻을 재상에게 말로 전하시오."(『성종실록』 권212, 성종 19년 윤1월 경신)라고 말한 바 있다.

113 『성종실록』 권212, 성종 19년 윤1월 무자. 賀登極使 盧思愼은 성종에게 '이번에 나오는 上使는 詩를 잘하고 副使는 經學에 정밀하다는 소리를 들었음을' 전한 바 있다(『성종실록』 권212, 성종 19년 윤1월 계사). 또한 檢討官 權柱는 董越과 副使인 王敞을 '識理朝士'라고 칭한 바 있다(『성종실록』 권216, 성종 19년 5월 경오).

114 『성종실록』 권213, 성종 19년 2월 계해.

115 『성종실록』 권214, 성종 19년 3월 무진; 『성종실록』 권214, 성종 19년 3월 신미 2번째 기사.

116 『성종실록』 권214, 성종 19년 3월 계유.

우(權景祐)가 건넨 영조례 의주에 기재된 '전하(殿下)'를 『대명집례』에 따라 '국왕'으로 고쳐야 한다고 요구하는 등 의주를 꼼꼼히 확인하는[117] 사례는 동월(董越)이 예(禮)에 각별히 신경 쓰는 여러 면모 가운데 일부에 불과하였다.[118] 그리고 무엇보다 주목되는 점은 당시 명 사신이 『대명집례』에 수록된 일부로 등사문(謄寫文)으로 된 「번국접조의주」와 「번국수인물의주」를 가지고 왔다는 사실이다. 이는 전례 없는 일로, 이전 사신들이 의주 없이 빈손으로 온 것과 뚜렷이 대비된다.[119] 『대명집례』는 편찬되자마자 금중(禁中)에 보관되었고 가정 9년(1530)에야 공개되었다는 사실을[120] 감안하면, 명 사신이 『대명집례』의 등사문을 가지고 오기 위해 특별한 노력을 기울였을 것을 어렵지 않게 추정해볼 수 있다.[121] 명 사신은 영조칙례를 예법에 맞게 실행하겠다는 의지와 자부심에서 『대

---

117 『성종실록』 권214, 성종 19년 3월 갑술 3번째 기사.

118 『성종실록』 권214, 성종 19년 3월 무진; 『성종실록』 권214, 성종 19년 3월 신미 2번째 기사. 副使인 王敞도 등과 문신으로 정사인 동월과 다르지 않은 성향을 지닌 채(『성종실록』 권213, 성종 19년 2월 계해) 동월의 행보를 뒷받침해주었을 것이다. 당시 명 사신이 禮에 각별히 신경을 쓰는 면모에 관해서는 이규철, 앞의 논문, 2015, 173~175쪽 참조.

119 최종석, 앞의 논문, 2018b 참조.

120 『明世宗實錄』 권114, 가정 9년 6월 庚午. 郭嘉輝, 「天下通禮—明代賓禮的流傳與域外實踐的紛爭」, 『臺灣師大歷史學報』 59, 2018, 6쪽 참조.

121 명 사신이 『대명집례』 가운데 일부 의주의 謄寫文을 소지하고 온 것은 제도 차원의 조치가 아니라 명 사신의 개인적 노력의 소산이었을 것이다. 만약 제도 차원의 조치였다면, 명 사신은 『대명집례』의 「蕃國接詔儀注」가 아니라 그 개정판이라 할 수 있는 1375년(홍무 8)에 작성된 「蕃國迎接儀」(『明太祖實錄』 권97, 홍무 8년 2월 壬寅) 내지 홍무 18년의 「蕃國迎詔儀」(『大明會典』 권58, 禮部 行人司 儀制淸吏司 蕃國禮)를 소지했어야 했을 것이다. 명 사신이 어떠한 경로를 통해 『대명집례』 가운데 일부 의주의 謄寫文을 확보했는지 모르겠지만, 예에 맞는 영조례 실현을 위해 개인적 차원에서 백방으로 노력하여 이를 확보한 듯싶다. 그리고 이러한 비상한 사행 준비와 관련하여 『朝鮮賦』 自注를 근거로 하여 동월이 사행 오기 전에 조선에 대해 상당한 정도의 학습을 한 것으로 보인다는 지적(윤재환, 「董越의 『朝鮮賦』를 통해 본 中國 使臣의 朝鮮 認識」, 『東方漢文學』 53, 2012, 194쪽) 또한 주목된다.

명집례』의 등사문을 가지고 왔을 것이다.

지금까지 검토한 내용으로 볼 때, 정사인 동월을 비롯하여 명 사신이 조서를 맞이할 때 국왕의 승연(乘輦)을 문제 삼은 것은 조선을 길들이는 식의 특별한 정치적 의도에서가 아니라,[122] 사신의 말마따나 이것이 예에 부합하지 않는다고 보아서였을 것이다.[123] 명 사신의 눈에는 영조 시 국왕의 승연(乘輦)이 비례(非禮)로 비친 것이다.

'문례관이 가지고 온 의주는 모두 옳다'라고 한 데서 보듯, 당시 명 사신의 지적은 영조례 의주 전반에 대해서가 아니라 예에 부합하지 않는다고 본 단 하나의 예식 절차를 대상으로 하였다. 조선이 작성한 영조례 의주는 명(홍무제)이 하사한 『번국의주』의 「번국접조의주」를 토대로 한 데다가 그 빈 부분을 예의(禮義)에 부합하는 방향으로 메웠기에,[124] 설령 작심하고 비례를 잡아내려 해도 그럴 만한 것이 거의 없었다고 말할 수 있을 정도였다. 그런데도 문제가 된 지점은 『번국의주』와 『대명집례』의 「번국접조의주」에 기재된 '다음에 왕(王)이 면복(冕服)을 갖춰 입고 간다(次王具冕服行)'에 관한 해석 차이였다. 애초에 『번국의주』 「번국접조의주」와 그 원본이라 할 수 있는 『대명집례』 「번국접조의주」에

---

122 『성종실록』 권214, 성종 19년 3월 갑술 4번째 기사. "兩使日 吾等來時 齎諸國迎詔儀註而來 諸國無乘輦迎詔之禮 本國讀書知禮 與中國爲一家 凡干禮度 不可不講 故吾等言之 此亦責備賢者之意也 若如他外國 則渠雖失禮 何煩說與 須將此意 速啓殿下." 이러한 명 사신의 언설은 전후 문맥으로 볼 때 립 서비스는 아니었을 것이다. 기존 연구에서도 동월은 조선에 우호적인 의식을 지닌 문인이었다고 평가받고 있다. 신태영, 「明使 董越의 「朝鮮賦」에 나타난 朝鮮認識」, 『漢文學報』 10, 2004; 윤재환, 앞의 논문, 2012 참조.

123 董越은 『朝鮮賦』에서 중국의 문화, 예제 등을 기준으로 이에 합치하는 조선의 풍속, 예제를 긍정적으로 본 반면, 반하는 것은 비판적으로 언급하였다. 윤재환, 앞의 논문, 2012 참조. 이러한 태도는 조서를 맞이할 때 국왕의 乘輦을 문제 삼은 행위와 무관하지 않았을 것이다.

124 최종석, 앞의 논문, 2018a.

는 국왕이 어떤 교통수단을 이용해서 교외에서 궁궐로 이동해야 하는지가 명시되지 않았는데, 조선은 '가마를 타고 가는(乘輦)' 것으로 본 반면 명 사신은 말을 타고 가는 것으로, 후술하듯 정확히는 걸어가는 것으로 해석하였다. 명확한 해답이 존재하지 않았기에, 앞서 허종과 명 사신이 제시한 근거들은 각자의 해석을 전제로 해서 그에 맞는 근거를 끌어다 대는 성격의 것이었다. 그렇지만 이 쟁점은 조선 측에 유리한 게, 허종의 말마따나 조서를 맞이할 때 국왕의 승연(乘輦)을 명조가 묵인해왔었다고 볼 수 있기 때문이다. 조서를 맞이할 때 국왕의 승연(乘輦)을 비례로 본 동월의 해석을 뒷받침할 만한 결정적인 근거가 나오지 않는 한, 기왕의 관례를 뒤집어야 하는 명 사신은 불리할 수밖에 없었다. 명 사신이 가지고 온 「제국영조의주(諸國迎詔儀註)」에 가마(輦)를 타고 조서를 맞이하는 예가 없다는 사실이 결정적인 근거로 작용한다고 볼 수도 있지만, 그렇지 않았다. 「제국영조의주」는 『대명집례』 「번국접조의주」로 조선이 지니고 있는 『번국의주』 「번국접조의주」와 사실상 동일한 것인데, 여기에 국왕의 승연(乘輦)이 적시되지 않은 것은 맞지만 그렇다고 승마(乘馬)나 도행(徒行)이 기재된 것도 아니었기 때문이다.

이후에 장소를 평산도호부 금암참(金巖站)으로 옮겨 가서도 허종과 사신의 논쟁은[125] 계속되었다. 이때 허종은 이전에 온 사신들도, 명 조정도 조서를 맞이할 때 국왕의 승연(乘輦)을 비례(非禮)라고 했던 적이 없다는 점을 재차 강조하는 것 외에 논리적 근거를 추가로 제시하였다. '조서를 맞이하는 일은 조정의 대례(大禮)여서 국왕은 의물(儀物)을 가지고 맞이해야 하는데 가마(輦)가 의물이다. 예전에 순수(巡狩)·회동(會同) 시에 천자는 승로(乘輅)하고 제후는 승거(乘車)하였는데, 지금은 승거(乘車)하는 제도는 이미 없어지고 가마(輦)가 제왕전하(諸王殿

---

125 『성종실록』 권214, 성종 19년 3월 갑술 4번째 기사.

下)가 마땅히 타야 하는 것이다'라고 한 언급이 바로 그것이다. 영조 시에 승마(乘馬)가 아니라 승연(乘輦)이어야 '예를 이룰(成禮)' 수 있다는 주장이다. 하지만 직접 가지고 온 의주에 국왕의 승연(乘輦)이 적시되지 않았기에 비례라고 인식하는 사신에게, 이러한 식의 방증이 유효한 설득 수단으로 작용할 리는 만무하였다.

허종이 승연(乘輦)을 고수해서인지 명 사신들은 의주를 직접 보여주면서까지 승연(乘輦)의 비례와 승마의 타당함을 주장하였다. 즉 사신들은 『대명홍무집례(大明洪武集禮)』를 보여주면서 「접조서의(接詔書儀)」에는 '면복(冕服)을 갖춰입고 간다(具冕服行)'가, 「수상사선로의(受上賜宣勞儀)」에는 '왕이 말을 타고 간다(王乘馬行)'가 기재되어 있다고 하였고, 이번 영조 시에 국왕으로 하여금 말을 타도록 함은 권도를 따른 것이며 이전에 인순(因循)하여 가마(輦)를 탔더라도 이는 비례로 지금은 행할 수 없다'라고 하였다. 그러고는 '예(禮)에는 말을 타는 것이 마땅하기에(禮當乘馬)' 의주를 고쳐오도록 요구하였다. 앞서 언급하였듯이 『대명홍무집례』의 「접조서의(接詔書儀)」와 「수상사선로의」는 특별한 게 아니라 각각 『대명집례』의 「번국접조의주」와 「번국수인물의주」에 해당하는 것이었다.[126] 재삼 언급하였듯이 이들 의주는 『번국의주』의 「번국접조의주」와 「번국수인물의주」와 사실상 같은 것이었다. 명 사신이 허종이 지니고 온 『번왕의주(藩王儀註)』를 보고서는 자신들이 가지고 온 것과 차이가 없고 이 때문에 자신들의 것이 불필요하다고 말한 것은 이러한 이유에서였다.

명 사신은 『대명집례』를 근거로 '예에는 말을 타는 것이 마땅하다'라고 확신했지만, 필자가 보기에 이는 어디까지나 주관적 해석에 불과하였다. 다른 기

---

126   실제로 「接詔書儀」의 '具冕服行'과 「受上賜宣勞儀」의 '王乘馬行'이라는 구절은 『대명집례』 권32, 賓禮3 遣使의 蕃國接詔儀注와 蕃國受印物儀注에서 확인된다.

록에서 알 수 있듯이, 명 사신은 「접조서의」에 적시된 '면복을 갖춰 입고 간다 (具冕服行)'의 '행(行)'을 '도행(徒行)'이라고 보면서 이번 영조 시에는 권도 차원에서 국왕이 말을 타야 한다고 했지만, '행(行)'을 '도행(徒行)'으로 보아야만 하는 명확한 근거는 어디에도 없다. 조선 측이 '행(行)'을 가마(輦)를 타고 행하는 것으로 본 만큼이나 주관적 해석이었다. 후술하듯 조선 측은 이 허점을 놓치지 않았다. 그런데 당시 허종은 명 사신의 이러한 논리에 제대로 대응하지 못하였고, 국왕에게는 '중국 사신의 언변이 엄정하고 확고하여 여러모로 설명하여도 논파할 수 없었다'라고 보고하였다. 향후 조선 측 대응의 관건은 『대명집례』에 근거하여 말을 타는 것을 주장하는 견해를 제대로 논박하는 것이 되었으리라는 사실은 어렵지 않게 예상할 수 있을 것이다.

3월 13일(정축)에 영조례를 거행하기로 한 상황에서[127] 그 3일 전에 도착한 원접사 허종의 치계(馳啓)를 듣고서, 성종은 다음과 같이 전교하였다.[128] '개국 이래 국왕이 말을 타고 조서를 맞이한 예는 없었고 사신이 『대명집례』에 의거하여 말을 타고 조서를 맞이하도록 했더라도 갑자기 그 말을 좇을 수 없다. 영돈녕(領敦寧) 이상과 정부(政府)·예조(禮曹)에 묻도록 하라'고 명하였다. 성종은 사신의 승마(乘馬) 주장을 받아들일 수 없다고 하면서도 『대명집례』에 근거한 사신의 주장이 설득력이 있다고 생각해서인지 다소 수세적으로 반응하였다. 사신의 주장이 근거가 있다 해도 당장은 이를 수용할 수 없다는 식으로 말이다.

그런데 성종은 후술할 영돈녕 이상과 정부·예조의 각종 의견을 청취한 뒤에 『대명집례』에 근거하여 말을 탈 것을 주장하는 견해를 부정할 수 있는 수준에 이르렀다. 즉 성종은 영조 시 국왕의 승마(乘馬)를 절대 시행할 수 없는 일로

---

127 『성종실록』 권214, 성종 19년 3월 신미 1번째 기사.

128 『성종실록』 권214, 성종 19년 3월 갑술 5번째 기사.

못을 박으면서 그 근거로 '『번왕의주(藩王儀註)』에는 승마(乘馬), 승교(乘轎)의 문구가 없는데, 명 사신의 한때의 말로 갑자기 조종(祖宗)의 구례를 바꿀 수 없음. 『번왕의주』는 홍무제가 특사(特賜)한 것. 이번에 말을 타면 조종의 일을 잘못된 것으로 만듦. 『번왕의주』 가운데 유독 '수상사선로의'에 승마(乘馬)의 구문이 있는데, 조서를 맞이함은 중한 일로 예물을 갖추어야 하는 데 비해 상사(上賜)를 받는 일은 경한 까닭에 예물을 갖추지 않아서 말을 타도록 한 것' 등을 언급하였다. 핵심은 조종의 구례를 바꾸기에는 말을 타는 것의 예적 근거가 미약하다는 사실이다. 사신이 근거한 『대명집례』에 대항하여 성종은 홍무제가 사여한 『번왕의주』 곧 『번국의주』를 활용하여 사신의 견해를 반박하고 승연(乘輦)의 예적 타당성을 주장한 것이다.[129] 『번국의주』에는 승마(乘馬), 승교(乘轎)의 문구가 없기는 해도 상사(上賜)를 받는 시에는 승마(乘馬)인 사실을 감안할 때 그보다 중한 조서를 받는 시에는 승연(乘輦)이 타당하다고 본 것이다.

시간 순서가 바뀌긴 했지만 앞서 언급한 영돈녕 이상과 정부·예조의 각종 의견을 간략히 정리·소개하면 다음과 같다.[130]

논의에 참여한 신하들 모두 말을 타도록 한 명 사신의 주장에 전혀 동의하지 않았다. 다만 심회(沈澮)와 노사신(盧思愼)은 권도의 차원에서 국왕이 말을 탈것을 권유하였다. 사신의 의견이 옳아서가 아니라, 사신의 분노를 유발하지 않기 위해서, 혹은 반복적으로 설득해도 사신이 계속 고집하면 어쩔 수 없다고

---

129 『대명집례』와 『蕃國儀注』가 사실상 동일하기에, 현재의 시각에서 보자면 명 사신과 조선 측이 각각 『대명집례』와 『번국의주』를 근거로 자신의 주장을 전개하는 것이 희극적이라고도 볼 수 있다. 하지만 당시 명 사신은 처음에는 『번국의주』의 존재를 몰랐으며 이 책의 성격 또한 알지 못하였고, 조선 측도 『대명집례』의 실물을 본 적이 없었으며 『번국의주』가 『대명집례』 빈례의 몇몇 의주를 뽑아 편찬한 것이라는 사실을 알지 못하였다. 이러한 서로 간 정보 부족의 상황에서 희극 같은 일이 발생할 수 있었을 것이다.

130 『성종실록』, 권214, 성종 19년 3월 갑술 5번째 기사.

생각한 것이었다. 당시 논의에서 명 사신의 주장을 수용할 수 없는 이유로 언급된 것들을 열거해보자면, ① 국왕이 가마(輦)를 타고 조서를 맞이하는 것은 홍무제 이래의 일인데 그동안 사신도, 조정도 이를 문제로 삼았던 적이 없음, ② 사신의 말로써 갑자기 조종구례(祖宗舊禮)를 바꿀 수 없음, ③ 명 사신이 전거로 삼은 『대명집례』는 『번국의주』와 달리 본국에 보내준 것이 아닌데 사신의 말만 듣고 갑자기 준용할 수 없음[131] 등이었다. 기본적으로 원접사 허종이 앞서 말한 바와 다르지 않다고 할 수 있다. 다만 『대명집례』를 하사받지 못하였기에 사신의 말만 듣고 갑자기 이를 준용할 수 없다고 하는, 다소 궁색해 보이긴 해도 허종에게서는 보이지 않았던 이유가 등장하기도 했다.

한편으로는 좀 더 적극적으로 『대명집례』에 근거한 명 사신 논리의 허점을 파고든 경우도 있어 주목된다. 이숭원(李崇元)은 '홍무제 이래 조서를 맞을 때 국왕은 가마(輦)를 탔고 그때에도 『대명집례』가 있었지만, 사신은 이를 그르다고 하지 않았고 조정 또한 마찬가지였다'라고 하였다. 이극배(李克培)는 이보다 더 예리하게 '『대명집례』 접조의(接詔儀)에는 '왕이 면복을 갖춰 입고 간다(王具冕服行)'라는 구문이 있을 뿐 말을 탄다는 언급이 없고, 수상사선로의에만 '왕은 말을 타고 간다(王乘馬行)'가 언급되어 있다. 조서를 맞이함은 사물(賜物)을 받는 것보다 중하고 접조서의(接詔書儀)에는 말을 탄다고 하는 문구가 없는데, 수사물의(受賜物儀)에 의거하여 말을 타야 한다고 할 수 있겠는가?'라고 하였으며, 유지(柳輊) 등은 '『번국의주』는 홍무제가 하사해준 것으로 그 안의 접조서(接詔書)에는 '왕이 면복을 갖춰 입고 간다(王具冕服行)'라는 구문이 기재되어 있고 사신이 보여준 『대명집례』와도 다르지 않다. 국왕이 가마(輦)를 타고 조서를 맞이한

---

131 다음과 같은 이유도 있었다. 조서를 맞이하는 일은 大事로 嚴肅을 다해야만 하는데, 乘馬는 초라하여 威儀가 없어 그럴 수 없다는 것이었다(愼承善).

것은 이미 오래되었고 명 사신이 그르다고 한 적이 없었다. '면복을 갖춰 입고 간다(具冕服行)'는 지금 명 사신의 견해인 말을 타고 가는 것을 의미하지 않는다' 라고 하였다.

이상의 논의를 통해 조선 조정은 자체적으로는 『대명집례』에 근거하여 영조 시 승마(乘馬)를 주장한 명 사신의 견해를 논리적으로 극복하기에 이르렀다. 명 사신 측의 『대명집례』에 의거한 공세의 충격에서 벗어나, 명 사신이 근거한 『대명집례』에도, 조선 측이 의거한 『번국의주』에도 '왕이 면복을 갖춰 입고 간다(王具冕服行)'만이 적시되어 있을 뿐이어서, 말을 타도록 한 명 사신의 견해는 명확한 근거가 있는 것이 아니며, 오히려 『대명집례』와 『번국의주』 모두에서 조서를 맞이하는 일보다 비중이 떨어지는 사물(賜物)을 받는 시에 말을 타도록 한 것으로 보아, 조서를 맞이할 때는 승마(乘馬)가 아닌 승연(乘輦)이 예에 부합하다고 본 것이다.

조선 조정의 정리된 입장은 명 사신을 설득하기 위해 보내는 문례관 권경우에게 준 사목(事目)에[132] 다음과 같이 반영되었다. 즉 '말을 타는 것이 불가하다는 국왕의 뜻을 명 사신에게 전달하도록 한다. 조종조 이래 국왕은 영조 시에 가마(輦)를 탔고 이때에도 『대명집례』가 존재했지만 어떠한 조사(詔使)도 『대명집례』에 근거하여 그르다고 한 적이 없었고 명 조정 또한 책하지 않았었다. 『대명집례』에는 '왕이 면복을 갖춰 입고 간다(王具冕服行)'만이 적시되어 무엇을 타야 하는지가 명확지 않은데, 사신은 '행(行)'을 근거 없이 '도행(徒行)'이라고 하고 있다. 홍무제는 몰인정하게도 번왕이 조서를 받을 시에 면복을 갖춘 채 교외에서부터 궐정(闕庭)까지 걷도록 예를 제정하였을 리가 없다. 홍무제 이래 역대 황제가 가마(輦)를 타는 것을 그르다고 하지 않았는데, 사신의 말을 좇아

132 『성종실록』 권214, 성종 19년 3월 을해.

경솔하게 고례를 변경할 수 없다. [이러한 취지로 명 사신을 설득했는데도] 명 사신이 불가하다고 하면, 원접사 허종도 이 뜻으로 명 사신을 반복하여 설득하도록 한다. 명 사신이 [승연이 비례라고] 황제에게 주품(奏稟)하고자 한다고 들었는데, 국왕 역시 황제에게 주품하고자 한다'라는 언사가 사목(事目)의 요체였다. 이는 사신의 문제제기가 개인적 성향·개성에서 비롯되었을 것이라는 사실을 정확히 파고들고 있으며 『대명집례』를 근거로 하여 '도행(徒行)'(도행이어야 하나 권도로 승마)을 확신해온 사신의 논리를 정면으로 반박하고 있다고 할 수 있다.[133]

3월 12일(병자), 문례관 권경우의 복명(復命) 내용에 따르면,[134] 권경우는 앞서 언급한 사목의 뜻으로 사신들을 설득했지만, 두 사신은 '국왕이 임의대로 가마(輦)를 탄다면 우리는 도보로 갈 것이고 이렇게 되면 명 조정에서 시비가 있을 것이다'라고 응수하였다. 이때 동석한 원접사 허종이 명조의 제왕(諸王)과 포정사(布政司)가 조서를 맞이하는 절차를 묻자, 두 사신은 '제왕(諸王)은 문밖에서 도보로 맞이하고, 포정사는 성곽 밖에서 승마(乘馬)로 맞이한다'라고 답했다. 그러자 허종은 홍무제가 예를 제정할 때 인정에 맞지 않게 포정사는 말을 타고 번왕(藩王)은 도보로 맞이하게 했을 리가 없다고 했다. 두 사신은 '해외(海外)의 제도는 다름이 있다'라고 반박하자, 허종은 왕자(王者), 곧 천자는 천하로써 집을

---

133 한편 問禮官 權景祐가 명 사신이 머무는 곳에 가고 난 후에, 典翰 李昌臣은 『禮記』를 전거로 하여 天子가 하늘을 공경함은 諸侯가 천자를 공경함과 같기에 국왕이 冕服을 입고 가마(輦)를 타고 조서를 맞이하는 것은 天子가 대로를 타고 하늘을 높이는 것과 같다'라고 書啓하였다. 방증 논리이긴 하나 국왕은 그 말이 일리가 있다고 보았다. 그리하여 성종은 그날 벽제관에 머무는 禮曹判書 柳輊에게 下書하여 권경우의 설득이 통하지 않으면, 이창신이 아뢴 내용도 활용하여 사신을 설득하도록 명하였다(『성종실록』 권214, 성종 19년 3월 병자 1번째 기사).

134 『성종실록』 권214, 성종 19년 3월 병자 5번째 기사.

삼기 때문에 바깥이 없다는 뜻의 '왕자무외(王者無外)'의 논리로 응수하였다.

여기서 흥미로운 사실은 조선의 대응 논리 때문인지 명 사신에게 가장 강력한 카드로 작용해온, 『대명집례』에 근거한 승마(乘馬) 주장이 종적을 감춘 점이다. 명 사신은 국왕이 가마(輦)를 타면 자신은 도보로 간 후 명 조정에서 시비를 판단하도록 하겠다는 식으로 대응 방식을 변경하였다. 국왕의 승연(乘輦)이 타당하지 않다는 생각을 견지하면서도 승마(乘馬)를 확신하지 못하는 듯한 모습을 보인 셈이다. 조선 측이 승연(乘輦)을 고수하면 그 시비를 명 조정에게 위임하겠다는 식으로 한발 물러서고 있어, 향후 사신의 양보 가능성을 암시한다고도 할 수 있다. 한편 명조의 제왕(諸王)과 포정사(布政司)의 조서를 맞이하는 절차에 관한 허종의 질문은 의도치 않게 사신의 '도행(徒行)' 주장을 흔드는 묘수로 작용한 듯싶다. 제왕과 포정사의 경우와 비교할 때, 조선 국왕(번왕)이 도성 밖에서 도보로 조서를 맞이하는 것은, 정확히는 도성 밖에서 궁궐까지 도보로 이동하는 것은 인정에 부합하지 않는다고 비치기 때문이다.

조선의 입장에서는 모종의 성과가 있었다고도 볼 수 있지만, 사신이 끝내 가마(輦)를 타는 것을 인정하지 않아 곤혹스러운 상황은 지속되었다. 그렇다고 조선이 물러설 수도 없었다. 권경우의 보고를 전해 들은 후 성종은 다음과 같은 내용의 어서사목(御書事目)을 활용하여 사신을 재차 설득하도록 하였다.[135]

· 조종 이래 가마(輦)를 탔으나 명 사신 누구도 이를 문제 삼지 않았음. 그 예가 인정에 합치하였기 때문에 그러함. 구의(舊儀)를 경솔하게 변경할 수 없음.
· 사신은 도보로 가겠다고 하나, 홍무제가 예를 제정할 시에 성 밖에서 조사를 도행(徒行)하도록 하지 않음. 사신의 도행은 예에 부합하지 않음.

---

135 『성종실록』 권214, 성종 19년 3월 병자 6번째 기사.

·사신은 예를 잘 알면서도 이 일만 전의(前儀)를 따르지 않고 있으니, 이번은 임시로 구례(舊例)에 의거하고 명 조정에 돌아가 품달하여 재가를 받는 것이 어떠한가?

첫 번째는 기존에 언급된 적이 있는 것이고, 두 번째는 도보로 가겠다는 사신의 언급에 대한 대응 논리일 것이다. 특히 마지막이 주목되는데, 이는 영조례를 거행하기로 한 날짜가 코앞에 다가온 상황에서 어떻게든 당면 문제를 해결할 합의를 끌어내기 위한 제안일 것이다.

그런데 '싱겁게도' 권경우는 도중에 주서(注書) 권빈(權璸)을 만나 중국 사신이 가마(輦)를 타는 것을 허락하였다는 사실을 듣고서 권빈과 함께 돌아왔다. 권빈의 계문에 따르면,[136] 이날(12일) 저녁 식사 후 허종이 또다시 사신들을 설득하면서, '제왕(諸王)은 문밖에서 조서를 맞이하는데, 지금 조선 국왕으로 하여금 교외에서 도보하도록 하니, 일국의 신민(臣民)이 통분한다'라고 하자, 사신은 그간의 견해를 바꿔 '조서를 맞이할 때는 가마(輦)를 타고 칙서를 맞이할 때는 말을 타는 것이 사체(事體)에 가깝다'라고 하였다.[137] 조선 측의 뜻대로 논란이 마무리된 것이다.[138] 국왕은 이 소식을 영조례를 거행하기로 한 전날 밤늦게 보고

---

136 『성종실록』 권214, 성종 19년 3월 병자 6번째 기사.

137 앞서 소개한 성종 19년 3월 정축 기사에서 迎詔禮 거행 시에 "임금이 詔書를 인도하여 輦을 타고 앞서가고 중국 사신은 말을 타고 조서를 따라서 갔다"라고 한 사실은 명 사신이 조선의 입장을 수용한 데 따른 결과였다.

138 기존 연구에서는 "결국 명사들은 조서를 맞이할 때 가마(輦)를 타고 칙명을 맞이할 때 말을 타도록 하자며 자신들의 주장을 일부 양보했다. 이 내용을 허종이 보고하자 성종은 관련된 의례의 절차를 알아 오도록 지시했다. 성종은 결국 명사의 수정 제의를 받아들였던 것이다"(이규철, 앞의 논문, 2015, 179쪽)라는 식으로, 영조 시 국왕 乘輦을 둘러싼 논란의 귀결을 정리한 바 있다. 본문에서 볼 수 있듯이, 필자는 명 사신이 일부 양보하는 것이 아니라 견해

받았기에, 즉시 권경우로 하여금 사신에게 가서 조서와 칙서를 맞이할 시 가마(輦)를 타고 말을 타는 절차를 물어 오도록 했다. 당시 조서와 칙서가 함께 왔고 조서를 맞이할 때 국왕은 칙서를 맞이할 때의 승마(乘馬)와 달리 가마(輦)를 타는 것으로 결정되면서, 함께 온 조서와 칙서를 맞이할 시에 국왕이 어떠한 교통수단을 통해 교외에서 궁궐까지 이동하는지를 조율할 필요가 있었을 것이기 때문이다.

문제가 갑작스레 해결되었기에 어서사목(御書事目)의 취지는 사신에게 전달되지도 못하였다. 명 사신의 승마(乘馬) 입장의 철회는 표면적으로는 허종의 설득이 주효한 것인 듯싶다. 앞서 언급하였듯이, 명조의 제왕(諸王)과 포정사(布政司)의 조서를 맞이하는 절차를 확인하고 보니 이들과 비교해서 조선 국왕(번왕)이 도성 밖 교외에서 도보로 조서를 맞이하는 것은 공분을 살만큼 부당하다고 여겨졌을 것이기 때문이다. 일정 정도는 명 사신에게조차도 그렇게 받아들여졌을 것이다. 허종의 비판에 명 사신이 제대로 반박하지 못한 데서 이 점을 엿볼 수 있다.

그런데 허종의 논리가 주효해서 사신이 자신의 입장을 철회했다고만 보기는 어렵다. 『대명집례』를 근거로 확신에 차서 도행(권도로 승마)을 주장하다가 아예 『대명집례』를 입 밖에 내지 못하게 된 시점부터 사신의 양보는 어느 정도 예견된 사실이었기 때문이다. 당시 명 사신은 『대명집례』를 근거로 영조 시 국

를 철회했다고 보고 있다. 기존 연구에서는 명 사신이 조서 시에는 관철하지 못했지만 勅書 시 국왕의 승마는 관철했다고 보는 듯한데, 당시 말을 타고 칙서를 맞이하는 것은 조선과 명 사신 간에 전혀 논쟁이 되지 않았다. 정확히는 양측 간에 의제로 부상조차 하지 않았다. 조선 조정 내에서도 이에 관한 논란은 없었다. 명 사신은 조서와 함께 온 칙서는 당연히 국왕이 말을 타고 맞이해야 한다고 보았고 조서도 그러해야 한다고 보아 승마를 주장했다가, 조선 조정과의 논쟁—영조 시 국왕의 교통수단—을 거친 후 조선 측의 견해를 수용하여 칙서와 달리 조서를 맞이할 시에는 국왕이 가마(輦)를 타도 된다고 하였다.

왕의 도행(권도로 승마)을 확신했다가 이 확신이 무너져 승연(乘輦)을 비례라고 단정할 수 없게 되었을 것이고, 이러한 상황에서 구례인 승연(乘輦)을 부정하는 게 부담스러웠을 것이다. 더욱이 예식 일자가 코앞이어서 어떤 식으로든 결론을 내야 했기에, 명 사신은 허종의 의견을 기회로 조선 측의 입장을 수용한 듯 싶다.

지금까지 검토한 영조 시 국왕의 승연(乘輦)을 둘러싼 논란을 조망해보자면 이러하다. 명 사신의 애초 생각과 달리 『대명집례』의 「번국접조의주」는 명 사신의 손을 확실히 들어주지 못하였고, 논리상으로도 형세상으로도 조선 측은 점차 유리한 고지를 확보해갔다. 조선 측이 주장하는 승연(乘輦)도 명확한 예적 근거가 없기는 매한가지였지만, 조선은 관례대로 하면 되었던 반면 명 사신은 관례를 바꾸어야 하는 처지였기에, 양쪽 모두 결정적인 한 방이 없다면 조선이 유리할 수밖에 없는 여건이었다. 이러한 상황에서 그간 국왕의 승연(乘輦)에 대해 사신도 명 조정도 문제로 삼은 적이 없었다는 사실은 명 사신에게 불리하게 작용하였을 것이다. 공방이 지속되면서 확실하다고 생각했던 카드가 빛을 잃고 이로 인해 오래된 관행을 뒤집는 것이 어려워지면서, 사신은 애초의 의지를 굽혀야 했을 것이다.[139] 그 결과 명 사신은 조선 측의 주장을 수용하였을 것이다. 그렇다고는 해도 사신은 승연(乘輦)이 예(禮)에 합당하다고는 생각하지 않았을 것이다. 권도 차원의 일로 보았을 것이다.

---

[139] 영조 시 국왕의 乘輦에 관한 명 사신의 문제제기가 군기 잡기 식의 불순한 의도에서 비롯되었다고는 생각되지 않는다. 正使인 董越은 예를 잘 아는 인물로서 조선 측의 비례를 문제 삼고 올바른 예를 구현하기 위해 乘輦을 문제 삼았을 것이다. 명 사신의 눈에는 乘輦이 非禮로 비치고 있었을 것이다. 다만 『대명집례』를 근거로 迎詔 시 徒行(권도로 乘馬)이 타당하다고 애초부터 생각해서 乘輦을 문제 삼은 것인지, 乘輦이 비례라고 생각하고 그 근거로서 이러한 논리를 고안했는지는 불명확하다.

조선 측은 승연(乘輦)을 명확히 뒷받침해주는 예적 근거를 확보하진 못했어도, 명 사신의 견해나 근거가 명확지 않은 데다가 영조 시 국왕의 승연(乘輦)은 고례로 조종지제(祖宗之制)였기에 물러설 수 있는 성격의 일이 아니라고 생각했다.[140] 사신의 문제제기 후 조선 측은 시간이 지날수록 영조 시 국왕의 승연(乘輦)을 뒷받침할 수 있는 각종 논리와 방증을 축적해 갔다. 이런다고 승연의 명확한 예적 근거가 확보되진 않았지만, 이러한 노력은 명 사신의 보행(권도로 승마) 주장이 지닌 근거의 불충분을 부각하고 승연의 개연성을 높여 판이 뒤집히는 것을 제어하고 종래의 방식대로 거행되도록 하는 데 일정 정도 기여하였을 것이다.

3. 조칙합영(詔勅合迎)을 둘러싼 논란과 그 귀결

명 사신이 영조 시 국왕의 승연(乘輦)을 수용했지만, 예상치 못한 새로운 논란이 불거졌다. 당시 조서와 칙서가 함께 왔고,[141] 이러한 경우는 드물지 않았는데, 명 사신은 기존 관행과 달리 조서와 칙서를 각각 맞이해야 한다고 주장하였다. 이는 그동안의 방식과 상충하는 것이었다. 종래에는 조서를 맞이할 시에 칙서도 함께 맞이하였기 때문이다.

---

140 조선은 당연하게도 명 사신의 문제제기를 무조건 거부하진 않았다. 조선은 영조 시 국왕의 乘馬 주장을 禮를 포함하여 여러모로 타당하지 않다고 보아 거부한 것이지, 만약 禮的으로 타당하다고 생각했다면 수용했을 수 있다. 당시에 국왕은 조선이 작성한 儀註에서 殿下를 국왕으로 고쳐야 한다는 명 사신의 건의 및 宣詔 후에 詔使는 中階에 나아가 正門으로 해서 동쪽으로 殿에 오르고 國王은 中階에 나아가 정문으로 해서 서쪽으로 殿에 올라야 한다는 의견을 수용한 바 있다(『성종실록』 권214, 성종 19년 갑술).
141 『성종실록』 권214, 성종 19년 3월 정축 11번째 기사.

조선으로서는 명 사신이 말을 타는 것을 주장한 때와 마찬가지로, 조서와 칙서를 한꺼번에 맞이한 방식은 조종조(祖宗朝) 이래 해온 일이고 그동안 명 사신이건 명 조정이건 간에 조서와 칙서를 한꺼번에 맞이하는 방식을 문제 삼은 적이 없는데, 이번에 온 사신이 유별나게 문제시한다고 생각하였을 것이다. 조선 측은 명 사신의 의견을 수용할 의사가 전혀 없었을 것이고, 승연(乘輦)을 관철했듯이 명 사신을 설득하여 기존 방식대로 조서와 칙서를 한꺼번에 맞이하고자 하였을 것이다. 그런데 조선의 예상이나 기대와 달리 조선 측은 이 건에 대해서는 명 사신의 요구를 수용하고 말았다. 결과적으로 조선과 명 사신은 하나씩 주고받은 무승부를 벌인 셈이다.

조선이 조서와 칙서를 각각 맞이해야 한다는 명 사신의 주장을 수용하게 된 경위와 맥락을 구체적으로 살펴보면 다음과 같다. 앞서 보았듯이, 3월 12일 (병자)에 성종은 명 사신이 영조 시 국왕의 승연(乘輦)을 받아들이기로 했다는 소식을 전달받았고 그 즉시 사신에게 사람을 보내 조서와 칙서를 맞이할 시 가마(輦)를 타고 말을 타는 절차를 물어 오도록 하였다.

같은 날 영의정 윤필상(尹弼商), 예조판서 유지(柳輊), 도승지 송영(宋瑛) 등이 벽제(관)로부터 돌아와서 계문한 내용에 따르면, 명 사신은 '금일에 국왕이 가마(輦)를 타고 조서를 맞이하고 다음 날에는 말을 타고 칙서를 맞이한다'라는 의사를 피력하였다고 한다. 윤필상 등은 국왕에게 말하기를 '사신이 승연(乘輦)을 수용한 것으로 보아 반복하여 설득하면 같은 날에 조서와 칙서를 맞이하는 것을 허락받을 수 있을 것이다'라고 하였다.[142]

이에 따르면, 대립 양상은 조서와 칙서를 날짜를 달리하여 맞이해야 한다는 명 사신과 한날에 맞이해야 한다는 조선 측 간의 견해차라고 할 수 있다. 하

---

142 『성종실록』 권214, 성종 19년 3월 병자 7번째 기사.

지만 사건의 전개 과정에서 드러나듯이 실제는 그렇지 않았다. 명 사신의 입장은 조서와 칙서가 함께 왔더라도 별도로 반포되어야 한다는 것이었다. 달리 말해, 영조례와 영칙례는 별도로 이루어져야 한다는 것이었다. 날짜를 달리하는 게 핵심이 아니라 설령 한날에 치르더라도 별도로 이루어져야 한다는 것이 관건이었다. 이해를 돕기 위해 명 사신의 견해대로 치른 실제 사례를 소개하면 다음과 같다.

> 신시(申時)에 중국 사신이 조서와 칙서를 받들고 모화관에 이르니, 임금은 면복(冕服)을 갖추고 나아가 맞이하였다. 중국 사신은 조서와 칙서를 받들어 각각 용정(龍亭)에 안치하였는데, 그 칙서는 장전(帳殿)에 머물러 두었다. 임금이 조서를 인도하여 가마(輦)를 타고 앞서가고 중국 사신은 말을 타고 조서를 따라서 갔다. 경복궁에 이르러 조서를 반포하기를 의식대로 하였다. 그 조서는 말하기를 (…) 하였다.
>
> 중국 사신은 도로 나와 모화관에 이르렀다. 임금은 익선관(翼善冠)에 곤룡포(袞龍袍)를 갖추고 돈의문(敦義門)으로 해서 나아가 칙서를 맞이하는 자리에 이르렀다. [임금은] 칙서를 인도하여 말을 타고 먼저 갔다. 경복궁에 이르러 칙서를 받기를 의식대로 하였다. 그 칙서는 말하기를 (…) 하였다.[143]

이미 앞서 소개한 사례로, 서술 내용이 평이하여 부연 설명은 필요가 없을 것이다. 다만 함께 온 조서와 칙서 가운데 (용정에 안치된) 칙서를 모화관에 설치된 장전(帳殿)에 남겨두고 조서만 궁궐로 이동하여 영조례가 거행된 점을 주목해야 할 것이다.

반면 조선이 원하는 바의 핵심은 한날에 조서와 칙서를 맞이하는 것이 아

---

143 『성종실록』 권214, 성종 19년 3월 정축 11번째 기사.

니라 조서와 칙서를 한꺼번에 맞이하는 것이었다. 달리 말해, 조서를 맞이할 시에 칙서도 함께 맞이하고자 한 것이었다. 위 사례를 활용해보면, 칙서를 장전(帳殿)에 남겨두지 않고 조서가 궁궐로 이동할 때 함께 이동해야 하고 국왕이 조서를 받을 때 칙서도 함께 받아야 한다는 것이었다. 이러한 양측의 견해차를 염두에 두면서 사건의 경위를 살펴볼 필요 있다.

명 사신 주장의 핵심이 이틀에 걸쳐 조서와 칙서를 맞이하는 것이 아닌 게, 다음 날(13일 정축) 벽제관으로부터 돌아온 문례관 권경우의 계문에 따르면, '조서와 칙서를 맞이하는 절차'에 관한 물음에 대해 명 사신이 답한 내용은 날짜를 달리할지 한날에 맞이할지는 조선이 임의대로 결정해서 하라는 것이었다.[144] 명 사신이 권경우에게 한 말은 윤필상 등에게 한 말과 상이한 셈인데, 실제로는 상충하지 않는다. 후술하듯 명 사신이 중시한 점은 조서와 칙서를 날짜를 달리하여 맞이하는 것이 아니라 영조례와 영칙례를 명확히 구분하여 진행해야 한다는 것이었다. 다만 현실적으로 하루 안에 두 의례를 치르는 것이 어렵다고 보아 영조례와 영칙례를 날짜를 달리하여 거행하는 것이 좋겠다고 생각한 것이었다.[145]

윤필상 등은 사신을 설득하는 것이 어렵지 않으리라고 예상했지만, 예상은 보기 좋게 빗나갔다. 윤필상 등의 계문을 듣고, 13일(정축)에 성종은 원접사 허종을 통해 사신에게 '모화관에는 방실(房室)이 없어 침숙이 어렵고 조서와 칙서를 일시에 반포하는 것은 유래가 오래되어 날짜를 달리하여 맞이하면 고례(古例)에 어긋난다'라고 하여, 사신의 의견을 수용하기 어렵다는 뜻을 완곡히 전하였다. 조선 측은 조서를 맞이할 시에 칙서도 함께 맞이하는 방식을 염두에 둔

---

144 『성종실록』 권214, 성종 19년 3월 정축 2번째 기사.

145 『성종실록』 권214, 성종 19년 3월 정축 7번째 기사.

채 하루 안에 조서와 칙서를 맞이할 수 있도록 사신을 유도하고자 한 것이다. 하루 안에 조서와 칙서를 맞이하게 되면 조서와 칙서를 한꺼번에 맞이할 수 있을 것이라는 생각에서였을 것이다. 이러한 대응 전략은 윤필상 등의 계문이 조서와 칙서를 날짜를 달리하여 맞이할 것이라는 사실만을 전하여 사신의 본의인 영조례와 영칙례를 분리해서 거행하고자 한 의사를 제대로 전달하지 않아서였을 것이다.

벽제관으로부터 온 황육운(黃陸雲)의 계문에 따르면, 허종의 언사에 대해 사신들은 오늘(13일) 조서를 반포하고 내일(14일) 칙서를 반포하겠다고 하면서, 날씨가 온화하여 모화관에서 침숙할 수 있다고 하였다.[146] 순진한 척한 것인지 실제로 그러했는지 알 순 없지만, 결과적으로 명 사신은 조선 측 언사 이면의 뜻을 외면하였다고 할 수 있다. 한편 고례(古例)에 어긋난다고 하는 조선 측의 이견에 대해서는 별다른 언급이 없었다.

국왕은 좌승지 한언(韓堰)을 보내 사신에게 '명 사신이 모화관에 침숙하는 것은 황공한 일이라는' 뜻을 전하였다. 오늘 내에 조서와 칙서를 모두 맞이하고자 하는 의사를 우회적으로 거듭 표한 셈이었다. 이에 대해 사신은 관내(館內)에 유악(帷幄)을 설치하면 유숙이 가능하다고 하여, 날짜를 달리하여 조서와 칙서를 반포하고자 하는 뜻을 고수하였다.[147]

사신이 이렇게 반응하자 조선 측은 본심을 직접 드러냈으니, 조서와 칙서를 일시에 맞이할 수 있도록 요청한 것이다. 즉 성종은 이극돈(李克墩)을 보내 사신에게 '조서와 칙서를 일시에 맞이한 것은 그 유래가 오래됨. 사신이 강경하게 불가하다고 하여 따르려 했지만, 조서와 칙서가 일시에 함께 왔는데 조서

---

146 『성종실록』 권214, 성종 19년 3월 정축 3번째 기사.

147 『성종실록』 권214, 성종 19년 3월 정축 4번째 기사.

만 맞이하고 칙서를 교외에 두는 것은 옳지 못함. 두 사신이 조서를 받들고 오고 두목(頭目)으로 하여금 칙서와 사물(賜物)을 지키도록 하는 것은 예에 부합하지 않음. 조서를 맞이하는 일은 성례(盛禮)이고 칙서를 맞이하는 일은 쇄례(殺禮)로 두 사신이 조서와 칙서를 일시에 받아 왔으니 반조(頒詔)하는 성례(盛禮)에 칙서도 함께 주는 것이 예에 부합함' 등의 의사를 전하도록 하면서 조서와 칙서를 일시에 맞이할 수 있도록 요청하였다. 조서와 칙서를 일시에 맞이하는 방식은 조종조 이래 고례이면서 예에 부합한다는 것이다.

조선 측이 본심을 드러내면서 조서와 칙서를 일시에 맞이하는 방식이 예에 부합한다고 하자, 명 사신도 이에 적극적으로 응수하여 이극돈에게 『대명집례』를 보여주었다. 여기서 『대명집례』란 등사문(謄寫文)으로 된 「번국접조의주」와 「번국수인물의주」였을 것이다. 『대명집례』를 보여주는 행위는 단순하면서도 강력한 조치로, 영조례와 영칙례 각각의 의주가 있는 이상 이들 예식도 별도로 치러야 함을 암묵적으로 말한 셈이다. 이극돈은 '이것은 영조례와 영칙례 각각의 의주로, 조서와 칙서가 단독으로 올 시에는 해당 의주로 맞이하는 것이 당연하나, 지금은 조서와 칙서가 일시에 왔기에 반조(頒詔) 시에 칙서를 함께 전해야 한다'라고 하였다.[148] 그는 명 사신의 생각과 달리 『대명집례』의 「번국접조의주」와 「번국수인물의주」라는 존재가 조서와 칙서가 일시에 왔을 때 이를 각각 맞이해야 한다는 주장의 예적 근거로 작용하지 않는다고 본 것이다.

이에 대해 부사는 '조선이 명 조정의 의주를 준수하지 않는 것은 명 조정을 공경하지 않는 것이고, 우리는 명 조정의 의주를 거행해야만 하며, 교외에 칙서를 남겨두는 것이 불가하다고 한다면 조서를 맞이하고 칙서를 맞이하는 두 가지 일을 한날에 행할 수 있다'라고 하였다. 명 사신의 논리는 간명하였다. 조

---

148 『성종실록』 권214, 성종 19년 3월 정축 5번째 기사.

정의 의주(『대명집례』, 「번국접조의주」와 「번국수인물의주」)를 준수하라는 것이었다. 영조례와 영칙례 각각의 의주가 있으니 예식을 별도로 치러야 한다는 것이다.[149] 명 사신 주장의 요체는 영조례와 영칙례를 별도로 치르는 것에 있기에, 날짜를 달리하여 맞이하면 황제의 명령(칙서)을 초야에 내버려두게 된다고 주장하는 조선 측의 의견을 수용하여 명 사신은 하루 안에 조서와 칙서를 모두 맞이할 수 있다고 하였다.

　이제 대립 지점은 분명해졌다. 조선은 조서를 맞이할 시에 칙서도 함께 맞이해야 한다고 주장한 반면, 명 사신은 각각 행해져야 한다고 본 것이다. 명 사신의 예적인 근거는 『대명집례』에 영조례와 영칙례 각각의 의주가 존재한다는 사실이었다. 각각의 의주가 구비되어 있기에, 일시에 오더라도 각각 거행되어야 한다는 것이다. 단순 명료했다고 할 수 있다. 이에 비해 조선은 '『대명집례』에 영조의와 영칙의가 각각 있다고 할지라도' 식으로 비교적 분명한 사실을 덮으면서 한꺼번에 오면 조서를 맞이할 시에 칙서도 함께 맞이해야 한다고 주장하였다. 여러 근거를 제시하기는 하나 결정적인 한 방이 없었다. 결론을 내놓고 그에 맞는 논리와 근거를 찾는 느낌마저 들 정도이다. 그러다 보니 승연(乘輦)이냐 승마(乘馬)냐를 두고 갈등을 벌였을 때와는 형세가 달랐다. 그때에는 『대명집례』(「번국의주」)가 어느 한쪽의 손을 들어주지 않아 종래의 방식대로 거행하면 되는 조선 측으로 무게추가 기울었다면, 이 건에서는 『대명집례』(「번국의주」)의 존재가 명 사신 측에 유리하게 작용하였다. 명 사신은 승마를 주장할 때와 대조적으로 단순 명료하게 논리를 전개한 데 비해, 조선 측은 비교적 분명한 사실을 부정하면서 다소 궁색하게 여러 논리를 만들어내는 듯하였다. 이러한 모습은 승연(乘輦)/승마(乘馬) 때와 상이한 판세와 무관치 않을 것이다.

---

149 『성종실록』 권214, 성종 19년 3월 정축 7번째 기사.

국왕은 이극배를 통해 또다시 사신을 설득하였다. 이극배는 하교(下敎)대로 명 사신을 상대로 이전의 사신들이 조서와 칙서를 일시에 반포했었고 각각 행하는 것은 예문에 위배된다고 하는 취지로 거듭 설득을 시도하였다. 이전의 논리를 반복한 셈인데, 명 사신의 입장도 전혀 달라지지 않았다. 명 사신은 명 조정의 의주, 곧 『대명집례』를 봉행해야 하고 명 조정의 승인이 없다면 조선의 입장을 수용할 수 없다고 대답하였다. 조선의 견해대로 한다면 조칙 자체를 반포하지 않을 것이라는 강경한 태도를 표출한 것이다.[150]

명 사신은 입장이 확고부동하여 조서와 칙서를 따로 맞이하지 않으면 모화관으로 이동하지 않고 홍제원에서 유숙할 것이라고 하였다. 예식을 거행하기로 한 날은 오후를 지나고 있었고 국왕은 조칙을 맞이하기 위해 교외에까지 나온 상황이었기에, 성종은 모종의 결단을 내려야 했을 것이다.

이에 국왕은 '전례(前例)에 어긋나더라도 부득이 따라야 하겠다'라고 양보의 의사를 비치면서 영돈녕 이상에게 의견을 구하였다. 당시 국왕은 명 사신의 말이 심히 거만하여 모욕적이라고 느끼고 있었다. 조서와 칙서를 따로 맞이해야 한다는 주장 자체보다는 견해를 수용하지 않으면 한 발짝도 움직이지 않겠다는 식의 언설이 오만하게 받아들여졌을 것이다. 윤필상 등은 사신의 말이 모욕적이긴 하나 '참고서 억지로 따름이 마땅하다'라고 하였다. 그러자 국왕은 '말을 타는 것에 불평은 없으나,[151] 홍무제 이래 조서와 칙서를 일시에 맞이하였는데 전례를 어기는 것은 의(義)에 불가한 까닭에 쉽사리 좇을 수가 없다'라고 하였다. 윤필상 등이 재차 권도(權道)로 사신의 말을 따르도록 하는 결단을

---

150 『성종실록』 권214, 성종 19년 3월 정축 7번째와 8번째 기사.

151 조서와 칙서를 별도로 맞이하면, 칙서를 맞이할 때 국왕은 말을 타고 칙서를 맞이해야 해서 이런 말이 나온 것이다. 조서와 칙서를 함께 맞이하면 말을 탈 일이 없게 된다.

권유하자, 성종은 결국 결단을 내렸다.

성종은 우승지 이계남(李季男)을 보내 '조서와 칙서를 오랫동안 초야에 머무르게 하는 것이 미안하여 명 사신의 가르침을 따르겠다'라고 하였다. 그러자 사신은 화색(和色)하면서 이계남에게 다음과 같이 말하였다.

> 듣건대, 전하께서 독서를 많이 하시어 예를 아시고 조중(朝中)의 대신 또한 예를 아는 이입니다. 조서와 칙서를 맞이한 시의 겸행(兼行)은 전례가 있어, 전하께서 전례를 따르시려 하셨음도 옳고, 지금 의주를 보시고는 곧 변하여서 통(通)하였음도 옳으니, 현왕(賢王)이라고 이를 만합니다. 우리가 조서를 받들고 들어가 반조(頒詔)하여 전하께서 조서를 받는 예를 마치면, 우리는 도로 나오고 전하께서도 또한 나오셔서 말을 타고 칙서를 인도하여 들어가, 칙서를 받는 예를 마친 뒤에 상회례(相會禮)를 행함이 옳을 것입니다.[152]

사신이 말하고자 한 바는 의주, 곧 『대명집례』에 의거한 조칙분영이 궁극적으로 예에 부합하는 옳은 일이고, 국왕과 대신이 전례를 따라 조서와 칙서를 일시에 맞이하려다가 의주를 본 후 나누어 맞이하는 것으로 바꾼 결정은 예를 아는 현명한 대처라는 것이다. 한편 조서와 칙서를 맞이하는 절차에 관한 명 사신의 상세한 언급에 관해서 이계남은 '국왕이 일을 이미 처리하였다'라고 하여 이견이 없음을 표명하였다.[153] 그리하여 앞서 거듭 소개한 사례에서 보듯, 이 날 늦은 오후인 신시(申時)에 조서와 칙서를 별도로 맞이하는 유례없는 예식이 거행되었다.

---

152 『성종실록』 권214, 성종 19년 3월 정축 10번째 기사.
153 『성종실록』 권214, 성종 19년 3월 정축 10번째 기사.

4. 여언: 조칙분영을 수용하지 않으려 한 '숨겨진' 이유

조칙분영(詔勅分迎)을 수용하지 않으려 한 이유는 표면적으로는 누차 공표
했듯 조칙합영(詔勅合迎)이 전례라는 사실 및 그간 명 사신도 명 조정도 이를 문
제 삼은 적이 없었는데 이번 사신의 말만 믿고 전례를 바꿀 수 없다는 점 등일
것이다. 그런데 조선은 전례가 예에 어긋난다고 하면 그것을 예에 맞게 개정하
곤 하였기에, 전례는 필요충분한 이유이긴 어려울 듯싶다. 조선의 성향을 감안
하면, 조선은 조칙합영이 단순히 전례여서가 아니라 예에 부합한다고 보았기
때문에 명 사신의 조칙분영 주장을 수용하지 않았을 것이다. 하지만 조선과 명
사신 간 여러 차례의 논쟁을 보았을 때, 조선 측이 주장하는 조칙합영이 예에
부합한다고 보긴 어렵다. 명 사신이 주장하는 조칙분영 또한 예서(의주)에 적시
되진 않았지만, 의주를 연역해보면 조칙분영이 조칙합영보다는 예적으로 타
당하다고 할 수 있다. 앞서 언급했듯이 명 사신의 논리는 간명한 반면 조선 측
의 논리는 장황했던 것도 이와 무관치 않다. 적어도 조선 측은 명 사신과의 논
쟁을 거치면서 조칙합영이 예적으로 타당하고 명 사신이 주장하는 조칙분영
은 그렇지 않다는 확신을 갖지는 못했을 것이다.

그렇다면, 조선은 명 사신과의 논쟁을 거치면서 조칙합영이 예적으로 취약
하다고 보면서도 조칙분영이 논란의 여지 없이 타당한 수준은 아니어서 전례
를 바꾸면서까지 이를 수용할 필요는 없다고 생각했을 수도 있다. 그런데 이렇
게 마무리하기에는 걸리는 대목이 하나 있다. 성종이 조칙분영을 따르기 어려
운 이유를 언급하는 와중에 '내가 말을 탄다고 하여 어찌 불평이 있겠는가?(予
之乘馬 有何不平)'[154]라고 한 언급이 바로 그것이다. 이 언설은 역설적으로 국왕의

『성종실록』 권214, 성종 19년 3월 정축 9번째 기사.

승마가 조칙분영을 따르기 어려운 이유 가운데 하나였음을 암시한다고 하겠다. 조칙합영의 방식으로 의례가 진행되면 조서를 맞이할 시에 칙서도 함께 맞이하는 것이어서 조서와 칙서는 함께 궁궐로 이동하고 이때 국왕은 가마(輦)를 타고 궁궐로 이동해야 해서 국왕이 말을 탈 일은 없게 된다. 이와 달리 조칙분영의 방식에서는 별도로 거행되는 영칙례의 예식 절차 과정에서 국왕은 모화관에서 궁궐로 이동할 시에 말을 타야 했다.

말을 타고 칙서를 맞이하는 것은 조선과 명 사신 간에 논의의 대상이 아니었고, 당시 조선 조정 내에서 누구도 칙서를 맞이할 때 말을 타고 궁궐로 이동하는 것에 공개적으로 이견을 표명하지 않았다. 하지만 수면 아래에서는 칙서를 맞이할 때 국왕의 승마는 꺼리는 일로 간주되고 있었을 것이다. 이와 관련하여 주목해야 할 사실은 세종 6년 10월 11일(임자)의 '영칙의주(迎勅儀注)',[155] 세종 7년 1월 23일(갑오)의 '영칙의(迎勅儀)',[156] 세종 11년 4월 26일(신축) 예조가 올린 '칙서상사영접의(勅書賞賜迎接儀)'[157]와 『세종실록』 오례의 '영칙서의(迎勅書儀)'[158] 등에는 국왕이 칙서를 맞이해서 교외에서 궁궐로 이동하는 의절이 한결같이 '다음에 전하가 말을 타고 간다(次殿下乘馬行)'로 기재되어 있었는데, 『국조오례의』의 「영칙서의」[159]에는 '다음에 전하가 가마를 타고 간다(次殿下乘輦行)'로 기록되어 있다는 점이다. 『국조오례의』의 해당 어구가 오기가 아닌 이상, 교외에서 궁궐로 이동할 때 국왕의 교통수단은 말에서 가마(輦)로 바뀐 것이다. 『국조오

155 『세종실록』 권26, 세종 6년 10월 임자.

156 『세종실록』 권27, 세종 7년 1월 갑오.

157 『세종실록』 권44, 세종 11년 4월 신축.

158 『세종실록』 권132, 五禮 嘉禮儀式 迎勅書儀.

159 『국조오례의』 권3, 嘉禮 迎勅書儀.

례의』는 성종 5년에 편찬되었기에, 『국조오례의』에 따르면 성종 19년 당시에는 칙서를 맞이할 때 국왕은 가마(輦)를 타고 궁궐로 이동해야 했다. 그런데 조칙 분영의 방식을 수용하게 되면서 별도로 행해진 영칙례에서 국왕은 명 사신이 당연시한 대로 말을 타고 모화관에서 궁궐로 이동해야 했다.

불만이 있었음에도 조선이 명 사신을 상대로 칙서를 맞이할 때 국왕의 승마에 대해 이견을 표명하지 않은 것은 나름의 이유가 있었다. 『국조오례의』 「영칙서의」에서 기왕의 승마(乘馬)를 승연(乘輦)으로 개정한 일은 예에 부합하지 않는 면이 있었기 때문이다. 각종 영칙서의의 토대가 된 『번국의주』(『대명집례』) 「번국수인물의주」에는 국왕이 말을 타고 궁궐로 이동한다고 적시되어 있었다. 『세종실록』 오례의 「영칙서의」 등에 승연이 아니라 승마가 기재된 것은 바로 이러한 이유에서였다. 칙서를 맞이하여 궁궐로 이동할 때 국왕의 승마는 조서를 맞이하여 궁궐로 이동하는 과정에서의 승연과 달리 해석의 영역에 해당하지 않았다. 비례(非禮)를 범하면서까지 승연으로 개정한 일은 국왕을 높이는 존왕(尊王) 차원에서 이루어졌을 것인데,[160] 이러한 성격의 조치는 조선에서 매우

---

[160] 영조 시 국왕의 乘輦을 놓고서 명 사신과 갈등하는 와중에 나온 언급이긴 해도, 愼承善의 다음과 같은 언설은 乘馬를 乘輦으로 개정한 조치가 국왕의 威儀와 관련하여 단행되었을 것을 시사한다. "조서를 맞이함은 大事입니다. 마땅히 엄숙함을 다하여야 하니, 말을 타고서 초라하게 威儀를 없게 할 수는 없습니다(迎詔 大事也 當盡嚴肅 不可乘馬 以致粗率無威儀 也)"라는 언설이(『성종실록』 권214, 성종 19년 3월 갑술) 그것이다. 말이 아닌 가마(輦)를 타야 국왕이 威儀를 갖추게 된다고 본 것이다. 이로 미루어 칙서를 맞이할 때도 국왕이 말 대신 가마를 타는 것으로 바꾼 조치는 威儀를 갖추게 하여 국왕을 높이고자 하는 의도에서 단행되었을 것이다. 또한 중종은 '칙서를 맞이할 때 명 사신이 억지로 말을 타게 하려는 것은 帝命을 높이기 위한 것이고, 본국이 꼭 輦을 타려는 것은 자신의 편한 것을 꾀하는 것에 불과하다'라고 하였는데(『중종실록』 권41, 중종 16년 1월 임신), 乘輦이 황제에 예를 다하는 뜻에서가 아니라 조선의 利害에서 비롯되었다고 하는 식의 취지가 주목된다. 승연에 따른 조선의 이해(편의)는 愼承善의 언급을 볼 때 존왕으로 보아도 대과가 없을 것이다.

파격적인 일이었다. 바로 이러한 약점 때문에 조선은 명 사신과의 논쟁 과정에서 조칙합영만을 주장하였을 뿐, 칙서를 따로 맞이할 경우에 국왕이 가마(輦)를 타야 한다는 말은 입도 뻥긋 못하였을 것이다. 영조 시의 승연(乘輦)도 이렵사리 관철한 마당에 칙서를 맞이할 때의 승마(乘馬)는 사신이 가지고 온 『대명집례』「번국수인물의주」와 조선 측의 『번국의주』「번국수인물의주」에 적시되기까지하여, 당시 조선은 명 사신을 상대로 칙서를 맞이할 때 승연을 관철하기란 불가능하였다. 조선은 긁어 부스럼이며 '예를 안다는(知禮)' 명성에 스스로 먹칠하는 칙서를 맞이할 때 국왕의 승연을 아예 입 밖으로 꺼내지 못했을 것이다.[161] 따라서 조선(국왕)은 말을 타고 칙서를 맞이하는 것을 꺼렸을 것이지만, 칙서를 맞이할 때 국왕의 승연은 주장조차 하지 못하고 어떻게든 조칙합영을 관철하여(별도로 칙서를 맞이하지 않음) 승마를 우회적으로 회피하려 했을 것이나 조선의 뜻대로 되지 못했다. 국왕은 결국 가마(輦)를 타고 조서를 맞이한 후, 다시 말을 타고 칙서를 맞이해야 했다.

---

161 칙서를 맞이할 때도 국왕이 가마(輦)를 타고 궁궐로 이동하게 된 이후부터 이 일이 있기 전까지, 조서와 칙서가 함께 온 경우에는 국왕이 일시에 조서와 칙서를 맞이하였기에 칙서를 맞이할 때 국왕이 무엇을 타고 궁궐로 이동해야 하는지는 조선과 명 사신 간에 문제가 될 수 없었고, 칙서만 온 경우에는 朝官 사신은 전무한 대신 환관 출신 勅使가 주로 왔다 간혹 遼東都司의 官이 파견되어 왔기에, 이들 칙사의 禮에 대한 무관심 속에 별다른 논란 없이 국왕은 『국조오례의』대로 가마(輦)를 타고 궁궐로 이동하였을 것이다. 칙서만 온 사례를 소개하자면, 성종 10년 윤10월에 遼東指揮인 高淸이 칙서를 가지고 왔고(『성종실록』권110, 성종 10년 윤10월 기미), 성종 11년 5월과 성종 14년 7월에 조선 출신 환관 鄭同이 칙서를 가지고 왔다. 『성종실록』권117, 성종 11년 5월 1일 경진; 『성종실록』권156, 성종 14년 7월 2일 임진.

3장

조칙합영(詔勅合迎)과 영칙 시 승연(乘輦)의
성취와 그 의미

1. 머리말

이 장은 성종 19년 3월 조선과 명 사신 간에 조서를 맞이할 때 국왕의 교통 수단 및 함께 온 조서와 칙서를 맞이하는 방식을 두고서 벌인 갈등을 검토한 앞 장의 후속편에 해당한다.

성종 19년 3월의 조선과 명 사신 간의 갈등은 다음과 같이 귀결되었으니, 명 사신은 조서를 맞이할 때 조선 국왕이 모화관에서 궁궐까지 어떤 탈것을 타고 이동할 것인지에 대해서는 자신의 의사를 접고 조선 측의 의견인 승연(乘輦)을 받아들였지만, 함께 온 조서와 칙서를 맞이하는 방식에서는 조칙분영을 관철해냈다. 조선은 조칙분영이 전례(前例)에 어긋난다고 보면서도 권도의 차원에서 사신의 의견을 받아들였다.

조선 측이 갈등의 결과를 군말 없이 수용하였다면 향후 이 사안을 두고 별일이 없었을 테지만, 본문에서 확인할 수 있듯이 성종 대부터 명종 대까지의 비교적 장기간에 걸친 노력의 결과 조선은 원했던 대로 함께 온 조서와 칙서를 한꺼번에 맞이하게 되었고, 심지어 칙서만 온 경우에도 국왕은 말이 아닌 가마

(輦)를 타게 되었다. 본 장에서는 이러한 성과로 귀결되는 과정 및 이러한 성취가 어떻게 달성될 수 있었는지를 검토할 것이며, 이 과정에 내포된 역사적 맥락과 의미를 규명해보고자 한다. 특히 조선 측이 이례적으로 그간 준용해 온 의주의 규정을 어기면서까지 칙서를 맞이할 시에도 국왕이 말이 아닌 가마(輦)를 타는 것을 관철하려 한 맥락 및 칙서를 맞이할 시에도 가마(輦)를 타는 것을 정당화한 맥락을 유의하여 검토해보고자 한다.

칙서를 맞이할 때 국왕이 가마(輦)를 탄 것은 비례(非禮)라고까지 말할 수 있을 정도로 예적으로 매우 취약한 일로, 존왕을 위해 예적으로 취약한 일을 감행한 것은 조선에서 비교적 드문 일에 속한다. 그런데 당시 조선은 올바른 예의 실현을 중시하는 성향을 지니고 있었기에, 존왕의 구현 차원에서 다소 무리하게 칙서를 맞이할 때도 국왕이 가마(輦)를 타는 것을 관철하려 했다고 해도, 일의 추진은 예의 구현과 실천을 방기하면서, 혹은 명 사신의 의견에 귀를 막은 채 자신이 하고 싶은 대로 하는 식으로 이루어지진 않았을 것이다. 어떤 방식으로 일을 추진하였을지 의문인데, 이를 파악하면 조선이 명(황제)을 상대로 해서 어떤 심성(mentalité) 속에서 외교의례를 거행하고자 했는지를 더 심도 있게 이해하는 데 도움이 될 것이다.

2. 성종 23년, 동월(董越)이 관철한 조칙분영(詔勅分迎)의 습용(襲用)

성종 23년 5월 정유일, 조서와 칙서가 함께 왔다.[162] 황태자 책봉을 알리기 위한 사행으로 정사(正使)는 병부낭중(兵部郎中) 애박(艾璞)이었고 부사(副使)는 행

---

162 『성종실록』 권265, 성종 23년 5월 정유.

인사행인(行人司行人) 고윤선(高胤先)이었다.[163] 이날 기사에 따르면, 조서와 칙서를 맞이하는 예식은 다음과 같이 진행되었다.

두 사신(애박과 고윤선—인용자)이 모화관에 이르러, 서쪽 담장에 있는 작은 문으로 들어가 막차(幕次)에 나아가 옷을 바꾸어 입은 뒤 칙서를 대청(大廳)에 놓아두고 조서를 가지고서 정문으로 나왔다. 임금이 면복 차림으로 의식대로 조서를 맞이하고, 가마(輦)를 타고 선도(先導)하여 경복궁에 이르러 조서를 받았다. 그 조서에 이르기를 (…) 하였다. 두 사신이 다시 모화관에 이르고 임금도 다시 모화관에 행행하여 의식대로 칙서를 맞이하고, 말을 타고 경복궁에 이르러 칙서를 받았다. 그 칙서에 이르기를 (…) 하였다.[164]

이때 조서와 칙서를 맞이하는 예식은 성종 19년 3월 정축일에 있었던 반조(頒詔)와 수칙(受勅)의 거행 방식과[165] 동일했다. 즉 성종 23년 5월 정유일에도 성종 19년 3월 정축일에 했듯이 조서와 칙서를 따로따로 맞이하는 조칙분영이 행해졌다. 앞 장에서 소개했듯이, 조선은 성종 19년 3월에 전례에 어긋난다고 보았으면서도 권도의 차원에서 명 사신의 의견을 수용했었는데, 바로 다음번에도 재차 조서와 칙서를 각각 맞이하고 만 것이었다.

성종 23년에 조선 측이 성종 19년 3월에 이루어졌던 조칙분영을 새로운 항식(恒式)·항규(恒規)로 인정하면서 조서와 칙서를 각각 맞이하는 방식을 순순히 수용한 것은 결코 아니었다. 조선은 이번에 조칙합영을 복구하고자 했다. 하지

163 『성종실록』 권262, 성종 23년 2월 정사; 『성종실록』 권265, 성종 23년 5월 을유.

164 『성종실록』 권265, 성종 23년 5월 정유.

165 『성종실록』 권214, 성종 19년 3월 정축.

만 뜻대로 되지 않았다. 성종 23년 5월 을미일의 기사는 저간의 사정을 잘 말해 준다.

문례관(問禮官) 권경우(權景祐)가 와서 아뢰기를, "신이 보산관(寶山館)에 이르러서 영조칙합록의(迎詔勅合錄儀)를 두 사신에게 보이니, 정사(正使)가 크게 노여워하고 안색이 갑자기 푸르러지면서 안상(案床)을 치고 발을 구르며 성난 소리로 말하기를, '조서와 칙서를 각각 맞이해야 한다고 내가 이미 자세히 일러주었는데, 지금 감히 이렇게 하였으니, 중국 조정을 공경히 섬기는 뜻은 어디에 있는가?' 하므로, 신이 대답하기를, '조서와 칙서를 일시에 맞이하는 것은 본국의 고사(故事)였는데, 동대인(董大人, 동월)께서 처음으로 나누었습니다. 전하께서는 대인의 뜻을 알 수가 없어서 또 각각 맞이하는 의주를 작성하였는데, 지금 함께 가지고 왔습니다' 하니, 정사가 기뻐하며 말하기를, '전하께서는 진실로 현군(賢君)이며 중국 조정을 공경히 섬긴다고 할 수 있다'라고 하였습니다."[166]

위 기사에 따르면, 문례관 권경우는 영조칙합록의(迎詔勅合錄儀)를 지니고 명 사신에게 가서 조칙합영을 성사시키도록 하는 임무를 부여받았을 것이다. 권경우는 조칙을 맞이하는 구체적인 예식을 협의하기 위해 명 사신을 찾아갔을 때 '영조칙합록의(迎詔勅合錄儀)'와 '각영의(各迎儀)'를 함께 가져가서 명 사신에게 우선 전자만을 내보였다. 조칙합영의 복구를 의도한 행동임이 틀림없다. 명 사신이 별말 하지 않으면 '영조칙합록의'에 따라 조서와 칙서를 한꺼번에 맞이할 심산이었을 것이다.

당시 조선 측은 조칙합영을 복구하려 했으면서도, 명 사신을 어떻게든 설

---

166 『성종실록』 권265, 성종 23년 5월 을미.

득해서라도 합영의(合迎儀)를 관철할 생각은 없었던 듯싶다. 성종 19년에 행해진 전례가 있다 보니, 명 사신과 조칙합영이냐 조칙분영을 놓고서 원점에서부터 논의를 시작할 순 없었기 때문일 것이다. 조선 측의 조칙합영 시도에 명 사신이 별 반응을 보이지 않으면 은근슬쩍 조칙합영을 성사시킬 요량이었고, 만약 사신이 조칙분영을 염두에 두고 있다면 이 건을 두고 사신과 갈등하지 않고 내키진 않아도 조칙분영을 수용할 계획이었을 것이다. 이는 문례관 권경우가 '영조칙합록의(迎詔勅合錄儀)' 외에 '각영의(各迎儀)'도 함께 준비해 간 데다, 조선 측의 조칙합영 시도에 길길이 날뛰는 명 사신을 진정시키고자 "전하께서는 대인(大人)의 뜻을 알 수가 없어서 또 각각 맞이하는 의주를 작성하였는데, 지금 함께 가지고 왔습니다"라고 말한 데서도 확인된다. 정사 애박(艾璞)은 조선 측이 '영조칙합록의'를 제시하자 "조서와 칙서를 각각 맞이해야 한다고 내가 이미 자세히 일러주었는데"라고 하면서 자신의 의견을 무시하는 처사로 여겨 분개했지만, 문례관 권경우가 '영조칙합록의'와 '각영의'를 함께 가져가서 우선 조칙합영 의주를 내보인 것은 정사로부터 전달받은 조칙분영 거행 의사를 무시하면서까지 조선의 의사를 관철하고자 한 행위가 아니었다. 이 일은 정사 애박의 의사를 전달받지 못한 상태에서 이루어진 것이었다.[167] 곧 명 사신의 의견을 의도적으로 무시하면서까지 조칙합영 의주를 어떻게든 밀어붙이려는 게 아니라, 명 사신의 정확한 의사를 모른 상태에서 앞서 언급했듯이 은근슬쩍 조칙합영을 성사시킬 심산이었고,[168] 사신이 조칙분영의 뜻을 밝히면 이를 수용

---

167 5월 20일(기축)에 노공필의 馳啟가 궁궐에 도착하였고, 권경우가 寶山館에서 명 사신을 만나 의주를 건네는 등 예식에 관해 협의하고 나서 도성으로 돌아온 때는 5월 26일(을미)이었다. 일정을 고려할 때, 노공필의 치계가 도착하는 5월 20일 전에 권경우는 의주들을 지니고 보산관으로 떠났을 것이다.

168 영조칙례의 예식 절차를 문제로 삼을지 여부 및 문제로 삼는다고 할 때 어느 지점을 문제가

할 계획이었을 것이다.[169]

당시 조칙합영을 복원하고자 했던 조선 측의 노력을 좌절시킨 결정적인 요인은 조칙분영에 대한 명 사신의 뚜렷한 선호였다. 당시 명 사신, 그중에서도 정사인 애박은 시종일관 동월(董越)의 사례를 승습(承襲)하고자 했다. 성종 23년 5월 기축일, 원접사 노공필(盧公弼)의 치계(馳啓)에 따르면, 정사인 애박은 "이번 예식 거행은 한결같이 동월의 의주에 의거하겠다. 동월이 이미 천자께 아뢰어서 윤허를 받았고, 나의 성품은 다르게 하는 것을 좋아하지 않으므로, 전철(前轍)대로 하고자 한다"라고 하였다.[170] 정사인 애박은 성종 19년에 동월이 조선 조정을 상대로 조칙분영을 관철했던 사실을 분명히 인지하고 있었고, 동월의 전철을 뒤따르겠다는 의사를 원접사에게 분명히 전달하였다. 그러했기에 며칠 뒤 문례관 권경우가 '영조칙합록의(迎詔勅合錄儀)'를 제시하자, "[원접사를 상대로] 조서와 칙서를 각각 맞이해야 한다고 내가 이미 자세히 일러주었는데 지금 감히 이렇게 하였으니, 중국 조정을 공경히 섬기는 뜻은 어디에 있는가?"라고 하면서 몹시 화를 낸 것이다. 애박은 '각영의(各迎儀)'도 작성하여 가지고 왔다는 말에 기뻐하고, 권경우에게 합록의(合錄儀)를 돌려주면서 필요 없으니 가지고 돌아가라고까지 하였으며, 합록의(合錄儀)는 잘못된 것이어서 참고할 게 없다고까지 했다.[171] 조서와 칙서를 따로 맞이해야 한다는 생각을 확고부

있다고 할지는 사신의 성향, 역량 등에 의해서 좌우되곤 했기 때문에, 이는 매우 현실적인 계획이었다.

169 당시 조선은 董越의 전례를 이어받는 일은 비교적 순순히 수용하였다. 하지만 전례 없는, 모화관으로 올 때 보행하라는 제안은 받아들이지 않았다. 『성종실록』 권265, 성종 23년 5월 정유 참조.

170 『성종실록』 권265, 성종 23년 5월 기축.

171 『성종실록』 권265, 성종 23년 5월 을미.

동하게 갖고 있었던 것이다. 그런 그를 상대로 조칙합영을 복구하고자 하는 조선 측의 노력은 효과를 거둘 수가 없었다.[172]

이처럼 성종 19년과 달리 조선 측은 명 사신과 별 갈등 없이 명 사신의 의사를 수용하여 조서와 칙서를 각각 맞이했다. 하지만 이전에 비해 가벼운 수준이긴 하나 문례관과 명 사신 간에 조칙분영과 조칙합영을 놓고 의견 교환이 있었던 것도 사실이다. 오고 간 의견을 간략히 살펴보면 다음과 같다.

문례관 권경우는 '우리 전하께서 감히 고집스럽게 뜻을 어기고자 하심이 아니고'라는 전제를 달면서도, '조서와 칙서를 각각 맞이하게 되면 제명(帝命)인 칙서를 초야에 버려두게 되어 국왕의 마음이 편치 않다', '일시에 조서와 칙서를 맞이하는 것은 고사인데 동월이 어떤 예를 근거로 조서와 칙서를 각각 맞이하게 했는지 모르겠다'라는 의견을 명 사신에게 표명하였다. 이 의견은 성종 19년에 동월을 상대로 밝힌 것이기도 한데,[173] 작정하고 논쟁하자는 것은 아니고 이견을 표출하는 수준에서 제시된 것이라 할 수 있다. 이에 대해 정사 애박은 동월이 행한 조칙분영의(詔勅分迎儀)가 예에 합당하다고 전제한 채 응수하였다. 전자에 대해서는 '조서를 맞이하러 궁궐에 갔다 오는 사이에 칙서를 모화관에 두는 것은 해로울 게 없다'라고 하였다. 그리고 후자에 대해서는 '동월이

---

172 艾璞은 단순히 동월이 행한 예식 절차를 좇는 것으로 그치지 않고 그가 판단하기에 부적절한 의절을 고치고자 하기도 했다. 가령 그는 조선 측이 마련한 迎詔儀와 迎勅儀에 각각 '殿下는 冕服을 갖춘다. 世子는 冕服을 갖춘다', '殿下는 翼善冠과 衮龍袍를 갖춘다. 世子는 翼善冠을 갖춘다'라고 하여 국왕과 세자의 관복을 동일한 말로 표현한 점을 문제 삼으면서, 세자를 국왕과 구분하여 迎詔儀에 '世子는 冠服을 갖춘다'라고 기재해야 한다고 주장하였다. 『성종실록』 권265, 성종 23년 5월 병신 참조.

173 최종석, 「가마를 탈 것인가 말을 탈 것인가? 조서와 칙서를 함께 맞이할 것인가 별도로 맞이할 것인가?—성종 19년 조선과 명 사신의 迎詔勅禮를 둘러싼 갈등과 그 성격」, 『한국문화』 87, 2019c 참조.

홍무구제(洪武舊制)에 따라 조서와 칙서를 각각 맞이하였다고 했으며, 조서와 칙서를 함께 맞이했던 것은 경태(景泰) 연간에 사신으로 온 자가 국왕의 병환을 감안하여 편의를 봐준 데 따른 것'이라고 하였다. 조칙분영은 홍무구제(洪武舊制)에 따른 경례(經禮)인 데 반해 동월 이전에 거행된 적이 있던 합영(合迎)은 권례(權禮)라는 것이다. 덧붙여 그는 '동월이 의주를 아뢰어서 중국 조정에서도 모두 옳다고 하였으니, 내가 변경시킬 수가 없다'라고 하여, 조칙분영이 명 조정의 공식 의견이라고 못을 박았다.

필자가 보기에는, 정사인 애박은 과거에 동월이 조칙분영을 관철했던 사실을 인지하였고 자신도 이를 재차 실현하겠다는 군은 의지를 지니긴 했지만, 동월과 비교해서 조칙분영에 대한 뚜렷한 예적 근거를 알고 있지는 못했던 듯싶다. 그는 동월이 관철한 조칙분영의 예적 근거를 묻는 말에 홍무구제에 따랐다고 하는 모호한 대답을 내놓았고, 조칙합영이 고사라는 조선 측의 주장에 맞서 조칙합영은 경태 연간에 사신으로 온 자가 국왕의 병환을 감안하여 편의를 봐준 데 따른 것이라고 근거 없는 말을 하기도 했다.[174] 동월이 의주를 아뢰어서 중국 조정에서도 모두 옳다고 하였다느니, 동월이 이미 의주를 천자께 아뢰어서 윤허를 받았다고 한 애박의 언사도 향후 이 일의 전개 양상으로 볼 때 그다지 믿음이 가지 않는다.[175] 이 말은 그다음에 오는 언사인 '내가 변경시킬 수가 없다', '나의 성품은 다르게 하는 것을 좋아하지 않으므로 전철대로 하고자 한다'라는 자신의 견해(詔勅分迎)를 뒷받침하기 위해 꾸며낸 것인 듯싶다. 요컨대,

---

174 艾璞이 말한 건은 景泰 연간 중에 해당하는 세종 32년 윤1월 병오일에 있은 국왕과 세자 모두 병환으로 인해 왕자인 수양대군이 조칙을 대신 맞이한 사례를 가리키는 듯하다. 이때 특별히 조서와 칙서를 함께 맞이하게 되었다는 변화상은 그 어디에서도 확인할 수 없다(『세종실록』 권127, 세종 32년 윤1월 병오).

175 『明實錄』 등에서도 동월의 의주가 황제의 윤허를 받았다는 기록은 확인되지 않는다.

애박은 결론을 미리 정해놓고 그것에 꿰어 맞춰 근거를 제시하였다고 할 수 있는 것이다. 애박은 전임 사신인 동월이 어떤 예적 근거에 의거해서 특정 의절들을 문제 삼았는지 잘 알지 못했지만, 성종 19년에 거행된 예식 절차를 좇아 동월 못지않게 예를 알아 번국에서 올바른 예를 구현해냈다는 명성을 얻고 싶었던 듯하다.[176] 그러다 보니 동월에 의한 의절 변개의 근거에 대한 의문을 비롯한 조선 측의 문제제기에 제대로 답을 내놓지 못하였을 것이다.[177]

　기우에서 덧붙이자면, 이러한 사실은 조선 측의 조칙합영 주장이 예적으로 타당하다는 것을 의미하진 않는다. 다른 무엇보다 동월을 상대로 영조 시 승연은 관철하였지만 조칙합영은 예적인 근거가 미비하여 조칙분영을 수용하고만 사실을 보더라도, 조칙합영 주장의 예적 취약성은 실체가 있는 사실이었다.

176　조선 君臣의 艾璞에 대한 평가는 매우 부정적이었다. 이는 그의 각박하고 무례한 태도에서 비롯되었다(송웅섭, 「중종 대 사대의식과 유교화의 심화―『중종의 시대』의 사대와 유교화에 대한 이해 」, 『조선시대사학보』 74, 2015, 392~394쪽). 한편 당시에 애박은 正使로 활동한 이번 사행을 명성을 얻는 기회로 활용했다. 가령 그는 조선에서 명에 보낼 謝表에 '황제께서 청렴한 사신을 선택해 보내주셔서 감격함을 금할 수 없습니다'라는 어구를 기재해줄 것을 조선 측에 요구하였고(『성종실록』 권265, 성종 23년 5월 기해), 청렴하다는 명성을 얻기 위해 그가 돌려보낸 儀物이 배웅나온 신하들에 의해 착복되지 않고 제대로 돌아갔는지 확인하는 자문을 遼東都指揮使司가 조선 국왕에게 보내도록 획책하였다(『성종실록』 권267, 성종 23년 7월 경진). 성종 19년에 동월이 행한 예식 절차를 그대로 좇으려 한 것 또한 올바른 예를 알고 실천하였다는 명성을 얻고자 하는 욕구에서 기인하였을 것이다.

177　董越은 禮를 잘 아는 인물로서 조선 측의 非禮를 문제 삼고 올바른 예를 구현하기 위해 영조 칙례 의주 가운데 예에 부합하지 않은 일부 의절들을 문제 삼았을 것이다. 그때까지 조선에 왔던 사신들이 동월이 문제 삼은 의절을 문제 삼지 않았던 데서 알 수 있듯이, 이들 의절은 누구라도 문제 삼아야 하는 게 아니라 사신 동월의 성향 혹은 역량에 의해 非禮로 부상한 것이라 할 수 있다. 그리고 이들 의절이 비례로 판단되는 禮的 근거 및 대안에 대한 예적 근거 또한 동월의 지식과 역량 등에 좌우되어 구체화하였을 것이다. 그러했기에 艾璞은 성종 19년의 의주를 좇으면서도 동월이 제시한 근거, 논리와 다른 목소리를 냈고, 그것은 여러모로 미흡할 수 있었을 것이다.

조선에서는 애박에 의해 조칙분영이 실행된 일을 '일시지오(一時之誤)', 곧 성종 19년의 잘못된 처사의 잉습(仍襲)으로 간주하였다. 성종 23년 당시 명 사신과 논쟁을 벌이지 않고 비교적 순순히 분영의(分迎儀), 그리고 이와 맞물린 칙서를 맞이할 때 국왕의 승마를 받아들였다고는 해도, 조선 내에서는 분영의를 전혀 수긍하지 못하고 있었다. 이러한 분위기에서 광천군(廣川君) 이극증(李克增)의 다음과 같은 내용의 계문이 의논에 부쳐졌다.

광천군(廣川君) 이극증(李克增)이 와서 아뢰기를, "상국(上國)의 사신이 온 것은 한 번이 아니었고, 조서와 칙서를 맞이할 때는 한결같이 본국의 의주에 의거하였습니다. (…) 동월이 왔을 때 비로소 그 예(일시에 조서와 칙서를 맞이하는 것)를 변경시켜 나누어서 둘로 하였습니다. 동월의 사람 됨됨이는 점잖아서 해를 끼치지 않으나 부사(副使)인 왕창(王敞)의 인간성은 경박하기에, 동월이 예를 변경시킨 것은 거의 왕창이 계도한 것이었습니다. 이번에 애박(艾璞) 등은 동월의 의주에 의거해서 각각 조서와 칙서를 맞이하도록 강요하였는데, 동월의 무슨 예에 의거해서 그렇게 하였는지 알 수가 없습니다.

신의 생각으로는 그들은 아국(我國)이 해외(海外)의 작은 나라로 필시 예를 아는 사람이 없을 것이라고 여겼기에 감히 그렇게 한 것일 테니, 신은 마음이 아픔을 금할 수가 없습니다. 청컨대 정조(正朝) 때에 예를 아는 대신을 선택해 보내 옛 관례를 널리 상고하게 하고, 조서와 칙서를 함께 맞이하는 의주를 가져가서 예부에 나아가 그 시비를 밝히게 하면 반드시 귀일(歸一)되는 정론(正論)이 있을 것입니다. 설령 조서와 칙서를 따로 맞이하는 의주를 옳다고 하여 항식(恒式)으로 삼는다고 해도, 이는 곧 황제의 명이므로 마땅히 따라야 합니다. 그렇게 하지 않으면 신은 애박처럼 얄팍한 소인으로 본국을 깔보는 자가 많이 나올까 두렵습니다."[178]

이극증은 조서와 칙서를 한꺼번에 맞이하는 것이 본국의 의주에 의거한 일로 타당하고 이것은 그간의 사례들에 의해서도 뒷받침된다고 보았다. 동월이 조서와 칙서를 별도로 맞이하는 것으로 변경한 일은 예적 근거가 미비하고, 성품이 경박한 왕창이 주도한 것이며, 소인배인 애박이 분영의(分迎儀)를 좋아한 것이라고 하였다.[179] 그는 분영의가 명 황제(조정)의 뜻이 아니라 일부 사신의 농간에서 비롯된 것으로 보아 합영의(合迎儀)를 명 예부에 제출하여 시비를 가릴 것을 주장하였다. 이극증은 '동월이 의주(儀註)를 아뢰어서 명 조정에서도 모두 옳다고 하였다(董大人奏此儀 朝廷皆以爲是)'라는 애박의 말을 믿지 않았고, 사신의 성향, 역량 등에 따라 영조칙례의 예식 절차 가운데 일부 사안이 문제될 수도 있는 사실을 정확히 꿰뚫어 보고 있었다고 할 수 있다. 그리하여 그는 분영의 시행을 왕창이 예적 근거도 없이 주도한 그릇된 일로 보고, 명 조정에 의뢰하여 합영의로 바로잡고자 했다. 국왕인 성종은 이극증이 분영의 시행을 통분하는 것이 마땅하다고 여기면서도, 명 예부에게 조서와 칙서를 함께 맞이하는 의주의 시비를 가르도록 하는 것은 쉽사리 할 수 없는 큰일이고, 예부에서 의주를 지금보다 더 심하게 고칠 우려도 있고 해서[180] 영돈녕 이상과 의정부가 이극증의 건의를 의논하도록 명하였다.

논의 과정에서 정문형(鄭文炯)만이 이극증의 주장에 동의하였을 뿐, 나머지

178 『성종실록』 권266, 성종 23년 6월 경자.
179 당시에는 동월을 긍정적으로 평가하고 있었기에(『성종실록』 권266, 성종 23년 6월 임술), 부정적으로 본 分迎儀 실행을 왕창과 애박 탓으로 돌렸을 것이다.
180 가령 迎詔 시에도 말을 타도록 고칠 수 있었다.

대신들은 분영의 시행을 바르지 못한 처사로 생각하면서도 명 예부가 영조칙의주(迎詔勅議註)를 판정하도록 하는 아이디어에 대해서는 반대하였다. 구체적으로, 심회는 '이극증의 건의가 비록 옳다 해도 동월(董越)과 애박(艾璞)이 번왕의주(=번국의주)에 의거하여 조서와 칙서를 각각 맞이하라고 한 것인데 무슨 말로 예부에 물어야 하겠습니까'라고 하였다. 예부에 묻는 일은 곤란하다고 본 것이다. 여기서 주목되는 사실은 분영의의 예적 근거에 의구심을 표하는 언설이 심심찮게 제기되곤 했지만, 적어도 조선 내 일각에서는 논리 내지 예적 근거 면에서 분영의의 강점과 합영의의 약점 혹은 한계를 인지하고 있었다는 점이다. 곧 분영의의 예적 근거는 조선이 준용해온 번왕의주(=번국의주)라는 사실을[181] 인지하고 있는 이가 있었던 것이다. 윤필상(尹弼商)·윤호(尹壕)·홍귀달(洪貴達)은 소국이 대국과 예를 다투는 일은 사대(事大)하는 성의를 위배한다는 비교적 일반적인 이유를 들어 이극증의 주장에 반대하였다. 이극배는 '이극증이 아뢴 것이 옳은 듯하다고 하면서도, 후일에 예를 아는 사신이 오면 반드시 그렇게 하지 않을 것이기에 굳이 예부에 물을 필요가 없다'라고 하였다. 분영의는 항식(恒式)이 아니며, 후일의 사신을 상대로 합영의 회복을 도모할 수 있다고 본 것이다. 후술하듯 이 생각은 실제와 부합하였다. 노사신은 '말을 타고 칙서를 맞이하는 의식이 번국의주(藩國儀註)에 실려 있기에, 질문을 받은 명 예부는 의주에 의거해서 [조서와는 별도로] 말을 타고 칙서를 맞이해야 한다고 할 것이며, 명 예부가 조서를 맞이하는 의주의 '먼저 간다(先行)'라는 어구를 근거로[182]

---

181 이극증은 조서와 칙서를 한꺼번에 맞이하는 것이 本國의 의주에 따른 것이라 하였지만, 조선의 영조칙례 의주는 蕃國儀注를 토대로 한 것이기 때문에 이극증의 언설은 타당하다고 보기 어렵다.

182 실제 『蕃國儀注』에는 '金鼓在前 次耆老僧道行 次衆官具朝服行 次王具冕服行 次儀仗鼓樂 次詔書龍亭 使者常服行 於龍亭之後 迎至宮中'이라 기록되어 있었을 것이다. '先行'이라 함

가마(輦)를 타는 이치를 묻게 되면 매우 곤란하게 된다고 하여 예부에 물을 수 없다'라고 보았다. 노사신은 혹 떼려다가 오히려 또 다른 혹만 붙일 수 있다고 우려한 것이다. 명 예부는 『번국의주』에 의거해서 분영의가 타당하고 이와 맞물려 국왕이 말을 타고 칙서를 맞이해야 한다고 판정할 것이며, 영조 시 승연(乘輦)을 문제 삼을 수 있다고 본 것이다.[183] 특히 노사신의 의견은 조선 입장에서 분영의 실행에서 이해가 걸린 대목이 영칙(迎勅) 시 승연이었다는 사실을 시사한다. 허종(許琮)은 애박의 말마따나 동월(董越)이 조서와 칙서를 (별도로) 맞이하는 의주를 황제에게 아뢰어 황제가 이를 인준하였을 가능성이 크다는 점을 고려할 때, 예부에 묻는 일은 체면만 구길 수 있다고 우려하였다.[184] 성종은 이상의 논의를 토대로 소국이 대국과 예(禮)를 다툴 수 없다는 다소 일반적인 논리를 언급하면서 명 측에 특별한 조치를 하지 않기로 결정하였다.[185]

이렇듯 명 예부가 영조칙의주(迎詔勅議註)를 판정하도록 하자는 아이디어에 반대하는 논리들을 보면, 단순히 명 예부가 주관에 치우쳐 결정한다든가, 팔이 안으로 굽듯 명의 이익에 부합하도록 한다든가, 횡포를 부린다든가 하는 식의 이유에서가 아니라, 합영의의 예적 근거는 부실하고 오히려 분영의가 『번국의주』에 의해 예적으로 뒷받침되고 있다는 식의 이유에서 반대 의견이 제기되고 있었다. 가령 심회는 '이극증이 아뢴 것이 비록 옳다 해도' 분영의는 영조의 주와 영칙의주를 별도로 마련하고 있는 『번국의주』에 의거하고 있어 명 예부에 이의를 제기할 수 없다고 하여, 『번국의주』에 뒷받침되는 분영의와 달리 이

은 국왕이 詔書龍亭과 使者 앞에 가는 것을 의미하였을 것이다.

183 조선이 준용해온 蕃國儀注가 合迎儀 관철에 한해서는 아킬레스건으로 작용한다고 본 셈이다.

184 『성종실록』 권266, 성종 23년 6월 경자.

185 『성종실록』 권266, 성종 23년 6월 경자.

극중의 건의는 타당도 면에서 높지 않기에 그의 주장에 반대하였다고 할 수 있다. 또한, 노사신은 조선이 준용해온 『번국의주』에 의거해서 과거에 동월이 조선의 합영의에 대해 처음으로 문제 삼으면서 제기했던 의견[186]과 다를 바 없는 의견을 피력하였다. 곧 분영의가 예적으로 타당하고, 더 나아가 영조 시 승연조차 예적 근거가 불분명하다는 생각에서 이극중의 건의에 반대하였다. 이처럼 예적으로 근거를 냉철하게 따져봐야 하는 상황에서는 조선 내에서조차 합영의의 손을 선뜻 들어주지 못한 것이다.

그런데도 당시 국왕을 비롯하여 유자 관료들은 동월을 좇아 애박이 분영의를 관철한 것에 대해 '통분'이라는 단어를 공공연히 사용할 정도로 너나 할 것 없이 분영의 실행에 분개하였고 합영의를 옳은 것으로 전제하고 이를 복구하고자 하였다. 표면상으로는 예적 근거와 타당성을 중시하여 그러한 태도를 취하는 것처럼 보이지만, 합영의는 위의 논의 과정에서 보듯 예적으로도 논리적으로도 근거가 빈약하였고, 이 사실을 적어도 일부 관료들은 인지하고 있었다. 물론 이들조차 합영의로 되돌려놔야 한다는 데서는 이견이 없었다.

올바른 예의 구현을 자기 신념적으로 지향·실천해오고 있었고 이 사실을 자부해온 조선이 합영의를 분영의로 바꿔 실행한 건에서는 이상하리만치 이율적이고 비논리적인 태도를 보인 셈이다. 필자가 판단하기에, 이는 수면 아래에서 작용하는 요인의 영향을 크게 받은 것이고, 그 요인이란 '존왕'을 위해 칙서를 맞이할 때도 말이 아닌 가마(舁)를 타는 것으로 바꿔 운용했던 행보였을 것이다. 구체적으로는, 예적인 근거가 부재한(정확히는 예에 어긋나는) 칙서 시 승연을 전제한 채 분영의를 기각하고 합영의를 구현하려다 보니 스텝이 꼬였다고 할 수 있다.

---

186 최종석, 앞의 논문, 2019c 참조.

『국조오례의』의 「영칙서의」에는 '다음에 전하가 가마를 타고 간다(次殿下乘輦行)'라 하여, 교외에서 칙서를 맞이하여 궁궐로 이동할 때 국왕의 교통수단은 가마(輦)로 기재되었다. 이러한 사실을 고려할 때, 동월이 관철하고 애박이 승습한 분영의 실행으로 인해 국왕이 칙서를 맞이할 시에 가마(輦)가 아닌 말을 타야 한다면, 이는 『국조오례의』 규정을 어기는 셈이었다.[187] 『국조오례의』 규정인 영칙(迎勅) 시 승연은 구현되어야 하는 것으로 전제되었지만, 칙서를 맞이할 때의 승연은 명백하게 조선이 준용해온 『번국의주』를 어기는 행위였다. 앞서 소개했듯이, 국초에는 『번국의주』에 따라 국왕은 칙서를 맞이할 때 말을 탔다. 『세종실록』 오례를 편찬할 때만 해도 그러하였다. 그러다 어떤 논의도 없이, 정확히는 어떤 논의도 확인되지 않은 채 영칙(迎勅) 시 승마는 승연으로 바뀌었다. 이는 존왕을 위한 조치였을 것이다. 이렇게 본다면, 영칙 시 승연으로의 변개는 존왕을 위해 예를 어긴 움직임이라 할 수 있다.

이는 올바른 예를 구현해오고 있다고 자부해온 조선에서 좀처럼 찾기 어려운 드문 일이었다. 비례를 범하면서까지 승마(乘馬)를 승연(乘輦)으로 개정한 일은 존왕과 관련 있다 보니 개정 과정에서 논의가 이루어지거나 개정 근거가 제시되지도 않은 듯하다. 조용하고도 전격적으로 변개가 이루어진 것이다. 이는 태종 대에 원구제 폐지가 대변하듯 논의와 논리 제시 등을 통해 제후 명분에 걸맞지 않은 예와 제도를 스스로 찾아 이를 명분에 맞게 바로잡는 일이 있으면서도[188] 이와 상반되게 존왕을 위해 조종(祖宗) 묘호(廟號)를 사용하게[189] 되

---

187 『국조오례의』는 성종 5년에 편찬되었기에, 分迎儀 실행은 이 책의 편찬 이후에 이루어졌다.

188 이에 관해서는 최종석, 「13~15세기 천하질서와 국가 정체성」, 『고려에서 조선으로』, 역사비평사, 2019d 참조.

189 『태종실록』 권21, 태종 11년 4월 임자; 『선조실록』 권127, 선조 33년 7월 을사 참조.

는 과정에서 어떤 논의나 근거 마련이[190] 부재했던 현상과 궤를 같이한다. 존왕을 위해 승연으로 변개한 이후 이 사안은 조종 묘호처럼 예(禮)에 부합하는지를 놓고 논의하는 장 밖에 위치하였다고 생각된다. 무조건 전제해야 하는 사안인 것이다.

필자가 보기에, 예적으로 매우 취약한 혹은 비례(非禮)인 영칙(迎勅) 시 승연을 전제한 채 명 사신의 분영의 구현 시도에 맞닥뜨리다 보니, 스텝이 꼬이게 돼버린 듯하다. 당시에 영칙 시 승연을 전제한 것은 분영의를 부정하고 합영의를 고집하는 것으로 이어졌을 것이다. 합영의를 행하면, 국왕이 조서를 맞이할 시에 칙서도 함께 맞이해야 해서, 영조 시 승연에 의거해서 국왕은 가마를 타고 궁궐로 이동할 수 있었을 것이다. 이때 조서와 칙서가 함께 이동하였음은 물론이다. 이에 반해 분영의를 시행하면 따로 행하는 칙서를 맞이할 때 국왕은 말을 타야 했을 것이다. 분영의를 실행해도 칙서를 맞이할 때 승연을 구현하면 된다고 생각할 수도 있지만, 현실적으로는 불가능하였다. 전술했듯이, 분영의의 시행은 동월이 강하게 주장하여 구현해내고 애박이 이를 좇은 것이었다. 동월은 영조 시 승연조차 예적으로 근거가 부족하다고 문제 삼았고, 조선은 어렵사리 영조 시 승연을 방어했지만, 칙서를 맞이할 때 승연은 명백하게 의주를 어기는 것이었기에 조선은 동월을 상대로 영칙(迎勅) 시 승연을 입도 뻥끗 못하였다. 대신 합영의 시행을 통해 우회적으로(변칙적으로) 영칙 시 승연을 구현하고자 했을 것이다. 달리 말해, 영칙 시 승마를 회피하고자 했을 것이다. 이러하였기에 동월에 이어 애박이 분영의를 시행토록 하여 조서를 맞이하는 일과 칙서를 맞이하는 일을 별도로 하게 된 것도 불만이었겠지만, 칙서를 맞이할 때 이루어진 승마로 인해 분영의 실행은 끝끝내 용납할 수 없는 일이 되고 말았을

---

190 가령 제후국에서도 祖宗 묘호를 사용할 수 있는지를 놓고 논의할 수도 있었을 것이다.

것이다. 그러면서도 합영의를 명 예부에 제출하여 시비를 가리자는 주장을 검토하는 과정에서는 예적인 근거를 냉철하게 따져야 하다 보니, 의도치 않게 이 주장을 비판하고 주저앉히는 논리는 합영의 및 이와 맞물린 영칙 시 가마(輦) 타는 것을 타당하다고 보는 전제와 충돌하게 되었다.

당시 국왕을 비롯한 신료 일반에게 합영의와 영칙 시 승연은 전제로 작용하고 있었을 것이다.[191] 이 전제를 단념하지 않는 한 조선은 분영의를 합영의로 되돌려놓는 작업을 해야 했을 것이고, 아울러 더 근본적인 목표, 즉 칙서만 왔을 때조차 가마를 타는 것을 구현해야 했을 것이다. 다음 장에서 그러한 행보를 확인해보도록 하겠다.

3. 연산군 대, 조칙합영과 영칙 시 승연까지 성취했다가 말을 타고 조칙을 맞이하는 원치 않는 상황으로

연산군 1년에는 사망한 전왕을 조문하고 새로운 국왕을 책봉하기 위한 명 사신이 왔다. 구체적으로, 연산군 1년 6월 갑인일에 국왕은 모화관에 행행(幸行)하여 조칙을 맞이하였다. 당시 사신은 연산군을 책봉한다는 내용을 담은 조칙 외에도 시호가 적힌 고명·제문·부물을 지니고 왔기에, 국왕은 사신을 인도하여 태평관에 가서 조제문(弔祭文)과 부물(賻物) 등을 봉안토록 한 후에 경복궁으

---

191 詔勅分迎은 조선이 준용해온 『蕃國儀注』에 의해 禮的으로 뒷받침되었고, 적어도 조선의 일부 人士는 이를 알고 있었다. 그럼에도 국왕을 비롯한 신료 일반은 禮 측면에서 취약한 迎勅 시 승연을 전제해야 했고, 이와 맞물려 詔勅合迎도 어떻게든 관철해야 했기에, 詔勅分迎을 예적 근거가 부재한 오류로 낙인찍어야 했을 것이다.

로 돌아와 조칙(詔勅)과 고명(誥命)을 받았다.[192] 이날 기사에 따르면, 조서와 칙서는 모화관으로부터 경복궁으로 함께 이동해서 차례로 반포되었고, 국왕은 모화관에서 태평관까지 가마(輦)를 타고 이동했음이 분명히 확인된다. 국왕은 태평관에서 경복궁까지도 가마(輦)를 타고 이동하였을 것이다. 조선은 조칙합영(이동 시 국왕의 승연)으로 되돌려놓는 데 성공한 것이다. 이러한 변화는 조선 측이 조칙을 맞이하기에 앞서 합영의로의 복구를 성사시키고자 한 노력의 산물이었을 것이다. 여기에는 사신의 성향 혹은 역량 등도 작용하였다.

명 사신과 접촉하기도 전인 연산군 1년 5월 신묘일, 영의정 노사신은 문례관이 다음과 같은 논리로 중국 사신을 설득하여 일시에 조칙을 맞이할 수 있도록 할 것을 국왕에게 건의하였다. 즉 조칙을 나누어 맞이하는 예는 예로부터 없어왔다가 동월이 시작하고 애박이 이를 따른 것이며, 조칙을 나누어 맞이하게 되면 조서를 반포할 시에 칙서를 교외에 두게 되는데,[193] 이는 황제의 명(命)을 공경하는 일이 아니며, 또한 천자가 하늘에 제사 지낼 때 가마(輦)를 타는 것은 하늘을 공경하기 때문이고 제후가 천자를 공경하는 것은 천자가 하늘을 공경하는 것과 같은데, 조서를 맞이할 때는 연을, 칙서를 맞이할 때는 말을 타는 것은 예문에 어긋나고 의례에 맞지 않으며 천자의 명을 공경하는 데 어긋난다고 하는 논리로 중국 사신을 설득해야 한다는 것이었다. 그러자 국왕은 이 건의를 수용하였다.[194]

노사신 건의의 요점은 이번에 오는 사신을 논리적으로 설득하여 합영의를

---

192 『연산군일기』 권6, 연산군 1년 6월 갑인.

193 조서 반포가 이루어지는 동안 칙서를 교외에 둔다는 것은 과장이고 수사적인 표현이다. 정확히는 모화관에 둔다.

194 『연산군일기』 권5, 연산군 1년 5월 신묘.

다시금 구현하고자 하는 것이었다. 설득 논리는 내용 면에서 특별한 게 없다. 예전에 이미 제기된 것과 특별히 다를 바가 없었다.[195] 다만 한 가지 눈에 띄는 변화는 칙서 시에도 가마(輦)를 타야 한다는 주장이 수면 위로 떠오르고, 이와 맞물려 그 근거가 제시되었다는 점이다.[196] 명 사신을 상대로도 영칙(迎勅) 시 국왕이 가마를 타고 이동하는 것을 구현하자는 의견이 이때 처음으로 등장하였는데, 국왕은 이를 수용하기까지 한 것이다. 노사신의 의견은 조칙합영을 복구하는 데 초점이 맞춰지긴 했으나 영칙 시에도 영조(迎詔) 시와 마찬가지로 국왕이 가마(輦)를 타야 한다는 조선 측의 속내를 내비치고 있어 주목된다. 앞서 보았듯이, 노사신은 성종 대 명 예부가 영조칙의주(迎詔勅議註)를 판정토록 하자는 이극증의 아이디어를 주저앉힐 때는 조선이 준용해온 『번국의주』에 따르면, 합영의 및 영칙 시 승연이 예에 부합하지 못하다고 냉철하게 판단하면서도 합영의의 복구를 당연시하였는데, 여기에서는 한 걸음 더 나아가 합영의 복구를 시도하는 것은 물론이거니와 영칙 시에도 승연이 이루어져야 한다고 주장하면서 그 근거까지 마련한 것이다.

한편 이번 명 사신은 전왕을 조문하고 새로운 국왕을 책봉하는 의례를 행하기 위한 의주를 가지고 왔다. 명 사신은 이 의주에 의거해서 예식을 거행하고 싶어 했고 그 과정에서 조선 측과 일부 사안을 놓고 갈등하였는데,[197] 흥미

---

195 이번에 온 사신으로서는 처음 접한 논리일 수 있을 것이다.

196 제후가 천자(命)를 맞이할 때의 乘輦을, 천자가 하늘에 제사 지낼 때의 乘輦과 유비하여 조서는 물론이거니와 칙서를 맞이할 때도 가마(輦)를 타야 한다는 논리를 마련한 것이다. 그런데 '천자의 祀天 시 乘輦은 하늘을 공경하기 때문이고, 제후는 천자에 대하여 천자가 하늘을 공경하는 것과 같다'라는 식의 논리는 이전에 등장한 바 있다. 그때는 迎詔 시 승연을 문제 삼는 명 사신의 주장을 반박하면서 제시됐던 것이고, 이때는 迎勅 시까지 확대 적용된 것이다.

197 『연산군일기』 권5, 연산군 1년 5월 정미. 특히 '賜祭'와 '冊封' 가운에 어느 것을 먼저 시행하

롭게도 이 의주에는 동월과 애박이 구현했던 조칙분영이 적시되지 않았다.[198] 조칙분영이 적시되었다면 조선 측은 명 사신을 상대로 조칙분영의 문제점을 지적하였을 테지만, 후술하듯 상황은 그렇게 전개되지 않았다. 그렇다고 조칙 합영이 명시되지는 않았겠지만, 조선 측이 애쓴다면 조칙합영으로 되돌아갈 수 있는 여건은 마련된 셈이었다.

함께 온 조서와 칙서를 맞이하는 방식을 두고 이번 사신은 동월, 애박과는 다른 태도를 보였다. 문례관 김수동(金壽童)과 논의하는 과정에서 분영의를 시행하겠다는 명 사신의 의지는 보이지 않는다. 이것이 예에 부합한다는 식의 생각도 보이지 않는다. 당시 일부 사안을 놓고 문례관과 명 사신 간에 의견 교환이 이루어졌는데,[199] 여기서 다루어진 사안에 집중해서 명 사신과 조선 측의 논의를 분석하자면, 명 사신은 애초에 조서와 칙서를 분리해서 맞을 의사가 없었던 듯싶다.

명 사신은 애초의 생각을 접고 '책봉(冊封)'을 먼저 하고 '사제(賜祭)'를 나중에 하자는 조선의 주장을 수용하였으면서도, '국왕이 조칙과 제부(祭賻)를 모화관에서 영접하여 조칙은 곧장 왕궁으로 들어가고 제부는 태평관에 안치해두는 조선의 예식 절차에 반대하면서, 국왕이 조칙과 제부를 동시에 영접하여 함께 태평관으로 들어가서 제부를 안치하고서 조칙을 받들고 왕궁에 나아가 반포하는 방식'을 제안하였다. 명 사신의 제안 내용은 조서와 칙서가 함께 이동하

느냐를 두고 조선과 명 사신이 갈등하였다. 명 사신은 가지고 온 의주에 따라 '賜祭'를 먼저 하고 '冊封'을 나중에 하겠다고 한 반면, 조선은 '冊封'을 먼저 행해야 한다고 하였다.

198 이 사실을 고려하면, 동월이 儀註를 아뢰어서 중국 조정에서도 모두 옳다고 하였다느니, 동월이 이미 儀註를 天子께 아뢰어서 允許를 받았다고 한 애박의 언사는 신뢰하기 어려울 것이다.

199 『연산군일기』 권5, 연산군 1년 5월 신해.

는 것을 전제하고 있었다.[200] 애박과 달리 사전에 분영의를 좇겠다는 견해를 전혀 지니고 있지 않았던 것이다.

명 사신은 문례관과의 논의 과정에서 조칙을 맞을 때 국왕이 무엇을 타는지를 물었는데, 이는 조칙합영을 전제로 한 채 국왕의 이동수단만을 물은 것이어서, 확실히 이전 사신과 차별적인 행보였다. '승연(乘輦)'이라는 문례관의 대답에 이견을 내비치기도 하고,[201] 동월과 애박이 왔을 때 행했던 예식을 묻기도 하였지만,[202] 성종 대와 별반 다르지 않은 조선 측의 논리에 선뜻 수긍하였다. 곧 영조 시 승연은 물론이거니와 합영의까지 수용하였다.[203] 이러한 사신의 태도는 이전에 온 동월, 애박과 달리 사신단을 이끄는 인물이 환관, 더군다나 조선 출신의 환관이었다는 사실과 무관하지 않았을 것이다. 명 측 기록에 따르면, 황제는 태감(太監) 김보(金輔)·이진(李珍)과 행인사행인(行人司行人) 왕헌신(王獻臣)을 사신으로 보냈다고 했는데,[204] 문신인 왕헌신은 기재 순서와 관직, 그리고 불과 2년 전 급제한 인물인 점으로[205] 미루어 태감 김보와 이진보다 열위에 있었을 것이 확실하다.[206] 바로 이들 태감의 성향이 조선 측의 논리에 선뜻 동의하도록 하는 데 작용하였을 것이다. 몇 년 뒤의 기록이긴 하지만, 이때 사신이 동월, 애박 때와 다른 태도를 보인 것은 조관인 왕헌신이 아니라 조선 출신이

---

200 『연산군일기』 권5, 연산군 1년 5월 신해.

201 『연산군일기』 권5, 연산군 1년 5월 신해.

202 『연산군일기』 권5, 연산군 1년 5월 신해.

203 『연산군일기』 권49, 연산군 9년 4월 병오; 『연산군일기』 권5, 연산군 1년 5월 신해.

204 『明孝宗實錄』 권99, 홍치 8년 4월 壬戌.

205 『明史』 권180, 列傳68 王獻臣.

206 太監 金輔와 李珍은 正使나 正·副使였을 것이다.

기도 했던 태감 김보 때문이었다는 의견이 나오기도 하였다.[207] 실제로 왕헌신은 분명한 입장을 갖고 일부 의절을 문제 삼은 데 비해, 김보는 문제를 제기하기도 했지만 의견 교환 과정에서 웬만하면 조선 측의 의견을 수용하는 매우 유연한 태도를 보였다. 이 때문에 왕헌신은 자신의 주장을 끝까지 고집할 수 없었다.

그 결과 조서와 칙서는 모화관에서 왕궁으로 함께 이동하였고(중간에 태평관을 거침) 국왕은 가마(輦)를 타고 이동하였으며 경복궁에서 조서와 칙서를 차례로 받았다.[208] 이렇듯 조선 측의 노력에 더해 이번 사신의 개성(성향)이 보태져 조선 입장에서 보면 동월과 애박 때의 조칙분영을 '일시의 잘못(一時之誤)'으로 돌리고 조선의 구례를 회복할 수 있었다. 그리고 동월 이전의 구례(합영의) 때와는 달리 명 사신과의 의견 교환 끝에 합영의가 시행된 것이어서 추후에 합영의 시행의 타당성을 따질 때 비중 있는 전례로 기능할 수 있었을 것이다.

연산군 1년에 이어 동왕(同王) 9년에 세자를 책봉한다는 내용을 담은 칙서를 지니고 사신이 왔다. 칙서는 연산군 9년 4월 계축일에 반포되었다. 이날 국왕은 모화관에 행차하여 칙서를 맞이한 후 경복궁에 돌아와 칙서를 받았다.[209] 아쉽게도 이날 기사에서는 모화관에서 경복궁으로의 이동 시 국왕의 교통수단에 대한 정보를 얻을 수 없다. 이날 국왕의 이동수단에 대한 추정은 조금 뒤로 미루고, 칙서를 맞이하기에 앞서 조선과 명 사신 간에 이루어진 논의 가운데 국왕의 이동수단에 관한 것이 있어, 이를 먼저 살펴보도록 하겠다.

연산군 9년 4월 병오일, 국왕은 '명 사신은 내가 말을 타고 나와 맞이하도록

---

207 『연산군일기』 권49, 연산군 9년 4월 병오.

208 『연산군일기』 권6, 연산군 1년 6월 갑인.

209 『연산군일기』 권49, 연산군 9년 4월 계축.

하려는데, 지난 을묘년(1495, 연산군 1)에 김보(金輔)가 왕으로 봉하는 고명(誥命)을 가지고 왔지만, 그때에도 말을 타도록 하지 않았다. 사리로 본다면 왕을 봉하는 것이 중하고 세자를 봉하는 것이 경할 것 같은데, 도리어 말을 타야 하겠는가? 이 뜻으로 정승 등에게 가서 물으라'라고 전교하였다.[210] 연산군은 예관(禮官)이 올린 바를 토대로 이 전교를 한 것인데, 전교 내용에서 추정할 수 있는 점은 조선 측이 칙사에게 이번 예식을 치르기 위한 의주를 건넸을 것이고, 여기에는 영칙 시 국왕의 승연이 적시되어 있었을 것이며, 명 사신이 이를 문제 삼으면서 국왕이 말을 타도록 주장하였을 것이라는 점이다. 앞서 연산군 1년의 논의 과정에서 칙서를 맞이할 때도 국왕이 가마(輦)를 타야 한다는 주장이 수면 위로 떠오르고 그 근거가 제시되었음을 언급한 바 있는데,[211] 이러한 변화를 배경으로 해서 조선 측은 명 사신을 상대로도 영칙(迎勅) 시 국왕의 승연을 구현해내고자 하였고, 이번 예식을 치르기 위한 의주에 이를 적시하였을 것이다.

주목해야 할 사실은 연산군이 영칙 시 국왕의 승마라는 명 사신의 주장에 반발하면서 승연을 관철하고자 한 점이다. 과거에 명 사신의 간과로 인해 영칙 시 승연이 있었을 수는 있지만, 명 사신이 영칙 시 승마를 주장하는 데도 공공연히 승연을 관철하려 한 시도는 이전에 없던 일이었다. 바로 다음에서 확인할 수 있듯이, 이러한 행보는 국왕뿐만 아니라 신하들에게도 공유되고 있었다. 국왕의 전교에 응해 올린 승지 김감 등의 계문에서도 전에 없던 새로운 시도들이 눈길을 끈다. 곧 영칙 시 국왕의 승연을 구현하기 위한 일종의 과거 재해석(전유)이 이루어졌다.

---

210 『연산군일기』 권49, 연산군 9년 4월 병오.

211 당시에는 詔勅 습迎이 실행되고 그 과정에서 국왕이 가마(輦)를 탄 것은 칙서가 아니라 조서 때문이었기에, 迎勅 시 승연은 실제적인 문제로 대두되지 않았을 것이다.

성종 대에 동월·왕창이 말을 타야 한다고 하므로 재삼 사자를 보내어 말을 탈수 없다는 뜻으로 반복하여 깨우쳤으나 듣지 않아서 부득이 그대로 따랐습니다. 그 뒤 애박이 왔을 때 승마와 승연 두 가지 의식 절차를 만들어 문례관(問禮官)을 시켜 먼저 승연 의주를 보이니 애박이 크게 노하며, 말소리와 기색이 모두 거칠고 동월 때의 일을 증거로 삼으니 부득이 그대로 따랐습니다. 이들은 모두 조관(朝官)들이기 때문에 예문을 견지하여 지키는 바를 바꾸지 않은 것입니다.[212]

동월이 사신으로 왔을 때 국왕의 승마를 두고 벌인 논란은 영조 시 국왕의 이동수단에 관한 것이었고, 논란 끝에 조선의 주장이 수용되어 승연으로 귀착되었다. 그 이후 함께 온 조서와 칙서를 일시에 맞이할지, 나누어서 맞이할지를 놓고 조선과 명 사신 간에 갈등이 있었고, 결국 명 사신의 뜻대로 조칙분영이 이루어져, 따로 칙서를 맞이하는 과정에서 국왕은 말을 탔다. 당시 영칙 시 국왕의 승마는 전혀 논란거리가 아니었다.

그런데 실제와 전혀 달리, 김감 등은 조칙합영(詔勅合迎)의 실행을 전제로 한 채 승연이냐 승마냐를 놓고 조선과 명 사신이 갈등하였고, 명 사신의 고집으로 말미암아 승마가 단행되었다고 전유하였다.[213] 애박 건의 경우에도 애박이 좋은 것은 동월이 구현한 조칙분영이었고 애박이 화를 낸 일은 조선 측이 '영조칙합록의(迎詔勅合錄儀)'를 먼저 보였기 때문이었는데, 김감 등은 조칙합영의 실행을 전제로 한 채 조선 측이 '영조칙합록의'와 '각영의'가 아니라 '승연의(乘輦儀)'와 '승마의(乘馬儀)'를 마련하였고 '승연의(乘輦儀)'를 구현하려다 퇴짜를 맞아

---

212 『연산군일기』 권49, 연산군 9년 4월 병오.

213 金勘 등의 주장대로라면, 성종 19년에 국왕은 詔勅을 한꺼번에 맞이하여 말을 타고 궁으로 돌아가야 했을 것이다. 실제와 괴리됨은 물론이다.

'승마의(乘馬儀)'를 실행하게 되었다고 전유하였다. 연산군 1년에 조칙합영이 실행되어서인지, 김감 등은 이를 전제로 한 채 성종 대의 일을 전유한 것이다. 그리고 이어 이들은 연산군 1년의 일인 조칙합영의 시행과 국왕의 승연을 영칙 시 승연의 전례로 활용하였다. 이는 영접 시 국왕의 교통수단 면에서 조서와 칙서를 구별하지 않는 새로운 인식에서 가능한 발상이었다. 김감 등은 연산군 1년에 승연이 구현된 것은 환관이면서 조선 출신이었던 김보(金輔) 등이 승마를 실행하고자 하는 조관 사신인 왕헌신(王獻臣)을 제지하여 조선의 의사대로 실행되도록 한 데 따른 일이라 판단하면서, 연산군 1년에 이어 또다시 김보와 이진(李珍)은 조선 측의 승연 주장을 수용할 것으로 예상하였다.²¹⁴

이처럼 김감 등에게 영칙 시 승연이 예적으로 취약하다는 사실은 망각되었고, 영접 시 국왕의 교통수단 면에서 영칙(迎勅)과 영조(迎詔)의 구분 자체가 사라져버렸으며, 그간 조칙분영이냐 조칙합영이냐를 놓고 조선과 명 사신이 갈등해온 사실 또한 사라져버렸다. 이와 맞물려 이들은 영칙 시 승연을 마땅히 시행해야 하는 것으로 전제하고, 그렇게 될 수 있도록 명 사신을 설득해야 한다고 보았다.

김감 등의 계문에 국왕은 알았다고(知道) 답하였는데, 김감 등의 견해가 연산군과 다르지 않았으므로 동의한 것이라고 보아도 무방할 것이다. 후속 기록이 없어 조선 측이 명 사신을 상대로 승연을 관철하려 애썼는지, 김감 등의 예상대로 칙사가 영칙 시 승마를 고집하지 않고 승연을 수용하였는지를 직접 확인할 수 없지만, 후대 기록을 통해 조선 측의 설득을 통해 승연이 시행되었음을 알 수 있다.²¹⁵ 조선 측은 영칙 시에도 승연을 구현해내겠다는 확고한 의지

---

214 『연산군일기』 권49, 연산군 9년 4월 병오.
215 『중종실록』 권41, 중종 16년 1월 23일 병자. "承旨金希壽曰 乙卯年間 王獻臣爲使 强欲乘馬

를 갖고 있었고, 명 사신은 조선 출신 환관이었기 때문에,[216] 조선 측이 원하는 대로 영칙 시에도 국왕의 승연이 구현된 듯싶다.[217] 이처럼 영조칙례에 관심이 있고 잘못되었다고 생각하는 의절을 바로잡아야 한다는 신념을 지닌 관원—대개는 조관 가운데 이러한 이들이 있음—이 오지 않으면, 조선은 비례라 할 수 있는 영칙 시 승연조차 명 사신을 상대로 구현해낼 수 있었던 것이다.

이후 연산군 12년 3월 경인일에 정통제(正德帝)의 등극을 알리는 조칙(詔勅)이 왔다. 사신은 한림시독(翰林侍讀) 서목(徐穆)과 이과급사중(吏科給事中) 길시(吉時)였다.[218] 이날 기사에 따르면, '한림시독 서목과 이과급사중 길시가 제명(帝命)을 받들고 와서 등극조칙(登極詔勅)을 반포하였는데, 왕이 조서를 맞이하기를 의식대로 하였다'라고 하여, 해당 기록은 왕이 모화관에 행차하여 조칙을 영접하는 일마저 누락할 정도로 소략하게 기술되어 있다. 명 사신과 사전에 논의한 기록도 확인되지 않는다. 그래서 예식이 어떤 식으로 진행되었는지 정확히 알 순 없다. 다만 후대인 중종 31년 12월 병술일 국왕의 전교 가운데 "이 일은 조종(祖宗) 때부터 번번이 다투어온 것이다. 내가 목도한 병인년(연산군 12년—인용자)의 일을 보건대, 이 일로 오래 다투어도 결정이 나지 않아 해가 저물어서야 조서를 맞이하고 말을 타고 돈의문으로부터 들어왔고"라는[219] 구절을 통해 볼 때,

---

大臣等多方開說 卒乃不爲 厥後 金輔又令乘馬 大臣皆以爲 王獻臣且不爲 大人何獨若是耶
竟亦不爲也."

216 『연산군일기』권49, 연산군 9년 4월 계축. "太監金輔李珍奉封世子勑至京."
217 이 문제에 대해서는 더 이상의 갈등이 확인되지 않는 대신, 갈등이 '세자가 殿上에 올라가 칙서를 받는 것'에 집중되었다. 명 사신은 이를 주장하였고 조선은 반대하였지만, 명 사신의 뜻이 관철되었다. 『연산군일기』권49, 연산군 9년 4월 정미; 『연산군일기』권49, 연산군 9년 4월 임자; 『연산군일기』권49, 연산군 9년 4월 계축.
218 『연산군일기』권61, 연산군 12년 3월 경인.
219 『중종실록』권83, 중종 31년 12월 병술.

연산군 12년 당시에 국왕은 말을 타고 모화관에서 궁으로 돌아왔을 것이다. 조칙합영과 조칙분영 가운데 어느 방식으로 이루어졌는지 적시되진 않았지만, 연산군 1년의 전례가 있는 데다가 이 사안과 관련해서 별다른 논란이 없었으며[220] 이 이후로도 줄곧 합영의가 시행된 데서, 합영의가 실행되었을 것은 비교적 분명하다고 하겠다.

그렇다면 연산군 12년 등극조칙을 맞이하는 과정에서 주목해야 할 점은, 이때 합영의는 별다른 논란 없이 시행된 듯싶고, 합영의를 전제로 한 채 국왕의 이동수단을 가마로 할 것인지 말로 할 것인지를 놓고 조선과 명 사신 간에 갈등이 있었다가 종국에는 국왕의 승마로 귀결되었을 사실이다. 성종 대와 달리 합영의냐 분영의냐를 놓고서가 아니라 합영의를 전제로 한 채 승연이냐 승마냐를 놓고 조선과 명 사신이 갈등을 벌인 것이다. 그리고 자세한 사정은 모르겠으나 당시 조선은 조서를 맞이하는 날 당일에 승연이냐 승마냐를 놓고 사신과 오랫동안 실랑이를 벌였고, 해가 저무는 어쩔 수 없는 상황에서 양보한 듯싶다.

연산군 대에 들어서 조선은 조칙합영을 복원하고 더 나아가 숙원 사업이던 영칙 시 승연까지 구현했다가, 돌연 국왕이 말을 타고 조칙을 함께 맞이하는 전례 없는 의절을 행하게 된 것이다. 이러한 반전은 연산군 대에 들어서 합영의가 전제되고 영접 시 국왕의 교통수단 면에서 조서와 칙서의 구분이 사라진 변화를[221] 배경으로 하였을 것이다. 이를 원인(遠因)으로 하고, 당시 사신으로 온 한림시독 서목과 이과급사중 길시가—이전에 연거푸 왔던 조선 출신 환관

---

220 조선은 合迎儀를 실행하려 했기에, 만약 사신이 이에 제동을 걸었다면 기록으로 노출될 만한 논란이 발생하였을 것이다.

221 이는 조선은 물론이요, 일반적으로 명 사신에게도 적용할 수 있다.

김보(金輔), 이진(李珍)과 달리—조관으로서 예를 안다고 자부하였을 인물로[222] 국왕의 승마가 에에 맞는 방식이라 생각하면서 이를 끝까지 관철하려 하였을 것을 근인(近因)으로 해서, 국왕이 말을 타고 조칙을 맞이하는 전례 없는 방식이 구현되었을 것이다. 한편 조칙을 함께 맞이하였다고 해도 엄밀히는 영조 시에 칙서도 이에 딸려 맞이하는 것이므로, 연산군 12년의 일은 영조 시에 승마가 이루어졌다는 최악의 결과를 자아내고 만 셈이다. 성종 대 동월과의 치열한 논쟁에도 지켜낸 영조 시 승연이 이때 승마로 바뀐 것이다.

'오래 다투어도 결정이 나지 않아 해가 저물어서야 조서를 맞이하고 말을 타고 돈의문으로부터 들어왔고'라는 말에서 추정할 수 있듯이, 조선은 명 사신의 요구를 수용하기는 했어도 국왕이 조칙을 맞이하여 말을 타고 궁으로 돌아오는 의절을 부득이한 상황에서 행한 권례(權禮)라 간주하였을 것이고,[223] 어떻게든 이후에 오는 사신을 상대로 해서 연산군 12년 이전의 구현 방식으로 회귀하고자 애썼을 것을 쉽사리 예상할 수 있다. 연산군 1년과 9년에 구현된 방식으로 말이다.

4. 중종 대, 결국 조서와 칙서 구분 없이 가마를 타는 것으로

반정 후 조선은 여러 해에 걸쳐 중종의 승습을 위해 노력하였고,[224] 그 결과

---

222 『연산군일기』 권59, 연산군 11년 9월 을미; 『중종실록』 권41, 중종 16년 2월 갑진.

223 '一時之誤'로까지 간주하였을 것이다.

224 김경록, 「中宗反正 이후 承襲外交와 朝明關係」, 『한국문화』 40, 2007; 구도영, 「中宗代 對明 외교의 추이와 정치적 의도」, 『조선시대사학보』 54, 2010 참조.

중종 3년 1월 계묘일에 주문사통사(奏聞使通事) 이화종(李和宗)이 책봉할 것을 알리는 습봉문서(襲封文書)를 가져왔다.[225] 이어 동년 4월 기묘일에 사설감태감(司設監太監) 이진(李珍)과 어마감태감(御馬監太監) 진호(陳浩)가 국왕을 책봉한다는 내용을 담은 조칙을 가지고 와 반포되었다. 이날 국왕은 모화관에 행차하여 조칙을 맞이한 후 환궁하였다.

이날의 기록은 소략하고 예식 절차를 두고 사전에 조율한 기록도 전혀 없어 본고의 관심사인 조칙합영과 승연(乘輦)의 여부를 직접 알 순 없지만, '[궁에 도착한] 두 사신이 조칙을 받들어 섬돌 위에 올라 예식 거행하기를 의식대로 하였다'라는 구문에서 조칙합영이 구현되었음을 추정할 수 있다. 아울러 국왕은 모화관에 행차하여 조칙을 맞이한 후 환궁하는 과정에서 가마(輦)를 타고 이동하였을 것이다. 조선 측은 예식을 거행하기 위한 의주를 마련하면서 그 안에 국왕이 가마(輦)를 타고 조칙을 함께 맞이하는 방식을 기재하였을 것인데, 예식 절차를 두고 조선과 명 사신 간에는 아무런 잡음이 없었다. 이는 명 사신이 정(正)·부사(副使) 모두 의례에 관심이 없는 조선 출신 환관이었기에 가능했을 것이다.[226] 명 사신의 무신경 속에서 조선이 원하는 대로 예식은 순조롭게 치러졌을 것이다. 특히 정사(正使)인 이진(李珍)은 연산군 1년과 9년에 사신으로 온 바 있고, 이때 조선 측이 원하는 대로 조칙합영과 승연, 그리고 영칙 시 승연이 성사되었으므로, 중종이 조칙을 일시에 맞이하여 가마(輦)를 타고 궁으로 되돌아갔다는 사실은 전혀 이상할 게 못 된다.

그렇다면, 연산군 12년에 조관 사신인 한림시독 서목과 이과급사중 길시의

---

225 『중종실록』 5권, 중종 3년 1월 계묘.

226 『중종실록』 권6, 중종 3년 5월 임인. "上幸慕華館 會天使李珍 觀武才 副使陳浩 還自羅州亦參."

성향과 고집으로 말미암아 국왕이 말을 타고 조칙을 맞이하는 이례적 방식이 구현되었던 일은, 중종 3년에 조선 출신 환관 사신을 상대로 해서 원상 복구를 이뤄내고자 하는 조선 측의 노력의 결실로 인해 이때 재발되지 못하였다고 할 수 있다.

십수 년 뒤인 중종 16년 4월 경술일, 국왕은 모화관에서 칙서를 영접하였다.[227] 당시 명 사신은 세자 책봉의 내용을 담은 칙서 외에도 2통의 칙서를 지니고 왔다.[228] 태감(太監) 김의(金義)와 진호(陳浩)가 각각 상사(上使)와 부사(副使)로 모두 조선인 출신 환관 사신[229]이었다.[230] 이들은 둘 다 성종 14년에 세자를 책봉하기 위해 온 사신 태감(太監) 정동(鄭同)과 김흥(金興)이[231] 선발하여 북경으로 데리고 간 소환(小宦) 19인에 속해 있었다.[232] 그중에서도 진호는 중종 3년에 사신(부사)으로 조선에 한 차례 온 바 있었다.

칙서가 전달되기 3개월도 전에, 구체적으로는 칙사가 사행길에 올랐으나 조선 측과 접촉하기 전인 중종 16년 1월 임신일에, 중종은 전교에서 '세자가 친히 칙서를 받는 일' 외에도 명 사신이 칙서를 맞이할 때 국왕의 승마를 강요할 경우의 대처법에 관한 자신의 의사를 전달하였다.[233] '세자가 친히 칙서를 받는

---

227 『중종실록』 권41, 중종 16년 4월 경술. "上具吉服 迎詔勅于慕華館." '迎詔勅'이라 했지만, 조서는 오지 않고 칙서만 왔다.

228 『중종실록』 권41, 중종 16년 4월 경술.

229 『중종실록』 권41, 중종 15년 12월 무술; 『중종실록』 권41, 중종 16년 4월 경술.

230 이들은 正德帝가 조선에 보낸 마지막 사신이었다. 이들 사신이 북경을 떠난 이후 조선 측에 칙서를 전달하기 전에 정덕제는 사망하였다.

231 『성종실록』 권156, 성종 14년 7월 임진.

232 『성종실록』 159권, 성종 14년 10월 신유; 『성종실록』 권157, 성종 14년 8월 경진.

233 『중종실록』 권41, 중종 16년 1월 임신.

일'은 이미 중종 15년 12월 계축일에 세자가 직접 칙명을 받는 것의 편부를 두고 조정 내에서 논의된 바 있었지만, 칙서를 맞이할 때 국왕 승마의 문제는 이때 처음 국왕이 먼저 언급한 것이었다. 국왕이 이 문제를 꺼내 든 시점은 명 사신과 아직 접촉하기도 전이었다는 사실을 고려할 때, 명 사신의 의사를 전달받아서는 아니고 조선이 구현하고자 한 영칙 시 국왕 승연이 예적으로 근거가 빈약하다 보니 걱정이 앞서서였을 것이다. 곧 중종은 '영칙 시 명 사신이 억지로 말을 타게 하려는 것은 제명(帝命)을 높이기 위한 것이고, 본국이 꼭 가마(輦)를 타려는 것은 자신의 편한 것을 꾀하는 것에 불과하다'라고 보면서, '명 사신이 말이나 연에 대해서 구분 지어 말하지 않으면 청할 필요는 없을 것이다. 또 명 사신이 이에 대하여 언급하더라도 두 가지의 시비를 비교하여 말해서도 안된다'라는[234] 의사를 의논하도록 대신들에게 전교했다. 중종의 뜻이 이번에는 명 사신이 승연을 먼저 제안하지 않는 한 영칙 시 말을 타겠다는 것인지, 승연이 적시된 의주를 마련하면서도 명 사신이 승마를 제안하면 이를 수용하겠다는 것인지 명확하진 않지만, 승마에 두드러지게 수용적이었다는 사실만은 분명하다. 중종은 명 사신과 시비를 다투면서까지 영칙 시 승연을 관철할 의사를 지니고 있지는 않았던 것이다. 중종은 이 사안과 관련하여 근본적으로 신하들과 상이한 견해를 가졌다기보다는, 명 사신과 시비를 다투면서까지 조선 측의 견해를 관철하는 데 있어서는 다소 부정적이었다고 할 수 있다. 이후에도 이런 태도가 거듭 보일 뿐만 아니라 다른 사안에서도 이런 모습이 확인되곤 한다.[235]

---

234 그 이유는 '비교한 뜻을 만약 중국에서 듣게 된다면 반드시 존경하는 뜻이 없다고 여길 것이니 그렇게 해서는 안 된다'라는 것이었다(『중종실록』 권41, 중종 16년 1월 임신).

235 중종 32년 도성문 밖에서 조서를 맞이할 시에 鞠躬의 예로 할지, 五拜三叩頭의 예로 할지를 놓고 조선과 명 사신이 갈등하였을 때, 중종은 전향적으로 명 사신의 의견을 수용하였다(『중종실록』 권84, 중종 32년 3월 갑신). 중종 대 이 사안에 관해서는 최종석, 앞의 논문,

며칠 뒤인 1월 병자일 조강(朝講)에서 중종은 영사(領事) 정광필에게 칙서를 맞이할 시에 가마(輦)를 타느냐 말을 타느냐로 서로 힐난하는 일은 상국을 대우하는 예에 어긋난다고 하면서 말을 타도 무방하다는 뜻을 전했으며, 성종조에도 말을 타고 가서 맞이한 적이 있었다고 덧붙였다.[236] 이처럼 중종은 또다시 영칙 시 말을 타는 일에 수용적인 입장을 표했다. 승마가 옳다고 보아서는 아니고, 명 사신과 예를 두고 다투는 행위 자체를 상국을 대우하는 예에 어긋난다고 보았기 때문이었다.

흥미로운 사실은, 중종이 제 생각의 근거로 성종 대 승마 사례를 제시한 대목이다. 이도 일종의 전유인 게, 앞서 보았듯이 성종 대 영칙 시 승마는 조선과 명 사신이 시비를 다투는 사안이 아니라 조서를 맞이하는 일과 따로 거행되는 영칙 시에 행해야만 하는 것이었다. 성종 대 시시비비를 가리던 사안은 합영(合迎)이냐 분영(分迎)이냐였다. 그런데 중종은 성종 대 시비 대상이었던 분영(分迎)이 행해진 것에 수반되어 당연히 거행되었던 영칙 시 승마를 자신이 사는 시기처럼 시비의 사안으로 간주하면서 성종이 상국을 대우하는 뜻에서 승연이 아닌 승마를 선택했던 것으로 전유하고 있었다.

중종의 생각에 대해 정광필은 '조종조(祖宗朝)부터 가마(輦)를 타고 가서 칙서를 맞는 것이 상례(常例)로, 동월이 왔을 시 비로소 말을 타야 한다는 의논이 있었는데 이는 조종조(祖宗朝)에 없었던 일이고, 상국을 대우하는 도리는 의당 한결같이 구례(舊例)를 따라야 하는 것'이라 하면서, '명 사신이 말을 타라고 하지 않는다면 억지로 탈 필요 없다'고 하였고, 또한 '성종 대 조신(朝臣)들이 모두

2018b 참조.

236 『중종실록』, 권41, 중종 16년 1월 병자.

말을 타는 것을 편치 않아 했다'라고 하였다.[237] 여기서도 전유와 재구성이 극명하게 확인된다. 실제와 달리 영칙 시 승연을 조종조 이래로의 상례(常例, 구례舊例)로, 그리고 합영의를 문제 삼아 분영의로 바꾼 동월의 행보를 영칙 시 승마를 처음으로 실행하도록 한 것으로 전유하였다. 또한 당시의 감각을 성종 대로 투사하여 그때에도 조신들이 승마를 불편해했다고 간주했다. 이러한 전유를 바탕으로 상례(구례)인 영칙 시 승연을 쉽사리 양보할 수 없다고 하였다. 정광필이 보기에 중종은 상례(구례)인 영칙 시 승연을 상국을 대우한다는 미명하에 너무 쉽게 포기하려는 것이었다. 그는 명 사신과 시비를 다투면서까지 상례(구례)인 영칙 시 승연을 고수하는 게 상국을 대우하는 도리를 저버리는 일은 아니라고 보았다.

승지 김희수는 연산군 1년과 연산군 9년에 명 사신이 '억지로 말을 타게 하는 시도'를 했지만, 조선 측이 설득하여 가마(釜)를 타도록 한 전례를 언급하면서 명 사신과 시비를 다투어서라도 승연을 관철해야 한다고 주장하였다.[238] 여기에서 연산군 대 사례들은 말을 타고 칙서를 맞이하는 것이 타당하지 않다는 전례로 작용하고 있음을 볼 수 있다.[239] 연산군 원년 사례는 조서와 칙서를 함께 맞이하는 것이었으므로, 연산군 대를 거치면서 영접 시 국왕의 교통수단 면에서 조서와 칙서의 구분이 사라졌음을 거듭 확인할 수 있다.

특진관 이계맹은 '만일 유신(儒臣)이라면 그 예(禮)를 바로잡으려 할 것이지만 이번에 사신으로 오는 진호(陳浩) 등과 같은 이는 반드시 이런 일을 하지 않

---

237 『중종실록』 권41, 중종 16년 1월 병자.

238 『중종실록』 권41, 중종 16년 1월 병자.

239 사례 활용이 선별적이었다. 앞서 보았듯이, 연산군 12년에 국왕이 말을 타고 조칙을 맞이한 일은 외면되었다.

을 것'이라고 보았다.[240] 환관 사신인 태감 김의와 진호는 영칙 시 승연을 승마로 바로잡는 데 무관심하리라 예상한 것이다. 곧 명 사신과 시비를 다툴 일 없이 영칙 시 승연이 구현되리라 본 것이다. 환관 사신이 왔을 때의 경향을 제대로 짚고 있었던 것이다. 이어 영중추부사 정광필(鄭光弼), 영의정 김전(金詮), 좌의정 남곤(南袞), 우의정 이유청(李惟淸), 좌찬성 홍경주(洪景舟), 우찬성 이계맹(李繼孟), 좌참찬 유담년(柳聃年), 예조판서 권균(權鈞), 참판 조계상(曺繼商), 참의 이성동(李成童), 원접사 안윤덕(安潤德) 등이 의계(議啓)하기를, '말을 타고 가서 칙서를 맞은 것은 무신년(성종 19—인용자)에 우연히 한 번 있었을 뿐인 전무후무했던 일'이라 하면서, '지금 의논할 필요는 없고, 문례관이 돌아와 혹 명 사신의 승마 의사를 전하면 그때 의정(議定)해도 늦지 않을 것'이라고 하였다. 국왕도 이 건의를 수용하였다. 요점은 영칙 시 승연을 명 사신이 문제 삼으면 그때 가서 의논하자는 것이었다. 여기서도 가마(肇)를 타고 칙서를 맞이하는 것이 조종조부터의 상례였고, 말을 타고 칙서를 맞은 일은 동월이 사신으로 왔던 무신년 사례가 유일하다는 역사 재구성이 확인된다.[241]

이처럼 연산군 대에 이어 중종 대에도 칙서만이 왔을 때 명 사신을 상대로 승연을 구현하기 위한 논의가 공론의 장에서 이루어졌다. 그리고 당시 신하들 사이에서는 영칙 시 승연이 당연한 것으로 간주되고 있었고, 전유를 통해 영칙 시 승연의 정당화가 이루어지고 있었다. 표면적으로는 영칙 시 승연이 비례일 수 있다는 약점은 기억 속에서 사라지고 만 것이다.

이계맹의 예상대로 당시 조선 출신 환관 사신은 이 문제를 전혀 거론하지 않았다. 세자가 친히 칙서를 받는지를 두고서는 조선과 명 사신 간에 이견이

---

240 『중종실록』 권41, 중종 16년 1월 병자.

241 『중종실록』 권41, 중종 16년 1월 병자.

있어 의견이 오갔지만,[242] 영칙 시 승연에 대해서는 사신은 이를 전혀 문제 삼지 않았다. 더욱이 중종 16년 4월 신축일에 도착한 원접사 서장(書狀)에 기재된 '칙서를 반포하기 전에 조서가 올 우려가 있다. 내가 급히 가야 하겠다'라는 부사의 언사로 보아,[243] 당시 명 사신은 등극 조서가 뒤따라 온다는 사실을 알고 발걸음을 재촉하고 있었기에 영칙 시 승연을 문제 삼을 여유가 없었을 것이다. 결국 중종 16년 4월 경술일, 조선의 의사대로 국왕은 가마(輦)를 타고 칙서를 맞이했을 것이다.

칙서가 온 지 몇 달 뒤인 중종 16년 12월 을유일, 상사(上使)인 한림원수찬(翰林院修撰) 당고(唐皐)와 부사(副使)인 병과급사중(兵科給事中) 사도(史道)가 가정제의 등극을 알리는 조칙을 가지고 왔다.[244] 이날 왕은 모화관에 행차하여 조칙을 맞이하였다. 기록이 매우 부실하여 자세한 상황을 파악하긴 어려우나, 등극 조서가 온 것으로 보아 조서와 칙서가 함께 왔을 것이고, 후대의 기록으로 보아 국왕은 조서와 칙서를 함께 맞이하였을 것이다.[245] 그리고 사신의 고집을 수용하여 말을 타고 조칙을 함께 맞이하였을 것이다.[246]

연산군 12년의 상황이 재현된 셈인데, 당시 국왕이 연이 아니라 말을 타고 조칙을 맞이하게 된 데는 환관 사신이 아니라 조관·유신 사신이 왔다는 사실이 비중 있게 작용하였을 것이다. 조관 사신이 다 그런 것은 아니어도, 조관 사신은 의례의 예식 절차가 그들이 생각하는 예의에 어긋나지 않게 구현되도록

---

242 『중종실록』 권41, 중종 16년 4월 갑오.

243 『중종실록』 권41, 중종 16년 4월 신축.

244 『중종실록』 권43, 중종 16년 12월 을유.

245 『중종실록』 권83, 중종 31년 12월 계사. "傳于政院曰 (…) 辛巳年唐皐時 則不分迎矣."

246 『중종실록』 권83, 중종 31년 12월 병술.

하려는 경향이 있었다. 조선 측에서도 그간의 경험으로 이 점을 인지하고 있었다. 앞서 보았듯이, '만일 유신이라면 그 예를 바로잡으려 할 것이지만 이번에 사신으로 오는 진호(陳浩) 등과 같은 이는 반드시 이런 일을 하지 않을 것'[247]이라는 이계맹의 언사나, '이번에 오는 두 태감(太監)은 조관의 예(例)가 아니므로 반드시 [세자가 칙서를 맞이하는 일을] 강청(强請)하지 않을 것이니, 신들의 생각에는 결코 출영(出迎)할 수 없습니다'라는[248] 정원(政院)의 말은, 조선 측이 조관 사신은 환관 사신과 달리 올바르다고 생각한 예식 절차를 구현하는 데 적극적이었던 사실을 인지하고 있었음을 잘 보여준다. 이번에 등극조서를 가지고 온 상사인 한림원수찬 당고와 부사인 병과급사중 사도는 의례의 예식이 예의에 부합하도록 하는 데 관심이 많았다. 상사인 당고가 문학에 뛰어나고 과거에서 장원하였으며[249] 문한관에 종사한 사실을 고려하면, 이 점은 손쉽게 예상할 수 있는 바였다. 가령 당고와 사도가 압록강을 건넌 후 맨 먼저 꺼낸 말이 오배삼고두(五拜三叩頭)의 예와 유생이 지영(祗迎)하는 일이었다는 에피소드는 이들 사신의 성향을 단적으로 말해준다.[250]

　　기록이 소략하여 국왕이 말을 타고 조칙을 함께 맞이하게 된 구체적 경위를 알 순 없지만, 명 사신 당고는 조선 측이 마련한 의주에서 국왕이 가마(輦)를 타고 조칙을 함께 맞이하는 의절을 비례라 문제 삼으면서 연 대신 말을 탈 것을 주장하였을 것이다. 이에 대응하여 조선 측은 가마(輦)를 타고 조칙을 함께

247　『중종실록』 권41, 중종 16년 1월 병자.

248　『연산군일기』 권49, 연산군 9년 4월 경자.

249　『중종실록』 권42, 중종 16년 9월 무진.

250　唐皐는 '陪臣이 술잔을 올릴 때 우리 앞에 서야 하는데 그렇게 하면 전하에게 등을 돌리게 됩니다'라고 문제제기하여 그때 옆에서 술잔을 올리게 되었다는 에피소드도 있다. 사신의 성향을 읽는 데 참고가 된다. 『중종실록』 권90, 중종 34년 4월 무술.

맞이하는 방식이 조종조 이래의 예이고 이전 명 사신도 수용한 것이었다는 식으로 설득하였을 것이나, 설왕설래 끝에 조선 측은 명 사신의 주장을 수용하였을 것이다. 수용 과정에서 명 사신과 예를 두고 다투는 일을 상국을 대우하는 예에 어긋난 것으로 보아 말을 타도 무방하다는 의사를 지니고 있었던 중종의 자세도 한몫하였을 것이다.

사신의 성향과 중종의 태도가 상승작용을 하면서 연산군 12년에 이어 다시금 국왕이 말을 타고 조칙을 맞이하게 되었는데, 이 이후로 중종 대에 승연의 구현이 포기된 것은 아니었다. 사신의 태도를 보아가면서 승연을 관철코자 하였을 것이다. 이는 중종 32년의 사례를 통해 확인된다. 중종 32년 3월 기축일에 황장자(皇長子)의 탄생을 알리는 조서가 왔다.[251] 당시 사신은 조서 외에 두 통의 칙서도 지니고 왔지만, 이들 칙서는 조선과 관계없는, 사신의 임무와 관련된 것이어서 영칙도 불필요하였다.[252] 조선 입장에서 보자면 사실상 조서만 온 셈이었다. 국왕은 모화관에서 조서를 맞이하면서 오배삼고두(五拜三叩頭)의 예를 행한 후 가마(輦)를 타고 환궁하였다.[253] 국왕은 가마(輦)를 타고 조서를 맞이한 것이다. 바로 전에 국왕이 말을 타고 조칙을 맞이한 일을, 즉 사실상 말을 타고 조서를 맞이한 일을 일시의 일로 돌리면서 조선이 뜻대로 가마(輦)를 타고 조서를 맞이하게 된 것이다.[254]

---

251 『중종실록』 권84, 중종 32년 3월 기축.

252 이 점은 遠接使 鄭士龍 일행의 기록인 『天使一路日記』의 嘉靖 16년 2월 20일, 22일, 23일 기사에서 확인할 수 있다.

253 『중종실록』 권84, 중종 32년 3월 기축. 이 사실은 龔用卿이 편찬한 『使朝鮮錄』에서도 확인된다.

254 연산군 대 이후로 영접 시 국왕의 교통수단 면에서 조서와 칙서의 구분이 사라졌기 때문에, 중종 32년 3월에 국왕이 가마를 타고 조서를 맞이한 일은 이에 앞선 중종 16년 12월에 말을 타고 조칙을 맞이한 일을 번복한 시도라고 할 수 있다.

사전에 논의와 우려가 없었던 것은 아니다. 이번에도 정사는 한림원수찬 공용경이었고 부사는 호과급사중 오희맹으로 모두 조관 사신이었으며[255] 공용경은 문한관이어서, 조선 입장에서는 그간 문제가 되곤 했던 조칙을 맞이할 시 국왕의 승연을 우려하지 않을 수 없었을 것이다. 그래서인지 한림원수찬 공용경과 호과급사중 오희맹 등이 조서를 가지고 온다는 소식을 접수하고 나서[256] 얼마 지나지 않은 중종 31년 12월 병술일, 김근사(金謹思) 등은 의궤(儀軌)로써 서계(書啓)하기를, '가마(輦)를 타는 일은 국초부터 준행해온 예이기에, 당고(唐皐) 시(중종 16년) 비록 한 번 말을 탔더라도 이것을 상례(常例)로 삼을 수 없다고 하면서 구례대로 의주를 작성하되 명 사신이 당고 때처럼 문제 삼으면 구례에 의거하여 다투어야 한다'라고 하였다.[257] 직전에 국왕이 말을 타고 조칙을 맞이한 것을 의식해서, 이번에는 승연을 관철하고자 한 것이다. 여기에서도 전유가 확인된다. 과거 사실과 달리 조서와 칙서의 구분 없이 승연(乘輦)을 국초부터 준행해온 예라고 하는 인식은 연산군 대 이후로 등장한 것이고, 말을 탄 것도 당고 때로 한정되지 않았음은 물론이다.[258] 이러한 전유를 토대로 김근사 등은 명 사신과 시비를 다투어서라도 승연을 관철해야 한다고 주장하였다. 이에 대해 중종은 가마(輦)를 타냐, 말을 타냐를 놓고 사신과 다투는 일은 사대의 예로 바람직하지 않다는 의사를 대신에게 알리도록 하였다. 중종의 태도는 전과 마찬가지로 시비를 다투면서까지 승연을 관철하고 싶지는 않다는 것이었다.

이로부터 일주일 뒤인 중종 31년 12월 병술일, 중종은 옛 등록을 보고서 동

---

255 『중종실록』 권83, 중종 31년 12월 임오.

256 『중종실록』 권83, 중종 31년 12월 임오.

257 『중종실록』 권83, 중종 31년 12월 병술. 이들은 '改服' 사안에 초점을 맞춰 명 사신이 詔勅을 나누어 맞이하도록 했을 때 고려해야 할 난점을 언급하기도 하였다.

258 말을 타고 조서와 칙서를 함께 맞이하는 것으로 한정해도 연산군 12년 사례가 존재한다.

월(董越), 애박(艾璞) 때처럼 이번 사신(문신)이 분영(分迎)을 주장할 수도 있기에, 합영의주(合迎儀註)와 분영의주(分迎儀註)를 다 준비하고 문례관이 두 의주를 가지고 가서 사신에게 합영의주(合迎儀註)를 먼저 제시하고 만약 이를 문제 삼으면 분영의주(分迎儀註)를 활용할 것을 지시하였다.[259] 이 방식은 성종 대에 애박을 상대로 행한 것과 동일했다. 연산군 대 이래로 망각되다시피 한 조칙합영이냐 조칙분영이냐의 사안이 되살아난 셈인데, 조선과 명 사신 사이에서 문제가 되면서 사안이 불거진 것은 아니고 옛 등록에 수록된 내용이 이 사안을 환기하였다고 할 수 있다.[260]

명 사신이 오배삼고두의 예로 조서를 맞이하도록 하면서 조선과 명 사신 간에 갈등이 발생한 것을 위시하여 몇몇 의절을 놓고 갈등이 있었지만, 이번에 온 명 사신은 승연에 대해서 전혀 이의를 제기하지 않았다.[261] 명 사신이 문제 삼지 않으면서 조선 측의 의사대로 국왕은 가마(輦)를 타고 조서를 맞이하게 되었다. 흥미롭게도, 조선은 이전에 온 명 사신 당고(唐皐)를 상대로 해서는 오배삼고두 주장을 주저앉히고 국궁(鞠躬)을 관철하면서도 갈등 끝에 말을 타는 것은 수용하였지만, 이번에 온 명 사신 공용경을 상대로 해서는 정반대로 오배삼고두를 수용하였지만 공용경의 무관심을 틈타 다시금 왕이 가마(輦)를 타고 조서를 맞이하는 것을 복원해냈다.

---

259 『중종실록』권83, 중종 31년 12월 계사.

260 앞서 언급했듯이, 당시에 칙서 2통은 영접이 필요 없는 것이어서 국왕은 조서만 맞이하면 되었다. 그런데도 조선 측이 詔勅 合迎이냐 詔勅 分迎이냐를 놓고 논의한 것은 이를 의논할 당시인 중종 31년 12월에는 迎勅이 불필요하다는 사실을 모르고 있었기 때문이다. 조선 측은 이 사실을 이때보다 한참 뒤인 중종 32년 2월에야 알게 되었다. 그전에는 조서와 칙서가 함께 온다고 생각했다. 『天使一路日記』嘉靖 16년 2월 20일 참조.

261 文臣인 사신들 간에 소견이 다를 수 있다는 진단이(『중종실록』권83, 중종 31년 12월 계사) 정확하였는지, 공용경은 가마(輦)를 타는 일에 대해서는 이견이 없었다.

이후 중종 34년 4월 정미일, 사신은 원자(元子)를 황태자로 삼고 두 아들을 왕으로 봉하는 사실을 알리는 조칙을 가지고 왔다.[262] 한림원시독(翰林院侍讀) 화찰(華察)과 공과급사중(工科給事中) 설정총(薛廷寵)이 각각 정사와 부사였는데, 이들은 중종 대에 온 마지막 명 사신이었다. 이들도 조관 사신이었고 정사는 문한관이었긴 해도, 왕이 가마(輦)를 타고 조칙을 맞이하는 일은 순조롭게 진행되었다.[263]

예식을 거행하는 의주에 대한 명 사신의 의사를 전달받기도 전인 중종 34년 3월 신미일, 문례관 한숙(韓淑)은 사신이 합영의(合迎儀)를 안 된다고 하면 오가는 날짜를 계산하여 분영의(分迎儀)를 드리도록 지시했던 바 있는 국왕의 전교를 이행한다고 했을 때 예상되는 문제들을 국왕에게 물었다. 결과적으로는 이슈가 되진 않았지만, 중종은 중종 31년에 사신(문신)의 분영(分迎) 주장에 대비해 합영의주와 분영의주를 다 준비하고 문례관이 두 의주를 가지고 가서 사신에게 합영의주를 먼저 제시하고 만약 이를 문제 삼으면 분영의주를 활용할 것을 지시했던 바가 있었기에, 이번에도 사전에 명 사신이 합영의를 안 된다고 할 경우를 대비한 것이다.

문례관의 질문을 계기로 삼공과 예조판서의 의논이 있었다. 우선 영의정 윤은보는 조칙을 내려 태자를 책봉한 것 때문에 왔으니 조서와 칙서는 당연히 합영(合迎)해야 하고, 조서를 존숭한다면 마땅히 분영(分迎)해야 한다고 하였고, 좌의정 홍언필은 세(勢)로 말하면 합영을 해야 한다는 전제 속에서 명 사신이 조선을 예의지국(禮儀之國)으로 알고 있기에 분영을 주장한다고 해도 합영을 위

---

262 당시 조서는 2통이고 칙서는 1통이었는데, 조서 한 건은 元子를 황태자로 삼고 두 아들을 왕으로 봉하는 사실을 알리는 것과 무관한 문서로, 昊天上帝와 太廟에게 명 태조 등의 泰號·尊號를 올렸음을 알리는 조서였다. 『중종실록』 권90, 중종 34년 4월 정미 참조.

263 『중종실록』 권90, 중종 34년 4월 정미.

한 조선의 설득을 수용할 것이라고 보았다. 윤은보는 모화관과 왕궁 간의 거리가 먼 것을 이유로 해서 합영을 청한다면 될 것 같다고 했고, 홍언필은 분영을 한다면 출입이 잦아서 반드시 조용하지 못하여 혹 실례될까 두렵다는 말로 사신을 설득할 수 있다고 하였다. 우의정 김극성은 조서를 맞이할 시 사신이 임금에게 말을 타라고 하더라도 따라서는 안 된다고 하였고, 윤은보는 『사조선록(使朝鮮錄)』 속 조서를 영접하는 절차에 '국왕이 가마(輦)를 탄다'라는 구절이 있는데, 공용경과 동년인 이번 명 사신 화찰은 반드시 『사조선록』을 가지고 올 것이기에, 이것에 의거하여 승연(乘輦)을 요청하면 명 사신이 반드시 따를 것이라고 했다.

논의에 참여한 신하들은 합영의와 승연을 행해야 하는 것으로 간주하였고, 영의정 윤은보를 제외하고는 사신이 문제 삼더라도 사신의 뜻을 수용해서는 안 된다는 입장을 지니고 있었다. 이에 국왕은 예전 태도와 마찬가지로 승연(乘輦)을 구현하려고는 하지만 사신이 반대하면 다투지 말고 승마를 수용하라고 했다. 이후 문례관 한숙과 국왕 사이에 사신이 문제 삼아 분영의를 올리게 되었을 때 제기될 수 있는 기술적인 문제를 놓고 논의하던 중, 명 사신과 접촉하지 않은 상태에서 미리 결정할 수 없다는 홍언필의 의견이 나오면서 논의는 더는 진전되지 않았다.[264]

중종 34년 4월 경자일 문례관 한숙이 사신을 만나고 와서 전한 내용에 따르면, 우려와 달리 명 사신은 문례관이 건넨 의주를 보고 국왕이 조서를 받은 뒤에 배례를 행하고 조서를 읽은 뒤에도 배례를 행해야 하는 것 및 천자께서 하사한 채단(綵緞)을 종묘에 고해야 한다는 것을 언급하였을 뿐, 의주 내에 기재되었을 조칙합영(詔勅合迎) 및 국왕의 승연(乘輦)에 관해서는 언급이 없었다. 천천

---

264 『중종실록』 권89, 중종 34년 3월 신미.

히 의주를 보다가 잘못된 곳이 있으면 왕경(王京)에 들어가서 이야기하겠다고 했지만,[265] 그 뒤에도 이 사안에 대한 언급은 없었다. 이후 조서 반포 이틀 전인 4월 을사일 개성부에 머물 당시 명 사신은 원접사에게 의주를 보이면서 자신들은 무엇을 타고 가는지 물었다. 당시 사신에게 건넨 의주에 따르면 '백관은 말을 타고 가고, 왕세자는 말을 타고 가고, 국왕은 가마(輦)를 타고 가는'데 사신의 교통수단은 적시되지 않아서였을 것이다.[266] 명 사신은 국왕의 승연에 관해서는 전혀 문제 삼지 않고 자신들의 이동수단에만 관심이 있었던 것이다.

이처럼 조선의 우려와 달리 명 사신의 무관심 속에서 준비된 의주에 따라 국왕은 가마(輦)를 타고 조칙을 맞이하였다. 기록을 통해서도 이 사실은 명확히 뒷받침된다.[267]

5. 인종·명종 대, 명 사신과 갈등 없이 조선의 뜻대로

인종 1년 2월 무오일에 명에 가 있는 고부청시사(告訃請諡使) 민제인(閔齊仁)과 이준경(李浚慶)이 올린 장계(狀啓)가 도착하였다. 장계는 조위사(弔祭使)와 봉왕사(封王使)가 3월 초에 출발할 사실을 알렸다.[268] 사제·사부·사시와 책봉을 위해 명 사신이 오는 것이다.

조선 내에서는 사신을 맞이하기에 앞서 관련 예(禮)에 있어서 문제가 되거

---

265 『중종실록』 권90, 중종 34년 4월 경자.

266 『중종실록』 권90, 중종 34년 4월 병오.

267 『중종실록』 권90, 중종 34년 4월 정미.

268 『인종실록』 권1, 인종 1년 2월 무오.

나 될 수 있는 사안들을 논의하였으니,[269] 조칙을 맞이할 시에 국왕이 가마(輦)를 타는 사안도 그중 하나였다. 즉 대간은 계문을 올려 문례관이 명 사신에게 가져갈 의주에는 국왕이 조칙을 맞이할 때 가마(輦)를 탄다고 기재돼 있는데, 만약 명 사신이 가마(輦)를 타는 것이 옳지 않다고 한다면 군신(君臣) 간의 예(禮)에 따라 말을 타는 것을 수용하도록 건의하였다. 이때 대간은 명 사신 당고(唐皐)가 등극조서를 가지고 왔을 때(중종 16)의 사례를 주장의 전례와 근거로 활용하였다.[270] 대간의 이 건의는 과거 중종의 생각과 정확히 일치하는 것이기도 하다. 이에 인종은 멀리 고례(故例)를 살피고 아울러 을묘년(연산군 1)의 예도 살펴서 처리하라고 했다.[271]

이처럼 당시 논의에서는 분영(分迎) 가능성을 아예 생각하지 않고 합영(合迎)을 전제로 승연(乘輦) 여부만 고민하였는데, 을묘년(연산군 1)의 예는 국왕이 가마(輦)를 타고 조칙을 함께 맞이한 방식이었고 성종 19년 동월의 주장으로 인한 조칙분영 시행 이전에도 국왕이 가마(輦)를 타고 조칙을 함께 맞이한 데서(故例), 국왕 인종은 사실상 대간의 건의에 부정적이었다고 할 수 있다. 승정원은 대간의 건의가 원론적으로 타당할 순 있어도, 국왕이 승마에 익숙하지 않다는 등의 이유를 들어 사신이 국왕의 승연을 반대한다 해도 어떻게든 설득해서 가마(輦)를 타도록 해야 한다고 하였다. 이 과정에서 국왕의 승마가 성종 대와 중

---

269 가령 賜祭와 冊封 가운데 어느 의례를 먼저 할지에 관한 논의가 있었다. 『인종실록』 권1, 인종 1년 3월 경인 참조.

270 앞서 보았듯이, 조선은 국왕이 가마(輦)를 타고 조칙을 맞이하는 방식을 실행하고자 했으나, 명 사신이 이를 반대하면서 실랑이를 벌이다가 결국 사신의 의견을 수용하여 말을 타고 조칙을 맞이하고 말았다.

271 『인종실록』 권2, 인종 1년 4월 임인.

종 대에 그쳤다고 하였는데, 부정확한 것은 둘째 치고[272] 영접 시 국왕의 교통수단 면에서 조서와 칙서를 구분하지 않는 당시의 감각 속에서 과거를 자기 식대로 소급해서 해석하는 모습이 보인다.[273] 영의정 윤인경(尹仁鏡) 등도 승정원과 마찬가지로 명 사신이 승연에 반대하더라도 어떻게든 설득해야 한다고 보았다. 최종적으로 국왕은 이 의견을 수용하였다.[274]

명 사신의 의사를 확인하기도 전에 이루어진 이러한 논의는 기우로 끝났다. 당시 명 사신은 정사가 사례감태감(司禮監太監) 장봉(張奉)이고 부사가 내관감태감(內官監太監) 오유(吳猷)로 정부사(正副使) 모두 환관인 데서[275] 예상할 수 있듯이, 조선 측의 의주에 대해 영조칙 시 국왕의 승연을 포함해서 별다른 말이 없었다.[276] 그러했기에 국왕은 모화관에서 조칙을 맞이한 후 가마(輦)를 타고[277] 궁궐(경복궁)로 이동하였을 것이다.[278]

---

272 가령 연산군 12년에 正德帝의 등극을 알리는 詔勅이 왔을 때 국왕은 조칙을 맞이하고서 말을 타고 궁으로 이동하였다.

273 성종 대에는 별도로 거행된 迎勅 시에 국왕의 승마가 이루어졌고, 중종 대에는 조칙을 함께 맞이할 때 승마가 행해졌다.

274 『인종실록』 권2, 인종 1년 4월 병오.

275 『인종실록』 권2, 인종 1년 5월 경오.

276 『인종실록』 권2, 인종 1년 4월 병진.

277 『인종실록』 권2, 인종 1년 5월 임신. 이 기사에는 국왕이 어떤 교통수단을 활용하여 궁궐로 이동했는지 적시되지 않았지만, 조선이 마련한 의주는 가마(輦)를 타고 이동하도록 하고 있었고 명 사신의 문제제기조차 없었기에 의주대로 국왕은 가마(輦)를 타고 이동하였을 것이다.

278 참고로 이에 앞서 국왕은 모화관에서 弔祭使를 영접하였다. 그런 후 국왕은 시호가 적힌 誥命·祭文·賻物을 태평관에 봉안하는 예를 행하기 위해 黑輦을 타고 태평관으로 이동하였다(『인종실록』 권2, 인종 1년 4월 경신). 이 사실 또한 며칠 뒤 국왕이 조칙을 맞이한 후 가마(輦)를 타고 궁궐로 이동하였으리라는 추정을 뒷받침해준다.

이후 명종 1년 2월 계사일, 국왕은 모화관에서 책봉 내용을 담은 조칙을 맞이한 후 환궁하였다.[279] 환궁 과정에서 국왕의 교통수단은 기재되지 않았으나, 이 일에 앞서 국왕의 승연에 관한 논의가 전혀 없었고, 명 사신의 반대도 없었으니 통상적인 방식대로 가마(輦)를 타고 돌아왔을 것이다. 사전에 논의도 없었고 예식의 거행도 순조롭게 이루어진 데는, 작년에 이미 인종을 책봉한다는 내용을 담은 조칙을 맞이할 때 국왕의 교통수단을 논의했던 바가 있었다는 점, 그리고 사신이 환관이었다는 점도[280] 작용하였을 것이다.

명종 13년 2월 임인일에는 이전에 몇 차례 칙서만 전달되었던 것과 달리 사신이 와서 칙서를 전달하였다. 세자 책봉을 위해서였다. 이날 국왕은 모화관에 행차하여 칙서를 맞이하고 경복궁으로 돌아왔다.[281] 국왕의 이동수단은 확인되지 않지만, 가마(輦)를 타고 이동하였음이 비교적 분명하다. 연산군 대 이후로 영접 시 국왕의 교통수단 면에서 조서와 칙서는 구분되지 않았고, 명 사신이 고집을 부려 조선이 어쩔 수 없이 수용하지 않는 한 국왕의 승연은 계획되고 성사되었는데, 명 사신은 이 의절을 문제 삼지 않았기 때문이다.

그런데 명종 13년 2월 경자일, 문례관 김귀영(金貴榮)은 국왕에게 예식 절차를 놓고 이루어진 명 사신과의 논의 내용을 전하였는데, 이 가운데 본고와 직접 관련된 흥미로운 사실이 다소 상관없는 논의에서 돌발적으로 확인되고 있다. 즉 문례관 김귀영의 보고 내용에 따르면, 일전에 명 사신이 서향이 아니라 남향하여 칙서를 주어야 한다고 주장했던 바 있기에,[282] 김귀영은 명 사신을 상

279　『명종실록』 권3, 명종 1년 2월 계사.

280　正使는 內宮監太監 聶寶였고, 副使는 태감 郭鑾이었다. 『명종실록』 권2, 명종 즉위년 11월 임신 참조.

281　『명종실록』 권24, 명종 13년 2월 임인.

282　『명종실록』 권24, 명종 13년 2월 정유.

대로 '영조(迎詔)에는 남향하여 유제(有制)를 칭하나, 영칙(迎勅)에는 남향하는 일이 없다'라는 뜻을 전했지만, 명 사신은 수긍하지 못하고 '조서와 칙서는 일반이기에 다르게 보아서는 안 된다'라는 의사를 전했다. 이에 김귀영은 『번국의주』를 가지고 명 사신의 의견을 반박하고자 원접사와 상의하였더니, 원접사가 『번국의주』에는 국왕이 말을 탄다는 구문이 있으므로 난처할 염려가 있으니 사신에게 보여서는 안 된다고 하여, 『번국의주』를 보여주지 않고 사신과 말로만 쟁론하였다고 한다.[283] 김귀영은 애초에 명 사신에게 『번국의주』에 수록된 「번국접조의주」와 「번국수인물의주」를 보여주면서 영칙(迎勅)에는 영조(迎詔)와 달리 남향하는 일이 없다는 사실을 확인시켜주고자 했을 것이나, 「번국수인물의주」 가운데 적시된 '왕이 말을 타고 간다(王乘馬行)'라는 어구를 의식해 긁어 부스럼이 될까 봐 생각을 거두어들인 것이다.

여기서 알 수 있는 사실은 우선, 조선 측이 영칙 시 국왕의 승연을 계획했다는 점이다. 예식 거행을 위하여 조선 측이 작성하여 명 사신에게 건넨 의주에는[284] 영칙 시 국왕의 이동수단이 승연으로 기재되어 있었을 것이다. 앞서 언급했듯이, 이 사안에 대해 명 사신이 별다른 언급을 하지 않았기에 계획대로 순조롭게 영칙 시 국왕의 승연이 행해졌을 것이다. 다음으로 알 수 있는 사실은, 최소한 일부 유자 관료는 『번국의주』, 그중에서도 영칙의주에 해당한다고 할 수 있는 「번국수인물의주」에는 영칙 시 국왕의 승마가 적시되어 있는 사실을 인지하고 있었다는 점이다. 이 사실을 인지하는 이상, 예학적으로만 보자면 영칙 시 국왕의 승연은 비례(非禮)가 되고 말 것이다. 주목해야 할 것은 그들이 이

---

283 『명종실록』 권24, 명종 13년 2월 경자.

284 問禮官 金貴榮의 말에 따르면, 그는 2월 을유일(7일) 義順館에서 명 사신에게 의주를 건넸다. 『명종실록』 권24, 명종 13년 2월 신묘 참조.

사실을 숨기면서까지 국왕의 승연을 구현해내야 한다는 전제를 공유하고 승연(乘輦)을 관철시키고자 했다는 사실이다. 영칙 시 국왕의 승연은 조선이 준용해오던 『번국의주』를 위배하는 비례라 할지라도 되도록 관철해야 하는 것으로 조선 내에서 공유되고 있었고, 조선 측은 명 사신에게도 보여주는 의주에 이를 기재하고, 만약 명 사신이 문제 삼으면 어떻게든 설득하여 국왕의 승연을 구현해내고자 하였다고 할 수 있다.

이후 선조 즉위년 7월 경오일, 이례적 상황에서 승연을 놓고 조선과 명 사신의 실랑이가 있었다. 이때 온 명 사신은 검토관(檢討官) 허국(許國)과 급사중(給事中) 위시량(魏時亮)으로 새 황제인 융경제(隆慶帝)의 등극을 알리는 조서를 반포하기 위해 왔는데, 도성에 들어오기 전 명종 사망 소식을 전해 들었다. 이례적인 일이다. 이들은 예정에 없이 조칙을 국왕이 아닌 전왕의 후계자에게[285] 전달해야 했다.[286] 명 사신이 도성에 이르자, 선조는 권지국사(權知國事)라 칭하며 세자의 곤면(袞冕)과 장복(章服)을 갖추고 모화관으로 나아가 명 사신을 맞이하였다. 이날 명 사신은 선조가 아직 책봉을 받지 않았기에 가마(輦)를 타서는 안 된다고 하였다. 그러나 예조판서 이탁(李鐸)이 맞서 다툰 끝에 가마(輦)를 타게 되었다. 이례적인 상황에서의 논란이라 할 수 있다. 명 사신은 아직 왕이 되지 못한 존재(권지국사)가 왕처럼 가마(輦)를 타는 것을 타당하지 않다고 보았을 것이

---

285 선조는 즉위하였지만, 명과의 관계 속에서 당시 선조는 왕이 아니라 후계자에 불과하였다. 세자 책봉도 받지 않았기에 세자도 아니었다. 조선에서 즉위한 국왕은 책봉을 받기 전까지는 명(황제)을 상대로 해서는 사망한 전왕의 후계자였다. 이에 관해서는 최종석, 「告哀·稱嗣에서 告訃·請諡·請承襲으로—고려 전기와 조선 초기 국상 시 책봉국에 행한 외교의례를 비교하며」, 『한국문화』 99, 2022 참조.

286 『선조수정실록』 권1, 선조 즉위년 7월 경오.

다.[287] 조선 측의 구체적인 논리는 확인할 수 없지만, 아마도 책봉 사신이 오기도 전에 조서가 도착한 예외적인 상황을 부각하면서, 곧 책봉 받을 존재이기에 권도 차원에서 가마(輦)를 타야 한다고 주장했을 것이다.

이 이후로 승연이냐 승마냐 혹은 합영이냐 분영이냐는 사안을 놓고 조선 내에서 사전에 논의가 이루어진다든지, 명 사신과 의견 교환을 한다든지 하는 일은 없었다. 조선은 원하는 대로 국왕이 가마(輦)를 타고 조칙을 한꺼번에 맞이하였고, 칙서를 맞이할 때조차 가마(輦)를 탔다. 이 과정에 어떠한 걸림돌도 없었다. 결과적으로는 존왕(尊王)을 성취한 것이다.

엄격히 사실관계를 따지자면, 국왕이 가마(輦)를 타고 조칙을 한꺼번에 맞이한 것과 달리, 영칙 시 승연(乘輦)은 준용해오는 『번국의주』를 위배하는 비례였다. 칙서를 맞이할 때 국왕이 말을 탔다가 어느 순간 조선 측은 존왕을 위해 임의로 가마를 타는 것으로 바꾸었는데, 이는 존왕을 위해 비례를 범한 것이라 할 수 있다. 그런데 사실관계와는 별개로 조선의 국왕과 유자 관료 사이에서 영칙 시 승연(乘輦)은 존왕을 위해 부득이하게 비례를 범하면서까지 구현한 것으로 인식되지 않았다. 이들은 영칙 시 승연(乘輦)을 과거에 대한 전유와 재해석을 통해 예전부터 실현해온 의절로, 그리하여 비례와는 거리가 먼 것으로 간주하였다. 명 사신을 상대로도 비례를 무릅쓰고 영칙 시 승연을 관철하는 식으로 전혀 생각하지 않았고, 대신 과거에 대한 전유와 재해석을 바탕으로 한때의 잘못(영칙 시 승마)을 바로잡고 이전부터 행해온 승연을 구현하는 것으로 간주하고 있었다. 당대인의 인식 면에서는 존왕을 위해 비례를 범한 것이 아니었다.

---

287 『선조수정실록』 권1, 선조 즉위년 7월 경오.

6. 여언: 영조칙례를 둘러싼 조선과 명 사신의 갈등의 의미

성종 대 조칙분영(이와 연관된 영칙 시 승마) 수용 이후의 전개 양상은 중종 대 오배삼고두(五拜三叩頭)의 예로 조서를 맞이하는 것을 수용한 이후와는 사뭇 달랐다. 조선은 도성문 밖에서 오배삼고두의 예로 조서를 맞이하라는 사신의 주장을 오랫동안 거부하다가 중종 32년에 이를 수용하고서는, 이후로 줄곧 도성문 밖에서 오배삼고두의 예로 조서를 맞이하였다. 중종 32년 이후로 조선 측은 조서가 와 해당 조서를 맞이하는 예식을 거행하기 위한 의주를 마련할 때 그 안에 오배삼고두의 예로 조서를 맞이하는 의절을 기재하였을 것이고, 당연히 명 사신은 이에 이견을 제기하지 않았을 것이다. 그런데 성종 대 조칙분영(이와 연관된 영칙 시 승마)의 수용 이후, 조선은 이를 번복하고 국왕이 가마(輦)를 타고 조서와 칙서를 함께 맞이하고(詔勅合迎) 심지어 『번국의주』에 위배되는 영칙 시 가마(輦)를 타는 의절까지 끝내 실현해냈다. 도중에 여러 차례 좌절을 맛보고 사신과의 갈등마저 불사하면서, 조선은 명 사신이 이를 문제 삼지 않을 때까지 끈질기게 노력을 이어갔다.

이들 두 사안을 비교해보면, 조선과 명 사신 간 갈등의 귀결에는 조선의 선택과 의지가 결정적으로 작용한 것으로 보인다. 성종 대 조칙분영(이와 연관된 영칙 시 승마)의 수용 이후 조선 측의 행보를 고려하면, 조선은 맘만 먹으면 오배삼고두 대신에 국궁을 복원할 수 있었을 것이다. 곧 오배삼고두의 수용 이후 조사(詔使)가 왔을 때 조선은 예식 거행을 위해 마련한 의주에 국궁의 예로 조서를 맞이하는 의절을 기재하면 되었을 것이다. 환관 사신이나 일부 조관 사신은 이를 무심코 지나쳤을 것이고, 이때 조선은 국궁의 예로 조서를 맞이하게 되었을 것이다. 일부 조관 사신이 이를 문제 삼으면, 조선은 명 사신과의 논쟁 끝에 국궁을 관철할 수도, 오배삼고두를 수용할 수도 있었을 것이다. 혹여 오배삼고두를 수용했다면, 다음번에 똑같은 방식으로 국궁을 구현하려 했을 것이다. 그런데 오배삼고두의 경우 조선은 이를 수용한 이후 국궁을 복원하려 노력하지 않았다. 이는 조선이 '무언가'의 자체적인 판단으로 오배삼고두를 항식(恒式)으로 삼고서 지속해서 이를 구현하였고, 이와 맞물려 국궁을 복원하려 들지 않았다는 의미가 된다. 이처럼 조선은 현재의 감각으로는 잘 파악되지 않는 '무언가'의 맥락에서 명 사신의 주장을 수용해서 항식으로 삼기도 하고, 수용하였다가 번복하고 어떻게든 자기 뜻대로 하기도 하였다. 종래 연구가 가정한 것과는 달리, 영조칙례(迎詔勅禮)의 일부 의절을 둘러싼 조선과 명 사신 간 갈등의 결론에서 칼자루는 조선이 쥐고 있던 것이었다.

종래의 연구에서는 명에 대한 사대의식이 어느 시점을 계기로 해서 심화·전화했다고 가정하고, 조선이 명 사신의 주장을 수용한 것을 명에 대한 사대인식의 심화·전화를 보여주는 지표로 활용하였기에, 조선이 명 사신의 주장을 수용한 조치 자체에 초점을 맞추고 이를 명에 대한 사대의식 심화·전화의 계기로 의미 부여하였다. 하지만 수용 이후의 양상까지 시야에 놓고 본다면, 전술했듯이 실상은 조선이 일시적으로 명 사신의 주장을 수용하기도 하고, 항구적으로 수용하기도 한 것이라고 할 수 있다. 명에 대한 사대 인식의 심화·전화의 계기로 성급하게 판단해서는 안 되는 것이다. 또한 조선이 오배삼고두를 거부하고 국궁을 고수한 맥락, 명 사신 측이 오배삼고두를 주장한 맥락, 그리고 중종 32년에 조선이 오배삼고두를 수용하게 된 맥락 등을 들여다보면, 국궁이냐 오배삼고두냐를 두고 조선과 명 사신이 갈등한 끝에 오배삼고두가 수용된 사안에 관한 당시의 맥락은 명에 대한 사대 인식의 심화·전화의 입장에서 접근하거나 양국 간의 파워 게임의 관점에서 본 종래의 설명과[288] 괴리되어 있다.

---

288 이에 관해서는 최종석, 앞의 논문, 2018b 참조.

곧 종래의 설명은 당대 맥락을 외면한 채 현재의 감각을 투사하여 얻은 것이라 하겠다. 성종 대 조칙분영(이와 연관된 영칙 시 승마) 수용 건도 이와 마찬가지라 할 수 있다.

이렇듯 종래의 연구들이 현재의 감각에서 부조적이고 탈맥락적으로 접근하다 보니, 의도치 않게 서로 충돌하는 모순된 이해가 발생하게 되었다. 일각에서는 성종 대 명 사신의 주장을 수용하여 조칙분영을 시행하고 이와 맞물려 칙서를 맞이할 때 국왕이 말을 탄 것을 명에 대한 사대 인식 심화·전화의 계기로 바라보았다. 또 다른 한편에서는 중종 대 명 사신의 주장을 받아들여 국궁 대신 오배삼고두를 시행한 조치를 명에 대한 사대 인식의 심화·전화를 보여주는 지표로 이해하기도 했다. 후자의 이해에 따르면, 중종 대에 이르러 오배삼고두를 수용하고 그 이후 지속한 점에 주목하여 중종 대를 획기로 한, 명에 대한 사대 인식의 심화·전화와 그 지속을 상정할 수 있다. 그런데 전자의 이해에 따르면, 성종 대 조칙분영의 수용으로 보아 명에 대한 사대 인식의 심화·전화는 성종 대에 이미 시작되었다고 할 수 있다. 하지만 연산군 대와 중종 대를 거치면서 조선 측이 주장했던 조칙합영(詔勅合迎, 함께 온 조서와 칙서를 한꺼번에 맞이하는 방식)이 원상 복구되었고 그 결과는 이후까지 지속되었다. 더군다나 이 기간에는 명 사신이 자주 문제 삼기도 했고 그간 준용해오던 『번국의주』의 「번국수인물의주」에도 위배되는 영칙 시 가마 타는 것(乘輦)마저 구현되었다. 종래의 접근 방식을 견지한 채 성종 대 조칙분영(이와 맞물린 영칙 시 승마)의 수용 이후 이 사안의 전개 양상까지 함께 고려한다면, 중종 대에는 명에 대한 사대 인식이 심화·전화된 게 아니라 오히려 성종 대보다 완화되었다는 의도치 않은 결론에 다다르게 되고 말 것이다.

성종 대 조칙분영 수용과 중종 대 오배삼고두 수용에 관한 접근 방식 가운데 어느 것이 타당한지를 가리려는 것은 아니다. 현재의 감각에서 성급하게 전제한 바에 따라서 영조칙례를 둘러싼 조선과 명 사신 간 갈등을 개별 사안 검토 위주로 접근하다 보니 의도치 않게 연구 결과가 상호 충돌하게 된다는 점을 짚고자 하는 것이다. 더욱 정확히 말하면, 영조칙례를 둘러싼 조선과 명 사신 간의 갈등을 이해하는 데서 종래의 연구는 당대의 맥락과 일정 정도 괴리되었고, 이와 맞물려 조선과 명 사신 간의 갈등이라는 사안을 통해 명에 대한 사대 인식의 심화·전화를 파악하고자 하는 시도는 유효하지 않다고 할 수 있는 것이다.[289]

그렇다면 영조칙례를 둘러싼 조선과 명 사신 간 갈등 가운데 대표적인 것으로 간주되는 두 사안과 관련하여, 명 사신의 주장을 수용한 이후 조선의 대응 면에서 보이는 차이는 어디에서 비롯되었을까? 이러한 차이를 연구 시야에 포착하고 그 차이의 배경과 원인을 파악하기 위해서는, 조선이 명 사신의 요구를 수용한 조치를 명에 대한 사대 인식의 심화·전화를 보여주는 지표로 간주하고 이에 부합하는(부합한다고 가정한) 사안 및 사안 발생 시기에 한정해서 다루는 부조적(浮彫的)이고 탈맥락적인 접근 방식에서 탈피하여, 우선은 개별 갈등 사안을 당대의 맥락에서 정교하게 파악할 필요가 있을 것이다. 변명처럼 들릴 수 있지만, 이들 두 사안만 다루는 것이 아니라 조선과 명 사신 간의 갈등 전반을 각각의 맥락에서 검토하고 이 사안에 관한 이해도를 높이고 연구 역량의 성장이 이뤄져야, 이 차이가 어디에서 비롯되었는지를 제대로 해명할 수 있으리라 생각된다.

---

289 필자는 16세기 이후의 어느 시점에서 명에 대한 사대 인식이 전환되었다는 접근 방식 자체에 회의적이다. 명에 대한 사대 인식의 측면에서 조선 초기 이후로 질적인 차이가 존재하지 않았을 것으로 보고 있기 때문이다. 양적인 심화만이 있었다고 본다. 허태구, 『병자호란과 예, 그리고 중화』, 소명출판, 2019 참조.

책을 마무리하며

이 책은 12장으로 구성된 500페이지 분량의 방대한 작업이지만, 각 장이나 전체 내용을 요약한 부분이 따로 존재하지 않는다. 이는 책의 초석이 된 12편의 논문에서 맺음말 부분을 삭제한 것과도 관련이 있다. 이러한 선택의 이유는 뒤에서 간단히 설명할 것이다. 여기서는 내용 요약 대신, 이 책을 마무리하며 느낀 단상을 중심으로 내용을 정리하고자 한다.

많은 분량을 할애했음에도 불구하고, 외교의례 관련 양상의 규명은 다음과 같이 빈약하다고 고백하지 않을 수 없다. 원 복속기에는 영조례(迎詔禮)와 같은 통상적인 외교의례는 물론이고, 국왕 국상 시의 외교의례에서도 전면적인 변화가 있었고, 이러한 질적 전환은 원 복속기라는 특수한 여건에서 이루어졌으면서도, 그 시기에 국한되지 않고 고려 말기에 전유와 계승의 과정을 거쳐 이후로도 질적 변화 없이 존속하여 조선 말기까지 이어졌다.

예를 들어, 통상적인 외교의례는 원 복속기 이후로 줄곧 국내에서도 황제 신하의 위상을 구현하거나 황제국 지방 관부의 황제를 대상으로 한 의례와 동조(同調)하는 특징을 보였다. 특히 명과 고려는 과거에 고려와 원 사이의 의례를 공통으로 전유하여, 고려는 번국에서 명(황제)을 대상으로 거행하는 의례들의 의주를 명 측에 요청하였고, 명은 원대에서처럼 지방 관부에서 황제를 대상으로 거행하는 의례들을 활용하여 번국에서 명(황제)을 대상으로 거행하는 의례들의 의주를 작성하고 『번국의주(蕃國儀注)』에 수록하여 고려에 하사하였다. 이 이후로 고려와 조선은 기본적으로 『번국의주』를 토대로 외교의례를 운영하였다.

한편, 조선은 명에서 전달받은 『번국의주』를 기반으로 영조칙례(迎詔勅禮)를 운영하였으며, 명 측도 사실상 『번국의주』와 동일한 의주를 사용하였다. 그런데도 조선과 명 사신 간에는 영조칙례의 일부 예식절차를 둘러싸고 갈등이 발생하기도 하였다. 이는 명에서 의례를 잘 아는 조관(朝官) 사신이 온 경우, 사전에 '올바른' 예의 실천 방식이 불분명한 일부 의절을 두고 조선과 명 사신이 각자의 방식이 예에 부합한다고 고수하며 갈등이 일어나곤 한 데서 기인하였다. 이러한 갈등 양상은 민족주의적 접근에서 흔히 상정하듯 양국 간 이해관계의 충돌에서 비롯된 것이 아니었다.

필자에게는 이러한 외교의례 양상을 규명하는 작업은 상대적으로 수월했다. 그러나 그 이면에 놓인 맥락을 파악하고 드러내는 일은 결코 쉽지 않았다. 무엇보다 양상과 맥락에서 의미를 읽어내는 통찰력을 발휘하는 것은 필자에게 가장 어려운 과제였다. 작업의 결과는 만족스럽지 않았고, 이 과정에서 자신의 한계를 절감하지 않을 수 없었다. 연구자로서 자신이 속한 시대와 그 시대의 인식 체계를 상대화하고 역사화하여 당대의 맥락을 포착하려 할수록, 그러한 작업이 얼마나 어려운지 뼈저리게 느꼈다. 그럼에도 불구하고 양상을 규명하는 데 그치지 않고 맥락을 파악하며 자신의 지적 고민을 드러내는 데 주저하지 않으려 했다. 이는 완전한 결과물이 아니라 불완전한 완성을 통해 학문 공동체에 기여하는 것이 나의 역할이라고 판단했기 때문이다. 활용되든, 비판의 대상이 되든, 미미하더라도 학계에 도움이 되리라는 믿음에서였다.

특히 이 책에서 규명한 원 복속기를 기점으로 한 외교의례 변화는 근대적 역사인식의 산물인 '사대주의'라는 틀로 관성적으로 독해될 수 있는 주제다. 이를 피하기 위해 필자는 예(禮)에 대한 시대적 감각의 차이를 최대한 드러내고, 화이(華夷) 인식의 질적 전환과 그 방향을 밝히며, 외교의례를 둘러싼 양상을 근대 역사학의 인식적 한계를 넘어 새로운 시각으로 해석하고자 했다. 책의 내용을 요약하지 않은 이유는 작업 결과를 요약하는 과정에서 생길 수 있는 왜곡과 오독의 가능성을 최소화하기 위해서였다. 무엇보다도 거칠지만 풍부하게 드러내고자 한 맥락과 해석을 독자들에게 생생하게 전달하고자 하는 바람에서였다.

부록

자료 1[01]

「蕃國正旦冬至聖壽率衆官望闕行禮儀注」(『大明集禮』권30, 빈례1)
【「元正冬至上國聖壽節望闕賀儀)」】(『고려사』권67, 지21 예9 가례)

是日 執事者陳設闕庭于王宮正殿 南向 香燭案于闕庭之前 王拜位于殿庭中 北向 及褥位于香案前 衆官拜位于蕃王之南 每等異位 重行北向 司禮司贊位于衆官拜位之北 司禮在西 司贊在東 俱相向 司香二人位于香案前 東西相向

【前期 執事者設闕庭於王宮正殿 南向 香燭案於闕庭之前 王拜位於殿庭中 北向 及褥位於香案前 衆官拜位於王位之南 每等異位 重行北向 司禮司贊位於衆官拜位之北 司禮在西 司贊在東 俱相向 司香二人位於香案前 東西相向】

是日 執事陳甲士軍仗旗幟于王宮門之外 樂工陳樂于拜位之南 引班引衆官 朝服入 齊班于王宮門外之東西 司禮司贊司香 俱入就位 引禮啓請 王于後殿 具冕服 未賜者服本國之服 引衆官 入立殿庭東西 引禮導王出 樂作 王由西階 陞詣拜位 樂止 引禮立于拜位之左右 引禮引衆官 入就拜位 司贊唱鞠躬拜興拜興拜興拜興平身 王與衆官皆鞠躬 樂作 拜興拜興拜興拜興平身 樂止 引禮導王 由東門入 樂作 至闕庭香案前拜位 樂止

【是日 執事陳甲士軍仗旗幟於王宮門之外 樂工陳樂於拜位之南 引班引衆官 朝服入 齊班於王宮門外之東西 司禮司贊司香 俱入就位 引禮啓請 王於後殿 具冕服 引

---

01 「元正冬至上國聖壽節望闕賀儀」의 구절은 【】 기호 안에 기재하여 「蕃國正旦冬至聖壽率衆官望闕行禮儀注」의 해당 구절과 구분되도록 했다. 「蕃國正旦冬至聖壽率衆官望闕行禮儀注」와 「元正冬至上國聖壽望闕賀儀」간에 차이가 나는 부분은 밑줄로 표시하였다.

班引衆官 入立於殿庭之東西 引禮導王出 樂作 王由西階 詣拜位 樂止 引禮立於拜位
之左右 引班引衆官 入就拜位 司贊唱四拜 樂作 王與衆官 皆四拜 樂止 引禮導王 由
東門入 樂作 至闕庭香案前拜位 樂止】

引禮立于拜位之左右 引禮贊跪 司贊唱跪 王與衆官皆跪 引禮贊上香上香三上香
司香 以香 跪進于王之左 王三上香 畢 引禮贊俯伏興平身 司贊唱俯伏興平身 王與衆
官 皆俯伏興平身 引禮導王 由西門出 樂作 復位 樂止 司贊唱鞠躬拜興拜興拜興拜興
平身 王與衆官皆鞠躬 樂作 拜興拜興拜興拜興平身 樂止

【引禮立於拜位之左右 引禮贊跪 司贊唱跪 王與衆官皆跪 引禮贊三上香 司香 以
香 跪進於王之左 王三上香 畢 引禮贊俯伏興平身 司贊唱俯伏興平身 王與衆官 皆俯
伏興平身 引禮導王 由西門出 樂作 復位 樂止 司贊唱四拜 樂作 王與衆官 皆四拜 樂
止】

司贊唱 搢笏鞠躬 三舞蹈 跪三拱手加額 山呼萬歲 山呼萬歲 再山呼萬萬歲 出笏
俯伏興平身 王與衆官 搢笏鞠躬 三舞蹈 跪三拱手加額 山呼萬歲 山呼萬歲 再山呼萬
萬歲 出笏俯伏興平身 司贊唱鞠躬拜興拜興拜興拜興平身 王與衆官 皆鞠躬 樂作 拜
興拜興拜興拜興平身 樂止 司贊唱禮畢 引禮啓禮畢 引王出 引班引衆官 以次出

【司贊唱 搢笏鞠躬 三舞蹈 跪左脚三叩頭 山呼萬歲 山呼萬歲 再山呼萬萬歲 出笏
俯伏興 樂作 四拜 樂止 司贊唱禮畢 引禮啓禮畢 引王出 引班引衆官 以次出 如有朝
廷官 遇正朝冬至聖壽節 出使 在國中者 常服先行禮 不在王與衆官行禮之列】

「蕃國受印物儀注」(『大明集禮』권32, 빈례3)
【「迎大明賜勞使儀」】(『고려사』권65, 지19 예7 빈례)

使者至蕃國境 先遣關人入報 蕃王遣官遠接
【使臣至國境 先遣關人入報 王遣官遠接】

　前期 有司 於國門外公館 設幄結綵 設龍亭於館之正中 備金鼓儀仗鼓吹於館所 以
伺迎引 又於國城內街巷 結綵 又於王宮 設闕庭於殿上正中 設香案於闕庭之前 設蕃
王受賜予位於香案之前 設蕃王拜位於殿庭正中 北向 衆官拜位於王拜位之南 異位重
行 北向 設樂位於衆官拜位之南 北向 司贊二人於蕃王拜位之北 東西相向 引禮二人
於司贊之南 東西相向 引班四人於衆官拜位之北 東西相向 陳儀仗於殿庭之東西
　【前期 有司 於國門外公館 設幄結綵 設龍亭於館之正中 備金鼓儀仗鼓樂於館所
以伺迎引 又於國城內街巷 結綵 又於王宮 設闕庭於殿上正中 設香案於闕庭之前 設
王受賜予位於香案之前 設王拜位於殿庭正中 北向 衆官拜位於王拜位之南 異位重
行 北向 設樂位於衆官拜位之南 北向 司贊二人於王拜位之北 東西相向 引禮二人於
司贊之南 東西相向 引班四人於衆官拜位之北 東西相向 陳儀仗於殿庭之東西】
　遠接官接見使者 迎至館所 以上賜 安奉於龍亭中 遣使馳報王 是日 蕃王率百官
出迎於國門外 遠接官迎上賜 出館至國門 金鼓在前次 衆官常服乘馬行 次 王乘馬行

---

02 「迎大明賜勞使儀」의 구절은 【】 기호 안에 기재하여 「蕃國受印物儀注」의 해당 구절과 구분
되도록 했다. 「蕃國受印物儀注」와 「迎大明賜勞使儀」 간에 차이가 나는 부분은 밑줄로 표시
하였다.

次 儀仗鼓樂 次 上賜龍亭 使者常服乘馬 行於龍亭之後

【遠接官接見使臣 迎至館所 以上賜 安奉於龍亭中 遣使馳報王 是日 王率衆官 出迎於國門外 遠接官迎上賜 出館至國門 金鼓在前 次 衆官常服乘馬行 次 儀仗鼓樂 次 上賜龍亭 使臣常服乘馬 行於龍亭之後】

迎至官中 金鼓分列於殿外門之左右 衆官分立殿庭之東西 置龍亭於殿上正中 使者立於龍亭之東 引禮引蕃王 引班引衆官 各就拜位 立定 司贊唱 鞠躬拜興拜興拜興拜興平身 蕃王及衆官皆鞠躬 樂作 拜興拜興拜興拜興平身 樂止 引禮引蕃王 詣龍亭前 使者稱有制 引禮贊 跪 司贊唱 跪 蕃王與衆官皆跪 使者宣制曰皇帝勅使某持印賜爾國王某 并賜某物 宣畢 使者捧所賜印并某物 西向授蕃王 蕃王跪受 以授左右 訖 引禮唱 俯伏興平身 司贊唱 俯伏興平身 蕃王及衆蕃官 皆俯伏興平身 引禮引蕃王 出復位 司贊唱 鞠躬拜興拜興拜興拜興平身 蕃王及衆官皆鞠躬 樂作 拜興拜興拜興拜興平身 樂止 司贊唱 禮畢

【迎至宮中 金鼓分列於殿外門之左右 衆官分立殿庭之東西 置龍亭於殿上正中 使臣立於龍亭之東 引禮引王 引班引衆官 各就拜位 立定 司贊唱四拜 樂作 王及衆官皆四拜 樂止 引禮引王 詣龍亭前 使臣稱有制 引禮贊 跪 司贊唱 跪 王與衆官皆跪 使臣宣制云云 宣畢 使臣捧所賜物 西向授王 王跪受 以授左右 訖 引禮贊 俯伏興平身 司贊唱 俯伏興平身 王與衆官 皆俯伏興平身 引禮引王 出復位 司贊唱 四拜 樂作 王及衆官皆四拜 樂止 司贊唱 禮畢】

引禮引蕃王入殿 西立東向 使者東立西向 引禮唱鞠躬拜興拜興平身 使者與蕃王皆鞠躬拜興拜興平身 使者降自東階 蕃王降自西階 遣官送使者還館

【凡行禮畢 王入殿 西立東向 使臣東立西向 引禮唱 再拜 使臣與王皆再拜 及出 使臣降自東階 王降自西階 遣使送使臣還館】

참고문헌

1. 저서

구범진, 『조선시대의 외교문서』, 한국고전번역원, 2013.

권선홍, 『전통시대 동아시아 국제관계』, 부산외국어대학교출판부, 2004.

김광철, 『고려 후기 세족층 연구』, 동아대학교출판부, 1991.

김광철, 『원간섭기 고려의 측근정치와 개혁정치』, 경인문화사, 2018.

김문식, 『조선왕실의 외교의례』, 세창출판사, 2017.

김순자, 『韓國 中世 韓中關係史』, 혜안, 2007.

김용구, 『세계관 충돌의 국제정치학—동양 禮와 서양 公法』, 나남, 1997.

김지영 외, 『즉위식, 국왕의 탄생』, 돌베개, 2013.

김한규, 『사조선록(使朝鮮錄) 연구』, 서강대학교출판부, 2011.

김호동, 『몽골제국과 고려—쿠빌라이 정권의 탄생과 고려의 정치적 위상』, 서울대학교출판부, 2007.

도현철, 『조선 건국의 개혁사상과 문명론』, 지식산업사, 2014.

동북아역사재단 한국외교사편찬위원회, 『한국의 대외관계와 외교사—고려 편』, 동북아역사재단, 2018.

동북아역사재단 한국외교사편찬위원회, 『한국의 대외관계와 외교사—조선 편』, 동북아역사재단, 2018.

심재석, 『高麗國王 冊封 硏究』, 혜안, 2002.

유희경, 『한국복식사연구』, 이화여자대학교출판부, 1980.

이명미, 『13~14세기 고려·몽골 관계 연구』, 혜안, 2016.

이범직,『韓國中世禮思想硏究』, 일조각, 1997.

이용희,『일반국제정치학』(상), 박영사, 1962.

전재성,『동아시아국제정치—역사에서 이론으로』, 동아시아연구원, 2011.

전해종,『韓中關係史硏究』, 일조각, 1970.

한형주,『조선초기 국가제례 연구』, 일조각, 2002.

허태구,『병자호란과 예, 그리고 중화』, 소명출판, 2019.

단죠 히로시 지음, 한종수 옮김,『영락제—화이질서의 완성』, 아이필드, 2017.

에릭 홉스봄 지음, 장문석·박지향 공역,『만들어진 전통』, 휴머니스트, 2004.

薛鳳昌,『文體論』, 商務印書館, 1934.

檀上寬,『明代海禁＝朝貢システムと華夷秩序』, 京都大學學術出版會, 2013.

檀上寬,『天下と天朝の中國史』, 岩波新書, 2016.

森平雅彦,『モンゴル覇権下の高麗―帝国秩序と王国の対応』, 名古屋大学出版会, 2013.

豊見山和行,『琉球王國の外交と王權』, 吉川弘文館, 2004.

David M. Robinson, *The Ming Court and the Legacy of the Yuan Mongols, Culture, Courtiers, and Competition: The Ming Court (1368~1644)*, Harvard University Asia Center, 2008.

2. 학위논문

김혜원,「고려후기 瀋王 연구」, 이화여대 사학과 박사학위논문, 1999.

윤승희,「여말선초 對明 外交儀禮 연구」, 숙명여대 역사문화학과 박사학위논문, 2021.

이승민,「고려시대 국상 의례와 조문 사행 연구」, 가톨릭대학교 국사학과 박사학위논문, 2018.

이익주,「高麗·元關係의 構造와 高麗後期政治體制」, 서울대학교 박사학위논문, 1996.

정동훈,「高麗時代 外交文書 硏究」, 서울대 국사학과 박사학위논문, 2016.

張光輝,「明初禮制建設硏究—以洪武朝爲中心」, 河南大學碩士論文, 2001.

田冰,「明代官員諡號硏究」, 河南大學博士論文, 2009.

3. 논문

계승범,「파병 논의를 통해 본 조선전기 對明觀의 변화」,『대동문화연구』53, 2006.

고명수,「고려 주재 다루가치의 置廢경위와 존재양태」,『지역과 역사』39, 2016.

고병익, 「麗代征東行省의 研究」上·下, 『역사학보』 14·19, 1961·1962.

고병익, 「高麗忠宣王의 元武宗擁立」, 『역사학보』 17·18, 1962.

구도영, 「중종 대(中宗代) 사대 인식(事大認識)의 변화—대례의(大禮議)에 대한 별행(別行) 파견 논의를 중심으로」, 『역사와 현실』 62, 2006.

구도영, 「中宗代 對明외교의 추이와 정치적 의도」, 『조선시대사학보』 54, 2010.

권선홍, 「유교의 '禮' 규범에서 본 전통시대 동아시아 국제관계」, 『한국정치외교사논총』 35(2), 2014.

권용철, 「大元帝國 末期 政局과 고려 충혜왕의 즉위, 복위, 폐위」, 『한국사학보』 56, 2014.

권인용, 「16세기 중국 사신의 조선 인식—龔用卿의 『使朝鮮錄』을 중심으로」, 『15~19세기 중국인의 조선 인식』, 고구려연구재단, 2005.

김경록, 「中宗反正 이후 承襲外交와 朝明關係」, 『한국문화』 40, 2007.

김광철, 「고려 충혜왕대 측근정치의 운영과 그 성격」, 『國史館論叢』 71, 1996.

김당택, 「고려 忠肅王代의 瀋王 옹립 운동」, 『歷史學硏究』 12, 1993.

김문식, 「장지연이 편찬한 『대한예전』」, 『문헌과 해석』 35, 2006.

김문식, 「조선시대 國家典禮書의 편찬 양상」, 『장서각』 21, 2009.

김문식, 「明使 龔用卿이 경험한 외교의례」, 『조선시대사학보』 73, 2015.

김보광, 「고려 내 다루가치의 존재 양상과 영향—다루가치를 통한 몽골 지배방식의 경험」, 『역사와 현실』 99, 2016.

김보광, 「12세기 초 송의 책봉 제의와 고려의 대응」, 『동국사학』 60, 2016.

김상기, 「고려와 金·宋과의 관계」, 『國史上의 諸問題』 5, 국사편찬위원회, 1959.

김성규, 「고려 외교에서 의례(儀禮)와 국왕의 자세」, 『역사와 현실』 94, 2014.

김윤정, 「고려후기 사여관복(賜與冠服) 행례와 예제(禮制) 질서의 형성」, 『역사와 현실』 118, 2020.

김은정, 「庚午本 『皇華集』 편찬 경위와 詩文酬唱의 의미」, 『한국한시연구』 7, 1999.

김인호, 「고려의 元律 수용과 高麗律의 변화」, 『고려시대의 형법과 형정』(한국사론 33), 국사편찬위원회, 2002.

김지영, 「18세기 후반 國家典禮의 정비와 『春官通考』」, 『韓國學報』 114, 2004.

김지영, 「조선시대 사위의례에 대한 연구」, 『조선시대사학보』 61, 2012.

김창현, 「『고려사』 예지의 구조와 성격」, 『한국사학보』 44, 2011.

김철웅, 「고려시대 국왕의 즉위의례」, 『정신문화연구』 38(2), 2015.

김형수, 「13세기 후반 고려의 노비변정과 성격」, 『경북사학』 19, 1996.

김형수, 「충혜왕의 폐위와 고려 유자儒者들의 공민왕 지원 배경」, 『국학연구』 19, 2011.

김혜원, 「忠烈王의 入元行績의 性格」, 『高麗史의 諸問題』(邊太燮 編), 삼영사, 1985.

羅新, 「고구려 王號 제도에 관한 몇 가지 추론」, 『한국고대사연구』 67, 2012.

박윤미, 「여말선초 대명(對明) 요하례(망궐례)의 거행과 의식 구조 변화—고려 공민왕~조
        선 세종 대를 중심으로」, 『동방학지』 199, 2022.

소종, 「명나라 사신 공용경(龔用卿)의 조선사행 연구」, 『역사문화논총』 6, 2010.

송웅섭, 「중종 대 사대의식과 유교화의 심화—중종의 시대』의 사대와 유교화에 대한 이해
        」, 『조선시대사학보』 74, 2015.

송지원, 「영조대 儀禮 정비와 『國朝續五禮儀』 편찬」, 『한국문화』 50, 2010.

송지원, 「정조대 의례 정비와 『春官通考』 편찬」, 『규장각』 38, 2011.

신태영, 「明使 董越의 「朝鮮賦」에 나타난 朝鮮認識」, 『漢文學報』 10, 2004.

안기혁, 「조선시대 국왕행장(國王行狀)의 제술과 기능 변화」, 『역사문화논총』 8, 2014.

안기혁, 「여말선초 대중국관계와 국왕시호(國王諡號)」, 『역사와 현실』 104, 2017.

안병우, 「고려와 송의 상호인식과 교섭—11세기 후반~12세기 전반」, 『역사와 현실』 43, 2002.

유바다, 「朝鮮 初期 迎詔勅 관련 儀註의 성립과 朝明關係」, 『역사민속학』 30, 2012.

윤석호, 「조선조 望闕禮의 중층적 의례구조와 성격」, 『한국사상사학』 43, 2013.

윤승희, 「고려 말 명 사신 영접의례의 성립」, 『한국중세사연구』 55, 2018a.

윤승희, 「조선 초기 조선 국왕 책봉 의례의 정비와 그 특징」, 『조선시대사학보』 85, 2018b.

윤승희, 「조선 초 迎勅儀禮의 성립 과정과 그 특징」, 『역사문화연구』 81, 2022a.

윤승희, 「조선 초기 賜賻·賜諡·賜祭儀禮와 明禮의 영향」, 『한국학논총』 57, 2022b.

윤재환, 「董越의 『朝鮮賦』를 통해 본 中國 使臣의 朝鮮 認識」, 『東方漢文學』 53, 2012.

이강한, 「征東行省官 闊里吉思의 고려제도 개변 시도」, 『한국사연구』 139, 2007.

이규철, 「조선 성종 대 외교의례 변경에 대한 논의와 대명의식」, 『역사와 현실』 98, 2015.

이명미, 「忠肅王代 國王位 관련 논의와 국왕 위상」, 『한국중세사연구』 36, 2013.

이명미, 「고려 후기 權署征東行省事 설치의 양상과 배경」, 『한국사연구』 182, 2018.

이민기, 「고려시대 元正朝賀儀의 구성과 의미」, 『동방학지』 189, 2019.

이승민, 「10~12세기 하생신사(賀生辰使) 파견과 고려-거란 관계」, 『역사와 현실』 89, 2013.

이승민, 「고려 國喪에 대한 거란·금·송의 弔問 使行 양상과 다층적 국제관계」, 『한국중세사
        연구』 48, 2017.

이승민, 「고려 국왕 즉위에 관한 외교 형식의 변화와 의미」, 『역사문화연구』 86, 2023.

이익주, 「高麗 忠烈王代의 政治狀況과 政治勢力의 性格」, 『韓國史論』 18, 1988.

이익주, 「14세기 전반 高麗·元關係와 政治勢力 동향―忠肅王代의 瀋王擁立運動을 중심으로」, 『한국중세사연구』 9, 2000.

이익주, 「고려-몽골관계에서 보이는 책봉-조공 관계 요소의 탐색」, 『13~14세기 고려-몽골관계 탐구』, 동북아역사재단, 2011.

이정란, 「1361년 홍건적의 침입과 공민왕의 충청 지역 피난 정치」, 『지방사와 지방문화』 21, 2018.

이정란, 「고려 전기 上表 儀禮와 국왕 권위의 顯現」, 『사림』 68, 2019.

이정란, 「고려 전기 국왕 諡號制의 내용과 그 의미」, 『한국사학보』 82, 2021.

이진한, 「송과의 외교」, 동북아역사재단 한국외교사편찬위원회 편, 『한국의 대외관계와 외교사―고려 편』, 동북아역사재단, 2018.

이현욱, 「조선 초기 보편적 즉위 의례의 추구―嗣位」, 『한국사론』 60, 2014.

이현종, 「明使接待考」, 『향토서울』 12, 1961.

이현진, 「명·청의 賜祭·賜諡에 대한 조선의 대응」, 『조선시대사학보』 63, 2012.

이현진, 「조선전기 국왕 국장(國葬)에서 명(明) 사신의 의례설행과 그 공간」, 『조선시대사학보』 85, 2018.

임민혁, 「대한제국기 『大韓禮典』의 편찬과 황제국 의례」, 『역사와 실학』 34, 2007.

장동익, 「前期征東行省의 置廢에 대한 檢討」, 『대구사학』 32, 1987.

장동익, 「征東行省의 研究」, 『동방학지』 67, 1990.

장지연, 「고려 초 卽位儀禮와 喪禮를 통해 본 권위의 성격」, 『한국중세사연구』 47, 2016.

전세영, 「명대(明代) 중국의 조선관(朝鮮觀) 연구―『명사(明史)』 조선열전(朝鮮列傳)을 중심으로」, 『21세기 정치학회보』 21-1, 2011.

정동훈, 「高麗-明 外交文書 書式의 성립과 배경」, 『한국사론』 56, 2010.

정동훈, 「명초 국제질서의 재편과 고려의 위상―홍무 연간 명의 사신 인선을 중심으로」, 『역사와 현실』 89, 2013.

정동훈, 「고려시대 사신 영접 의례의 변동과 국가 위상」, 『역사와 현실』 98, 2015.

정동훈, 「洪武帝의 명령이 고려에 전달되는 경로」, 『동양사학연구』 139, 2017a.

정동훈, 「冊과 誥命―고려시대 국왕 책봉문서」, 『사학연구』 126, 2017b.

정동훈, 「몽골제국의 붕괴와 고려-명의 유산 상속 분쟁」, 『역사비평』 121, 2017c.

정동훈, 「永樂帝의 말과 글―영락 연간 조선-명 관계의 두 층위」, 『한국문화』 78, 2017d.

정은정, 「14세기 元明교체기의 胡·漢 共存과 개경의 望闕禮 공간」, 『한국중세사연구』 49, 2017.

조영록,「鮮初의 朝鮮出身明使考—成宗朝의 對明交涉과 明使鄭同」,『국사관논총』14, 1990.

최윤정,「14세기 초(1307~1323) 元 政局과 고려—1320년 충선왕 토번유배 원인 재론」,『역사학보』226, 2015.

최종석,「여말선초 명(明)의 예제와 지방 성황제(城隍祭) 재편」,『역사와 현실』72, 2009.

최종석,「고려시대 朝賀儀 의례 구조의 변동과 국가 위상」,『한국문화』51, 2010a.

최종석,「조선초기 '時王之制'의 논의 구조의 특징과 중화 보편의 추구」,『조선시대사학보』52, 2010b.

최종석,「1356(공민왕 5)~1369년(공민왕 18) 고려-몽골(원) 관계의 성격—'원간섭기'와의 연속성을 중심으로」,『역사교육』116, 2010c.

최종석,「조선초기 국가 위상과 '聲教自由'」,『한국사연구』162, 2013.

최종석,「고려 말기·조선 초기 迎詔儀禮에 관한 새로운 이해 모색—『蕃國儀注』의 소개와 복원」,『민족문화연구』69, 2015.

최종석,「중화 보편, 딜레마, 창의의 메커니즘—조선 초기 문물제도 정비 성격의 재검토」,『조선시대 예교 담론과 예제 질서』, 소명출판, 2016a.

최종석,「현종 대 고려-거란 관계와 외교의례」,『동국사학』60, 2016b.

최종석,「고려후기 '자신을 夷로 간주하는 화이의식'의 탄생과 내향화—조선적 자기 정체성의 모태를 찾아서」,『민족문화연구』74, 2017.

최종석,「조선초기 迎詔禮 운영과『蕃國儀注』」,『역사와 담론』86, 2018a.

최종석,「鞠躬인가 五拜三叩頭인가?—조서를 맞이하는 예식을 둘러싼 조선과 명 사신 간의 갈등에 관한 탐색」,『한국문화』83, 2018b.

최종석,「조선 건국의 대외적 정당화 작업과 중화 보편의 추구」,『한국사연구』180, 2018c.

최종석,「고려후기 拜表禮의 창출·존속과 몽골 임팩트」,『한국문화』86, 2019a.

최종석,「고려후기 '전형적' 제후국 외교의례의 창출과 몽골 임팩트」,『민족문화연구』85, 2019b.

최종석,「가마를 탈 것인가 말을 탈 것인가? 조서와 칙서를 함께 맞이할 것인가 별도로 맞이할 것인가?—성종 19년 조선과 명 사신의 迎詔勅禮를 둘러싼 갈등과 그 성격」,『한국문화』87, 2019c.

최종석,「13~15세기 천하질서와 국가 정체성」,『고려에서 조선으로』, 역사비평사, 2019d.

최종석,「원 복속기 遙賀禮(望闕禮)의 거행과 예식 변화상—원종·충렬왕대를 중심으로」,『한국학연구』59, 2020a.

최종석,「고려 말기『蕃國儀注』의 활용 양상과 그 성격」,『한국문화』92, 2020b.

최종석, 「고려후기 '전형적' 제후국 외교의례의 창출과 몽골 임팩트—'전형적인' 조공 책봉 관계의 이해 심화를 겸하여」, 김형찬 외, 『한국 문화의 정체성』, 고려대학교출판문 화원, 2021.

최종석, 「告哀·稱嗣에서 告訃·請諡·請承襲으로—고려전기와 조선초기 국상 시 책봉국에 행한 외교의례를 비교하며」, 『한국문화』 99, 2022.

최종석, 「고려전기와 조선초기 국상 시 황제국 측의 조문 외교 의례의 비교 탐색」, 『민족문 화연구』 98, 2023.

한정수, 「고려-금 간 사절 왕래에 나타난 주기성과 의미」, 『사학연구』 91, 2008.

한형주, 「對明儀禮를 통해 본 15세기 朝-明관계」, 『역사민속학』 28, 2008.

高艶林, 「嘉靖時期中朝關係的新階段」, 『西北師大學報—社科版』, 2008.

郭嘉輝, 「天下通禮—明代賓禮的流傳與域外實踐的紛爭」, 『臺灣師大歷史學報』 59, 2018.

杜慧月, 「求同在異邦—明代文臣使朝鮮錄論略」, 『淵民學志』 21, 2014.

王福利, 「元代朝儀的制定及其特點」, 『內蒙古社會科學』, 第27卷 第1期, 2006.

許正弘, 「元朝皇帝天壽聖節考」, 『成大歷史學報』 第四十四號, 成功大學歷史學系, 2013年 6 月.

古松崇志, 「契丹·宋間の國信使と儀禮」, 『東洋史研究』 73(2), 2014.

岩井茂樹, 「明代中國の禮制覇權主義と東アジアの秩序」, 『東洋文化』 85, 2005.

夫馬進, 「明淸中國による對朝鮮外交の鏡としての對ベトナム外交—冊封問題と「問罪の 師」を中心に」, 紀平英作 編, 『グローバル化時代の人文學—對話と寛容の知を求め て』(下), 京都大學學術出版會, 2007.

舩田善之, 「元代の命令文書の開讀について」, 『東洋史研究』 63(4), 2005.

宮岐市定, 「洪武から永樂へ—初期明朝政權の性格」, 『東洋史研究』 27-4, 1969.

森平雅彦, 「高麗王位下の基礎的考察」, 『朝鮮史研究會論文集』 36, 1998.

森平雅彦, 「牒と咨のあいだ—高麗王と元中書省の往復文書」, 『史淵』 144, 2007.

桑野榮治, 「高麗末期の儀禮と國際環境—對明遙拜儀禮の創出」, 『九留米大學文學部紀要 (國際文化學科編)』 21, 2004.

北村秀人, 「高麗に於ける征東行省について」, 『朝鮮學報』 32, 1964.

元代の法制 研究班, 「『元典章 禮部』校定と譯注(一)」, 『東方學報』 81, 2007.

찾아보기

| 아 |